Die Übersetzerin und der Autor mit Frau M. Schneider –
Juli 1998 in Dickenschied/Hunsrück

CLAUDE R. FOSTER

Paul Schneider

Seine Lebensgeschichte

Paul Schneider wurde aufgrund seines Glaubens zum Märtyrer der Bekennenden Kirche im Dritten Reich.

Claude R. Foster ist Professor für europäische Geschichte an der West Chester University in Pennsylvania/USA. Er hat u. a. mit einem Fulbright-Stipendium an der Universität in Freiburg/Br. studiert, wo er später auch an Gymnasien unterrichtete. Er habilitierte sich an der University of Pennsylvania in Philadelphia.

Brigitte Otterpohl, Jg. 1937, ist pensionierte Oberstudienrätin. Sie unterrichtete Englisch, Geschichte und Politik in Freiburg. Sie und ihr Mann sind seit Jahren mit Prof. Foster bekannt und haben durch ihn viele Mitglieder der Familie Schneider kennen gelernt.

Bildnachweis:
Helen Harrop, Phoenixville, Pennsylvania, USA, aus dem Schneider-Familienarchiv mit Genehmigung der Familie Schneider
Kirchberger Anzeiger
Dokumentationszentrum Buchenwald: Singende Pferde, Zählappell, Prügelbock
Paul-Schneider-Gesellschaft in Weimar

Bestell-Nr. 393.660
ISBN 3-7751-3660-6

Originaltitel: Paul Schneider – The Buchenwald Apostle
A Christian Martyr in Nazi Germany,
A Sourcebook on the German Church Struggle
West Chester University [1]1995
Übersetzt und gekürzt von Brigitte Otterpohl

D-71087 Holzgerlingen
Internet: www.haenssler.de
E-Mail: info@haenssler.de
Umschlaggestaltung: Ingo C. Riecker
Titelbild: Familienarchiv
Satz: AbSatz, Klein Nordende
Druck und Bindung: Ebner ULM
Printed in Germany

WIDMUNG

Gewidmet der Erinnerung an Pfarrer Paul Schneider und an die Opfer von Unrecht und Unmenschlichkeit, deren Anwalt er war.

Gewidmet auch Margarete Schneider, die sich mit ihrem Mann eins wusste in Glaube, Liebe und Hoffnung und die bereit war, mit ihm Zeugnis abzulegen für Christus.

Claude R. Foster
Brigitte Otterpohl

INHALT

VORWORT ZUR AMERIKANISCHEN ORIGINALFASSUNG

Im Jahr 2000 beging die Welt den 55. Jahrestag des Endes des Zweiten Weltkriegs und der Befreiung von Tausenden von KZ-Häftlingen. Eines der Konzentrationslager, das im April 1945 befreit wurde, war Buchenwald. Unter den 250 000 Insassen, die irgendwann zwischen 1937 und 1945 in Buchenwald gefangen waren, ragt Pfarrer Paul Schneider heraus durch seine unnachgiebige lautstarke Anprangerung des Bösen um ihn herum.

Das Leben und Wirken von Pfarrer Schneider spielte sich ab im Kaiserreich, in der Zeit der Weimarer Republik und im Dritten Reich. Um die historischen Kräfte richtig einzuschätzen, die Adolf Hitler einerseits und Paul Schneider andererseits prägten, muss man den europäischen »Zeitgeist« der ersten Hälfte des 20. Jahrhunderts begreifen. Das Buch versucht auch, die in Amerika häufig gestellte Frage zu beantworten: Wie konnte es überhaupt zur Nazidiktatur kommen?

Die persönliche Geschichte von Paul Schneider gehört ebenso in den Zusammenhang des dem amerikanischen Publikum weitgehend unbekannten deutschen Kirchenkampfes. Pfarrer Schneiders Widerstand gegen die Eingriffe des Staates in die Belange der Kirche verhilft zum Verständnis der Tatsache, wie sehr der Versuch des Staates, die Kirche zu politischen Zwecken zu manipulieren, individuelle Menschenleben beeinträchtigte.

In dem Buch sind Szenen und Dialoge zusammengestellt, um den Kampf, in den sich Paul Schneider verstrickt sah, darzustellen. Alle beschriebenen Figuren entsprechen realen Personen oder enthalten Züge realer Personen; die meisten tragen ihren wahren Namen, während einige Namen erfunden sind. Ortsnamen und -beschreibungen sind nicht erfunden. Der größte Teil der Informationen, die die Gespräche etc. enthalten, lassen sich Paul Schneiders Predigten oder seinem Tagebuch entnehmen, sie finden sich in Briefen, sie stammen aus Zeitungen oder Presseveröffentlichungen oder sind in kirchlichen Archiven oder den Archiven der Gestapo und SS nachlesbar. Zusätzliche Informationen ergaben zahlreiche Gespräche mit Mitgliedern der Familie Schneider, Paul Schneiders Freunden und Menschen, die ihn sonst gekannt haben, z. B. ehemalige Häftlinge des KZs Buchenwald. Vieles von dem Quellenmaterial wurde 1995 in der 1. Auflage des Buches zum ersten Mal in englischer Sprache veröffentlicht, ebenso wie viele der Fotos zum ersten Mal publiziert wurden.

Ein Zugang zum Verständnis von Geschichte erfolgt durch die Beschäftigung mit Persönlichkeiten. Paul Schneider war weder bedeutend noch strebte er nach Anerkennung und Größe. Trotzdem war sein Leben gekennzeichnet durch den gigantischen Kampf zwischen den Kräften der Freiheit und den Kräften des Totalitarismus, in den er hineingesogen wurde und den er, trotz eigener Seelenqualen und der Sorge um seine Familie, mit Mut durchstand; sein Leben und sein Zeugnis erhielten so Vorbildcharakter.

Diese Biografie ist einem christlichen Pfarrer gewidmet, der für die Freiheit des Evangeliums und die Unabhängigkeit der Kirche gekämpft hat. Weil Pfarrer Schneider sich seinem Konfirmationsspruch verpflichtet sah und entschlossen war, sich den überheblichen Ansprüchen eines modernen Nero zu widersetzen, indem er Caesar *nicht* geben wollte, was Gott allein zusteht, führte der Weg des Predigers von Buchenwald – wie derzeit der Weg des Apostels Paulus – unerbittlich zum Martyrium.

West Chester, Pennsylvania, Sommer 2000
Claude R. Foster, jun.

VORWORT ZUR DEUTSCHEN AUSGABE

Zwar ist Paul Schneider besonders unter evangelischen Christen kein Unbekannter; die im Hänssler Verlag erschienene Biografie »Der Prediger von Buchenwald« von Margarete Schneider ist inzwischen mehrfach aufgelegt worden; diese deutsche Fassung des Buches von Claude Foster soll aber einem noch breiteren Leserkreis das Leben und Wirken von Pfarrer Schneider nahe bringen.

Auch die über das rein Biografische hinausgehende Zielsetzung der amerikanischen Fassung kann für deutsche Leser beibehalten werden, geht doch das Wissen um historische Geschehnisse und Entwicklungen in unserem Lande mit zunehmendem zeitlichem Abstand zu den Ereignissen der ersten Hälfte des 20. Jahrhunderts mehr und mehr zurück.

Es erübrigt sich allerdings, einer deutschen Leserschaft die Fakten und vor allem die Quellen in derselben Ausführlichkeit zu bieten. So sind nur Ausschnitte aus dem umfangreichen Familienarchiv verwendet worden, ebenso lediglich Teile der ausführlichen Dokumentation des »Falles Paul Schneider« von Rudolf Wentorf und der Quellen zur Geschichte und Kirchengeschichte. Fast vollständig wiedergegeben ist vor allem das, was der Autor von den zahlreichen Zeitzeugen erfahren hat.

Mein Mann Manfred Otterpohl hat mir auf vielerlei Weise geholfen. Wesentlichen Anteil am Zustandekommen der deutschen Fassung haben Prälat Paul Dieterich, der Neffe von Paul Schneider, und der Sohn Karl-Adolf Schneider. Viele Freunde und Bekannte haben vielfältige Unterstützung geboten. Allen sei für ihre Hilfe herzlich gedankt.

Stegen, Sommer 2000
Brigitte Otterpohl

ER STEHT UNS GEGENÜBER UND FRAGT UNS

Paul Schneider kann niemand für sich vereinnahmen. Keine Kirche, auch die Bekennende Kirche nicht; sie hat ihn ja letztendlich seinen Weg allein gehen lassen. Nicht seine Familie. Und nicht diese oder jene theologische oder weltanschauliche Richtung. Er steht uns gegenüber als ein Fremder, der uns fragt nach unserer Art, Christ zu sein: Was versteht ihr unter Glauben? Wie lebt ihr die Nachfolge? Welche Erfahrungen macht ihr dabei?

Lassen wir uns diese Fragen gefallen? Wir wollen heute unseren eigenen Weg finden. Es bleibt uns auch gar nichts anderes übrig. Nichts ist wiederholbar. Und die Zeugen des Glaubens sind uns nicht dazu gegeben, dass wir sie imitieren. Der chassidische Fromme Sussja von Hanipol soll einmal gesagt haben: »Am Jüngsten Tag werde ich nicht gefragt: Sussja, warum bist du nicht Mose gewesen? Sussja, warum bist du nicht Elia gewesen? Vielmehr werde ich gefragt: Sussja, warum bist du nicht Sussja gewesen?«

Und doch tun wir um unserer selbst willen gut daran mit Seele und Geist wahrzunehmen, wie es den älteren Schwestern und Brüdern ging auf dem Weg der Nachfolge Christi. Wir werden klüger dadurch und lernen es, uns selbst genauer zu sehen.

Dass Paul Schneider wie wenige andere in beharrlicher Treue Jesus Christus nachgefolgt ist, dass sein Gewissen ein Mitwissen mit Christus und darum hellwach und unbestechlich war, dass er auf diesem Weg einen sehr erstaunlichen Mut bewiesen hat, das wird in der großen Lebensbeschreibung von Prof. Claude Foster eindrücklich. Er zeigt uns auch auf, was es bedeuten kann ein wirklicher Hirte der Gemeinde im Dienst des Erzhirten Jesus Christus zu sein. Claude Foster, der das Leben des Paul Schneider mit der Genauigkeit des Historikers erforscht und immer neu mit Margarete Schneider, der Witwe Paul Schneiders, durchgesprochen hat, zeigt mit einer wunderbaren Deutlichkeit, wie wahr die Erfahrung der frühen Christen ist: Deo servire summa libertas, d. h. Gott dienen bedeutet höchste Freiheit. Wenige Menschen seiner Zeit waren so frei wie dieser Christ, der in den letzten eineinhalb Jahren seines Lebens in eine enge, kalte und nasse Bunkerzelle gepfercht war.

Fosters Buch ist zugleich auch so etwas geworden wie ein Hohes Lied einer sehr ungewöhnlichen Ehe. Hinter Paul Schneider stand seine kluge und tapfere Frau, deren Liebe ihn nicht an sich geklammert, sondern zu seinem sehr persönlichen Zeugendienst freigegeben hat. »Käm alles Wetter gleich auf uns zu schlahn, wir sind gesinnt beieinander zu stahn. Krankheit, Verfolgung, Betrübnis und Pein soll unsrer Liebe Verknotigung sein«, so haben die jungen Liebenden einst gesungen. Und haben es gehalten.

Brigitte Otterpohl hat in erstaunlicher Umsicht und mit einem nie ermüdenden Fleiß das 900 Seiten starke Buch der amerikanischen Fassung übersetzt und gekürzt. Claude Foster hatte es ja ursprünglich für amerikanische Leser geschrieben, die mit den historischen Ereignissen der Lebenszeit Paul Schneiders so wenig vertraut sind wie mit der Geschichte der Kirchen in Deutschland. Er hat in seiner amerikanischen Ausgabe des Buches vieles berichtet, was wir bei deutschen Lesern eher als bekannt voraussetzen dürfen. Heraus kam ein auf etwa die Hälfte gekürzter packender Bericht, der dieses Leben noch immer anschaulich im Zusammenhang der historischen Ereignisse beschreibt und der die Person Paul Schneiders plastisch und unverwechselbar hervortreten lässt.

Paul Schneider wurde auch Christen anderer Konfession zum Beispiel des Glaubens und zum Zeugen des auferstandenen Christus. Das hat auch Papst Johannes Paul II. erkannt und in seiner ökumenischen Gedenkfeier für die Märtyrer des 20. Jahrhunderts beim Kolosseum in Rom am 7. Mai 2000 zum Ausdruck gebracht, indem er ihn als Beispiel des bekennenden Glaubens an den auferstandenen Christus erwähnte. »Der Ökumenismus der Märtyrer und Glaubenszeugen überzeugt am meisten. Er zeigt den Christen des einundzwanzigsten Jahrhunderts den Weg zur Einheit auf.«

Ich wünsche diesem Buch junge und ältere Leserinnen und Leser, die sich hineinnehmen lassen in das Geschehen, das hier beschrieben wird, und die daraus Orientierung für ihr eigenes Leben empfangen und den Mut zu einem unangepassten und aufrechten Christsein.

Heilbronn, im August 2000
Paul Dieterich

PROLOG

»DER PREDIGER VON BUCHENWALD«

Im Konzentrationslager Buchenwald gab Paul Schneider Zeugnis für Christus, seinen Herrn; nach dem Krieg gaben viele seiner Mithäftlinge Zeugnis für ihn.

Der Dichter Ernst Wiechert war im Jahr 1938 für wenige Wochen in Buchenwald; in seinem Buch *Der Totenwald* gedenkt er auch Paul Schneiders:

> »... begann während des Appells der evangelische Pfarrer ... durch die Gitterfenster seines Bunkers laut über den Platz zu predigen, woran man ihn sehr schnell handgreiflich verhinderte.«[1]

Ausführlicher schildert nach 1945 Walter Poller, der in Buchenwald als Arztschreiber im Krankenrevier tätig gewesen war, Paul Schneiders Leben und Wirken im Konzentrationslager:

> »Mehrfach wurde Schneiders Stimme, wenn die Zehntausende zum Appell angetreten waren, laut und deutlich aus dem Arrestgebäude fast über den ganzen Platz schallend, gehört: ›Kameraden, hört mich. Hier spricht Pfarrer Paul Schneider. Hier wird gefoltert und gemordet. Um Christi willen, erbarmt euch. Betet zu Gott. Bleibt standhaft und treu. Gott, der allmächtige Vater, wird das Übel von uns nehmen.‹
> Für uns war es klar: Paul Schneider war ein Fanatiker des Glaubens, ein tiefreligiöser Mensch, der in der Leidensgeschichte seines religiösen Idealbildes den Trost und die Stärke fand, das Schwere bis zur Bereitschaft zum Tode auf sich zu nehmen. ... Er wußte, was

nach solcher Predigt mit der Unvermeidlichkeit eines Naturgesetzes kommen mußte, aber das sittliche Gesetz in ihm zwang ihn, vorbildlich mutig so zu handeln.

... Als er sich bei einem Appell weigerte, die ihm verhaßte Mörderfahne des Tausendjährigen Reiches zu grüßen, wurde er auf den Bock gelegt, mit fünfundzwanzig Stockhieben bestraft, durchgepeitscht, bis das Blut durch die Kleider drang, und dann, weil er sich standhaft weiter weigerte, den geforderten Gruß zu erweisen, halb ohnmächtig in das Arrestgebäude gesperrt. Das war der Anfang seines Endes. Als Häftlinge, bei denen sich Schneider einer großen Beliebtheit und allgemeinen Achtung erfreute, weil er vom ersten Tage seiner Lagerzeit an alles buchstäblich mit seinen Mitgefangenen teilte, selbst das Brot und das wenige Geld, das er hatte, und weil er aus seiner christlichen Gesinnung und seiner Gegnerschaft gegen den Nazismus auch jetzt noch keinen Hehl machte, wußten wir, daß damit das Todesurteil über ihn gesprochen war. Aber niemand ahnte an diesem Tage, daß es erst nach mehr als einem endlos langen Jahre vollstreckt werden würde.

Bei der Vollstreckung war ich zugegen.

Im Sommer 1939 wurde Paul Schneider von Scharführer Sommer plötzlich in das Häftlingsrevier gebracht. Was sollte hier geschehen? Wieder ein Mord? So abgestumpft wir gegen den täglichen Massentod geworden waren, hier rührte es uns doch tiefer an. Paul Schneider war nicht irgendein namenloser, unbekannter ... Häftling. Paul Schneider war einer von denjenigen, dessen Tod Kreise ziehen würde, Kreise bis hinüber nach Holland, England, Schweden, Amerika. Und Paul Schneider war unser Kamerad, dessen Gesinnung vielleicht nicht die unsere, aber dessen Lauterkeit und Tatchristentum über allen Zweifel erhaben war.«[2]

Selbst in Buchenwald einsitzende Kommunisten zollten Paul Schneider Respekt. Hasso Grabner schreibt in einem Bericht über seine Häftlingszeit:

»In memoriam Pfarrer Schneider. ... In Ehrfurcht und Bewunderung haben wir, deine Kameraden, die heroische Sittlichkeit deines

Herzens empfunden. Wenn wir auch unter einem anderen Gesetz antraten zum Kampf gegen die faschistische Bestie, wenn wir auch die Erlösung von dem Übel nicht im Christentum sahen, sondern im Kampf um eine diesseitige bessere Welt, so warst du uns doch wahrhaft ein Bruder und wir dir in brüderlicher Liebe zugetan. Deine Leiden waren unser aller Leiden, dein Tod unser aller tiefer Schmerz. Deine Liebe zur ganzen leidenden Menschheit, zu den Erniedrigten und Beleidigten ... ließ dich selbst zu einem Helden und Märtyrer werden. ... Dein unbeirrbarer Glaube an eine endgültige Gerechtigkeit verbot dir kategorisch jede Kompromißlösung, die dir die feigen faschistischen Henker, bezwungen von der gläubigen Standhaftigkeit deiner Seele, oft genug anboten. Wir haben es alle täglich gefühlt, daß es für dich keinen anderen Weg gibt als den in den Tod, und unsere Herzen sind in Stolz und Trauer mit dir gegangen. Und in Stolz und Trauer gedenken wir, die wir dem Sterben entronnen sind, heute deiner. So darf ich auch heute als Kommunist deine Geschichte all denen erzählen, die Ohren haben zu hören, und ich weiß mich eins mit dir, wenn ich sage: Dein Tod legt unsere Hände ineinander. ...«[3]

Die Wirkung von Paul Schneiders »Predigten« in Buchenwald war vielfältig, sie rüttelten wach, sie ermutigten, sie stießen Türen auf, ja, sie verhalfen zum Willen, sich selber nicht aufzugeben, sondern durchzuhalten im Glauben an die göttliche Hilfe in tiefster Not. So berichtet im Jahr 1950 Präses Wilm in seiner Schlussansprache auf dem Essener Kirchentag:

»Es hat jemand uns erzählt, wie er auf dem Appellplatz im Lager Buchenwald gestanden hat – grenzenlos allein, unheimlich gefangen und ohne Glauben –, entschlossen, in der nächsten Nacht in den elektrischen Draht zu gehen und Schluß zu machen. Da hörte man an diesem Ort des Grauens und der Verzweiflung eine laute, klare Stimme über den Platz der zwanzigtausend Gefangenen schallen. Diese Stimme rief aus dem Fenster einer Bunkerzelle heraus. ›Jesus Christus spricht: Ich bin das Licht der Welt. Wer mir nachfolgt, wird nicht wandeln in der Finsternis.‹

Das war die Stimme des rheinischen Pastors Schneider. Und der uns das erzählte, hat gesagt: ›Er hat mich durch diesen Ruf gerettet! Denn von da an wußte ich, daß doch Einer bei mir ist!‹«[4]

Margarete Schneider beschreibt die Nachhaltigkeit der »Predigten« ihres Mannes, indem sie in ihrem Buch *Der Prediger von Buchenwald* einen Pfarrer zitiert, der in einer Predigt bezeugt:

»Ein früherer Kommunist und Freidenker, der 7 Jahre im KZ war und dort durch unseren Bruder Schneider das Evangelium hörte, ließ sich taufen, als er wieder in Freiheit war.«[5]

Wer war dieser Paul Schneider?
Wie kam er ins Konzentrationslager Buchenwald?
Was gab ihm die Kraft, mehr als ein Jahr Einzelhaft zu überleben, so dass ihn erst die Todesspritze des KZ-Arztes zum Schweigen brachte?
Was machte ihn so der Erinnerung wert, dass Papst Johannes Paul II. Paul Schneider am 7. Mai 2000 in Rom bei einer ökumenischen Gedenkfeier für die »Märtyrer des 20. Jahrhunderts« als einen der wenigen namentlich Genannten aus der anonymen Schar der 12 000 heraushob?

KAPITEL 1

1897–1918

KINDHEIT, SCHULE, MILITÄRZEIT

»Ich bin dazu geboren und in die Welt gekommen,
daß ich für die Wahrheit zeugen soll.«
(Johannes 18, 37)

DIESE WORTE SPRACH Gustav-Adolf Schneider, der Pfarrer der Unierten Kirche zu Hochelheim, einer ländlichen Gemeinde in der Gegend von Wetzlar, als er am Palmsonntag, dem 31. März 1912, die Hände auf das Haupt seines vierzehnjährigen Sohnes Paul legte. Den Glauben, den Paul an seinem Konfirmationstag bezeugte, hatte er schon mit der Muttermilch eingesogen, und sein Glaube war so natürlich gewachsen, wie er körperlich herangewachsen war. Die ganzen 14 Jahre seines jungen Lebens waren eine Vorbereitung auf diesen Tag gewesen, an dem er selbst sich zu den Verpflichtungen des Glaubens bekannte, auf den er als Kind getauft worden war. Die starken calvinistischen Elemente in den Predigten seines Vaters erweckten in dem Jungen ein Gefühl der Ehrfurcht vor Gottes Heiligkeit und eine Entschlossenheit, sein Leben in strenger religiöser Disziplin zu gestalten. Mehr Prophet als Apostel, beeindruckte Gustav-Adolf Schneider seine Zuhörer mit den feierlichen Verpflichtungen, die aus dem Glauben erwuchsen. Natürlich war auch Frohbotschaft in dem Gesetz, von dem er sprach. Wie für Gustav-Adolf Schneider, so galt auch für den späteren Pfarrer Paul Schneider, dass Frohe Botschaft und Verpflichtung zu christlicher Lebensführung zusammengehörten.

Während seines Vaters Hände den Konfirmanden segneten, fühlte Paul, wie die Augen seiner Mutter ihn voll Liebe umfingen.

Dies war ihr Sohn, ihr zweites Kind, das am Leben geblieben war. Der erste Sohn war tot geboren worden, der zweite hatte nur drei Tage gelebt. Aber Adolf, 1891 geboren, Paul 1897 und Hans 1901 hatten überlebt und waren gesunde Jungen. Paul wusste, dass diese Konfirmation seine Mutter mit Freude erfüllte. Auch sein Vater freute sich natürlich, aber des Vaters in sich gekehrte Persönlichkeit machte es ihm unmöglich, seiner Freude Ausdruck zu verleihen, wie seine Mutter es in ungekünstelter Spontaneität konnte. Paul wusste, sein Vater würde ihm nach dem Gottesdienst die Hand schütteln; seine Mutter, durch ihre Arthritis daran gehindert, an seine Seite zu eilen, würde ihn umarmen, wenn er sich über die Kirchenbank beugte, in der sie saß.

Zu Mittag würde es sein Lieblingsessen und seinen Lieblingsnachtisch geben. Dieses denkwürdige Mahl würde zubereitet werden unter der Aufsicht seiner Mutter, und Sophie Helmes, die seit der Heirat von Gustav-Adolf und Elisabeth Schneider in ihrem Haus lebte, würde eifrig in Küche und Wohnzimmer wirken. Nachbarn würden kommen zum Gratulieren, und Freunde und Verwandte, die von weither angereist waren, würden mit der Familie Schneider den großen Tag im Leben des jungen Konfirmanden begehen, einen Tag, an dem die Pilgerschaft beginnen sollte, die 27 Jahre später in Buchenwald endete.

Der Brauch sah es vor, dass, bevor die Familie ins Bett ging, Pauls Vater sie zum Abendgebet versammelte:

»Wir danken Dir für Deine Gnade, die Du uns heute gespendet hast. Herr, laß uns in ihr wachsen und zunehmen und vollende das gute Werk, das Du in uns angefangen hast, bis wir einst Dich in Deiner Herrlichkeit schauen dürfen. Amen.«

Paul liebte seine Mutter. Natürlich liebte er auch seinenVater, aber das Verhältnis zu seinem Vater beruhte mehr auf zurückhaltender Scheu und Achtung als auf einer Zuneigung und Zärtlichkeit, die er seiner Mutter gegenüber offen zeigen konnte. Obwohl ihre Gesundheit zunehmend von Arthritisanfällen beeinträchtigt wurde, ,war Elisabeth Schneider fröhlich und lebhaft. Paul erinnerte sich gerne an ihre Geschichten, wenn sie von früher erzählte.

Elisabeth Schnorr war am 8. August 1863 in Düsseldorf geboren worden. Ihre Eltern führten ein Hotel in Düsseldorf. Beide Eltern starben jung, und Elisabeth und ihre Schwester kamen in ein Waisenhaus. Als junge Frau war Elisabeth als Gouvernante tätig, bis sie 1888 Gustav-Adolf Schneider kennen lernte und ihn heiratete.

Gustav-Adolf Schneider, geboren am 13. Januar 1858 in Wuppertal-Elberfeld, hatte seine Mutter verloren, als er gerade 15 Monate alt war. Er wurde von seinen Großeltern und einer Schwester seiner Mutter großgezogen. Konfirmiert von Pfarrer Krummacher in der Reformierten Kirche, entwickelte Gustav-Adolf eine starke Sympathie für den Calvinismus.

Nach dem Tode Martin Luthers 1546 hatten evangelische Gemeinden in Deutschland, die sich zu einer calvinistischen Interpretation der christlichen Lehre hingezogen fühlten, ab etwa 1580 begonnen, sich »Reformierte« zu nennen. Diese Gemeinden wollten Luther als geistigen Vater beibehalten, als großen Initiator dessen, was als »Reformation« in die Geschichte eingehen sollte; aber in einigen Punkten der Lehre, z. B. bezüglich des Abendmahls, fanden sie, dass Calvins Interpretation der Heiligen Schrift besser entspräche.

Kurfürst Friedrich III. von der Pfalz (1559–1576) machte Gebrauch von dem Privileg des Herrschers »Wess' das Land, dess' die Religion« und führte 1560 den Protestantismus calvinistischer Prägung in seinem Territorium ein. Er veranlasste 1563 die Herausgabe des an Calvin orientierten »Heidelberger Katechismus«. Das »Augsburger Bekenntnis« von 1530 blieb das offizielle Glaubensbekenntnis des Protestantismus lutherischer Prägung.

1817 entstand in Preußen die Altpreußische Union. Drei unterschiedliche Zweige des Protestantismus bildeten diese Union: die Evangelisch-Lutherische Kirche, die Reformierte Kirche und die Unierte Kirche, Letztere eine Mischung von lutherischem und calvinistischem Protestantismus. Je nach Region bevorzugten Gemeinden und Pfarrer lutherische oder calvinistische Theologie, das Augsburger oder das Heidelberger Bekenntnis. Obgleich Gustav-Adolf Schneider in einem calvinistisch-protestantischen Umfeld groß geworden war, waren die Mitglieder seiner Gemeinden in Pferdsfeld und später in Hochelheim/Dornholzhausen Anhänger der lutherischen Tradition, d. h. des Augsburger Bekenntnisses.

Pauls Eltern heirateten 1888 und richteten in Pferdsfeld ihr eigenes Heim ein. Elisabeth Schneider erzählte ihren Kindern gern, mit einem Anflug von Sinn für Pomp und Bedeutsamkeit, dass sie im gleichen Jahr geheiratet hätten, in dem Wilhelm II. den deutschen Kaiserthron bestieg.

Am 29. August 1897 gebar Elisabeth ihren zweiten Sohn; am 29. September wurde das Kind von seinem Onkel, dem Pfarrer Walter Schneider, auf den Namen Paul Robert getauft. Die Taufe ist von lebenslanger Bedeutung. Wer ein Leben als getaufter Christ führt, muss immer wieder seine sündhafte Natur überwinden und muss voller Reue und Glauben das neue Leben annehmen, das Christus ihm geben will. Christliche Eltern müssen ihren Kindern dabei helfen, und so beteten Gustav-Adolf und Elisabeth am Tauftag gemeinsam:

> »Wir beugen unsre Knie vor Dir, Vater unsres Herrn Jesu Christi, der Du der rechte Vater bist über alles, was da Kinder heißt im Himmel und auf Erden. Du hast uns einen fröhlichen Anblick geschenkt in der Geburt dieses unsres Kindes, und Dein Aufsehen hat seinen Odem bewahrt. Wir befehlen es in Deine Obhut; sei ihm Schirm und Schild in jeder Gefahr des Leibes und der Seele und laß Dein Antlitz leuchten über ihm auf allen seinen Wegen. Amen.« –

Dreizehn Jahre seines Lebens genoss Paul Schneider die Idylle der sanften Hügel von Pferdsfeld bei Bad Kreuznach. Hier in der ruhigen, abgelegenen ländlichen Umgebung wuchs er auf im Frieden mit Gott und der Welt. Das Leben war einfach auf dem Hunsrück; die tägliche Pflicht bestimmte den Rhythmus des Daseins auf dem Lande. Paul war den Menschen nah, und er war der Natur nah. Er liebte Tiere und lebte in wunderbarer Harmonie mit ihnen; er liebte den Geruch der Felder und den rauen Handschlag der einfachen, ehrlichen und gottesfürchtigen Menschen.

1931, als der inzwischen erwachsene Pfarrer in der ehemaligen Gemeinde seines Vaters Ferien machte, schrieb Paul Schneider über die Landschaft seiner Kindheit:

»Wie wohl wir daran tun, die Heimaterinnerungen, die Heimatkunde und die Heimatliebe zu pflegen, merke ich in diesen Tagen sonderlich, da ich in dem Lande weile, wo meine Wiege gestanden hat und das mir die Eindrücke der Kindheit vermittelt hat. Das Dörflein, hoch im Wiesengrund des beginnenden Hoxtbachtales gebettet, der machtvoll aufgebaute Soonwald im nahen Blickfeld, die alten, niedrigen Häuschen, die Winkel und Ecken des Dorfes, die Leute, zum Teil noch die alten Gestalten der Kindheit, der plätschernde Röhrenbrunnen jetzt wie einst: wie nimmt das alles die Seele in einer guten und starken Liebe gefangen, wie ruht da Leib und Seele so gern aus im Schoße der Heimat.«[6] –

Paul besuchte die Volksschule in Pferdsfeld und bekam Privatunterricht von seinem Vater. Mit 11 Jahren kam er aufs Gymnasium nach Bad Kreuznach. Weil Kreuznach zu weit weg von seinem Heimatdorf lag und ein tägliches Hin- und Herfahren unmöglich war, sorgten Pauls Eltern für Unterkunft in einem Pensionat in der Nähe der Schule. Zu Ostern 1910 verlegte Gustav-Adolf Schneider sein Tätigkeitsfeld von Pferdsfeld nach Hochelheim/Dornholzhausen in der Gegend von Wetzlar in der Hoffnung, dass die trockenere Luft dort heilsam für seine Gattin sein würde, deren Leiden sich im Klima des Hunsrück nicht besserte. Auch der Wohnort Hochelheim war ein Bauerndorf, aber von dort konnte Paul jeden Tag bequem mit dem Zug zum Gymnasium in Gießen fahren.

Paul war ein guter Schüler. Ihn interessierten besonders die Sprachen, Geschichte und der Religionsunterricht. Religion unterrichteten in Gießen Lehrer, die von der liberalen Theologie des 19. Jahrhunderts beeinflusst waren. Paul übernahm die Auffassungen seiner Lehrer, Auffassungen, die die biblischen Quellen kritisch bewerteten und die die Authentizität vieler Worte und Taten Jesu, von denen die Evangelien berichten, in Zweifel zogen. Die evolutionäre Methode, die Darwin auf das biologische Leben und Marx und

Elisabeth Schneider mit ihren Söhnen Adolf, Paul und Hans (von links)

Pauls Eltern: Elisabeth und Gustav-Adolf Schneider

Paul (obere Reihe, 2. von li.) als Gymnasiast in Gießen

Engels auf das gesellschaftliche Leben angewendet hatten, wurde von ihnen auch auf die Religion angewandt. So wurde das Christentum als historische Entwicklung betrachtet, d. h. als eine Religion, die sich allmählich aus primitiven mythologischen Anfängen bis hin zu dem komplizierten moralischen Kodex für die moderne Zeit entwickelte.

Am Mittagstisch sprach Paul beiläufig einige Punkte an, um seines Vaters Reaktion zu erkunden. Bei solchen Unterhaltungen fand er heraus, dass auch sein Vater sich als Student mit dem protestantischen Liberalismus auseinander gesetzt hatte, dass er aber der calvinistischen Orthodoxie seines Mentors Pfarrer Krummacher treu geblieben war. Er gab zu bedenken, dass auf lange Sicht nur eine traditionelle, konservative Interpretation des Christentums den Bedürfnissen der Masse, vor allem aber seiner ländlichen Gemeinden entspräche. Was fingen diese Bauern mit Schleiermacher, Feuerbach, Darwin, Marx und Engels an? Die einfachen, erdverbundenen Leute brauchten Jesus und die Propheten. So erkannte Paul, dass man das, was er im Religionsunterricht am Gymnasium Gießen lernte, nicht mit den Gemeindemitgliedern von Hochelheim/Dornholzhausen diskutieren konnte. Es wäre sinnlos, ja sogar grausam gewesen, moderne Denkweisen dort einzuführen, wo einfacher Glaube an die Bibel als Gottes Wort und einfache Antworten auf die Forderungen des Evangeliums Trost und Gewissheit brachten. Gustav-Adolf zitierte gern einen seiner Professoren: »Predigt, was ihr glaubt; beunruhigt eure Gemeinden nicht mit dem, was ihr nicht glaubt.« In diesen Jahren von 1910 bis 1913 hätte sich der jugendliche Paul nicht vorstellen können, dass seine eigene intellektuelle und geistige Pilgerfahrt ihn letztlich zu einer theologischen Einstellung bringen würde, die der seines Vaters sehr ähnlich war. –

Paul liebte Geschichte, und er hörte immer gern von historischen Ereignissen, besonders wenn sich Parallelen zu bedeutsamen Begebenheiten seiner eigenen Familiengeschichte ergaben. Als Gustav-Adolf Schneider 8 Jahre alt war, besiegte 1866 Preußen Österreich bei Königgrätz; als er 1871 13 Jahre alt war, führten der Deutsch-Französische Krieg und die Niederlage Frankreichs zur Einigung Deutschlands. Das Deutsche Kaiserreich wurde am 18. Januar 1871 im Spiegelsaal von Versailles proklamiert.

Mutter und Vater brachten ihren Söhnen eine tiefe Liebe zum Vaterland und Achtung vor dem Kaiser bei, den sie als Gottes Instrument weltlicher Autorität betrachteten. Gustav-Adolf sah im Kaiserreich die Erfüllung der Sehnsucht vieler Deutscher – eine starke, geeinte deutsche Nation. Während der Reformation hatte Martin Luther das Nationalgefühl der Deutschen geweckt. Im 16. Jh. jedoch hatten Gegenreformation und religiöse Spaltung Deutschlands bis hin zum Dreißigjährigen Krieg (1618–1648) die Hoffnung auf einen deutschen Nationalstaat zunichte gemacht.

Nach der Niederlage Napoleons in der Völkerschlacht bei Leipzig 1813, wo Russen, Schweden, Österreicher und Preußen der Armee des französischen Kaisers den Todesstoß versetzten, triumphierten die deutschen Patrioten. Aber der Wiener Kongress wollte nur den Vorkriegszustand in Europa wieder herstellen.

Deutschland sollte das Ziel der staatlichen Einheit nicht durch patriotischen Eifer und Idealismus erreichen, sondern durch das diplomatische Geschick Ottos von Bismarck und die Politik von

»Blut und Eisen«, die das protestantische Preußen so erfolgreich verfolgte und die als Ergebnis des Deutsch-Französischen Krieges 1871 das Deutsche Kaiserreich hervorbrachte. In diesem Schritt auf dem Weg der deutschen Geschichte wurde nach Gustav-Adolf Schneiders Vorstellung die göttliche Vorsehung sichtbar, verwirklicht in der Union von Thron und Altar, die ihren Höhepunkt im Kaisertum der protestantischen Hohenzollern fand.

Jeden Sonntag war das Gebet für die kaiserliche Familie und fürs Vaterland Bestandteil der Liturgie im evangelischen Gottesdienst: »Gewähre uns, o Herr, deine Gnade, segne unsern Kaiser und seine Familie und behüte unser Volk. Amen!« Und so hatte Paul auch am Familientisch gebetet.

Wegen der starken Loyalität gegenüber der kaiserlichen Familie und im Vertrauen auf sie fiel es Pauls Eltern leicht, Wilhelms II. Feststellung von 1910, seine eigene kaiserliche Person betreffend, zu akzeptieren: »Ich betrachte mich als Werkzeug des Herrn und verfolge ohne Rücksicht auf sich ändernde Meinungen und Ansichten meinen Kurs.«

Gehorsam und Wahrhaftigkeit gegenüber seinen Eltern waren für Paul eigentlich selbstverständlich. Ein Beispiel kindlichen Ungehorsams, den er auch noch dem Vater gegenüber abstritt, machte ihm sein Leben lang zu schaffen. Das Ereignis fiel ihm ein, als am Tage seiner Konfirmation seines Vaters Worte in seinen Ohren widerhallten: »... daß ich für die Wahrheit zeugen soll.« Und noch 15 Jahre später, als er 28 Jahre alt war, vertraute er, bedrängt durch den Unglauben und den Materialismus der Weimarer Republik, die er in seiner damaligen Stellung als Hilfspfarrer in Essen-Altstadt erlebte, an diesem kritischen Schnittpunkt in seinem Leben seinem Tagebuch an:

> »Ich habe das allerliebste Mädchen, das sich denken läßt, und kann es nicht heimführen.... Ich stehe in dem höchsten Beruf und kann ihn schlecht, schlecht, fast nicht ausüben. Habe ich meine Zeit genutzt, oder war ich ein ungetreuer Haushalter? Mir scheint alles heute wie in einer großen Täuschung und Lüge gelebt. Ist dieser mein jetziger Zustand die endliche Auswirkung der Lüge von 1910

> im Pfarrgarten in Pferdsfeld? Nun kommt das große Nicht-aufgenommen-Werden, ... O hätte ich dem Vater damals gesagt: Vater, ich habe dich belogen. Vielleicht wäre alles anders gekommen.«[7]

Was war damals geschehen? Im Pfarrgarten in Pferdsfeld gab es einen Stachelbeerstrauch. Einige der Beeren sahen schon goldgelb, weich und süß aus. »Iss keine von den Beeren!«, hatte der Vater gesagt, bevor er zu einem seiner Visitationsbesuche aufgebrochen war. Paul aber fand die Beeren reif und köstlich. Er stillte sein Verlangen nach der Frucht, fast wie es die Ureltern im Paradies bei einer günstigen Gelegenheit getan hatten.

Bei seiner Heimkehr stellte der Vater fest, dass einige Beeren am Strauch fehlten. »Paul, hast du sie gepflückt?« – »Nein, ich nicht.« Schon waren die Worte heraus. Wie konnte er sie zurückrufen? Wie seinem Vater das Geständnis machen, dass er ungehorsam gewesen war und dazu noch gelogen hatte, um den Ungehorsam zu kaschieren? Welches war die größere Sünde: der Ungehorsam, zu dem er sich hätte bekennen müssen, oder den Vater zu hintergehen? Paul liebte und respektierte seinen Vater. Er hatte vielleicht eher deshalb gelogen, weil er seinen Vater vor Enttäuschung bewahren wollte, als weil er Angst vor Strafe hatte.

Paul Schneider hat sich nie wieder der Unwahrhaftigkeit schuldig gemacht. 1937 fiel einem Mitbruder Pauls unerschütterliche Verpflichtung zur Wahrheit und zu ethischer Verantwortlichkeit auf, und er schrieb: »Paul Schneider hat ein selten feines und waches Gewissen. Sein unbestechlicher Wahrhaftigkeitssinn ließ auch nicht die kleinste Krummheit und Schiefheit des Weges zu.«

Trotz des Umzugs nach Hochelheim besserte sich der Gesundheitszustand der Mutter nicht. Im Gegenteil, es ging ihr immer schlechter. Schon in Pferdsfeld hatte Gustav-Adolf einen Eselskarren angeschafft, so dass seine Frau ausgefahren werden konnte. Die Dorfbewohner von Pferdsfeld nannten das Ehepaar Schneider liebevoll »das Eselspaar«. In Hochelheim wurden diese Ausfahrten fortgesetzt (später ersetzte ein Pferd den Esel). Paul hob seine Mutter auf ihren Sitz. Seine jungen, geschmeidigen Muskeln, gestählt durch vielfältige körperliche Arbeit in Feld und Garten, bildeten einen starken Kontrast zu den steifen, gekrümmten Gliedern seiner Mutter. Der Vater bestieg den Esel, nahm die Zügel, und die Schneider-Jungen trotteten neben dem Wagen her.

Abends hoben Paul oder sein älterer Bruder Adolf (Hans war noch zu klein) die Mutter aus ihrem Stuhl und trugen sie nach oben in ihr Schlafzimmer; morgens setzte einer von ihnen sie unten wieder auf ihren Platz am Fenster. Sie musste sich auf die körperliche Kraft ihrer Söhne verlassen, dafür gab sie ihren Söhnen geistige Kraft, und das band sie aneinander. Im Kreise ihrer Familie, die sie liebte, war Elisabeth Schnorr-Schneider, Frau und Mutter in einem 4-Männer-Haushalt, der eigentliche Mittelpunkt.

Jedermann wusste, dass Paul seine Liebe zur Musik und seine gute Stimme von seiner Mutter geerbt hatte. Sie kannte die Kirchenlieder und die Volkslieder auswendig; an ihren Stuhl am Fenster gebunden, sang Elisabeth Schneider gern. Sie grüßte freundlich jeden Vorübergehenden und hatte Freude daran, die Kinder zu beobachten, wie sie im Schulhof direkt gegenüber dem Pfarrhaus spielten. Schule und Pfarrhaus lagen an der Hauptstraße, die mitten durch Hochelheim lief. Vielleicht befähigte Paul die Erinnerung an seine Mutter, die ihre Schmerzen so voller Geduld und Würde aushielt, seine schrecklichen Leiden, denen er später ausgeliefert war, zu ertragen. –
Elisabeth Schnorr-Schneider starb am 8. September 1914, einen Monat nach ihrem 51. Geburtstag und 10 Tage nach Pauls 17. Geburtstag. Welcher Schmerz für die Familie! Wie bemitleidenswert war Gustav-Adolf Schneider ohne seine Elisabeth, denn sie war vielleicht die einzige gewesen, die diesen scheuen, in sich gekehrten und streng disziplinierten Pfarrer wirklich verstanden hatte. Glücklicherweise war Sophie Helmes da. Sie blieb im Haushalt der Schneiders, und später sollte sie auch nach der Ermordung Paul Schneiders bei dessen Familie bleiben und Margarete, Pauls Witwe, bei der Erziehung ihrer sechs Kinder helfen. 1943 wurde das Haus in Elberfeld, in dem Margarete Schneider mit ihren Kindern und Sophie zu der Zeit lebte, bei einem Bombenangriff zerstört. Im selben Jahr kehrte Sophie in ihr Heimatdorf Pferdsfeld zurück, wo sie 1960, kurz nach ihrem 92. Geburtstag, starb. –

Paul konnte den Tag nie vergessen, an dem die Gemeinde von Hochelheim Elisabeth Schneider zu Grabe trug. Sie hatte selbst ihren Grabspruch ausgewählt:

»Seid fröhlich in Hoffnung, geduldig in Trübsal.
Haltet an am Gebet.«
(Römer 12, 12) –

Dem Tod seiner Mutter war am 28. Juni 1914 ein anderer Tod vorausgegangen, der das Leben des jungen Paul Schneider, ja das der Jugend in ganz Europa, dramatisch veränderte: das Attentat von Sarajewo, das Österreich veranlasste, am 28. Juli Serbien den Krieg zu erklären. Diese Kriegserklärung brachte einen Weltenbrand über die Erde, der später der Erste Weltkrieg genannt wurde – einem 25-jährigen österreichischen Emigranten aber trieb sie Tränen des Glücks in die Augen: Adolf Hitler fiel auf dem Münchner Marienplatz auf die Knie und dankte Gott für die Gnade, in solch einer Zeit zu leben.

Russland hatte sich verpflichtet, die nationale Unabhängigkeit Serbiens zu verteidigen. Deutschland war im Bündnis mit Österreich und befand sich so bald im Krieg mit Russland. Frankreich, als Bündnispartner Russlands, war nur allzu glücklich, diese Gelegenheit zu ergreifen, Vergeltung an Deutschland für die demütigende Niederlage Napoleons III. 1870 und für den Verlust Elsass-Lothringens zu üben.

Die Familie Schneider las, wie viele andere Deutsche, tief bewegt die Worte Kaiser Wilhelms II., die er vor dem Reichstag gesprochen hatte:

»… Ich kenne keine Parteien mehr, ich kenne nur noch Deutsche. Zum Zeichen dessen, daß Sie fest entschlossen sind, ohne Parteiunterschiede, ohne Konfessionsunterschiede durchzuhalten, mit Mir durch dick und dünn, durch Not und Tod, fordere ich die Parteivorstände auf, vorzutreten und Mir das in die Hand zu geloben.«

Und ebenso eindrucksvoll war die Proklamation des Kaisers vom 6. August:

»Nun auf zu den Waffen!
Jedes Schwanken, jedes Zögern wäre Verrat am Vaterland!
Um Sein oder Nichtsein unseres Reiches handelt es sich ..., um Sein oder Nichtsein deutscher Macht und deutschen Wesens. Wir werden uns wehren bis zum letzten Hauch von Mann und Roß. Und wir werden diesen Kampf bestehen, auch gegen eine Welt von Feinden. Noch nie ward Deutschland überwunden, wenn es einig war. Vorwärts mit Gott, der mit uns sein wird, wie er mit den Vätern war!«[8]

Das Land befand sich in einem Rausch von patriotischen Gefühlen und Begeisterung. An den Seiten der Eisenbahnwaggons, die die Truppen an die Front bringen sollten, standen optimistische Sprüche geschrieben:

Ausflug nach Paris
Auf Wiedersehen auf den Champs Elysées
Weihnachten sind wir wieder zu Hause –

Der neue, 1871 gegründete Staat hatte offensichtlich das »Gleichgewicht der Mächte« in Europa durcheinander gebracht, die Triple-Entente (England, Frankreich, Russland) war eifersüchtig auf das Deutsche Reich und fürchtete es zugleich. So schien sie entschlossen, dieser neuen politischen Macht die Flügel zu stutzen. Besonders England und Frankreich wollten Deutschlands Herrschaft auf den Kontinent beschränken, den deutschen Wunsch nach Kolonien, nach Rohstofflieferanten und Absatzmärkten vereiteln und des Kaisers kühne Behauptung, das 43 Jahre alte Kaiserreich gehe »herrlichen Zeiten« entgegen und beanspruche seinen »Platz an der Sonne«, Lügen strafen. England nahm zudem Anstoß an der großen Flotte, die Admiral Tirpitz bauen ließ. Die Worte des Kaisers »Unsere Zukunft liegt auf dem Wasser« wurden von den Massenmedien eifrig verbreitet. Die Bekleidung für deutsche Jungen wurde der Matrosenanzug, auch Paul trägt ihn auf mehreren Familienfotos der Zeit.

Der »Haßgesang gegen England« von Ernst Lissauer (1882–1937) gab der Anglophobie Ausdruck, die sich in Deutschland entwickelt hatte:

»Was schiert uns Russe und Franzos',
Schuß wider Schuß und Stoß auf Stoß,
Wir lieben sie nicht,
Wir hassen sie nicht,
Wir schützen Weichsel und Wasgaupaß, –
Wir haben nur einen einzigen Haß,
Wir lieben vereint, wir hassen vereint,
Wir haben nur einen einzigen Feind:
...
Dich werden wir hassen mit langem Haß,
Wir werden nicht lassen von unserm Haß,
Haß zu Wasser und Haß zu Land,
Haß des Hauptes und Haß der Hand,
Haß der Hämmer und Haß der Kronen,
Drosselnder Haß von siebzig Millionen,
Sie lieben vereint, sie hassen vereint,
Sie haben alle nur einen Feind:
England.«

»Die Engländer mögen uns ›Hunnen‹ nennen und die Franzosen uns als ›Söhne Attilas‹ bezeichnen, wir Deutsche haben das Recht, uns gegen die Einkreisung durch aggressive Feinde zu wehren«, schrieb Gerhart Hauptmann 1914. Auch die Familie Schneider glaubte, dass der Krieg das Ergebnis der Entschlossenheit der Entente-Mächte sei, das Deutsche Reich zu zerstören. Der Kaiser leugnete jegliche deutsche Verantwortung für die Krise und brachte statt dessen den festen Willen zum Ausdruck, die nationale Integrität zu verteidigen: »Mitten im Frieden überfällt uns der Feind. So muss denn das Schwert entscheiden.«

Schon lange hatte Europa ein Krieg gedroht. Fast war es eine Erleichterung, dass es nun eine offizielle Kriegserklärung gab. Nun waren die Würfel gefallen. Nun konnte die nationale Begeisterung ihren Lauf nehmen. Der junge Adolf Hitler war nicht der einzige, der dem Himmel dankte für die Gnade, in solch einer Zeit zu leben.

Als Rheinländer hätte Paul 1914 das Gefühl des Mannes verstehen können, der später für ihn die Verkörperung allen Übels werden sollte. Als der Zug mit dem 25-jährigen Rekruten Hitler und seinem Bayerischen Regiment sich der Gegend von Bingen und Rüdesheim am Rhein näherte, konnten die Soldaten durch den Morgennebel die Germania hoch oben auf dem Niederwalddenkmal über dem Rhein erkennen. Hitler, der den Rhein zum ersten Mal sah, sang zusammen mit den anderen Rekruten die »Wacht am Rhein«:

»Es braust ein Ruf wie Donnerhall,
wie Schwertgeklirr und Wogenprall:
Zum Rhein, zum Rhein, zum deutschen Rhein!
Wer will des Stromes Hüter sein?
Lieb Vaterland, magst ruhig sein;
fest steht und treu die Wacht am Rhein!

Solang ein Tropfen Blut noch glüht,
noch eine Faust den Degen zieht,
und noch ein Arm die Büchse spannt,
betritt kein Feind hier deinen Strand!
lieb Vaterland, magst ruhig sein;
fest steht und treu die Wacht am Rhein!« –

Am 31. August 1914 brachte Paul von Hindenburg, der Kommandierende General der 8. Deutschen Armee, den Russen bei Tannenberg eine vernichtende Niederlage bei. Am 29. 8., an Pauls 17. Geburtstag, hatte sich der Kessel um die Russen geschlossen. – Junge deutsche Rekruten fürchteten, dass der Krieg zu Ende sein könnte, bevor sie Gelegenheit gehabt hätten, ihrer Kriegslust zu frönen und ihre Männlichkeit zu beweisen. Aber die Vorstellung, dass der Krieg zu schnell zu Ende ginge, löste sich in nichts auf, als der Schlieffen-Plan (der Plan, Frankreich von Nordwesten von Belgien her und im Osten vom Elsass aus in die Zange zu nehmen) schon im September 1914 an der Marne von den Franzosen vereitelt wurde. Es gab keinen schnellen Durchbruch, kein Aufreiben der französischen Armee zwischen den Flügeln im Nordwesten und im Osten. Von Flandern bis zu den Alpen gruben sich die feindlichen Armeen zu einem endlos sich hinziehenden Stellungskrieg ein.

Im Juni 1915 absolvierte der 17-jährige Paul Robert Schneider das Notabitur, um als Freiwilliger das Vaterland zu verteidigen. Bevor er das Gymnasium Gießen verließ, hatte er verlauten lassen, dass er nach vollendeter Militärpflicht Medizin studieren wolle. Paul begann seine militärische Ausbildung bei einem Reservekavallerieregiment in Hofgeismar und wurde am 10. November nach Osten abkommandiert.

Am 1. September war August Stramm, der expressionistische Dichter, an der russischen Front gefallen. Nur sechs Monate später, am 22. März 1916, wurde Paul an derselben Front verwundet und in ein Militärkrankenhaus in Frankfurt/Oder überstellt.

Der Krieg hatte Menschen in Beutetiere verwandelt. August Stramm hatte sich selbst beschrieben als

> ein Wesen,
> in den Lüften ohne Flügel,
> am Boden ohne Stütze, ohne Stand,
> das erst wieder Halt findet,
> das erst wieder eins wird mit seiner Umgebung,
> wenn es töten kann,
> töten, töten ...

Paul kannte das Furcht erregende Geheul explodierender Granaten. Stramms Gedicht »Granaten« verstand jeder Soldat an der Front. Mit dem Splitter im eigenen Körper und gepeinigt von Schmerzen, hätte Paul sich mit Stramms Aussagen identifizieren können – die ihm vor seiner eigenen Fronterfahrung wohl unverständlich gewesen wären:

> »Granaten
> Das Wissen stockt
> Nur Ahnen webt und trügt
> Taube täubet schrecke Wunden
> Klappen Tappen Wühlen Kreischen
> Schrillen Pfeifen Fauchen Schwirren
> Splittern Klatschen Knarren Knirschen
> Stumpfen Stampfen

Paul mit Vater und Bruder Hans (1918)

Paul auf seinem Pferd Liesel (1918)

Der Himmel tapft
Die Sterne schlacken
Zeit entgraust
Sture weltet blöden Raum.«

Gustav-Adolfs Sorge um seinen Sohn erwies sich angesichts der schnellen Genesung Pauls als unnötig. Es überwog der Stolz des Vaters darauf, dass sein Sohn für seine Tapferkeit im Dienst für Kaiser und Vaterland mit dem Eisernen Kreuz II. Klasse ausgezeichnet worden war. Sein eigenes Prestige als Vater eines Kriegshelden wuchs in ganz Hochelheim.

Nach seiner Genesung wurde Paul im Herbst 1916 an die Westfront geschickt. Bei Verdun, in der Champagne und in Flandern sollte er von 1916 bis 1918 dienen. Mit seinem Pferd Liesel überlebte er manch qualvolle Stunde. Die Eintönigkeit und die Verluste des Stellungskrieges, das Giftgas, die heftigen Artillerieattacken und die Luftangriffe hatten allen romantischen Enthusiasmus zerstört, mit dem die europäische Jugend den Krieg begrüßt hatte. Bei Verdun erlebte Paul die zerstörerische Wirkung der Gefechte, die sich sechs Monate hinzogen und auf französischer Seite 360 000, auf deutscher Seite 335 000 Mann das Leben kosteten. Die Schlacht von Verdun sollte für Deutschland ernsthafte strategische Folgen haben, denn viele deutsche Elitetruppen gingen hier verloren.

Zu den Tugenden eines Soldaten gehört neben Tapferkeit und Ausdauer die Begeisterung. Nach Verdun war die Begeisterung dahin. Paul hatte von den blutjungen Studenten gehört, die am 10. November 1914 in die Schlacht von Langemarck gezogen waren, mit dem Lied »Deutschland, Deutschland über alles!« auf den Lippen, das jäh abbrach im Feuer britischer Maschinengewehre.

»Deutschland, Deutschland über alles,
über alles in der Welt!«

Die Worte dieses Gesangs schallten durch das Niemandsland. Die Antwort von der Seite des Feindes ließ nicht lange auf sich warten: Die Antwort der britischen Maschinengewehre war ein Staccato:

»tat-tat-tat-tat,
tat-tat-tat-tat«

Die ersten Reihen des deutschen Chores gingen unter im Feuer der Granaten. Die leeren Reihen wurden sogleich aufgefüllt durch neue Rekruten, die, über die Leiber ihrer gefallenen Kameraden hinwegsteigend, sich gegen die britischen Linien warfen und hineinliefen in das feindliche Feuer, im Vormarsch dabei singend:

»Blüh im Glanze dieses Glückes,
blühe, deutsches Vaterland!«

Wieder wurde der Gesang abgebrochen, und die Reihen der patriotischen Sänger gerieten durcheinander in der ratternden Kakophonie britischer Maschinengewehre:

»tat-tat-tat-tat,
tat-tat-tat-tat«

Neue Soldaten nahmen mit nimmermüdem Eifer den Gesang auf, stürmten durch den Stacheldraht und über die Leiber der Toten.

Und wieder die rüde Dissonanz aus den feindlichen Linien.

Nun schwieg der Gesang. Eine unheimliche Stille lag über dem Niemandsland und über den Leichen derer, die mit so glühender Vaterlandsliebe gesungen hatten. Zu spät hatten die fanatisch begeisterten Jünglinge begriffen, dass Inbrunst hoffnungslos ins Hintertreffen gerät, wenn sie dem Granatenbeschuss und dem unerbittlichen Rhythmus von Maschinengewehren ausgesetzt ist.

Paul war genau in dem Alter der gefallenen Studenten, und seit dem Feuersturm an der Ostfront kannte er die Schmerzen eines von Kugeln durchsiebten Körpers; er hatte die Todesschreie seiner Kameraden noch im Ohr und ihr Sterben vor Augen. Seine patriotische Glut hatte sich abgekühlt angesichts der Realität des Kampfes. Das eine Jahr der Kampferfahrung hatte ihn über sein Alter hinaus reifen lassen. Tod umgab ihn überall, während er mit seiner treuen Liesel über das Schlachtfeld jagte. Eine starke Anhänglichkeit entwickelte sich zwischen Ross und Reiter; in der öden Landschaft der Westfront, wo Pferd und Reiter gemeinsam ums Überleben kämpften, hatte sich ein enges Band um Paul und Liesel geknüpft.

Inmitten der Schlachten war es Paul, als müsse er in diesem Krieg lebend davonkommen, denn er sah, in einer Art Vision oder Traum, eine blonde Frau und gesunde Kinder vor sich. Die Kameradschaft mit seiner Liesel und diese Vision von Weib und Kindern hielt ihn aufrecht und verstärkte seinen Glauben an eine allwissende und unerklärbare Vorsehung.

Paul hörte mit sehr ungutem Gefühl, dass Deutschland vom 17. Februar 1917 an den uneingeschränkten U-Boot-Krieg wieder aufnehmen wolle. Dies musste die USA auf den Plan rufen. Aber die deutsche Heeresleitung erklärte, es müsse etwas geschehen, um die Engländer an den Verhandlungstisch zu zwingen, damit ein Ende der Kriegshandlungen herbeigeführt werden könne. Lebensmittel wurden immer knapper. Der lange Zermürbungskrieg musste sich zuungunsten der Mittelmächte auswirken. Die Seeblockade gegen England würde England zum Friedensschluss zwingen, bevor die USA ihm beistehen konnten, wie man aus militärischen Verlautbarungen schloss.

Aber die USA erklärten Deutschland am 2. April 1917 den Krieg, und im selben Monat spielte das deutsche Oberkommando das aus, was es für eine seiner besten Karten hielt. Wladimir Iljitsch Uljanow (genannt Lenin), der im Exil in Zürich lebte, durfte durch Deutschland nach Petersburg ausreisen und bekam von der deutschen Regierung genügend Geld, um eine Kampagne zu starten, die Russlands Ausstieg aus dem Krieg zum Ziel hatte.

Im November 1917 ergriffen die Bolschewiken in Russland die Macht, und, getreu seinem Revolutionsmotto »Friede, Land und Brot«, beendete Lenin den Krieg an Deutschlands Ostfront. Viele waren so optimistisch zu glauben, dass jetzt ein für Deutschland günstiges Kriegsergebnis möglich sei. Als aber Tausende von amerikanischen Landsern in Frankreich ankamen, konnten die kriegsmüden deutschen Soldaten dem Feind nicht länger standhalten, einem Feind, der unerschöpfliche Mengen an Menschen und Material zu haben schien. Die deutschen Linien hielten nicht, die Feinde drangen an verschiedenen Stellen vor, und Hindenburg ersuchte, um seine Leute zu retten, dringend um einen Waffenstillstand. An der Westfront schwiegen die Waffen am Montag, dem 11. November 1918, um 11 Uhr. –

Paul war niedergeschlagen ob der Kapitulation seines Landes und doch auch erleichtert, dass das Schlachten ein Ende hatte. Er musste an die Freunde und Kameraden denken, die gefallen waren, an ihre Eltern, Witwen, Kinder. Vier Jahre zuvor waren die Studenten von Langemarck begeistert in die Schlacht gezogen, hatten »Deutschland, Deutschland über alles« geschmettert, überzeugt, dass ihr patriotischer Eifer ihnen den Sieg bescheren würde. Nun befanden sich die deutschen Truppen auf dem Rückmarsch. Begeisterung war der Melancholie, der Entkräftung, der Depression gewichen. Das Lied vom »Guten Kameraden«, vom Dichter Ludwig Uhland aus Tübingen verfasst und später vertont, berührte jeden Soldaten auf das Schmerzlichste:

»Ich hatt' einen Kameraden,
einen bessern findst du nit.
Die Trommel schlug zum Streite,
er ging an meiner Seite
in gleichem Schritt und Tritt.

Eine Kugel kam geflogen;
gilt sie mir oder gilt sie dir?
Ihn hat sie weggerissen,
er liegt mir vor den Füßen,
als wär's ein Stück von mir.« –

Nachdem Paul verwundet von der Ostfront zurückgekehrt war, hatte er sich entschlossen, Theologie zu studieren. Er wollte helfen, die psychischen und geistigen Wunden seines Volkes zu schließen. Als Diener des Evangeliums Jesu Christi wäre er in der Lage, in der Tradition des evangelischen Reformators das Land zu seinen geistigen Wurzeln zurückzuführen.

Der Dichter Fritz Woike beschrieb die Bitterkeit der Niederlage, die Sinnlosigkeit des Krieges, die Enttäuschung derer, die in die Heimat zurückzogen, hinkend und frierend, in eine trostlose Zukunft:

»Rückmarsch

Der Kampf ist aus. Zerbrochen Schild und Ehre
Sie ziehen hin, schaut Keiner ihnen nach;
Schwer auf den Schultern lasten die Gewehre,
Schwer in den Herzen brennt die dumpfe Schmach.

Die Straße dröhnt. Die müden Füße stampfen,
Die Räder mahlen; leise klirrt der Stahl.
Die Rosse keuchen, ihre Flanken dampfen,
Der Nebel fällt, und alle deckt die Qual.

Auf grauen Schollen hocken schwarze Raben,
Der Abend sinkt und Regen rieselt schwer …
Zur Heimat fliehn, die keine Heimat haben,
Zur grauen Zukunft zieht das graue Heer.«[9]

So erlebte auch Paul die Niederlage. Sie bestärkte in ihm den Entschluss, als Theologe dem enttäuschten Volk in seiner Not zu helfen. Viele Kilometer entfernt von Pauls Feldlager lag ein junger Gefreiter im Militärlazarett in Pasewalk in Pommern und erholte sich von den Folgen einer Giftgasattacke, der er nahe Ypern in Belgien bei einem britischen Angriff ausgeliefert gewesen war. Als der Soldat von der Niederlage seines Landes erfuhr, steigerte sich sein physischer Schmerz zu seelischer Pein. Da beschloss dieser Gefreite Adolf Hitler, »Politiker zu werden«. So befanden sich zwei Träger des Eisernen Kreuzes auf Kollisionskurs: Einer wollte Pfarrer werden, dem Evangelium Jesu Christi verpflichtet, der andere wollte Politiker werden, einer nationalistischen, rassistischen Ideologie verfallen; der Zusammenstoß dieser beiden Lebensziele würde die einstigen Waffenbrüder zu unversöhnlichen Gegnern machen.

Angesichts der meuternden Matrosen, der Einrichtung von Arbeiter- und Soldatenräten in verschiedenen deutschen Städten und des Thronverzichts vieler deutscher Fürsten in den ersten Tagen des Novembers 1918 war der Kaiser nach Holland geflohen. Die Regierungsgewalt ging auf den Reichstag über. Paul erfuhr, dass der Sozialdemokrat Philipp Scheidemann mitten in der Konfusion und Anarchie, die nach Bekanntwerden der Flucht Kaiser Wilhelms in Berlin herrschten, am 9. November 1918 die Initiative ergriffen und vom Balkon des Reichstagsgebäudes die Soldaten und Arbeiter dazu aufgerufen hatte, bei der Bildung eines neuen Staates mitzuhelfen:

> »Der Kaiser hat abgedankt. Das Alte, Morsche ist zusammengebrochen. Es lebe das Neue. Es lebe die deutsche Republik!«

Scheidemanns Initiative löste einen kommunistischen Putsch unter Führung von Karl Liebknecht aus, welcher gehofft hatte, seinerseits das politische Vakuum nach der Abdankung des Kaisers auszufüllen.

Der Rückmarsch führte in Richtung Hamburg. Erst zog Paul mit seinen Kameraden in Erwartung weiterer Befehle an den Niederrhein. Während das Regiment in der Nähe von Düsseldorf kampierte, versuchten Familien aus der Umgebung, die Monotonie des Lagerlebens zu durchbrechen, indem sie ihre Häuser für die Helden öffneten, die so lange und schwer gekämpft hatten, um das Vaterland zu verteidigen. Einer der Älteren in Pauls Kompanie, Fritz Kapp, ein Industriearbeiter aus Düsseldorf, lud Paul und mehrere Kameraden zu sich nach Hause ein. Trotz des Lebensmittelmangels brachte es Frau Kapp fertig, ein exzellentes Mahl zu bereiten. Fritz Kapp und seine Frau Edith hatten zwei Töchter, Lenchen und Ilse. Lenchen war erst 16, aber sie war gleich ganz eingenommen von dem jungen hübschen Leutnant mit dem Eisernen Kreuz am Revers. Paul war regelmäßiger Gast bei den Kapps. Ein Foto im Familienalbum der Schneiders sollte Paul noch lange an die kurze Ablenkung von der Bedrückung erinnern, die er in den kritischen Wochen nach der deutschen Niederlage in einer gastfreundlichen Arbeiterfamilie erfuhr.

Lenchen hatte einen schlichten Geschmack. Die Unterhaltung der beiden war einfach und natürlich. Pauls ehrliche Sympathie für die Familie Kapp, seine freundschaftlichen Gefühle für Fritz Kapp als Gastgeber und Waffenbruder und die gemütliche Atmosphäre der Häuslichkeit der Kapps zogen ihn zu Lenchen hin. Nach dem Essen ging er mit ihr am Rhein spazieren. Lenchen hatte viel zu fragen über den Krieg und das Leben an der Front. Paul ersparte ihr die Darstellung der brutalsten Szenen, denn er wollte das junge Mädchen nicht schockieren. Worüber er aber eines Tages sprach, waren die blonde Frau und die gesunden Kinder, die Vision, die ihm Gewissheit gegeben hatte, dass er den Krieg überleben und dann eine Familie gründen würde.

Dann kam der Befehl, nach Bahrenfeld, einer Vorstadt von Hamburg, zu fahren, wo die Männer der Division Hofgeismar ausgemustert werden sollten. Es fiel Paul schwer, sich von der Familie Kapp zu verabschieden, besonders von Lenchen, für die Paul starke Zuneigung empfand. Natürlich bestand die Freundschaft zu kurze Zeit, als dass sie von Pauls Seite als ernsthafte Bewerbung verstanden werden konnte. Und doch wurde ihm beim Abschied plötzlich klar, dass Lenchen sich als die Frau seiner Vision gesehen hatte. Hatte er, indem er ihr davon erzählte, indirekt um sie geworben? Diese Frage beunruhigte ihn; als er heimkehrte und sein Studium begann, wurde er regelrecht geplagt von dem Gedanken, dass er Lenchen vielleicht Hoffnung gemacht hätte, er würde eines Tages zu ihr zurückkehren. Später traf er die junge Frau in einem Düsseldorfer Hotel, wo sie angestellt war, und bat sie um Vergebung, falls seine Freundschaft und seine Offenheit ihr mehr versprochen hätten, als er habe erfüllen können. Lenchen machte ihm keinerlei Vorwürfe. Im Gegenteil, dieses junge Mädchen vom Niederrhein, das dann einen Handwerker aus der Gegend heiratete, blieb mit ihm befreundet, und ihr Name stand während seiner ganzen Amtszeit auf seiner Gebetsliste. 21 Jahre später schickte Lenchen, als sie von Pauls Tod erfuhr, ein Kondolenzschreiben und versicherte seiner Witwe Margarete, sie »... trauere sehr um den Tod des allzeit hochverehrten und geliebten Paul.«

Am 19. Dezember 1918 wurde Paul in Hamburg-Bahrenfeld aus seinem Regiment entlassen. Pferd und Reiter waren so gute Kamera-

Paul (3. von re.) mit Kameraden und der Familie Kapp (1918)

Student Paul als Mitglied des Wingolf (1920)

den geworden, dass der Abschied von Liesel das Schwerste war. Paul striegelte sie noch einmal, strich ihr über die weichen Nüstern, umfasste ihren Hals und ließ sie eine Riesenmenge Süßes aus seiner Hand fressen. Er vergaß Liesel sein ganzes Leben nicht. –
So viele Abschiede schon – von seiner Mutter, von vielen gefallenen Kameraden, von Lenchen und der Familie Kapp, von Liesel! Sie prägten die Persönlichkeit des jungen Paul Schneider mit Ernst und Schwermut. Paul kehrte heim zu seinem Vater und zum Grab seiner Mutter. Es war ihm bewusst, dass die Erinnerung an die Mutter seine Entscheidung, Theologie zu studieren und Pfarrer zu werden, beeinflusst hatte. Von ihr konnte Paul sagen, was vor langer Zeit Heinrich Heine über seine Mutter gedichtet hatte:

»Ist es dein Geist, der heimlich mich bezwinget,
Dein hoher Geist, der alles kühn durchdringet,
Und blitzend sich zum Himmelslichte schwinget?«

Am 23. Dezember kam er in Hochelheim an, gerade rechtzeitig, um Weihnachten mit seinem Vater zu feiern.

KAPITEL 2

1918 – 1926

STUDIUM, VERLOBUNG, AMTSEINFÜHRUNG, HEIRAT

»Befleißige dich, Gott dich zu erzeigen als einen rechtschaffenen und unsträflichen Arbeiter, der da recht teile das Wort der Wahrheit.«
(2 Timotheus 2,15)

GUSTAV-ADOLF SCHNEIDERS Augen standen voller Tränen, als er den aus dem Krieg heimkehrenden Sohn umarmte. Das war die größte Freude, die es für den alten Herrn geben konnte, übertroffen nur, vier Jahre vor seinem Tode, von der Freude, die ihm eine junge, hübsche und lebhafte Frau, Tochter eines Pfarrerkollegen aus Weilheim bei Tübingen, bereitete, als sie als seine zukünftige Schwiegertochter im Oktober 1922 in sein Leben trat. Margarete Dieterich kam aus einer großen Familie, und obwohl sie im Krieg zwei Brüder verloren hatte, hatte sie sich einen mitreißenden Glauben und einen Optimismus bewahrt, die das Ihrige dazu taten, Gustav-Adolf in seinen letzten Lebensjahren zu erfreuen.

1918 aber machten Gustav-Adolf die Niederlage des Vaterlandes, die Abdankung Wilhelms II., der Untergang des Kaiserreiches schwer zu schaffen. Während des ganzen Krieges war von Deutschland immer als von Europas Kulturvolk die Rede gewesen, ständig hatte man die Überlegenheit eines Volkes beschworen, das einen Friedrich Barbarossa hervorgebracht hatte; einen Friedrich II. von Hohenstaufen; einen Martin Luther; Johann Sebastian Bach; Johann Wolfgang von Goethe; Friedrich den Großen von Hohenzollern; Georg Wilhelm Friedrich Hegel – und all das hatte dazu gedient, um ein Bild von der Unbesiegbarkeit Deutschlands zu entwerfen und um bei allen Begeisterung fürs Vaterland zu wecken. Hatten doch die deutschen Katholiken und die deutschen Juden mit gleicher Inbrunst auf den Ruf reagiert, das Vaterland zu verteidigen, wie die evangelischen Untertanen Wilhelms II.!

In der Weimarer Verfassung war die Trennung von Staat und Kirche verankert, die privilegierte Stellung, die die Kirche im Kaiserreich genossen hatte, abgeschafft. Die areligiöse Haltung der Sozialisten und der Liberalen in der Weimarer Republik brachte die christliche Bevölkerung dazu, den neuen Staat als »gottlos« zu betrachten.

Der Patriotismus, die Loyalität und die Liebe eines Gustaf-Adolf Schneider und seiner Altersgenossen hatten einem Reich und einem Kaiserhaus gegolten, das 1918 die historische Bühne verließ. So bitter enttäuscht über den Verlust der ersten Liebe, konnten sie nie Loyalität und Begeisterung für den Staat aufbringen, der das Kaiserreich ablöste, die Weimarer Republik. Auch Pauls Generation war durch die Niederlage zutiefst desillusioniert. Die Welt ihrer Eltern war in der Katastrophe geendet und die neue Welt noch nicht geboren. Aber Jugend hat den Vorteil, noch einmal von vorn anfangen zu können.

In diesem Umfeld begann Paul Robert Schneider im Wintersemester 1918/19 sein Theologiestudium in Gießen. Anfangs faszinierte ihn die liberale Richtung in der Theologie, die seit der Mitte des 19. Jahrhunderts in Deutschland populär war und für die er im Religionsunterricht auf dem Gymnasium in Gießen eine ausgesprochene Sympathie entwickelt hatte. Nicht alle seine Mitschüler hatten sich damals so dafür begeistern können. Seine Freundschaft mit Emil Weber, dem Sohn eines Pfarrers von Langgöns bei Hochelheim, der später auch Pfarrer wurde, wurde wegen dieser theologischen Meinungsverschiedenheiten manchmal auf eine harte Probe gestellt. Emil Weber berichtete, dass Paul sich auf der Heimfahrt von Gießen über ein theologisches Thema so sehr in Eifer reden konnte, dass er manchmal vergaß, dass er in Großen-Linden aussteigen musste; dann sprang er in letzter Minute ab, stand oft noch auf dem Trittbrett vor der Abteiltür oder lief hinter dem abfahrenden Zug her, um

Emil ein weiteres Argument zuzurufen, während der vom offenen Abteilfenster aus seinerseits Paul konterte. Emil schrieb, dass es Paul immer hundertprozentig um die Wahrheit ging, die Wahrheit, so wie er sie verstand. »Der hätte die dickste Freundschaft geopfert um der Wahrheit willen.«

Als die vorläufige deutsche Regierung unter dem sozialdemokratischen Reichskanzler Friedrich Ebert sich im November 1918 daranmachte, die Nationalversammlung vorzubereiten, die eine Verfassung ausarbeiten und Reichstagswahlen durchführen sollte, so dass mit Billigung des deutschen Volkes ein neuer deutscher Staat, eine Republik, entstehen konnte, versuchten radikale Kräfte von rechts und von links, die Macht zu ergreifen und Wahlen zur Nationalversammlung und ein Zusammentreten ihrer Mitglieder zu vereiteln. Im Januar 1919 forderte der Spartakusbund unter Führung von Karl Liebknecht und Rosa Luxemburg eine bolschewistische Revolution in Deutschland. Die politischen Kräfte der Rechten in Berlin, die Polizei und Teile der Armee kontrollierten, unterdrückten den linken Aufruhr. Rosa Luxemburg und Karl Liebknecht, die gefangen genommen und verhört wurden, wurden am 15. Januar von ihren Bewachern ermordet, mit offizieller Billigung. In der anschließenden Verlautbarung hieß es: »auf der Flucht erschossen«.

Die Wahlen zur Nationalversammlung fanden vier Tage danach, am 19. Januar 1919, statt. Die gewählten Vertreter versammelten sich am 13. Februar in Weimar. Weimar war bewusst ausgewählt worden als Ort, an dem die neue Verfassung für den neuen deutschen Staat entworfen werden sollte. Weimar, wo Goethe und Schiller zu Hause gewesen waren, wurde mit Deutschlands humanistischer Tradition in Verbindung gebracht, Berlin dagegen symbolisierte preußischen Militarismus.

Vertreter der SPD, der DDP (Deutsche Demokratische Partei) und des katholischen Zentrums bildeten die neue Regierung; Friedrich Ebert, ein Sozialdemokrat, wurde zum Reichspräsidenten gewählt, und Philipp Scheidemann, ebenfalls von der SPD, zum Reichskanzler ernannt.

Während Paul im Verlauf seines Studiums und auch als Pfarrer unter dem Einfluss der Schriften von Johann Hinrich Wichern und Friedrich Naumann sehr viel von der sozialen und politischen Verantwortung der Kirche hielt, hatte er kein gutes Gefühl, was die bolschewistischen Methoden zur Schaffung einer neuen Gesellschaft anbetraf. Eine zur Reife gelangte sozialistische Gesellschaft, wie sie die Bolschewisten ja im Blick hatten, weist durchaus Parallelen zum Reich Gottes auf, dachte Paul. Aber er war überzeugt, dass nur eine innere Revolution (eine Umkehr, eine Veränderung der Persönlichkeit) die Möglichkeit bot, eine Gesellschaft zu erreichen, die frei von Diskriminierung, Ausbeutung und Ungleichheit war. In Erinnerung an den Spartakusaufstand, einen gescheiterten kommunistischen Staatsstreich in Bayern, April/Mai 1919, wo über 600 Menschen ums Leben kamen, und den versuchten kommunistischen Staatsstreich in Thüringen im Frühjahr 1920 schrieb Paul in sein Tagebuch:

»Der Bolschewismus, ein Widerspruch in sich selbst, da ein Zustand, der nur durch Liebe des einzelnen zur Allgemeinheit und seinen guten Willen bedingt sein kann, mit Gewalt eingeführt werden soll. ... Aber allein durch die äußere Sozialisierung tritt noch kein Umschwung der Gesinnung ein, und so müßte die Sozialisierung zu einer dauernden Diktatur des Proletariats werden, womit nichts erreicht wäre, weil bei diesem noch weniger als bei den Bürgern die Vorbedingung sozialer Zustände, sittlich sozialer Gesinnung gegeben ist. Versittlicht das Volk, macht seine Menschen besser, dann nähern wir uns ganz von selbst dem sozialen Staate.«[10] –

Paul hatte viel von seiner Mutter, aber wie sein Vater war er sehr bedächtig in Wort und Tat. Außerdem waren die Schüchternheit und Introvertiertheit seines Vaters auch für ihn charakteristisch. Am Ende seines zweiten Semesters in Gießen schrieb er:

»Schwer finde ich mich bei meiner schwerfälligen Art in das Neue. ... Die neue Art der geistigen Beschäftigung, das Ganz-auf-sich-Gestelltsein ... ist mir ein seelischer Druck.«[11]

Nach drei Jahren an der Front, wo Zusammensein mit Kameraden und mit seiner Liesel sein Leben ausgemacht hatte, befand er sich jetzt in einer akademischen Umgebung und fühlte sich plötzlich in eine einsame Verantwortung für sein eigenes Weiterkommen hineingeworfen. Trotz seiner Klagen, wie schwierig die Anpassung an das Universitätsleben für ihn sei, war er, nach allem, was wir wissen, ein disziplinierter und gewissenhafter Student. Um seine Schüchternheit zu überwinden, trat er dem Wingolf bei, einer christlichen Studentenverbindung, der auch sein Vater angehörte. Er wollte seinem Vater einen Gefallen tun. Aber im Tagebuch kann man lesen:

»Ist die Verbindung die Opfer an Zeit wert? Entspricht dem auch der Gewinn? Diese Fragen und der Hang nach Einsamkeit, Scheu vor der Gesellschaft lassen mich beinahe zurückschrecken. Aber mein inneres Pflichtgefühl heißt mich, die angeborene Neigung zum Träumen und zu Bequemlichkeit zu überwinden ...«[12]

Seine Bundesbrüder wollten ihm seine Zurückgezogenheit abgewöhnen und überredeten ihn, bei Tanzveranstaltungen mitzumachen. Im Tagebuch schrieb er über eine junge Dame, Reni Vogler, die ihm besonders sympathisch war:

»... Wie unbegabt unterhalte ich mich doch mit Reni, und doch sehne ich mich nach ihrer Nähe. Es ist ein Gemisch von etwas Angst, Freude und Sehnsucht, was mich zu ihr zieht. Sie ist sehr gewandt und klug und taktvoll, trifft überall gleich das Richtige ... und ist äußerst geschmackvoll ... angezogen; wie anders muß ich mich wenden, um ihrer würdig zu werden. Und wie natürlich weiß sie sich zu geben, ob sie mit Sophiechen spricht oder Vater oder Fremden. ...«[13]

Reni stammte aus Oberursel, nicht weit von Frankfurt. Sie kam mit anderen jungen Damen gern zu den Abenden des Wingolf in Gießen. In der letzten Juliwoche 1919 besuchte Reni Pauls Familie. Sie wäre gern noch öfter ins Pfarrhaus von Hochelheim gekommen, aber trotz Sophies ständiger Bemühungen hatte sich Gustav-Adolf eine gewisse für Männer typische Unordentlichkeit angewöhnt und hatte keine große Lust, seine Gewohnheiten zu unterbrechen, nur weil Besuch ins Haus kam. So brachte Paul Reni an den Zug und versprach, dass er und sein Bruder Hans Ende August Renis Familie besuchen würden.

Am 7. Mai 1919, während Paul mitten in seinen Studien und in seinen persönlichen und akademischen Problemen steckte, verkündeten die siegreichen Alliierten die Bedingungen des Versailler Vertrages. Die Deutschen reagierten schockiert. War dies das Friedenspapier, für das sie die Waffen niedergelegt und dem Waffenstillstand zugestimmt hatten? Wie ließ sich dieses Dokument mit Wilsons 14 Punkten vom Januar 1918 vereinbaren, als der amerikanische Präsident einen fairen und gerechten Frieden zu versprechen schien? Wie konnte Deutschland und seinen Verbündeten die alleinige Kriegsschuld aufgebürdet werden, die alleinige Schuld an den Todesfällen und den materiellen Verlusten, die der Krieg verursacht hatte – so sah es der Artikel 231 des Vertrages vor. Die Deutschen waren empört. Aber es gab keinerlei Möglichkeit, sich einer Besetzung Deutschlands zu widersetzen, falls die Weimarer Republik nicht unterschrieb; und so sah sich die erst drei Monate alte Republik in der Zwangslage, einen Vertrag zu akzeptieren, der für das deutsche Volk gleichbedeutend war mit nationaler Demütigung und wirtschaftlicher Versklavung. Der Ort der Unterzeichnung des Vertrages war von Deutschlands erbittertsten Gegnern bewusst ausgewählt: Die Zeremonie fand im Spiegelsaal des Schlosses von Versailles statt, wo das Deutsche Kaiserreich proklamiert worden war. Diese Demütigung Frankreichs durch die Preußen 1871 war nun gerächt.

Die Mitgliedschaft im Wingolf und die Freundschaft zu Reni Vogler halfen Paul, geselliger zu werden. Aber aus der Freundschaft entwickelte sich keine Liebe. Auf Einladung der Familie Vogler reisten Paul und sein Bruder Hans nach Oberursel. Das gekünstelte Gehabe und die Hohlheit vieler von Renis Verehrern enttäuschten Paul. Renis Eltern (ihr Vater war Fabrikant) waren wohlhabende Bürger, und der Snobismus und die frivole Arroganz, die viele europäische Neureiche kennzeichneten, herrschten auch in Renis gehobenen Kreisen. Mit Lenchen hatte sich Paul damals in ihrem Haus und auf den Spaziergängen am Rhein entlang wohl gefühlt. Bei Reni fühlte er sich wohl, solange sie tanzten. Auch Reni genoss Pauls Gesellschaft, aber jedem war wohl bewusst, dass die soziale Kluft zu tief war, als dass es eine Brücke geben könnte. –

Am 1. Oktober ging Paul zu seinem dritten Semester nach Marburg. Die dortige Gruppe des Wingolf setzte sich viel engagierter für die Förderung des »Korpsgeistes« ein, als das die Gießener getan hatten. Paul jedoch glaubte, es gehe zu viel Zeit für Essen und Trinken drauf. Sein Vorschlag, die Mitglieder sollten mehr Wert auf Sport und sportliche Veranstaltungen legen, stieß auf taube Ohren. So fühlte sich Paul von der ausgelassenen Art der Verbindung mehr und mehr abgestoßen, und er nahm nur noch selten an Veranstaltungen teil.

Als Verehrer des großen preußischen »Turnvaters« Jahn (1778–1852), der gelehrt hatte, dass ein gesunder Geist in einem gesunden Körper eine patriotische Verpflichtung eines jeden Preußen im Kampf für Befreiung und gegen die napoleonische Besetzung sei, nahm Paul ganz selbstständig an einem Körperertüchtigungskurs der Universität Marburg teil und bereitete sich gewissenhaft auf die staatliche Turnlehrerprüfung vor. Außerdem übte er sich an der Orgel, die er seit seiner Kindheit gespielt hatte, und gab Nachhilfestunden. – Bei seinen theologischen Studien erlebte Paul eine innere Wandlung. Er opferte seine positive Sicht der menschlichen Natur – geboren aus dem Optimismus des 19. Jahrhunderts und aus der Aufklärung. Luther und Calvin hatten Recht: Der Mensch ist sündig; das Menschengeschlecht harrt der Erlösung. Die Bibel ist mehr als eine Ansammlung religiöser Folklore: Sie ist göttliche Offenbarung, und Gott spricht zu seinen Geschöpfen aus den Seiten der Heiligen Schrift. Es fiel Paul schwer, von Ideen Abschied zu nehmen, die er so lange für richtig gehalten hatte und für die er täglich eingetreten war. Er hätte am liebsten seinen Beruf an den Nagel gehängt. »Warum kann ich nicht ein einfacher Bauer sein und mein Land bestellen, das ich liebe, und mein Leben mit Arbeit verbringen, die mir Spaß macht, und mit Leuten, die ich verstehen und mit denen ich glücklich sein kann?«, weinte er. Er war am Rande der Verzweiflung. Als er oben an einem Steinbruch bei Marburg saß und in die Tiefe hinabschaute, beschlich ihn der Gedanke, er könne sich aller Qual und aller Verantwortung entziehen, indem er dort hinuntersprānge. Aber es stellte sich heraus, dass Paul seiner Mission ebenso wenig entfliehen konnte, wie Jona, Jeremia oder der Apostel Paulus vor ihrer vom Himmel verfügten Verantwortung hatten flüchten können.

Die junge Weimarer Republik wurde von radikalen politischen Kräften bedrängt. Im März 1920 versuchte Wolfgang Kapp, ein rechter Politiker, mit Hilfe der Berliner Garnison die Weimarer Koalition unter Führung des sozialdemokratischen Kanzlers Gustav Bauer zu stürzen. Auf die Frage von Reichswehrminister Noske an den Chef des Heeres, Hans von Seeckt, ob er zu seinem Eid auf die Republik stehen und die Putschisten vertreiben werde, erwiderte von Seeckt: »Deutsche Soldaten schießen nicht auf deutsche Soldaten.« Diese Antwort zeigte den Mitgliedern der Regierung, dass ihre Sicherheit momentan nur durch ihre Flucht aus Berlin garantiert sein könne. Massive Streiks der Berliner Arbeiter ließen den Putsch der Rechten nach wenigen Tagen zusammenbrechen.

Nun drohten kommunistische Erhebungen im Ruhrgebiet und in Thüringen die Republik auseinander zu brechen. Die Regierung mobilisierte aus dem Militärdienst entlassene ehemalige Soldaten. So zog Paul im Frühjahr 1920 noch einmal die Uniform an und wurde Teil einer Regierungstruppe, die die kommunistische Herausforderung in Thüringen bekämpfen sollte. Wenn der Bolschewismus die Landesregierung in Thüringen zu stürzen suchte, hatten deutsche Patrioten, Christen eingeschlossen, keine andere Wahl, als Gesetz und Ordnung zu verteidigen und zu verhindern, dass ein Teil Deutschlands in die Hände von gewaltbereiten Revolutionären fiel, die von einem fremden Staat ermutigt und unterstützt wurden und ihn zu einem Satelliten der Sowjetunion machen wollten.

Paul und seine etwa 300 Mitstudenten wurden im Universitätshof gemustert und samt Maschinengewehren und Munitionskisten in einem Militärzug nach Eisenach gebracht. Paul saß neben seinem Freund Klaus, der nicht weit von Eisenach zu Hause war und der ihm unterwegs einige Sehenswürdigkeiten zeigen konnte. Nicht lange danach stand die Kompanie Marburger Studenten auf dem Bahnsteig von Eisenach, in Viererreihen, stahlhelmbewehrt und mit geschultertem Gewehr, bereit zum Abmarsch zur Rettung Thüringens vor einer bolschewistischen Revolution.

Weil es in der Eisenacher Fabrik nicht genug Platz für alle Soldaten gab und wegen des Privilegs ihres höheren Ranges waren die Offiziere in Privatquartieren untergebracht. Paul und Klaus hatten ein gemeinsames Zimmer im Haus des Eisenacher Theaterdirektors Richard Rückert. Vom Garten aus hatten die beiden Studenten einen herrlichen Blick auf die Wartburg.

Direktor Rückert informierte Paul und Klaus, dass die kommunistischen Unruhen in Eisenach schon in einer örtlichen Polizeiaktion niedergeschlagen worden seien. »Aber soviel ich mitbekommen habe«, sagte Direktor Rückert, »können Ruhla und Gotha in die Hände der Bolschewisten gefallen sein. Die Aufständischen sind Fabrikarbeiter, denen man gesagt hat, der Kapp-Putsch in Berlin sei erfolgreich verlaufen und infolge des Sieges der Reaktionäre und Monarchisten in Berlin werde das Proletariat mehr denn je unterdrückt werden.« –
Da sich der Abmarsch bis zum Abend verzögerte, beschlossen Paul und Klaus nach dem Frühstück, diesen herrlichen Tag auszunutzen, um die historischen Sehenswürdigkeiten der Stadt Eisenach zu besichtigen, und machten sich als erstes zur Wartburg auf. »Stell dir vor, Klaus, genau auf diesem Waldwege könnte Martin Luther gegangen sein, wenn er in die Stadt herunterkam«, sagte Paul. »Und was für ein Weg an solch einem wundervollen Frühlingstag!«, schwärmte Klaus begeistert. Die Bäume zeigten ihr erstes Grün, und Veilchen drängten aus der reichen Walderde ans Licht. Stare und Amseln begrüßten das Wiedererwachen der Natur.

Nach halbstündiger Wanderung erreichten die Freunde den Gipfel. Mit vielen anderen Touristen durchschritten sie das enge Burgtor. Paul wollte zunächst das Lutherzimmer sehen, wo Luther, als Junker Jörg verkleidet, nach dem Wormser Reichstag mehrere Monate verbracht hatte. Nun standen die zwei in dem Zimmer mit den kleinen Butzenscheiben, die den Blick über den Thüringer Wald freigaben. Auf dem Tisch lag eine Kopie der Lutherbibel von 1534, aufgeschlagen beim ersten Kapitel des Buches Jesaja. »Klaus«, sinnierte Paul, »Luther begann die Übersetzung der 27 Bücher des griechischen Neuen Testaments nach Weihnachten 1521 und hatte das ganze Werk vollendet, als er am 6. März 1522 nach Wittenberg zurückkehrte.«

Anschließend besuchten sie den Sängersaal, wo der Wettbewerb der mittelalterlichen Minnesänger stattgefunden hatte, das Vorbild für die entsprechende Szene in Richard Wagners »Tannhäuser«. An der höchsten Stelle der Wartburg zeigte Klaus auf den gegenüber liegenden Berg. »Genau hier findet die Eröffnungsszene des ›Tannhäuser‹ statt, Paul, die Höhle der Venus ist auf dem Hörselberg angesiedelt.«

Die zwei Freunde sahen sich dann die Elisabethgalerie an. Elisabeth war, als kleines Kind Instrument mittelalterlicher dynastischer Diplomatie, von Ungarn auf die Wartburg geschickt worden, um den Landgrafen von Thüringen, Ludwig IV., zu heiraten. Wegen ihrer Frömmigkeit und Mildtätigkeit wurde Elisabeth schon bald nach ihrem Tode 1231 heilig gesprochen. Paul und Klaus kannten sich in ihrer Lebensgeschichte aus, denn Elisabeth hatte ihre letzten Lebensjahre in Marburg verbracht und lag in der dortigen Elisabethkirche begraben. Es schien, dass Elisabeth, nachdem ihr Mann auf einem Kreuzzug gestorben war, von neidischen und habgierigen Verwandten aus ihrer Heimat vertrieben wurde.

Im 19. Jahrhundert stellte Moritz von Schwind Szenen aus dem Leben Elisabeths dar: wie sie Kranke besuchte, den Hungrigen zu essen gab, Sterbende tröstete, die Obdachlosen beherbergte. Über das Hauptportal der Elisabethgalerie hatte Schwind das »Rosenwunder« gemalt. Elisabeth nahm heimlich Brot aus der Burgküche, um es den Armen in Eisenach zu bringen. Eines Tages fing ihr Mann sie auf seiner Rückkehr von der Jagd ab. Er bemerkte, dass sie etwas unter ihrem Mantel trug. Verärgert über ihre Freigebigkeit und, als er sie nun auf frischer Tat ertappte, entschlossen, ihrer Liebestätigkeit ein Ende zu setzen, wollte er wissen: »Was hast du unter deinem Mantel?« Sie antwortete: »Rosen.« – »Lass sehen!«, befahl er. Auf die Aufforderung ihres Mannes hin öffnete sie ihren Mantel, und siehe da – die Brote waren in Rosen verwandelt.

Die Mittagsstunde nahte, als die Freunde in die Stadt zurückkehrten. In einer schmalen Gasse erklärte Klaus: »Im Gasthaus ›Zum goldenen Löwen‹ gründeten Wilhelm Liebknecht und August Bebel 1869 die Sozialdemokratische Arbeiterpartei Deutschlands.«

Klaus führte Paul weiter zum Bachplatz. Als die beiden das Haus durchschritten, wo Johann Sebastian Bach 1685 geboren worden war, lenkte Klaus Pauls Aufmerksamkeit auf einen Ausspruch von Beethoven über Bach: »Dies ist ein guter Vorschlag, ›Man hätte ihn MEER und nicht BACH nennen sollen.‹«

Danach gingen Paul und Klaus weiter die enge Lutherstraße hinunter am Lutherhaus vorbei zur Georgen-Kirche. Auf dem Platz vor der Kirche hatten Thüringer Bauern ihre Marktstände und verkauften Brot und Marmelade aus eigener Herstellung, Hühner, Eier, Butter und Fleisch von ihrem Bauernhof und thüringischen Waldhonig. Mehrere große Roste, auf denen Thüringer Bratwürste bruzzelten, zogen die Aufmerksamkeit der Marburger Studenten an; in der Tat konnte man fast die ganze Marburger Truppe über den Markt ziehen sehen. Die beiden Freunde reihten sich in eine der Schlangen ein. Am einen Ende des langen Rostes legte der Würstchenbräter frische Würste über die glühende Holzkohle und drehte sie unentwegt. Am andern Ende des Rostes handhabte indessen seine Frau die große Zange, steckte eine inzwischen goldbraun gebratene Wurst zwischen die Hälften eines Brötchens und drückte sie dem wartenden Kunden in die Hand. Der Holzkohlenrauch zog an den Kirchenmauern hoch und hing wie eine Weihrauchwolke über dem Kirchturm. Paul und Klaus ließen sich auf einer Bank gegenüber dem Kirchenportal nieder, von wo sie Markt und Kirche voll im Blick hatten. Beim Essen lauschten sie amüsiert dem thüringischen Dialekt. Sie fanden es schwer, sich vorzustellen, dass nur ein paar Tage vorher dieser Ort Schauplatz eines bolschewistischen Umsturzversuches gewesen war. Trotz der liebenswerten Stimmung auf dem Markt und trotz des lebhaften Treibens dort konnte Paul sehen, dass die Thüringer Bauern arm waren. »Ja«, bestätigte Klaus, »hier in Thüringen steht mancher im Kampf um seine Existenz. So ist es nicht verwunderlich, dass Enttäuschung, Unsicherheit und Angst dieser Leute schließlich in einer Sozialrevolution Ausdruck finden.«

Nach dem Mittagsimbiss betraten Paul und Klaus die Georgenkirche. Als »Partekenhengst« hatte der junge Luther wohl in dem

Knabenchor dieser Kirche gesungen, der von Tür zu Tür zog und um Almosen bat. Jede Familie hielt etwas in Reserve für die Sänger: ein Stück Brot oder Kuchen. Im Lutherhaus erzählte ihnen dann der Direktor, dass Luther vom 15. bis 18. Lebensjahr (1498–1501) in diesem Haus bei der Familie Cotta gewohnt habe, während er die nahe gelegene Lateinschule besuchte. Der junge Luther erhielt Unterkunft und Verpflegung und unterrichtete dafür die Kinder der Cottas. –
Familie Rückert erwartete die beiden am Nachmittag mit Kaffee und Kuchen. Direktor Rückert war sehr erregt, als er vom politischen und kulturellen Klima in Deutschland sprach, und er nahm die Gelegenheit wahr, Paul und Klaus seine Meinung dazu kundzutun. »Dieses Land gleitet in die Anarchie«, sagte er. »Als Bürger, der eine verfassungsmäßige Regierung befürwortet, bin ich beunruhigt über die Serie von Putschen gegen die Republik. Ich glaube schon, dass unsere Regierung wie den Putsch von rechts auch diesen kommunistischen Putsch in Thüringen überlebt. Und jetzt berichtet die Presse, dass am 24. Februar eine neue Partei, die Deutsche Arbeiterpartei, unter Führung eines Anton Drexler und eines Adolf Hitler im Hofbräuhaus in München einer zweitausendköpfigen Menge ein Parteiprogramm mit 25 Punkten präsentierte, das unsere Gesellschaft revolutionieren würde.« Frau Rückert, viel jünger als ihr Mann, rief ihm zu: »Richard, du musst nicht alles so ernst nehmen. Der Kapp-Putsch ist gescheitert, und die Unruhen hier und an der Ruhr klingen langsam ab. Es wird alles besser, sobald sich die wirtschaftliche Lage bessert.« Und wie um ihren Mann zu beruhigen, fasste sie liebevoll seine Hand. – Um 18.30 Uhr verabschiedeten sich die beiden Freunde von Familie Rückert und machten sich in Richtung Bahnhofsvorplatz auf. Bald marschierte man in Richtung Ruhla. Es war eine kühle Märznacht, eine leichte, anregende Brise aus dem Thüringer Wald begleitete die Marburger Studenten.

In der Morgendämmerung zogen die 300 Mann in das Städtchen ein. Hier sollte das Zentrum der kommunistischen Revolte sein. An jedem Ende des Ortes und an strategischen Kreuzungen errichteten die Marburger Studenten Kontrollen. Nirgends sah man Waffen oder irgendjemanden, der versuchte, Widerstand zu leisten oder die Stadt unter Kontrolle zu halten. Paul und Klaus begleiteten Major Lemmer auf seinen Wunsch hin ins Rathaus. Sie postierten sich vor dem Büro des Bürgermeisters, während Major Lemmer mit diesem sprach. Der Bürgermeister versicherte dem Major – wie die beiden Freunde deutlich hören konnten –, die kommunistischen Aufständischen hätten ihre Waffen niedergelegt und seien an ihre Arbeit gegangen, sobald Berichte aus Berlin versicherten, dass der Kapp-Putsch fehlgeschlagen sei. »Unsere Leute hatten Angst vor einer Machtübernahme des Monarchisten Kapp«, erklärte der Bürgermeister. »Der Kapp-Putsch löste die Rebellion hier aus; aus demselben Grund hatten 60 000 Arbeiter im Ruhrgebiet eine Arbeiterarmee aufgestellt. Die Tatsache, dass die Kommunisten und Sozialisten in Berlin den Streikaufruf der Regierung befolgten und so den Staatsstreich zum Scheitern brachten, zeigt, dass wir geholfen haben, die Regierung zu retten. Sie sehen also, das hier war gar keine Rebellion. Nach dem Scheitern des Putsches wurde unser Aufstand abgeblasen. Allerdings hat es leider Tote gegeben.« – »Wie das?«, fragte der Major. »Gestern, vor Ihrer Ankunft, durchkämmte eine Abteilung Marburger Studenten, die vor zwei Tagen angekommen waren, ein Tal bei Ruhla. Sie nahmen 15 Männer im Alter von 16 bis 70 Jahren in Gewahrsam. Ohne direkte Anordnung von irgendwoher wurden diese Gefangenen zu kommunistischen Rebellen erklärt und nach Gotha in Bewegung gesetzt. Dort kamen sie nie an – in der Nähe des Dorfes Mechterstedt wurden sie am Straßenrand erschossen.«

Paul und Klaus waren schockiert. Sie konnten nicht glauben, dass ihre Mitstudenten sich eines so kaltblütigen Mordes schuldig gemacht hatten, aber die Mordtat von Mechterstedt bestätigte sich. Dieses Geschehen bewahrheitete Pauls eigene Beobachtungen, nämlich dass es gewaltige Meinungsunterschiede unter den ehemaligen Soldaten gab, was das Beste für das Land sei. Paul wollte die Vergangenheit hinter sich lassen und für die geistige Erneuerung seines Landes arbeiten. Aber er musste erkennen, daß viele ehemalige Waffenbrüder und jetzige Mitstudenten darauf aus waren, die deutsche Kriegsniederlage und die Demütigung von Versailles zu rächen. Sie lasteten die Niederlage den Kommunisten und den Juden an. Die Dienstverpflichtung seitens der Regierung gegen die Kommunisten in Thüringen war für sie die willkommene Gelegenheit, ihren Rachegelüsten zu frönen.

Nach einer vierwöchigen Besetzung Ruhlas durch die Studenten war die Regierung sicher, dass die bolschewistische Gefahr vorüber und der Friede wieder hergestellt sei. Ein Militärzug transportierte die Soldaten zurück nach Marburg. Dort nahmen Paul und Klaus ihr Studium wieder auf – der Mord von Mechterstedt war das einzige Ereignis, das eine ansonsten so angenehme Erinnerung an den Aufenthalt in Thüringen trübte.

Am Ende des Wintersemesters entschloss sich Paul, nach Tübingen zu gehen, während Klaus in Marburg blieb. Der Tübinger Professor, der den größten Eindruck auf Paul machte und der ihm half, seine konservative Einstellung zu vertiefen, war Karl Heim. Paul hörte Formulierungen, die in seinem späteren Kampf gegen den Nationalsozialismus von ungeheurer Bedeutung sein würden. Heim lehrte, Gott könne nicht der Welt gleichgesetzt werden, denn solch eine Gleichsetzung führe entweder zum Götzendienst oder zum Pantheismus; zum Pantheismus, indem wir die Natur zum Gott machten; zum Götzendienst, indem wir der Versuchung erlägen, etwas absoluten Wert zuzuschreiben, was nur einen relativen Stellenwert habe, z. B. Rasse, Blut, Boden. 1933 kam Paul zu dem Schluss, dass der »Götzendienst« aus Prof. Heims Vorlesungen von vor 13 Jahren in Tübingen ein inzwischen sichtbares historisches Phänomen geworden war. Rasse, Blut und Boden waren die Götzen der neuen Religion, des Nationalsozialismus, der den Segen des Himmels für sich in Anspruch nahm.

Paul hörte in Tübingen auch die Vorlesungen von Professor Schlatter. Aber wegen Schlatters Schweizer Dialekt fand er diese Vorlesungen weniger attraktiv. Erst später, im Theologenseminar in Soest, wo Paul sich im Oktober 1922 einschrieb, konnte er sich für das Werk Adolf Schlatters begeistern. –
Studentenunterkünfte zu finden war in Tübingen sehr schwierig. Die deutschen Universitäten mussten zu den einzelnen Lehrveranstaltungen mehr Studenten zulassen, um sowohl die aus dem Krieg Zurückgekehrten als auch die Gymnasialabgänger, die noch zu jung zum Militärdienst gewesen waren, aufnehmen zu können.

Paul hatte von Freunden gehört, dass ein Pfarrer Karl Dieterich in Weilheim, vier Kilometer außerhalb Tübingens, ein Zimmer vermiete. Dieterichs bewohnten ein geräumiges Pfarrhaus. Vorher hatte dort ein Student aus Danzig gewohnt, aber jetzt hatte man beschlossen, keine Zimmer mehr zur Verfügung zu stellen. Kaum war dieser Entschluss gefasst, als ein Brief eines Studenten Paul Schneider ankam mit der Anfrage, ob er im Haushalt der Dieterichs Unterkunft und Verpflegung bekommen könne. Er hob hervor, er sei ein sehr einfacher Student ohne große Ansprüche und würde dankbar jede Art von Unterkunft akzeptieren, die man ihm bieten könne. Die Dieterichs überlegten noch einmal. Man beschloss, dass Paul Schneider, Sohn eines Pfarrers, Theologiestudent, ehemaliger Soldat und fast im selben Alter wie die zwei gefallenen Söhne der Familie, ins Haus aufgenommen werden sollte. – Teil dieser Familiengemeinschaft zu sein, würde sich als eine der tragenden Kräfte im Leben des um ein Haar Abgewiesenen herausstellen. Was wäre geschehen, wenn Paul Schneider nicht mit der Familie Dieterich in Kontakt gekommen wäre? Er hätte nicht das jüngste Kind der Familie kennen gelernt, das zehnte Kind von vier Jungen und sechs Mädchen. Am 8. Januar 1904 geboren, war Margarete Dieterich gerade mal 16 Jahre alt. Diese Margarete (Gretel) sollte Pauls Frau werden, ohne die sein Leben, sein Engagement, sein Zeugnis und sein Märtyrertod nicht zu verstehen sind.

Paul und Gretel freundeten sich an. 1920 besuchte Margarete Dieterich nach Abschluss der Mädchenrealschule die Frauenarbeitsschule in Tübingen. Gretel und der inzwischen 22-jährige Paul gingen oft den Weg durch den Wald nach Tübingen gemeinsam, mitunter fuhren sie auch mit dem Zug.

In der Familie zu leben war ein Segen für Paul, er genoss die warme häusliche Atmosphäre, die ihm seit dem Tod seiner Mutter im Pfarrhaus zu Hochelheim so gefehlt hatte. Die Familie Dieterich gewann Paul lieb. Seine kraftvolle Jugendlichkeit erinnerte sie an die beiden Söhne Ernst und Wilhelm, die in der Sommeschlacht gefallen waren.

Gretel erzählte Paul vom Tod ihrer beiden Brüder: »Ich erinnere mich an den Schmerz und die Trauer, die bei der Nachricht von

Wilhelms Tod über unser Haus kamen – er war am 17. Juni 1916 gefallen. Ernst, der gerade auf Heimaturlaub war, nahm das Telegramm in Empfang. Die ganze Familie versank in Schmerz. Mein Vater litt besonders, denn er glaubte, man dürfe nicht sichtbar um einen Sohn trauern, der den Heldentod fürs Vaterland gestorben sei. Vater war kaisertreu und ist es heute noch. Er glaubt sogar, Deutschlands einzige Rettung besteht in der Wiedererrichtung der Monarchie. Er erlaubte damals auch der Mutter nicht, in der Öffentlichkeit ihrem Schmerz Ausdruck zu verleihen. Mutter weinte nie in Vaters Gegenwart, aber wir Frauen, meine Schwestern, meine Mutter, unsere Haushälterin Amei und ich, ließen bei unseren Tätigkeiten in der Küche unseren Tränen freien Lauf. Mein Vater hielt selbst den Trauergottesdienst in Weilheim; begraben war Wilhelm mit seinen Kameraden an der Somme. Andere Pfarrer wollten Vater die traurige Pflicht abnehmen, aber er insistierte: ›Ich bin der Vater dieses Sohnes, ich habe ihn getauft und konfirmiert. So werde ich auch den Gottesdienst zu seinem Gedächtnis feiern und seine Seele dem Himmel anempfehlen.‹

Noch war die Wunde nicht verheilt, als an einem Septembertag beim Mittagessen mein Vater die vernichtende Botschaft las; wir wussten beim Blick in sein Gesicht, was der Brief enthielt. Außerdem bekamen wir auch noch eine Karte, eine ähnliche wie beim Tode Wilhelms.«

Gretel gab Paul eine Karte, die er nachdenklich betrachtete: ein Bild eines Engels, der sich auf dem Schlachtfeld über einen Gefallenen beugt. Am unteren Bildrand die Worte: »In Erinnerung an Ernst Dieterich« und der Zusatz: »Er starb fürs Vaterland.« Unter diesen Worten war das Eiserne Kreuz. Und ganz oben auf der Karte der Vers aus 1. Johannes 3, 16: »Wir sollen auch das Leben für die Brüder lassen.«

Gretel fuhr fort: »Mein Vater, von Kummer geschüttelt und von Stolz aufgerichtet, zog sich in sein Arbeitszimmer zurück. Einmal sah ich ihn durch die halb offene Tür: Sein Körper wurde von Seufzern erschüttert, während er in einem dicken Buch las. Vater ahnte nicht, dass ich im Flur stand. Ich wusste nicht so recht, was ich tun sollte. Sollte ich zu ihm hingehen? Er würde nicht wollen, dass jemand ihn weinen sah. So ging ich weg und überließ den Vater seinem Schmerz. Als ich am nächsten Tag sein Zimmer aufräumte, sah ich das Buch, in dem er gelesen hatte – es war noch aufgeschlagen. Ich las das Gedicht ›Wer weiß wo‹ von Detlef von Liliencron über die Schlacht von Kolin im Siebenjährigen Krieg (1757):

Auf Blut und Leichen, Schutt und Qualm,
Auf roßzerstampften Sommerhalm
Die Sonne schien.
Es sank die Nacht. Die Schlacht ist aus.
Und mancher kehrte nicht nach Haus
Einst von Kolin.

Ein Junker auch, ein Knabe noch,
Der heut das erste Pulver roch,
Er mußte dahin.
Wie hoch er auch die Fahne schwang,
Der Tod in seinen Arm ihn zwang,
Er mußte dahin.

Ihm nahe lag ein frommes Buch,
Das stets der Junker bei sich trug,
Am Degenknauf.
Ein Grenadier von Bevern fand
Den einen erdbeschmutzten Band
Und hob ihn auf.

Und brachte heim mit schnellem Fuß
Dem Vater diesen letzten Gruß.
Der klang nicht froh.
Dann schrieb hinein die Zitterhand:
›Kolin. Mein Sohn verscharrt im Sand.
Wer weiß wo.‹

Und der gesungen dieses Lied,
Und der es liest, im Leben zieht
Noch frisch und froh.

Doch einst bin ich, und bist auch du,
Verscharrt im Sand, zur ewigen Ruh,
Wer weiß wo.«

Paul hörte Gretels Bericht mit tiefem Mitgefühl. Er hatte zwar keinen Bruder im Krieg verloren, aber manch lieber Kamerad war gefallen. Vielleicht hatte er in dem Gewirr von Stacheldraht unter den vordringenden oder zurückweichenden Truppen irgendwann einmal Ernst oder Wilhelm Dieterich ins Auge geblickt.

Außer auf ihrem Weg von Weilheim nach Tübingen und zurück trafen sich Paul und Gretel auch während der Mittagspause am Ufer des Neckar. Sie mieteten einen Kahn, und bald mischten sich ihr Lachen und ihre Stimmen mit denen anderer junger Leute. Paul stakte öfters am Ufer des »Seufzerwäldchens« entlang – auf einem Arm des Neckars unter einer Arkade von Kastanienbäumen. Dieser herrliche Fleck rief bei jungen Liebenden sehnsuchtsvolle Seufzer hervor. Gretel merkte wohl, dass, wann immer sie in Richtung Tübingen ging, auch Paul einen Grund fand, weshalb er unbedingt dorthin müsse. An Feiertagen und sonntagnachmittags zogen sie durch die Umgebung von Weilheim und erkundeten die Gegend. – Pauls Semester in Tübingen ging zu Ende, und er beschloss, nach Marburg zurückzukehren. Er war Gretel inzwischen so sehr zugetan, dass er mit Pfarrer Dieterich über seine Absicht sprach, sie bald zu bitten, sich mit ihm zu verloben. »Sie sollen wissen, dass ich mich durch diese Erklärung meiner Absicht gebunden fühle«, sagte er zu Pfarrer Dieterich. Dieser lachte: »Paul, Sie brauchen sich in keiner Weise an Gretel gebunden zu fühlen. Sie ist noch so eine dumme Gans, wer weiß, wie sie sich entwickeln wird.« Und als ihr Vater ihr von Pauls Zukunftsplänen erzählte, war ihre spontane Reaktion: »Ohne mich.« Nach seiner Rückkehr nach Marburg schrieb Paul ausführlich an Gretel. Sie antwortete, dass sie noch zu jung sei, um Versprechen und Zusagen im Hinblick auf die Zukunft zu machen. »Jedenfalls«, schrieb sie, »du liebst ja in Wirklichkeit meine Familie, und ich bin nur ein Anhängsel.« –

Wieder in Marburg, hielt Paul innere Einkehr. Es war ihm unmöglich, die Banalitäten derer nachzuvollziehen, die entweder nie an der Front gewesen waren oder allzu bald die Erfahrungen des Krieges verdrängt hatten. Dass er davongekommen war, dass er nicht in der Blüte seiner Jahre dahingerafft worden war wie viele seiner Kameraden und wie Ernst und Wilhelm Dieterich, ließ ihn sein Leben als Geschenk empfinden. Es gab keine Erklärung für das Wunder seiner Rettung, aber er war entschlossen, das Beste aus dem zu machen, was Gott ihm in seinem unergründlichen Willen gegeben hatte.

»Matthias Erzberger ermordet!«, verkündeten die Schlagzeilen am 26. August 1921. Erzberger, Mitglied des katholischen Zentrums, hatte am 11. November 1918 in Compiègne mit seiner Unterschrift den Waffenstillstand zwischen Deutschland und den westlichen Alliierten erreicht. Trotz der Tatsache, dass Erzbergers Tat Deutschland vor alliierter Besetzung und höchstwahrscheinlich vor Aufteilung bewahrt hatte, wurde er von der rechten Presse verunglimpft als einer derer, die der deutschen Nation das Grab geschaufelt hätten, als »Novemberverbrecher«, als Verräter, als Jude, obgleich Erzberger Katholik war und lediglich ein gutes Verhältnis zu jüdischen Freunden und Nachbarn hatte.

Paul las, dass die beiden jungen Attentäter, obwohl Zeugen benannt wurden, mit Hilfe rechts gerichteter Organisationen entkommen konnten. Ihm fiel auf, dass es seit der an Karl Liebknecht und Rosa Luxemburg im Januar 1919 verübten Lynchjustiz bis hin zur Ermordung Erzbergers 1921 in Deutschland 331 politische Morde gegeben hatte, von denen 316 auf das Konto der radikalen Rechten gingen. Er war überzeugter denn je, dass diese zerrissene Nation der heilenden Botschaft des Evangeliums bedurfte.

An seinem 24. Geburtstag, dem 29. August 1921, formulierte Paul die Bewerbung zum Ersten Theologischen Examen beim Rheinländischen Konsistorium, dessen Sitz in Koblenz war. Zusammen mit dem Bewerbungsschreiben verfasste er den erforderlichen ausführlichen Lebenslauf. Neben den bekannten Daten und Fakten erwähnte Paul die Wirkung mancher Ereignisse auf sein Leben. So heißt es u. a.:

»... Ich wuchs auf zusammen mit einem älteren und einem jüngeren Bruder in einer Umgebung voll Licht und Sonnenschein, der eine treu sorgende Mutter alle Schatten und alles Häßliche fern zu halten suchte. ...
Der ausbrechende Krieg ... brachte durch Erregung der nationalen Triebe die erste Unruhe in mein Innenleben. Gedämpft und in etwas andre Bahnen gelenkt wurde diese nationale Erregung durch den Verlust meiner geliebten Mutter im 2. Kriegsmonat. ...
Noch einmal zog ich den grauen Rock im Frühjahr 1920 an, als die Regierung die Marburger Studenten zur Niederwerfung des Aufstandes in Thüringen rief. Diese 4 Wochen in Thüringen ließen mich die ganze schwerwiegende Bedeutung der sozialen Fragen für unser Volk erkennen.
... Zu dem Entschluß, ein Diener der religiösen Verkündigung zu werden, brachte mich – aber immer noch mehr instinktmäßig als bewußt – der Gegensatz zu Kameraden, besonders meiner Leutnantszeit, und die Überzeugung, daß keine andere Macht unserem zerrissenen Volk und der zerrissenen Menschheit wieder aufhelfen könne als die Religion.« [14]

Es folgte die Aufzählung von Vorlesungen und Professoren, die durch bestimmte Akzentsetzung seine theologischen Studien begleitet bzw. gefördert hatten.

Das Datum der Prüfung wurde auf den 6. April 1922 festgelegt. Nun auf ans Werk! Paul begann mit der Examensvorbereitung. Trotz einer Blinddarmreizung konnte er rechtzeitig die Predigt fertig stellen, die Teil des schriftlichen Examens war, und konnte sie am 16. Dezember 1921 bei Superintendent Friedrich Karl Wieber in Garbenheim einreichen.

»Thema: Die Gotteskindschaft der Gläubigen (V. 14)
Einleitung: Schon Jesus fordert das Kindschaftsverhältnis der Menschen zu ihrem Gott, 2 Bilder
Hauptteil:
1. Die Gotteskindschaft wird getragen nicht von dem Geiste knechtischer Furcht, sondern von der vertrauenden Liebe zum himmlischen Vater (V. 15)

2. Die Gotteskindschaft wird als selige Gewißheit den Menschen bezeugt durch den Geist von oben (V. 16)
3. Die Gotteskindschaft macht die Menschen zu Erben der göttlichen Herrlichkeit (V. 17)
Schluß: Die Gotteskindschaft wirft ein verklärendes Licht auch auf die Leiden im Christenleben (V. 17 b)

14 *Denn welche der Geist Gottes treibt, die sind Gottes Kinder.*
15 *Denn ihr habt nicht einen knechtischen Geist empfangen, daß ihr euch abermals fürchten müßtet; sondern ihr habt einen kindlichen Geist empfangen, durch welchen wir rufen: Abba, lieber Vater!*
16 *Derselbe Geist gibt Zeugnis unserm Geist, daß wir Gottes Kinder sind.*
17 *Sind wir aber Kinder, so sind wir auch Erben, nämlich Gottes Erben und Miterben Christi, so wir anders mit leiden, auf daß wir auch mit zur Herrlichkeit erhoben werden.* [Römer 8, 14–17]

Liebe Gemeinde!
Von Gotteskindern und Gotteskindschaft spricht uns der große Heidenapostel in unserm heutigen Wort. Da will uns zuvor noch ein Größerer in den Sinn kommen, als es der Apostel gewesen, der auch immer wieder den Menschen gesagt hat, sie müßten vor Gott werden wie die Kinder; Jesus Christus selber, der große Kinderfreund, tritt vor unser inwendiges Auge. – Wir sehen ihn, wie er gerade mit seinen Jüngern in ein kleines Städtchen Palästinas eingezogen ist und auf dem Marktplatz am Brunnenrand sich zur Rast niedergelassen hat. Um den Fremden drängt sich eine neugierige Kinderschar. Aber siehe da! Bald ist er kein Fremder mehr, bald ist er mit all' den Kleinen gut Freund, für jedes hat er ein liebes, teilnehmendes, scherzendes Wort, und das Kleinste nimmt er liebevoll auf seinen Arm ... Und kinderliebe Mütter in der Nachbarschaft, die sehen dieses Treiben des fremden Mannes mit an, haben selber ihre Freude daran, und da kommen sie schon mit ihren eigenen Kleinen herbei ... Den biederen Jüngern Jesu, die da auch herumstehen, denen wird dieses Treiben doch schließlich zu bunt; ihr

Meister soll sich doch wahrhaftig auch endlich einmal Ruhe gönnen, und so wehren sie jetzt unwillig die Mütter ab: ›Laßt's doch nun wirklich genug sein mit dem albernen Kindergetue‹. Da wendet sich Jesus um zu ihnen und spricht mild: ›Lasset die Kindlein zu mir kommen und wehret ihnen nicht, denn solcher ist das Reich Gottes. Wahrlich ich sage Euch, wer das Reich Gottes nicht empfängt wie ein Kindlein, der wird nicht hineinkommen‹. ...
Und noch ein anderes Bild. Wieder zieht Jesus mit seinen Jüngern über die staubigen Straßen des heiligen Landes. Tagsüber haben sie gelehrt und gepredigt in den Dörfern und Flecken. Der Arbeit war viel gewesen, und nun bricht der Abend herein.
Die fleißige Arbeit hat die Jünger froh und stolz gemacht. Heute, so meinen sie, haben sie sich gewiß ein hohes, vornehmes Plätzlein im Himmelreich verdient; und so kommen sie mit der Frage an ihren Herrn heran: ›Meister, wer ist eigentlich der Größeste, wann bekommt wohl einer den höchsten Platz im Himmel?‹ Und Jesus gibt eine feine Antwort: Siehe ein kleines Kindlein spielt im Sand am Wegesrand. Das stellt der Herr in seiner ganzen verdutzten Kindesunschuld vor die erstaunten Jünger und spricht: ›Wahrlich ich sage Euch, wenn ihr nicht umkehret und werdet wie die Kinder, so werdet ihr nicht ins Gottesreich kommen.‹ (Matth. 18, 3). ...
Der Apostel Paulus sagt der Christengemeinde in Rom: ›Ihr seid Gottes Kinder, denn ihr habt nicht einen knechtischen Geist empfangen, daß ihr euch abermals fürchten müßtet, sondern ihr habt einen kindlichen Geist empfangen, durch welchen wir rufen: ›Abba, lieber Vater!‹ (V. 15). Die Leute, die Christen in Rom, denen der Apostel solches schreibt, hatten viel Not und Angst in der Welt ausstehen müssen, waren sie doch zumeist Sklaven und Freigelassene, wie überhaupt Leute der niederen Stände; und da meint der Apostel offenbar: ... als Kinder Gottes braucht ihr euch nimmer zu fürchten, wo ihr auch seid und was ihr auch tut. ... Er will euch ja mehr sein als ein Herr, er will euch Vater sein. ... –
... Liebe Freunde, gibt es denn überhaupt noch etwas Wunderbareres und Köstlicheres als dieses, daß Gott uns Kinder nennen will, daß wir in aller Drangsal und Not, in allem Kampf und Streit dieser Zeit in unseres Gott-Vaters Armen eine sichere Kindeszuflucht

haben sollen, wie das Kind in seiner Mutter Schoß, daß wir mit dem Apostel sprechen können: ›Wer will uns scheiden von der Liebe Gottes, Trübsal oder Angst, oder Verfolgung oder Hunger oder Blöße oder Fährlichkeit oder Schwert? ...‹

Und nun fragst du vielleicht, ein banger Zweifler, der du das Vaterherz Gottes noch nicht gefunden hast, der du noch von der Not und Angst der Welt umhergetrieben wirst, du fragst: ›Wer gibt mir denn die Gewähr und Bürgschaft einer solchen Zuflucht? Ich möchte sie schon gerne annehmen, aber ich sehe sie nicht. Ist es nicht doch eine Selbsttäuschung, ein feiner Selbstbetrug, daran zu glauben? Ich habe mit all meiner Anstrengung den Vater Gott noch nicht gefunden. ...‹

Der Apostel gibt dir die Antwort, wenn er spricht: ›Derselbe Geist gibt Zeugnis unserm Geiste, daß wir Gottes Kinder sind.‹ (V. 16). Meinst du, du sollst von diesem Zeugnis des Geistes ausgeschlossen sein? O nein! Gott will ja, daß allen Menschen geholfen werde, auch dir. Auch deinem Geiste will er die Kindschaft bezeugen. Dazu mußt du aber zuerst fein geduldig und stille werden, mußt dir den Weg nicht selbst verbauen, mußt warten und auf das Zeugnis des Geistes hören lernen. ...

Darum, du Zweifler in Not und Angst, sei getrost und glaub' dem Apostel, der die Gotteskindschaft erfahren durfte und sie bezeugt, – auch für dich! Glaub ihm, und auch dir wird Gott die Kinderaugen noch auftun, daß du mit Paul Gerhardt bekennen magst:

›Nun weiß und glaub ich feste,
Ich rühm's auch ohne Scheu,
Daß Gott der Höchst und Beste,
Mein Freund und Vater sei‹.

Die ganze ungeheure Bedeutung der Gotteskindschaft für die Menschen kann das Menschenherz gar nicht fassen, ohne darüber zerspringen zu müssen. Auch der Apostel kann von diesem überschwenglichen, herrlichen Geheimnis nur in stammelnden Worten reden, nämlich also: ›Sind wir denn Kinder, so sind wir auch Erben,

nämlich Gottes Erben und Miterben Christi, so wir anders mit leiden, auf daß wir auch mit zur Herrlichkeit erhoben werden‹ (V. 17). …
Einen lichten verklärenden Schein von der Gotteskindschaft her wirft da der Schluß unseres Wortes noch auf das Leiden unseres Herrn Jesus Christus, auch auf die Leiden unsers Christenstandes. Wie bei Jesus, so sind auch bei den wahren Gotteskindern die Leiden nur mehr der Anbruch des göttlichen Erbes. Sie werden schon vergoldet vom Glanze der ewigen Herrlichkeit, zu der wir mit Christus erhoben werden. Und je mehr wir in die Gotteskindschaft hineinwachsen, desto mehr verwandeln sich uns die Leiden dieser Welt in eitel göttliche Freude…. Und mit dem Liederdichter jubelt das Gotteskind auch in den schwersten Tagen:

›Mein Herze geht in Sprüngen
Und kann nicht traurig sein,
ist voller Freud und Singen,
Sieht lauter Sonnenschein.
Die Sonne, die mir lachet,
Ist mein Herr Jesus Christ,
Das, was mich singen machet,
Ist, was im Himmel ist!‹

Amen!«[15]

Nach seiner Rückkehr nach Hochelheim notierte Paul am 28. Februar in seinem Tagebuch:

»Die Kunst des Lebens will täglich neu erlernt sein. Hier gibt es nie ein Fertigsein, ein ›Über den Berg‹. Unser Leben muß ein ständiger Kriegsdienst sein: Immer auf dem Posten. Ohne diese Bereitschaft werden die Anfechtungen Herr über uns, wir verlieren die Orientierung, und unversehens sind wir der Depression erlegen. … Ich stehe in der Paukerei für das Examen und merke, wie schon dieses kleine, endliche Ziel des Examens Kraft und Ausdauer gibt.
… Kann Gott mir nicht Kraft geben, soviel er will? … So bleibt mir also nur übrig, mein Leben ganz aus Gott, dem Vernünftigen und

Wunderbaren, Allmächtigen und Grundgütigen, zu leben. Von ihm will ich mir sagen lassen, was ich tun soll, wie ich zu leben habe, und auf alle eigenen Maßstäbe verzichten. Herr Gott, zeige du mir mein Ziel, das Ziel meines Lebens und meiner Arbeit! ... Diese befreiende Ausschau schenke mir, mein Gott und Vater!« [16]

An seine zukünftige Schwiegermutter schrieb Paul am 10. April:

»Hochelheim, den 10. April 1922

Sehr verehrte liebe Frau Pfarrer!
Für Ihren so herzlichen Examensbrief und die guten Wünsche danke ich Ihnen sehr. ... Mit dem Ausfall der Prüfung bin ich zufrieden und fühle mich durchaus gerecht beurteilt. Ich habe ein glattes ›Bestanden‹ davongetragen. Meine mündlichen Leistungen wurden zwar meist als gut gewertet – namentlich in Predigt- und Katechesenprobe schnitt ich gut ab –, dagegen haben sich meine schriftlichen Arbeiten nicht über ein ›Bestanden‹ erhoben und waren für den Gesamtausfall entscheidend. Von dem Verlauf der Prüfung habe ich die besten Eindrücke mitgenommen. ... Die Prüfungsmethode war sehr fein, auf das Verständnis dringend, und wer auf irgend einem Gebiet ernstlich gearbeitet hatte, konnte anbringen, was er wußte. Dazu waren die Herren liebenswürdig und herzlich zu jedem einzelnen von uns. Die Schlacht dauerte von Donnerstag früh bis Samstagmittag, morgends und nachmittags je 3–5 Stunden (eine Klausurarbeit: Veranlassung und Zusammenhang der Korintherbriefe). Nachdem die erste Aufregung überwunden war, gestalteten sich die Sitzungen immer mehr zu einem Genuß. In ihren Gebeten zu Eingang und Ausgang des Tages, ihren gerechten Kritiken und ihrem liebevollen Streben nach dem Verständnis der einzelnen unfertigen Menschen da vor ihnen lernten wir unsere Kirchenführer achten und lieben. ...
Wir wohnten alle zusammen im christlichen Hospiz in Koblenz, das uns vom Konsistorium angegeben worden war. Dort waren wir bei guter Verpflegung gut untergebracht. Die Preise waren natürlich dem in Koblenz rollenden Dollar angemessen (Essen 20 und 18 M,

Zimmer mit Bedienung und Kaffee 33 M auf den Tag). Wie eine Korporalschaft im Schützengraben waren wir Prüflinge bald aneinandergeschweißt und auf Du und Du. ... Da werden mir die gemeinsamen Stunden im Hospiz, auf den Buden bis spät in die Nacht stets in angenehmer Erinnerung bleiben.
Ich muß gestehen, durch das Examen fühle ich mich doch wesentlich erleichtert und auch gestützt. Das ist gewiß die Reaktion auf meine frühere Skepsis und Unterschätzung von Kirchenregiment, Amt und Examen als bloßer äußerlicher Formen. Ohne diese kritische Verachtung ist mir jetzt wohler. Nun steht man doch nicht mehr so ganz allein, sondern fühlt sich getragen und gehoben von der geschichtlich gewordenen Größe seiner Kirche, auf deren Zeugnis der Befähigung man nun nächst der göttlichen Stimme in der eigenen Brust seinen Dienst am Wort und Reich Gottes aufbauen darf. Es müssen doch riesenstarke Männer gewesen sein, die als Reformatoren diesen objektiven Grund der Kirche zu verlassen wagten, um allein auf die Gottesbezeugung in der eigenen Brust einen neuen Anfang zu bauen.
Was meine nächste Zukunft anbetrifft, so will ich zunächst in ein Bergwerk bei Dortmund, ... Für November jedenfalls war Herr Generalsuperintendent so gütig, mir eine der fünf frei werdenden Stellen im Predigerseminar zu Soest [Soest gehörte zur Kirchenprovinz Westfalen, aber 5 Plätze am Seminar wurden für Studenten aus dem Rheinland freigehalten] zu versprechen. Ich bin sehr froh darüber, denn dieses Seminar soll im Unterschied zu vielen anderen auch wissenschaftlich auf der Höhe sein. Ein Jährlein dort und dann noch ein halbes der Vorbereitung auf das 2. Examen, zu dem mir die Koblenzer Herren gute Hoffnung machten, wird meiner vorläufigen Ausbildung dann wohl ein Ziel setzen. ...
Mit herzlichem Gruß von Haus zu Haus

treuergeben
Ihr Paul Schneider.«[17] –

Als Theologiestudent war Paul beunruhigt über die Entstellung des Christentums, derer sich sämtliche Vertreter der radikalen Rechten befleißigten. Besonders abstoßend fand er die Exzesse eines Münchner Politikers namens Adolf Hitler. In einer Rede vom 12. April 1922 im Bürgerbräukeller in München sagte Hitler:

> »Ich sage: Mein christliches Gefühl weist mich hin auf meinen Herrn und Heiland als Kämpfer. Es weist mich hin auf den Mann, der einst einsam, nur von wenigen Anhängern umgeben, diese Juden erkannte und zum Kampf gegen sie aufrief, als er, der wahrhaftige Gott, nicht der Größte war als Dulder, sondern der Größte als Streiter! In grenzenloser Liebe lese ich als Christ und Mensch die Stelle durch, die uns verkündet, wie der Herr sich endlich aufraffte und zur Peitsche griff, um die Wucherer, das Nattern- und Otterngezücht hinauszutreiben aus dem Tempel. (an dieser Stelle verzeichnet der Zeitungsreporter: »Stürmischer Applaus!«) Seinen ungeheuren Kampf aber für diese Welt gegen das jüdische Gift, den erkenne ich heute, nach zweitausend Jahren, in tiefster Ergriffenheit am gewaltigsten an der Tatsache, daß er dafür am Kreuze verbluten mußte.«[18] –

Pauls Freunde und besonders sein Vater konnten nicht begreifen, warum ein angehender Akademiker darauf bestand, Industriearbeiter zu werden, was doch große Körperkräfte erforderte und stundenlange Schwerstarbeit bedeutete. Weil es in Dortmund-Aplerbeck eine große psychiatrische Klinik gab, lautete eine beliebte Redensart: »Er ist reif für Aplerbeck!« Zweifelsohne zitierten manche von Pauls Mitstudenten diese Redensart, als sie von seinem Entschluss hörten.

Was Paul wollte, war, über die Arbeiter zu erfahren, »in welchen hintersten Winkel ihres Herzens sich die Religion verkrochen hat«. Und er wollte die Arbeiter kennen lernen. Das war natürlich eine gänzlich neue Welt für den 24-jährigen Theologiestudenten. »Gott, mein Gott, mach mich stark!«, schrieb er am Vorabend seines »Abenteuers«. Paul war sehr interessiert an der Auseinandersetzung zwischen Kapitalismus und Sozialismus in der Weimarer Republik, einem Kampf wirtschaftlich-politischer Ideologien, die nicht nur im Wettstreit um das politische Monopol, sondern auch um die Seelen der Menschen lagen. Im Zuge der raschen Industrialisierung Deutschlands im 19. Jh. hatte die wirtschaftliche und politische

Besserstellung der deutschen Arbeiter nicht Schritt gehalten mit der wachsenden wirtschaftlichen und politischen Macht des Bürgertums. Der deutsche Arbeiter fühlte sich als Stiefkind der Nation. Im Gefolge des Weltkriegs und als Ergebnis der konservativen Orientierung auf die Oberschicht seitens der Kirchenführer ließ sich unter den Arbeitern eine religiöse Apathie feststellen.

Pauls Onkel war kaufmännischer Direktor in einem Bergwerk in Dortmund-Aplerbeck und konnte seinem Neffen eine Stelle vermitteln. Am 2. Mai 1922 wurde Paul gleich nach seiner Ankunft mit Geschäftspartnern des Onkels bekannt gemacht – aber das war nicht die Gesellschaft, die er suchte. Den meisten von ihnen war Religion völlig gleichgültig. Auch missfiel ihm die Haltung gegenüber den einfachen Menschen, die er in diesem illustren Kreise feststellen konnte. So lehnte Paul die gut bezahlte Stelle ab, die der Onkel ihm besorgt hatte; er fand einen Arbeitsplatz in der Hermann-Phönix-Hütte in Dortmund-Hörde. Die ersten 14 Tage am Schmelzofen waren äußerst hart, bis er sich an die Arbeit gewöhnt hatte.

Am 14. Mai 1922 schrieb er an seinen zukünftigen Schwiegervater:

»Sehr verehrter lieber Herr Pfarrer!
Daß ich so lange nichts von mir hören ließ, beruht hauptsächlich in der Veränderung meiner äußeren Verhältnisse... 14 Tage nach Ostern blieb ich noch zu Hause... Dann fuhr ich ins ›schwarze Land‹, ins Ruhrgebiet ... Nun arbeite ich seit Dienstag als dritter Mann an einem Schmelzofen ...
Hauptsächlich bin ich hierher gegangen, um einmal mit Arbeitern zu leben, ihre Freuden und Leiden, ihr Gutes und Böses kennenzulernen, und ich sehe dies auch als eine Art Berufsvorbereitung an, da wir bald in der Rheinprovinz kaum noch rein ländliche Gemeinden haben werden. ... Zu Hause wollte man mich mit Gewalt abhalten. ...
Wie tritt man doch im Industriegebiet in eine ganz andere Welt! Schon rein äußerlich: die freie, grüne Natur tritt zurück oder verschwindet ganz. Rauchende Schlote, riesige schwarze Zechenhalden und mächtige Eisenkonstruktionen bieten ein neues, aber

nicht weniger grandioses Landschaftsbild. Am harten Eisen, am heißen Feuer, bei schwarzen Kohlen und wuchtigen Maschinen, da muß aber auch der inneren Welt des Menschen ein ganz bestimmter Stempel aufgedrückt werden. Phrasen, Schwärmerei und weichere Gefühle haben in dieser Welt wenig Raum. ...«[19]

Bei jeder Gelegenheit suchte Paul seine Arbeitskollegen in Gespräche über den Glauben zu verwickeln. Was hielten die Arbeiter von Christus und dem Evangelium? Hier machte er Erfahrungen, die ihm kein theologisches Seminar bieten konnte. Im Vorraum des Schlafsaals befragte er seine Kollegen über ihr Verhältnis zu Jesus Christus und zur Kirche. »Warum habt ihr den Glauben aufgegeben, auf den ihr als Kinder getauft wurdet?«, wollte er wissen.

»Paul«, antwortete Herbert Reuter, ein Riese von einem Kerl, der die meiste Zeit seines Lebens am Hochofen verbracht hatte, »jedes Mal, wenn wir Anspruch auf einen größeren Anteil am Reichtum des Landes erheben, stellen sich die Industriellen stur. Und wenn der Arbeiter auf Fairness hofft, muss er feststellen, dass die christlichen Kirchen, statt ihn darin zu bestärken, heimlich Verbündete der Bosse sind.« – »Aber Herbert«, wandte Paul ein, »die Kirche ist doch kein politisches Organ. Sie predigt das Reich Gottes. Und das Reich Gottes ist nicht von dieser Welt.« Hans Thoma meldete sich zu Wort: »Ich glaube nicht, dass die Kirche so tun sollte, als sei sie neutral, wenn die Arbeiter ausgebeutet werden. Sollte sie nicht Ungerechtigkeit in jeder Form anprangern? Hat sich nicht auch Jesus für die Armen eingesetzt? Will Gott denn nur, dass wir eines Tages in den Himmel kommen? Oder sollte das Evangelium nicht eher den Sauerteig bilden, der eine bessere Gesellschaft in diesem Leben schafft?« Und Gerhard Goes fügte hinzu: »Siehst du, Paul, einer der Gründe, warum die Kommunistische Partei in Arbeiterkreisen so beliebt ist, ist doch, dass keine andere Partei oder Organisation so auf uns eingeht. Die Sozialdemokraten tun zwar so, als wollten sie etwas für uns tun, aber sie stecken oft mit den Kapitalisten unter einer Decke. Die Kirche klagt, der deutsche Arbeiter sei in Gefahr, in die Fänge des gottlosen, materialistischen Kommunismus zu geraten, aber sie bietet ihrerseits als Rezept nur die Hoffnung auf das ewige Leben an.

Und das Hier und Heute?« Paul war nachdenklich geworden. »Aber wir müssen darauf achten, dass wir, wenn wir von der Kirche soziales, politisches und wirtschaftliches Engagement erwarten, nicht die Berufung eines jeden von uns zum Evangelium vernachlässigen. Irgendwie muss die Kirche beidem gerecht werden: ihrer Verantwortung für die Gesellschaft, in der sie nun einmal lebt, und ihrem Amt, jedem Geschöpf das Evangelium zu predigen. Die Verantwortung der Kirche für die Rettung jedes Einzelnen darf nicht auf soziales Engagement reduziert werden.« – »Auch das klingt vernünftig«, sagte Gerhard.

Die Argumente seiner Arbeitskollegen beschäftigten Paul noch lange, bis der erschöpfte Körper sein Recht verlangte.

Als Paul noch nicht lange in Hörde gearbeitet hatte, ließ eine neue schockierende Meldung die Republik erzittern. Außenminister Rathenau war am 24. Juni 1922 von rechts gerichteten Extremisten ermordet worden. Sein Hauptverbrechen in den Augen der reaktionären Kräfte in der Weimarer Republik war seine »Erfüllungspolitik«: Indem er sich ernsthaft bemühte, die Bedingungen des Versailler Vertrages zu erfüllen, hoffte er, den Alliierten gegenüber Deutschlands guten Willen zu demonstrieren und ihnen gleichzeitig klarzumachen, dass die Abänderung der schlimmsten Forderungen des Vertrages unabdingbar sei. Rathenau war Jude, ein ungetaufter Jude. Die Rechten behaupteten, er gehöre zum Führungskreis einer angeblichen internationalen zionistischen Verschwörung zugunsten des Weltkapitals. So wurde er das erklärte Ziel einer Mordkampagne. Die gehässigen Angriffe auf Rathenau hatten die Atmosphäre vergiftet:

> »Schlagt tot den Walther Rathenau,
> die gottverdammte Judensau.«

Und ein Lied lautete:

> »Dem Rathenau, dem Walter,
> blüht auch kein hohes Alter.«[20] –

Paul las die Zeitungsberichte über Rathenaus Ermordung. Der Außenminister hatte gegen 11 Uhr an besagtem 24. Juni seine Villa im Berliner Vorort Grunewald verlassen. Er saß bei offenem Verdeck auf dem Rücksitz seines Autos, das von einem Chauffeur gelenkt wurde. Gegenüber einer Baustelle fuhr ein Mercedes, in dem der Fahrer und zwei weitere Passagiere saßen, an den Wagen des Außenministers heran. Einer der Männer im Mercedes schoss mehrfach auf Rathenau; gleichzeitig zündete der zweite Insasse im Auto der Attentäter eine Handgranate und schleuderte sie in das Auto das Ministers. Danach sauste der Mercedes davon. Rathenau, von fünf Kugeln durchsiebt und durch die explodierende Handgranate tödlich getroffen, starb innerhalb von Minuten. – Bei seiner Ermordung war er 55 Jahre alt.

Paul wusste, dass die Mörderbanden der radikalen Rechten aus ehemaligen Weltkriegskameraden bestanden. Sie sahen ihre Mission am Ende des Krieges nicht darin, den geistigen Bedürfnissen des deutschen Volkes zu begegnen; ihre Mission war, den Versailler Vertrag zu beseitigen, die deutsche Armee wieder aufzubauen mit der Aussicht darauf, mit Deutschlands äußeren Feinden und den inneren Gegnern, den Kommunisten, den Sozialisten und den Juden, abzurechnen. Wohin sollte das führen? Paul dachte: »Wie kommt es, dass die Kirche und das Evangelium der Gewalt, die die Nation erschüttert, nicht Einhalt gebieten können?« Und er musste zu demselben Schluss kommen wie der Vorsitzende der Zentrumspartei, Joseph Wirth, dass die gefährlichsten Feinde der Weimarer Republik getaufte »Christen« seien, die ihre Aufgabe im gewaltsamen Sturz der Republik sähen. »Der Feind«, führte Wirth aus, »der Gift in die Wunden der Nation träufelt, dieser Feind, darüber sollte kein Zweifel bestehen, steht rechts!« Die neu gegründete Weimarer Republik wurde gleichgesetzt mit den »Novemberverbrechern«, dem Versailler »Schanddiktat« und der wirtschaftlichen »Versklavung«, die die alliierten Reparationsforderungen an Deutschland zur Folge hätte.

Während Paul im Kreise seiner Kollegen arbeitete, machte er sich viele Gedanken über sich selbst; in seinem Tagebuch klagt er:

»Wieder einmal einsam auf Fahrt. Obwohl mir allmählich graut, so allein mit mir zu wandern, treibt es mich doch immer wieder dazu, denn keiner mag meine Interessen teilen. Mich ekelt die Einsamkeit, mich ekelt die Gesellschaft der Menschen. Ich habe nichts mehr, alles ist Problem: Kapitalismus und Sozialismus, Religion und Leben. Ich stehe vor dem Nichts, vor dem völligen Ausgehöhltsein und Leersein. Meine Arbeitszeit geht zu Ende. Ich soll wieder predigen und im väterlichen Betrieb arbeiten. Was soll ich predigen? ... Kraft von oben tut mir not; darum will ich beten.«[21] –

Als Paul sich von seinen Arbeitskollegen verabschiedete, schüttelten sie ihm die Hand und baten ihn: »Du solltest bei uns bleiben, du bist einer von uns.« Nie vergaß er diese letzten herzlichen Worte von Männern, die er stolz als Kumpel und Freunde betrachtete. Nach seiner Erfahrung in Hörde war Paul überzeugter denn je, dass das, was Johann Hinrich Wichern 1848 geschrieben hatte – in demselben Jahr, in dem Marx und Engels das Kommunistische Manifest veröffentlicht hatten –, genau der Rat war, den die Kirche beherzigen sollte. Wichern hatte geschrieben, dass die Sorgen des Proletariats auch die Sorgen der christlichen Kirche sein müssten und dass diese Sorgen gewürdigt werden müssten und dass man ihnen in Kirche und Gemeinde Ausdruck verleihen müsste. Die Kirche, so behauptete er kämpferisch, sei keine soziale oder politische Institution, aber ihr Evangelium könne soziale und politische Missstände korrigieren, indem es Menschen verändere und so die Gesellschaft verändere. In geistiger Erneuerung, nicht durch eine Revolution würden die wirtschaftlichen, politischen und sozialen Probleme der Zeit gelöst. Wicherns Antwort auf die Probleme lag im Neuen Testament, nicht im Kommunistischen Manifest; in Jesus Christus, nicht in Karl Marx. Wie sein Vater war Paul Anhänger des Christlich-Sozialen Volksdienstes. Wie Wichern wollte er nicht zulassen, dass nur der Marxismus sich sozialistisch nennen dürfe. Auch Christen konnten Sozialisten sein.

Paul kehrte kurz vor seinem 25. Geburtstag heim. Er wurde in Hochelheim gebraucht: Seines Vaters Gesundheit ließ zu wünschen

übrig; Sophie war froh, Hilfe bei der Gartenarbeit zu haben, denn das Gartenland war größer geworden; außerdem hatte die Familie eine Kuh von Simon Rosenbaum, dem »Ehrbaren«, erworben, dem jüdischen Viehhändler von Hochelheim. –
Im Oktober 1922 reiste Paul nach Weilheim, um sich mit Margarete Dieterich zu verloben. Seit er im Spätsommer 1920 Tübingen verlassen hatte, hatten sie einander nicht gesehen; es hatte nur eine regelmäßige Korrespondenz zwischen Paul und Gretels Eltern gegeben. Die beiden jungen Leute hatten einander nicht geschrieben; man kann aber davon ausgehen, dass Gretel durch die Lektüre der Korrespondenz der Eltern auf Pauls Besuch vorbereitet war. Einer von Pauls Briefen an ihre Eltern hatte Gretel ärgerlich werden lassen. Paul hatte sich erkundigt: »Was macht *das* Gretel?« Sie protestierte heftig: »Ich bin nicht *das* Gretel, sondern *die* Gretel!« Trotzdem änderten sich die Worte der 16-Jährigen im Sommer 1920 »Rechne nicht mit mir!« im Oktober 1922 wohl in Zustimmung seitens der nun 18-Jährigen!

Als Gretel an jenem Oktobertag das Weilheimer Pfarrhaus betrat, sagte Amei, die Haushälterin der Dieterichs: »Rate, wer im Wohnzimmer sitzt! – Nein, ich sage nichts mehr, ich möchte, dass du überrascht wirst.« Gretel ging ins Wohnzimmer: Da saß Paul Schneider. Bei ihrem Eintritt erhob er sich schnell. Die Eltern schauten der Begegnung der beiden jungen Leute offensichtlich mit Wohlgefallen zu. Gretel war entschlossen, keine Aufregung zu zeigen. »Guten Tag, Paul. Wie ist es dir ergangen?«, hörte sie sich im gleichgültigsten Ton sagen, der ihr zur Verfügung stand. Aber bald gewann die alte Freundschaft und Zuneigung aus Pauls Studententagen wieder die Oberhand. Gretel war gereift. Ihr war klar, dass das, was sie für diesen jungen Mann empfand, über Freundschaft hinausging. Bald spazierten sie wieder durch die Felder und Wiesen, die sie zwei Jahre zuvor so fröhlich erkundet hatten. Sie kehrten zum Neckar zurück und stakten mit Dutzenden anderer junger Paare ihren Kahn am kastanienumsäumten Ufer des Flusses entlang.

Wie immer war das Wohnzimmer der Dieterichs voller lesender und sich unterhaltender Leute. Um ungestört miteinander sprechen zu können, standen Paul und Gretel an einem Fensterpaar des Wohn-

Margarete Dietrich

Paul und Gretel als Verlobte (1922)

zimmers. Paul stand an dem einen, Gretel an dem anderen Fenster. Jeder von ihnen schaute in den Garten und sprach zum Fenster hinaus, so dass die im Zimmer Sitzenden das Gespräch nicht mitbekamen. Auf diese Weise erklärte Paul Gretel seine Liebe und Verehrung und bat sie, seine Braut zu werden. Dann holte Paul offiziell die Zustimmung der Eltern zu ihrer Verlobung ein; Gretels Eltern waren hocherfreut.

Einige Tage später brachten die Familie Dieterich und einige Freunde Paul zum Zug in Tübingen, wo sie ihn mit dem Lied verabschiedeten: »Muss i denn, muss i denn, zum Städtele hinaus, Städtele hinaus und du, mein Schatz, bleibst hier?«

Am 31. Oktober 1922 (dem Jahrestag von Luthers Thesenanschlag in Wittenberg) begann Paul sein Studium am Theologischen Seminar in Soest. Von den neun Kandidaten fürs theologische Examen sollte Paul als erster den Wortgottesdienst durchführen. Der Text, der ihm angewiesen wurde, war Lukas 9, 57–62. Das Thema von Pauls Predigt war die Verbindlichkeit des Rufs, Christus zu dienen: Keine irdischen Belange dürfen sich diesem Ruf und dieser Verantwortung entgegenstellen. 1922 konnte Paul Schneider noch nicht wissen, dass er selbst 1937 eine Entscheidung zu treffen hätte, die es mit sich brachte, den Ruf Christi zur Nachfolge über die wenn auch noch so berechtigte Sorge für Frau und Kinder zu stellen. Die Predigtworte, die er 1922 in Soest sprach, sollte er 1937 in die Tat umsetzen. – Er fühlte sich wohl in Soest. Seinem Tagebuch vertraute er 1922 an: »Die Ordnung, Ruhe und geistige Arbeit des Kloster-Aufenthalts empfinde ich als sehr wohltuend.« In ähnlichem Sinne schrieb er auch im November an seine zukünftige Schwiegermutter.

Weihnachten kam heran, und Paul war hin- und hergerissen, wo er seine Ferien verbringen sollte. Natürlich wollte er unbedingt Gretel sehen und einige Zeit mit ihr zusammen sein, aber er wusste auch, dass sein Vater, dem es nicht gut ging, hoffte, sein Sohn würde in den Ferien nach Hochelheim kommen. So schrieb er von Hochelheim aus am 21. Dezember 1922 an seine »Adoptiveltern« in Weilheim:

»Liebe Eltern!
Die herzlichsten Segenswünsche zu Weihnachten sende ich Euch zum ersten Mal als Euer Sohn. Ich habe mir zuerst überlegen müssen, wo ich hingehöre an diesem Fest, ob nach Weilheim oder nach Hochelheim. Aber Ihr seid ja gewiß schon Menschen genug und bei uns ist es recht einsam. So nehmt bitte mit diesen schlichten Zeilen vorlieb und denkt, daß ich als stiller Zuhörer Eurer Lieder und Zeuge Eurer Weihnachtsfreude unter Euch bin. Gretel wird mir, denk ich, ja ausführlich erzählen, wie es war. ...
Ich will am 4. Advent Vater die Predigten abnehmen und muß mich noch tüchtig vorbereiten. ... Ich freue mich, daß ich hier immer Gelegenheit mich zu üben habe. Das tut mir noch sehr not. ...
Hier in Hochelheim ist alles beim alten. Hans ist auch da in den Ferien. Mein Bruder Adolf schickt gute Nachricht von der Ostsee. Alle lassen das Weilheimer Pfarrhaus herzlich grüßen ...

In treuer Liebe bleibe ich Euer
Sohn Paul«[22] –

Paul konnte dann noch ein paar Tage in Weilheim bei Dieterichs verbringen, bevor er nach Soest zu seinen Studien zurückkehrte.

Am 29. Januar 1923 gab es Berichte über den passiven Widerstand an der Ruhr, wo 20 Deutsche von französischen Soldaten getötet worden waren. Frankreich hatte Deutschland beschuldigt, Reparationsleistungen nicht rechtzeitig erbracht zu haben, und hatte deshalb das Ruhrgebiet, Deutschlands wichtigstes Industriegebiet, besetzt. Aus Protest traten deutsche Arbeiter an der Ruhr in den Streik. Eine wirtschaftliche und politische Krise war die Folge. Bald erschütterten neue Schlagzeilen von der Ruhr das Land: Zwei französische Soldaten waren ermordet worden. Paul hatte gehört, dass Deutsche, die der Sabotage verdächtig waren, aus dem Ruhrgebiet ausgewiesen wurden. Es hieß, dass bereits 150 000 Bewohner des Gebiets ihre Heimat verlassen und sich in anderen Teilen Deutschlands ansiedeln mussten. –
Von Soest aus schrieb Paul am 19. Februar 1923 an Frau Dieterich:

»Du meine liebe Mutter!

Wie reich macht mich meine Gretel auch durch dich, daß ich so zu dir sprechen ... darf. Ja, ich hab es schon lange gespürt, daß Du mir eine rechte Mutter sein willst und kannst, und ich danke Dir aus tiefstem Herzen. Da ist es gewiß doppelt undankbar, wenn man zuzeiten mal wieder den Kopf hängen läßt, wenn so viel Liebe und Sorge sich um einen müht. Ich glaub's gewiß auch, daß die Gretel mir eine rechte Gehilfin sein wird. Ach Mutter, Du weißt ja gar nicht, wie sehr sie mir schon geholfen hat. Mit meinen dummen Gedanken kann ich mich schon gar nicht mehr vor ihr verstecken, und sie schreibt halt einfach solche Briefe, daß das Herz wieder lachen muß, ob es will oder nicht. ...
Du möchtest gern etwas hören von unserer Stimmung über die neuesten Begebenheiten an der Ruhr. Die Westfalen sind ein trotziges Volk, reden nicht viel, aber denken umso mehr ...
Sicherlich wird auch zur endgültigen Durchfechtung dieses wirtschaftlichen Riesenkampfes die Opferkraft unseres ganzen Volkes noch auf eine furchtbar harte Probe gestellt werden. ... Es ist doch so eine Art Neugeburt, die sich in weiten Teilen unseres Volkes vollzieht. ... Du hast recht, das wird auch unsere Arbeiter am ersten bekehren, und das ist das Leid; dieses Leiden legt sich bei der starken Solidarität unserer Arbeiter über die ganze deutsche Arbeiterschaft, und das schmilzt sie nur umso fester zusammen und wird Deutschland zu einem Arbeitsstaat, und das ist dann der sociale Staat, umschaffen, wie ihn die Welt noch nicht gesehen. Wer die Kräfte zu diesem Arbeitswillen allein geben kann, ist klar, und so wird dieser sociale Staat vielmehr von den Kräften des Christentums durchdrungen sein müssen, als es bisher eine Volksgemeinschaft gewesen ist. Wir Kandidaten stehen scheinbar abseits des großen Geschehens. Wir sind frei, uns zwingt keine äußere Macht oder Gewalt zu Mehrarbeit, und der Staat sorgt auch nach wie vor für uns, und mit dem Staate also diese arbeitende Volksgemeinschaft. Es ist einzig das Gewissen, das uns den Kampf in seiner lastenden Schwere empfinden lassen kann, da wo es wach ist oder sich wecken lassen will.

… Ich schrieb schon Gretel, daß ich mich im sorgenlosen Klosterleben ordentlich vor meiner kleinen Braut schämen müßte, die schon so im Ernst des sorgenden, verantwortungsvollen Lebens steht. …

… Dein Paul« –

In Berlin war Ernst Troeltsch, Theologe und Professor für Religionssoziologie, gestorben. Pauls Professoren in Soest machten ihren Studenten klar, dass sie Troeltschs Auffassung von der Kirchengeschichte, die das Christentum nur auf der Basis der historischen Entwicklung erklärte und damit den übernatürlichen Ursprung des Glaubens ignorierte, nicht teilten; sie drängten aber andererseits ihre Studenten, sich mit Troeltschs Analyse der deutschen Geschichte der Gegenwart vertraut zu machen. Paul war überrascht zu erfahren, dass Troeltsch, im Gegensatz zur Mehrheit der evangelischen Kirchenführer, die Weimarer Republik als letzten Hort einer stabilen und friedlichen Gesellschaft unterstützte. Kurz vor seinem Tode hatte Professor Troeltsch geschrieben, dass die spärliche Akzeptanz der parlamentarischen Demokratie durch die evangelische Kirche sie zum Sammelbecken der Konterrevolution machen könne. Wenn deutsche evangelische Bürger nicht für die Demokratie gewonnen werden könnten, dann bestehe die Gefahr einer Diktatur von rechts in Deutschland und dazu dann die Gefahr eines neuerlichen Weltkrieges. Als Paul 1923 diese Prophezeihung las, die sich dann genau 10 Jahre nach Troeltschs Tod zu bewahrheiten begann, konnte er als junger Theologiestudent nicht ahnen, wie Recht der Professor mit seiner Voraussage gehabt hatte.

Im Mai erlebte Paul schließlich die große Freude, zum ersten Mal seine zukünftige Frau nebst Schwiegermutter im Pfarrhaus zu Hochelheim begrüßen, sie seiner Familie und seinen Freunden vorstellen und sie mit den Stätten seiner Kindheit bekannt machen zu dürfen. Pfarrer Dieterich hatte Frau und Tochter leider nicht begleiten können. Paul wusste, was für ein Opfer es für den Schwiegervater war, die Reise von Frau Dieterich und Gretel von Weilheim nach Hochelheim zu bezahlen. 1923 lag ja als Ergebnis der Ruhrkrise die deutsche Wirtschaft darnieder, die Unterstützung Berlins für die durch den passiven Widerstand und die Ausweisung Betroffenen im Ruhrgebiet verschlang Unsummen.

Am 22. Mai schrieb Paul aus Hochelheim an Pfarrer Dieterich:

»Lieber guter Vater!
... Ich danke Dir von ganzem Herzen, daß Du Mutter und Gretel ziehen ließest. Und ich glaube das auch im Namen des ganzen Hauses tun zu dürfen. Wie sind wir so herzlich dankbar, daß einmal wieder frauliche Wärme unsere Räume erfüllt. ... Weißt Du, Mutter kann es aber auch ganz besonders gut; vor solch lauterer Güte und Liebe müssen selbst die dicksten Eisberge schmelzen. [Pfarrer Gustav-Adolf Schneider, zurückhaltend und hart, taute auf und entspannte sich beim Besuch von Gretel und ihrer Mutter.] ... Ja, was ich noch sagen wollte! Gretel blamiert Euer Schwabenland auf alle erdenkliche Weise, schwatzt, daß kein Mensch sie verstehen kann, läuft ohne Hut in die Kirche, noch dazu wenn ihr Bräutigam, der doch ein wenig auf seine Autorität halten muß, predigt. ... Im Dorf haben wir schon einige Besuche gemacht, und Gretel versteht die Leute gleich ausgezeichnet und umgekehrt. Überhaupt hat sie sich die Herzen mancher Leute schon im Sturm erobert. Nun grüßen sich Hessen- und Schwabenland. Grüß alle Lieben, die Du Verwaister noch um Dich hast. Wir sind Deine dankbaren Kinder

Paul und Gretel« –

Trotz der Ruhe im Soester Seminar litt Paul manchmal unter Selbstzweifeln, sein Tagebuch verrät Anfälle von Depression:

»Aus den Examensarbeiten ist nichts geworden. Ich habe eine Woche verdöst und vertrödelt und bin im Begriff, es mit der 2. genauso zu machen. Was soll ich tun? Ich kann den Ausweg nicht finden. So oder so. Sei treu, glaub und vertraue!«

Vor dem Examen beschäftigte sich Paul mit August Tholuck (1799–1877), der auf die Erweckungsbewegung in Halle und Berlin Einfluss gehabt hatte. Tholuck hatte sich besonders gegen den unguten Einfluss der idealistischen Philosophie auf die Theologie gewandt und hatte die Erstarrung orthodoxer Predigten kritisiert. Außerdem entdeckte Paul in der Seminarbibliothek die Predigten des Johannes Wichelhaus (1819–1858). Auch Wichelhaus hatte in Halle gelehrt. Seine feste konservative Position bezüglich der Heiligen Schrift und der Bekenntnisse der christlichen Kirche sowie seine Herkunft aus der rheinischen Erweckungsbewegung hatten ihn von den liberalen Kollegen in Halle isoliert. Zum Abschluss seiner Lektüre von Tholuck und Wichelhaus notierte Paul:

> »Gott sei Dank, der meine Tage wieder füllt und ihnen die Öde und Leere nimmt. ... Gott ist getreu, der euch nicht läßt versucht werden über euer Vermögen, sondern schafft, daß die Versuchung so ein Ende gewinne, daß ihr mögt bestehen.«

Diese Stelle erscheint wie ein Leuchtfeuer, das regelmäßig aufblinkt und den Weg der Selbstzweifel Pauls beleuchtet und das einen Strahl aussendet in alle späteren Versuchungen und Qualen hinein.

Von Soest schrieb Paul am 1. Juli an Frau Dieterich:

> »Liebe Mutter!
> Ich habe Dich lange mit der Antwort auf Deinen Brief warten lassen und hätte es auch nicht gewagt, wenn ich nicht wüßte, daß Dir Gretel immer wieder etwas erzählt. ... Mit dem Seminar haben wir seit den Ferien wieder manches Schöne erleben dürfen. Eine viertägige Fahrt ins Mindener Land ...
> In den vergangenen Wochen waren wir einen Tag in Paderborn, wo uns ein evangelischer Superintendent und ein katholischer Professor und Kunsthistoriker durch die Kirchen und Kunstmuseen führten. Auch den Domschatz durften wir ... uns ansehen. Das wäre was für Karl gewesen. ...
> Gestern entführte mich unsere Kindergottesdienstgemeinde zum Sommerfest ins Grüne hinaus aus Kloster- und Examensstaub ...
> Heute ist hier Missionsfest in Soest ...
> Im übrigen arbeite ich an den Examensarbeiten, die ich zwischendurch schon einmal aufgesteckt hatte. Ob's nun in der kurzen Zeit noch wird, ist mir noch nicht ganz sicher. ...

Wollt Ihr denn wirklich Gretel noch ›dressieren‹? Ich meine, sie paßt doch so gut schon, nicht zu mir – da ist sie schon viel zu gut – sondern auch zur Pfarrfrau. Fremdes Wesen, was nicht zu ihr paßt, wird und soll sie sich doch niemals aneignen. So kann sie doch höchstens in der Weiterbildung des ihr eigentümlichen ohne Mache und Zwang noch wachsen, und darum muß ihr eigenes Herz freudig zu allem ja sagen dürfen, was ihr noch zu tun bleibt. … Will sie noch lernen, so laßt sie doch dahin gehen, wo sie kranke Menschen gesund pflegen darf. [Gretel war dann vier Monate als freiwillige Schwester im Krankenhaus in Calw. Hier hat man der noch recht jungen Gretel auch schwere Aufgaben anvertraut – bis zur Hilfe bei Operationen. Sie bekam so manchen Einblick ins Menschenleben. Am liebsten wäre Gretel Hebamme geworden, sie fragte immer wieder: ›Kann man als Pfarrfrau nebenher noch Hebamme sein?‹ In Hochelheim und Dickenschied wurde sie immer wieder zu Kranken gerufen.] …
Sei mit all den Deinen Gott befohlen.

Ich bin in treuer Liebe
Dein Paul« –

1923 stand die deutsche Wirtschaft vor dem Zusammenbruch. Zu dieser Zeit sank der Wert der deutschen Mark drastisch. Im Januar 1922 war das Verhältnis von US-Dollar und Reichsmark 1 zu 200 gewesen. Ende 1922 brauchte man 10 000 Mark zum Kauf von 1 Dollar. Im November 1923 gar 4,2 Milliarden! Ein Pfund Zucker kostete 250 Milliarden Mark. –
Während der Ruhrkrise schrieb Paul anlässlich des 67. Geburtstages seines zukünftigen Schwiegervaters an ihn:

»Lieber Vater!
Zu Deinem Geburtstag wünsche ich Dir Gottes reichen Segen. Möge er Dir viel Freudigkeit ins Herz geben für die Lebens- und Arbeitsjahre, die noch vor Dir liegen. Du wirst sie finden in dankbarem Rückblick auf Dein schon so gesegnetes Alter. … Ja, Vater, wie ist Dein Alter durch Deine Familie reich und schön. Nun hast Du auch mich, als den unwürdigsten, aufgenommen in den Schoß

Deiner Familie und läßt mich teilhaben an ihrem Reichtum und Segen. Laß Dir zu Deinem Geburtstag den Dank meines Herzens dafür gefallen – ich kann Dir sonst nichts bringen. ...
Ein dunkler Schatten liegt ja, wie über unser aller Leben, so auch ganz besonders über Deinem Lebensabend, die Not unseres Vaterlandes; seine seelische Not, die es in dem Stürzen und Brechen der Tage den haltenden Anker noch nicht hat finden lassen. Darum muß die Not vorläufig noch immer höher steigen. Und ob nicht das Deutsche Reich darüber zerbricht! ... Nein, die tiefste Freude, die Freude in Gott, soll auch kein noch so schweres Geschick des Vaterlandes uns rauben dürfen und können, uns, die wir nicht sehen auf das, was sichtbar, sondern was unsichtbar ist. ...
Deshalb sind wir fröhlich in Trübsal. ...

In dankbarer Liebe bin ich
Dein Sohn Paul« –

Paul legte letzte Hand an die Predigt, die er Ende August im Rahmen seiner Zweiten Theologischen Prüfung vorlegen musste. Der Text, der der Predigt zugrunde lag, war Matthäus 25, 14–30, das Gleichnis von den getreuen Knechten, die mit ihren Pfunden wuchern, und dem unnützen Schalksknecht, der das ihm anvertraute Gut aus Angst versteckt hat und zur Strafe für seine Faulheit in die Finsternis hinausgeworfen wird.

Es bietet sich an, einen Bezug zu dem »So oder so« im Tagebuch zu sehen. Hatte er seine Zeit gut genutzt oder war er ein ungetreuer Haushalter? Folgendermaßen beantwortete Paul Schneider die Frage in seiner Predigt:

»... ›Zu welchen Haushaltern du nun selbst gehörst, zu den Treuen oder Untreuen?‹
Lieber Freund, diese Entscheidung steht nicht dir und keinem anderen zu, die mußt du schon deinem Gott überlassen für den Tag der Abrechnung. Noch ist das letzte Blatt unseres Haushaltbuches nicht umgewendet. Wer wollte von sich sagen, er sei ohne Untreue? Müssen wir nicht jeden Abend bitten: ›Vergib uns unsre Schuld‹? Noch wandeln wir im Glauben und nicht im Schauen. So

bleibt uns die demütige und doch glaubensfrohe Zuversicht, daß wir einst gehören möchten zu denen zur Rechten des Königs, und die gläubige Bitte, daß Gott uns Gnade schenke in Jesus und Kraft und Glauben, treu zu sein, ein jeder an der Stelle, auf die er gestellt ist. Amen!«

– so wie es im Tagebuch zum Schluss geheißen hatte: »Sei treu, glaub und vertraue!«

Während der Ausarbeitung der Hausarbeit schrieb er:

»Meine Wissenschaftliche Hausarbeit ›Was ist von dem Begriff der Heilstatsachen zu halten?‹ hatte mich diese Frage im positiven Sinn beantworten lassen, daß unser Glaube steht und fällt mit den Heilstatsachen des Kreuzes und der Auferstehung ... Die Arbeit half mir sehr zur Klärung des eigenen Standpunktes. ... Ich mußte mich von dem liberalen Standpunkt dahin durchfinden.«[23]

Die Zeit in Soest hatte sich gelohnt. Die Ruhe dort hatte ihm gut getan, trotz der chaotischen wirtschaftlichen und politischen Verhältnisse in Deutschland 1922/23 hatte er seine Studien erfolgreich fortsetzen können. Mitunter rief die Sorge um sein Volk Depressionen hervor, und die Phasen von Selbstzweifeln und strenger Selbstkritik standen sicherlich im Zusammenhang mit der nationalen Krise. –

Ende Oktober absolvierte Paul sein zweites theologisches Examen. Direkt danach reiste er nach Berlin, um bei der dortigen Stadtmission zu arbeiten. Ein Studienkollege, Wilhelm Grundler, schrieb später:

»Paul Schneider eignet sich gar nicht dazu, daß man ihn nachträglich glorifiziert, schlicht und einfach wie er war. Gerade das verband uns. Er versuchte einfach das zu sagen, was ihm aufgeleuchtet war, und Freund und Feind das zu bezeugen, was ihm in seinem Leben eine Realität geworden war. ... Wir bestanden beide das zweite theologische Examen. Bei der Frage: Was nun? folgten wir einer Einladung von Pastor Erich Schnepel nach Berlin in die dortige Stadtmission, da z.Zt. keine Hilfspredigerstellen frei waren.

Für einen halben holländischen Gulden, den Pastor Schnepel uns schickte (es war Herbst 1923, mitten in der Inflation), fuhren wir beide nach Berlin, jeder dort an einen anderen Platz, den Pastor Schnepel uns ... anwies.«[24] –

Während Wilhelm Grundler und Paul auf dem Weg nach Berlin waren, kamen beunruhigende Nachrichten aus München. Im Vorbeigehen sah Paul die dickgedruckte Schlagzeile am Zeitungsstand in Berlin:

»Versuchter Staatsstreich in Bayern
Putschisten verhaftet«

Paul fischte aus seiner Geldbörse aus den vielen Scheinen die 15 Millionen Mark, die das Blatt kostete, und las den Bericht über die Vorgänge in München. Erich Ludendorff, Hindenburgs ehemaliger Stabsoffizier, hatte sich mit einem Politiker namens Adolf Hitler zusammengetan, dem Führer der Nationalsozialistischen Deutschen Arbeiterpartei. Der Name, dachte Paul, muss ansprechend wirken: Die meisten Menschen sind Arbeiter, viele sind national eingestellt, viele sozialistisch, und alle sind Deutsche. – Der Staatsstreich wurde niedergeschlagen und Hitler verhaftet.

Der Versuch radikaler Kräfte, sich von der Republik zu lösen oder gar die Republik abzuschaffen, war in diesem kritischen Jahr 1923 in verschiedenen Teilen das Staates unternommen worden. Selbst in Pauls geliebtem Rheinland hatte es den Versuch gegeben, einen selbstständigen Rheinischen Staat zu etablieren. Frankreich hätte die Schaffung eines solchen unabhängigen Pufferstaates begrüßt und unterstützte zeitweilig separatistische Aktivitäten im Rheinland finanziell.

Jedem war bewusst, wie zerbrechlich die Weimarer Republik war. Paul konnte nicht umhin, den Bemerkungen zuzustimmen, die der Reichstagsabgeordnete Hörsing im Februar 1924 machte: »... Wir haben eine Republik ohne Republikaner.«

Nachdem der neue Reichskanzler Gustav Stresemann sich einverstanden erklärt hatte, den passiven Widerstand an der Ruhr zu beenden, den Franzosen Zugeständnisse zu machen und die deutsche Währung neu zu bewerten, um das Geld der Krisenzeit zu ersetzen, begann die deutsche Wirtschaft, sich zu erholen, und die radikalen Parteien verloren an Boden.

Der Prozess gegen die bayerischen Putschisten in Leipzig wurde zur Sensation. Ludendorff konnte als Kriegsheld nicht verurteilt werden, aber der Gefreite Adolf Hitler bekam 5 Jahre Haft. Die Zeitungen zitierten Hitlers Anprangerung des Urteils:

> »Mögen sie uns tausendmal schuldig sprechen, die Göttin des ewigen Gerichts der Geschichte wird lächelnd den Antrag des Staatsanwalts und das Urteil des Gerichts zerreißen, denn sie spricht uns frei!«[25]

Paul meinte, wie die meisten seiner Landsleute, das sei das Ende dieser Affäre. –
Während im Gefängnis im bayerischen Landsberg Adolf Hitler die Bibel des Nationalsozialismus, »Mein Kampf«, verfasste, vermittelte Paul Schneider den Armen und den Arbeitern in der Berliner Stadtmission die Lehren der Bibel von Jesus Christus.

Am 21. Januar 1924 verkündeten die Berliner Zeitungen: »Lenin im Alter von 54 Jahren gestorben«. Einer der Arbeiter, mit denen Paul zu tun hatte, zeigte ihm, wo Lenin 1895 einige Wochen in Berlin gewohnt hatte: eine bescheidene Pension in Moabit. Auch am 11. April 1917 war Lenin in Berlin gewesen, als der Zug, der ihn zurück nach St. Petersburg brachte, aus der Schweiz in der Hauptstadt ankam. Zu diesem Zug gehörte der berühmte »plombierte Waggon«, in dem Lenin als Gast der deutschen Regierung nach Petersburg transportiert wurde, um Russland aus dem Weltkrieg herauszubekommen. Paul musste zur Kenntnis nehmen, dass viele Arbeiter von Marx, Lenin und dem Sozialismus fasziniert waren, besonders die Arbeiter aus dem Stadtteil Wedding, den die Nazis später als »rotes Nest« bezeichneten. Paul war betrübt über das offensichtliche Versagen der Kirche, sich den Problemen der städtischen Arbeitermassen zu widmen. Natürlich gab es in jeder größeren Stadt eine Innere Mission, und Paul fand seine

Arbeit in der Berliner Stadtmission erfüllend und sinnvoll, aber die offizielle Kirche, musste er denken, hätte viel mehr tun können und müssen, um dem Arbeiter in der Stadt näher zu kommen, ihm, der in überfüllten Häusern ohne sanitäre Einrichtungen lebte, überarbeitet, unterbezahlt, fast ohne Sicherheit bezüglich der Arbeitsstelle, den Versuchungen von Alkohol und Drogen ausgesetzt, und das inmitten einer materialistischen und hedonistischen Gesellschaft, einem Sodom und Gomorrha des 20. Jahrhunderts.

Über seine Arbeit in Berlin berichtete Paul Schneider mehrfach nach Weilheim, so z. B. am 9. Februar 1924 in einem Brief an Pfarrer und Frau Dieterich:

»Liebe Schwiegereltern!
... Zunächst bin ich Euch noch innigen Dank schuldig für den nahrhaften und nützlichen und belehrenden Neujahrsgruß. ...
Unser Schnepelkreis, von Trübungen bedroht, hat sich nun auch wieder auf der innersten Linie zusammengefunden zu energischer Angriffsarbeit auf die Not im Osten. Gerade steht unser Saal in der Adalbertstraße unter ... Evangelisation. Nachdem die drei ersten Tage verloren schienen, gab Gott doch vorgestern und gestern Segen, und wir erlebten große Freude, indem gestern eine ganze Reihe zur Nachversammlung zurückblieben. Wenn wir auch wissen, daß der Erfolg nicht an unserer Arbeit hängt, so macht es doch Freude, auch vor kleinem Posten mit Vorbereiten, Einladen, Singen und Beten sich vom Herrn in seiner Rettungsarbeit gebrauchen zu lassen, und da ist auch gerade mir Mut und Freudigkeit von oben wieder geschenkt worden, nachdem ich lange wie unter einem Bann gelegen und die Freudigkeit zum Zeugen fast verloren hatte. ...
Lieber Vater! Du nennst unsere Arbeit etwas boshaft ›Kirchliche Heilsarmee‹, die ist aber, wie ich immer mehr habe einsehen lernen, die einzig mögliche Art, wie sich wirklich Leben aus Christo ausbreiten und erhalten kann, und zwar, das ist offen auszusprechen, im Gegensatz zur bestehenden Kirchlichkeit und Namenschristentum. ... Ich freu mich von Herzen, dem Zug meines Herzens nach Berlin gefolgt zu sein; wie der Herr mir hier noch sehr viel zu sagen

hatte, so weiß ich, daß auch vorläufig weiterhin mein Platz hier sein wird, im Lernen und in der Arbeit.
Diese unsere Arbeit ist aber gar nicht eng und einseitig, sondern so beweglich und vielgestaltig und der Individualität Raum lassend, daß alle Gaben in der Ausbreitung des Reiches Gottes zu ihrem Recht kommen, viel mehr als unter den gebundenen, ordnungsgemäßen Formen der Kirche. Wir haben keine andere Form und keine andere Organisation als Jesus selbst. ...
... Ich denke Euer allezeit in treuer Liebe

Euer Paul«

In einem Brief vom 25. März 1924 an Frau Dieterich heißt es:

»Liebe Mutter!
... Von Soest aus schrieb ich noch meinem Vater, daß ich unsere Kirche lieb habe, und fühlte doch zugleich die innere Notwendigkeit, außerhalb der schützenden und stützenden Mauern das Wachsen und Werden des Reiches Gottes kennen zu lernen und draußen im freien Arbeiten für den Herrn innerlich zu erstarken. Du kannst diesen meinen Wunsch begreifen. So bin ich nicht von ungefähr gerade in den Schnepelschen Kreis geraten, ...
... In der praktischen Arbeit der Stadtmission bestehen so gut wie gar keine Beziehungen zu den Kirchen, und wir suchen diese nicht, da sie nur eine unnötige Erschwerung und Hinderung wären. ... Anders bei der Dorfmission, die unserem Kreis ja als weiteres Arbeitsgebiet herzugewachsen ist. Hier ist es schon zu Auseinandersetzungen mit Pastoren gekommen, die die Evangelisation als Einbruch in ihre Parochie ansehen. ... Wie in der Stadt treten ja auch hier Glaube und Unglaube mehr und mehr auseinander, und auch im lieben Schwabenlande kann das doch nur eine Frage der Zeit sein. Wird unsere fest organisierte Landeskirche dieser veränderten Sachlage folgen können? Nicht wahr, Mutter, darüber sind wir uns gewiß einig, daß die Kirche uns nicht das erste sein darf, sondern das Reich Gottes und daß beide nicht identisch sind. ...
... Am Samstag zogen einige unserer Brüder mit einem Dorfmissionstrupp hinaus in die Markdörfer, sie berichten von Freude und

Segen in schönen Versammlungen. Ich selbst bin unter den Zurückgebliebenen und lebe mich in meine Trinkerrettungsarbeit mehr und mehr ein. Die Blaukreuzversammlungen sind immer sehr gut besucht, und die geretteten Trinker ein ruhig mitarbeitendes Völkchen. Es ist die Arbeit eine sehr dankbare, weil man Elend und Jammer der Trinker so handgreiflich vor Augen sieht und daran leicht anknüpfen kann. Es sind Menschen, die eben oft auf der untersten Stufe angekommen sind und sich dankbar nach Hilfe ausstrecken ...

Ja, Mutter, für Gretel ist noch Raum in meinem Herzen! Ich bleib ihr treu als der, die mir Gott, als ich in Schwachheit und Sünde steckte, aber die doch er selbst mir zugeführt hat. Ich bin wohl sehr ernüchtert worden und weiß jetzt, daß der Herr uns zuerst in der Arbeit stehen sehen will und uns dann, wann es Zeit ist, auch die Frau gibt, die wir brauchen. Nun sind wir halt beide aufs Wartepöstchen gesetzt und mir tut gewiß die Wartezeit noch nötiger als Gretel. Ich freue mich, daß Gretel nicht darunter leidet ... wir lernen jetzt beide, daß unsere Liebe zueinander in ihm ihr Maß, ihre Kraft und Grenze findet.... Dich und den lieben Vater bitte ich weiterhin um das Vertrauen, das Ihr mir bisher so unverdient geschenkt habt ... ich bitte Euch auch dann darum, wann meine Wege Euch streckenweise dunkel und unverständig sind. ...

... Der Teufel der Verzagtheit und des Kleinglaubens hat mich leider noch manchen Tag untergekriegt. Aber Jesus ist dennoch Sieger. Darum frohen Gruß aus Berlin Dir und Euch allen im lieben Weilheimer Pfarrhaus von

Eurem Paul Schneider«

Sowohl Pfarrer Dieterich als auch Gustav-Adolf Schneider machten sich zunehmend Sorgen um Pauls Erfahrungen in Berlin. Sie fürchteten, sein Aufenthalt in der Hauptstadt könne ihn zum Radikalen machen. Sie waren überzeugt, dass es Zeit für ihn sei, Berlin zu verlassen. Paul jedoch blieb der Überzeugung, dass Gott ihn nach Berlin gerufen habe.

Auch nach seinem Weggang von Berlin schrieb Paul aufmunternde Briefe an seine Wirtin bis zu ihrem Tode. Und von Hochelheim aus betreute er brieflich einen Alkoholiker, dem er während seiner Berliner Zeit zu helfen versucht hatte.

Als Paul im August 1924 nach Hochelheim zurückkehrte, merkte er, wie sehr sein Vater seiner Hilfe bedurfte. Er blieb vier Monate zu Hause und half dem Vater im Pfarrdienst. In einem Brief an Pfarrer und Frau Dieterich schrieb Paul am 19. November:

»... Ich bin also nicht mehr nach Berlin gekommen, wie ich zuerst vorhatte. Es kam meine Bewerbung um Pferdsfeld und meine Probepredigt dort dazwischen, und da ich zum kirchlichen Dienst entschlossen war und meine Ablösung in Berlin sich auch in meiner Abwesenheit bewerkstelligen ließ, hätte ich Vater nur unnötige Kopfschmerzen verursacht, wie ich es ohnedies schon genug getan habe. Außerdem kann ich für Pferdsfeld oder eine Hilfspredigerstelle hier viel mehr Kraft und Nerven zusammenhalten und die Kunst der Kanzelpredigt üben. Das habe ich fast sonntäglich getan und gewinne dabei allmählich die Zucht über mein Denken wieder. ...
Die gegenwärtige Arbeitsteilung mit Vater, als dessen persönlicher Hilfsprediger ich fungiere, ist uns beiden zum Vorteil. ...
Gerne arbeite ich am Holz und im Garten draußen. Dadurch unter Mitwirkung der landwirtschaftlichen Erzeugnisse steht auch mein körperliches Befinden gut, somit dürfte die Berliner Hungerkur auch in dieser Hinsicht überwunden sein. ...
Noch dies eine, lieber Schwiegervater: Für manche Deiner mir in früheren Briefen gegebenen Lehren und Ratschläge bin ich Dir mehr und mehr dankbar geworden. Wenn aus dem ›Klosterbruder‹, nach anderer Lesart ›Sektenbruder‹ auch nicht mit einem male ein anderer geworden, und auch diese Deine Klage sich bewahrheitet, daß die Jugend das erfahrene Alter oft so wenig versteht, – ich tue Dir hier im Geheimen manche Abbitte –, so darfst Du doch auf Deiner Tochter tätige Mitwirkung noch einige Karten setzen. ...
Ich muß Euch noch sagen, daß mich meine Gretel, Euer liebes Kind, sehr sehr glücklich macht, daß sie mir ein Sporn ist, ihrer immer mehr wert zu werden – im Pfarrerberuf (ich möchte keinen ande-

ren mehr haben); sollte ich drum nicht in ergebenster Liebe und Dankbarkeit sein

Euer Sohn Paul«

Ende Januar 1925 wurde Paul, vor seiner Anstellung als Hilfspfarrer in Essen-Altstadt, in Hochelheim in der Kirche seines Vaters durch den Superintendenten der Rheinischen Synode, Karl Wieber aus Wetzlar, ordiniert; in derselben Kirche, in der er 13 Jahre zuvor konfirmiert worden war; in der Kirche seiner Jugendjahre, deren Gemeinde ihm vertraut war; wo er oft die Orgel gespielt hatte; der Kirche, mit der sich viele Familienerinnerungen verbanden. Vor seinem geistigen Auge sah er, als er die Kanzel betrat, seine Mutter an ihrem angestammten Platz. Sein Predigttext war Römer 1, 16:

»Ich schäme mich des Evangeliums von Christo nicht; denn es ist eine Kraft Gottes, die da selig macht alle, die daran glauben.«

Noch hatte Paul Karl Barths Kommentar zu Paulus' Brief an die Römer nicht gelesen, aber seine Schlussfolgerungen waren denen in Barths Kommentar ähnlich. Vielleicht erklärt das, warum Paul, als er später Barth las, in ihm den Geist entdeckte, der, wie er selbst, früh die Gefahren des Nationalsozialismus durchschaute. Einer von Barths Hauptpunkten betrifft die Erhabenheit des Evangeliums. Obgleich der Apostel Paulus und Paul Schneider beide Gefangene waren – Paulus in Rom, Paul Schneider im KZ in Buchenwald –, hätten sie beide Barths Beobachtung geteilt, dass das Evangelium den Sieg bedeutet, durch den die Welt überwunden wird. In Buchenwald hat Paul sicher nachgedacht über die Schlussfolgerungen, die er selbst bei seinem Theologiestudium und bei der Lektüre von Karl Barth gezogen hatte und hat sich wohl erinnert an die Stelle in Barths Kommentar, wo es hieß:

»Es bezöge sich alles ›christliche‹ Wesen nicht auf die Heilsbotschaft, es wäre menschliches Beiwerk, gefährlicher religiöser Rest, bedauerliches Mißverständnis, sofern es allenfalls statt Hohlraum Inhalt, statt konkav konvex, statt negativ positiv, statt Ausdruck des Entbehrens und der Hoffnung Ausdruck eines Habens und Seins sein wollte.« [26]

Aber noch war 1925, und der 27 Jahre alte, gerade ordinierte Pfarrer konnte noch nicht die blasseste Ahnung von Buchenwald haben. Und er konnte auch, als er las, dass Hitler nach der vorzeitigen Entlassung aus dem Gefängnis im Dezember 1924 die Nazi-Partei neu organisierte, noch nicht wissen, dass dieser Mann und diese Partei ihn letztendlich ins KZ bringen würden. Er las die Worte eines Mannes, der 1925 noch relativ wenige Anhänger hatte und der doch schon so siegesgewiss davon sprach, dass die Stunde kommen werde, wo die Zahl seiner Anhänger auf Divisionen angewachsen sein werde. –

Paul als Hilfspfarrer in Essen (1925)

1925 trat Paul sein Amt in Essen-Altstadt an, in einer großen Stadtpfarrei. Wieder bedeutete es eine gewaltige Umstellung für ihn, denn seine Aufgaben in der Stadtmission in Berlin unterschieden sich doch ganz deutlich von denen eines Pfarrers einer großen Stadtkirche. Seine einzige pastorale Erfahrung hatte er in Hochelheim gemacht, einer Landgemeinde, wo er jeden kannte. Und wieder rief diese Aufgabe eine gewisse Depression hervor. Er begann zu zweifeln, ob er dem Beruf gewachsen sein würde, und erwog sogar den Rückzug aus einem Amt, zu dem er erst im Januar ordiniert worden war.

Mitten in dieser Phase schickte er Gretel den silbernen Verlobungsring zurück mit der Erklärung, er sei zu ungefestigt in seiner Person und in seinem Beruf, um ihr Ehemann zu werden. Der Ring und der Brief dazu kamen mit der normalen Post an. Gretel war sehr aufgeregt und suchte noch nach einer Antwort, mit der sie auf Pauls Entscheidung reagieren könnte, als ein Telegramm von ihm eintraf mit der Bitte, den Brief zu vergessen. Gretel packte den Ring in ein kleines Päckchen, schickte ihn an Paul zurück und versicherte ihm, sie wolle keinen anderen Ehemann.

Im Januar 1926 erlitt Gustav-Adolf Schneider während der Predigt in Dornholzhausen einen Schlaganfall und starb drei Tage später. Die ans Praktische und ans Geld denkende Gemeinde von Hochelheim und die knickerigen Bauern von Dornholzhausen entschieden sich einstimmig für Paul als Nachfolger seines Vaters im Pfarramt. Schließlich, warum Zeit und Geld verplempern, um verschiedene Kandidaten anzuhören, wo Paul doch gleich verfügbar war! Aber erst musste die Angelegenheit von der Synodenleitung in Wetzlar genehmigt werden. So lange blieb Paul Hilfspfarrer in Essen. –
Irgendwann zwischen März und Juli 1926 brachte Paul das Gebet »Aus den Tiefen rufe ich zu dir…« (Psalm 130) den Frieden, den er suchte. Sein Gebet wurde erhört, denn später schrieb er an die Familie Dieterich:

»… es wird Euch und besonders Vater freuen, wenn ich bekennen darf, daß ich mit Freuden Pastor bin, auch in der Großstadt. Gott gibt mir mit den wachsenden Aufgaben wachsende Kraft. Am

Sonntag hatte ich fünf Amtshandlungen. Das soll mir ein Trost und meine Zuversicht sein, wie Wichern es einmal ausspricht: ›Du, Gott, läßt nichts unvollendet und hast in mir das Wollen geweckt; du wirst auch des Vollbringens Kraft mir schenken nach deiner Gnade und Liebe um Jesu willen.‹«

Und schließlich steht zum 8. Juli 1926 in seinem Tagebuch:

»... ich darf meinem Gott nun wieder Loblieder singen. Es ist der Geist von oben stärker, viel stärker als alle naturhaften Mächte. Nun sind wir auch nicht mehr Knechte der Natur. Gott, zu dir zieht alles Leben, und was nicht zu dir gegangen kommt, wird krank.«

In seinem Brief an Pfarrer und Frau Dieterich vom 23. Juni 1926 ist von Hochzeitsvorbereitungen die Rede:

»Liebe Schwiegereltern!
Trotzdem ich Vaters Wünschen gern mehr entgegengekommen wäre, wollte es sich mit Einrichtung der Hochzeit nicht vor August machen. ...
So habe ich denn mein Urlaubsgesuch soeben für 1.–31. August geschrieben, in der Erwartung, daß zu meinem dreiwöchentlichen Hilfspredigerurlaub einige Tage für die Hochzeit dazu bewilligt werden, und habe gleichzeitig meinen Dienst hier in Synode und Gemeinde auf den 31. Juli bezw. 31. August gekündigt, je nachdem, wer mir über den Urlaub meine Besoldung zahlt. Weiter denke ich mir die Hochzeit dann etwa am 10. August, dann könnte ich erst noch einige Tage nach Hochelheim und das Gröbste einräumen und vielleicht Vater am 8. um eine Sonntagspredigt in Weilheim bitten. Dann nach der Hochzeit einige (2) Wochen reisen und wandern und es blieben uns bis zur Einführung noch ein paar Tage in Hochelheim, alles vollends zu richten. ...
Gestern und vorgestern war ich geschwind in Hochelheim, habe die Tapeten ausgesucht und Hans gesprochen. Jetzt ist doch im Hause wenigstens angefangen. ... Für Hans freu ich mich, wenn bald eine ordentliche Hausfrau einzieht, daß er es dann auch wie-

Hochzeit in Weilheim (1926)

Hochzeitsfoto mit Verwandten und Freunden (1926)

der netter findet und er selbst dann häuslicher wird. Adolf steckt gerade in Plänen über den Ankauf einer kompletten Farm [in Kentucky – er war nach Amerika ausgewandert], die er mit einem anderen Deutschen zusammen kaufen will. …
Nun dank ich Euch für all Euer Mitdenken und Mitsorgen und bin in herzlicher Liebe

Euer Sohn Paul«

Die Wahl Paul Schneiders zum Pfarrer von Hochelheim/Dornholzhausen wurde von der Synodenleitung in Wetzlar bestätigt. Die Synode wünschte einen verheirateten Pfarrer, denn »es soll aber ein Bischof unsträflich sein, eines Weibes Mann, nüchtern, mäßig, sittig, gastfrei und lehrhaft.« (Timotheus 3, 2) Nun ging die lange Zeit der Verlobung von Paul und Gretel zu Ende. Sie hatten sich seit dem Verlobungstag selten gesehen; das Bekenntnis ihrer Liebe musste sich weitgehend auf Briefe beschränken. Viele Briefe waren hin und her gegangen und hatten die lange Zeit zwischen der Verlobung im Oktober 1922 und der Hochzeit am 12. August 1926 überbrückt. Pauls Vater hatte einst über die umfangreiche Korrespondenz gescherzt: »Wenn ihr heiratet, macht das Schreibwarengeschäft pleite.« –
Vor der offiziellen Amtsübernahme fand die Hochzeitszeremonie an einem herrlichen Augusttag in Weilheim statt. Pfarrer Karl Dieterich wählte als Text für seine Predigt:

»Wo du hingehst, da will auch ich hingehen; wo du bleibst, da bleibe ich auch. Dein Volk ist mein Volk, und dein Gott ist mein Gott.« (Ruth 1, 16)

Dann predigte er:

»Liebe Hochzeitsgemeinde!
Eine fromme Heidin, die Moabitin Ruth, sprach vor 3000 Jahren dieses Wort, das man jetzt, gesprochen oder gesungen, christlichen Brautleuten gerne auf den Weg … mitgibt. …
Wenn nun christliche Brautleute den fürs ganze Leben entschei-

denden Schritt in die pflichten- und oft sorgenreiche Ehe mit den Worten dieser frommen Ruth wagen, tun sie es nicht nur, weil es ihnen die äußere und innere Schönheit der Worte antut, ... Es birgt das Wort: dein Volk ist mein Volk, dein Gott ist mein Gott, bei näherer Betrachtung so manche gerade für ein Pfarrersbrautpaar wichtige Wahrheit und große Schönheit, daß ihr später dem im ... Dienst des evangelischen Pfarrers ergrauten Vater dankbar sein werdet, wenn er auf einige dieser Wahrheiten und Schönheiten aufmerksam macht.

Dies soll jetzt geschehen; und ihr, liebe Freunde unseres Hauses und des evangelischen Pfarrhauses, hört wohl gerne zu, wenn unserm Brautpaar der Sinn seines Hochzeitstextes in der dreifachen Mahnung ans Herz gelegt wird:

SEID EINS IN DER LIEBE, EINS IM GLAUBEN UND EINS IN DER HOFFNUNG.«

Besonders ging Pfarrer Dieterich auf die Stelle ein, wo Ruth sagt: »Dein Volk sei mein Volk«:

»Es ist mir, lieber Sohn und Amtsbruder, eine herzliche Freude, ... dir bezeugen zu dürfen, du siehst unser schwäbisches Volk auch als das deine an. Sonst trätest du heute nicht vor diesen Altar; sonst hättest du die einfache schwäbische Pfarrerstochter nicht so tief ins Herz geschlossen, daß du nicht mehr von ihr lassen konntest; sonst hätten auch wir uns nicht entschließen können, in unseren alten Tagen noch die jüngste Tochter in so weite Ferne und in ihr so fremde Verhältnisse ziehen zu lassen; sonst hätte auch sie es, bei all ihrer Unerfahrenheit, doch ernstlich überlegt, ob sie es wagen dürfte, die Pfarrerin einer Gemeinde zu werden, deren Denk- und Redeweise sie erst noch verstehen lernen muß. ... Ja, wir wissen, es ist kein leeres Wort, wenn du heute zu unserer Pfarrerstochter mit der treuen Ruth sprichst: dein Volk ist mein Volk.

Kannst aber du, liebe Tochter, mit demselben freudigen Ernst auch deinem Bräutigam die Versicherung geben: ... sein Volk ist mein Volk.

Und ihr beide wißt, auch wir Eltern und Geschwister werden künftig noch lieber zu euch sagen: euer Volk ist unser Volk. Wir sind Schwaben und sind stolz auf die Art unseres Stammes und lieben unsere schöne Heimat und unser biederes Volk von Herzen; aber wir sind nicht einseitig und engherzig genug, um nicht auch für die Eigenart unserer deutschen Stammesbrüder, mögen sie zu Hause sein, wo sie wollen, Verständnis und Freude an derselben zu haben. Und wir Eltern haben nicht umsonst die neue Heimat unserer Tochter schon mit eigenen Augen gesehen und können dich darum ruhig ziehen lassen, weil wir wissen, auch jenseits der Grenzpfähle unserer eigenen Heimat ist gut sein und kann man für andere ein Segen werden. ...«

Im letzten Teil seiner Predigt wandte sich Pfarrer Dieterich noch einmal an seine Kinder:

»Wenn du, liebe Tochter, es heute in der dich umgebenden Überfülle der Liebe und des Glücks auch nicht so ganz empfindest und dir selbst nicht eingestehst, der Abschied vom Elternhaus und den dich so herzlich liebenden und von dir wiedergeliebten Geschwistern, Schwägern und ihren Kindern und von der trauten Heimat am Neckar, in der dein eigenes Wesen tiefer, als du weißt, wurzelt, kann dir – sonst wärst du ja keine schwäbische Pfarrerstochter und nicht deiner Eltern jüngstes Kind – nicht so leicht werden, wie du es dir unter den Zubereitungen zu der heutigen Feier dachtest. Und das Pfarrhaus, so wohnlich es für das junge Pfarrpaar gerichtet wurde, erwartet dich doch mit neuen, in der Nähe schwerer erscheinenden Pflichten; du fragst dich im stillen, ob du auch die Pfarrerin werden kannst, die du so gerne sein möchtest.

Und du, lieber Sohn, weißt aus des Vaters und deinen eigenen Erfahrungen, daß es dem Pfarrer gegenwärtig schwerer gemacht wird, seine Gemeinde so zu lieben und diese Liebe so zu zeigen, wie es ein evangelischer Pfarrer als Hirte und Bischof der Seelen und als Priester des Hauses und der Gemeinde verantworten kann. Du weißt auch, wie schwer es für den evangelischen Christen unserer Zeit und noch mehr für den Verkündiger des Evangeliums ist, sich durch die Irr- und Wirrgänge menschlichen Lebens hindurchzuwinden und dabei seinen auf Gottes Wort gegründeten Glauben als festen und besten Geistesbesitz zu bewahren und zu bewähren. Wer beides können will, als Mann oder Frau, als Pfarrer oder Pfarrerin, im Dienst der Liebe nicht ermüden und im Glauben nicht

Schiffbruch leiden, der muß mit dem ihm von Gott anvertrauten Weggenossen eins sein, wie in der Liebe und im Glauben, so auch in der Hoffnung, eins in der Hoffnung, die nicht zuschanden werden läßt, wie es unsere mehr als vierzigjährige Ehe- und Pfarrerserfahrung bestätigt, eins in anhaltendem Gebet, eins in der stillen Fürbitte füreinander und miteinander und in der demütig-zuversichtlichen Erwartung göttlicher Hilfe in leiblichen und zeitlichen Nöten wie in aller Unruhe des Herzens und des Gewissens. ...
Darum, wenn ich heute als Vater im Namen des Hauses und als Pfarrer im Namen der Gemeinde tun soll, was mir vor allem am Herzen liegt: Gott danken, daß er uns bis hierher geholfen hat, und euch den Weg zu eurem und vieler Menschen Glück und Heil zeigen, kann ich euch nur noch einmals zurufen: Seid eins in der Liebe, im Glauben, in der Hoffnung, und den Herrn für euch und uns bitten:

So hilf uns, Herr, zum Glauben und halt uns fest dabei;
Laß nichts die Hoffnung rauben, die Liebe herzlich sei.
Und wird der Tag erscheinen, da dich die Welt wird sehn,
so laß uns als die deinen zu deiner Rechten stehn.

Amen!« –

»Nein, Vater, ich bestehe darauf«, sagte Paul, als er Pfarrer Dieterich 500 Mark in die Hand drückte. »Bei den vielen Töchtern, denen du die Hochzeit ausrichten musst, kann ich nicht zulassen, dass du unsere Hochzeit bezahlst. Ich weiß, du musstest dir die 500 Mark von einem Freund leihen. Mein Vater hat mir in seinem Testament 1500 Mark hinterlassen; ich kann also gut unsere Hochzeit finanzieren, und Gretel und ich haben dann immer noch genug für die Hochzeitsreise.« – »Die 500 Mark sind mehr, als die Hochzeit kostet, Paul«, sagte Pfarrer Dieterich, »aber unsere Gretel fährt in eine ferne Gegend, und deshalb müssen wir noch ein paar Einkäufe für sie tätigen.« –
Bevor Paul und Gretel ihre Pflichten im Pfarrhaus von Hochelheim übernahmen, reisten sie an den Bodensee und in den herrlichen Alpenort Oberstdorf. Als Paul seine Frau schließlich in den Armen hielt, dachte er, er könne die Geduld Jakobs verstehen, der seinem

Onkel Laban 7 Jahre diente, um Rachel heiraten zu dürfen. Am 12. August 1926 war Gretel 22 Jahre alt, Paul stand kurz vor seinem 29. Geburtstag.

Diese Tage am Bodensee und beim Wandern auf den Almen oberhalb von Oberstdorf waren vielleicht die ruhigste, die längste Zeit des Glücks, die dem jungen Paar beschieden war. In den kommenden Jahren dachten sie oft an die ersten Wochen ihrer Ehe zurück, an die einsamen Sommertage am See und auf den Wiesen, an die Spaziergänge, die unbeschwerte Unterhaltung, die kühlen Abende unter dem wundervollen Sternengewölbe, wie sie miteinander leise eines ihrer liebsten Volkslieder sangen:

»Der Mond ist aufgegangen,
die goldnen Sternlein prangen
am Himmel hell und klar;
der Wald steht schwarz und schweiget
und aus den Wiesen steiget
der weiße Nebel wunderbar.

Wie ist die Welt so stille
und in der Dämmrung Hülle
so traulich und so hold
als eine stille Kammer,
wo ihr des Tages Jammer
verschlafen und vergessen sollt.

Gott, laß dein Heil uns schauen,
auf nichts Vergänglich's trauen,
nicht Eitelkeit uns freun!
Laß uns einfältig werden
Und vor dir hier auf Erden
wie Kinder fromm und fröhlich sein!

So legt euch denn, ihr Brüder,
in Gottes Namen nieder;
kalt ist der Abendhauch.

Verschon' uns, Gott, mit Strafen,
und laß uns ruhig schlafen
und unsern kranken Nachbarn auch.«

Nach nur 13 Ehejahren war Gretel Witwe, wie Ruth. –
Aus der engen Kameradschaft und Einheit in diesen idyllischen Stunden erwuchs Paul und Gretel Kraft zum Engagement im Dienste des Evangeliums, und das Band der Liebe und Hingabe an ihre Kinder stärkte ihr Durchhaltevermögen in den Stunden der Versuchung, die auf sie zukamen. Dieter, der am 20. April 1927 geboren wurde, erinnerte sie stets an die glücklichen Tage und Abende am Bodensee und in Oberstdorf. An demselben Tag, an dem ihr Erstgeborener das Licht der Welt erblickte, erging sich die Presse in überschwänglichen Lobgesängen und Glückwünschen für Adolf Hitler anlässlich seines 38. Geburtstages.

KAPITEL 3

1926 – 1933

TÄTIGKEIT ALS PFARRER IN HOCHELHEIM/DORNHOLZHAUSEN

»WAS WIRST DU TUN, Paul?«, fragte Gretel, als das junge Paar Pauls Arbeitszimmer verlassen hatte. Gretel wusste schon, worum es ging, so wie es wohl ganz Hochelheim wusste. »Ich erinnere mich daran, dass einmal während meines Besuches hier ein junges Paar zu deinem Vater kam, um zu heiraten. Dein Vater verweigerte ihnen die feierliche Hochzeit in der Kirche, weil die junge Frau schwanger war. Das war so Brauch, jeder wusste das, und dein Vater hielt sich streng daran. Weil die Zeremonie im Wohnzimmer des Pfarrhauses stattfinden sollte, stellte ich ein paar Blumen auf den Tisch und legte die schöne Tischdecke deiner Mutter auf. Dein Vater aber belehrte mich: ›Gretel, dieses Paar steht unter Kirchenzucht. In dieser Sache folgt unsere Tradition den Bestimmungen Calvins. Die Vorschrift lautet: ›Diejenigen, die einander zur Ehe versprochen sind, sollen vor der Hochzeit nicht wie Mann und Frau leben, anderenfalls werden sie wegen Unzucht bestraft.‹ Deshalb wird diese Hochzeit nicht in der Kirche gefeiert. Sie sollte auch hier nicht in festlicher Atmosphäre begangen werden – dies ist kein frohes Ereignis. Bitte, entferne Tischdecke und Blumen.‹ Ich war damals ganz traurig, aber schließlich war ich nur Gast, nur die zukünftige Schwiegertochter, und dein Vater und die Gemeinde taten nur das, was in solchen Situationen immer üblich gewesen war.« Paul nickte: »Ich kenne Renate und Walter schon lange. Unter normalen Bedingungen wären die beiden ja schon verheiratet gewesen, nur wegen der Ungewissheit, ob Walter seinen Lebensunterhalt verdienen und eine Familie ernähren kann, hatten sie die Hochzeit aufgeschoben. Sie haben längst eingesehen, dass sie ihre Eltern in große Verlegenheit gebracht haben und zum Gegenstand üblen Geredes geworden sind. Sie haben sich vor ihren Eltern und vor der Gemeinde entschuldigt. Trotzdem sollte es keine Ausnahmen geben, wenn es um das Kirchengesetz geht.«

Weil aber einige Presbyter und einige Gemeindemitglieder ihn drängten, gab Paul schließlich nach und vollzog die Zeremonie doch in der Kirche.

Einige Tage später meinte er: »Jetzt tut es mir Leid, dass ich von der Tradition meines Vaters und anderer Pfarrer dieser Gegend abgewichen bin. Besonders nachdem ich die ausgelassene Hochzeitsfeier erlebt habe, bedaure ich, in diesem Falle gegen das Prinzip verstoßen zu haben.« –

»Was wirst du mit Manfred Althen machen?«, fragte Gretel. »Dein Vater hätte keine Beerdigungszeremonie von der Kirche aus durchgeführt.« – »Ich weiß«, sagte Paul, »auch diese lange praktizierte Gewohnheit will ich beibehalten. Es sollte nicht die erste Aufgabe eines neuen Pfarrers sein, traditionelle Bräuche aufzugeben. Einige Gemeindemitglieder haben schon auf mich eingeredet.«

Nach der stillen Beerdigung meinte Paul: »Gretel, beide Entscheidungen waren wohl falsch. Ich hätte die Beerdigungszeremonie von der Kirche aus durchführen sollen und die Hochzeit im Pfarrhaus. Ich habe mich in einem Fall unter Druck setzen lassen und im anderen nicht. Auch für Manfred sprach etwas: Er war in der Hochelheimer Gemeinde getauft und konfirmiert und hat bis zu seiner Ingenieursausbildung sein ganzes Leben hier verbracht; er ist immer ein sympathischer junger Mann gewesen. Wir waren alle ganz schockiert, als wir von seinem Selbstmord erfuhren. Ich kann mir nicht vorstellen, was ihn bewog, Hand an sich zu legen. Wir kennen sein letztes Geheimnis nicht, und wir müssen ihn beurteilen, wie auch wir einmal beurteilt werden möchten.« –

Einige Tage später ging folgender Brief aus dem Hochelheimer Pfarrhaus an Pfarrer und Frau Dieterich:

»Hochelheim, den 6. September 1926

Liebe Eltern!

Ihr werdet schmerzlich auf Gretels ausführlichen Bericht warten, und nun müßt Ihr doch noch einstweilen mit meinem kurzen vorliebnehmen, da Gretel noch mit Sophie und Hans unten am Bohnenschnitzeln sitzt. Mich hat sie schnöde ans Schreiben gejagt. Habt zuerst herzlichen Dank für Mutters Gruß zum Einstand und Vaters schönes Gedicht zur Einführung. ... Unter Gretels Inspiration ist nun die Einrichtung des Wohn-, Schlaf- und Studierzimmers sehr wohl geraten, besonders das Wohnzimmer macht sich recht behaglich. ...

Zu meinem Empfang warteten statt der Kutsche am Bahnhof gleich vier Amtshandlungen, darunter zwei nicht ganz erquickliche, eine Trauung, bei der ich den letzten Rest von Kirchenzucht in Gestalt der Stilltrauung einstweilen fahren ließ, indem ich sie Sonntag feierlich in der Kirche vornahm, was mir in Anbetracht des darauffolgenden lärmenden Festes wieder leid tun wollte, und zweitens die Beerdigung eines Selbstmörders ... aus unserem Studentenkreis, bei der ich nun umgekehrt mich an die kirchliche Ordnung bindend gegen alle Bitten der Gemeinde nur im schwarzen Rock auf dem Friedhof amtierte. ... Recht gemacht werde ich es auch diesmal nicht haben.

Alles in allem ist zu sagen, daß sowohl mir in der Gemeinde wie Gretel im Hause der Eingang nicht so ganz leicht und angenehm war .... Unser Garten sieht noch böse aus, ... und wir sind schon am überlegen, ob wir die Kuh behalten sollen oder nicht.

... In allem, was uns in der Wohnung umgibt, sind wir auch von Eurer Liebe umgeben und sind Euch auch im Geiste immer innig nah verbunden als Eure dankbaren Kinder

Paul und Gretel«

Am Samstag, dem 4. September 1926, wurde Paul Schneider durch Superintendent Wieber von Wetzlar feierlich in sein Amt als Nachfolger seines Vaters in der Pfarrei von Hochelheim/Dornholzhausen eingeführt. Der Superintendent predigte über den Text:

»Und David sprach zu seinem Sohn Salomo: Sei getrost und unverzagt und mache es; fürchte dich nicht und zage nicht! Gott der Herr, mein Gott, wird mit dir sein und wird die Hand nicht abziehen noch dich verlassen, bis du alle Werke zum Amt im Hause des Herrn vollendest« (1 Chronik 28, 20).[27] –

Zu Beginn seiner Amtszeit in Hochelheim/Dornholzhausen wurde Pauls Gemeinde durch politische Ereignisse wenig beunruhigt. Im Herbst 1926 erholte sich die Weimarer Republik. Die Ruhrkrise war beendet. Wilhelm Marx, der Reichskanzler, verfolgte zusammen mit seinem Außenminister Gustav Stresemann eine Politik der Erfüllung der Bedingungen des Versailler Vertrages. Stresemann erhielt am 8. September 1926 lang anhaltenden Beifall beim Völkerbund in Genf, wo er offiziell das Beitrittsangebot für Deutschland annahm.

Um eine Atmosphäre guten Willens zwischen Deutschland und seinen ehemaligen Feinden zu schaffen, hatte Stresemann zusammen mit dem französischen Außenminister Aristide Briand im Oktober 1925 den Vertrag von Locarno unterzeichnet. In diesem Vertrag verzichtete Deutschland auf alle Ansprüche auf Elsass-Lothringen und erklärte die Grenze zwischen Deutschland und seinem westlichen Nachbarn für unverletzlich. Stresemann und Briand wurde im Dezember 1925 der Friedensnobelpreis verliehen.

In der Kirchengemeinde gab es Gruppierungen, deren einander entgegengesetzte Erwartungen mitunter das positive Einvernehmen trübten. Obwohl Paul in Hochelheim und Dornholzhausen gut bekannt und wohl gelitten war, kam es zu Problemen. Er war noch sehr jung und für viele eher »unser Paul« als »Pfarrer Schneider«. Manche wollten, dass in der Gemeinde alles seinen gewohnten Gang weiterginge, d. h. außer dass man am Sonntag in die Kirche ging, wollte man unbehelligt sein. Einige der Aktiveren erinnerten sich an einen Vortrag, den Paul einst im Turnverein gehalten hatte. Sie bevorzugten den jüngeren, liberaleren Paul und hofften auf ein Pastorat, das für »neue Ideen« aufgeschlossen sein würde. Die alten, frommen »Säulen der Kirche« dagegen wollten einen Pfarrer, der sich mit ihren Überzeugungen identifizierte. Kurz gesagt, jede dieser Gruppen reklamierte den jungen Pfarrer für sich.

Hochelheim zählte etwa 1000 Bewohner und Dornholzhausen rund 500. Es waren evangelische Dörfer. Die Dornholzhausener Bevölkerung bestand vorwiegend aus Bauern, während die Hochelheimer in kleinen Industriebetrieben beschäftigt waren und nebenbei kleine landwirtschaftliche Flächen bearbeiteten. Der berühmte Mainzer Käse wird in dieser Gegend hergestellt.

Die 20er-Jahre bedeuteten für die Kleinstädte und Dörfer des Rheinlandes eine Zeit des Umbruchs. Die Jugend zog es in die Städte, und die alte Bauerntracht der Eltern und Großeltern erschien als unmodern. Die Älteren ihrerseits, die in den Städten ihre ländlichen Produkte feilboten und dann auf dem Heimweg glücklich sangen »Ich bin so gern, so gern daheim, das ist mein Himmel auf der Erden!«, verstanden die ruhelose Jugend nicht mehr. –

Paul zog seinen knallgelben Motorradanzug an und bestieg sein Fahrzeug. »Ich fahre schnell in die Gießener Klinik, um Frau Klose zu besuchen.«

Vor der Klinik parkte er sein Motorrad, eilte auf das Krankenhaus zu und nahm auf der Aufgangstreppe immer zwei Stufen auf einmal. Oben empfing ihn Schwester Anna Groth. »Wo haben Sie denn die ganze Zeit gesteckt? Sie sollten um 9 Uhr hier sein, und jetzt ist es bald Mittag. Ich habe Sinnvolleres zu tun, als den ganzen Morgen auf Sie zu warten! Schnell!« Paul war äußerst befremdet. Er hatte die Schwester nie gesehen. Hatte einer seiner Presbyter sie informiert, er würde um 9 Uhr kommen?

Er folgte Anna Groth in ein geräumiges Empfangszimmer. Dort befanden sich vor einem großen Fenster Vorhänge, eine Gardinenleiste und eine Leiter. »Als ich vorige Woche diese Vorhänge kaufte, versprach mir Herr Klein, Sie würden sie heute um 9 Uhr aufhängen.« Paul wollte erklären, aber Schwester Groth ließ ihn nicht zu Wort kommen. »Bitte, ich bin sehr ärgerlich und habe viel zu tun. Nun hängen Sie mal die Vorhänge auf!« Mit diesen Worten verließ sie das Zimmer.

Paul machte sich an die Arbeit. Gardinen aufzuhängen war für ihn kein Problem. Solche Aufgaben hatte er bei seiner Mutter oft übernommen. Er war gerade fertig, als die Schwester zurückkam, um das Werk zu begutachten. »Na endlich«, sagte sie, »dem Himmel sei Dank, dass das erledigt ist.« – »Sie sollten wirklich dem Himmel danken«, meinte Paul, »denn der Himmel ist mein Auftraggeber und nicht Herr Klein.«

Jetzt war es an Schwester Groth, erstaunt zu sein. Paul fuhr fort: »Ich bin nämlich der neue Pfarrer von Hochelheim und wollte hier eines meiner Gemeindemitglieder besuchen. Mein Name ist Paul Schneider – freut mich, Sie kennen gelernt zu haben.« Er streckte ihr lächelnd die Hand entgegen. Schwester Groth war puterrot geworden und schnappte nach Luft. »Oh!«, rief sie aus und hielt sich die Hand vor den vor Schreck offenen Mund. »Bitte entschuldigen Sie vielmals. Ich bin ganz beschämt, in welchem Ton ich mit Ihnen geschimpft habe.« – »Nichts zu entschuldigen«, erwiderte Paul. »Für mich war die Szene ganz amüsant. Was meinen Sie, was meine Frau sagen wird! Ihr wird diese Geschichte sehr gefallen.« Beide mussten herzhaft lachen.

Anna Groth, die später mit Paul und Gretel bei der Obdachlosenbetreuung zusammenarbeitete, wurde eine treue Freundin der Familie.

Auch Pfarrer Dieterich erlitt, wie ein Jahr vorher Pauls Vater, in der Kirche (am Altar) einen Schlaganfall und starb am 13. Februar 1927 im Alter von 70 Jahren. Von 1913 bis 1927 hatte er an der historischen Nikomedes-Kirche in Weilheim als Pfarrer gedient. Als Paul und Gretel im Gotteshaus dem Totengedenken beiwohnten, ließ Paul das Leben des Verstorbenen an sich vorüberziehen: Er war ein begnadeter Prediger gewesen, der oft seine Notizen auf dem Schreibtisch liegen ließ, damit sie nicht die Spontaneität bei der Predigt behinderten. Pfarrer Dieterichs Predigten waren gekennzeichnet gewesen von überzeugendem Vortrag, solider Interpretation und profunder Literaturkenntnis. In jeder Predigt hatte sich der Dichter offenbart – Pfarrer Dieterich schrieb selbst hervorragende Gedichte.

Paul erkannte, dass mit dem Tod seines Vaters 1926 und nun dem seines Schwiegervaters eine Generation von der Bühne abgetreten war, die nichts mit der gegenwärtigen kulturellen Atmosphäre des Nihilismus, des Materialismus und des Narzissmus gemein hatte.

Gustav-Adolf Schneider und Karl Dieterich hatten oft den Verlust der alten teutonischen Werte des Patriotismus, der Disziplin, der Selbstverleugnung und des Glaubens an Gott beklagt. Als Paul in Pfarrer Dieterichs Niederschriften blätterte, die er in vielen Amtsjahren verfasst hatte, fiel sein Blick auf ein Gedicht »Liebe zum Vaterland«:

»Hurra Germania! Jeder rief es laut;
Die Wacht am Rhein ertönt' auf allen Gassen.
Doch jetzt, wie fühlt sich oft die stolze Braut
Auf ihrem hohen Denkmal so verlassen!

Der König sprach's, und alles stimmte bei:
O welche Wendung, Herr, durch deine Fügung!
Doch wer ist jetzt am Sedanstag so frei
Und redet offen von des Feinds Besiegung?

Die alten Nörgler sind nun wieder da;
Der Kurs ist's, über den sie eifrig streiten;
Wer einst verlangend in die Zukunft sah,
Wünscht jetzt zurück die längstvergangnen Zeiten.

O evangelsches Pfarrhaus, deutsches Haus,
Echt vaterländschen Sinnes Herd und Wiege,
Ström du des Patriotismus Feuer aus,
Begeistre du das Volk für Deutschlands Siege!«[28]

»Ja«, seufzte Paul, »das war ihre Welt.« Paul schaute auf Gretel, die neben ihm saß. Sie erwartete ihr erstes Kind. Sie waren beide traurig bei dem Gedanken, dass der Großvater dieses erstgeborene Kind nun nicht mehr sehen konnte.

Die Prozession der Trauergäste ging das kurze Stück zum Dorffriedhof zu Fuß. Auf dem grauen Steinkreuz standen unter dem Namen die Worte aus dem 1. Brief an die Thessalonicher 5, 18: »Seid dankbar in allen Dingen.« Und dann, inmitten aller Trauer, musste Paul daran denken, wie jeden Sonntag alle am Mittagstisch lachen mussten, wenn Pfarrer Dieterich im Gedanken an seine Predigt ausrief: »Das meiste von dem, was ich sagen wollte, ist mir wieder nicht mehr eingefallen!«

Vor der Abreise standen Paul und Gretel noch im Hof des Pfarrhauses. »Wie oft habe ich Vater durch dieses Tor zur Kirche gehen sehen«, sagte Gretel unter Tränen. Paul drückte sie fest an sich. Ihr Schluchzen erschütterte ihn. Wie oft war er selbst an der Seite von Pfarrer Dieterich durch dieses Tor gegangen, manchmal als Gastprediger, manchmal als Gottesdienstbesucher. Er schaute auf das schöne, großzügige Pfarrhaus, das für ihn zur zweiten Heimat geworden war, wo eine Familie den jungen Studenten in ihren Kreis aufgenommen und wo er Gretel gefunden hatte. Er wusste, dass Frau Dieterich das Pfarrhaus bald für den neuen Pfarrer und seine Familie würde räumen müssen, und ihm war bewusst, dass dann die Verbindung zu der historischen Kirche und dem wunderschönen alten Haus abbrach. Tränen verdunkelten seinen Blick. –

Am 18. Februar 1927 schrieb Paul aus Hochelheim an seine Schwiegermutter:

»Dich freut es sicher, bald zu hören, daß wir wohlbehalten ... zu Hause angekommen sind. Die Reise ist uns gar nicht lange geworden, da wir viel miteinander zu schwätzen und auch sehr interessante Reisebegleitung hatten ....
... Hab vielen herzlichen Dank [für Deinen Brief] ... Wie bist Du eine so starke, liebe und tapfere Mutter! Wer hätte alles so wohl ausrichten und beschicken können in den bewegten Tagen wie Du! Wie müssen wir Kinder alle Dir dankbar sein, daß Du, die Nächstbetroffene, so aufrecht und gottvertrauend uns vorangehst!
So bist Du doch noch bei uns, nachdem der liebe Vater von uns gegangen ist. Darf auch ich mich ja zu seinen Kindern zählen? So viel Vertrauen und Liebe habe ich ihm ja zu danken. Vielleicht ist unter dem, was mir von Menschen geschenkt wurde, Vaters Vertrauen mir das größte und beste geworden nebst Gretels herzinniglicher und Deiner mütterlichen Liebe .... Ich darf es Dir vielleicht hier sagen, was ich mit Worten Dir nicht hätte sagen können, weil ich meine, es tröste Dich: daß ich Vater lieb gehabt habe; ihr seid mir ja beide wahrhafte Eltern geworden.

Du freilich, liebe Mutter, hast nun ein schwereres Los, als wir Kinder, Du stehst allein ...! Möge der Dich reichlich trösten, der keinen Menschen allein läßt! ...« –

Am Mittwoch, dem 20. April 1927, wurde Dieter geboren. Als Gretel merkte, dass es so weit war, lief Paul zum Haus der Frau Kraus, der Hebamme von Hochelheim, und holte sie ins Pfarrhaus. Sophie assistierte, und so wurde Gretel von einem gesunden Jungen entbunden.

Am 21. Mai, an einem Sonntagabend, saß ganz Europa am Radio. Paul und Gretel hatten sich mit Freunden im Versammlungsraum der Kirche getroffen und lauschten der historischen Nachricht aus Hans Zeuges Radio:

»Heute abend, um 10.24 mitteleuropäischer Zeit, ist der 25jährige Amerikaner Charles August Lindbergh nach einem Flug über 3 600 Meilen von New York nach Paris auf dem Pariser Flughafen Le Bourget gelandet. Der Flug dauerte 33 Stunden und 29 Minuten!«

Die Kontinente waren einander näher gerückt; Frieden und Harmonie herrschten in Europa. Es gab immer mehr Radios und Telefone, und jeder 289. Deutsche besaß ein Auto. Die Versprechungen technischen Fortschritts schienen grenzenlos und die Möglichkeiten, große Entfernungen in Flugzeugen und Luftschiffen zurückzulegen, nicht länger utopisch.

Wie viele andere verschlangen auch Paul und Gretel die Zeitungsberichte über dieses waghalsige Abenteuer. »Was für eine Heldentat!«, rief Paul. »Und ich fand es schon immer so prickelnd, wenn ich mit meinem Motorrad über eine Anhöhe flog!«

Paul kurvte oft mit seinem Motorrad in Hochelheim und Dornholzhausen herum. Diesen jungen Mann im gelben Motorradanzug, der auf seinem motorisierten Ross thronte und offensichtlich die Freiheit genoss, die Beweglichkeit und Geschwindigkeit mit sich brachten, hätte ein Fremder wohl kaum für einen Pfarrer gehalten! – Am 11. Juli ging wieder ein Brief an Frau Dieterich:

»Übermorgen kannst Du zum ersten mal dem lieben Vater keinen Festtag ausrichten, und Deine Gedanken werden dem lieben Toten sonderlich nahe sein. Da möchten auch wir im Geist wenigstens uns neben Dich stellen ... .
Nun will ich Dir erzählen, wie es uns geht. ... Heute wog das Dieterle 10 3/10 Pfund, er hat seit der letzten Woche wieder 200 Gramm zugenommen. Gretel ist naturgemäß vom Stillen oft recht müde ... ; aber sonst ist sie gut dabei. ...
Sonntag vor acht Tagen war die Einweihung des neuen Vereinshauses. Ich war um die Begrüßungsansprache gebeten und habe dieser Bitte gern entsprochen. ... Nun ist meine Stellung in der Gemeinde durch meine Absage an das Sängerfest und meine Teilnahme an dem Gemeinschaftsfest gekennzeichnet. ... Gestern habe ich zwei Kinder getauft hier in Hochelheim ...« –

Die Verantwortung, die das Amt mit sich brachte, vertiefte Pauls geistliches Leben. Er, der einmal darüber geklagt hatte, dass seine Gebete so blutleer seien, zog sich in diesen Tagen oft in sein Arbeitszimmer zu Gebet und Meditation zurück. –
Pauls Idee von der Kirche war, dass sie Heimat sein sollte, nicht eine bloße Institution, nicht ein Gebäude, in das man einmal in der Woche hineinging, um sich einen Vortrag über ein religiöses Thema anzuhören. Paul erlaubte seinen Hochelheimern nicht, dass sie sich den Verpflichtungen entzogen, die der Glaube mit sich brachte. Er selbst engagierte sich für Obdachlose, Zigeuner und Waisenkinder. Er wurde nie müde zu predigen, dass für einen Christen aus dem Glauben konkretes Handeln im Dienste seiner Mitmenschen erwüchse. Und er selbst tat das, was er predigte. –
»Gretel, dies sind Christiane und Peter Winterstein. Sie sollen bei uns wohnen, bis Anna Groth in der Mission in Gießen Platz für sie hat.« Paul hatte gerade ein junges Paar hereingebracht, heimatlos, hungrig, hoffnungslos. Zunächst stutzte Gretel, aber dann fing sie sich und forderte die beiden auf, Platz zu nehmen. Es war gerade die Zeit des Mittagessens. Peter erzählte, wie er und Christiane quer durch Deutschland gezogen seien. Sie hatten von Almosen gelebt und in Scheunen und Bahnhöfen übernachtet. Sie hatten Arbeit gesucht,

aber es fand sich einfach keine, nicht einmal für besser ausgebildete Leute. Jeder von ihnen hatte schon drei Teller Suppe hinuntergeschlungen, bevor Paul und Gretel ihren ersten Teller leer hatten. Ebenso ging es mit Kartoffelpuffern und Salat, die Gretel anschließend auf den Tisch stellte. Danach richtete sie für ein paar Wochen eine Kammer für die beiden. »Ich glaube, sie sind gar nicht verheiratet«, meinte sie zu Paul. »Wahrscheinlich sind sie es nicht. Als ich sie am Wegrand fand, waren sie erschöpft, hungrig und schmutzig. Die Frage, ob sie verheiratet sind, ist mir im Traum nicht eingefallen. Und jetzt, wo sie im Pfarrhaus leben, fragen wir sie am besten nicht.« – Pauls besondere Fürsorge galt den Kranken. »Paul, eben war Frau Ebert hier. Du möchtest möglichst schnell kommen. Heidi geht es schlechter«, sagte Gretel voller Sorge. In wenigen Sekunden war der Pfarrer wieder unterwegs.

»Es ist lieb von Ihnen, dass Sie kommen«, sagte Heidi. »Ich habe viel über den Text nachgedacht, den Sie mir hiergelassen haben. ›Ich bin arm und elend, der Herr aber sorgt für mich‹ (Psalm 40, 18). Ich bin voller Frieden und bin bereit. Ein ruhiger Tod entschädigt für ein ganzes Leben. So haben Sie mich gelehrt, Herr Pfarrer.« Paul kniete an Heidis Bett, nahm ihre Hand und betete: »Himmlischer Vater, dein Kind Heidi ist bereit, deinen Willen zu erfüllen. Gewähre ihr deine Gnade und Liebe und lass uns lernen von ihrem Beispiel an Glauben und Vertrauen.« Als er geendet hatte, spürte er, wie der Druck ihrer Hand nachließ. Er sah den friedvollen Ausdruck ihres Gesichts. Am Ende des Bettes weinte Frau Ebert leise vor sich hin. Dr. Wolf hatte still dabeigestanden; nun lauschte er mit dem Stethoskop an Heidis Brust, fühlte ihren Puls und bestätigte mit einem Kopfnicken, was Paul und Frau Ebert schon erkannt hatten. –
Paul konnte durchaus grob werden, wenn er glaubte, dass starke Worte mehr halfen als sanftes Bitten. Karl Klein aus Dornholzhausen war ein notorischer Trinker. Wenn er betrunken war, verprügelte er oft Frau und Kinder, und da er sein Geld für Alkohol ausgab, lebte die Familie in bitterster Armut. Eines Tages verlor Paul die Geduld. Er erinnerte sich, dass der Leiter der Berliner Stadtmission Schnepel gelegentlich in der Blaukreuzgruppe zu einer Schocktherapie gegriffen hatte, und Paul wendete diese Taktik mit Erfolg bei Karl Klein an.

»Sehen Sie Ihre Familie an. Ihretwegen haben sie nichts zu essen. Sie sind ein Lump.« Karl geriet in Wut. »Was sagen Sie da?« Paul wiederholte: »Ich habe Sie ›Lump‹ genannt. Sie sind ein Lump und werden so lange ein Lump bleiben, bis Sie es zugeben und mir bekennen: ›Jawohl, Herr Pfarrer, ich bin wirklich ein Lump.‹« –
Gretel erinnerte sich noch, wie Paul einmal einen Schutzbefohlenen aus der Berliner Mission zur Erholung in die Hochelheimer Gegend eingeladen hatte. Er wohnte in der Zeit im Pfarrhaus bei ihnen. Eines Tages erzählte Klaus seine Lebensgeschichte. Gretel, die junge Frau und Mutter, die in der beschützenden Atmosphäre eines evangelischen Pfarrhauses aufgewachsen war, war entsetzt. Später sagte sie zu Paul: »Um Gottes willen, wen hast du uns da ins Haus geladen?« Paul sah seine Frau traurig an. »Klaus hat ein schweres Leben hinter sich. Er musste gegen eine Umgebung kämpfen, in die er schuldlos hineingeraten war. Aber er hat überwunden. Was wird der Herr von uns denken, wenn wir diesem neugeborenen Kind des Glaubens nicht helfen und ihm Mut machen? Ich hatte gehofft, du würdest mitbeten für Klaus' Wachsen im Glauben.« Beschämt und entwaffnet durch diese Worte, unterstützte Gretel Pauls Bemühungen um Klaus auf jede Weise. –
»Pfarrer Schneider hat etwas Besonderes an sich«, vertraute Dr. Wolf der Krankenschwester an. »Er hat eine eigenartig enge Beziehung zu Kranken und Sterbenden. Peter Kreuz, der an schweren epileptischen Anfällen litt, wurde vor seinem Tode ganz ruhig. Er schaute uns alle an, die wir um sein Bett standen, bedankte sich bei mir, sagte seiner Familie Lebewohl und wandte sich dann an Pfarrer Schneider: ›Dank Ihrer Hilfe, Pfarrer Schneider, fürchte ich mich nicht vor dem Tode. Ich bin im Frieden mit Gott, und der Teufel hat keine Macht über mich.‹ Dann bettete der junge Mann seinen Kopf an Pfarrer Schneiders Brust und starb.« Schwester Alberta entgegnete: »Ja, Dr. Wolf. Sie sind ja erst seit kurzem hier. Hätten Sie Pfarrer Schneider als Jungen erlebt, wie er sich um seine gichtkranke Muter bemühte, dann könnten Sie sich vorstellen, dass er so eine enge Beziehung zu Kranken entwickelt hat. Als er die Schule verließ, wollte er übrigens Medizin studieren. Erst im Laufe des Krieges entstand der Wunsch, Pfarrer zu werden.« –

Am 11. September 1928 teilte Paul Frau Dieterich mit:

»Der Besuch, von dem Gretel schreibt, ist ein neugetaufter Jude, Bankbeamter aus Berlin, für den ein Pfarrer einen Ferienaufenthalt suchte durch das Pfarrerblatt. ... Und nun kommt gleich ... der Jude, der sich von Gießen vorhin telephonisch ankündigte und den ich nun um 11 in Großen-Linden auf dem Rad abholen will. Hoffentlich wird es für Gretel nicht zu viel.«

Herr Jacobs wohnte 10 Tage lang im Hochelheimer Pfarrhaus. Er nahm auch seine Mahlzeiten mit Paul und Gretel ein. Natürlich konnten die beiden Männer stundenlang über Berlin reden, aber meistens sprachen sie über die Schrift, Jesus, den Messias, und die Mission der Kirche unter den Juden. »Es ist deprimierend«, sagte Herr Jacobs, »wenn man von Juden und Christen gleichermaßen des Opportunismus bezichtigt wird, wenn einem nachgesagt wird, man habe sich, wie Heinrich Heine, nur taufen lassen, um ›ein Eintrittsbillet in die europäische Gesellschaft‹ zu kaufen. Warum fällt es manchen Leuten so schwer, sich vorzustellen, dass ein Jude ehrlich ist in seinem Bekenntnis zum christlichen Glauben?«

Im Februar 1929 kam Mussolinis faschistische Regierung zu einer Einigung mit Pius XI., die die katholische Kirche Deutschlands nur mit Neid erfüllen konnte. Paul und Gretel lasen die Abmachungen des Lateranvertrages, die alle Feindseligkeiten zwischen der Römischen Kirche und der italienischen Regierung beendeten, Feindseligkeiten, die es seit 1870 gegeben hatte, als italienische Patrioten, die nach nationaler Einheit strebten, Kirchengebiet besetzt und die weltliche Macht des Papstes auf den Vatikan beschränkt hatten. Mussolini erschien äußerst großzügig.

»Hör dir das an, Gretel: Die katholische Religion wird an allen Volks- und Höheren Schulen Italiens unterrichtet. Der Staat erkennt die Ehe als Sakrament an und verzichtet auf das Recht auf Scheidung. Die italienische Regierung verpflichtet sich, dem Papst Geld im Wert von 87,5 Millionen Dollar als Entschädigung für territoriale Verluste im Zusammenhang mit der Einigung zu zahlen.«

Eines Tages entdeckte Paul bei seiner Post eine Zeitung, die er nicht bezog. Ein anonymer Spender hatte sie offensichtlich so angebracht, dass Paul und Gretel sie nicht übersehen konnten. Es war die Freitagsausgabe des *Völkischen Beobachters*, des offiziellen NSDAP-Organs, vom 22. Februar 1929. Den Leitartikel hatte Adolf Hitler verfasst. Er beschäftigte sich mit dem Lateranvertrag. Paul las vor, während Gretel in ihrem Lieblingssessel strickte:

»... Wenn die Kirche heute mit dem faschistischen Italien zu einer Verständigung kommt, die mit dem liberaldemokratischen undenkbar gewesen wäre, dann ist damit unzweifelhaft bewiesen, daß die faschistische Gedankenwelt mit dem Christentum näher verwandt ist, als die jüdisch-liberale, oder gar atheistisch-marxistische, mit der sich die sog. katholische Partei des Zentrums heute zum Schaden jeglichen Christentums und unseres deutschen Volkes so sehr verbunden fühlt. Wenn der Papst heute mit dem Faschismus zu einer solchen Verständigung kommt, dann ist ... nachgewiesen, daß der Nationalismus nicht, wie das deutsche Zentrum und seine Organe lügenhafterweise behaupten, an sich antikirchlich und antichristlich ist. Die nationalistische Weltanschauung – gleichgültig, ob in Italien faschistisch oder in Deutschland nationalsozialistisch – ist eine positiv christliche, und jeder gute Katholik kann ebenso wie jeder überzeugte Protestant ein Gegner des Parlaments und ein Anhänger der Diktatur der nationalen Idee sein.«

Paul legte die Zeitung auf den Tisch. »Wer hat die wohl in unsern Briefkasten geworfen? Ich kenne weder in Hochelheim noch in Dornholzhausen jemanden, der Mitglied der NSDAP wäre, auf keinen Fall ist es irgendein Gemeindemitglied. Diese Partei ist viel zu radikal für die meisten Wähler. Von den 491 Abgeordneten des gegenwärtigen Reichstages sind nur 12 von der NSDAP.«

»Paul«, rief Gretel ins Arbeitszimmer, »Frau Jordan lässt fragen, ob du Zeit für ihren Ofen hast.« Frau Jordan, die Nachbarin, war Witwe, eine orthodoxe Jüdin. In den Wintermonaten kümmerten sich Paul,

Gretel und Sophie samstags um das Feuer in ihrem großen Eisenofen. Paul half aus Respekt im Gedenken an den gefallenen Herrn Jordan seiner Witwe aus bei Arbeiten, die am Sabbat anfielen.

»Einen schönen guten Morgen!«, rief Paul Frau Jordan zu, als er vom Garten aus in ihre Küche kam. Er nahm einige große Stücke von dem Holzstoß, der sorgfältig von außen gegen die Küchenwand gestapelt war, öffnete die schwere Eisentür und schob die Scheite einzeln in die Glut. »Wenn die Luftklappe so gerichtet ist wie immer, braucht am Sabbat nicht nachgelegt zu werden.« – »Vielen Dank, Pfarrer Schneider.« – »Wir danken Ihnen, Frau Jordan. Ihr Pumpernickel ist das beste Brot, das ich je gegessen habe. Es ist sehr liebenswürdig, dass Sie beim Backen an uns denken.« –
In Hochelheim gab es nur wenige jüdische Familien. Eine andere sehr angenehme Bekanntschaft für Paul und Gretel waren Herr und Frau Rosenbaum. Herr Rosenbaum war Viehhändler. Er war das genaue Gegenteil des Juden, den die Nazi-Propaganda hervorhob: des jüdischen Kaufmanns vom Typ des gerissenen Shylock. Herr Rosenbaum hieß in ganz Hochelheim »der Ehrbare«. Frau Rosenbaum war tief religiös. »O, Pfarrer Schneider, das wäre sehr lieb«, sagte sie, als sie Paul ein hebräisches Gebetbuch übergab. »Wir Juden in unserer tausendjährigen Diaspora haben unser Hebräisch verlernt. Und ich möchte so gerne die Gebete meiner Vorfahren beten. Wenn Sie sie für mich ins Deutsche übersetzen würden, wäre ich Ihnen unendlich dankbar.« In wenigen Wochen hatte Paul es geschafft. Er brachte Frau Rosenbaum das Gebetbuch samt einer deutschen Übersetzung. Sie war ganz gerührt, denn nun konnte sie zum ersten Mal die alten Gebete ihres Glaubens sprechen in, wie sie sich ausdrückte, »meinem geliebten Deutsch«.

Nach dem Krieg erfuhr Gretel, dass Herr und Frau Rosenbaum in Auschwitz umgekommen waren.

Paul, Gretel und Sophie feierten Dieters zweiten Geburtstag ein paar Tage vor dem eigentlichen Termin (20. April), so dass Paul an einer kirchlichen Freizeit in Berlin teilnehmen konnte. Es wurde eine wunderbare Woche geistlicher Besinnung. Am Sonntag, dem 21. April 1929, schrieb Paul aus Berlin an Frau Dieterich:

»In der Sonntagmorgenfrühe gehen meine Gedanken besonders feiertäglich zu Deinem Geburtstage in dieser Woche. Dem gnädigen Gott sei Dank, daß er Dich uns so lange erhalten und Du noch geistig so frisch und körperlich rüstig sein darfst. ...
Das Burckhardthaus vom Evang. Reichsverband für die weibliche Jugend wird uns ... von Tag zu Tag lieber. Ich bin sehr froh, daß ich hergefahren bin zu den Studientagen. Ein Stuttgarter Pfarrer ... ist auch hier. Sonst Leute aus allen Teilen Deutschlands. ... Wir staunen nur über die weiblichen führenden Köpfe, die wir hier zu uns reden lassen dürfen, wie feine und kluge Menschen es sind. Morgens hält Pfarrer Riethmüller eine Stunde Bibelarbeit mit uns. Abends singen wir mit der weiblichen Hausbewohnerschaft im Chor von hundert Köpfen nach Art der Singbewegung. ...
... Mittwoch besuche ich noch unseren Evangelisten Otto Carstens ... und andere Freunde aus der Stadtmission .... Donnerstag denke ich heimzufahren und, wenn es geht, in Wittenberg die Lutherstätten zu besuchen.
Die Amtsbrüderschar der 80 aus allen Lagern, aber fast alles um ihre Gemeinden ringende Menschen, der Geist der Arbeit und Liebe im großen Burckhardthaus mit seinen über 90 Hausinsassen, ... die Geistesgemeinschaft, die uns umschließt, die feine Leitung Riethmüllers, das alles wirkt entspannend auf mich, manche ›Verkrampfungen‹ lösend. So hat mir Berlin zum zweiten mal wieder viel zu sagen. ...«

Paul fuhr am 25. April mit dem Frühzug von Berlin ab. Unterwegs erinnerte er sich an das, was er im Studium über die Reformation gelernt hatte: In der Nähe von Wittenberg, außerhalb des Machtbereichs von Herzog Friedrich dem Weisen von Sachsen, hatte der Dominikanermönch Tetzel seine Ablasszettel verkauft. Nach der römisch-katholischen Lehre des Mittelalters befreite der Ablass von zeitlichen Sündenstrafen. Martin Luther war damals Augustinermönch, geweihter Priester, Professor für Bibelkunde an der Universität des Kurfürstentums Sachsen zu Wittenberg. Als er Tetzels überzogene Formulierungen über die Wirkung des Ablasses hörte, hatte er aus Angst, seine Schäfchen, die auf dem Weg zu Tetzel waren, könnten in die Irre geleitet werden, beschlossen, die Lehre der Kirche bezüglich des Ablasses anzuzweifeln, und das bedeutete Zweifel an der päpstliche Autorität selbst.

Kurz vor 8 Uhr hielt der Zug im Bahnhof Wittenberg. Von hier aus war Paul in kürzester Zeit innerhalb des Bereichs der alten Stadtmauer. Im ehemaligen Augustinerkloster, in dem damals Luther und 60 weitere Augustinermönche gelebt hatten, befand sich jetzt das Luthermuseum, gegenüber, im Gebäude der alten Universität, das Seminar für Evangelische Theologie der Martin-Luther-Universität Halle-Wittenberg. Im Luthermuseum standen Glasvitrinen, in denen lateinische und deutsche Bibelausgaben vom Mittelalter bis ins 16. Jahrhundert ausgestellt waren. Auch die Erstausgaben von vielen von Luthers Werken waren zu sehen. Im Vortragssaal ging Paul durch den Kopf: »Hier verkündete Luther bei seinen Vorlesungen über den Römerbrief, den Galaterbrief und den Brief an die Bürger von Ephesos zum ersten Mal Gedankengut der Reformation.« Über der Tür zum Vorlesungsraum stand:

> *»Gedenket an eure Lehrer, die euch das Wort Gottes gesagt haben; ihr Ende schauet an und folget ihrem Glauben nach.«*
> *(Hebräer 13, 7)*

Diese Worte sollten Paul während seiner ganzen Amtszeit im Gedächtnis bleiben und sollten sich als große Hilfe erweisen im kommenden Kampf gegen eine »arische« Theologie, der sich viele Kirchenführer anschlossen und die versuchte, die christliche Doktrin zu entstellen und die Bibel umzuschreiben, so dass sie zur nationalsozialistischen Ideologie passte.

Im 2. Stock des Museums schritt Paul über einen alten knarzenden Holzfußboden zur Mitte eines großen Raumes mit einem Lesepult. In der Ecke, neben einem Fenster mit Blick auf den Hof, befand sich ein Sitzplatz aus der Reformationszeit; er soll Frau Katharinas Lieblingsplatz gewesen sein, wenn sie handarbeitete und gleichzeitig auf die Kinder Acht gab, die unten im Hof spielten.

Das ehemalige Klostergebäude war Luther und Katharina nach ihrer Hochzeit 1525 zum Geschenk gemacht worden, nachdem die

Mönche es im Zuge der Durchführung der Reformation in Sachsen verlassen hatten. Bei ihren eigenen 6 Kindern, dazu den Adoptivkindern, den vielen Gästen, den Studenten, die dort Unterkunft fanden, und bei dem häufigen Zusammensein mit Kollegen war das Kloster keineswegs zu groß für die Familie Luther.

Dann war Paul wieder draußen und ging links die Collegienstraße hinunter zur Schlosskirche, wo Luther am 31. Oktober 1517 seine 95 Thesen angeschlagen hatte. Artilleriebeschuss im Siebenjährigen Krieg (1756–1763) hatte das hölzerne Portal, das »Thesenportal«, zerstört. Im 19. Jahrhundert war die Schlosskirche restauriert und mit einer Bronzetür versehen worden. Am 31. Oktober 1892, zur 375. Wiederkehr des Thesenanschlags, hatte Kaiser Wilhelm II. die renovierte Kirche wieder eröffnet. Wenige Menschen, Touristen wie Paul, gingen im Kirchenraum umher und betrachteten die Glasfenster, die Büsten der Reformatoren und verschiedene Wappen der im 16. Jh. regierenden deutschen Fürstenhäuser. Unter dem steinernen Fußboden ruhen auf der rechten Seite des Mittelschiffs, direkt vor der Kanzel, die sterblichen Überreste Luthers. Auf der linken Seite ruhen die Gebeine von Philipp Melanchthon, Luthers Freund und Kollegen.

Auf dem Rückweg besuchte Paul noch die Stadtkirche St. Marien. In dieser Kirche hatte Luther oft gepredigt. Paul sah Lucas Cranachs berühmtes Gemälde »Das letzte Abendmahl«. Der Künstler hatte Luther in der Verkleidung des Junker Jörg von der Wartburg bei Christus und den Aposteln gemalt.

Nach dem Besuch des Melanchthonhauses kehrte Paul zum Bahnhof zurück. Im Schnellzug fand er einen Fensterplatz und richtete sich ein auf eine lange Reise nach Frankfurt, wo er in Richtung Gießen umsteigen musste. Stundenlang saß er, in Gedanken vertieft. Er blickte in die rosa Dämmerung des Aprilabends. Das rhythmische Geräusch der Räder auf den stählernen Schienen und das gelegentliche Pfeifen der Lokomotive schufen eine geheimnisvolle Atmosphäre, während der Zug in die immer dunkler werdende kühle Frühlingsnacht eintauchte. Paul lehnte seinen Kopf an den hohen Sitz und dachte an Gretel, Dieter und das Kind, das Gretel erwartete. Er sandte ein Dankgebet zum Himmel für seine Familie: Dank für

Gretel mit Dieter (1929)

Pfarrkirche in Hochelheim (1993)

Gretel, seine Frau und Gefährtin auf dem Wege, Dank für den gesunden kleinen Dieter und ein Gebet um Gesundheit auch für den zukünftigen Erdenbürger, der im September erwartet wurde. Paul dankte auch für den Weinberg von Hochelheim/Dornholzhausen, in den der Herr ihn gesandt hatte. Dann wurde es Nacht, und er schlief nach einem langen, anstrengenden Tag wohlig ein. –

Am 29. August 1929 feierte Paul seinen 32. Geburtstag. Sophie bereitete Erfrischungen für die paar Freunde, die zum Gratulieren kamen. Es gab keine große Feierlichkeit, denn man rechnete ja stündlich mit der Geburt des zweiten Kindes.

»Hereinspaziert!«, begrüßte Paul die Hebamme. »Pfarrer Schneider, warum gehen Sie nicht an Ihre Arbeit?«, fragte Frau Kraus. »Mit Sophies Assistenz werden Gretel und ich das schon allein schaffen. Schließlich weiß ja Gretel, worauf es ankommt! Wenn wir drei uns zusammentun, dann werden wir das Kind wohl heil auf die Welt bringen.«

Der Sonntag, der 1. September 1929, brachte das freudige Ereignis. Eva-Maria, das einzige Mädchen unter später fünf Brüdern, wurde geboren. Paul und Gretel hatten schon vorher entschieden, wie das Kind heißen sollte. Eva war die Mutter aller Menschen, aber auch die, die der Erlösung bedurfte, des Neuaufgenommenwerdens in die Gnade Gottes. »Gottes Gnade erscheint bei der Verkündigung Gabriels an Maria, sie soll den Erlöser der Welt gebären. Deshalb lass uns unser kleines Mädchen Eva-Maria nennen, nach zwei Lebensspenderinnen der Heiligen Schrift, und damit unseren eigenen Glauben an die Rettung der Menschheit bezeugen.« – Im Kreise ihrer Familie und Freunde wurde Eva-Maria dann zu »Evmarie«.

Am 3. Oktober 1929 starb Gustav Stresemann ganz plötzlich im Alter von 51 Jahren. Der Trauerzug mit der Lafette, die von Pferden mit schwarzem Zierbusch gezogen wurden, bewegte sich feierlich vom Reichstagsgebäude zum Brandenburger Tor und bot vielen Zuschauern Gelegenheit, dem Toten ihre Reverenz zu erweisen. Während Stresemann von vielen als großer Europäer gefeiert wurde (die französische Presse z. B. berichtete über seinen Tod, als sei ein großer Franzose gestorben), wurde er von der radikalen Rechten in

Deutschland wegen seiner erklärten Politik der Erfüllung der Bedingungen des Versailler Vertrages gehasst. Nach einer öffentlichen Rede im Bürgerbräukeller in München erntete Julius Streicher, der Herausgeber der Nazi-Zeitschrift *Der Stürmer*, lebhaften Beifall, als er hämisch bemerkte, Stresemanns Physiognomie erkläre seine Taten: das asiatische Gesicht offenbare seinen verschlagenen Charakter. Man nenne ihn jetzt einen großen Europäer, aber das sei wohl gleichbedeutend mit Verräter und Instrument der Juden. Der Jude sei von alters her ein Verbrecher gewesen. In dieser Republik aber könne jeder, der lügnerisch genug sei und sich als Gauner ausweisen könne, Minister werden, wer weiß, vielleicht sogar Präsident.

Paul und Gretel schauderten, wie 1929 die meisten Deutschen, ob solcher Behauptungen. Aber die Tatsache, dass eine wachsende Zahl von Menschen der Hasspropaganda gegen die Weimarer Republik und ihre führenden Politiker willig zuhörte, war schon ein beunruhigendes Zeichen. –

Ende Oktober 1929 ereignete sich an der New Yorker Wall Street das, was man später den »Schwarzen Freitag« nannte. Die Börse brach zusammen. Die deutsche Wirtschaft war unmittelbar mitbetroffen durch die Finanzkrise in den USA, weil amerikanische Banken der deutschen Industrie erhebliche Geldsummen geliehen hatten und die USA ein bedeutender Markt für deutsche Exportwaren waren. Dieser »Schwarze Freitag« erzeugte eine Stimmung des Pessimismus und der Betroffenheit, die schwer auf Deutschland lastete. Im Oktober 1929 hatte es in Deutschland 1 760 000 Arbeitslose gegeben. Im Dezember war die Zahl auf 3 000 000 gestiegen, im Februar 1930 war sie auf 3,5 Millionen geklettert.

»Was hältst du von dieser Broschüre, die Pfarrer Erwin Eckert von der Dreifaltigkeitskirche in Mannheim gerade veröffentlicht hat?«, fragte Herbert Heider, Pfarrer aus Dorlar, als die beiden Freunde in Pauls Arbeitszimmer Kaffee tranken. »Sie ist kürzlich herausgegeben worden, und der Sturm, den sie auslöste, hat zu Spannungen in der Kirche geführt.« – »Eckert gehört zu den Religiösen Sozialisten«, sagte Paul. »Er will die Kirche dazu bringen, sich ernsthaft um ihre soziale Aufgabe zu kümmern. Ich glaube, er hat nicht Unrecht.

Meiner Erfahrung aus der Zeit in der Berliner Mission nach hat die Kirche die deutsche Arbeiterklasse vernachlässigt, so dass sie sich zum Kommunismus hingezogen fühlt. Unsere Deutsche Evangelische Kirche legt viel zu viel Wert darauf, den sozialen status quo zu erhalten. Ihre soziale Arbeit ist pro-forma Dienst, brav in gewohnten Bahnen. Wo gibt es denn Pfarrer, die bereit sind, in den Arbeitergettos der Großstädte zu arbeiten? Diese Aufgabe überlässt man fast ausschließlich der Inneren Mission.« – »Aber, Paul«, fiel ihm Herbert ins Wort, »Pfarrer Eckert verwendet ein Vokabular, das bei den Kommunisten gang und gäbe ist. Da ist die Rede von der notwendigen Zerschlagung des Monopols des Kapitals und der Errichtung einer sozialistischen Gesellschafts- und Wirtschaftsordnung. Das Evangelium selbst sorge für Anregung zur revolutionären Verbesserung der bestehenden Zustände, nur hätten die meisten Pfarrer mit ihrem Gerede das noch nicht begriffen.« Paul hörte Herbert zu und kommentierte dann: »Ich kann nicht umhin festzustellen, dass die Religiösen Sozialisten der Kirche mit Recht Vorwürfe machen, aber ich glaube andererseits nicht, daß wir das Reich Gottes verbreiten können, indem wir die Gesellschaft kommunistisch oder sozialistisch gestalten. Während die Kirche keine Mühe scheuen darf, das Reich Gottes auf Erden zu verbreiten, muss sie sich aber andererseits bewusst sein, daß derjenige, der das Werk letztendlich vollendet, Gott selber ist.« Zum Schluss sagte er: »Gretel und ich wählen immer den Christlich-Sozialen Volksdienst. Natürlich bekommt diese Partei nie viele Stimmen, aber wir glauben, dass die christliche Bevölkerung in Deutschland auch eine nichtkommunistische Partei haben sollte, die sich um soziale Belange kümmert. Wir sollten den Kommunisten nicht das Monopol überlassen, für eine soziale Veränderung zu werben. Christen können auch sozial sein, ohne Kommunisten zu sein.«

Bald nach Herberts Abreise sagte Heinz Hofmann aus Pauls Gemeinde zu ihm: »Ich höre von immer mehr Leuten, die entmutigt und von einem Parlament mit über 30 Parteien enttäuscht sind. Die Attraktion der NSDAP nimmt bedenklich zu.« – »Ja, Heinz«, antwortete Paul. »Der deutsche Wähler ist von der mangelnden Handlungsfähigkeit des Reichstages enttäuscht. Das gibt dem starken Mann und der geeinten Partei Chancen. Ich glaube auch, dass die allgemeine Angst vor dem Kommunismus viele Wähler in den Nationalsozialisten eine echte Alternative sehen lässt.«

Bei den Wahlen zum neuen Reichstag vom 14. September 1930 stieg die Zahl der NSDAP-Abgeordneten von 12 auf 107, die der Kommunisten von 54 auf 77. Es war offensichtlich, Kanzler Heinrich Brünings Bemühungen, die Weimarer Republik vor den radikalen Parteien von links und rechts zu bewahren, war gescheitert.

Im Gefolge der Septemberwahlen veröffentlichte das *Sonntagsblatt des arbeitenden Volkes*, die Wochenzeitung der Religiösen Sozialisten, einen Leitartikel von Paul Tillich. Die Schlagzeile vom 30. November lautete: »Christentum und Faschismus sind unvereinbar!« Nach seinen Erfahrungen am Hochofen in Hörde und in der Berliner Stadtmission war Pauls feste Überzeugung: Glaube musste mit Taten einhergehen, und das hieß im Deutschland von 1930, die Worte, die Christus im Matthäus-Evangelium, in 25, 35–40, spricht, auf die Gesellschaft anwenden: »... Ich bin hungrig gewesen, und ihr habt mich gespeist. ... Wahrlich ich sage euch: Was ihr getan habt einem unter diesen meinen geringsten Brüdern, das habt ihr mir getan ...«

Aber Paul war nicht bereit, Christentum mit Sozialismus gleichzusetzen, und er fand das Motto des *Sonntagsblattes* überzogen: »Durch den christlichen Glauben zum sozialistischen Kampf; durch sozialistischen Kampf zu christlichem Glauben«. Was war die soziale Verantwortung der Kirche? Wie konnte die Frohbotschaft Jesu Christi mit sozialen Taten in Einklang gebracht werden, ohne dass sich die Grenzen zwischen dem Reich Gottes und dem Reich Caesars vermischten? Paul und Gretel schlugen sich während seiner ganzen Amtszeit mit dieser Frage herum.

An jenem Sonntag im November 1930, als Paul die Thesen Tillichs in der friedlichen Umgebung seines Hochelheimer Pfarrhauses las, konnte er noch nicht wissen, wie prophetisch einige dieser Thesen in Bezug auf sein eigenes Leben waren, besonders die sechste, die da lautete: »Offizielle Neutralitätserklärungen ... werden vollends wertlos, wenn gleichzeitig kirchliche Maßnahmen gegen sozialistische Pfarrer und Gemeinden getroffen werden und Theologen, die dem heidnischen Nationalismus entgegentreten, bei der Kirche keinerlei Schutz finden.«[29] Neun Jahre später ließ eine kirchliche Hierarchie, die sich in die Abhängigkeit des Nazistaates hatte hineinziehen lassen und die sich mit diesem Staat identifizierte, ihn im Stich. – »Nun, Paul«, sagte Herbert Heider, als er und Paul durch die Felder von Hochelheim spazieren gingen. »Pfarrer Eckert hat eine fatale Entscheidung getroffen. Er ist offiziell der Kommunistischen Partei beigetreten.« Paul blieb stehen und sah Herbert erstaunt an. »Dann wird er sicher aus seinem Amt entlassen.« – »Er ist bereits von der Kirchensynode seines Amtes als evangelischer Pfarrer enthoben«, erwiderte Herbert. »Es gab dadurch, dass er offiziell eine Partei unterstützt, die auf atheistischem Materialismus basiert, keine gemeinsame Plattform mehr mit den evangelischen Brüdern.«

»Wenn nun«, warf Paul ein, »die Kirche nicht duldet, dass ihre Pfarrer in die KPD eintreten – und das sollte sie auch nicht! –, wie kann sie dann in ihren Reihen Mitglieder der NSDAP dulden? Meines Wissens ist noch kein Pfarrer seines Amtes enthoben worden, weil er Nationalsozialist geworden ist. Beide Parteien vertreten Prinzipien, die dem christlichen Glauben widersprechen.« –
Am Sonntag, dem 6. Dezember 1930, kam Paul-Hermann, das dritte Kind und der zweite Sohn der Schneiders, zur Welt.

Der wachsende Einfluss der NSDAP provozierte einen satirischen Gegenschlag. 1931 erarbeiteten Ernst Busch und Bertolt Brecht zusammen das »Lied vom SA-Mann«, das die Nazis in Rage brachte. Obwohl Paul beileibe kein Kommunist war, fand er die Melodie zu Brechts Gedicht, so wie Busch sie vortrug, mitreißend, aber auch aufreizend. Wo sich die wirtschaftliche Krise immer mehr zuspitzte und es fast täglich zu Handgreiflichkeiten zwischen Kommunisten und Nationalsozialisten kam, erwies sich das »Lied« als eine äußerst zutreffende Charakterisierung der deutschen Gesellschaft der frühen 30er Jahre:

»Als mir der Magen knurrte, schlief ich
Vor Hunger ein.
Da hört ich sie ins Ohr mir
Deutschland erwache! schrein.

Da sah ich viele marschieren
Sie sagten: ins Dritte Reich.
Ich hatte nichts zu verlieren
Und lief mit, wohin war mir gleich.

Als ich marschierte, marschierte
Neben mir ein dicker Bauch
Und als ich ›Brot und Arbeit‹ schrie
Da schrie der Dicke das auch.

Der Staf hatte hohe Stiefel
Ich lief mit nassen Füßen mit
Und wir marschierten beide
in gleichem Schritt und Tritt.

Ich wollte nach links marschieren
Nach rechts marschierte er
Da ließ ich mich kommandieren
Und lief blind hinterher.

Und die da Hunger hatten
Marschierten matt und bleich
Zusammen mit den Satten
in irgendein drittes Reich.

Sie gaben mir einen Revolver
Und sagten: Schieß auf unsern Feind!
Und als ich auf ihren Feind schoß
Da war mein Bruder gemeint. –

Jetzt weiß ich: drüben steht mein Bruder.
Der Hunger ist's, der uns eint
Und ich marschiere, marschiere
Mit seinem und meinem Feind.

So stirbt mir jetzt mein Bruder
ich schlacht' ihn selber hin
Und weiß doch, daß, wenn er besiegt ist
ich selber verloren bin.«[30] –

In der Geschichte der Weimarer Republik war das Jahr 1932 schicksalhaft. Paul war beunruhigt über den Zuspruch, den die Nazipropaganda bei den Bauern fand. Das Los der Bauern hatte sich wie das der Arbeiter als Ergebnis der Weltwirtschaftskrise kritisch entwickelt, und die Nazis schienen allen alles zu versprechen. Die Haltung vieler Hochelheimer und Dornholzhausener war: »Gebt Hitler eine Chance. Was können wir dabei verlieren? Wir haben ja alles andere schon probiert. Er ist wenigstens ein Patriot, ein Kriegsteilnehmer; er ist gegen die Bolschewisten. Er ist der einzige, der den Deutschen einen deutschen Sozialismus anbietet, im Gegensatz zu dem bolschewistischen Sozialismus von Ernst Thälmann, dem Mann Moskaus in Deutschland.«

Paul fand diesen Vorschlag nicht gut, und er fand es unmöglich, die Akte der Brutalität zu übersehen, die SA und SS begingen und die unentwegt entschuldigt wurden mit der Bemerkung: »Die Eiserne Front [militärähnliche Schutztruppe der SPD] und der Rotfrontkämpferbund der KPD machen doch dasselbe.« –

Bei den Präsidentschaftswahlen des Frühjahrs 1932 ließ sich der jetzt 84-jährige General Paul von Hindenburg, der schon eine Amtszeit von 7 Jahren hinter sich hatte, von SPD, Zentrum und Liberalen bewegen, für eine zweite Amtszeit zu kandidieren. Politische Klugheit gebot diese Kandidatur, da nur die Persönlichkeit dieser hochverehrten Vaterfigur einen Sieg des Mitbewerbers Adolf Hitler verhindern konnte.

Schon hatten einige aus Pauls Gemeinde sich der SA angeschlossen. Horst und Otto versuchten sogar, Paul und Gretel zur Stimmabgabe für Adolf Hitler zu bewegen. »Nein, ich werde den alten Herrn wählen«, sagte Paul. »Herr Pfarrer, glauben Sie nicht, dass wir in der SA sind, um brutale Gewalt auszuüben. Wir sind keineswegs wie einige von den Fanatikern, aber wir müssen unsere Familien versorgen. Wir sind wirtschaftlich am Ende. Die SA verschafft uns Beschäftigung und bietet etwas finanzielle Unterstützung. Machen Sie mit, für Hitler zu werben. Im entscheidenden zweiten Wahlgang gibt es nur noch drei Kandidaten. Den Kommunisten Thälmann kann man doch nicht wählen. Hindenburg ist uralt. Hitler ist der Mann der Zukunft, und die Nationalsozialisten haben in den letzten Monaten enorme Gewinne erzielt.«

Propagandaplakate überschwemmten die Städte und Dörfer in Deutschland. Eins zeigte einen gigantischen Hindenburg, der, wie Herkules, einen riesigen Erdball auf seinen Schultern schleppte. Die Überschrift lautete: »Riesige Lasten erfordern Riesen.« Neben dem Riesen Hindenburg stand ein winziger Hitler, der auf Hindenburg und seine Last weist und ausrief: »Ich bin aber stärker!«

Hitler nutzte moderne Hilfsmittel der Technik: Wenn er mit dem Flugzeug kam – und auf diese Weise konnte er in 7 Tagen 20 Städte besuchen –, erregte er die Bewunderung vieler Deutscher. Sein Motto »Hitler über Deutschland« ließ sich unterschiedlich interpretieren. Wenn er wie ein Gott überall im Land vom Himmel herunterkam, schien der Führer der NSDAP allgegenwärtig zu sein. – »Horst und Otto kommen morgen wieder«, sagte Paul zu Gretel. »Ich werde ihnen diesen Artikel aus dem *Vorwärts* zeigen, den Otto Braun, der SPD-Ministerpräsident von Preußen, geschrieben hat. Braun unterstützt Hindenburg; er hat recht, wenn er sagt: ›Hitler ist ein politischer Abenteurer, während Hindenburg sich ein halbes Jahrhundert lang im Dienst an der Nation bewährt hat.‹ Es ist doch bemerkenswert, dass ein Sozialist die Wähler aufruft, das Symbol für deutsches Junkertum und deutschen Konservatismus zu wählen. Dass ein Sozialist das fertigbringt, zeigt doch, wie dringend notwendig es ist, Hitler und seine Nazis am Sieg zu hindern.«

Gretel gab zu bedenken: »Als du und Hans Zeuge [der Lehrer] das Transparent mit dem Bild Hindenburgs und dem Wahlslogan ›Wählt den Besten‹ von der Schule zum Pfarrhaus quer über die Straße gespannt habt, da habt ihr die Nazis maßlos herausgefordert. Sie werden dich bezichtigen, dass du als Pfarrer versuchst, Einfluss auszuüben.« – »Ja, ich weiß«, erwiderte Paul. «Deshalb haben auch einige Hochelheimer Nationalsozialisten eine Klage über mich an Superintendent Wieber geschickt. Gerade habe ich diese Abmahnung bekommen.« Und er reichte Gretel folgendes Schreiben:

»Wetzlar, den 30. März 1932

An Pfarrer Paul Schneider, Hochelheim
Sehr geehrter Herr Pfarrer! Sie haben sich tiefer in die Wahlagitation eingelassen, als der Stellung eines Pfarrers dienlich ist.

Superintendent Wieber«[31]

Am Sonntag, dem 10. April 1932, gewann Hindenburg die Wiederwahl mit einem deutlichen Vorsprung von 19,4 Millionen Stimmen vor Hitlers 13,4 Millionen. Aber obwohl Hindenburg wieder gewählt war, war doch die Stärke der NSDAP unübersehbar. Thälmann hatte es nur auf unter 4 Millionen Stimmen gebracht.

Paul und Gretel waren, wie die meisten Deutschen, geneigt zu glauben, dass Hitlers unerbittliche Verteufelung des Versailler Vertrages ihm zu so breiter Zustimmung bei den Wählern verholfen hatte. Sie glaubten, dass der Abgeordnete der Deutschen Demokratischen Partei, Theodor Heuß, wohl Recht hatte, als er in seiner Schrift *Der Weg Hitlers* 1932 schrieb: »Nicht München, sondern Versailles ist der Geburtsort des Nationalsozialismus.« Paul war überzeugt, dass viele Deutsche in die Arme des Nationalsozialismus getrieben wurden, weil sie die NSDAP als die Partei betrachteten, die die sicherste Hoffnung bot, die Arbeitslosigkeit zu überwinden. In einer Rede vor deutschen Industriellen am 27. Januar 1932 in Düsseldorf, die später im *Völkischen Beobachter* veröffentlicht wurde, nutzte Hitler die Furcht der Deutschen und vor allem die Furcht der deutschen Kapitalisten vor dem Bolschewismus. So etwas brachte Wählerstimmen und brachte die deutschen Industriekapitäne dazu, großzügig für die NSDAP zu spenden.

»Paul, warum sind deine Schuhe so schmutzig?«, rief Gretel, als Paul in der Küche begann, sich die Schuhe aufzuschnüren. »Gib sie her! Die müssen gründlich gesäubert und eingecremt werden. Wie kann man, wenn man mit dem Motorrad fährt, sich derartig die Schuhe schmutzig machen?« Gretels Stimme klang ärgerlich, aber bevor Paul eine Antwort geben konnte, erschien Frau Ross, eine Nachbarin, an der Küchentür. In dörflichen Gemeinden tauchten Nachbarn, wenn sie zu Besuch kamen, lieber an der Küchentür oder am Gartentor auf, als dass sie die Haustür benutzten. Einige Worte der Dankbarkeit äußernd und einen großen geräucherten Schinken aus ihrem Korb ziehend, lüftete Frau Ross das Geheimnis der schmutzigen Schuhe. »Gott danke es Ihnen«, sagte Frau Ross, »allein wäre ich nie mit dem Feld fertiggeworden.«

Paul hatte bei Herrn Ross, der sich von einer Blinddarmoperation erholte, einen Besuch gemacht. Als er gerade aus dem Haus ging, sah er, wie Frau Ross sich abmühte, Garben von Winterweizen auf einen Wagen zu laden. Paul bot Frau Ross seine Hilfe an. »Geben Sie mal die Gabel. Und Sie gehen und machen Ihrem Mann und mir eine schöne Tasse Kaffee.« Der hohe Haufen von Weizen war kein Problem für den 35-jährigen Mann, der immer in guter körperlicher Verfassung war. Aber auf dem Feld gab es tiefe Furchen, in denen an den tiefsten Stellen noch das Wasser vom letzten Regen stand. Meist sah Paul die Furchen gar nicht oder erst, nachdem es zu spät war, als schon Klumpen feuchter Erde an seinen Schuhen klebten. Als der Wagen beladen war, stupste er Hilda, das Pferd der Familie, und sie zog den Wagen in die Scheune. Nachdem der ganze Weizen eingebracht war, schirrte Paul Hilda aus. Frau Ross stand am Tor mit ein paar Zuckerstücken, die Paul dem Pferd als Belohnung zusteckte. Dann ging er, seine eigene Belohnung einzuheimsen, eine Tasse Kaffee und ein Stück Kuchen.

Als Gretel die Geschichte hörte und den schönen geräucherten Schinken auf dem Tisch sah, war aller Ärger über die schmutzigen Schuhe verflogen – die erschienen jetzt geradezu attraktiv.

»Paul, Hans Löffler hat heute angerufen«, sagte Gretel, »er möchte, dass wir ihn nächsten Montag in Gießen besuchen. Hans und Ute haben auch Gerhart und Monika Brandt eingeladen. Sie wissen, dass Montag dein freier Tag ist, der ›Pastorensabbat‹, wie die Dorfbewohner den Montag nennen«, lachte Gretel. Paul hatte Hans und Gerhart bei einem Pfarrertreffen in Wetzlar kennen gelernt. Beide betreuten Kirchen in Gießen. Beide waren auch schon mit ihren Familien in Hochelheim zu Besuch gewesen. Und Gretel fügte hinzu: »Sie möchten, dass wir den ganzen Tag kommen.«

Nach der Begrüßung verschwanden die Frauen in die Küche, wo Ute das Mittagessen zubereitete. Währenddessen zogen sich die Männer in den Garten zurück, um das milde Wetter im späten Mai zu genießen. Als sie um den Gartentisch saßen, sagte Hans: »Paul, einer der Gründe, warum wir mit euch zusammenkommen wollten, ist, um über ein Dokument zu diskutieren, das am 26. Mai von einer neuen Gruppe in unserer Kirche herausgegeben wurde, die sich selbst ›Bewegung Deutsche Christen‹ nennt. Diese so genannten Deutschen Christen sind Mitglieder der Deutschen Evangelischen Kirche, die den Nationalsozialismus unterstützen und die glauben, die evangelische Kirche sollte mit dem Nationalsozialismus zusammenarbeiten, um eine starke nationale Gemeinschaft aufzubauen. Viele von den Leuten, die den Deutschen Christen angehören, sind auch Mitglieder der SA.« Und Hans gab Paul eine kleine Broschüre und sagte: »Schau dir das an!« Paul setzte sich zurück und begann zu lesen, während Hans und Gerhart ihre Unterhaltung mit gedämpfter Stimme fortsetzten, um Paul in seiner Konzentration nicht zu stören. 10 Thesen – so wie Paul Tillich 10 Thesen gegen den Nationalsozialismus aufgestellt hatte. Dies waren also, verfasst von christlichen Amtsträgern, 10 Thesen zugunsten des Nationalsozialismus:

»Richtlinien für die Deutschen Christen. 26. Mai 1932

1. Diese Richtlinien wollen allen gläubigen deutschen Menschen Wege und Ziele zeigen, wie sie zu einer Neuordnung der Kirche kommen. Diese Richtlinien wollen weder ein Glaubensbekenntnis sein oder ersetzen, noch an den Bekenntnisgrundlagen der evangelischen Kirche rütteln. Sie sind ein Lebensbekenntnis.
2. Wir kämpfen für einen Zusammenschluß der im ›Deutschen Evangelischen Kirchenbund‹ zusammengefaßten 29 Kirchen zu einer Evangelischen Reichskirche und marschieren unter dem Ruf und Ziel:

Nach außen eins und geistgewaltig
Um Christus und sein Werk geschart.
Nach innen reich und vielgestaltig,
Ein jeder Christ nach Ruf und Art!
(Nach Geibel)

3. Die Liste ›Deutsche Christen‹ will keine kirchenpolitische Partei in dem bisher üblichen Sinne sein. Sie wendet sich an die evangelischen Christen deutscher Art. Die Zeit des Parlamentarismus hat sich überlebt, auch in der Kirche. Kirchenpolitische Parteien haben keinen Ausweis, das Kirchenvolk zu vertreten, und stehen dem hohen Ziel entgegen, ein Kirchenvolk zu werden. Wir wollen eine lebendige Volkskirche, die Ausdruck aller Glaubenskräfte unseres Volkes ist.
4. Wir stehen auf dem Boden des positiven Christentums. Wir bekennen uns zu einem bejahenden artgemäßen Christus-Glauben, wie er deutschem Luthergeist und heldischer Frömmigkeit entspricht.
5. Wir wollen das wiedererwachte deutsche Lebensgefühl in unserer Kirche zur Geltung bringen und unsere Kirche lebenskräftig machen... Wir wollen, daß unsere Kirche in dem Entscheidungskampf um Sein oder Nichtsein unseres Volkes an der Spitze kämpft. Sie darf nicht abseits stehen ...
6. Wir verlangen eine Abänderung des Kirchenvertrages (politische Klausel) und Kampf gegen den religions- und volksfeindlichen Marxismus und seine christlich-sozialen Schleppenträger aller Schattierungen. Wir vermissen bei diesem Kirchenvertrag das trauende Wagnis auf Gott und die Sendung der Kirche. Der Weg ins Reich Gottes geht durch Kampf, Kreuz und Opfer, nicht durch falschen Frieden.
7. Wir sehen in Rasse, Volkstum und Nation uns von Gott geschenkte und anvertraute Lebensordnungen, für deren Erhaltung zu sorgen uns Gottes Gesetz ist. Daher ist der Rassenvermischung entgegenzutreten. Die deutsche Äußere Mission ruft auf Grund ihrer Erfahrung dem deutschen Volke seit langem zu: ›Halte Deine Rasse rein!‹ und sagt uns, daß der Christus-Glaube die Rasse nicht zerstört, sondern vertieft und heiligt.
8. Wir sehen in der rechtverstandenen Inneren Mission das lebendige Tatchristentum, das aber nach unserer Auffassung nicht im bloßen Mitleid, sondern im Gehorsam gegen Gottes Willen und im Dank für Christi Kreuzestod wurzelt. Bloßes Mitleid ist ›Wohltätigkeit‹ und wird zur Überheblichkeit, gepaart mit schlechtem Gewis-

sen, und verweichlicht ein Volk. Wir wissen etwas von der christlichen Pflicht und Liebe den Hilflosen gegenüber, wir fordern aber auch Schutz des Volkes vor den Untüchtigen und Minderwertigen. Die Innere Mission darf keinesfalls zur Entartung unseres Volkes beitragen. ...

9. In der Judenmission sehen wir eine schwere Gefahr für unser Volkstum. Sie ist das Eingangstor fremden Blutes in unseren Volkskörper.... Wir lehnen die Judenmission in Deutschland ab, solange die Juden das Staatsbürgerrecht besitzen und damit die Gefahr der Rassenverschleierung und Bastardisierung besteht. ... Insbesondere ist die Eheschließung zwischen Deutschen und Juden zu verbieten.

10. Wir wollen eine evangelische Kirche, die im Volkstum wurzelt, und lehnen den Geist eines christlichen Weltbürgertums ab. Wir wollen die aus diesem Geist entspringenden verderblichen Erscheinungen wie Pazifismus, Internationale, Freimaurertum usw. durch den Glauben an unsere von Gott befohlene völkische Sendung überwinden. ...«[32]

»Was sagst du dazu, Paul?«, fragte Hans. Paul zögerte einen Augenblick, dann antwortete er: »Natürlich glaube ich, dass einiges getan werden muss, um unser Volk enger zusammenzuführen. Das deutsche Volk bedarf der geistigen Erneuerung, und die deutsche Kirche bedarf der Reformation. Die Zustandsbeschreibung seitens der Deutschen Christen, was unsere Krankheit betrifft, ist richtig, aber das vorgeschlagene Heilmittel ist nicht akzeptabel für die evangelische Kirche. Der Hinweis auf die Innere Mission ist oberflächlich. Ich habe selbst in der Berliner Stadtmission gearbeitet; die Probleme sind umfassender, und alle, Regierung, Kirche, Arbeit und Kapital, müssten sich intensiv damit beschäftigen. Die These über die Juden muss natürlich zurückgewiesen werden, denn sie steht ja im Widerspruch zur großen Sendung, mit der unser Herr seine Kirche beauftragt hat.«

Gerhart meinte: »Jedermann kann doch deutlich sehen, dass diese kirchliche Gruppe nur das Abbild der Nationalsozialistischen Partei ist. Die Deutschen Christen sind offensichtlich eine Bewegung, die die NSDAP ins Leben gerufen hat. Sie ist das Trojanische Pferd der

Nazis in unserer kirchlichen Gemeinschaft.« Und Hans ergänzte: »Wir müssen die Brüder in den Reihen der Deutschen Christen dazu bewegen, einige dieser Programmpunkte fallen zu lassen, anderenfalls kann ich mir nicht vorstellen, dass die Deutsche Evangelische Kirche dieser Bewegung Unterstützung gewährt. Das Ziel ist erstrebenswert, aber das Programm, mit dem es erreicht werden soll, muss grundsätzlich überarbeitet werden.«

Die Unterhaltung über die Deutschen Christen und ihre Richtlinien setzte sich den ganzen Nachmittag hindurch fort. Gretel, Monika und Ute waren sich schnell darin einig, das Programm rundweg abzulehnen. Monika drückte es so aus: »Es ist voll und ganz politische Ideologie unter der Maske frommer Wünsche an die evangelischen Christen in Deutschland, die NSDAP zu unterstützen. Es ist der Versuch, religiöse und nationale Gefühle zugunsten einer politischen Partei auszunutzen.« Nach dem Kaffee verabschiedeten sich Paul und Gretel. –

»Hans Löffler ist hier«, rief Gretel am Montag, dem 27. Juni, in Pauls Arbeitszimmer. Die beiden Herren schüttelten sich die Hand, und Paul bat Hans in sein Zimmer. »Du bleibst natürlich zum Mittagessen«, sagte Paul, und ohne Hans' Antwort abzuwarten, rief er zu Gretel hinüber: »Gieß noch etwas Wasser in die Suppe, Gretel.«

»Ich musste dir unbedingt eine Ausgabe des gestrigen *Sonntagsblatts des arbeitenden Volkes* bringen«, sagte Hans ganz aufgeregt. »Guck dir die Titelseite an. Paul Tillich und seine Christlichen Sozialisten verstehen es, wie man den Deutschen Christen Paroli bietet.« – »Ui«, rief Paul, »Hans, das muss Gretel auch mitbekommen!« Und er rief in die Küche: »Gretel, vergiss vorläufig deine Suppe und komm erst rüber!«

Die dick gedruckte Überschrift auf der Titelseite lautete: »Der Protestantismus am Scheideweg: Was soll nun gelten?« Unter dieser Frage links ein Kreuz mit der Unterschrift »Heil in Christus«, rechts das Hakenkreuz mit der Unterschrift »oder Heil Hitler«?

 [33]

»Dieses Kreuz bedeutet:	Dieses falsche Kreuz bedeutet:
Liebe	Haß
Gerechtigkeit	Gewalttätigkeit
Soziale Hilfe	Recht des Stärkeren
Erbarmen mit den Schwachen und mit den Ärmsten der Armen	Herrenmenschen, Ausmerzung der Schwachen
Duldsamkeit, Wille zum Verstehen anderer	Unduldsamkeit, Unterdrückung jeder anderen Meinung
Samariterdienst	Faustrecht
Wahrheit	Verdrehung und Irreführung
Ordnung	Chaos
Selbstzucht und Ruhe	Leidenschaft und Fanatismus
Volksgemeinschaft	Parteilichkeit und Volkszerreißung
Frieden und Völkergemeinschaft	Völkerverhetzung und Krieg
Erlösung und Aufstieg	Zerstörung und Untergang«[34]

Hans schwenkte noch ein Papier. »Pfarrer Eduard Lamparter aus Stuttgart hat mit dieser Veröffentlichung Wunderbares geleistet«, sagte er. »Er macht den Christen, die zu vergessen scheinen, dass Jesus selbst Jude war, klar, dass das Christentum auf dem Boden des Judentums gewachsen ist und dass das Alte Testament untrennbar mit der christlichen Theologie verbunden ist.« Und indem er auf einen Abschnitt hinwies, den er unterstrichen hatte, fuhr er fort: »Pfarrer Lamparter behauptet hier, dass die Deutsche Evangelische Kirche nie deutlich genug Stellung gegen den Antisemitismus bezogen habe. Antisemitismus, der seit dem Ende des Krieges mächtigen Zuspruch gefunden habe, könne nicht mit dem Christentum und dem Bewusstsein seiner Wurzeln im Judaismus in Einklang gebracht werden.« Dann las Hans Pfarrer Lamparters Schlussfolgerung laut vor:

> »Es mag ideologische Gründe geben, die Antisemitismus hier und da erklären, aber wir verkünden feierlich, daß der evangelische Pfarrer auf seiner Kanzel und in seinem Dienst an der Gemeinde den Haß gegenüber einer Rasse oder einer religiösen Gruppe als Sünde gegen Christus anprangern muß.«

Paul verharrte eine Weile in tiefem Nachdenken. Schließlich meinte er: »Natürlich müssen wir Christen uns zum Alten Testament und zum Judaismus bekennen. Selbstverständlich kann kein Christ Antisemit sein. Aber als Christen müssen wir überall das Evangelium predigen. Die Aufforderung zur Umkehr und zum Glauben an das Evangelium richtet sich an alle, auch an die Juden. Deshalb glaube ich – im Gegensatz zu vielen, die die Judenmission aufgeben wollen – fest daran, dass wir den Juden auch weiterhin das Evangelium predigen müssen.«

Nach dem Essen sagte Paul: »Vielen Dank für diesen informativen Besuch.« Hans wandte sich lachend an Gretel: »Und vielen Dank, dass du die Suppe mit Wasser gestreckt hast!«

Seit dem bedeutsamen Stimmenzuwachs für NSDAP und KPD bei den Reichstagswahlen vom September 1930 war es für den Reichskanzler zunehmend schwieriger geworden, seine Gesetzesvorschläge durchs Parlament zu bringen. Kanzler Brünings Reden wurden oft durch Zwischenrufe von Nazis und Kommunisten unterbrochen. Manchmal sangen kommunistische Abgeordnete einfach die Kommunistische Internationale oder die NSDAP-Abgeordneten das Horst-Wessel-Lied. Hindenburg entließ Brüning im Mai 1932. Als nächster Reichskanzler versuchte Franz von Papen, genügend Abgeordnete hinter sich zu bringen, um an der Regierung zu bleiben. Auch er scheiterte.

Bei einer erneuten Reichstagswahl am 31. Juli 1932 gewann Hitlers NSDAP 230 Sitze und bildete damit die stärkste Fraktion im

Reichstag. In Pauls Gemeinde entfielen über 50 Prozent der Stimmen auf die Kandidaten der NSDAP. Paul war bestürzt, als er erfuhr, dass diese Partei den größten Zuwachs in evangelischen Gegenden hatte.

Horst und Otto konnten es sich nicht verkneifen, Paul diesbezüglich anzusprechen, als sie ihm auf der Hauptstraße begegneten. »Nun, Herr Pfarrer, es sieht ganz so aus, als ob unser Hitler bald Kanzler würde. Hindenburg wird gar keine andere Wahl haben. Irgendwann braucht der alte Herr den Reichstag, und in dem sind wir die stärkste Partei. Wie finden Sie das? – Und war das nichts, unser ›Hitler über Deutschland‹ im Wahlkampf, wo er in jeden Winkel des Landes flog? Auf die Idee ist noch kein anderer Politiker gekommen! Und während die Sozialdemokraten und Kommunisten den Radiosender kontrollierten, nahm unser Adolf seine Reden einfach auf und lud die Bevölkerung ein, sie sich anzuhören, wo immer sich ein Plattenspieler auftreiben ließ. So was nennen wir Phantasie! – Genug gehört, Herr Pfarrer?« –

Paul war beunruhigt. Das Leben in der Weimarer Republik wurde zunehmend gewalttätiger. Politische Unruhen, von kommunistischen und nationalsozialistischen paramilitärischen Gruppen provoziert, kosteten Hunderten das Leben. Die politische Propaganda wurde immer schriller und verwegener. Der kommunistische Rotfrontkämpferbund und die SA (Sturmabteilung), die Entsprechung bei den Nazis, lieferten sich in den deutschen Städten erbitterte Straßenschlachten. Paul war voller Entsetzen und voll banger Ahnungen, als er genaue Kenntnis von den Texten der Lieder bekam, die von den jungen Nationalsozialisten gesungen wurden:

»Im deutschen Land marschieren wir,
für Adolf Hitler kämpfen wir.
Die rote Front, brecht sie entzwei!
SA marschiert. Achtung! Die Straße frei!

So stehen wir im Kampf allein,
durch Blut geschweißt sind unsre Reihn.
Den Blick nach vorn, die Faust geballt!
Die Straße dann von unserm Schritt erschallt.

So manchen braven Kamerad
legten wir schon ins kühle Grab.
Wenn auch so manches Auge bricht,
wir fürchten Reichsbanner und Rotfront nicht.

Und ist der Kampf auch noch so schwer,
wir wanken, weichen nimmermehr!
Wir fordern Freiheit, Recht und Brot,
für Deutschlands Zukunft gehen wir in den Tod.«

Braunhemden in Reih und Glied beherrschten das Bild. Wo man ging, erklang das »Horst-Wessel-Lied«:

»Die Fahne hoch! Die Reihen dicht geschlossen!
SA marschiert mit ruhig festem Schritt.
Kameraden, die Rotfront und Reaktion erschossen,
Marschier'n im Geist in unsern Reihen mit.

Die Straße frei den braunen Bataillonen!
Die Straße frei dem Sturmabteilungsmann!
Es schau'n auf's Hakenkreuz voll Hoffnung schon Millionen,
Der Tag für Freiheit und für Brot bricht an.

Zum letzten Mal wird zum Appell geblasen!
Zum Kampfe steh'n wir alle schon bereit.
Bald flattern Hitlerfahnen über alle Straßen,
Die Knechtschaft dauert nur noch kurze Zeit!«

Die meisten Deutschen blieben nicht unbeeindruckt von dem Fanatismus und dem frappierenden Erfolg der Nazi-Bewegung. Erst 12 Jahre zuvor hatte Hitler mit einer Gruppe von nur 6 Leuten in München angefangen. Jetzt war ihm die Gefolgschaft von Millionen gewiss, und er befehligte eine SA- und SS-Truppe von 400 000 jungen Männern, die zu gewaltigen Opfern bereit waren, um den Erfolg der Bewegung zu sichern.

Die Nachrichten aus den großen städtischen und industriellen Zentren gaben Anlass zur Sorge. Die Zahl der Arbeitslosen hatte Ende 1932 die 6-Millionen-Grenze überstiegen. Die Selbstmordrate in Deutschland war alarmierend hoch. Die Zahl der Menschen, die 1931–32 bei Unruhen ums Leben kamen, machte Deutschland, wie eine Zeitung es ausdrückte, zum Land der »ununterbrochenen Bartholomäusnacht«. Die kleinen Gemeinden Hochelheim und Dornholzhausen, obwohl etwas abgeschottet gegen die Gewalt und die Hölle größerer Städte, konnten sich aus dem Sog der politischen und wirtschaftlichen Anarchie nicht ganz heraushalten.

In einem Land, das immun geworden zu sein schien gegen Gewalttätigkeit, empfand die Nation es doch als Schock, als Berichte aus Hamburg-Altona über eine Auseinandersetzung zwischen Kommunisten und Nationalsozialisten am »Blutsonntag«, dem 17. Juli 1932, bekannt wurden. Aber wie konnten solche Gewaltakte eingedämmt oder verhindert werden, wenn politische Führer selbst Gewalt gegen Gegner befürworteten? Paul traute seinen Augen nicht, als er den Text von Hitlers Telegramm las, das dieser an neun SA-Männer geschickt hatte. Diese SA-Männer hatten am 10. August 1932 das Haus von Konrad Pietrzuch, einem kommunistischen Arbeiter aus Potempa in Oberschlesien, überfallen und ihn vor den Augen seiner Mutter brutal erschlagen. Fünf von den SA-Leuten waren am 22. August von einem Sondergericht zum Tode verurteilt worden. Hitlers Telegramm an sie einen Tag nach dem Urteilsspruch schien solche Gewalt zu entschuldigen, ja sogar dazu zu ermutigen:

> »Meine Kameraden, angesichts des ungeheuren Bluturteils fühle ich mich mit euch in unbegrenzter Treue verbunden. Eure Freiheit ist von diesem Augenblick an eine Frage unserer Ehre. Der Kampf gegen diese Regierung, unter der dieses möglich war, ist unsere Pflicht.«[35]

Und die wütende reaktionäre Presse nahm sich gleich der verurteilten SA-Männer an:

»Es war kein Deutscher, der getötet wurde, sondern nur ein polnischer Vagabund, dazu noch ein Kommunist, der kein Recht hatte, auf deutschem Boden zu leben. Hat die deutsche Justiz noch nicht begriffen, um Himmels willen, daß der Kampf in den östlichen Grenzgebieten zwischen der edlen germanischen Rasse und den polnischen Untermenschen ein Kampf ums Überleben des deutschen Volkes ist?«

Trotz des brutalen Mordes an Konrad Pietrzuch durch NSDAP-Mitglieder unterstützten die Deutschen Christen die Nazi-Partei bei der Reichstagswahl vom November 1932 bedingungslos.

Bei dieser Wahl ging der Stimmenanteil der NSDAP von 37,3 Prozent auf 33,1 Prozent zurück (statt 230 Abgeordneten nur noch 196). Das hieß, dass seit den Juli-Wahlen 2 Millionen Wähler ihre Meinung zuungunsten der Nazis geändert hatten. Paul war nun optimistischer. Vielleicht hatten die gemäßigteren Parteien jetzt größere Chancen. Es gab sogar Anzeichen, dass die schlimmste Phase der Wirtschaftskrise durchlaufen war. Der neue Reichskanzler von Schleicher gab sich überzeugt, dass die Macht der Nazis den Zenit überschritten habe. Nur 13 Tage vor dem Zusammenbruch seiner eigenen Autorität als Reichskanzler sagte er den Untergang der NSDAP voraus: »Hitler ist kein Problem mehr. Seine Bewegung hat aufgehört, eine politische Gefahr zu sein. Die ganze Frage der zunehmenden Macht der NSDAP ist gelöst, und das Problem kann der Vergangenheit zugeordnet werden.«

Die Herausgeber der satirischen Zeitschrift *Simplicissimus* gaben auf der Titelseite ihrer Neujahrsausgabe von 1933 ihrer unverhohlenen Freude über Hitlers politisches Hinscheiden Ausdruck:

»Eins nur läßt sich sicher sagen
und das freut uns rundherum:
Hitlern geht es an den Kragen,
Dieses ›Führers‹ Zeit ist um!«

Der Jubel war verfrüht. 29 Tage später wurde Adolf Hitler zum Reichskanzler der Weimarer Republik ernannt.

KAPITEL 4

1933

DAS JAHR DER ENTSCHEIDUNG

»Es werden Haufen über Haufen Volks sein im Tale des Urteils« (Joel 4, 14).

WER EBEN KONNTE, saß am Radio und lauschte den Berichten über die Feierlichkeiten in Berlin am Abend des 30. Januar 1933, am Abend des Tages, an dem der 86-jährige Paul von Hindenburg Adolf Hitler – den er einst verächtlich den »böhmischen Gefreiten« genannt hatte – zum Kanzler der Weimarer Republik ernannt hatte. Auch die Bewohner von Hochelheim und Dornholzhausen nahmen voller Neugier Anteil an den Ereignissen in der Hauptstadt.

Hitler, der jetzt 43-Jährige, stand am Fenster im zweiten Stock der Reichskanzlei und nahm die Huldigungen der Massen entgegen, die wie berauscht waren von der Stimmung des Augenblicks. Vier Stunden lang zogen die Marschkolonnen am Fenster vorbei, mit »Heil!«-Rufen und unter den Klängen des Horst-Wessel-Liedes – ein endloser Strom von Braunhemden mit Hakenkreuzarmbinden und Fackeln.

Die Nation lauschte der Stimme von Gauleiter Joseph Goebbels, wie er voller Begeisterung kommentierte:

> »Das, was wir da unten erleben, diese Tausende und Tausende und Zehntausende und Zehntausende von Menschen, die in einem sinnlosen Taumel von Jubel und Begeisterung der neuen Staatsführung entgegenrufen, das ist wirklich die Erfüllung unseres geheimsten Wunsches. Das ist die Krönung unserer Arbeit! Deutschland ist im Erwachen!«[36]

Eine Karikatur einer beliebten Tageszeitung zeigte eine Szene in einem Brautgemach. Über dem Baldachin des Bettes der Hohenzol-

lernsche Adler; die Tapete dekoriert mit Hakenkreuzen. Aus dem Flur kommend, in der offenen Tür, die zögernde, ängstliche junge Braut, Germania, im Nachthemd, hineingedrängt und sanft geschoben ins eheliche Schlafzimmer von von Papen und Hugenberg, Hitlers politischen Alliierten. An der Tür der greise Präsident Hindenburg, Zustimmung und Wohlwollen im Blick. Der Bräutigam Hitler, im Schlafanzug, eilt mit offenen Armen auf seine Braut zu. –
Nun hatte der »Führer« der NSDAP die politische Leitung übernommen. Was für eine Art »Führer« würde er sein? In einer Rede im Berliner Sportpalast am Abend des 22. Januar hatte er verkündet, er erwarte Gefolgschaft von seinen Anhängern. Der Einzelne müsse seinen Willen dem Ganzen unterordnen. Parteimitgliedschaft bedeute Unterwerfung.

Viele Deutsche begrüßten es, dass Hitler nicht von Klassenkampf sprach, der in der marxistischen Propaganda eine so große Rolle spielte. Er schien eine nationale Gemeinschaft aller Deutschen zu wollen. Mancher jedoch misstraute Hitlers »Führerprinzip«, das den Willen des Führers über den Willen des Einzelnen setzte. –
Zwei Tage, nachdem Hitler Reichskanzler geworden war, hielt ein junger Theologe, Dietrich Bonhoeffer, im Radio einen Vortrag über das Prinzip der Führerschaft. Bonhoeffer stellte klar, dass man inmitten der Rufe nach politischer Autorität unterscheiden müsse zwischen der Autorität, die die Person des Führers besitze, und der Autorität, die seinem Amt innewohne. Der Führer habe seine Autorität von unten; das Amt habe seine Autorität von oben. Die Autorität, die dem Führer vom Volk verliehen sei, sei ihm für eine bestimmte Zeit übertragen, sie sei abhängig von der Loyalität seiner Anhänger. Die Bürger, besonders die jungen unter ihnen, bedürften eines Führers, solange sie nicht selber die geistige Reife besäßen; aber wenn dieses Ziel erreicht sei, nehme das Maß der Führung ab. Der wahre Führer solle den Geführten die Grenzen seiner Macht vor Augen führen und ihnen nicht erlauben, ein Idol, einen Verführer, aus ihm zu machen. Jedermann stehe in Verantwortung vor Gott, der höchsten Autorität. Das ewige Gesetz der Verantwortlichkeit des Einzelnen räche sich an denen, die es missachteten. So beraubten die Führer, die sich selbst zum Gott machten, indem sie sich als höchste Autorität aufbauten,

Gott seiner Autorität und stürzten sich so selbst in den Ruin. – Der Vortrag im Radio wurde auf mysteriöse Weise unterbrochen, bevor er zu Ende war, aber er wurde später in der *Kreuzzeitung* abgedruckt.[37] Anfang 1933, bevor die Nationalsozialisten fest im Sattel saßen, war es noch möglich, solch offensichtliche Herausforderung der Nazi-Ideologie zu veröffentlichen.

Obgleich es im Frühjahr 1933 noch nicht für jeden deutlich war, dass die Deutsche Evangelische Kirche dabei war, sich in zwei diametral entgegengesetzte ideologische Lager zu spalten – eins, das die Integration der Kirche in den Nazi-Staat favorisierte; eins, das sich die »Bekennende Kirche« nennen sollte, das sich eben dieser Integration widersetzte –, war genauen Beobachtern der Kirchenszene klar, dass dem deutschen Protestantismus ein gewaltiger Bruch bevorstand. Die Propaganda der Deutschen Christen stand hinter Hitler als Reichskanzler. Am Sonntag, dem 5. Februar, war im *Evangelium im Dritten Reich*, dem Blatt der Deutschen Christen, zu lesen:

> »Mit uns der Sieg, mit uns das Feldgeschrei:
> Deutschland erwache! Deutschland du bist frei!
>
> Diese Worte ... haben wir in den Jahren der Schmach und Schande so oft als heiligen Schwur gen Himmel schallen lassen. Jawohl, wir glaubten an den Sieg, wir kämpften um den Sieg, und unser Herrgott gab uns den Sieg.
>
> Heute steht unser Führer
> ADOLF HITLER
> als Reichskanzler an der Spitze des Deutschen Reiches.
>
> Nach all dem Kampf, nach all den blutigen Opfern der hinter uns liegenden 14 Jahre, falten wir für einen Augenblick nun unsere Hände und stille zieht durch unsere dankerfüllten Herzen des alten Martin Rinckart's schlichtes Dankgebet:
>
> ›Nun danket alle Gott mit Herzen, Mund und Händen,
> Der große Dinge tut an uns und allen Enden.‹
>
> Wer so denkt und mit uns Gott danken will, der komme zu unserem Dankgottesdienst in St. Marien am Freitag, dem 3. Februar abends 8 Uhr.
>
> Die Predigt hält der Reichsleiter, Pfarrer Hossenfelder ...«[38]

Reichsleiter Hossenfelder schickte auch ein Telegramm an den »Führer des neuen Deutschlands Adolf Hitler«:

> »Sie und das Deutsche Volk beglückwünsche ich zu dem durch Gottes Fügung gestalteten Ergebnis des 30. Januar. Als Reichsleiter der Glaubensbewegung ›Deutsche Christen‹ versichere ich Sie, mit unserem Gebet hinter Ihnen zu stehen.« [39]

Diejenigen, die am Abend des 3. Februar die Marienkirche am Alexanderplatz in Berlin füllten, konnten einer Predigt lauschen, die klar den Glauben der Deutschen Christen zum Ausdruck brachte. Hossenfelder hatte 1. Korinther 15, 57 als Grundlage für seine Predigt gewählt: »Gott aber sei Dank, der uns den Sieg gegeben hat durch unsern Herrn Jesus Christus!« Und darüber predigte er mit folgenden Worten:

> »... Es gibt im Leben der Völker Saat- und Erntezeiten. Vor 62 Jahren war für uns Deutsche solche Saat- und Erntezeit heraufgekommen, wie sie glückserfüllter, stolzer und sonniger nicht sein konnte. Das Deutsche Kaiserreich wurde von der Gesamtheit des deutschen Volkes gewollt. ... Ein staatsmännisches Genie [Bismarck] ... hob diesen Willen. ... Neben diesem Mann stand eine Herrscherpersönlichkeit [Kaiser Wilhelm I.] ... Christus war der Herr dieser Geschichte und ist der Herr aller Geschichte. ...
> Wir denken an einen anderen Augenblick unserer deutschen Geschichte: es war im Spätsommer 1914, ein Raunen ging durch Ostpreußens Wälder, ein Stöhnen entrang sich der Seele seiner masurischen Seen. Land in Not, Volk in Not. ...
> Da bot Gott den Mann, der den Ostpreußen Michael und Helfer wurde [Hindenburg] ... 10 Tage dauerte das übermenschliche Ringen ... Nach 10 Tagen erklang die jubelnde Kunde: bei Tannenberg ist eine russische Armee geschlagen. ...
> Von diesem Erinnerungsgebilde wendet sich unser Blick zu den vergangenen 14 Jahren. Ein Wort sagt alles, was über diese Jahre zu sagen ist: Vom Reich, das Bismarck schmiedete und für das Hindenburg 4 Jahre das Schwert schwang, ist aller Glanz gewichen. ...

Eine Not ohnegleichen regiert in unserem Lande. ... Wo aber in einem Volke der Glaube an das Leben zerbrochen ist, da ist alles aus, da herrscht der Glaube an den Tod, da ist der Tod. ... Der Glaube an den Tod hat uns beherrscht, und die international gebundenen Mächte, die bisher in ... Deutschland regierten, haben ihn verkündigt, da sie selber nur leben können, solange Deutschland krank ist. Der Glaube an den Tod schuf Gottlosigkeit, Ehrlosigkeit, Arbeitslosigkeit.
In dieser Not – in der es nicht nur um das nackte Dasein ging, sondern um weit mehr, um die Seele des deutschen Volkes – formte sich Gott einen Mann, einen von den Millionen des Weltkrieges, und gab ihm die größte Sendung unserer Geschichte: das deutsche Volk aus der Verzweiflung zu reißen und ihm den Glauben an das Leben wiederzuschenken. ...
Siege unerhörter Art liegen hinter uns, Übermenschliches wurde geleistet, in eiserner Disziplin und felsenfestem Vertrauen wurde ausgehalten. Noch vor wenigen Tagen konnte man die bange Frage hören: Wann ist Deutschlands Prüfungszeit zu Ende, wann greift Gott ein? ... Dann endlich am 30. Januar die Stunde: der greise Marschall Hindenburg ruft den Führer des jungen kämpfenden Deutschlands an die Spitze der Reichsregierung ... unsern Adolf Hitler. Es war ein Tag der Erfüllung und eine glückhafte Stunde, als die Bataillone der braunen Armee im Verein mit den alten Frontsoldaten durch das Brandenburger Tor einzogen, um den Marschall des Weltkrieges und den Schmied des Dritten Reiches zu grüßen. Der Glaube an das Leben hat gesiegt.
... Noch einmal gibt uns Gott Gelegenheit, ein stattliches Haus zu bauen, noch einmal ruft Gott das deutsche Volk in seine Geschichte. Gebe Gott, daß wir alle diesen Ruf hören und uns unter seinen Ruf stellen! Wir haben viel verloren, eigentlich alles; aber dreierlei können wir noch haben: uns selbst, die Zukunft und Gott. ...«[40]

Der scharfe Kontrast zwischen Bonhoeffers kritischer Haltung gegenüber dem neuen Regime und Hossenfelders blinder Ergebenheit gegenüber dem Führer wurde denjenigen unter den evangelischen Christen, die die nationalen Ereignisse ernst nahmen, bewusst. Manche waren besorgt wegen des Gebrauchs christlicher Terminologie seitens der Nazis, wenn es darum ging, eine politische Ideologie zu propagieren, die im krassen Gegensatz zu christlichen Glaubenslehren stand. Hitlers wiederholte Hinweise auf »die Vorsehung« und den »Allmächtigen«, um zu demonstrieren, dass er einen besonderen Auftrag von Gott habe und dass der Nationalsozialismus von Gott selbst gesandt sei, Deutschland aus Chaos und politischer Ohnmacht zu erlösen, ließen viele Christen aufhorchen. Die Ehrfurcht und Achtung gegenüber Märtyrern wurde missbraucht, indem jeder SA-Schläger, der im Streit mit einem sozialdemokratischen oder kommunistischen Gegner zu Tode kam, zum Märtyrer erhoben wurde. Besonders beunruhigte Paul der Kult um Horst Wessel. Wessel, 1907 in einem Bielefelder protestantischen Pfarrhaus geboren, war der Autor des SA-Liedes. Am 22. Januar 1930 war er von einem Rivalen um die Gunst einer Dame angeschossen worden und war am 23. Februar dieser Schusswunde erlegen. Goebbels hatte an seinem Grab gesagt, dass Wessel noch lebe und dass er immer in ihren Reihen mitmarschiere. –

Viele Deutsche waren beeindruckt von Hitlers Versprechen in seiner Rede an die Nation am Sonntag, dem 4. Februar 1933, die christliche Religion als Grundlage deutscher Moral anzuerkennen, die Familie als grundlegende Einheit in Staat und Nation zu betrachten und die Möglichkeiten des Staates zu nutzen, um Religion und Familie zu schützen. In den Dörfern, wo es noch kaum Radios gab, tönte die Rede aus Lautsprechern, die an der Hauptstraße entlang angebracht waren. Paul und Gretel hatten dieses Mal kein Ohr für die Botschaft des Kanzlers. Paul lag im Bett und kämpfte mit einer Lungenentzündung; und Gretel lag im Zimmer daneben in Wehen vor der Geburt ihres vierten Kindes. –

Am 10. Februar bat Hitler in einer Rede das deutsche Volk um seine Stimme für die NSDAP bei den bevorstehenden Reichstagswahlen vom 5. März. Die Bolschewisten, die Sozialisten und Liberalen hätten in 14 Jahren politischer Verantwortung Deutschland nur an den Rand des Ruins gebracht. Zum Ende seiner Rede erklang Hitlers Stimme wie ein leidenschaftliches Flehen:

»Deutsches Volk, gib uns vier Jahre Zeit, dann richte und urteile über uns! ... Und ich schwöre dir, so wie ... ich in dieses Amt eintrat, so will ich dann gehen ... Ich kann mich nicht lösen von dem Glauben an mein Volk ..., von der Überzeuguung, daß diese Nation wieder einst auferstehen wird, kann mich nicht entfernen von der Liebe zu diesem meinem Volk und hege felsenfest die Überzeugung, daß eben doch einmal die Stunde kommt, in der die Millionen, die uns heute hassen ..., mit uns dann begrüßen werden das gemeinsam geschaffene, mühsam erkämpfte, bitter erworbene neue deutsche Reich der Größe und Ehre und der Kraft und der Herrlichkeit und der Gerechtigkeit. Amen.«[41] –

Ein paar Tage später statteten Horst und Otto dem Pfarrhaus einen Besuch ab. Sie kamen, wie manche andere, mit Blumen, um Paul und Gretel zur Geburt des dritten Sohnes Gerhard zu gratulieren. Aber natürlich nutzten sie die Gelegenheit auch zur politischen Diskussion. »Was sagen Sie nun, Herr Pfarrer? Jeder Deutsche kann sich doch mit der Entschlossenheit Hitlers identifizieren, Deutschland wieder seinen geachteten Platz unter den Nationen zu verschaffen. Und wie ist es mit dem Aufruf des Kanzlers, in unseren Schulen und in unseren Jugendorganisationen wieder den Glauben an Gott zu lehren?« Gretel warf ein: »Aber was ist mit dem Appell, die Juden zu hassen? Vor längerer Zeit habe ich eine Behauptung von Goebbels gelesen, mit der er sogar versuchte, Antisemitismus zu einer christlichen Tugend zu machen, indem er die Aufforderung zur Nächstenliebe nach Matthäus 19, 19 zitierte. Goebels sagte: ›Für mich als Deutschen ist mein Nächster mein deutscher Nächster, und derjenige, der mich zu ruinieren sucht, ist der Jude. Deshalb heißt für einen Deutschen, seinen Nächsten zu lieben, dass er den Juden hassen muss!‹ Was für eine verquere Logik ist das?«, wollte Gretel wissen. »Die Sache mit den Juden, Frau Schneider, lassen wir mal vorläufig auf sich beruhen. Über das Thema müsste man lange diskutieren.« – »Und wie ist es mit den Gewalttätigkeiten der SA?« Horst stellte sich Gretels Frage: »Was das anbetrifft, vergessen Sie nicht, dass man Feuer mit Feuer bekämpfen muss. Die Kommunisten und Sozialisten machen doch dasselbe. Der Rotfrontkämpferbund und die Eiserne

Front sind nicht gerade Sonntagsschüler, und sie nutzen jede Gelegenheit, anderen den Schädel einzuschlagen.« Gretel gab sich nicht mit Horsts Erklärung zufrieden. »Aber angesichts der schrecklichen Hasstiraden, die die Nazis ständig auf politische Gegner loslassen, was wird denn mit diesen Gegnern passieren, wenn die Nationalsozialisten ihre politische Macht ausnutzen?« – »Aber, Frau Schneider«, entgegneten Horst und Otto, »jeder Politiker und jede politische Gruppierung wendet solche Übertreibungstaktik an, bevor sie am Ruder ist. Das soll den Feind abschrecken und die Getreuen im Kampf stärken. Wenn man dann an der Macht ist, gelten neue Regeln. Schließlich wird die Suppe nie so heiß gegessen, wie sie gekocht wird.« Und er fügte hinzu: »Und vergessen Sie nicht, Pfarrer Schneider und Frau Schneider, Hitler ist das beste Bollwerk gegen den Bolschewismus. Haben Sie mitbekommen, dass Hitler den deutschen Bauern und den deutschen Arbeiter als Grundsteine der Nation bezeichnet hat? Ihre Gemeindemitglieder, die Bauern von Dornholzhausen, fühlen sich mehr und mehr zu Hitler hingezogen. Bei der Präsidentenwahl im letzten April haben immerhin mehr als zwei Drittel von ihnen für Hitler gestimmt. Sogar die katholischen Bauern vom Schwarzwald und von Westfalen haben die NSDAP gewählt.« Otto zog nun eine recht abgenutzte Broschüre aus der Tasche, blätterte darin herum, bis er die entsprechende Stelle gefunden hatte, und las dann:

»... Die Partei als solche vertritt den Standpunkt eines positiven Christentums, ohne sich konfessionell an ein bestimmtes Bekenntnis zu binden. Sie bekämpft den jüdisch-materialistischen Geist in und außer uns und ist überzeugt, daß eine dauernde Genesung unseres Volkes nur erfolgen kann von innen heraus ...«[42]

»Das ist der Artikel 24 des Parteiprogramms«, triumphierte Horst. Paul und Gretel tauschten einen Blick. Sie waren jetzt überzeugt, dass Horst und Otto in missionarischer Absicht ins Pfarrhaus kamen. Sie waren geschult, allen möglichen Einwänden zu begegnen, und die Tatsache, dass sie das Parteiprogramm mit sich herumschleppten, überzeugte Paul und Gretel von ihrem Eifer und ihrer Entschlossenheit.

»Ich weiß nicht, was die Nazi-Partei unter ›positivem Christentum‹ versteht«, sagte Paul. »Schon im Oktober 1931 hat Bernhard Lichtenberg, der Propst der St. Hedwigs-Kathedrale in Berlin – ich bin ja immer an allem interessiert, was mit Berlin zusammenhängt – gesagt, es sei Katholiken verboten, Ideen zu vertreten oder zu verbreiten, die den Lehren der katholischen Kirche widersprächen. Die katholischen Bischöfe haben den Katholiken untersagt, der NSDAP beizutreten, und sogar denen, die dagegen verstießen, mit dem Ausschluss vom Empfang der Sakramente gedroht.« – »Wie kommt es, dass ein evangelischer Pfarrer so gut Bescheid weiß, wie die katholische Kirche zu unserer Partei steht?«, wollte Horst wissen. Paul antwortete ohne Zögern: »Ihr wolltet mich ja auch beeindrucken mit eurem Wissen, dass selbst katholische Bauern für Hitler gestimmt haben. Aber«, meinte Paul zum Schluss, »wir wollen uns nicht durch politische Differenzen unsere nachbarschaftlichen Beziehungen beeinträchtigen lassen.« –

Vor dem Weggehen hatten Horst und Otto Paul und Gretel dringend geraten, sich am 15. Februar am Radio Hitlers Rede in Stuttgart anzuhören. Ein paar Tage später saß Paul im Wohnzimmer und wartete auf die Übertragung der Rede des Reichskanzlers und schaute zu Gretel und Klein-Gerhard hinüber. Er war still in den Anblick von Frau und Baby im bescheidenen, aber gemütlichen Pfarrhaus versunken. Nicht, dass Gretel und er nicht gelegentlich unterschiedlicher Meinung gewesen wären, aber die Liebe zueinander und zu den Kindern und ihre gegenseitige Treue stellten immer die Harmonie wieder her. Paul drückte einen Kuss auf Gerhards Stirn und küsste Gretel auf die Wange, ging zum Radio und stellte es ein. Die Zeit für die Rede des Kanzlers war gekommen.

Obwohl Hitler jetzt Reichskanzler war und seine Partei die stärkste Fraktion im Reichstag bildete, wollte er das Recht für sich, ohne Befragung des Parlaments zu regieren. Er wollte die legislative Gewalt, die ihm das Recht gab, bei wirtschaftlichen Problemen, innerstaatlichen Gewaltakten und Lähmung des Parlaments selbst zu entscheiden. Das zu erreichen aber würde eine Änderung der Weimarer Verfassung erfordern, und die bedurfte der Zustimmung von zwei Drittel aller Abgeordneten. Hitler brauchte bei den für den 5. März vorgesehenen Reichstagswahlen für seine NSDAP einen Riesenerfolg. –

Manchmal sorgte Paul dafür, dass Dieter, Evmarie und Paul-Hermann fest in ihren Betten lagen, und betete mit ihnen und las aus der Bibel vor. Am liebsten brachte Sophie die Kinder abends ins Bett, aber hin und wieder war sie noch nicht ganz mit ihrer Hausarbeit fertig, weil sie darauf bestanden hatte, dass Gretel sich noch nicht belasten sollte. Momentan widmete sich Gretel besonders dem kleinen Gerhard. Sie setzte sich mit ihm in den großen bequemen Schaukelstuhl im Wohnzimmer. Paul saß gern in ihrer Nähe. Manchmal unterhielten sie sich, manchmal hörten sie zusammen Radio, nachdem sie 1933 einen Apparat erworben hatten, manchmal saßen sie auch nur so zusammen. Sie brauchten keine Sprache, um ihre Gedanken und Gefühle auszutauschen. Jeder kannte die Gesten und die Stimmungen des anderen genau.

Paul hatte ja zwei Frauen im Haus, Gretel und Sophie Helmes. Als Pauls Vater 1926 starb und Paul und Gretel im selben Jahr heirateten, hatte Paul zu Sophie gesagt, sie könne gern im Pfarrhaus bleiben, so lange sie wolle. Zuerst mussten sie und Gretel sich aneinander gewöhnen, weil Sophie, die so lange das Regiment im Pfarrhaus geführt hatte, nur ungern ihre Stellung an eine junge und unerfahrene Frau abtrat. Immerhin war sie 1926 57 Jahre alt. Aber Paul wirkte als Vermittler, und so einigten sich die beiden Frauen auf jeweils eigene Bereiche im Haushalt. Sophie gehörte einfach zur Familie, sie liebte ihren Paul und hatte mit der Zeit auch seine Frau ins Herz geschlossen. Bei der ständig wachsenden Zahl der Familienmitglieder wurde Sophie eine immer größere Hilfe für Gretel und, was 1926 natürlich in keiner Weise voraussehbar war, sie wurde für Gretel und die 6 Kinder eine wahre Stütze während Pauls zahlreichen Inhaftierungszeiten und besonders nach seinem Tod 1939.

Sophie konnte Horst und Otto nicht ausstehen. Sie konnte kaum eine gewisse Feindschaft verbergen, wenn die beiden vorsprachen, besonders wenn sie ihnen gar die Tür aufmachen musste. Der Blick, den sie Paul zuwarf, während sie die zwei ins Zimmer bugsierte, schien zu sagen: »Was musst du denn deine Zeit mit diesen Fanatikern verschwenden, Paul?« Paul musste Sophie danach ein bisschen

Sopie Helmes mit Dieter (1929)

Feier zum 1. Mai. Paul predigt in Hochelheim (1933)

zurechtweisen: »Alle sind im Pfarrhaus willkommen, auch wenn sie nicht zu uns passen; wir sind Gottes Botschafter.« – »Paul«, entgegnete dann Sophie, »du weißt, die zwei haben letztes Jahr Klage über dich geführt. Wie kannst du mit ihnen verkehren? Sie sind fanatische Nazis. Du musst dich vor ihnen in Acht nehmen.« – »Nun, Sophie, es ist ja bei ihrer Klage nichts herausgekommen, außer dass ich wohl bei den lokalen Nazigrößen auf der schwarzen Liste stehe und dass mir Superintendent Wieber eins auf die Finger gegeben hat«, war Pauls Antwort.

Manchmal, wenn Sophie nach ihrer Hausarbeit nicht in ihrem eigenen Zimmer lesen wollte und in ihrem Frauenkreis nichts Besonderes anstand, saß sie im Gespräch mit Paul und Gretel zusammen oder hörte Radio mit ihnen. Sie war klein von Statur, aber stark im Glauben und in ihrer Treue zur Familie Schneider und im Eifer, mit dem sie ihren Pflichten nachkam. Ihre Liebe zur Familie Schneider weckte all ihre mütterlichen Instinkte, für die sie ja vorher keine Verwendung gehabt hatte. Sophie war eine von so vielen Frauen, die freiwillig oder notgedrungen [der Krieg hatte ja die Zahl möglicher Ehemänner stark reduziert] Sicherheit und Sinn in lebenslangem Dienst für andere fand.

Während Paul und Gretel sich bezüglich der Aufrichtigkeit Hitlers immer noch nicht sicher waren, erschütterte ein Ereignis die Nation: Am 27. Februar brannte in Berlin der Reichstag. Am Radio und in der Presse erfuhr man, dass im Reichstagsgebäude »auf frischer Tat« ein junger Holländer, Marinus van der Lubbe, erwischt worden war. Er sollte Mitglied der Kommunistischen Partei sein – also war die In-Brand-Setzung des deutschen Parlaments der Auslöser für einen kommunistischen Staatsstreich. Die neue Regierung, ja, Deutschland war in Gefahr! Es musste sofort gehandelt werden. Reichspräsident Hindenburg verfügte umgehend eine Notverordnung »zum Schutz von Volk und Staat«. In dieser Notsituation wurden »die Artikel 114, 115, 117, 118, 123, 124 und 153 … bis auf weiteres außer Kraft gesetzt«, waren »Beschränkungen der persönlichen Freiheit, des Rechtes der freien Meinungsäußerung, einschließlich der Pressefreiheit, des Vereins- und Versammlungsrechtes, Eingriffe in das

Brief-, Post-, Telegraphen- und Fernsprechgeheimnis, Anordnung von Haussuchungen und von Beschlagnahme sowie Beschränkungen des Eigentums … zulässig.«[43] Unter dem Schutz solcher Freiheiten und Rechte hätten die Kommunisten die Chance zum Umsturz ausnützen können; nun war es möglich, ihnen – und allen, die Volk und Staat schaden konnten! – das Handwerk zu legen.

Hochelheim lag weit weg von Berlin, und es war schwierig, die Lage in der Hauptstadt richtig einzuschätzen. Paul und Gretel machten sich Sorgen wegen der Aufhebung der Grundrechte, aber wenn wirklich ernsthafte Gefahr seitens des Bolschewismus drohte, dann waren solche Maßnahmen wohl gerechtfertigt. Was Paul und Gretel am 28. Februar 1933, als das »Gesetz zum Schutz von Volk und Staat« erlassen wurde, nicht wissen konnten, war, dass diese Beschränkung der Grundrechte während der gesamten Dauer des Dritten Reiches in Kraft bleiben und dass sie enorme Auswirkungen auf Pfarrer Schneider und seine Gemeinden haben würde, denn Paul würde schließlich ohne offizielle Anklage verhaftet, würde ohne Prozess festgehalten und schließlich aufgrund dieses »Gesetzes zum Schutz von Volk und Staat« ins Konzentrationslager gebracht werden. Das Gesetz, ursprünglich erlassen, um einen angeblichen Putsch der Kommunisten zu vereiteln, ließ sich auch anwenden, um christliche Pfarrer von ihren Kanzeln herunterzuholen und sie in KZs einzuweisen.

Nachdem sich der erste Schock über die Nachricht vom brennenden Reichstag gelegt hatte, leuchtete es ein, dass die KPD so unmittelbar vor den Parlamentswahlen, bei denen sie gehofft hatte, einen eindeutigen Gewinn der Mehrheit für Hitler zu verhindern, möglicherweise nichts von dem Brandstifter wusste und ihn sicherlich nicht beauftragt hatte, das Gebäude in Brand zu stecken. Und Paul und Gretel – und mit ihnen viele andere Deutsche – fragten sich, ob nicht die Nazis selbst dahinter steckten, um dann die Tat den Kommunisten anzulasten und dadurch die deutschen Wähler in die Reihen der NSDAP zu treiben.

Der Berliner Humor, schnell zur Stelle, um eine solche Vermutung auszuschlachten, berichtete, dass in der Nacht des 27. Februar Göring in seinem Büro gegenüber dem Reichstag arbeitete, als plötzlich einer seiner Mitarbeiter ins Büro gerannt gekommen sei mit der

Botschaft: »Herr Minister, der Reichstag brennt!« Worauf Göring ganz ruhig auf seine Uhr geschaut und bemerkt habe: »Jetzt schon?«

Es dauerte nicht lange, bis sich diese Version der Ereignisse in Deutschland verbreitete, aber es waren doch so viele Leute verschreckt durch die Vorstellung eines kommunistischen Putsches, dass die Anhängerschaft der NSDAP bis zum 5. März stark zunahm. Während Paul und Gretel ihrem Christlich-Sozialen Volksdienst treu blieben, entschieden sich 85,7 Prozent der Dornholzhausener Wähler für die NSDAP. Die Nazi-Partei hatte 5,5 Millionen Wähler dazugewonnen. Die Propaganda bezüglich des Reichstagsbrandes hatte sich ausgezahlt.

Trotz der enormen Zunahme der Zahl der Abgeordneten hatte die NSDAP nicht die absolute Mehrheit im Reichstag. Mit 44,5 Prozent der Sitze bildete sie die stärkste Fraktion. In einer Koalition mit Hugenbergs DNVP, die 8 Prozent der Reichstagssitze innehatte, brachte man eine Mehrheit zustande, aber zur geplanten Verfassungsänderung brauchte man eine Zwei-Drittel-Mehrheit. Hitler wandte sich an die katholische Zentrumspartei. »Gebt mit vier Jahre Zeit!«, flehte er. Und das Zentrum, voller Angst vor der kommunistischen Bedrohung, stimmte dann am 24. März mit NSDAP und DNVP und mit den meisten anderen Parteien, einschließlich des Christlich-Sozialen Volksdienstes, dem Gesetz zu, das Hitler die Mehrheit verschaffte, die er brauchte, um ohne Zustimmung des Reichstages zu regieren.

Von Februar bis Anfang März 1933 war in der Familie Schneider eine Zeit von Krankheit, Geburt und Genesung. Während sich Paul und Gretel erholten, wurde der kleine Paul-Hermann von Magenproblemen geplagt, dem Jungen wurde nach jeder Mahlzeit übel, und er konnte keine Nahrung bei sich behalten. So nahm er stark ab. Schließlich brachte ihn seine Mutter zu einem Spezialisten ins Klinikum Gießen. Professor Fehr bestand darauf, dass er ein paar Wochen im Krankenhaus bleiben müsse, zwecks Diagnose und Behandlung. »Mammi, Mammi!«, schrie der 15 Monate alte Paul-Hermann hinter seiner Mutter her, als er sich so plötzlich in fremder Umgebung von lauter weiß gekleideten Menschen umgeben sah.

Dicke Tränen liefen ihm über die Backen, und Gretel konnte selbst kaum die Tränen zurückhalten.

Nach drei Wochen gab es gute Nachricht: »Es ist alles wieder in Ordnung. Sein Magen hat sich beruhigt. Sie müssen nur noch etwas auf Diät achten.« An der Hand seiner Mutter verließ ein strahlend lachender Paul-Hermann die Klinik. Und zu Hause aß er erst mal sämtliche Zwiebäcke auf, die er fand.

Der Dienstag, der 21. März, war als Tag der feierlichen Eröffnung des neuen Reichstags vorgesehen. Paul und Gretel verfolgten am Radio aufmerksam die Vorgänge in Potsdam. Der 21. März war Frühlingsanfang und bedeutete zugleich den Beginn eines neuen Lebens für das Volk. Als Ort der Zeremonie war mit Bedacht die Garnisonkirche in Potsdam ausgewählt worden, die Grabstätte von Friedrich dem Großen. Die Kirche war mit alten Regimentsfahnen geschmückt. Veteranen des Weltkriegs und der preußischen Kriege von 1866 und 1871 hatten den Weg gesäumt, den Hindenburg in der Uniform des kaiserlichen Generalfeldmarschalls und Hitler im Frack entlanggeschritten waren. Im Kircheninnern hielt der Reichspräsident einen Moment vor dem leeren Sessel Kaiser Wilhelms II. inne, dessen Sohn die Zeremonie mit seiner Anwesenheit beehrte. Hitler verlas eine Regierungserklärung, in der von Berufung auf die große preußische Tradition, von Gehorsam und Vertrauen auf Gott und von Verehrung für den »greisen Generalfeldmarschall« die Rede war. Auch Hindenburg sprach von der Erinnerung an das alte Preußen und damit den Abgeordneten der konservativen Parteien aus der Seele. An deren Zustimmung zu dem geplanten »Ermächtigungsgesetz« war dem Kanzler und seinen Getreuen gelegen, und so liest man zum 16. und 17. März 1933 in dem Tagebuch von Joseph Goebbels, dem neu ernannten Reichsminister für Volksaufklärung und Propaganda:

»... Wir haben einen großen Plan für die feierliche Eröffnung des neuen Reichstags in Potsdam entworfen. Dort wird der neue Staat sich zum ersten Mal symbolisch präsentieren. ... Der Rundfunk wird für ganz Deutschland eingeschaltet. Die Nation muß an diesem Tage teilnehmen. Ich arbeite das Projekt bis in die tiefe Nacht hinein in allen Einzelheiten durch ... und tue alles, um diesen feierlichen Staatsakt unverlöschlich in das Gedächtnis der lebenden Generation einzuprägen ...«[44]

Auch Paul und Gretel lauschten der Stimme des Reichspräsidenten, der verkündete:

»Möge der alte Geist dieser Ruhmesstätte auch das heutige Geschlecht beseelen, möge er uns frei machen von Eigensucht und Parteienzank und uns in nationaler Selbstbesinnung und seelischer Erneuerung zusammenführen zum Segen eines in sich geeinten, freien, stolzen Deutschlands!«[45]

Danach kam eine Rede Hitlers. Er beklagte den schrecklichen Zustand, in dem sich die deutsche Nation befinde, und er versprach, sie neu aufzubauen. Er beschloss seine Rede mit den Worten:

»Heute, Herr Generalfeldmarschall, läßt Sie die Vorsehung Schirmherr sein über die Erhebung unseres Volkes. Dieses Ihr wundersames Leben ist für uns alle ein Symbol der unzerstörbaren Lebenskraft der deutschen Nation.«[46]

Paul und Gretel kannten Melodie und Text des nun folgenden Liedes auswendig. Sie sangen leise mit, während die Orgel aus der Garnisonkirche durch den Äther scholl:

»Nun danket alle Gott mit Herzen, Mund und Händen,
der große Dinge tut an uns und allen Enden,
der uns von Mutterleib und Kindesbeinen an
unzählig viel zugut bis hierher hat getan.

Der ewigreiche Gott woll uns in unserm Leben
ein immer fröhlich Herz und edlen Frieden geben
und uns in seiner Gnad erhalten fort und fort
und uns aus aller Not erlösen hier und dort.

Lob, Ehr und Preis sei Gott dem Vater und dem Sohne
und dem, der beiden gleich im höchsten Himmelsthrone,

dem dreimal Einen Gott, wie es im Anfang war
und ist und bleiben wird jetzund und immerdar.«

Der Feldmarschall reichte dem Gefreiten aus dem Weltkrieg die Hand; der Gefreite neigte sich tief über die Hand des Feldmarschalls. Der Rundfunksprecher weinte fast vor Rührung. Kanonendonner, Glockenläuten, und das Glockenspiel der Garnisonkirche intonierte: »Üb immer Treu und Redlichkeit.« –
Für die Familie Schneider brachte dieser Tag noch seine Schwierigkeiten. Paul hatte an diesem 21. März für 9 Uhr eine außerordentliche Sitzung mit den Hochelheimer Presbytern Anton Hartmannshenn, Johann Zörb, Horst Simon und Franz Heinz einberufen. »Die politische Ortsführung hat angeordnet«, berichtete Paul, »dass von 12.00 bis 12.30 Uhr die Kirchenglocken läuten sollen. Ich bin aus zwei Gründen dagegen. Erstens hat es ein solches Ersuchen der politischen Führung nie zuvor gegeben. Erst in letzter Minute hat man uns nun in fast militärischem Ton instruiert. Zweitens, warum soll man denn die Kirchenglocken läuten, wenn zum soundsovielten Male eine Regierung gebildet wird?« – »Im Prinzip haben Sie Recht«, sagte Johann Zörb. »Wir haben das untereinander auch schon gesagt. Aber wir sind der Meinung, dass heute eine einzigartige Situation ist, und sowohl Präsident Hindenburg als auch der Kanzler rufen zu einer Demonstration nationaler Solidarität auf. Im ganzen Reich werden zu einer bestimmten Zeit die Kirchenglocken läuten. Da wollen wir nicht als unpatriotische Außenseiter dastehen. Allerdings schlagen wir vor, Sie machen den Behörden klar, dass unser heutiger Akt der Kooperation nicht als Bereitschaft zur grundsätzlichen Übereinstimmung mit politischen Programmen gedeutet werden kann.« – »Stimmen wir ab«, schlug der Pfarrer vor. Und als er vier erhobene Hände zugunsten des Läutens der Glocken zählte, stellte er fest: »Gut, dann bin ich als einziger dagegen.« Und so läuteten die Kirchenglocken von Hochelheim und Dornholzhausen von 12.00 bis 12.30 Uhr am 21. März 1933, dem »Tag von Potsdam«, zusammen mit allen Kirchenglocken des ganzen Reiches und feierten den Amtsantritt der Regierung Hitler und die Eröffnung des von Nationalsozialisten dominierten Reichstags. –

Als Paul vom Presbyterium den Auftrag bekommen hatte, wollte er den politisch Verantwortlichen klar machen, dass der Staat nicht erwarten könne, die Kirche würde automatisch den Direktiven des Staates gehorchen. Paul war sich bewusst, dass eine solche Stellungnahme ihm und seinem Presbyterium keine Sympathien der lokalen Politiker einbringen würde.

Bürgermeister Langbein war Mitglied der DNVP gewesen und hatte Hitler und die Nazis oft kritisiert, aber nach Hitlers Ernennung zum Kanzler hatte er sich beeilt, der NSDAP beizutreten. Da der Vorsitzende der DNVP, Hugenberg, Hitler jetzt unterstützte und sogar in seinem Kabinett saß, fand niemand etwas dabei, dass Langbein – wie manch anderer auch – die Partei gewechselt hatte. Der Bürgermeister erinnerte Pfarrer Schneider: »Der Führer hat oft gesagt: ›Wir brauchen sowohl die evangelische als auch die katholische Kirche, um Deutschland wieder aufzubauen.‹ Sie sollten es als Ehre betrachten, bei dem Werk mitzumachen. Denken Sie daran, dass unsere Partei die einzige ist, die schützend zwischen Ihnen und dem atheistischen Bolschewismus steht. Der christlichen Kirche in Deutschland bleibt gar nichts anderes übrig, als eine Regierung zu unterstützen, deren höchste Vertreter Christen sind. Der Präsident ist Protestant, Hitler ist Katholik. Oder sind Sie für Ernst Thälmann, Stalins Agenten in Deutschland? Für die Gefangennahme von Geistlichen, die Schließung von Kirchen und theologischen Seminaren und für die atheistische Erziehung der Jugend?«

Paul konnte diese Argumente, die die Nazis und besonders Hitler dem deutschen Volk ständig in die Ohren trompeteten, schon nicht mehr hören. Es war immer dieses »Entweder – Oder«. Die Propaganda duldete keine Alternative zu diesem oder jenem, Nationalsozialismus oder Kommunismus, Hitler oder Thälmann, und Letzterer bedeutete immer: Stalin.

»Herr Bürgermeister«, warf Paul ein, »wir in der Kirche wollen keineswegs als unpatriotisch erscheinen oder nicht kooperativ, aber das müssen Sie doch sehen, dass es bestimmte Verhaltensregeln für unsere Beziehungen gibt. Mit dieser Art von Aufforderung zum Läuten der Glocken sind Sie den Rechten der Kirche zu nahe getreten. Das Presbyterium hat sich gefügt, weil wir nicht den Eindruck er-

wecken wollen, als gehe uns das zur Zeit vorherrschende nationale Gefühl der Solidarität nichts an. Aber ich will Ihnen auch sagen, dass ich dagegen gestimmt habe. In Zukunft können Sie uns ersuchen, uns an öffentlichen Zeremonien zu beteiligen und dabei mitzuwirken, aber die Entscheidung, ob wir das tun wollen oder nicht, müssen Sie schon uns überlassen.« Bürgermeister Langbein lächelte. »Ich bin sicher«, sagte er ironisch, »dass die christlichen Kirchen, wenn sie erst einmal merken, was für eine ruhmreiche neue Gesellschaft der Führer für uns aufbaut, begeistert bei dem Werk mitmachen werden.« – »Wir werden sehen«, sagte Paul und verabschiedete sich. Als er vor dem Amtssitz des Bürgermeisters sein Motorrad bestieg, warf er einen Blick auf die zwei Fahnen, die gleichberechtigt nebeneinander im Wind flatterten. Das Banner der Republik musste sich jetzt die Gesellschaft der Hakenkreuzfahne gefallen lassen. –
Hitler hatte sich für vier Jahre diktatorische Vollmacht erbeten, um Deutschland wieder aufzubauen. Das entsprechende »Gesetz zur Behebung der Not von Volk und Staat« [das sogenannte »Ermächtigungsgesetz«] war am 24. März 1933 verabschiedet worden. Die Parteien des Reichstags, mit Ausnahme der Kommunisten, die im Untergrund waren, hatten mit 441 gegen die 94 Stimmen der SPD Hitler die politische Macht, die er wollte, übertragen. Otto Wels, der Vorsitzende der SPD, hielt die letzte freie Rede im Reichstag der Weimarer Republik: »Man kann uns Besitz und Leben rauben, aber nicht die Ehre.«

In den Monaten des Frühlings 1933 glich Pauls Einstellung zum Nationalsozialismus dem Schwingen eines Pendels: Zustimmung – Ablehnung, Ja – Nein. Sieben deutsche Grubenarbeiter waren am 30. April unter Tage umgekommen; Paul war beeindruckt, dass der Reichskanzler Mitgefühl für die Hinterbliebenen von Opfern von Industrieunfällen zeigte, indem er einen Fonds errichtete, der Familien von Arbeitern nach einem tödlichen Unfall am Arbeitsplatz wirksam unterstützen sollte.

Aber dann war da die Sache mit dem Boykott jüdischer Kaufleute und Unternehmer, zu dem für den 1. April aufgerufen wurde. In einer Proklamation vom 28. März behauptete Hitler, eine internationale jüdische Verschwörung verbreite Lügen über Akte der Brutalität seitens der deutschen Regierung gegen deutsche Juden. Der Kanzler klagte:

»... Lügen und Verleumdungen von geradezu haarsträubender Perversität werden über Deutschland losgelassen. Greuelmärchen von zerstückelten Judenleichen, von ausgestochenen Augen und abgehackten Händen werden verbreitet zu dem Zweck, das deutsche Volk in der Welt zum zweitenmal so zu verfemen, wie ihnen dies im Jahre 1914 bereits gelungen war. Millionen unschuldiger Menschen, Völker, mit denen das deutsche Volk nur in Frieden leben will, werden von diesen gewissenlosen Verbrechern gegen uns aufgehetzt. ...
Sie lügen von Jüdinnen, die getötet würden, von Mädchen, die vor den Augen ihrer Eltern vergewaltigt worden seien, von Friedhöfen, die verwüstet sind! Alles nur eine einzige Lüge! ...«[47]

Der *Völkische Beobachter* und andere den Nazis nahe stehende Presseorgane brachten am 1. April als Schlagzeile: »Wer jüdische Geschäfte unterstützt, hilft dem Weltkommunismus«. In Hochelheim/ Dornholzhausen gab es keine ausländischen Zeitungen. Wer konnte mit Sicherheit sagen, ob das, was Hitler über die Verschwörung gegen die deutsche Regierung sagte, stimmte? Natürlich hätte die antisemitische Diktion der führenden NSDAP-Mitglieder durchaus gereicht, um unter den Juden Skepsis gegenüber einer Regierung Hitler hervorzurufen, aber dass es eine internationale jüdische Verschwörung gäbe, um die neue deutsche Regierung zu Fall zu bringen oder gar einen Krieg gegen den neuen deutschen Staat vom Zaun zu brechen – das konnte man 1933 weder beweisen noch widerlegen. Paul war überzeugt, dass viele seiner Landsleute wegen des tief verwurzelten Antisemitismus, den es seit langem – jedenfalls lange vor Hitlers Machtübernahme – in Deutschland, ja in ganz Europa gab, Hitlers Beschuldigungen Glauben schenken würden.

Goebbels tat kund, dass als Ergebnis des Boykotts vom 1. April die internationale Hetzkampagne rigoros abgeblockt worden sei. »Deshalb braucht die Boykottaktion gegen jüdische Geschäfte zum gegenwärtigen Zeitpunkt nicht wiederholt zu werden.«

Kaum hatte sich die Aufregung um den Boykott gelegt, als am 7. April eine neue und schwerwiegendere Maßnahme gegen deutsche Juden beschlossen wurde, nämlich das »Gesetz zur Wiederherstellung des Berufsbeamtentums« – der »Arierparagraph«. Das Gesetz besagte, dass Berufsbeamte nicht-arischer Herkunft in den Ruhestand versetzt werden sollten. Aufgrund des Einspruchs von Präsident Hindenburg wurde das Gesetz abgeändert: Es nahm Frontsoldaten des Weltkriegs von der Regel aus.

Weil deutsche Pfarrer auch zu der Kategorie der Beschäftigten im öffentlichen Dienst gehörten, wenn sie bei der Kirche angestellt waren, würde dieses Gesetz Nicht-Arier auch von Verwaltungs- und pastoralen Aufgaben im Dienst der Kirche ausschließen.

Am 21. April schrieb Paul an Frau Dieterich:

»Liebe Mutter!
Mit Freude und Dank erfuhren wir soeben durch Deinen lb. Brief dass Du von Deiner weiten Reise wieder gut zu Hause angekommen bist. ...
Nun feierst Du am Dienstag Deinen Geburtstag. ... Diesmal gibt das vaterländische Erleben Deiner Geburtstagsfeier auch einen erhebenderen Hintergrund als das sonst der Fall war, und ich weiss, dass das ja nicht wenig zu Deiner Freude beiträgt. ...
Am ersten Ostertag habe ich in der Kirche eine Kundgebung unseres Oberkirchenrates verlesen, dass sich die Kirche mit der Führung des neuen Deutschland dankbar verbunden wisse in der Überzeugung, dass die Erneuerung von Volk und Reich getragen und gesichert werden müsse von den Kräften des Evangeliums. Du wirst nur immer schmerzlich daran denken, dass der liebe Vater dies alles nicht mehr erleben durfte. Aber der Gedanke darf uns trösten, dass er in der Ewigkeit mit noch reinerer und leidenschaftsloserer Liebe es schauen darf. ...
Hitlers Geburtstag hab ich im Lahntal, Limburg und Umgebung im reichsten Flaggenschmuck erlebt. Ich machte gerade mit den Konfirmanden eine 2tägige Lahnwanderung ... im ersten zarten Frühlingsschmuck ... Dabei blühendste Wandervogelromantik mit

3mal abkochen und Jugendherberge. Ich weiss nicht, ob es den Kindern oder mir mehr Spass gemacht. Die Kälte haben wir nicht empfunden, zum Rasten immer schöner Sonnenschein. Ohne dass ich mit einer Silbe besonders dazu eingeladen, kamen gestern 3 in die Abendstunden von den Jungens.- ...
So freuen wir uns also des Lebens, bis wir einmal so alt oder so jung sind wie Du ...
In herzlicher dankbarer Liebe

Dein Sohn
Paul« –

Der 1. Mai war traditionsgemäß der »Tag der Arbeit«. Den ganzen Nachmittag über strömten Leute aus den Nachbardörfern nach Hochelheim herein. Im Schulhof gegenüber dem Pfarrhaus waren Tische und Bänke aufgestellt. Blaskapelle und Gesangvereine sorgten für Musik. In einer Ecke des Schulhofs bruzzelten Würste über einem Holzkohlenfeuer, und an den Ständen fanden an dem warmen Mainachmittag Getränke lebhaften Zuspruch.

Hitlers Rede vor Hunderttausenden in Berlin-Tempelhof erreichte Millionen über den Rundfunk. Paul und Gretel hörten sie inmitten ihrer Gemeindemitglieder auf dem Schulhof. Hitler verglich, Bezug nehmend auf das Volkslied »Der Mai ist gekommen«, das Wiedererwachen der Natur mit dem neuen Leben, das die deutsche Nation durchpulste. Hitler bestand darauf, dass das deutsche Volk sich als eine Nation von Gleichen empfinden müsse und nicht als ein Volk, das in Klassen aufgeteilt sei, deren unterschiedliche Interessen Klassenhass hervorriefen und die nationale Einheit verhinderten. Dieser Gedanke sprach Paul an. Er erinnerte sich an seine Zeit unter den schwer schuftenden Hüttenarbeitern, und er dachte betrübt an die abfälligen Bemerkungen über die Arbeiter, die er im Kreis der Freunde seines Onkels gehört hatte. Wenn es der neue Kanzler fertig brächte, das deutsche Volk in nationalem und vaterländischem Korpsgeist zu einen, in einem Geist, der Klasseninteressen überwand und allen Berufs- und Standesgruppen gegenseitigen Respekt einflößte, dann konnte Paul eine solche Entwicklung nur begrüßen.

Hitlers Worte ergossen sich wie ein Wasserfall über die Zuhörer. Und mit den Schlussworten seiner Rede musste jeder fromme patriotische Deutsche zufrieden sein, denn er rief den Himmel zu Hilfe, um dem deutschen Volk bei der Erreichung des großen Ziels zur Seite zu stehen. Die Worte schienen so sehr von erhabenen Gefühlen getragen, dass man an jenem Maiabend 1933 nicht an ihrem ehrlichen Charakter zweifeln konnte. Jeder der Zuhörer schien tief bewegt. Auch Paul war, nach dem gut besuchten Gottesdienst, den er an diesem Nachmittag im Freien gehalten hatte, von den frommen Worten Hitlers gepackt. Als er und Gretel nach dem Abschlusslied einen Abendspaziergang durchs Dorf machten, meinte er: »Gretel, ich hätte zu allem, was der Kanzler in seiner Rede gesagt hat, ein deutliches ›Amen‹ sagen mögen. Ich freue mich, dass sich Adolf Hitler gegen Klassenschranken ausspricht und uns alle als Mitglieder eines Volkes anspricht. Dass der Kanzler seiner Bereitschaft Ausdruck verleiht, seine Regierung der göttlichen Führung zu unterwerfen, erfüllt mich mit Hoffnung. Unter diesen Vorzeichen ist es vielleicht doch möglich, dass die Kirche in ihrem Bereich einen positiven Beitrag zum Wiederaufbau der Nation unter einer nationalsozialistischen Regierung leistet.«

So berichtete er an eben jenem Tag in einem Brief an seine Schwiegermutter über die Maifeierlichkeiten auf dem Festplatz in Hochelheim:

»... Hier spielte sich nun alles ab: die erste Feier mit dem Anhören der Jugendkundgebung, Feldgottesdienst, Gelegenheit zum Hören der Sendungen aus Berlin und vor allem als Schönstes die Feierstunde mit der Hitlerrede vom Tempelhoferfeld. ... ich glaube, die Hitlerrede verfehlte ihres Eindrucks nicht auf das ganze Dorf. Jedenfalls ist ihnen allen ein Licht von seinem sozialen Wollen aufgegangen. Bei mir jedenfalls hat sie vollendet, was sich schon lange in den Tagen vorher angebahnt hatte, daß ich mich mit ganzem Vertrauen innerlich hinter Hitler stellen konnte. Ich bin nun noch nicht etwa zur NSDAP übergegangen, sondern stehe nach wie vor im christlich-sozialen Volksdienst als der evangelischen Bewegung mit ihrer klaren konfessionellen Ausprägung. Aber ich bin doch froh, daß ich die innere Freiheit zu einem vollen Ja zu Hitler und seiner Bewegung habe und als Pfarrer die Hand zu positiver Mitarbeit, natürlich von unserer religiösen Aufgabe aus, bieten kann. Die Kanzlerrede vor dem Reichstag hörten wir drüben in der Schule bei Lehrer Zeuge und waren auch hier davon erfasst. Es war ja kein Wort, das man nicht auch als Christ hätte unterschreiben können. Man hat unbedingt den Eindruck, dass Hitler vom Geist Gottes bei seinem Reden und Handeln sich leiten lässt. Möge ihm Gott weiter das Herz stärken und ihm Weisheit schenken in all den schweren Entscheidungen, die er noch zu treffen haben wird. Wir dürfen ja nun auch das Vertrauen haben, dass man unserer Kirche gegenüber nicht zu weit greifen wird und dass die Leitung unserer Kirche in guten Händen liegt bei dem Einheitswerk und Verfassungsneubau. Wenn wir nur auch als Kirche den positiven Beitrag zum inneren Aufbau unseres Volkes leisten können, den wir ihm schuldig sind in unserer eigentlichen Amtsarbeit. …« –

Paul war nicht der einzige Pfarrer, bei dem Hitlers Rede zum 1. Mai auf Zustimmung stieß. Pfarrer Paul Humburg, der später Präses der Bekennenden Kirche im Rheinland wurde, reagierte recht positiv auf Hitlers Rede: »Wenn der Kanzler das, was er gesagt hat, ehrlich meint, dann hat er alle Christen auf seiner Seite.« Und Pfarrer Humburg schrieb, als Antwort auf den Tag von Potsdam und den Maifeiertag, ein Gedicht auf Adolf Hitler:

»Der Tag bricht an, der Tag bricht an!
Jungdeutschland stillgestanden!
Zum heilgen Schwur empor die treue Hand!
Deutschland erwacht aus Not,
aus Bruderzwist und Banden;
Heil dir, mein einges deutsches Vaterland!

Das Alte sinkt, das Alte sinkt.
Aus Blut und Kriegesgrauen
strahlt neuer Lenz! Durch Schande und Verrat
bricht durch ein Mann;

Millionen folgen voll Vertrauen.
Sein Wort und Wille reißt zu Sturm und Tat.

Die Sonne steigt, die Sonne steigt!
Wir rüsten uns zum Streite,
zum Opfer trotz der Feinde Haß und Hohn.
Auf Brüder, Tritt gefaßt,
wir schreiten Seit an Seite
mit Adolf Hitler, Deutschlands treustem Sohn.

Die Hand ans Werk, die Hand ans Werk!
Jungdeutschland wagts aufs Neue!
›Deutschland‹ das Feldgeschrei in Not und Tod.
Der Führer ruft;
wir alle jubeln: Treu um Treue!
Vor uns der Tag! Und unsre Burg ist Gott.«[48]

Auch Pfarrer Riethmüller, Leiter des Evangelischen Jugendwerks und Direktor des Burckhardt-Hauses in Berlin-Dahlem, ehrte Hitler mit einem ähnlichen Gedicht.

Aber in der Praxis sah manches anders aus, als es in der Mai-Rede Hitlers geklungen hatte. Bei Regionaltreffen diskutierten die Pfarrer Angelegenheiten von gemeinsamem Interesse und tauschten Gedanken aus. Üblicherweise war einer der Pfarrer dazu bestimmt, eine Passage aus der Bibel zu interpretieren, und dann endete das Treffen mit einem Gebet. Aber bei dem Treffen in Wetzlar im Mai 1933 ergab sich aufgrund der lebhaften Diskussion der Versammelten eine Änderung der vorgesehenen Tagesordnung.

Zufällig hatte an diesem Tag Pfarrer Adolf Franz, Mitglied des Nationalsozialistischen Pfarrerbundes und der Deutschen Christen, den Vorsitz. Er stellte gleich fest, dass der Arierparagraph notwendig sei, um eine starke Nation zu schaffen, denn die Loyalität der Juden ziele auf den internationalen Zionismus. Außerdem müsse das Monopol der Juden auf bestimmte Berufe gebrochen werden.

Paul schaute sich im Saal um und studierte die Gesichter seiner Kollegen. Er war erleichtert, dass die Mienen der meisten Anwesenden Ablehnung, Schock und sogar Ärger angesichts der Bemerkungen des Vorsitzenden ausdrückten. Ein paar von ihnen sympathisierten offen mit den Ansichten von Pfarrer Franz. Plötzlich unterbrach Pfarrer Nagel den Vorsitzenden: »Ich wende mich gegen den Auftrag des Staates, dass wir Pfarrer in unseren Gemeinden genealogische Kontrolluntersuchungen durchführen. Es geht die Kirche nichts an, ob ein getauftes Mitglied der Gemeinde jüdische Eltern oder Großeltern hat.« – »Aber es ist von Interesse für den Staat«, entgegnete Pfarrer Franz. »Und weil die Kirche immer Geburten, Todesfälle, Taufen und Hochzeiten registriert hat und weil sie immer großzügige staatliche Unterstützung empfangen hat, ist sie verpflichtet, mit dem Staat zusammenzuarbeiten, wenn er Informationen über die Lebensläufe ihrer Mitglieder braucht.«

Auf eine friedliche Beziehung zum nationalsozialistischen Staat bedacht, hatte sich die Kirche im April 1933 den staatlichen Direktiven gefügt, zumal zu dem Zeitpunkt keiner vorausahnen konnte, dass der Arierparagraph der erste Schritt auf dem Weg zur so genannten Endlösung war.

Wenn Paul in Hochelheim den Kindern zuschaute, die auf dem Schulhof spielten, dann ließ sich Gott sei Dank nicht feststellen, wer von ihnen arisch oder nichtarisch war. Seine Gedanken wurden unterbrochen durch das, was Pfarrer Nagel auf Pfarrer Franz' letzte Bemerkung erwiderte: »Sind Sie sich im klaren, Bruder Franz, dass nach nationalsozialistischer Definition etliche unserer Kollegen in der Deutschen Evangelischen Kirche nicht-arischer Abstammung sind? Soll man sie von der Kanzel weisen? So sehr ich einen starken zentralistischen Staat befürworte und so sehr ich die nationale Erneuerung unseres Volkes begrüße, ich kann nicht mitmachen, wenn sich der Staat das Recht nimmt, christliche Pfarrer von den Kanzeln zu verweisen.« – »Nein, nein, Bruder Nagel«, fiel Pfarrer Franz ihm ins Wort, »so ist das nicht gemeint. Die jüdischen Mitbrüder werden Gemeinden mit jüdischen Christen zugewiesen. Gott hat jede Rasse als etwas eigenes geschaffen. Man soll nicht das vermischen, was Gott deutlich voneinander getrennt hat. Die Juden sollen Juden bleiben und die Deutschen Deutsche. Wir sollten uns nicht stark machen für eine Nation, die eine Bastardbevölkerung jüdisch-arischen Blutes mit einschließt.«

Jetzt legte Pfarrer Hermann los: »Wollen Sie damit sagen, dass es eine Trennung geben soll zwischen jüdisch-christlichen Pfarrern und jüdischen Christen einerseits und der Hauptgruppe der Deutschen Evangelischen Kirche auf der anderen Seite? Ist Ihnen nicht klar, dass rund 90 000 getaufte Nicht-Arier sich auf sämtliche christlichen Kirchen Deutschlands verteilen? Wollen Sie all diese Brüder und Schwestern im Glauben separaten Gemeinden unter der Bezeichnung ›jüdisch-christliche Kirche‹ zuteilen? Vergehen wir uns dann nicht gegen das Wesen des Taufsakraments? Sind nicht alle auf den einen Glauben, auf den einen Herrn getauft? Wie können wir aus der Schrift heraus eine Trennung von jüdischen und anderen Christen rechtfertigen?«

Paul fühlte, dass er nun etwas sagen müsse, denn während er der Diskussion lauschte, gingen ihm allerlei Schriftstellen durch den Kopf. »Ich möchte Ihre Aufmerksamkeit auf 1. Korinther 12, 13 lenken: ›Denn wir sind durch einen Geist alle zu einem Leibe getauft, wir seien Juden oder Griechen, Knechte oder Freie ...‹ Ähnliches besagt Galater 3, 28. Aufgrund dieser eindeutigen Schriftstellen müssen wir uns jedem Versuch widersetzen, unsere Gemeinden in jüdische und nichtjüdische Christen aufzuspalten. Die Gültigkeit des Arierparagraphen innerhalb unserer Kirchengemeinden anzuerkennen wäre dasselbe, als seien unser Herr selbst und seine Jünger nicht würdig, in unseren Gemeinden zu predigen und mit uns die Sakramente zu feiern. Kann sich jemand so etwas Absurdes vorstellen?«

Pfarrer Stefan Schepper, der in der ersten Reihe saß und der bei den einleitenden Worten des Vorsitzenden beifällig genickt hatte, meldete sich zu Wort: »Wir dürfen nicht vergessen, dass nach Römer 13 die weltliche Autorität von Gott berufen ist und dass wir verpflichtet sind, sie zu respektieren und ihr zu gehorchen. Die Kirche muss jederzeit die legitime Rolle des Staates, die politischen und sozialen Aufgaben wahrzunehmen, anerkennen.«

Mehrere Stimmen erhoben sich gleichzeitig, der Vorsitzende rief sie zur Ordnung. »Pfarrer Winter hat noch nicht gesprochen; Pfarrer

Winter bitte.« – »Vergessen wir nicht«, sagte dieser, »dass dasselbe Kapitel 13 des Römerbriefs feststellt, dass man der weltlichen Obrigkeit im Allgemeinen gehorchen muss, aber nicht in jedweder Hinsicht. Ungerechten Gesetzen muss man sich widersetzen. Martin Luther, der fest an die Rechte weltlicher Autorität glaubte, unterwarf sich Kaiser Karl V. da nicht, wo der kaiserliche Bann Reformen verhindert und das religiöse Monopol des Papstes wiederhergestellt hätte. Laut Luther muss man die weltliche Autorität respektieren, aber sie kann nicht in Glaubensdingen entscheiden. Luther sagt eindeutig:

›Wie? Wenn dann ein Fürst unrecht hätte, ist ihm sein Volk auch schuldig zu folgen? Antwort: Nein. Denn gegen das Recht gebührt niemandem zu tun; sondern man muß Gott, der das Recht haben will, mehr gehorchen als den Menschen (Apg. 5, 29).‹

Der Arierparagraph ist ein solches Unrecht; wir Christen sollten uns ihm widersetzen.«

Jetzt bat Pfarrer Dette ums Wort. »Mir scheint«, begann er, »dass wir das Recht des Staates gegenüber den Juden im weltlichen Bereich akzeptieren müssen, aber nicht in Bezug auf den kirchlichen Bereich. Die jüdischen Christen in Deutschland würden sich auch niemals an einer internationalen zionistischen Verschwörung gegen Deutschland beteiligen. Wenn es eine solche internationale Verschwörung gibt, wie Dr. Goebbels behauptet, und in Europa jüdische Sympathie für eine solche Verschwörung zu finden ist, dann kann die Unterstützung jedenfalls nicht von Seiten der assimilierten Juden oder jüdischen Christen kommen, sondern höchstens von überzeugten Zionisten, von solchen Juden, die sich weigern, sich mit einem Nationalstaat zu identifizieren oder sich in ihn zu integrieren.«

Danach sprach Pfarrer Wolf Untreu: »Wir nationalsozialistischen Pfarrer schließen uns dem an, was Pfarrer Walther Michaelis aus Bethel kürzlich geschrieben hat, nämlich dass die europäischen Nationen, indem sie den Juden ihre Staatsbürgerschaft verliehen, den Willen Gottes missverstanden hätten. Die Zerstreuung der Juden über die ganze Erde sei die Folge der göttlichen Verfluchung dieses

Volkes. Solange Gott nicht die Juden wieder in Palästina sammele, ruhe dieser berechtigte Fluch auf ihnen. Brutalität müsse man natürlich vermeiden, aber wenn der Staat Juden von Deutschen trenne, könnten wir vom biblischen Standpunkt aus nichts dagegen sagen.[49] Der Arierparagraph steht also in Übereinstimmung mit dem Willen Gottes, was dieses Volk anbetrifft.« Und Pfarrer Untreu fuhr fort: »Als Nationalsozialisten stimmen wir mit Julius Kuptsch überein, der in der Zeitschrift *Christentum im Nationalsozialismus* die Auffassung vertreten hat: ›Wir tragen das gebogene Kreuz, das Hakenkreuz, als Zeichen unserer germanischen Identität auf unserer Brust, und wir tragen das Kreuz Christi, das Zeichen unseres Christseins, in unseren Herzen.‹«

Pfarrer Michaelis' Worte lösten Unruhe unter den Kollegen aus, und die letzten Sätze von Pfarrer Untreu verstärkten die ideologischen Differenzen, die innerhalb der in Wetzlar versammelten Gruppe zu einem Bruch zu führen drohten.

Pfarrer Ernst Modersohn versuchte nun, die Behauptung seines Kollegen zu modifizieren: »Wenn man sieht, wie aufgeblasen und arrogant sich die kleine Gruppe der Juden aufführt und wie schädlich ihr Einfluss im wirtschaftlichen, ethischen, moralischen und religiösen Leben unseres Landes ist, dann sind wir doch alle aufgebracht. Aber es sind uns Grenzen gesetzt. Wir Christen müssen jede Form von rassischem, religiösem oder Klassenhass verwerfen. Ich unterschreibe die Meinung, die der junge Theologe Walter Künneth aus Berlin in seinem Positionspapier vertritt. Er schreibt, dass es dem Staat zustehe, sich um die zivile Ordnung zu kümmern, aber nur die Kirche habe das Recht zu entscheiden, wer aufgrund seiner geistigen Gaben in welchem Amt tätig sein könne. Die Kirche sei zum Dienst am deutschen Volk berufen und habe darüber zu wachen, dass der Verkündigung keine Hemmung durch zu starkes Hervortreten des judenchristlichen Elements in der Kirche bereitet würde. Sie habe dafür einzutreten, dass die Ausschaltung der Juden als Fremdkörper im Volksleben sich nicht in einer dem christlichen Ethos widersprechenden Weise vollziehe. Gegen jede Art gewaltsamer Judenverfolgung sei aber Einspruch zu erheben.«[50] Paul hatte das unangenehme Gefühl, als ob dieser Walter Künneth versuche, es allen recht zu machen.

Pfarrer Wentorf bat ums Wort. Er merkte an: »Der Berliner Theologe Dietrich Bonhoeffer hat ein Manuskript zur Frage von Kirche und Juden vorbereitet. Ich habe hier ein Exemplar; mit Ihrer Erlaubnis und ohne jeglichen Anspruch auf Vollständigkeit trage ich Ihnen einige von Bonhoeffers Schlussfolgerungen vor. Seiner Meinung nach hat die Kirche nicht die Aufgabe, dem Staat in sein spezifisch politisches Handeln direkt hineinzureden. Sie hat staatliche Gesetze weder zu loben noch zu tadeln. Das staatliche Handeln bleibt frei von kirchlichem Eingriff. Die Kirche aber kann und soll – z. B. in der Judenfrage – den Staat immer wieder danach fragen, ob sein Handeln als ein Handeln, in dem Recht und Ordnung für alle geschaffen werden sollen, verantwortet werden könne. Die Kirche greift damit gerade nicht in die Verantwortlichkeit staatlichen Handelns ein, sondern schiebt im Gegenteil dem Staat selbst die ganze Schwere der Verantwortung für sein Handeln zu. – Ein weiterer Gesichtspunkt bei Bonhoeffer ist, dass die Kirche den Opfern jeder Gesellschaftsordnung unbedingt verpflichtet ist, auch wenn sie nicht der christlichen Gemeinde zugehören. ›Tut Gutes an jedermann‹, ist sie aufgefordert. Diesbezügliches Handeln der Kirche kann sie sich nicht vom Staat vorschreiben lassen. – In Bezug auf die Judenfrage bleibe festzuhalten, dass der Begriff ›Judenchristentum‹ religiös und nicht biologisch bestimmt ist. Juden, die durch die Taufe in die christliche Gemeinschaft aufgenommen sind, könnten nicht durch staatliche Bestimmungen von ihr getrennt werden. Mit solchen Anordnungen, d. h. konkret bei Anwendung des Arierparagraphen auf die Kirche, würde der Staat die Kirche spalten – wozu er kein Recht habe. Ein Ausschluss der getauften Juden aus der Kirche durch staatliche Bestimmung sei eine kirchliche Unmöglichkeit.«[51] Pfarrer Wentorf sah von seinen Blättern auf und, seinen Zuhörern gerade ins Gesicht blickend, sagte er: »Ich schließe mit einer weiteren Stellungnahme Dietrich Bonhoeffers: ›Diejenigen, die den Arierparagraphen unterstützen, haben ihren Verstand und ihre Bibel verloren!‹«

Paul hatte Pfarrer Wentorf so aufmerksam zugehört, dass er gar nicht mehr dazu gekommen war, sich Notizen zu machen. Jetzt schrieb er schnell seine eigene kurze Zusammenfassung des Gehörten auf. Er wusste, dass sowohl Gretel als auch sein Schwager und

Frau Dieterich großes Interesse für diese Diskussion zeigen würden.

»Warum regen wir uns so auf wegen eines Gesetzes, das bei einer Gesamtbevölkerung von 60 Millionen gerade mal 500 000 Juden betrifft und das unter 18 000 Pfarrern nur 37 jüdisch-christliche berührt?«, fragte ein Kollege. »Wahrscheinlich trifft auf jeden der 37 auch noch eine Ausnahmeregel zu, denn ich gehe mal davon aus, dass sie entweder Kriegsteilnehmer oder Söhne von im Krieg Gefallenen sind oder dass sie seit dem 1. August 1914 im Amt sind und so, laut Hindenburgs Entscheidung, von dem Gesetz nicht betroffen sind.« – »Aber es geht nicht um Zahlen, es geht ums Prinzip«, warf Pfarrer Wentorf ein. »Dieses Gesetz würde die Taufe beeinträchtigen. Selbst wenn nur 37 jüdisch-christliche Pfarrer betroffen sind, ist das Gesetz für die Kirche unannehmbar.«

Pfarrer Menn bat ums Wort: »Wie ist es möglich, dass der Präsident des Preußischen Evangelischen Kirchentages Kapler am 25. April den Kanzler traf und die Judenfrage nicht ansprach? Nicht nur die Juden, sondern auch viele Christen haben eine Stellungnahme der Kirchen zu dem Boykott der jüdischen Geschäfte am 1. April erwartet, eigentlich sogar schon vor dem Datum, denn dass zu diesem Zeitpunkt ein Vorgehen gegen jüdische Geschäfte geplant war, war ja nicht unbekannt geblieben. Jochen Klepper, der christliche Berliner Autor, hat dieses Schweigen auf Seiten der Kirche angesichts des Boykotts ›eine Schande‹ genannt. Es ist vielleicht verständlich, dass eine offizielle Stellungnahme zugunsten der jüdischen Mitbürger den Kirchen zu dem Zeitpunkt unangenehm war, aber es ist doch aufregend, dass das Ersuchen des Berliner Oberrabbiners Dr. Leo Baeck um ein Wort von Seiten der Kirchenleitung mit Lässigkeit behandelt und dann nur mit der kurzen Bemerkung beantwortet wurde, dass die Evangelische Kirchenleitung die Angelegenheit aufmerksam verfolgen werde. Rabbiner Baeck schickte ein ähnliches Telegramm an den Vorsitzenden der Deutschen Katholischen Bischofskonferenz, Kardinal Bertram von Breslau. Dessen Antwort lautete, man müsse davon Abstand nehmen, Stellung zu beziehen, weil die Sache in erster Linie ökonomischer Natur sei, was nicht in den Zuständigkeitsbereich kirchlicher Angelegenheiten gehöre.

Präsident Kapler schrieb dann nach seinem Gespräch mit Hitler, er habe die Judenfrage bewusst nicht berührt, denn er halte es nicht für klug, beim ersten Treffen zu viele Fragen anzuschneiden. Schon im März bekam unsere Kirchenleitung eine Botschaft vom Federal Council of the Churches of Christ in Amerika und dem schwedischen Ökumenischen Komitee, die besagte, dass alle Freunde Deutschlands mit großer Besorgnis die Entwicklung der letzten Monate und Wochen verfolgt hätten. Es erübrige sich fast zu sagen, dass die reichlichen Angriffe der Nazipresse auf amerikanische Juden sich höchst negativ auf die Stimmung in Amerika ausgewirkt hätten. Natürlich wisse man auch, wie solche Vorkommnisse von unseren christlichen Freunden in Deutschland bedauert würden.« Pfarrer Menn schaute direkt in die Gesichter seiner Zuhörer und sagte: »Wie lange werden unsere amerikanischen und schwedischen Freunde noch überzeugt sein, dass wir die von der Regierung geförderte antisemitische Politik bedauern, wenn der Präsident des Preußischen Evangelischen Kirchentages die Frage beim Treffen mit dem Kanzler nicht einmal berührt? Und wenn er dem Kirchenbund folgendes Telegramm zukommen lässt:

›Presse berichtet über Beteiligung kirchlicher Kreise Amerikas an Protesten gegen angebliche Judenverfolgungen in Deutschland. Erbitte dringend Ihren Einfluß, daß nicht auf falsche Berichte Kundgebungen gegen Deutschland erfolgen, die schweren Schaden auch kirchlicher Zusammenarbeit bringen. Reichsregierung gewährleistet Ordnung und Sicherheit. Unparteiische Augenscheinnahme jederzeit möglich und erwünscht.‹[52]

Und unsere deutsche Abteilung des Lutherischen Weltbundes«, setzte Pfarrer Menn seine Ausführungen fort, »hat am 27. März ein Telegramm an den Amerikanischen Kirchenbund geschickt, um feierlich zu erklären, dass keine Progrome gegen Juden stattgefunden hätten. Man bitte dringend, eine Irreführung der öffentlichen Meinung durch falsche Horrorpropaganda zu verhindern. – Nur noch eine abschließende Anmerkung, bitte, Herr Vorsitzender«, sagte Pfarrer Menn und berichtete: »Ich kann mich des Eindrucks nicht erwehren, dass einige Kirchenführer das Problem des Antisemitismus bagatellisieren, ja sogar unsere christlichen Freunde über die Bedeutung des Problems hinwegtäuschen wollen. Weiß man in dieser Gesellschaft, was sich am 18. März, am jüdischen Sabbat, in Hohenlohe in Württemberg ereignete? Dort erschienen SA-Leute und kesselten die jüdischen Männer ein, die aus der Synagoge kamen, trieben sie zum Marktplatz, wo sie unter dem Vorwand, sie unterstützten die Kommunisten mit jüdischem Kapital, gedemütigt und verprügelt wurden. Und noch ein letztes: Hat einer von Ihnen dieses Bild gesehen?« Und er hielt ein Exemplar einer Nazizeitung hoch. Ein Mann mit einem großen Schild um den Hals wurde von bewaffneten SA-Männern eine Straße entlang geleitet. Pfarrer Menn las vor, was auf dem Schild stand: »Ich werde mich nie mehr bei der Polizei beschweren!« Ganz erregt fuhr Pfarrer Menn fort: »Das ist letzten Monat in München passiert. Dieser jüdische Rechtsanwalt, Dr. Spiegel, hatte bei der Münchner Polizei Schutz vor dem SA-Terror gesucht. Statt ihn in Schutz zu nehmen, trieb man ihn durch die Straßen und machte ihn zum Gespött der Passanten.« Pfarrer Kleindienst warf ein: »Wir können doch den Kanzler nicht für jede Disziplinlosigkeit von SA-Männern verantwortlich machen. Warum müssen wir uns wegen der Juden ständig an die Brust klopfen? Die Juden haben es in Deutschland recht gut gehabt. Wo sonst auf der Welt hat der Jude seit der Französischen Revolution so viele Privilegien genossen wie in Deutschland? Unser Volk ist jetzt mitten in einer gewaltigen Revolution, einer großartigen Veränderung der ganzen Gesellschaft.« – »Der Staat«, insistierte Pfarrer Franz, »muss das Recht haben, Minderheiten unter Kontrolle zu halten. Polen und die Tschechoslowakei wenden spezielle Gesetze für die deutsche Minderheit innerhalb ihrer jeweiligen Grenzen an; die USA kontrollieren ihre Neger, ihre Einwanderer und ihre indianische Bevölkerung strenger als die Mehrheit ihrer Bürger. Warum soll man Deutschland schief ansehen, weil es Minderheiten anders behandelt? Keinem Juden in Deutschland ist es so ergangen wie einem Alfred Dreyfus in Frankreich oder wie Sacco und Vanzetti in den USA. Die deutschen Juden bilden einen Staat im Staate, ein Volk innerhalb eines Volkes. So ist es doch! Wenn es des Kanzlers wichtigstes Ziel ist, die Nation zu einen, dann sind Regierungsaktionen, die den Einfluss und die Macht dieses Fremdkörpers innerhalb unseres Volkes beschneiden, wesentlich und unvermeidlich.«

Nun meldete sich Dr. Heinrich Rendtorff. »Einige der Sprecher haben das allgemeine Vorgehen gegen die Juden als ›unchristlich‹ bezeichnet. Siebenhundert Jahre lang lebten die Juden, mit Billigung der christlichen Kirchen, unter Gesetzen, die sie auf Gettos beschränkten. Der Kanzler konnte mit Recht äußern: ›1500 Jahre hat die katholische Kirche den Juden einen verderblichen Einfluss auf die Gesellschaft nachgesagt und sie in Gettos verbannt. Meine Politik kehrt zurück zu der Politik, die 1500 Jahre lang praktiziert worden ist. Ich sehe die Gefahr, die Kirche und Staat von Seiten dieser fremden Rasse droht, und vielleicht erweise ich mit meiner Politik der Kirche einen großen Dienst.‹« – »Und außerdem«, schloss sich der Vorsitzende Franz an, »dürfen wir nicht vergessen, dass nach dem Krieg der enorme Zuzug von Juden nach Deutschland, besonders aus Galizien, die Zusammensetzung unserer Gesellschaft dramatisch verändert hat. Jüdische Einwanderer haben schnell an Boden gewonnen. Der jüdische Einfluss ist in einem Ausmaß gewachsen, der mit ihrem Prozentanteil an der gesamten deutschen Bevölkerung nicht mehr das Geringste zu tun hat. Während ihr Prozentanteil an der gesamten deutschen Bevölkerung nur 0,9 Prozent beträgt, sind Juden in der Unterhaltungsindustrie, der Medizin, im Rechts- und Erziehungswesen, in der Politik und im Journalismus überrepräsentiert. Dieses Jahr sind in Berlin 3 890 Rechtsanwälte und Notare registriert; 51,36 Prozent davon sind Juden. In manchen Krankenhäusern sind 90 Prozent des Personals Juden. Auf der Anmeldeliste der Berliner Humboldtuniversität sind 10 Prozent der Studenten Juden. An den Gymnasien in und um Berlin beträgt der Prozentsatz der Juden im Lehrkörper zwischen 14 und 53 Prozent. An einigen deutschen Universitäten sind 30 Prozent der Lehrenden Juden, und das ist nichts Ungewöhnliches. Z. B. machen in manchen Gegenden Deutschlands jüdische Ärzte und Zahnärzte 30 Prozent der Berufsangehörigen aus. 80 Prozent der Theaterdirektoren in Berlin sind Juden. Damit keiner von Ihnen meint, ich hätte diese Zahlen erfunden oder sie aus dem Hauptquartier der NSDAP bezogen, sehen Sie hier meine Quelle.«

Damit hielt er das Buch hoch und las den Titel des Werkes vor: »Die Bevölkerungs- und Berufsverhältnisse der Juden im Deutschen Reich, von Dr. Heinrich Silbergleit«.[53] Er fügte hinzu: »Wie Sie sicher wissen, ist Dr. Silbergleit ein bekannter jüdischer Experte in Statistiken.«

Pfarrer Franz' Worte blieben nicht ohne Wirkung auf die Zuhörer. Paul konnte feststellen, dass diejenigen Kollegen, die bisher keine feste Meinung zu diesem Thema gehabt hatten, allmählich zu der Überzeugung tendierten, dass der Arierparagraph Sache des Staates sei und dass, gemäß dem 13. Kapitel des Römerbriefs, die Kirche den Staat Staat sein lassen müsse. »Selbst die ökumenische protestantische Führung hat sich noch nicht festgelegt bezüglich der Reaktion der Kirche auf den Boykott und den Arierparagraphen«, argumentierte Pfarrer Franz. »Neben den Äußerungen von Bischof Bell, Prof. Manod, Erzbischof Eidem und Prof. Siegmund-Schultze müssen wir die von Visser't Hooft beachten. Letzterer schrieb kürzlich (am 13. April 33) in der amerikanischen Zeitschrift *The Christian Century*:

›Eine Mobpsychologie macht sich breit, die sich darin ausdrückt, daß sie die deutsche Nation verurteilt, ohne den Versuch herauszufinden, welche Sünden sie denn begangen hat. ... Wohl gibt es Grund, den Antisemitismus abzulehnen, der leider stärker geworden ist in Deutschland, aber es gibt keinen Grund zur Annahme, daß sich schließlich die schlimmsten antisemitischen Tendenzen durchsetzen. Deshalb ist es auch jetzt wieder die Pflicht des christlichen Gewissens, die angespannte Lage im kalten Licht der Tatsachen zu betrachten, bevor man übereilte Urteile fällt.‹«

Pfarrer Franz kam zum Ende seiner Ausführungen. Er machte eine kurze Pause und rang um die Formulierung eines entscheidenden Satzes, der alles, was er gesagt hatte, zusammenfasste und der alle, die ihm zugehört hatten, überzeugen sollte: »Wir Deutsche sind nicht gegen einen zionistischen Staat für das jüdische Volk, wir sind nur gegen die Errichtung eines zionistischen Staates innerhalb Deutschlands. Deutschland muss der Staat der Deutschen bleiben! Juden mögen Christen werden, aber sie können niemals Deutsche werden.« Pfarrer Franz' Stimme hatte erheblich an Lautstärke zugenommen, sein Gesicht war puterrot geworden, und die Adern an seinem Hals waren unter dem engen Kragen bedenklich angeschwollen. Gesicht und Stimme spiegelten die Spannung wider, in der er sich befand bei dem Versuch, einander widersprechende Gesichtspunkte in Einklang zu bringen: dass der Regierungskurs richtig sei und dass die Pfarrer als gehorsame Bürger die Regierung zu unterstützen hätten.

Kaum war die Stimme des Vorsitzenden verklungen, als Pfarrer Wentorf aufsprang und einwarf: »Pfarrer Franz zitiert den Artikel von Visser't Hooft, um uns zu überzeugen, dass Boykott und Arierparagraph nicht Angelegenheiten sind, die die Beziehungen unserer Kirche zum Staat belasten sollten oder Deutschland innerhalb der internationalen Gemeinschaft isolieren könnten; aber unser Vorsitzender hat uns andere Aussagen von Visser't Hooft vorenthalten, die wir ernst nehmen sollten, z. B.:

> »Aus christlicher Sicht ist das große aktuelle Thema in Deutschland das der geistigen Freiheit der Kirchen. Das Thema gilt auch in anderen Ländern, aber die Situation der letzten Monate macht es für Deutschland besonders brisant. Der neue deutsche Staat entwickelt sich zum Totalitarismus. Er will Staat, Kirche, Schule und Familie gleichzeitig verkörpern.«[54]

Pfarrer Wentorf blickte von der Zeitschrift auf, aus der er vorgelesen hatte. »Sie sehen, liebe Kollegen, es geht nicht nur um Boykott und Arierparagraphen. Als evangelische Christen, als Erben Luthers und der Reformation, erkennen wir die Zwei-Reiche-Lehre unseres großen Reformators an. Aber gerade diese Lehre von den zwei Reichen, laut derer Staat und Kirche ihre jeweiligen Ziele verfolgen, ist jetzt bedroht durch einen totalitären Staat, der die ganze Gesellschaft für sich vereinnahmen will.«

Pfarrer Lindenberg bat ums Wort und kam noch einmal auf die »Judenfrage« zurück: »Die meisten von uns hier haben im Krieg gedient. Haben wir die 100 000 jüdischen Kameraden von damals vergessen? Haben wir die 30 000 von ihnen vergessen, die für ihre

Tapferkeit ausgezeichnet wurden? Haben wir die mehr als 12 000 von ihnen vergessen, die bei der Verteidigung des Vaterlandes gefallen sind? Ich muss immer daran denken, dass Franz Rosenzweig, ein Frontsoldat, geschrieben hat: ›Sollte man mich zwingen, mein Deutschtum von meinem Judesein zu scheiden, diese Operation könnte ich nicht überleben!‹ Unsere Regierung stellt diese Loyalität der Juden in Frage; sie macht die Juden trotz ihrer Verdienste ums Vaterland zu Bürgern zweiter Klasse. Ich möchte Ihnen ein Gebet vorlesen, das bis 1918 in den Synagogen Deutschlands gebetet worden ist:

›Er, der den Königen Sieg und Herrschaft den Fürsten verleiht ... – er segne, behüte, bewahre, unterstütze, erhöhe, ... unseren Regenten, Kaiser Wilhelm ...
Es steige dessen Glorie! – Er, der König aller Könige, der Allbarmherzige erhalte und behüte ihn, bewahre ihn vor jedem Übel, Verdruß und Schaden, unterwerfe Nationen seiner Führung, stürze seine Feinde vor ihn und beglücke ihn in allem, dem er sich zuwendet. Er ... möge seinem Herzen und den Herzen seiner Räte und Beamten Mitleid einflößen, um uns und ganz Israel wohlzutun. ... O, möge es der Wille Gottes sein! – Darauf lasset uns sprechen: Amen!‹« [55]

Pfarrer Lindenberg fuhr fort: »Ist das das Gebet eines windigen Patrioten oder eines farblosen Loyalisten? Eine der ersten und aktivsten Veteranengruppen wurde von jüdischen Veteranen gegründet.« – »Pfarrer Lindenberg sollte nicht vergessen, dass die jüdischen Veteranen ja unter dem Schutz der Ausnahmeregelung des Arierparagraphen stehen«, warf Pfarrer Kleindienst ironisch ein.

Pfarrer Hegemann meldete sich zu Wort: »Herr Vorsitzender, liebe Kollegen, ich weiß, dass einige der hier Versammelten auch Mitglieder der Deutschen Christen sind. Sie wollen unsere Kirche so neugestalten, dass in der Zeit des Neubeginns auch unsere Deutsche Evangelische Kirche einen Beitrag zum Wiederaufbau der Nation leisten kann. Ich glaube nicht, dass irgend jemand unter uns etwas gegen dieses ehrenwerte Ziel einwenden kann. Aber wir können nicht zur Einheit des Volkes beitragen, wenn wir selbst uns darüber zersplittern. Und wir sind gespalten und werden es bleiben, solange die Mitglieder der Deutschen Christen auf der Anwendung des Arierparagraphen in der Kirche bestehen. Laut Joachim Hossenfelder, dem Reichsleiter der Deutschen Christen, muss der Christ sich dem Staat unterwerfen, dem Staat, der mit Hilfe der Revolution die Kräfte des Bösen gebunden hat. Für Hossenfelder ist der in der Kirche angewendete Arierparagraph Teil der nationalen Revolution und muss deshalb von der Kirche akzeptiert werden. Ich habe sogar mitbekommen, dass der große Reformator Luther in der Literatur der Deutschen Christen in einer Weise interpretiert wird, die Antisemitismus und Arierparagraph befürwortet. Diejenigen von Ihnen, die bei einer solchen Verzerrung mitmachen – so muss man ihre Haltung beim Namen nennen –, sollten sich nicht auf Luther berufen. Luther stand nicht den Juden als Volk oder ethnischer Gruppe feindlich gegenüber. Er wandte sich gegen den Judaismus als Konkurrenten des Christentums. Luther war der erste, der diejenigen Juden willkommen hieß, die sich dem Christentum zugewandt hatten. Wenn der Reformator nun diese Juden-Christen in der christlichen Gemeinde willkommen hieß, mit welchem Recht weisen wir ihnen die Tür? Erlauben Sie mir, eine kurze Passage aus Luthers Schrift *Daß Jesus Christus ein geborener Jude sei* vorzulesen:

›Wenn die Apostel, die auch Juden waren, also hätten mit uns Heiden gehandelt wie wir Heiden mit den Juden, es wäre nie einer von den Heiden Christ geworden. Haben sie denn mit uns Heiden so brüderlich gehandelt, so sollen wir wiederum brüderlich mit den Juden handeln, ob wir etliche bekehren möchten, denn wir sind auch selbst noch nicht alle hinan, geschweige denn hinüber …‹[56]

Ich habe sogar gehört«, sagte Pfarrer Hegemann dann, »dass einige Kollegen aus dem Kreis der Deutschen Christen dafür sind, das Alte Testament und die Schriften des ›jüdischen Rabbi‹ Paulus aus unserem Lehrplan und aus unseren Gottesdiensten zu streichen. Können Sie sich vorstellen, wie Luther, Calvin und Zwingli auf solche ungeheuren Vorschläge reagiert hätten?« – »Martin Luther hat noch ganz andere Dinge über die Juden gesagt«, unterbrach Pfarrer Kleindienst den Redner. »Ja natürlich«, entgegnete Pfarrer Hegemann, »und ich weiß auch, worauf Sie anspielen. Aber Luthers Ausfälle gegenüber den Juden müssen immer im Kontext der Rivalität zwischen Christentum und Judentum gelesen werden. Luther war gegen das Judentum als alternative Religion und, gemäß dem Motto im 16. Jh. ›Cuius regio, eius religio‹ [der Herrscher entscheidet über die Religionszugehörigkeit in seinem Herrschaftsgebiet], unterstützte Luther die Unterdrückung des Judentums in Sachsen. Er unterstützte sicherlich nicht die Vertreibung der christlichen Juden aus Sachsen. Luthers Haltung hatte nichts mit Rasse zu tun oder mit ethnischer Herkunft. Der Begriff eines Antisemitismus, der sich aufgrund des biologischen Ursprungs gegen Juden richtet, kam erst in der zweiten Hälfte des 19. Jahrhunderts auf.«

»Kollege Hegemann, macht es Ihnen etwas aus, Ihre weiteren Betrachtungen bis zum nächsten Treffen aufzuheben? Wir haben dieser Diskussion schon viel Zeit gewidmet und müssen uns noch mit einem anderen wichtigen Thema befassen.« Pfarrer Hegemann war einverstanden.

»Nun, liebe Brüder, eröffne ich die Diskussion über den Vorschlag von Deutschen Christen und anderen, eine Deutsche Evangelische Reichskirche unter der Leitung eines Reichsbischofs zu errichten, die den gegenwärtigen Bund aus 28 Landeskirchen ablöst. Pfarrer Kleindienst hat das Wort.«

Paul wusste, dass Pfarrer Kleindienst, wie der Vorsitzende selbst, Mitglied des Nationalsozialistischen Pfarrerbundes war und, wie Franz und einige andere Teilnehmer an diesem Treffen, zu den Deutschen Christen gehörte.

Pfarrer Kleindienst begann: »Unser Kanzler und Führer Adolf Hitler würde eine geeinte Deutsche Evangelische Reichskirche unter der Leitung eines Reichsbischofs begrüßen. Eine solche Kirche würde den Geist nationaler Einheit, die alle Deutschen heute suchen, besser stützen können als eine lockere Gruppierung von vielen Landeskirchen und würde ein geeignetes Gegengewicht zur römisch-katholischen Kirche bilden, mit der der Führer bald ein Konkordat unterzeichnen wird. Was immer wir evangelischen Christen in Deutschland zu einem solchen Ziel der Einheit beitragen können, das sollten wir beitragen. Lassen Sie nicht zu, dass Glaubenssätze oder die Wahrung bestimmter liturgischer Praktiken von der Sache und vom Ziel ablenken. Der Staat wünscht aufrichtig die Zusammenarbeit zwischen Kirche und Staat im Kampf gegen eine materialistische Weltanschauung. Der Kanzler bittet um unsere Mithilfe. Nehmen wir ihn beim Wort! Die deutschen katholischen Bischöfe haben ihren Bannfluch gegen die Nationalsozialistische Partei aufgehoben. Sie haben sicher ihre Presseerklärung vom 28. März gelesen. Ich trage noch mal einen Auszug aus dieser Erklärung vor:

> »Die Oberhirten der Diözesen Deutschlands haben aus triftigen Gründen ... in den letzten Jahren gegenüber der nationalsozialistischen Bewegung eine ablehnende Haltung durch Verbote und Warnungen eingenommen .... Es ist nunmehr anzuerkennen, daß von dem höchsten Vertreter der Reichsregierung ... öffentlich und feierlich Erklärungen gegeben sind, durch die der Unverletzlichkeit der katholischen Glaubenslehre und den unveränderlichen Aufgaben und Rechten der Kirche Rechnung getragen ... wird. Ohne die in unseren früheren Maßnahmen liegende Verurteilung bestimmter religiös-sittlicher Irrtümer aufzuheben, glaubt daher der Episkopat das Vertrauen hegen zu können, daß die vorbezeichneten allgemeinen Verbote und Warnungen nicht mehr als notwendig betrachtet zu werden brauchen..... Mitglieder der NSDAP brauchen nicht mehr vom Empfang der Sakramente ausgeschlossen zu werden ... Die bloße Mitgliedschaft in einer Partei ist kein hinreichender Grund zum Ausschluß von den Sakramenten oder zur Verweigerung eines katholischen Begräbnisses. ...«[57]

An dieser Stelle meldete sich Dr. Beintke. Der Vorsitzende sagte: »Wir erteilen unserem Gast aus Bayern das Wort.« – »Lassen Sie mich sagen, dass, was die offizielle Stellungnahme der deutschen katholischen Bischöfe anbetrifft, jedenfalls in Bayern die Meinung der katholischen Kirchenführung nicht unbedingt mit der Meinung katholischer Geistlicher, die vor Ort in engstem Kontakt zur Bevölkerung stehen, übereinstimmt. Ich weiß z. B., dass der Jesuitenpater Rupert Mayer, Priester an der St. Michaelskirche in München, schon 1930 Hitler als einen gerissenen Scharlatan beschrieb, dessen Propaganda unter den Katholiken sehr wirksam sei. Ich weiß mit Sicherheit, dass Pater Mayer trotz der Verlautbarung der deutschen katholischen Bischöfe seine Meinung über Hitler und den Nationalsozialismus nicht geändert hat. Und ich bin sicher, dass das auch auf viele andere katholische Geistliche zutrifft.«

Pfarrer Preuß erhob sich. Er begann: »Bevor die Weimarer Republik ins Leben gerufen wurde, gab es in Deutschland die Einheit von Thron und Altar. Einer der Titel unseres geliebten Kaisers lautete: ›Supremus Episcopus‹ [höchster Bischof]. Obwohl die Union von Kirche und Staat wegen der Unterschiede in der Lehre in den einzelnen Gemeinden nicht vollkommen sein konnte, erlaubte doch das Zusammengehen von Lutheranern und Reformierten in der Altpreußischen Union eine gewisse Partnerschaft mit dem Staat bei der Pflege traditioneller deutscher und christlicher Werte. Nun, inmitten von Liberalismus, Atheismus, Nihilismus und Kirchenfeindlichkeit, die die Zeit der Weimarer Republik geprägt haben, wird uns wieder eine Partnerschaft angeboten von einem Regime, dem an unserer Mitarbeit bei der Wiederbelebung alter deutscher und christlicher Moral gelegen ist. Seit Adolf Hitler Kanzler geworden ist, hat sich die Zahl der Kirchenaustritte deutlich verringert. Unter dem früheren Regime war diese Zahl von Jahr zu Jahr angestiegen. Jetzt geht der Trend zurück in die Kirche. Für diese ermutigende Entwicklung haben wir dem Kanzler und seiner Partei zu danken. Letzte Woche habe ich 35 Kinder der Volksschule getauft, in einer eigens vom Schulrektor, einem NSDAP-Mitglied, dafür bestellten Zeremonie. Der Rektor sagte mir, dass diese Schüler, deren Eltern vorher aus der Kirche ausgetreten waren, jetzt zusammen mit ihren ganzen Familien diese Taufe wünschten. In einem sehr feierlichen Gottesdienst wurden die Eltern wieder in die Kirche aufgenommen und die Kinder getauft. Die ganze Schule nahm teil, Schüler, Lehrer und Verwandte und Freunde.« Nun ertönte Pfarrer Brandschweis Stimme: »Seit die neue Regierung im Amt ist, hat der Gottesdienstbesuch in meiner Kirche geradezu dramatisch zugenommen. Jeden Sonntag marschieren SA-Männer in Uniform mit der Hakenkreuzfahne in die Kirche. Sie sitzen zusammen und bilden einen Block, der einen Großteil des Kirchenschiffs ganz ausfüllt. Eigentlich sollte ich mich ja freuen, wenn ich von der Kanzel in eine Kirche blicke, wo jede Reihe voll ist und wo noch zusätzliche Stühle besetzt sind. Aber irgendwie ist mir diese plötzliche Welle von Kirchenbesuchern unheimlich. Ich finde, die Gemeinde kann sich nicht mehr auf Christus und seine Botschaft konzentrieren, sondern wird eher abgelenkt durch diesen Ausdruck militanten Christentums, der sich für mich schwer mit dem Evangelium vereinbaren lässt. Es ist auch kaum vorstellbar, dass diese Dutzende von SA-Männern alle freiwillig dem Gottesdienst beiwohnen. Ihre Präsenz in Uniform und in voller Formation sieht eher angeordnet aus, nach befohlener Dokumentation von Christlichkeit. So war es jedenfalls in der Lazaruskirche in Berlin, als 50 SA-Männer und ihre Bräute eine Massenhochzeit feierten. Solche SA-Massenhochzeiten sind jetzt in ganz Deutschland geradezu Mode geworden. Und wie ich über den SA-Pfarrer Wilhelm Beye gehört habe, schließt er dem traditionellen christlichen Segen ›Im Namen des Vaters, des Sohnes und des Heiligen Geistes‹ ein dreifaches ›Sieg Heil!‹ an.«

Pfarrer Kleindienst, der auch Mitglied der SA war, sprang auf. »Warum wollen Sie nicht begreifen, dass alle diese Maßnahmen wissentlich eingeführt und vom Führer selbst angeordnet sind in Übereinstimmung mit dem Wunsch der ganzen nationalen Parteileitung, das positive Christentum zu unterstützen. Sie sind doch nicht gedacht, um die Gottesdienstbesucher einzuschüchtern, sondern um die Solidarität der Regierung mit den christlichen Kirchen in Deutschland unter Beweis zu stellen. Freuen Sie sich doch, dass unsere politische Führung den Parteimitgliedern den Gottesdienstbesuch verordnet statt die Kirchen zu schließen und Sie nach Sibirien zu verbannen, wie das zur Zeit in der Sowjetunion geschieht. Sehen Sie nicht lieber Leute in der Kirche statt unbesetzter Bänke und gähnender Leere?« – »Ich habe ja nur sagen wollen«, rechtfertigte sich Pfarrer Brandschwei, »dass der Gottesdienst mehr und mehr in einer martialischen Atmosphäre stattfindet. Viele der Mitglieder meiner Gemeinde, die jahrelang freiwillig in den Gottesdienst gekommen sind, fühlen sich ungemütlich und eingeschüchtert durch diese Massen von uniformierten Fremden.«

Jetzt kam noch das Thema dran, das Paul besonders am Herzen lag.

»Was wird aus unseren christlichen Jugendorganisationen?«, wollte Pfarrer Hans Hein wissen. Und er fuhr fort: »Wo alle Organisationen im Staat durch staatlich gelenkte und beobachtete Stellen koordiniert werden, werden da unsere christlichen Jugendgruppen unabhängig bleiben dürfen?« – »Ja«, versicherte Pfarrer Kleindienst. »Wir haben Garantien von Baldur von Schirach, dem Führer der Hitlerjugend, persönlich, dass unsere christlichen Jugendgruppen wie bisher existieren dürfen und dass ihre Unabhängigkeit respektiert wird. Natürlich erwartet die Partei, dass die christlichen Jugendleiter und die jungen Leute selbst die nationale Einheit unterstützen, so wie es im Programm der NSDAP steht. Dr. Erich Stange, der Reichswart des Evangelischen Jungmännervereins, hat letzten Monat formuliert, es wäre eine Schande, wenn auch nur ein junger Deutscher mit den Händen in den Hosentaschen abseits stünde und nur zusähe, wie es in der Welt zugeht, statt sich mit vollem Herzen an der Erneuerung der Nation zu beteiligen. Aber es wäre eine doppelte Schande, wenn unsere Jugend vergäße, dass man das Dynamit Gottes gebrauche, um die Sünde wegzusprengen, die uns in den Abgrund zu reißen drohe. Deshalb müsse es die Aufgabe des Evangelischen Jungmännervereins sein, leidenschaftlich am Schicksal der Nation mitzubauen und gleichzeitig wild entschlossen zu sein, der nationalen Sache als Gottes Sprengkommando zu dienen.«

Paul, der durch die Anziehungskraft von Uniformen und Veranstaltungen der Hitlerjugend auf seine Dorfjugend beunruhigt war, meldete sich zu Wort: »Ich glaube nicht, dass auch nur einer von den hier Anwesenden unsere Verantwortung, der nationalen Sache zu dienen, in Frage stellt. Wir alle lieben unser Vaterland, die meisten von uns sind Kriegsteilnehmer, und wir wehren uns dagegen, dass unser Patriotismus angezweifelt wird, nur weil wir nicht jeden Akt staatlichen Handelns hundertprozentig unterstreichen können. Aber selbst wenn wir Baldur von Schirachs Versicherungen glauben können, dass die christlichen Jugendgruppen ihre Unabhängigkeit behalten, so sind doch schon Kräfte am Werk, die die Solidarität und den Geist unserer Jugendorganisationen zu sprengen versuchen. Hitlerjugend, SA- und SS-Gruppen legen in unserer Hochelheimer Umgebung z. B. den Termin für Geländespiele und Sportveranstaltungen bewusst so, dass sie mit unseren Veranstaltungen für die Jugend kollidieren. Die Hitlerjugend zwingt unsere jungen Leute, zwischen Sonntagsgottesdienst und ihren Spiel- und Sportveranstaltungen zu entscheiden. Die Teilnahme an kirchlichen Veranstaltungen, ohnehin durch den materialistischen Zeitgeist beeinträchtigt, nimmt rapide ab. Der Attraktion von Spaß und Spielen kann kaum ein junger Mensch widerstehen; statt in den Gottesdienst zu gehen, gefällt es manchem besser, bei Unterhaltung, Marschmusik und Erfrischungen mit vielen Freunden zusammen zu sein.«

Einige der Kollegen verließen leise den Saal. Das Treffen hatte mindestens zweimal so lange gedauert wie sonst. So brachte der Vorsitzende schnell noch die Ankündigung an, dass beim nächsten Treffen im Juli der Kollege Georg Probst, der Leiter der Deutschen Christen in Frankfurt, einen Vortrag halten würde. Paul hatte genug gehört, über das es nachzudenken galt. Vielleicht sah man bis Juli klarer.

Auf der Heimfahrt beschäftigte sich Paul noch eine Weile mit dem Gedanken an den wachsenden Einfluss der immer stärker werdenden Hitlerjugend. Besonders betroffen war er angesichts der Gewaltverherrlichung innerhalb der nationalsozialistischen Jugendorganisationen. Kriegsspiele und Kampfsport standen ganz oben auf dem Plan. Während Paul durchaus ein Verfechter harter sportlicher Disziplin war und selbst immer für eine gute körperliche Verfassung sorgte, passte ihm die Betonung nicht, die seitens der HJ auf die Bezwingung des Gegners gelegt wurde. Der Fanatismus der Hitlerjugend stieß ihn ab, Baldur von Schirachs Lied war ihm ein Gräuel:

»Vorwärts! Vorwärts! schmettern die hellen Fanfaren.
Vorwärts! Vorwärts! Jugend kennt keine Gefahren.
Ist das Ziel auch noch so hoch, Jugend zwingt es doch! ...
Unsere Fahne flattert uns voran.
In die Zukunft ziehn wir Mann für Mann.

Vorwärts! Vorwärts! ...
Deutschland, du wirst leuchtend stehn,
mögen wir auch untergehn.
Vorwärts! Vorwärts! ...
Wir marschieren für Hitler durch Nacht und Not,
Mit der Fahne der Jugend für Freiheit und Brot.
Unsere Fahne flattert uns voran.
Unsere Fahne ist die neue Zeit.
Und die Fahne führt in die Ewigkeit.
Ja, die Fahne ist mehr als der Tod.« [58]

Paul zog gerne mit den Konfirmanden auf Wanderung, und oft marschierten sie mehrere Tage singend durchs Rheintal. Ihr Lieblingslied war das Volkslied:

»Der Mai ist gekommen, die Bäume schlagen aus
da bleibe, wer Lust hat, mit Sorgen zu Haus;
wie die Wolken dort wandern am himmlischen Zelt,
so steht auch mir der Sinn in die weite, weite Welt.«

Von Rüdesheim aus wanderten sie zum Niederwalddenkmal hinauf, auf dessen Spitze die Germania stand. Von diesem Aussichtspunkt ging der Blick über den Rhein nach Bingen. Mit dem Dampfer fuhr man rheinabwärts, mit der »Goethe« oder der »Friedrich Barbarossa«. Das Hauptziel einer solchen Rheinreise war natürlich entweder die Lorelei bei St. Goarshausen oder das »Deutsche Eck« in Koblenz am Zusammenfluss von Mosel und Rhein.

Paul und Gretel waren immer gern gewandert. Auch in Hochelheim gingen sie, wenn eben die Zeit es zuließ, Hand in Hand durch Wald und Flur. Wandern war damals in Deutschland eine beliebte Freizeitbeschäftigung. Auch in der Zeit der Weimarer Republik hatte es diese Begeisterung fürs Wandern gegeben. Deutschlands Jugend zog über Berg und Tal, mit Musik und Gesang. Bedauerlicherweise war diese harmlose Tradition der »Wandervögel« unter politischen Einfluss geraten, und viele junge Leute hatten sich in militante uniformierte Marschierer verwandelt, die statt unschuldiger Vagabunden-

Paul und Gretel wandern auf der Schwäbischen Alb (ca. 1935)

Paul mit Konfirmanden auf der Lorelei (1932)

lieder nun aggressive Weisen sangen, martialisch und voll blinden Gehorsams gegen den Führer.

An einem schönen Frühlingstag arbeiteten Paul und Gretel im Garten. Evmarie und Dieter spielten im Sandkasten, Paul-Hermann und Gerhard schliefen, und Sophie war einkaufen gegangen. Da tauchte Horst am Gartentor auf: »Tag, Herr Pfarrer! Unsere Partei hat's den kommunistischen Schreiberlingen ganz schön gegeben!« Er hielt Paul eine Zeitung hin. Gretel schaute mit hinein, während Paul sich schnell informierte:

> »Auf städtischen Plätzen und vor den Universitäten wurden die Werke von Karl Marx, Karl Kautsky, Heinrich Mann, Erich Glaeser, Erich Kästner, Friedrich Wilhelm Forster, Sigmund Freud, Emil Ludwig, Theodor Wolff, Erich-Maria Remarque, Alfred Kerr, Kurt Tucholsky und Carl von Ossietzky wegen ihres Materialismus und ihrer moralischen Dekadenz den Flammen übergeben.«

Die Zeitung zeigte ein Bild vom Berliner Opernplatz, das am Mittwoch, dem 10. Mai, aufgenommen war: Riesige Flammen schlugen von einem Scheiterhaufen hoch; auf ihm wurde die »literarische Seuche« verbrannt. Weder Paul noch Gretel hatten viele von den »korrupten« Autoren gelesen, und bei ihrer konservativen, christlichen Einstellung hätten viele der verbrannten Bücher ihnen gar nicht zugesagt, aber Bücher zu verbrennen, darin waren sie sich einig, war nicht der Stil einer kultivierten Gesellschaft. Später, von 1937 bis 1939 in Buchenwald, musste Paul beim Anblick von Häftlingen, die vor Erschöpfung oder nach Misshandlungen starben und deren Leichen auf Lastwagen verladen wurden, um zum Krematorium gefahren zu werden, an die Bücherverbrennung von 1933 denken und an die Worte Heinrich Heines: »Wo man Bücher verbrennt, verbrennt man auch Menschen.«

Am Sonntag, dem 11. Juni 1933, wurde Hans Meiser in Nürnberg in sein Amt als evangelischer Bischof von Bayern eingeführt. Paul und Gretel lasen den Bericht darüber und betrachteten das Foto in der kirchlichen Presse. Der Prozessionszug zur Kirche war gesäumt von SA-Braunhemden in Habachtstellung, mit zum Hitlergruß erhobenen Rechten. Die Szene hatte für Paul und Gretel etwas Befremdendes an sich: christliche Fahnen und Hakenkreuzflaggen flatternd im Juniwind, und die Prozession von Pfarrern im Talar, mit offensichtlichem Respekt begrüßt von einer paramilitärischen Einheit, deren Aufgabe ein paar Monate zuvor gewesen war, Kommunisten und Sozialdemokraten einzufangen und in Konzentrationslager zu sperren.

Paul suchte die Rede Hans Meisers heraus, die er beim Wetzlarer Pfarrertreffen eingesteckt, aber noch nicht gelesen hatte. »Diese Rede hat Meiser 1926 gehalten, Gretel, als er noch Direktor des Theologischen Seminars in Nürnberg war. Nun, da er Bischof geworden ist, sollte man wissen, was darin steht.« Gretel machte es sich im Sessel bequem, und Paul begann zu lesen:

»Soll diese Frage dem Kampfplatz der Leidenschaften entnommen und einer sachlichen Erörterung zugeführt werden, so müssen wir uns daran erinnern, daß die Judenfrage fast so alt ist wie das jüdische Volk selbst und daß nicht nur wir Deutschen, sondern in ähnlicher Weise wie wir alle gebildeten Völker ihre Judenfrage haben.... Statt daß die Frage durch die Judenemanzipation gelöst war, ist sie nun erst recht brennend geworden. Im Besitz der staatsbürgerlichen Gleichberechtigung haben die Juden ihren Einfluß nur um so ungehemmter geltend gemacht und die Schwierigkeiten, die im Zusammenleben der Juden mit den übrigen Staatsbürgern liegen, sind nur um so greller ins Licht getreten.

Ihre Wurzel haben diese Schwierigkeiten in der Rassenverschiedenheit zwischen den Juden und den Völkern, in deren Mitte sie sich niedergelassen haben. Gerade in unserer Zeit ist das Rassenproblem neu erwacht und wir sehen, wie sich überall die Völker gegen das Eindringen fremder Rassen zur Wehr setzen. So spielt sich auf dem Boden Amerikas ein erbitterter Kampf der weißen Rasse gegen die schwarze und die gelbe Rasse ab, so ringen in den europäischen Oststaaten Deutschtum und Slaventum aufs schwerste miteinander. Unter dem Gesichtspunkt des Rassenkampfes ist auch die Judenfrage zu rücken; denn kein Volk der Erde hat selber jahrhundertelang die Reinheit der eigenen Rasse so bewußt gepflegt und mit solchem Erfolg erhalten wie die Juden ... An dieser Tatsache ändert auch der Umstand nichts, daß gebildete Juden uns immer wieder versichern, daß sie keine andere Nationalität besäßen als die Nationalität des Volkes, unter dem sie wohnen. ...

Die letzten Ursachen, warum die Juden trotz ihrer Zerstreuung unter alle Völker in ihrer Umgebung niemals aufgehen, können wir nur in religiösen Gründen finden. Das religiöse Ideal des Judentums geht auch heute noch darauf, ein Volk für sich zu sein. ... Den Messiasgedanken auf das ganze Volk übertragend, bezeichnen namhafte Führer das jüdische Volk als den Messias der Menschheit. ... Gewiß sind nicht alle Juden in gleicher Weise von den letzten Zielen ihres Volkes erfaßt und für sie eingenommen, insbesondere zeigt das Reformjudentum eine größere Aufgeschlossenheit für seine Umgebung, aber ... sie sind in der Nation eine Nation für sich.

Trotzdem nun die Juden überall ... nur einen geringen Prozentsatz der Bevölkerung ausmachen, gehen doch ganz außergewöhnlich starke Einflüsse von ihnen aus. Am stärksten ist ihr Einfluß in der *Volkswirtschaft*. ... Mit einer meisterhaften Fähigkeit ausgestattet, überall den eigenen Vorteil wahrzunehmen, finden wir sie hauptsächlich in den Berufen, die ein schnelles Vorwärtskommen ermöglichen. Jüdische Fabrikarbeiter, jüdische Handwerker, jüdische Dienstboten, jüdische Bauern begegnen uns kaum. Dagegen finden wir den Juden in allen Zweigen und Sparten des Handels, vom Handlungslehrling bis zum Großunternehmer. ... Von den freien Berufen sind die des Mediziners und Juristen bevorzugt. Der volkswirtschaftliche Grundcharakter der Juden aber bleibt durch den Erwerbstrieb bestimmt. ...

Die große Geldmacht, über die sie verfügen, wissen sie geschickt vor allem auf *politischem* Gebiet auszunutzen. ... Nimmt man zu diesem politischen Einfluß die wirtschaftliche Abhängigkeit, in welche die Juden als die hauptsächlichen Geld- und Kreditgeber unseres Volkes und als die Inhaber großer industrieller Unter-

nehmungen immer weitere Kreise unseres Volkes bringen, so bekommen wir eine Ahnung, welch ungeheure Macht hier in einigen wenigen Händen zusammengeballt ist.
Zu dem Einfluß der Juden auf wirtschaftlichem und politischem Gebiet gesellt sich ihr Einfluß auf dem allgemeinen kulturellen Gebiet. Mit Hilfe ihres materiellen Wohlstandes, im Besitz eines scharfen Verstandes und begabt mit einer nicht gewöhnlichen Intelligenz wissen sich die Juden fast ohne Ausnahme ein hohes Maß von Bildung anzueignen und gelangen dadurch ganz außer Verhältnis zu einer kleinen Zahl in viele leitende Stellungen und öffentliche Ämter. ...
Gewiß verdankt unser Volk dem regen Handelseifer der Juden und ihrer Organisationsgabe manchen Gewinn, ... Aber es liegt doch auch am Tage, mit welch erheblichen Nachteilen für unser Volk die wirtschaftliche Vormachtstellung der Juden verbunden ist .... Es ist etwas durchaus Ungesundes, wenn immer mehr Volksgenossen den wenigen Juden tribut- und zinspflichtig werden.
Die gleich ernsten Bedenken erheben sich, wenn wir an den politischen Einfluß der Juden denken. Je mehr kulturpolitische Aufgaben der moderne Staat in seine Sphäre hereinzieht – ich denke an das Schul- und Bildungswesen, an die Ehegesetzgebung, an die Fragen der Volkssittlichkeit und der allgemeinen Wohlfahrtspflege – desto verhängnisvoller muß es erscheinen, wenn andersrassige Elemente von zum Teil recht fremdartiger Denkart in so vielen politischen Führerstellungen tätig sind und die Entscheidungen in Verwaltung und Gesetzgebung maßgebend beeinflussen.
Am unerträglichsten freilich ist für uns der jüdische Einfluß auf kulturellem Gebiet überhaupt.... Es ist oft betont worden, daß der jüdische Verstand etwas Zerfressendes, Ätzendes, Auflösendes an sich hat. Er ist kritisch zersetzend, nicht kontemplativ, konstruierend, produktiv. ... Was dieser Geist schon gesündigt hat an unserem Volk, welch furchtbares Unwesen er in der jüdisch beeinflußten Presse, in unserer Unterhaltungsliteratur, auf deutschen Bühnen treibt, ist kaum auszusagen. ... Ja, in der Tat, die Judenfrage ist eine brennende, wichtige Frage für Volkstum und

Christentum, und es ist nötig, daß auch unsere evangelische Gemeinde zu ihr Stellung nimmt.
Aber was soll denn geschehen?
... Eine Eindeutschung des Judentums, bei welcher ... das Judentum nicht einfach im Deutschtum untergeht, sondern sich zum jüdischen Deutschtum umgestaltet, erscheint als ein Widerspruch in sich selbst. Was dabei herauskäme, wäre weder ein wirkliches Deutschtum, noch ein echtes Judentum; ganz abgesehen davon, daß dieses Ideal eines einzelnen oder einzelner Kreise niemals von der Judenschaft in ihrer Gesamtheit ergriffen werden wird. ...
Radikal gesinnte Antisemiten empfehlen den entgegengesetzten Weg. Nicht Assimilation des Judentums, sondern Bekämpfung des Judentums mit allen Mitteln, Zurückverweisung der Juden ins Ghetto, Ausmerzung der Juden aus dem Volkskörper ... Vor allem sind es rassenhygienische Gesichtspunkte, die stark in den Vordergrund gestellt werden. Von der antisemitischen Bewegung stark beeinflußt, sieht auch die völkische Bewegung in der Rassenfrage den Kernpunkt der Judenfrage und steht hier mit der antisemitischen Bewegung in einer Front.
Es sei darum in erster Linie die Frage aufgeworfen, wie wir uns als Christen zu dem Rassengegensatz verhalten sollen, der uns von unseren jüdischen Mitbürgern trennt. Es gilt hier der Grundsatz, daß die Treue gegen das eigene Volk eine ernste Christenpflicht ist. Es liegt etwas durchaus Berechtigtes in der Forderung nach Reinhaltung des Blutes. So wenig wir Mischehen etwa mit naturalisierten Slaven gutheißen, so wenig können wir Mischehen zwischen Deutsch-Stämmigen und Juden billigen. Schon der religiöse Gegensatz sollte Christen die Eingehung einer solchen Ehe verbieten, wie denn auch unsere Kirche solche Ehen von der kirchlichen Trauung ausschließt.... Gott hat jedem Volk seine völkische Eigenart und seine rassischen Besonderheiten doch nicht dazu gegeben, damit es seine völkische Prägung in rassisch unterwertige Mischlingsbildungen auflösen läßt. ... Insbesondere erscheint es als eine Pflicht der Selbsterhaltung, dem weiteren Eindringen des Ostjudentums in unsere Grenzen mit Nachdruck zu wehren ...

Nur darf freilich die Betonung des Rassengegensatzes nicht in den Rassenmaterialismus ausarten, der uns in der völkischen Bewegung weithin begegnet und der nun alles und jedes rassisch bedingt sein läßt und sich gebärdet, als komme es nur auf die rechte Paarung an, dann werde man lauter edle und tüchtige Menschen erzeugen. Vor allem können wir denen keine Gefolgschaft leisten, die die Juden bloß um ihrer Rasse willen von vornherein und ohne Ausnahme als minderwertige Menschen ansehen. Es mag viele zweifelhafte Existenzen unter den Juden geben, aber wer könnte nicht auch edle, sittlich hochstehende und verehrungswürdige Menschen unter ihnen nennen? Und wer wollte behaupten, daß die Zugehörigkeit zur arischen oder nordischen Rasse von selbst vor all den üblen Eigenschaften bewahrt, die man den Juden zum Vorwurf macht? Wenn das jüdische Volk so in Bausch und Bogen verurteilt wird, so vergessen gerade wir Christen nicht, daß dieses Volk imstande gewesen ist, das Volk der Propheten, das Volk Jesu, das Volk der Apostel zu sein. Auf keinen Fall lassen wir uns durch völkische Heißsporne unsere Wertschätzung des Alten Testamentes, das auch die Bibel Jesu war, rauben und müssen es für ein törichtes Unterfangen erklären, den sittlichen und religiösen Gehalt der alttestamentlichen Schriften an den Maßstab eines übersteigerten Rassendogmas messen zu wollen. Und selbst wenn die jüdische Rasse eine minderwertige Rasse wäre, wissen wir Christen denn nichts von einer Rassenveredelung und Rassenerneuerung? Trauen wir es der Kraft des Geistes Gottes zu, daß er die Papuas und Hindus und Malayen neu machen kann, sollte er einen Juden nicht erneuern können? ... Gerade wer von der Minderwertigkeit der jüdischen Rasse überzeugt ist, dürfte, wenn er nicht ein blinder Fanatiker ist, ... nicht das *Judenpogrom* predigen, sondern müßte zur *Judenmission* aufrufen, weil in ihr die Kraft liegt, die Juden auch rassisch zu veredeln. ...

Viel wichtiger als die einseitige Betonung des rassischen Gegensatzes erscheint mir das andere, daß unser Volk durch die Führerstellung, die sich die Juden auf fast allen Gebieten des öffentlichen Lebens erobert haben, beständig der Gefahr ausgesetzt ist, in seinem geistigen Sein, seinen sittlichen Anschauungen und

Denkgewohnheiten, in seiner ganzen Kultur von jüdischer Denkart und Lebensauffassung, von jüdischer Moral und Weltanschauung durchdrungen zu werden. Wer sich an den Realismus der jüdischen Lebensauffassung erinnert, die alles unter den Gesichtspunkt des Geldverdienens rückt, der alles, selbst die zartesten und innerlichsten Dinge wie Heirat und Ehe, zum Geschäft wird, wer den alles nivellierenden, die sittlichen Grundlagen unseres Volkstums zersetzenden, bis zur Laszivität ausschweifenden jüdischen Geist kennt, wie er uns in ungezähligen Presseerzeugnissen aus jüdischer Feder wie ein erstickender Brodem entgegenweht, der kann sich ein Bild davon machen, was unserem Volk drohte, wenn dieser Geist noch weiter als bisher schon um sich griffe und zum Gemeingut unseres Volkes würde. Um unsere gute deutsche, innerliche, idealistisch gerichtete Art wäre es dann geschehen. Die Hoffnung auf eine innere Erhebung unseres Volkes wäre für immer dahin. Gegen diese Art der ›Verjudung‹ unseres Volkes können wir nicht energisch genug ankämpfen. …
Ganz entschieden wehren wir uns als Kinder christlicher Eltern dagegen, wenn unsere Kinder dem Einfluß jüdischer Erzieher unterstellt werden sollten. Erziehungsfragen sind zu eng mit Weltanschauungsfragen und religiösen Fragen verbunden, als daß es gleichgültig sein könnte, wer das Erziehungsamt ausübt. Natürlich billigen wir das gleiche Recht, das wir für uns fordern, auch den jüdischen Eltern zu und haben von uns aus nicht nur volles Verständnis für den Kampf der Juden um Erhaltung ihrer jüdischen Schulen, sondern können sie in diesem Kampf auch mit ehrlicher Überzeugung unterstützen. …
Im übrigen wird … durch bloße gesetzliche Schutzmaßnahmen nicht allzuviel zu erreichen sein. Viel wichtiger ist die innere Immunisierung unseres Volkes gegen alle zersetzenden und zerstörenden, undeutschen und unchristlichen Einflüsse. Je bewußter christlich, je überzeugter evangelisch unser Volk denkt und handelt, desto besser schützt es sich gegen die von einem entarteten Judentum drohende Gefahr. Wurde früher um die Judenemanzipation gekämpft, so geht der Kampf jetzt um die Emanzipation des christlichen Geistes von den Fesseln, in die der jüdische Geist ihn

schlagen will. … wer gebietet uns die Witzblätter und seichten Romane zu lesen, die schlüpfrigen Theaterstücke anzusehen, die dieses Gift in unsere Adern einführen sollen? …
Ich möchte nur … betonen, daß kein Kampf um sittliche Güter mit unsittlichen Mitteln geführt werden darf. Die widerliche Verhöhnung und niedrige Beschimpfung der Juden, wie sie uns vielfach in antisemitischen Hetzblättern begegnet, ist christlicher Kampfesweise unwürdig. Die offenbare Ungerechtigkeit, die alles Unheil in unserem Volk dem Juden allein zur Last legen will und den *getauften* Volksschädlingen nicht mit der gleichen sittlichen Energie zu Leibe geht, muß den Gegner nur erbittern und versteift ihn in seinem Unrecht, statt ihn zu bessern. Auch die gewisseste Überzeugung, daß unserem Volk von Juden schon viel Schaden geschehen ist und noch fort und fort geschieht, entbindet uns nicht von der Pflicht christlicher Nächstenliebe auch gegen unsere jüdischen Volksgenossen, mögen sie vielen unter uns noch so unsympathisch sein, mögen es uns manche Juden noch so schwer machen, ihnen mit rechter christlicher Liebe zu begegnen. … Für uns sind auch die Juden Menschen, die Gott für sein Reich sucht und die an der Erlösung durch Christus Anteil haben sollen. …
Nur einige Richtlinien für unsere Stellung zur Judenfrage wollen die vorstehenden Ausführungen geben. Völlig beseitigen oder gar lösen werden wir die Judenfrage innerhalb dieses Geschichtsverlaufes nicht. … Der ewige Jude wird bleiben unter den Völkern bis ans Ende der Welt. Er stirbt nicht. Wir können ihn von seinem Fluch nicht befreien. Ruhelos und heimatlos zu bleiben ist sein Los. … Wir wollen ihm so begegnen, daß er, wenn Gott dereinst den Fluch von ihm nimmt und er zur Ruhe eingehen darf, seine Heimat da sucht, wo er die findet, die ihn in seinen Erdentagen mit Freundlichkeit gegrüßt, mit Selbstverleugnung getragen, durch hoffende Geduld gestärkt, mit wahrer Liebe erquickt, durch anhaltende Fürbitte gerettet haben.« [59]

»Wenn ich an Frau Jordan und an Simon, den ›Ehrbaren‹, denke«, meinte Gretel, »kann ich sie mir einfach nicht als uns Deutschen fremd vorstellen. Für mich besteht der Unterschied nur darin, dass sie jüdischen Glaubens und wir Christen sind.«

Der Sommer 1933 war gekennzeichnet durch den beginnenden Kampf um die Kontrolle der Deutschen Evangelischen Kirche. Für die Deutschen Christen, die so genannte SA Christi, war Adolf Hitler der neue Martin Luther und der Nationalsozialismus die historische Vollendung der deutschen Reformation. Während viele evangelische Christen zwar für eine starke Reichskirche waren, lehnten sie doch die Führung der Deutschen Christen wegen deren rigorosem Antisemitismus und der Unterwerfung unter die Herrschaft des Nationalsozialismus ab.

Paul und Gretel waren beeindruckt von der Jungreformatorischen Bewegung, deren Hauptbefürworter Otto Riethmüller, der Direktor des Burckhardthauses in Berlin-Dahlem, Theologieprofessor Karl Heim aus Tübingen und Martin Niemöller waren. Die Autobiografie von Niemöller, dem ehemaligen U-Boot-Kommandanten und jetzigen Pfarrer in Berlin, *Vom U-Boot zur Kanzel,* war zu dieser Zeit ein Bestseller.

Mit Hilfe der konservativen Kräfte innerhalb der 28 Landeskirchen gelang es der Jungreformatorischen Bewegung, Friedrich von Bodelschwingh ins Amt eines Reichsbischofs zu wählen, Bodelschwingh, den vorbildlichen frommen und bescheidenen Leiter von Bethel, einer kirchlichen Einrichtung für körperlich und geistig Behinderte. Am 27. Mai 1933 wurde Bodelschwingh mit 91 gegen 8 Stimmen von den Vertretern der verschiedenen Landeskirchen gewählt. Der andere Kandidat für dieses Amt war Wehrkreispfarrer Ludwig Müller gewesen, der von Hitler persönlich dazu ausersehen war, sich der Angelegenheiten der Deutschen Evangelischen Kirche anzunehmen. Paul und Gretel freuten sich. Nun schien es, dass sich die Forderung nach einer geeinten Reichskirche unter der Führung eines Reichsbischofs erfüllt hatte, ohne die Kirche der Nazi-Partei und ihrer Ideologie auszuliefern. Die Führung der Deutschen Christen war wütend. Ludwig Müller bezichtigte die Vertreter der Landeskirchen, Gottes Willen missachtet zu haben. Die Deutsche Evangelische Kirche bedürfe eines Streiters, nicht eines geistlichen Führers.

Bodelschwinghs Worte, die er am 31. Mai an die Kirche richtete, sprächen gegen seine Qualifikation zum Reichsbischof, meinte Müller kämpferisch. Aus Bodelschwinghs Worten sprach in der Tat der geistliche Führer – Paul und Gretel waren von der Einfachheit der Worte und ihrer Nähe zur Bibel tief beeindruckt:

»›Der wahre Schatz der Kirche ist das allerheiligste Evangelium der Herrlichkeit und Gnade Gottes.‹ Dieses Wort D. Martin Luthers beschreibt den Reichtum und die Verantwortung der Gemeinde Jesu. Sie darf glauben: das ist ihre Freude. Sie darf dienen: das ist ihre Kraft. Der Dienst der Kirche soll nichts anderes sein als die Ausbreitung des Evangeliums durch Wort und Tat. Das Evangelium aber kann und will uns frei und selig machen.
In der Wende der Zeit, die unserem Volk und Vaterlande geschenkt worden ist, schickt sich unsere deutsche evangelische Kirche an, ihre äußere Gestalt zu erneuern und sich fester als bisher zusammenzuschließen. Daraus kann nur dann bleibender Segen erwachsen, wenn wir uns alle mit einander demütig beugen vor der Majestät unseres Gottes, mit einander lauschen auf die Stimme des guten Hirten, der für uns gestorben und auferstanden ist, mit einander dem Geist gehorchen, der uns beten und lieben lehrt.«[60] –

In seinen Predigten gab Paul seiner Freude und Erleichterung darüber Ausdruck, dass Friedrich von Bodelschwingh – der sich lieber als »Reichsdekan« denn als »Reichsbischof« bezeichnete – und nicht Ludwig Müller das höchste Amt in der Deutschen Evangelischen Kirche innehatte.

»Paul, du weißt so gut wie ich, dass Hitler Bodelschwingh niemals als Reichsbischof anerkennen wird«, sagte Hans Löffler, der Pfarrerkollege aus Gießen, Ende Juni auf einem Spaziergang zu Paul. »Ich fürchte, für Bodelschwingh besteht wenig Hoffnung darauf, in seinem Amt zu bleiben.«

Was Paul und Hans bei ihrem Gang durch die Gegend um Hochelheim nicht wussten, war, dass der deutlichen Favorisierung von Ludwig Müller und den Deutschen Christen ein ausdrückliches Kommuniqué aus dem Hauptquartier der NSDAP vom 2. Juni zugrunde lag, das nur für die NS-Ortsgruppenleiter und die Leitung der Deutschen Christen gedacht war:

> »Der Führer wünscht den Deutschen Christen Erfolg bei der Vertreibung der reaktionären Kräfte in der Deutschen Evangelischen Kirche aus ihren Ämtern. Die Deutschen Christen beginnen nun einen vierwöchigen Kampf. Die NSDAP soll diese Kampagne mit allen zur Verfügung stehenden Mitteln unterstützen, aber ohne daß diese Unterstützung erkennbar wird. …«

»Bei der engen Bindung der Deutschen Christen an die NSDAP werden sie das Land mit ihrer Propaganda überschwemmen«, seufzte Hans. »Sie haben es nur allzu gut verstanden, an den Universitäten und besonders in den theologischen Fakultäten ihre Leute unterzubringen.« – »Ja«, erwiderte Paul, »sogar in Tübingen engagieren sich die Studenten für Müller.« – »Wie kann man ernsthaft einen solchen Mann als Reichsbischof wollen?«, ereiferte sich Hans. »Ist dir aufgefallen, wie er mit der Schrift umgeht? Am Pfingstsonntag predigte er vor Tausenden in Berlin. Die Herabkunft des Heiligen Geistes auf die Apostel am ersten Pfingstfest mit der Erneuerung Deutschlands durch Hitler und Hossenfelder in Verbindung zu bringen, ist doch eine völlige Verdrehung des biblischen Textes.« Paul konnte merken, dass die Predigt Müllers seinem Freund schwer zu schaffen machte. »Du kannst dir denken, was es für diejenigen von uns, die auf Bodelschwinghs Seite stehen, bedeuten wird, wenn die Deutschen Christen sich in der Kirchenleitung durchsetzen.« – »Gott sei Dank gibt es ja auch die Gemäßigten innerhalb der Deutschen Christen«, warf Paul ein. »Aber«, gab Hans zu bedenken, »die Bewegung der Deutschen Christen gerät zunehmend unter die Kontrolle von Hossenfelder und seiner Berliner Clique. Bald werden keine Gemäßigten mehr in ihren Reihen sein. Du wirst sehen: entweder ganz oder gar nicht. Und das Argument, dass es dem Kanzler schwer fallen würde, einen Reichsbischof zu akzeptieren, der nicht ordnungsgemäß durch sämtliche evangelische Christen in Deutschland gewählt wurde, ist doch auch nur ein Vorwand, um Bodelschwinghs Wahl für ungültig zu erklären.«

Und Hans fuhr fort: »Dietrich Bonhoeffer hat ein Treffen zwischen Deutschen Christen und Anhängern der Jungreformatoren in Berlin zustande gebracht. Jede Seite sollte ihre Argumente vortragen. Aus Bonhoeffers Bemerkungen lässt sich schließen, dass der Christ, wenn die Kirche wirklich zum Handlanger des Staates werde und wenn die von ihm als unrecht empfundenen staatlichen Gesetze in der Kirche Anwendung fänden, zu dem Zeitpunkt seine endgültige Wahlentscheidung treffen müsse: den Kirchenaustritt.«

Paul und Hans blieben eine Weile stehen, vertieft in den Anblick der hügeligen hessischen Landschaft. In ernsthaftem Gespräch über die jüngsten Vorkommnisse in Volk und Kirche gingen die beiden schließlich zum Pfarrhaus zurück. Der Abendhimmel leuchtete noch in der langen Junidämmerung, und das bleiche Licht, das das Nahen der Nacht ankündigte, ließ das Dorf mit seiner Umgebung zur Ruhe kommen. Gretel und Sophie saßen noch mit Paul und Hans im Pfarrgarten hinter dem Pfarrhaus. Paul stellte den Radioapparat aufs Fensterbrett. »Guten Abend, hier ist der Deutschlandsender mit dem Bericht vom Eisenacher Kirchentreffen am heutigen 23. Juni 1933. Friedrich von Bodelschwingh, der von führenden Mitgliedern der Deutschen Evangelischen Kirche zum Reichsbischof gewählt worden war, ist nach nur 28 Tagen von diesem Amt zurückgetreten.« Die Zuhörer saßen wie erstarrt bei dieser Nachricht. »Nun«, seufzte Hans, »das bedeutet, dass jetzt in der neuorganisierten Kirche die Deutschen Christen, Ludwig Müller und die NSDAP die Führung übernehmen.« – »Aber, Hans«, meinte Paul, »wenn gemäßigte Deutsche Christen und die Jungreformatorische Bewegung sich näherkommen könnten, könnten sie sich doch auf irgendeinen vernünftigen Mittelweg einigen, oder?« – »Ich wollte, ich könnte mir eine solche Lösung als möglich vorstellen«, antwortete Hans. »Aber du kennst meine Überzeugung, dass die Deutschen Christen bald völlig unter dem Einfluss der Radikalen um Hossenfelder stehen werden.« – »Lass uns auf jeden Fall zum nächsten Pfarrertreffen gehen«, sagte Paul zum Abschied.

Im Juli traf man sich dann in Wetzlar, um u.a. Pfarrer Georg Probst von den Frankfurter Deutschen Christen anzuhören.

Paul und Hans saßen nebeneinander. »Schau dir das an«, sagte Hans und zog eine Zeitung aus seiner Aktentasche. »Das hat mir ein Pfarrer aus Norwegen geschickt. So sehen die Norweger Hitlers Weigerung, mit Pfarrer Bodelschwingh zusammenzuarbeiten, so dass der von Kirchenvertretern zum Bischof Gewählte sich zum Rücktritt gezwungen sah.« Paul schaute sich die Karikatur mitten auf der Seite an: Hitler im Gespräch mit Hindenburg; im Hintergrund drei evangelische Pfarrer, eilfertig auf Hitlers Befehl harrend. Hans' Freund hatte übersetzt, was Hitler zu Hindenburg zu sagen schien: »Ja, Herr Präsident, ich gehöre der katholischen Kirche (an), aber die evangelische Kirche gehört mir.«

Pfarrer Probst betonte die Notwendigkeit einer Reichskirche, die mit der neuen Regierung harmonisch zusammenarbeiten müsse: »Der Kanzler nimmt nun in Deutschland die Stellung ein, die bis 1918 der Deutsche Kaiser innehatte. Der Kaiser wurde als der höchste Bischof angesehen und konnte des Gehorsams und der Unterstützung seitens der evangelischen Kirche gewiss sein. Die Zeit der Weimarer Republik war eine Periode politischer und religiöser Anarchie. Wichtige politische Parteien waren anti-religiös bis hin zur Aggressivität und versuchten den Einfluss der christlichen Kirchen – ganz gleich, ob protestantisch oder katholisch – im Volk zurückzudrängen. Bei jeder Gelegenheit wurde die Kirche von liberalen, atheistischen, materialistischen und hedonistischen Kräften daran gehindert, ihre Rolle als moralisches Gewissen wahrzunehmen. Nun hat der Kanzler, unser Führer Adolf Hitler, der Kirche eine neue Partnerschaft angeboten; denn, wie er selbst gesagt hat, die christliche Kirche stellt das Fundament dar, auf dem der neue deutsche Staat errichtet werden soll. Jetzt ist die Zeit, das Evangelium in das deutsche Volk hineinzutragen.«

»Nun, was gab's?«, wollte Gretel wissen, als Paul von dem Vortrag von Georg Probst zurückkam. »Er hat genau das gefordert, was ich auch will, nämlich das Evangelium in das deutsche Volk hineintragen«, erwiderte Paul. –

Als Patriot war Paul sehr daran gelegen, dass sein Volk wieder seinen Platz in der internationalen Gemeinschaft einnahm. Ihm war sehr daran gelegen, zu der Wiedergeburt eines starken Deutschland selbst beizutragen. Einige Pläne der Deutschen Christen zu einer solchen Wiedergeburt eines starken Deutschland kamen ihm sehr entgegen. Aber er empfand auch den Widerspruch zwischen seinen politischen und seinen religiösen Überzeugungen. Wegen dieser religiösen Überzeugungen musste er die radikaleren Forderungen der Deutschen Christen ablehnen, und er setzte immer noch seine Hoffnung darauf, dass sich innerhalb dieser Gruppe die gemäßigteren Kräfte durchsetzen könnten. Allerdings schwand diese Hoffung von Tag zu Tag mehr. –

Schließlich veröffentlichte die Deutsche Evangelische Kirche am 11. Juli 1933 ihre neue Verfassung, die die vom Staat gewünschte Umwandlung von einer lockeren Föderation von 28 Landeskirchen in eine einheitliche Reichskirche unter einem Reichsbischof als höchstem kirchlichen und Verwaltungsamtsträger vollzog. Der Einfluss der politischen Ereignisse, die seit Hitlers Machtübernahme im Januar 1933 in Deutschland stattgefunden hatten, spiegelte sich in der Präambel wider. –

»Gretel«, sagte Paul, »ich habe gerade einen Brief von Paul Bauer bekommen, der mit mir im Seminar in Soest war. Er ist jetzt Pfarrer in Leipzig. Er hat seinem Brief einige Notizen über eine Predigt beigelegt, die Friedrich Coch, der Bischof von Sachsen, am 9. Juli gehalten hat. Natürlich wissen wir, dass Coch einer der fanatischsten Führer der Deutschen Christen ist. Seine andauernde Gleichsetzung von christlichem Evangelium mit den politischen Zielen des Staates ist höchst verwirrend. Hör dir das an, Gretel. Kann man sich vorstellen, dass ein christlicher Bischof die Behauptung aufstellt, unser Volk habe nun einen neuen guten Hirten: Adolf Hitler? Alle Eigenschaften, die die Bibel dem guten Hirten nachsagte und die ihn vom Mietling unterschieden, seien in der Person Adolf Hitlers vereinigt. Deutschland, mehr als ein Jahrzehnt ohne echten Führer, sei nun erwacht, weil Gott es gesegnet habe. Nun müssten wir eine einzige Herde werden und dem einen Hirten folgen. Christus müsse wieder der gute Hirte des deutschen Volkes werden.

Lieber ehrliche Feinde als sogenannte Brüder, die sich für solche Ideen einsetzen«, seufzte Paul. »Aber, Paul«, ereiferte sich Gretel, »in deinem Brief an Mutter hast du selbst geschrieben, dass du glaubst, dass Hitler sich in seinen Reden und Handlungen vom Heiligen Geist führen ließ.« – »Ich weiß«, sagte Paul etwas kleinlaut. »Ich war so bewegt von der Rede und von allem, was der Kanzler am 1. Mai bezüglich der Wiedergeburt unseres Volkes zu versprechen schien, dass ich überzeugt war, Staat und Kirche könnten zusammenarbeiten, um die edlen Ziele zu erreichen, die Hitler aufzählte. Auch wollte ich Mutter davon überzeugen, dass wir nicht vollkommen gleichgültig sind gegenüber der großen Veränderung, die sich an unserem Volk vollzieht – denn den Vorwurf hatte sie uns ja bei ihrem Besuch im März und April gemacht.«

Die Wahlen zu den Synoden und regionalen kirchlichen Untergruppierungen, aus denen sich in Zukunft die neu geeinte Deutsche Evangelische Kirche zusammensetzte, waren für Sonntag, den 23. Juli 1933, vorgesehen. Plötzlich erschienen Leute, unter ihnen viele Parteimitglieder, die seit Jahren keine Kirche mehr besucht hatten, um ihre Namen in die Wahllisten eintragen zu lassen. Die Öffentlichkeit wusste nichts von dem geheimen Kommuniqué vom Juni, das die Nazizentrale allen Gauleitern zustellen ließ mit der Aufforderung zur Unterstützung der Deutschen Christen im Kampf um Posten in der Verwaltung der Deutschen Evangelischen Kirche. Diese Deutsche Evangelische Kirche war tief gespalten. Jedes Lager suchte mit aller ihm zur Verfügung stehenden Macht die Wähler für seine Kandidatenliste zu gewinnen.

Die Wahlpropaganda der Deutschen Christen las sich so:

> »Was wollen die ›Deutschen Christen‹?
> Was wir Deutsche Christen wollen, ist vor aller Welt bekannt geworden durch unseren monatelangen Kampf um die innere Erneuerung der deutschen evangelischen Kirche und um den Zusammenschluß der 28 deutschen evangelischen Landeskirchen zur geeinten Deutschen Evangelischen Kirche.
> Die einige Deutsche Evangelische Kirche ist da. ... Und nun?
> Nun kämpfen wir dafür, daß das deutsche Volk heimisch wird in seiner neuen Kirche. Daß unser deutsches Volk zum Evangelium heimfindet. Daß Evangelium und deutsches Volk einander finden.

Die Glaubensbewegung ›Deutsche Christen‹ führt diesen Kampf gemäß den nachfolgenden Richtlinien, die vom Schirmherrn der Glaubensbewegung, Wehrkreis-Pfarrer Müller, und ihrem Reichsleiter, Pfarrer Hossenfelder, unterschrieben wurden. ...
Wir verpflichten uns – und verlangen diese Verpflichtung nicht nur von den beauftragten Organen der Kirche, sondern darüber hinaus von allen evangelischen Frauen und Männern – zum Dienst in unseren Gemeinden.
Dienen wollen wir:
durch unermüdliche Werbung für unsere Gottesdienste
durch ritterliches Eintreten für die Armen und Hilfsbedürftigen
durch Verteidigung unseres Glaubens, wo er angegriffen oder in Frage gestellt wird
durch treues evangelisches Bekenntnis auch in aller Öffentlichkeit.
Dienen wollen wir:
durch unsere Kirche unserem Gott und eben deswegen unserem Vaterland.

Ludwig Müller — Joachim Hossenfelder
Schirmherr — Reichsleiter

Wer dafür mitkämpfen will, daß unser deutsches Volk eine neue Kirche bekommt, wer diesen vorstehenden Richtlinien zustimmt, der gebe am 23. Juli seine Stimme der Liste der
GLAUBENSBEWEGUNG ›DEUTSCHE CHRISTEN‹«[61]

Nach der Lektüre des Wahlaufrufs der Deutschen Christen wandte sich Paul dem Aufruf der Liste »Evangelium und Kirche« zu, an deren Spitze Bonhoeffer, Niemöller und die Jungreformatorische Bewegung standen:

»Zur Kirchenwahl ein Wort an alle Gemeindemitglieder!
... Wir rufen alle Freunde einer staatsfreien, allein auf Gottes Wort gegründeten Kirche zur Beteiligung an der Wahl auf. Die Not der Stunde zwingt alle, die ihre Kirche lieb haben, zum Zusammenschluß. ...

> Wir stehen dankbar und entschlossen hinter Hindenburg und Hitler als den Führern unseres Staates, die jetzt durch ihr Eingreifen auch der Kirche den Weg in die Freiheit gebahnt haben. In Treue zu diesem Staate wollen wir für Volk und Vaterland in unserer Kirche arbeiten.
> Wir wollen eine deutsche evangelische Kirche, die von volkverbundenen und gegenwartsnahen Männern geleitet wird, eine Volkskirche, deren Pfarrer – wie es auch Hitler fordert – nicht Vertreter einer politischen Weltanschauung sind, sondern wahre Seelsorger und Helfer in den Nöten unserer Tage.
> Wir wollen eine Kirche, die im Glauben unserer Väter wurzelt und eine Stätte des Friedens und der Wahrhaftigkeit ist, in der Luthers Wort von der ›Freiheit eines Christenmenschen‹ sich im Dienst an den Brüdern bewährt.
> Wer eine Kirche will, die ohne Menschenfurcht Gottes Wort verkündet und in hingebender Treue unserem Volke dient, der wähle unsere
>
> LISTE: ›EVANGELIUM UND KIRCHE!‹« [62]

Am Samstag, dem 22. Juli, am Abend vor der Wahl, hielt Hitler, der gerade wie alljährlich die Wagner-Festspiele in Bayreuth besuchte, eine Rede im Radio:

> »Wenn ich zu den evangelischen Kirchenwahlen Stellung nehme, dann geschieht dies ausschließlich vom Standpunkt des politischen Führers aus, d. h. mich bewegen nicht die Fragen des Glaubens, der Dogmatik oder der Lehre. … Als Nationalsozialist hege ich den sehnlichsten Wunsch, eine … klare Regelung mit der evangelischen Kirche treffen zu können. Dies setzt allerdings voraus, daß an Stelle der Vielzahl der evangelischen Kirchen, wenn irgend möglich, eine einige Reichskirche tritt.« [63]

Hitler betonte ausdrücklich, dass er sein Anliegen der Erneuerung der Nation in Zusammenarbeit mit dem Staat am besten von der Bewegung getragen wisse, die sich ›Deutsche Christen‹ nennte, denn diese Bewegung gründe sich bewusst auf den Fundamenten des nationalsozialistischen Staates. »Wie kann der Staat da noch von Neutralität gegenüber der Kirche sprechen?«, fragte Paul. »Wenn sich das Neutralität nennt, dann möchte ich nicht wissen, wie Parteinahme aussieht«, meinte Gretel. Durch diese offizielle Stellungnahme Hitlers war das Theater um die neutrale Haltung des Staates bei den Kirchenwahlen endgültig ausgespielt.

Paul war klar, dass er und Gretel für die Kandidaten der Liste »Evangelium und Kirche« stimmen mussten. Er bedauerte zutiefst, dass ein solcher Wahlkampf zu Gegensätzen innerhalb der Kirche führte. Dieser Wahlkampf stand oft an Giftigkeit und Bösartigkeit politischen Wahlkämpfen nicht nach. »Gretel, was für ein Beispiel christlicher Liebe führen wir der Welt vor!«, sagte Paul voller Ekel, als er die Anschuldigungen und Gegendarstellungen las, die in dem verzweifelten Bemühen um Wählerstimmen verbreitet wurden.

Die Deutschen Christen gewannen die Kirchenwahl mit ansehnlicher Mehrheit.

Im August 1933 rang Paul immer noch mit der Entscheidung, wo denn sein eigener endgültiger Standort innerhalb der evangelischen Kirche sein müsse. Da wurde er anlässlich eines Singetreffens von einigen Kollegen entscheidend davon überzeugt, dass die Deutschen Christen lediglich die Handlanger der NSDAP seien, ein trojanisches Pferd in der Deutschen Evangelischen Kirche, das die Unterwerfung der Kirche unter den Staat leichter machen würde. Während er als Gast im Pfarrhaus von Pfarrer Fritz Langensiepen weilte, hörte Paul den Pfarrerkollegen, die in Opposition zu den Deutschen Christen standen, aufmerksam zu.

»Wir haben zwar versprochen«, sagte Franz Geiler aus Gießen, »dass wir auf diesem Singetreffen nicht über Politik reden wollen. Denn wenn wir damit anfangen, ist es aus mit dem Singen. Viele der hier Anwesenden sind Deutsche Christen. Viele sind es nicht. Die einzigen Themen, bei denen wir Einigkeit erzielen, sind: Was für Lieder wollen wir singen? Und: Was wollen wir essen und trinken? Aber einigen von uns ist klar, dass du noch hin und her gerissen bist zwischen zwei Meinungen über die Bewegung der Deutschen Christen, dass du immer noch auf den Sieg der Gemäßigten in dieser

Bewegung hoffst. Deshalb fühlen wir uns bemüßigt, dich beiseite zu nehmen und dir zu sagen, dass deine Hoffnungen nicht die geringste Aussicht auf Erfüllung haben. Hossenfelder setzt sich durch. Er findet Unterstützung aus höchsten Kreisen in Berlin und wird wohl bald zum Bischof von Brandenburg gewählt werden. Die Deutschen Christen werden darauf bestehen, dass der Arierparagraph in der Kirche angewendet wird.« – »Und du weißt, was das bedeutet«, warf Kurt Schmitt ein. Er hatte einen Artikel von Karl Barth dabei; er wies auf einen Satz zur Lehre der »Glaubensbewegung Deutsche Christen« hin, den er unterstrichen hatte: »Ich sage unbedingt und vorbehaltlos nein zum Geist und zum Buchstaben dieser Lehre.« Sie passe einfach nicht zur christlichen Kirche, referierte Kurt Karl Barths Äußerungen, wenn man ihr folge, würde das das Ende der christlichen Kirche bedeuten. Die Kirche erkenne zwar einen göttlichen Auftrag für die staatliche Autorität an, sie solle für Recht und Ordnung sorgen, aber der Auftrag ergehe an keine spezifische staatliche Autorität, z. B. nicht an einen deutschen oder nationalsozialistischen Staat. Die Kirche verkünde das Evangelium in den verschiedensten Staaten mit verschiedenen Formen staatlicher Autorität, und so verkünde sie das Evangelium auch im Dritten Reich, aber nicht in Unterordnung unter dieses Dritte Reich und nicht in seinem Geiste.

Dann hatte Kurt noch etwas zur Judenfrage gefunden. Barth sagte ganz dezidiert, die Mitgliedschaft in einer christlichen Kirche sei nicht durch Blut oder Rasse bestimmt, sondern durch Bekehrung und die Taufe. Getaufte Juden dürfe man also nicht als Christen zweiter Klasse betrachten und sie gar aus den Gemeinden der übrigen Christen ausschließen. Das alles als Lehre und Praxis der Deutschen Christen sei ja schlimm genug, aber noch viel schlimmer sei die Art – und hier ließ Kurt Karl Barth zu Wort kommen –, »wie sich die evangelische Kirche bis jetzt mit ihnen auseinandergesetzt hat.« Eine »gesunde Kirche« hätte die Lehre der Deutschen Christen viel schärfer unter die Lupe genommen und die Frage nach der christlichen Wahrheit viel deutlicher gestellt und auch beantwortet.[64]

»Um Barth zu widerlegen«, sagte Kurt, als er Paul nun eine Notiz aus den *Sächsischen Kirchennachrichten* reichte, »hat der Bischof von Sachsen, Friedrich Coch, eine deutliche Feststellung zur Verteidigung der Deutschen Christen bezüglich ihrer Stellungnahme in der Frage der Judenmissionierung veröffentlicht.« Auch Coch sah das Thema mit Hinblick auf die Rassenzugehörigkeit. Es dürfe keine Vermischung von arischem und jüdischem Blut geben. Juden dürften eigene kleine christliche Gemeinden bilden, aber nicht der Deutschen Evangelischen Kirche angehören. Man könne ihnen höchstens, wenn nun gar keine jüdisch-christliche Gemeinde in ihrer Nähe sei, erlauben, einem evangelischen Gottesdienst als Gäste beizuwohnen.

Paul schüttelte entsetzt den Kopf. Jetzt war ihm klar, wie zwingend wahr Karl Barths Worte waren. Er ging mit sich selbst ins Gericht, dass er gedacht hatte, beim Aufbau des neuen Deutschland könne man bei den Deutschen Christen auf ein gemäßigtes Element zählen. Jetzt dämmerte ihm, dass sein gut gemeinter Versuch, sein Patriotismus und sein christlicher Glaube könnten gemeinsam zum Werk der Wiedergeburt der Nation beitragen, von zynischen politischen Kräften ausgenützt wurde und schon die ganze Zeit ausgenützt worden war.

»Glaubt ihr wirklich, dass es Hitlers langfristiges Ziel ist, das Christentum in Deutschland auszurotten, so wie Rosenberg es vorhat?«, wollte Paul noch wissen. Und Gerhard Weigel antwortete: »Das Gerede davon, dass der *Mythus des 20. Jahrhunderts* nur Rosenbergs persönliche Meinung sei und dass der Kanzler das Buch langweilig finde und sich nicht überwinden könne, es zu Ende zu lesen, ist meiner Überzeugung nach Parteipropaganda. Was Hitlers wahre Absicht bezüglich der christlichen Kirche in Deutschland anbetrifft, darüber tappt man noch im Dunkeln. Wenn er jedoch Farbe bekennen wird, kann ich mir nicht vorstellen, dass er die Hand zu Kooperation und Gleichberechtigung reichen wird. Gegenwärtig braucht Hitler die Kirche, um seine Macht zu festigen und der nationalen Einheit zu dienen, aber wird er sie immer brauchen?« Paul war betrübt über Gerds Überlegungen, aber er musste sich selbst eingestehen, dass ihn dieselben Gedanken mehr als einmal geplagt hatten. –
Als die Teilnehmer sich zur Fortsetzung des Singfestes wieder versammelten, sagte Gerd: »Themenwechsel! Da kommt Pfarrer Kleindienst, und wir kennen alle seine Einstellung.« Pfarrer Kleindienst war in jovialer Stimmung. Als eifriges Mitglied der Deutschen Chris-

ten war er mit dem Gang der Ereignisse hochzufrieden. Bodelschwingh war als Reichsbischof zurückgetreten, und der Kandidat der Deutschen Christen und Hitlers persönlicher Vertrauensmann für kirchliche Angelegenheiten, Ludwig Müller, stand sozusagen sprungbereit. Pfarrer Kleindienst und die Pfarrer, die bei Paul saßen, grüßten sich gegenseitig, aber es fehlte der Geist echter Brüderlichkeit, wie ihn das Evangelium vorsah; er war vergiftet durch die politikbefrachtete Atmosphäre, die im Sommer und Herbst 1933 allgegenwärtig war und jeden Bereich deutschen Lebens durchdrang.

Der Chorleiter verkündete, dass das Fest weitergehe. »Was sind Ihre Lieblingslieder? Jetzt kommt das Wunschprogramm«, sagte er. Nach verschiedenen Kirchenliedern erhoben sich die Teilnehmer zu einem Abschlussgesang, bevor sie nach dem Segen den Heimweg antraten:

»Zeuch [zieh] an die Macht, du Arm des Herrn,
wohlauf und hilf uns streiten.
Noch hilfst du deinem Volke gern,
wie du getan vor Zeiten.
Wir sind im Kampfe Tag und Nacht;
o Herr, nimm gnädig uns in acht
und steh uns an der Seiten.

Mit dir, du starker Heiland du,
muß uns der Sieg gelingen.
Wohl gilt's zu streiten immerzu,
bis einst wir dir lobsingen.
Nur Mut, die Stund ist nimmer weit,
da wir nach allem Kampf und Streit
die Lebenskron erringen.«

Während Paul so die Gruppe der Singenden betrachtete, stellte er sich vor, dass die Anhänger der Deutschen Christen und ihre Gegner wohl eine je unterschiedliche Interpretation der Worte des Schlussliedes im Kopf hatten. Für die Deutschen Christen beschworen sie eine starke Reichskirche herauf und die Auferstehung der Nation aus

Erniedrigung, Demütigung und dem Gefühl der eigenen Ohnmacht. Ihr Patriotismus und ihr Protestantismus waren vereint im Kreuzzug für das Erwachen Deutschlands. Die Gruppe, der Paul jetzt angehörte, sang die Hymne im vollen Bewusstsein, dass der Nazistaat der Feind und nicht der Förderer des deutschen Protestantismus war.

Paul befand sich in einem seltsamen Zwiespalt. Auch er liebte sein Land und wollte es von den Fesseln von Versailles befreit wissen und wieder gleichberechtigt in der Gemeinschaft der europäischen Staaten, aber es war ihm jetzt bewusst, er würde seinen Patriotismus zugunsten seines Protestantismus aufgeben müssen, so wie es alle anderen tun mussten, die seine Einstellung teilten. Diejenigen, die die Hymne aus dieser seiner Überzeugung heraus sangen, sollten die Führer der Bekennenden Kirche werden, jener Kirche, die die Bewegung der Deutschen Christen nicht mittragen konnte, die sich weigerte, ihren Glauben und ihren Patriotismus vom Nationalsozialismus ausbeuten zu lassen. Für sie waren die Worte des Liedes ein Aufruf, dem Bösen zu widerstehen, auch wenn solcher Widerstand sie zu Märtyrern machte.

Angesichts der Unterschiedlichkeit der Meinungen unter den Teilnehmern sollte dieses Singfest der Kirchen des Rheinlandes im August 1933 das letzte bis zur Zeit nach dem Kriege sein.

Am 27. August flog Hitler nach Rüdesheim, wo er am Niederwalddenkmal der Germania den Patriotismus beschwor, indem er eine Volksbefragung im Saarland forderte, damit dieses Gebiet, das durch den Versailler Vertrag zeitweilig vom Deutschen Reich abgetrennt war, sich der Nation wieder anschließen könne. Tausende von Saarländern waren nach Rüdesheim angereist, um Hitler zu sehen und zu hören:

> »Niemand ... von uns wünscht fremdes Gut. Keiner will fremdes Volk uns einverleiben. Aber was Gott dem Volke geschaffen hat, gehört auch zu diesem Volke. Und wenn Verträge heilig sein sollen, dann nicht nur für uns, sondern auch für die Gegner. Die Verträge aber geben das klare Recht, daß das Volk der Saar sein Schicksal selbst wählen mag. ...

Wir wollen gerne mit Frankreich in allen wirtschaftlichen Dingen reden. Wir wollen gerne uns mit Frankreich verständigen. In einem aber gibt es keine Verständigung: Weder kann das Reich Verzicht leisten auf Euch, noch könnt Ihr Verzicht leisten auf Deutschland.«[65]

Diese Kunde drang auch zu den Dörfern Hochelheim und Dornholzhausen vor. Paul und Gretel hörten sich die Rede aus dem Radioapparat an. –
Gretel sagte zu Paul: »Es gibt offensichtlich einen Meinungsstreit innerhalb der Nazipartei zwischen den Prüden und den Hedonisten. Nach einer Pressemitteilung hat die NSDAP-Führung in Breslau Frauen, die Make-up tragen, die Teilnahme an Parteiveranstaltungen verboten.« Und sie fuhr fort: »Und dieser Bericht stammt vom Polizeipräsidenten von Erfurt: Alle Restaurants, Hotels und Cafés haben an sichtbarer Stelle darauf aufmerksam zu machen, dass Damen das Rauchen nicht gestattet ist. Wenn die Inhaber dieser Aufforderung nicht Folge leisten, werden sie in der Presse öffentlich angeprangert«, las Gretel abschließend. Paul erinnerte sich, vor kurzem eine ähnliche Zeitungsnotiz gelesen zu haben, sogar noch mit einem Zusatz:

»Sämtliche Gaststätteninhaber werden ersucht, künftighin in ihren Lokalen keine Jazz-Musik mehr spielen zu lassen. Entstehen hinsichtlich des Begriffes ›Jazzmusik‹ Zweifel, so entscheidet SA-Obermusikmeister K. endgültig.«[66] –

Als Konsequenz aus seiner Entscheidung vom Singefest bereitete Paul eine Erklärung an seine Gegner vor. »Als ich mit den Deutschen Christen sympathisierte, habe ich es von der Kanzel gesagt. Nun, da ich meinen Irrtum eingesehen habe und von der Gefahr, die von dieser Bewegung für unsere Kirche ausgeht, überzeugt bin, muss ich auch die Christen, für die ich verantwortlich bin, wachrütteln.« Gretel seufzte: »Nun, Paul, du musst deinem Gewissen folgen. Aber hier in den Gemeinden gibt es Anhänger der Deutschen Christen. Sie müssen sich getroffen fühlen.« – »Das ist mir klar, Gretel«, antwortete Paul. »Ich habe vor, jeden Einzelnen aufzusuchen und ihm meinen Standpunkt klarzumachen.«

Und so erklärte Paul Schneider Ende August 1933 von der erhöhten Hochelheimer Kanzel aus feierlich, dass er aufgrund jüngster Erkenntnisse über Wesen und Ziele der Bewegung Deutsche Christen zu der Überzeugung gekommen sei, dass er in Zukunft nie wieder mit ihr in Verbindung gebracht werden wolle. Er kündige seine frühere Sympathie für sie und die Bereitschaft zur Zusammenarbeit mit ihr auf. Und er schloss mit den Worten:

»Ich will ein schlichter evangelischer Christ sein und bleiben und mir dabei das Vorzeichen ›Deutsch‹ schenken; denn das versteht sich von selbst.«

Im Kirchenschiff herrschte absolute Stille. Paul schaute direkt in die Gesichter derjenigen Gemeindemitglieder, um deren Sympathie für die Deutschen Christen er wusste. Aus ihren Mienen konnte er ablesen, dass er einige überzeugt, andere aber vor den Kopf gestoßen hatte.

Einige Zeit später las Paul den Bericht von der Brandenburger Synode, der in der *Allgemeinen Evangelisch-Lutherischen Zeitung* veröffentlicht wurde. »Gretel, kannst du das glauben?«, fragte Paul leicht irritiert. »Ein gewisser Pfarrer Johannes Grell, neumärkischer Superintendent, ein Deutscher Christ, ist der neu gewählte Präses der Brandenburger Synode. Hör dir an, was er der Synode vortrug:

›Unsere wunderbare nationalsozialistische Revolution, hervorgerufen durch den blutopferbereiten Einsatz hunderttausender Braunhemden und vor allem durch den gottgesandten Führer und Retter unseres Volkes und Vaterlandes, für dessen Sendung auch unsere evangelische Kirche Gott dem Herrn nicht genug danken kann und immer wieder danken muß – unsere wunderbare nationalsozialistische Revolution mußte auch die Kirche, die Volkskirche in Bewegung setzen. Nun gilt es, in dieser großen Zeitenwende auch die Kirche ganz neu zu bauen. Revolutionszeiten sind harte Zeiten, brutale Zeiten. Sie werden getragen von harten Fäusten, sie vertragen keine Hände mit Glacéhandschuhen. Wer sich nicht

> lösen kann von Vergangenem ..., der ist nicht geschickt zum Neubau unserer evangelischen Kirche in unserem geliebten Volke.«[67]

Grell schloss seine Rede mit den Worten: »Heil Dir, mein Brandenburger Land! Heil Dir, du märkische Provinzialkirche!« Paul fuhr fort: »Und an dieser Stelle, so stellt der Kommentator fest, erhob sich ein Sturm der Begeisterung aus den Reihen der Deutschen Christen, und ein allgemeiner Zuruf erscholl: ›Unserm neuen Superintendenten Grell ein dreifaches Sieg Heil!‹ Eine Welle der Begeisterung droht das Evangelium und die kirchliche Opposition hinwegzuschwemmen!« Gretel blickte aus ihrem Schaukelstuhl hoch und gewahrte Pauls Erregung. «Paul«, meinte sie, »unsere Kirche wandelt sich nach und nach zum unterwürfigen Sklaven der Nazionalsozialistischen Partei. Die meisten unserer Leute haben sich blenden lassen.« – »Warte ab, es gibt noch mehr zu berichten«, fuhr Paul fort und versuchte weiter, den Bericht über die Brandenburger Synode zusammenzufassen. »Dr. Reinhold Krause, einer der Führer der Berliner Deutschen Christen, machte den Vorschlag, den Arierparagraphen in der Kirche anzuwenden. Gerhard Jacobi von der Gruppe ›Evangelium und Kirche‹ antwortete ihm: ›Das würde dem Wesen der Kirche widersprechen. Wir lehnen deshalb jeden Versuch, die Anwendung des Arierparagraphen auf die Kirche auszudehnen, ab.‹ Diese kategorische Zurückweisung kam bei den Zuhörern schlecht an. Seine Bemerkungen ernteten rohes Gelächter und Buhrufe.« Pauls Stimme klang immer ärgerlicher und aufgeregter. »Die Synode nahm Krauses Vorschlag zur Anwendung des Arierparagraphen in der Kirche mit 133 zu 48 Stimmen an. Wie schon am Singfest in Gödenroth vorhergesagt wurde, ist Joachim Hossenfelder, der fanatische Leiter der Deutschen Christen in Berlin, Bischof von Brandenburg geworden. Ich bin nur froh, dass ich mich von den Deutschen Christen distanziert habe.« – Am 6. September verfügte die Allgemeine Synode der Altpreußischen Union, die Synode, der Pauls Gemeinden angehörten, dass es hinfort keine nichtarischen Pfarrer und Verwaltungsbeamte mehr in ihren Reihen geben dürfe. Nichtarier und solche, die mit Nichtariern verheiratet seien, müssten entlassen bzw. zwangspensioniert werden. »Da haben wir es«, bemerkte Paul, »meine Amtsbrüder beim

Singfest haben recht gehabt. Die politischen Ziele des Staates werden der Kirche übergestülpt. Unsere Berliner Freunde berichten, dass Jochen Klepper und seine Frau Hanni im kleinen Kreis von Vertrauten erwogen haben, sich scheiden zu lassen. Hanni argumentiert als Jüdin, dass die publizistische Karriere ihres Mannes beim Ullstein-Verlag nicht behindert würde, wenn er nicht mit ihr verheiratet wäre; und Jochen Klepper selbst gibt zu, er würde seine Frau finanziell besser versorgen können, wenn sie sich trennten. Aber es heißt, dass ihre Liebe zueinander so groß sei, dass sie Entbehrungen einer Scheidung vorzögen.« [Am 11. Dezember 1942 verübten Jochen Klepper, seine Frau und seine Stieftochter Selbstmord, unmittelbar bevor Hanni und Renate Klepper ins KZ abtransportiert werden sollten.] – Am 11. September entstand als Antwort auf die Verfügung der Altpreußischen Union vom 6.9. ein Plan, innerhalb der Kirche einen Bund zu bilden, der den alten evangelischen Glaubenssätzen treu bleiben und sich allen Versuchen der Deutschen Christen widersetzen würde, die Kirche in den politischen Rahmen des Nationalsozialismus einzufügen. An diesem Tag wurde in Berlin der Pfarrernotbund gegründet, und an diesem Tag richtete die Rheinprovinz in Essen eine Bruderschaft ein, die sich an alle Pastoren im Rheinland wandte mit dem Ersuchen, geistigen, gewaltfreien Widerstand zu leisten in Wort und Tat, mit allgemeinem Protest und mit Predigten, mit öffentlicher Unterstützung Verfolgter und finanzieller und materieller Hilfe für diejenigen, die durch die Anwendung des Arierparagraphen diskriminiert würden. –
Paul und Gretel verfolgten auch mit großem Interesse und wachsendem Unmut den Verlauf der Hundertjahrfeier der Gründung des Rauhen Hauses durch Johann Hinrich Wichern, die vom 9.–16. September in Hamburg abgehalten wurde.

Paul las stirnrunzelnd die folgende Nachricht: »Pfarrer Hermann Büchsel wurde aufgefordert, auf sein Amt als Vorsitzender des Diakoniewerks zu verzichten zugunsten von Pfarrer Wilhelm Philipps aus Berlin.« Er seufzte: »Jetzt sind dort auch die Deutschen Christen am Ruder. Büchsel war ein guter Mann, Philipps ist ein Instrument von Hossenfelder. Und solche Meinungen sind bei dem Treffen geäußert worden: Die Arbeit der Mission dürfe sich nicht auf Kranke

und Behinderte beschränken. Die Sorge für die Kranken dürfe nicht die Sorge für die Gesunden beeinträchtigen. In Zukunft müssten Rasse, Blut und Erbmasse unsern Dienst an unserm Volk bestimmen. – Und schau dir diese Bilder an, Gretel!« Paul wies auf die Zeitung: Dutzende von Hakenkreuzfahnen schmückten den Raum; und viele Delegierte trugen die braune Uniform der SA. »Die übelste Rede jedoch«, meinte Paul, »und der größte Verrat an Wicherns Prinzipien ist die Rede von Horst Schirmacher. Er begrüßte seine Gäste als SA Jesu Christi und SS der Kirche und nannte sie tapfere Sturmabteilungen und Schutzstaffeln im Kampf gegen Entbehrung, Elend und Verzweiflung, gegen Sünde und Zerstörung. Vielleicht sei es vor allem den geehrten ausländischen Anwesenden noch nicht ganz klar, dass in Deutschland Evangelischer Diakoniedienst und Nationalsozialismus zusammengehörten. Der echte Nationalsozialist sei evangelisch, und der aufrechte evangelische Christ sei Nationalsozialist. Deshalb appellierte Schirmacher an alle Brüder, so schnell wie möglich Mitglieder der NS-Organisationen zu werden, dort könne man am besten in echtem Kameradschaftsgeist der Nation dienen. Gerade die jüngeren Mitglieder der verschiedenen Sparten sollten geschlossen der SA beitreten. Friedrich Bodelschwingh der Ältere [der Begründer der Anstalt in Bethel] hatte befürwortet, dass seine Mitarbeiter blaue Schürzen trugen. Die blaue Schürze solle beibehalten werden, aber darunter sollten alle das braune Hemd tragen. Große Dinge erwarte man von ihnen, rief er den Anwesenden zu, vor ihnen liege ein weites Feld für Arbeit und Kampf. Schirmachers ›Auf, Brüder, zum Angriff! Sieg Heil‹ beendete die Rede. Wie kann man auch nur annähernd Wicherns Prinzipien mit dem Inhalt dieser Rede in Einklang bringen?« –
Die beiden warteten gespannt auf die Stellungnahme der Marburger Theologischen Fakultät zur Gültigkeit des Arierparagraphen für die Kirche. Sie erschien am 20. September 1933. Paul war erleichtert, als er sie las. »Hör zu, Gretel:

›... Daß die Botschaft von Jesus Christus als dem Heiland der Welt an alle Völker und somit auch an alle Rassen gerichtet ist, und daß demgemäß alle, die ihr glauben und auf sie getauft werden, zur Kirche Christi gehören, ist unbestritten (Apostelgeschichte 10,

13 f.; Galater 3, 28). Die Glieder der Kirche sind untereinander Brüder. Der Begriff des Bruders schließt jede Rechtsungleichheit ebenso wie überhaupt jede in irdischen Verhältnissen vermeidbare Geschiedenheit aus. ... Die gesamte Kirchengeschichte wie das Staats- und Kirchenrecht aller Völker kennt bisher den Begriff des Juden nicht im Sinne der Rasse, sondern ausschließlich in dem der Konfession, also als den des Juden, der in Jesus nicht den Christus Gottes erkennt. Der Jude, der im Gesetz und den Propheten seines Volkes die Weissagung auf Christus erkennt, sich bekehrt und taufen läßt, ist für die Kirche nicht mehr Jude, und von seiten der Kirche sind auch staatsbürgerrechtliche Beschränkungen für den getauften Juden niemals vertreten worden. ...
Erkennt man in dem Apostel Paulus ›das erwählte Rüstzeug‹ des Herrn Jesu Christi (Apg. 9, 15), so verletzt es sein Evangelium, das auch das Evangelium Luthers ist, im Herzpunkt, dergleichen Scheidungen anzuerkennen oder einzuführen. ...
Es ist unbestreitbar, daß Gott sein Wort in der Welt nicht nur im Alten, sondern auch im Neuen Testament durch Juden verkündigt und seinen Sohn aus den Juden erwählt hat. Die Versuche, in Jesus einen arischen Menschen zu erkennen, sind ohne jede geschichtliche Grundlage und bleiben zudem wirkungslos, da seine Botschaft Gesetz und Propheten der Juden als Gottes Offenbarung voraussetzt und seine Apostel jedenfalls Juden waren. Seiner Geburt aus Davids Stamm mit dem Hinweis auf seine Gottessohnschaft die heilsgeschichtliche Bedeutung absprechen heißt den Glaubenssinn der Gottessohnschaft völlig mißverstehen. Aus der Kreuzigung Jesu durch das jüdische Volk einen Grund für die Entrechtung von Christen jüdischer Abstammung zu machen, ist pharisäische Verirrung.«[68]

»Nun, Paul«, meinte Gretel, »du kannst stolz auf deine alma mater sein, dass sie sich weder durch staatlichen Druck noch durch die Deutschen Christen hat einschüchtern lassen.« – »Es wird interessant sein zu sehen, wie die Erlanger Universität reagiert«, sagte Paul. »Gerd Held erzählte mir, dass diese Universität auch eine Stellungnahme veröffentlichen will.«

Noch vor der Erlanger Universität reagierte eine Gruppe von prominenten Theologen am 23. September in Form einer eigenen Stellungnahme, die sie selbst unterzeichnet hatten. »Ich bin sehr froh, Gretel, dass sich nicht alle deutschen Theologen von den Deutschen Christen haben mundtot machen lassen. Wenigstens die Theologen, vor denen wir die größte Achtung haben, haben eine solide biblische Einstellung bewahrt. Das sind deutliche Worte.« Und dann las ihr Paul vor, dass »nach dem Neuen Testament die christliche Kirche eine Kirche aus ›Juden und Heiden‹« sei, »die sich sichtbar in einer Gemeinde zusammenfinden«; dass für die Zugehörigkeit zu dieser Gemeinde »allein die Taufe und der Glaube« maßgebend sei und dass auch »zu kirchlichen Amtsträgern Juden und Heiden in grundsätzlich gleicher Weise geeignet« seien. Die Theologen zitierten in dem Zusammmenhang die entsprechenden Stellen des Neuen Testaments und zeigten sich entschlossen, dass in der christlichen Kirche, in ihrer Lehre und ihrer Verwaltung an diesen biblischen Wahrheiten festgehalten werden müsse.[69] Gretel lächelte und nickte zustimmend, während Paul nach Beendigung seiner Lektüre ein begeistertes »Amen und Amen!« hervorbrachte.

Getreu seinem Wort, Arbeitsplätze für die deutschen Arbeiter zu schaffen, tat Hitler am Samstag, dem 23. September 1933, den ersten Spatenstich, um ein Programm zu starten, das dem Bau der deutschen Autobahn gewidmet war. Pauls Herz hatte immer für den Arbeiter geschlagen, und so war er beeindruckt von der Hitlerschen Initiative. Vor einem Heer von Arbeitern, die nur darauf warteten, ihre Schaufeln zu betätigen, forderte Hitler zum Beginn der Arbeiten auf. Die Autobahnen würden ein gewaltiges Werk werden und zugleich Zeugnis ablegen vom Fleiß, vom Können und von der Entschlossenheit der deutschen Arbeiter.

»Paul, Gerhard Weigel will dich sprechen«, kündete Gretel auf der Schwelle zu Pauls Arbeitszimmer an. »Schön, dich wiederzusehen, Gerhard«, hieß Paul seinen Gast an der Zimmertür willkommen. »Komm, nimm Platz. Gretel, hast du Kaffee und Apfelkuchen für uns?« Die zwei machten es sich in dem gemütlichen Arbeitszimmer bequem. Gerhard holte die Stellungnahme der Erlanger Universität zum Arierparagraphen aus der Aktentasche. »Hast du das schon gelesen?« – »Noch nicht. Hier auf dem Lande sind wir immer etwas später dran.« – »Dies ist enttäuschend, Paul«, sagte Gerhard, »enttäuschend und regelrecht ketzerisch. Diese Stellungnahme macht deutlich, dass sich die herrschende politische Philosophie an den Universitäten breit macht.« Und er begann zu lesen:

»... Das deutsche Volk empfindet heute die Juden in seiner Mitte mehr denn je als fremdes Volkstum. ... Im Ringen um die Erneuerung unseres Volkes schließt der neue Staat Männer jüdischer oder halbjüdischer Abstammung von führenden Ämtern aus. Die Kirche ... weiß sich selber in der gegenwärtigen Lage zu neuer Besinnung auf ihre Aufgabe, Volkskirche in Deutschland zu sein, gerufen. ... Für die Stellung der Kirche im Volksleben und für die Erfüllung ihrer Aufgabe würde in der jetzigen Lage die Besetzung ihrer Ämter mit Judenstämmigen im allgemeinen eine schwere Belastung und Hemmung bedeuten. Die Kirche muß daher die Zurückhaltung ihrer Judenchristen von den Ämtern fordern.«[70]

Paul folgte Gerhards Worten, wie der nun aufgeregt fortfuhr: »Paul, der Arierparagraph und die Deutschen Christen spalten die Deutsche Evangelische Kirche. Es gibt immer noch viel Erbitterung wegen der Beschuldigungen und Gegendarstellungen aus den Tagen des Wahlkampfes. Die Anhänger Bodelschwinghs wollen Ludwig Müller nicht unterstützen; die Jungreformatorische Bewegung unter Niemöller wird niemals mit den Deutschen Christen übereinstimmen; und nun zerstreiten sich die theologischen Fakultäten der Universitäten. Hast du eine Abschrift des Briefes von Pfarrer Karl Immer aus Barmen bekommen?« – »Ja«, antwortete Paul. »Immers Brief vom 21. September spricht davon, dass eine Reihe von reformierten Pfarrern aus dem Rheinland und aus Westfalen bereit sind, getrennte und unabhängige Konferenzen einzurichten, um zu verhindern, dass sie vereinnahmt werden von den Deutschen Christen, die unter Müllers Führung zweifelsohne die Kontrolle über die neuorganisierte Reichskirche übernehmen werden. Vielleicht können wir vom 10.–12.

Oktober an der Elberfelder Theologischen Woche teilnehmen. In der Zeit hofft Immer, die reformierten Gemeinden von Westfalen und dem Rheinland zu einem großen Bund zusammenzufassen. Und diese Ankündigung aus Berlin, die Martin Niemöller verschickt hat, habe ich kürzlich bekommen.« Damit händigte Paul Gerhard einen Zettel mit einer kurzen maschinengeschriebenen Botschaft aus. Gerhard las:

»... Gegenüber den Deutschen Christen haben die kirchlichen ›Führer‹ und Behörden ... versagt. ... Unter diesen Eindrücken entstand unter vielen ernstgesinnten Amtsbrüdern eine böse Verzagtheit. ... Um dieser Not willen haben wir einen ›Notbund‹ von Pfarrern ins Leben gerufen, die sich gegenseitig durch schriftliche Erklärung ihr Wort gegeben haben, sich für ihre Verkündigung nur an die Heilige Schrift und an die Bekenntnisse der Reformation zu binden ... und sich der Not derjenigen Brüder, die darunter leiden müssen, nach bestem Vermögen anzunehmen.«[71]

»Ja, das habe ich auch bekommen«, sagte Gerhard. »Was soll aus der neuen Reichskirche mit einem Reichsbischof an der Spitze werden, wenn sich getrennte Körperschaften innerhalb der Kirche bilden, die in erkärter Opposition zur Leitung stehen?« – »Aber Gerhard«, fiel ihm Paul ins Wort. »Wir können doch die Kirche nicht den Deutschen Christen überlassen.« – »Das ist mir schon klar«, erwiderte Gerhard. »Es ist eine Fiktion, noch von einer Deutschen Evangelischen Reichskirche zu sprechen.« Paul dachte nach. Dann sagte er: »Nun da die Verwaltung der Kirche in die Hände der Deutschen Christen geraten ist, sind einige unserer Brüder für eine vollständige Trennung von der Reichskirche. Vielleicht sollten wir es ähnlich machen wie die Wiedertäufer im 16. Jahrhundert: nur bekennende Gläubige zu unseren Gemeinden zulassen und die Gemeinden ohne staatliche Unterstützung sich selbst finanzieren lassen.« Gerhard schaute Paul erstaunt an. »Du hast in der Tat radikale Vorstellungen«, sagte er. »Aber andererseits«, meinte Paul, indem er das Pendel zurückschwingen ließ, »können wir die Kirche nicht einfach den Deutschen Christen überlassen. Karl Barth hat wohl recht, wenn er sagt, dass wir in dieser

Kirche sind, auch wenn sie von Häretikern verwaltet wird. Deshalb sollten wir nicht aussteigen. Wir bauen die wahre Kirche innerhalb der Kirche. Wir steigen nicht aus! Unsere Gegner müssen uns schon rauswerfen! Lass uns mehr Informationen erbitten von Niemöller und Immer, was sie vorhaben.«

Gerhard stimmte zu und verabschiedete sich. Auf dem Weg nach draußen trafen sie Gretel, die mit den Kindern im Garten war. Gerhard bedankte sich für den Kaffee und den vorzüglichen Apfelkuchen und bat sie, ihm beim nächsten Besuch das Rezept für seine Frau mitzugeben. »Ich fahre nach Wittenberg zur Reichssynode. Wenn ihr wollt, kommen Gisela und ich am Samstagnachmittag vorbei und erzählen euch, was es gegeben hat.« – »Eine gute Idee«, erwiderte Paul begeistert. »Dann also bis Samstag.« –

Am Samstag, dem 30. September, kamen Gerhard und seine Frau zu Paul und Gretel. Sie saßen zusammen auf den rot gestrichenen Gartenstühlen, und Gerhard sprach von seinen Eindrücken als Beobachter auf der Reichssynode, die am 27./28. September in Wittenberg stattgefunden hatte.

»Also, ihr könnt euch nicht vorstellen, wie symbolhaft der Gegensatz und wie prophetisch im Hinblick auf eine Spaltung die Eröffnungszeremonie war. Die Mehrheit der Delegierten waren Deutsche Christen und erschienen natürlich in SA-Uniform, die Minderheit von der Evangeliums- und Kirchenpartei im Talar. Von der Stadtkirche und dem Marktplatz aus bewegte sich die Prozession in zwei Reihen die Collegien- und Schlossstraße entlang, auf demselben Weg, den Luther 416 Jahre vorher gegangen war, um an der Schlosskirche seine 95 Thesen anzuschlagen. Ich schob mich durch die Massen der Zuschauer, um zu sehen, wie die Prozession das Thesenportal durchschritt. Unter den Zuschauern am Straßenrand sah ich auch die, die nicht mitmachen wollten: Niemöller, Bonhoeffer, Jacobi, Hildebrandt und andere. Sie verteilten Flugblätter an die Menge, die die Straße säumte.«

Gerhard fuhr fort: »Den in Wittenberg versammelten Massen und den anwesenden ausländischen Presseleuten blieb nicht verborgen, dass diese Synode nicht alle evangelischen Christen in Deutschland vertrat. Niemöller konnte schon die Unterschriften von mehr als

1300 Pfarrern nachweisen, die den Pfarrernotbund unterstützen, und das ohne die Abweichler in Westfalen, die ihren eigenen Bund haben. Und eins sollten wir nicht außer Acht lassen«, ergänzte Gerhard, »die Synode hat nicht die Anwendung des Arierparagraphen in der Kirche vorgeschlagen! Offensichtlich hat die Warnung des Außenministers von Neurath an Müller bezüglich des negativen Einflusses einer solchen Maßnahme auf das Bild der Deutschen im Ausland doch bewirkt, dass Müller die radikalsten unter den Deutschen Christen zurückgepfiffen hat. In diesem Punkt musste sich Hossenfelder eindeutig geschlagen geben. Der Bruch zeigte sich auf der Synode am deutlichsten bei der Rede des Superintendenten Karl Koch von Westfalen, von einer der wenigen Landeskirchen, wo die Deutschen Christen noch nicht die Mehrheit haben. Von Seiten der Delegierten der Deutschen Christen kamen Rufe wie ›Pfui‹, ›Mund halten!‹ oder ›Aufhören!‹ Die Stimme des Superintendenten konnte sich nicht mehr durchsetzen. So verließ er die Kanzel und den Kirchenraum, gefolgt von den Delegierten der Evangeliums- und Kirchenpartei.« Paul warf ein: »Aber dadurch haben sie doch die Synode ganz und gar den Deutschen Christen ausgeliefert.« – »Das stimmt, Paul. Aber unsere Delegation wäre ohnehin dauernd überstimmt worden. Es war besser, durch diesen öffentlichen Boykott unsere Missbilligung der Vorgänge zu demonstrieren und den Bruch innerhalb der Kirche zu dokumentieren, als in einem Gremium auszuharren, das einem so fremd im Geiste war. Was mir hingegen Sorge bereitet«, fügte Gerhard hinzu, »sind unsere Theologiestudenten. Die Deutschen Christen scheinen die Schlacht zu gewinnen, in der es darum geht, die Seminare zu kontrollieren. Der Landesbischof von Sachsen, Friedrich Coch, hatte eine 110 Mann starke Gruppe von Theologiestudenten in SA-Uniform zusammengebracht, die während der ganzen Feierlichkeit in der Kirche das Kirchenschiff umstellt hatte. Diese Sturmabteilung junger Theologen sollte den neuen Geist der Deutschen Evangelischen Kirche symbolisieren. Und zusätzlich marschierten 16 000 christliche junge Leute an Ludwig Müller vorbei, zu einer Musik, die schwerlich zur Bergpredigt passte. In Uniformen, mit Fahnen und Wimpeln, salutierten sie vor Bischof Müller. Dann erwies Dr. Stange, der Führer der neuen Evangelischen Reichsjugend,

Bischof Müller seine Reverenz. Er sagte, dass Müller die Jugend der Nation für die Sache der Reformation zurückgewonnen habe und dass wir unseren kirchlichen Vorgesetzten dankbar sein müssten dafür, dass der Reichsbischof bereit gewesen sei, diese Aufgabe aus den Händen Gottes zu empfangen. ›Seien Sie gewiss‹, fuhr Stange fort, ›dass Gebete und Fürbitten für Sie aus diesen jungen Herzen emporsteigen. Und tief, tief im Herzen dieser Jugend klingt unser Gruß an Sie: Sieg Heil!‹ Dann wandte in der Zeremonie an Luthers Grab im Schiff der Schlosskirche Hossenfelder sich an Ludwig Müller und rief: ›Mein Reichsbischof, ich grüße Sie!‹ Einer von Bonhoeffers Freunden stand in meiner Nähe und antwortete deutlich hörbar: ›Jetzt glaube ich an die Realrotation der Gebeine Luthers, denn die müssen heftig rotieren bei dem, was da an der Wiege der Reformation gesagt wird!‹« [72]

Gretel, Gisela und Paul hatten sehr aufmerksam zugehört, und Gerhard fuhr fort: »Abschließend sagte der Reichsbischof zu der Versammlung: ›Die alte Zeit ist zu Ende; eine neue Zeit hat begonnen. Der Kirchenkampf ist vorüber; es beginnt der Kampf um die Seelen eures Volkes.‹ Bonhoeffer und seine Berliner Getreuen saßen auf der Empore. Als Müller vom Ende des Kirchenkampfes sprach, lachte Bonhoeffer einmal kurz laut auf. Ich kann euch nicht sagen, wie seltsam mir zumute war, als am Abend des 28. September die Reichssynode mit einem gewaltigen Fackelzug offiziell zu Ende ging. Da standen wir nun, Unmengen von Leuten, auf dem Marktplatz von Wittenberg, unter den Statuen von Luther und Melanchthon. Das SA-Lied wurde von Tausenden von Mitchristen und Pfarrerkollegen gesungen, während sie, dem Beispiel des Reichsbischofs folgend, strammstanden, mit zum Hitlergruß erhobenen Armen. Und dann wurde in diesem Rahmen – zu meinem absoluten Kummer – das große Glaubensbekenntnis ›Ein' feste Burg ist unser Gott‹ gesungen. Ich konnte nicht anders, ich musste mich aus dieser Travestie zurückziehen. Hier, in dieser Stadt Wittenberg, wurde im 450. Jahr nach seiner Geburt und 416 Jahre nach seinem Thesenanschlag der große Reformator selbst zu politischer Propaganda missbraucht, und die neue Leitung der Reichskirche gab ihren Segen zu dieser Verfälschung der Geschichte.« –

Es war an einem Tag Anfang Oktober 1933. Paul hatte mit Angelegenheiten seiner Gemeinden zu tun, Gretel und Sophie beschäftigten sich mit dem Haushalt und den Kindern. Das Herbstwetter war mild – eine herrliche Jahreszeit in der freien Landschaft um Hochelheim und Dornholzhausen.

An diesem Tag erschien ein Artikel in der deutschen Presse: »Stabchef Röhm gegen das Muckertum.« Es gab innerhalb der NSDAP, zumindesten in ihren frühen Jahren, etliche, die sich für streng moralisches Verhalten einsetzten – bis hin zur Übertreibung einer solchen Haltung. Es gab einen Hang zum »Puritanischen« unter einigen Parteimitgliedern – sehr zum Leidwesen von Leuten wie Göring, Goebbels und Röhm. Einige Pfarrer sorgten sogar dafür, dass ihre Pfarrkinder in die SA eintraten, um in der Partei einen christlichen Sauerteig zu bilden, der schließlich, so hoffte man, alles durchdringen würde. Röhm machte es sich zur Aufgabe, einen Artikel mit kaum verhüllter Kritik an dem »Muckertum« zu verfassen, an den Menschen, die den mehr hedonistischen und epikureischen Parteimitgliedern den Spaß verderben wollten. Paul las den Zeitungsartikel vor:

»Der Stabchef der S.A. Röhm hat einen Aufruf ergehen lassen, der sich gegen das Muckertum richtet. Daß dieses in letzter Zeit geradezu Orgien feiere, sei unbestreitbar. So würden z. B. für den Anzug und das Verhalten in Badeanstalten die unsinnigsten Bestimmungen gefordert. Der deutschen Frau werde verboten, sich zu pudern und in Lokalen zu rauchen. In den Großstädten sollten alle irgendwie aus dem Spießerrahmen fallenden Vergnügungsstätten ausgerottet werden. Dies alles geschehe angeblich im Gefühl heiliger Verantwortung für das Wohl des Volkes.
Auch in der jüngsten Zeit lägen neue Meldungen vor, daß auch S.A.- und S.S.-Führer und -Männer sich öffentlich zu Moralrichtern aufwürfen und weibliche Personen in Badeanstalten, Gaststätten oder auf der Straße belästigt hätten. Es müsse einmal eindeutig festgestellt werden, daß die deutsche Revolution nicht von Spießern, Muckern und Sittlichkeitsaposteln gewonnen worden sei, sondern von revolutionären Kämpfern. Diese allein würden sie auch sichern.

Die Aufgabe der S.A. bestehe nicht darin, über Anzug, Gesichtspflege oder Keuschheit anderer zu wachen, sondern Deutschland durch ihre freie und revolutionäre Kampfgesinnung hoch zu reißen. Er verbiete daher sämtlichen Führern und Männern der S.A. und S.S., ihre Aktivität auf diesem Boden einzusetzen und sich zum Handlanger verschrobener Moralästheten herzugeben.«[73]

»Kannst du dir vorstellen, Gretel«, äußerte Paul ärgerlich, »dass ein verantwortungsbewusster politischer Führer so etwas von sich gibt? Solche Worte sind doch ein Angriff auf die konservative Einstellung und eine Einladung und Ermutigung, sich den Baalsverehrern anzuschließen. Offensichtlich hat Röhm Hitlers Antrittsrede schon vergessen, wo der Reichskanzler ausführte, dass die nationale Regierung die Kirchen als wichtigste Faktoren betrachte, wenn es darum gehe, die Moral der Nation zu heben und zu bewahren. Wie kann der Kanzler, der sich selbst des Alkohols und des Nikotins enthält, der bescheiden lebt und sehr einfache Bedürfnisse hat, einen Hedonisten wie Röhm in seiner Umgebung dulden? Ich hoffe nur, dass irgend jemand Röhms Flügel stutzt.«

Tage vergingen. Jeden Morgen forschte Paul in der Presse nach einer Replik auf Röhms Ausführungen seitens irgendeines Regierungsmitglieds oder eines kirchlichen Offiziellen. Niemand kümmerte sich darum. War das ganze Land eingeschüchtert oder nur völlig gleichgültig? Schließlich wollte Paul nicht länger warten. Er beschloss, dass er selbst Röhm antworten müsse, und zwar in der Predigt und in einer schriftlichen Stellungnahme, die er im Bekanntmachungskasten an der Mauer unmittelbar am Pfarrhaus aushängen würde.

Am Sonntag, dem 1. Oktober, las er seinen Protest gegen Röhms Schmähschrift der Gemeinde in Dornholzhausen vor und am Sonntag, dem 8. Oktober, seiner Gemeinde in Hochelheim:

»In den Zeitungen wurde ein Aufruf des Stabschef Röhm veröffentlicht ›Gegen das Muckertum‹. Darin spricht dieser Mann auf hochstehendem Posten, der Anspruch erhebt, von der nationalsozialistischen Jugend, insbesondere von der SA gehört zu werden, sich gegen die Geltung von sittlichen Grundsätzen und gegen das

Eintreten dafür in unserem Volksleben in einer Weise aus, daß man vom Standpunkt evangelischen Glaubens nur aufs schärfste gegen Geist und Inhalt dieses Aufrufs protestieren kann. Wenn Stabschef Röhm meint, daß der Aufbau unseres Volkes und die Aufgabe der SA nichts mit Sittlichkeit und Keuschheit zu tun habe, und wenn er von diesen Dingen als von ›verschrobenen Moralstützen‹ spricht, so irrt er und hat mit diesem Aufrufe unserem Volk einen schlechten Dienst geleistet.«

»Paul, das willst du doch wohl nicht ans Anschlagbrett heften?«, fragte Gretel. »Da kann es doch jeder Vorübergehende sehen und lesen.« – »Genau deshalb muss es dort ausgehängt werden, Gretel. Auch die, die nicht zum Gottesdienst kommen, sollen Bescheid wissen.« – Drei Tage später antwortete Paul auch auf eine Erklärung des Hitlerjugendführers Willy Groß aus dem benachbarten Limburg. In dem Durcheinander um die Eingliederung der nationalen Jugendgruppen unter die Oberleitung der HJ stellten einige HJ-Führer Ansprüche, die ihnen laut früheren Vereinbarungen nicht zustanden. Paul schrieb deshalb:

»Hochelheim, d. 11. Oktober 1933

Der von Oberjungbannführer Gross, Limburg, veröffentlichte Aufruf … richtet sich ganz einseitig gegen die konfessionelle Jugendarbeit und widerstreitet dem Geist und Inhalt der Abmachungen des Evangelischen Jugendwerkes mit der Leitung der Hitlerjugend. Der Aufruf enthält die unrichtige Behauptung, daß die evangelische Jugend nicht mehr Geländespiele treiben und marschieren dürfe. … Bis zum heutigen Tag sind Geländespiele und Marsch erlaubt und gepflegt …
Wir sind in einem konfessionellen Jugendverband, weil wir uns nicht nur als deutsche, sondern auch als christliche Jugend wissen und als solche Ernst machen möchten … in der Nachfolge unseres Heilandes Jesus Christus … Dann werden wir auch gute Deutsche sein.
Eine klare charaktervolle evangelisch-christliche Erziehung vermag die Hitlerjugend als solche allein nicht zu geben. … Wir

möchten gern in Frieden und Freundschaft mit der Hitlerjugend leben. ... Sieg Heil! Schneider, Pfr.«[74]

»Paul, beide Klagen im Bekanntmachungskasten?«, sagte Gretel. »Das gibt Probleme mit der Ortsgruppenleitung der NSDAP.« – »Ja, ich weiß«, entgegnete Paul, »aber wir müssen es einfach wagen, gegen jeglichen Versuch anzugehen, unsere christlichen Jugendorganisationen kaputtzumachen.« – »Aber Paul«, fiel ihm Gretel ins Wort, »Baldur von Schirach selbst hat erst kürzlich seine Absicht bekanntgegeben, alle christlichen Gruppen in die HJ zu integrieren. Der Limburger HJ-Führer hat also nur ausgesprochen, was ohnehin bald Realität wird.« – »Noch ist es nicht Realität, Gretel«, erwiderte ihr Paul. –

Pauls Protest gegen Röhm und Groß hing noch nicht lange im Kasten, als es an der Pfarrhaustür klopfte. Von seinem Schreibtisch aus hatte Paul ein Motorrad vorfahren hören. Er vernahm, dass Sophie mit dem Motorradfahrer in SA-Uniform sprach, während sie ihn zu Pauls Zimmer führte.

»Pfarrer Schneider, ich bin Alfred Jung. Mein Besuch erfolgt aufgrund eines Befehls meines Vorgesetzten Mehl.« Und er händigte Paul ein Schreiben aus. Paul öffnete den Umschlag, nahm den Brief heraus und las:

»NSDAP Hochelheim, den 10.10.1933
Stützpunkt Hochelheim

Herrn
Pfarrer Schneider, Hochelheim In
dem Aushängekasten der Kirchengemeinde haben Sie zwei Proteste betr. Stabschef Röhm und Hitlerjugend veröffentlicht, deren Inhalt geeignet ist, Unruhe und Mißverständnisse unter der Bevölkerung hervorzurufen. Ich bitte Sie daher, dieselben sofort aus dem Kasten zu entfernen und dem Überbringer dieses Schreibens auszuhändigen.
Für die Zukunft bitte ich Sie, Schriftstücke politischer Art vor der Veröffentlichung mir vorzulegen.

Heil Hitler!
Mehl, Stützpunktleiter«[75]

»Entschuldigung, Herr Jung, aber ich kann dem Ersuchen von Stützpunktleiter Mehl nicht entsprechen. Die Öffentlichkeit hat ein Anrecht auf Information in dieser Angelegenheit.« – »Ich werde dem Stützpunktleiter über Ihre Entscheidung Mitteilung machen.« – »Sie haben Ihre Anweisungen, Herr Jung, und ich habe mein Gewissen.«

Am 11. Oktober schickte die Ortsgruppenleitung in Hochelheim einen Brief an die NSDAP-Kreisleitung in Wetzlar – »betr. Aushänge im Nachrichtenkasten der Kirchengemeinde Hochelheim durch Pfarrer Schneider«:

> »... übersende ich Ihnen anbei die beiden von Pfarrer Schneider hier veröffentlichten Proteste ....
> Pfarrer Schneider weigerte sich allerdings, meiner Aufforderung nachzukommen. Ich versuchte darauf die Kreisleitung anzurufen, bekam aber keine Antwort. ... Ich wollte nicht eigenmächtig handeln, sondern erst von dort Instruktion einholen.
> Da aber ... die Proteste sofort verschwinden mußten, um kein weiteres öffentliches Ärgernis zu erregen, ließ ich nach Mitteilung an Pfarrer Schneider durch SA-Scharführer Jung den verschlossenen Kasten abhängen und in meine Wohnung bringen. Nach Rücksprache mit Pg. Petry habe ich dann den Kasten gewaltsam geöffnet und die beiden Schreiben herausgenommen. Eine Beschädigung an dem Kasten ist nicht erfolgt, da ich am Schloß nur einige Holzschrauben zu lösen brauchte. Den Kasten habe ich wieder an Pfarrer Schneider, da Eigentum der Kirchengemeinde, abliefern lassen.«[76]

Als nächstes wurde das Landratsamt über die Sache informiert, und dieses wiederum berichtete an das Konsistorium der Evangelischen Kirche im Rheinland nach Koblenz. Was Paul nicht wusste: Seine eigenen Kirchenvorgesetzten verteidigten ihn nicht, sondern versuchten stattdessen, Ärger mit den Nazis zu vermeiden. Im Protokoll des Konsistorialbüros von Koblenz vom 12. Oktober steht:

> »Ass. [Assessor] Engfer teilte nun in diesem Gespräch mit, daß die NSDAP verlange, den Pfarrer Schneider sofort in Schutzhaft zu

nehmen. Um durch die Inhaftierung die Autorität des Pfr. Schn. in seiner Gemeinde für die Zukunft nicht zu untergraben, bittet das Landratsamt, den Pfr. bis zur Aufklärung der Sache zu beurlauben. Anruf wird erbeten bis 4 ½ im Landratsamt: Wetzlar Nr. 2046, nach 4 ½ Ass. Engfer: Wetzlar Nr. 2411.«[77]

Um die Bedeutung der Affäre Schneider zu betonen, rief das Wetzlarer Büro noch einmal beim Konsistorium in Koblenz an. Dazu gibt es folgende Aktennotiz:

»... [Der Landratsvertreter] rief mich ... um 16 ¾ noch einmal an. Er gab zu dem bisher Mitgeteilten folgende Ergänzung: Die Forderung der Schutzhaft ... sei erforderlich zur Abwendung persönlicher Gefahr, die Pfarrer Schneider wegen der Erregung der Bevölkerung drohte. Wenn das Konsistorium nicht sogleich über die Beurlaubung verfügen könne, wäre die Schutzhaft nicht zu vermeiden. Ich sagte daraufhin die Beurlaubung zu. Um 17.10 Uhr setzte ich mich mit Superintendent Wieber-Garbenheim fernmündlich in Verbindung. Er hatte auch bereits von der Sache gehört. Pfarrer Schneider sei, wie ihm schon von verschiedenen Seiten wiederholt ausgesprochen sei, zwar guten Willens, aber sehr unvorsichtig und taktlos. Ich gab Superintendent Wieber den Auftrag, unverzüglich fernmündlich oder durch persönliches Aufsuchen Schneiders diesem seine sofortige Beurlaubung zur Abwendung der Schutzhaft auszusprechen und ihn zu einer Aussprache auf Freitag, den 13. ds. Mts., hierher zu bestellen. Superintendent Wieber, der sich der Bedeutung der Sache durchaus klar war, sagte die sofortige Erledigung meines Auftrages zu.
Siebert«[78]

Am Nachmittag des 12. Oktober stand Otto Schreiber, der im Hochelheimer Postamt für die Vermittlung von Telefongesprächen und Telegrammen zuständig war, an der Tür des Pfarrhauses und sagte zu Sophie: »Im Postamt ist Superintendent Wieber aus Garbenheim am Apparat und wünscht Pfarrer Schneider zu sprechen.« – »Der ist nicht zu Hause, Otto; ich kann ja an den Apparat gehen.« –

»Hier ist Sophie Helmes, Pfarrer Schneiders Haushälterin. Pfarrer Schneider und Frau Schneider besuchen Pfarrer Heider in Dorlar. Sie kommen irgendwann am Abend zurück. Kann ich etwas ausrichten?« – »Nein, danke«, antwortete der Superintendent. »Ich muss Pfarrer Schneider persönlich sprechen. Dorlar liegt in der Nähe. Ich werde hinfahren. Vielen Dank, auf Wiederhören.« –

Während Paul und Gretel mit dem Motorrad unterwegs nach Dorlar waren, fing es plötzlich heftig an zu regnen. Der starke Wind blies wahre Regenfahnen gegen Pauls Körper; Gretel war hinter ihm auf dem Rücksitz einigermaßen geschützt. Als sie im Dorlarer Pfarrhaus ankamen, troff Pauls Kleidung nur so, und er bekam etwas zum Wechseln aus Herbert Heiders Kleiderschrank. Alles lachte, als Paul in Herberts Hose erschien. Paul war viel größer als Herbert Heider, und dessen Hose reichte ihm gerade mal bis an die Waden.

Paul und Gretel saßen im Anbau der Dorlarer Kirche zusammen mit Herbert Heider, seiner Frau Heidi und einigen Gemeindemitgliedern und sangen gemeinsam Kirchenlieder. Plötzlich erschien Superintendent Wieber im Raum. Woher wusste er nur, dass Paul in Dorlar war? Er sah Paul etwas merkwürdig an: Was trug er denn für Knickerbocker! Paul wurde rot und verlegen, aber als der Superintendent hörte, was es mit dieser zu kurz geratenen Hose für eine Bewandtnis hatte, lachte er herzhaft mit. Er erklärte auch, dass er von Sophie erfahren habe, wo sich Paul und Gretel aufhielten. »Wir können in mein Arbeitszimmer gehen«, bot Herbert Heider an, und er forderte die Versammelten auf weiterzusingen.

»Mir scheint«, begann Superintendent Wieber, »die Hochelheimer Nationalsozialisten haben Klage gegen Sie geführt wegen der Protestschreiben in Ihrem Bekanntmachungskasten. Die Klage ging ans Landratsamt in Wetzlar und wurde von dort an das Konsistorium in Koblenz weiter gegeben. Konsistorialrat Siebert hat mich angerufen und mich informiert, die einzige Möglichkeit zu vermeiden, dass Sie in Schutzhaft genommen würden, bestünde darin, Sie sofort zu beurlauben.« Paul fuhr hoch: »Wie? Beurlaubung? Schutzhaft? Schutz vor wem?« – »Wie sich die Nazis von Hochelheim ausdrückten«, fuhr Superintendent Wieber fort, »müssen Sie vor der Hochelheimer Bevölkerung geschützt werden, die wegen Ihrer Attacke auf

Röhm gegen Sie aufgebracht sei.« Paul lachte: »Kommen Sie mit nach Hochelheim und sehen Sie sich die aufgebrachte Menge an! Die einzigen Aufgebrachten sind die Nazis, die in Hochelheim noch eine Minderheit darstellen.« – »Wie dem auch sei«, meinte Superintendent Wieber, »Konsistorialrat Siebert hat mich angewiesen, Ihnen mitzuteilen, dass Sie ab sofort beurlaubt sind. Wir können nicht riskieren, dass Sie verhaftet werden, auch wenn die Haft irreführend als Schutzhaft bezeichnet wird.« Paul protestierte: »Aber das Konsistorium der Rheinischen Kirche wird sich doch wohl nicht durch die Nazidrohung einschüchtern lassen! Wenn christliche Pfarrer nicht mehr protestieren dürfen, wenn die öffentliche Moral durch hohe Funktionäre lächerlich gemacht wird, ohne gleich von ihrer eigenen Kirche zur Verantwortung gezogen zu werden, welche Hoffnung besteht dann noch für christliche Ethik in unserer Gesellschaft?« Superintendent Wieber unterbrach ihn: »Ich glaube, Sie haben SA-Chef Röhm missverstanden. Er richtete seine Bemerkungen an seine SA-Leute. Er hatte keine Verunglimpfung der Kirche beabsichtigt. Die Kirche kann nicht verantwortlich sein für die moralischen Prinzipien politischer und paramilitärischer Institutionen. Und im Übrigen hatten Sie kein Recht, allein zu handeln. Einzelne Pfarrer dürfen nicht die Verantwortung übernehmen, offizielle Persönlichkeiten zu kritisieren, ohne sich mit der Kirchenleitung abzustimmen.«

»Aber, Herr Superintendent«, erwiderte Paul, »wo war denn die Kirchenleitung, als sie klar gegen Röhm Stellung hätte beziehen sollen? Röhm nahm ja gerade die christlichen SA-Leute aufs Korn, die Leute, die einen höheren moralischen Standard in der SA durchsetzen wollten. Ich habe tagelang auf den Protest der Kirchenleitung gewartet. Aber da kam ja nichts.« – »Pfarrer Schneider, Sie müssen sich mit dem Gedanken abfinden, dass Sie Pfarrer in einer Kirche sind, die unter einer Kirchenleitung steht. Wir können nicht zulassen, dass jeder einzelne Pfarrer zu irgendeinem Thema, das sich ergibt und das seiner Meinung nach kritisiert werden müsste, seinen Protest äußert. Wie Sie wissen, hat gestern Dr. Heinrich Oberheid sein Amt als Bischof der Rheinischen Kirche angetreten. Bischof Oberheid gehört zur Gruppe der Deutschen Christen und wird darauf bestehen, dass seine Pfarrer größere Begeisterung für die nationalsozialistische Regierung des Reichskanzlers Adolf Hitler an den Tag legen und sich ihr gegenüber loyal verhalten.« – »Wir sind überhaupt nicht glücklich, dass man uns einen Bischof vorgesetzt hat«, dieses Argument brachte Herbert Heider ins Spiel. »Schließlich gab es im Rheinland nie einen Bischof, sondern das Kirchenregiment in Form von Presbytern. Hätten die Deutschen Christen nicht die Wahlen im Juli gewonnen, hätte unser Rheinland seine traditionelle Struktur behalten.« – »Auch ich schätze die traditionelle Form«, pflichtete Superintendent Wieber bei. »Aber wir leben in einer anderen Zeit; Staat und Kirche stehen vor neuen Herausforderungen. Einigkeit ist vonnöten. Wir brauchen ein Volk, einen Führer, eine Kirche.«

Am 13. Oktober betrat Paul das Büro des Konsistoriums in Koblenz. Er war überrascht über das, was er nun sah. Er wusste, dass Bischof Oberheid Mitglied der Deutschen Christen war. Hinter seinem Bürosessel stand der Bischof in SA-Uniform mit Braunhemd und Hakenkreuzbinde. Ein großes Kreuz hing an einer goldenen Kette über einem wohlgenährten Bauch. Paul zögerte. Sollte dieser Mann, selbst SA-Offizier, Pauls Klage gegen den SA-Führer Röhm beurteilen?

»Bitte setzen Sie sich, Pfarrer Schneider. Ich glaube, Sie haben die Absicht des SA-Führers Röhm missverstanden. Sein Artikel war ja nicht gegen die traditionelle Moral gerichtet, sondern vielmehr gegen uniformierte SA- und SS-Mitglieder, die ihre Autorität missbrauchen, um andere zu einer ultrakonservativen moralischen Haltung zu verpflichten. Sie müssen bedenken, dass SA und SS ihre Mitglieder aus allen Schichten der Bevölkerung beziehen: Da gibt es Intellektuelle, Arbeiter, Katholiken, Evangelische, Christen und Nichtchristen. Das, was sie verbindet, ist ihr Nationalgefühl, ihre Liebe zum Vaterland. Als Christ würde ich für meinen Teil einen gewissen moralischen Standard in der gesamten SA begrüßen. Aber die SA ist nicht die Kirche. Im erbitterten Kampf gegen Kommunisten und Sozialisten kann keine politische oder paramilitärische Institution nach den Regeln der Bergpredigt leben. Mit Ihrem Angriff auf Röhm haben Sie nur die Saat der Entfremdung zwischen Kirche und NSDAP gesät.« Paul hörte sehr aufmerksam zu. »Bischof Oberheid«, sagte er, »mir ist genau wie Ihnen daran gelegen, ein starkes Deutschland zu fördern. Aber wenn Parteioffizielle öffentlich die allgemeine konservative Moral, zu der sich viele Deutsche noch bekennen und zu der sich auch viele SA-Männer bekennen, lächerlich machen, dann glaube ich nicht, dass diese Parteioffiziellen damit der Förderung eines starken Deutschland dienen. Dies Volk braucht ein Gespür für Moral, mehr als es SA-Truppen braucht.«

Pauls letzte Bemerkung berührte einen wunden Punkt bei Bischof Oberheid. Er spielte mit dem Kreuz auf seinem Bauch, und sein Gesicht wurde rot. Paul gab nicht nach: »Ich glaubte und glaube es immer noch, dass Röhms Bemerkungen den Christen in der SA galten, die versuchen, das moralische Bewusstsein der SA zu verbessern.« – »Nein, Pfarrer Schneider«, erwiderte das Bischof. »Es geht um moralische Eiferer unter den SA- und SS-Mitgliedern, die jeden nach ihren Vorstellungen prägen wollen und die das Prestige der Uniform ausnützen, um ihre deutschen Mitmenschen zu beherrschen. SA-Führer Röhm weiß, dass unserem Führer an einem guten Verhältnis zur Kirche gelegen ist.«

Nun nahm Bischof Oberheids Stimme einen fürsorglichen Ton an: »Pfarrer Schneider, wir sind beide Kriegsveteranen. Ich bin nur zwei Jahre älter als Sie [Paul war damals 36 Jahre alt]. Wir haben beide Blut für unser Vaterland vergossen, wir sind beide Träger des Eisernen Kreuzes. Wir wollen beide das Beste für unser Volk und für unsere Kirche. Ich respektiere Ihren Mut, Pfarrer Schneider. Die Stunde wird kommen, in der wir alle unsern Mut beweisen müssen, aber diese Geschichte mit Röhm ist nicht die Stunde der Bewährung.«

Oberheid schrieb ein paar Sätze auf. »Um der Versöhnung willen, würden Sie dies bitte unterschreiben?«, fragte er Paul. Paul las die Sätze durch, und weil er sich durch Oberheids Bestehen darauf, dass Röhm nicht die allgemeine Moral generell hätte kritisieren wollen, überzeugt glaubte, war er bereit, die Zurücknahme seiner eigenen Interpretation zu bestätigen.

Der Bischof geleitete ihn zur Tür. »Ich bin sicher«, sagte er, »dass wir, wenn erst die Beziehungen zwischen unserem neuen Staatswesen und der neuorganisierten Kirche rundum geklärt sind, viele dieser kleinen Querelen hinter uns lassen können. Sie entschuldigen sich in Hochelheim, und wir tun das Unsrige, um die Affäre zu beenden. Bis zu einer weiteren Benachrichtigung gelten Sie allerdings als beurlaubt.«

Paul bestieg wieder den Zug. Er überlegte hin und her, ob seine Entscheidung richtig gewesen sei. Ihm ging es um Frieden zwischen Staat und Kirche. Ihm ging es darum, dass die Kirche dabei war, wenn es um den Wiederaufbau der deutschen Nation ging, aber wo lag die Grenze zwischen der Erhaltung der Selbstständigkeit für die Kirche und ihrer Unterwerfung unter den Staat? Luther hatte sich geweigert, das kleine Wort »ich widerrufe« auszusprechen, als er 1518 in Augsburg vor Cajetan stand. Während Paul aus dem Zugfenster die Landschaft betrachtete, dachte er: »Vielleicht hätte ich Luthers Beispiel folgen sollen. Warum habe ich mich zum Widerruf überreden lassen?« Und er war höchst unzufrieden mit sich selbst.

Das Ehepaar Heider wartete zusammen mit Gretel und Sophie ungeduldig auf Pauls Heimkehr nach Hochelheim. Paul gab ihnen ausführlich Bescheid. »Gerade jetzt sind die Deutschen Christen in Hochstimmung«, sagte Herbert. »Der einzige wichtige Kirchenführer aus dem Ausland, der Ludwig Müller zu seiner Wahl zum Bischof gratuliert hat, der Bischof von Gloucester, Arthur Headlam, hat gerade Joachim Hossenfelder in London zu Gast gehabt. *Das Evangelium im Dritten Reich* hat das Interview Headlams für die Londoner *Times* abgedruckt. Headlam betonte, dass die Deutschen Christen sich sehr um gute Beziehungen zur Church of England bemühten. Sie seien in der Presse zu schlecht davongekommen und von Reportern zu einseitig geschildert worden. Aber Bischof Headlams Bemerkungen haben zu Spannungen zwischen ihm und Bischof Bell von Chichester geführt, wie überhaupt zwischen ihm und dem gesamten anglikanischen Klerus.«

Bischof Oberheid war indessen mit der Beilegung der Angelegenheit mit Pfarrer Paul Schneider zufrieden und schrieb noch am Tag der Unterredung an Landrat Engfer in Wetzlar:

»Euer Hochwohlgeboren haben gestern dem Evangelischen Konsistorium mitgeteilt, ... [sie] wollen von der Verhängung der Schutzhaft absehen, wenn das Konsistorium sogleich die Beurlaubung des Pfarrers Schneider verfüge. ... In der Aussprache habe ich Pfarrer Schneider deutlich gemacht, daß die Veröffentlichung, selbst wenn Pfarrer Schneider aus einem ernstlichen Anliegen um die ihm anvertraute Gemeinde glaubte handeln zu müssen, eine starke politische Störung bedeutete. Ich habe ihm sein Vorgehen ernst verwiesen. Pfarrer Schneider hat sich meinen Vorhaltungen ... bereitwillig geöffnet. Er hat folgende Erklärung abgegeben:
›Nachdem ich mich durch meine vorgesetzte Kirchenbehörde habe unterrichten lassen, daß Sinn und Abzweckung des Aufrufes des Herrn Stabschef Röhm an die SA und SS gegen das Muckertum anderer Art gewesen ist, als ich es in meinem Protest vom 8. ds. Mts. glaubte annehmen zu sollen, bedaure ich, daß ich diesen Protest verfaßt habe, und nehme ihn hiermit zurück.‹ ...
Ich bin auf Grund der Aussprache der Zuversicht, daß Pfarrer Schneider hinfort die richtige Einstellung zu den Maßnahmen des Staates und der Partei finden wird. Ich bitte, deshalb von weiteren Erwägungen über die Verhängung der Schutzhaft absehen zu wollen. Wenn Euer Hochwohlgeboren dem Evangelischen Konsistorium eine entsprechende Mitteilung zukommen lassen könnte, würde die Aufhebung der Beurlaubung ermöglicht werden.«[79]

Der Landrat beantwortete das Schreiben des Bischofs am 14. Oktober:

»Nach Rücksprache mit der Kreisleitung der NSDAP und persönlichen Feststellungen über die Stimmung im Kirchspiel halte ich es nicht für angängig, wenn die Beurlaubung des Pfarrers Schneider zurückgezogen wird, bevor nicht die Angelegenheit völlig geklärt ist. Lediglich durch den Aushang der Widerrufserklärung im Kasten glaube ich jedoch nicht, die Sache für erledigt betrachten zu können. Das Verhältnis zwischen dem Geistlichen und den

> Stützpunktleitern in beiden Gemeinden seines Kirchspiels ist hierfür im Laufe der letzten Zeit ein zu gespanntes geworden. Herr Pfarrer Schneider hat durch seine Haltung den Eindruck erweckt, als ob er nicht voll auf dem Boden des heutigen Staates steht. Es liegen über ihn eine ganze Reihe von Eingaben bei der Kreisleitung der NSDAP vor.... Ich halte es daher für erforderlich, daß dortseits durch eigene Feststellungen geklärt wird, ob ein Verbleiben des Pfarrers in Hochelheim möglich ist. Ich würde es für zweckmäßig halten, wenn dies durch einen Beauftragten an Ort und Stelle geschehen könnte. Ich persönlich glaube kaum, daß sich die Angelegenheit anders erledigen läßt als durch die Versetzung des Pfarrers Schneider.... Die ausgesprochene Beurlaubung kann m. E. nicht zurückgenommen werden.«[80]

»Man will dich versetzen!«, rief Gretel aus, als sie eine Abschrift von Landrat Engfers Brief an Bischof Oberheid las. »Sie wollen dich von der Kanzel weghaben, weil dein Auftreten dort die Bevölkerung gegen dich und die Kirche aufbringen könnte! Die Naziführung möchte dich in Gewahrsam nehmen, um dich vor dem Volkszorn zu schützen! Wie lächerlich!« – »Was mich beunruhigt, Gretel«, meinte Paul, »ist, dass Superintendent Wieber und Bischof Oberheid, obwohl sie wissen, dass mir und meiner Familie keinerlei Gefahr seitens der Bevölkerung hier droht, doch so tun, als glaubten sie an die Ausrede der Nazis mit der Schutzhaft, nur um meine Beurlaubung zu rechtfertigen; lieber ein beurlaubter Pfarrer als einer im Gefängnis – das ist ihre Lösung.«

Am selben Tag verfasste auch Superintendent Wieber einen Bericht über seine Begegnung mit Paul an das Konsistorium und teilte u. a. mit:

> »Mit der Verwaltung der Pfarrstelle Hochelheim-Dornholzhausen während der Beurlaubung des Pfarrers Schneider habe ich dann sofort den Pfarrer Hardt in Klein-Rechtenbach beauftragt und das einstweilen Notwendige bezüglich Abhaltung der Gottesdienste angeordnet.«[81] –

An diesem 14. Oktober kündigte Adolf Hitler den Austritt Deutschlands aus dem Völkerbund an. Der *Völkische Beobachter* beschloss seinen Bericht mit der Frage: »Billigt das deutsche Volk diesen Schritt und ist es bereit, ihm offiziell seine Zustimmung zu geben?« In der Überzeugung, dass Deutschland trotz der Mitgliedschaft im Völkerbund seit 1926 immer noch als eine Nation zweiter Klasse behandelt werde, unterstützten die meisten Christen in Deutschland Hitler bei dieser Aktion. Paul Steinmann und Erich Klausener kabelten als Vertreter der Berliner Katholiken an Hitler:

> »In den Schicksalsstunden der Nation treten die Katholiken des Bistums Berlin in unerschütterlicher Liebe zum Volk und Vaterland hinter den Führer und Kanzler in seinem Kampf für die Gleichberechtigung und die Ehre der Nation und die Wiederherstellung eines gerechten Friedens unter den Völkern.«[82]

Auch Paul hätte trotz des wachsenden Misstrauens gegenüber der Naziregierung dieses Telegramm unterschrieben. Der starke Patriotismus der meisten evangelischen Christen kam dann zum Ausdruck in dem Telegramm, das Martin Niemöller, Fritz Müller und Eberhard Röhricht im Namen des Pfarrernotbundes an Hitler schickten:

> »In dieser für Volk und Vaterland entscheidenden Stunde grüßen wir unseren Führer. Wir danken für die mannhafte Tat und das klare Wort, die Deutschlands Ehre wahren. Im Namen von mehr als 2 500 evangelischen Pfarrern, die der Glaubensbewegung Deutsche Christen nicht angehören, geloben wir treue Gefolgschaft und fürbittendes Gedenken.«[83]

»Die Frage der nationalen Ehre ist die einzige, die bei der gesamten Nation unstrittig ist und in der alle Gruppierungen den Kanzler unterstützen«, meinte Gretel. »Frau Jordan hat mir erzählt, dass auch der deutsche Vanguard, jüdische Gefolgsleute Hitlers in Deutschland unter der Leitung von Hans Joachim Schoeps, die Entscheidung des Kanzlers zum Austritt aus dem Völkerbund feierlich begrüßt hat.«

»Hast du das hier gelesen?« Herbert Heider gab Paul eine Ausgabe des Breslauer Wochenblatts *Evangelischer Ruf* vom 14. Oktober. Paul verneinte und las nun den Bericht. »Das müssen auch Gretel und Sophie hören« – und Paul holte sie aus der Küche herüber. Dann las er vor:

»›Vision‹ Gottesdienst. Das Eingangslied ist verklungen. Der Pfarrer steht am Altar und beginnt: ›Nichtarier werden gebeten, die Kirche zu verlassen.‹ Niemand rührt sich. ›Nichtarier werden gebeten, die Kirche sofort zu verlassen.‹ Wieder bleibt alles still. ›Nichtarier werden gebeten, die Kirche sofort zu verlassen.‹ Da steigt Christus vom Kreuz des Altars herab und verläßt die Kirche.«

»Das soll ihnen eine Lehre sein; wunderbar!«, rief Gretel aus. »Die Gestapo hat sich natürlich auch gemeldet«, fügte Herbert hinzu. »Der Herausgeber wurde verhaftet, und nur durch die Intervention von Martin Niemöller und wegen der vollen Unterstützung durch den Pfarrernotbund konnte er vor dem Konzentrationslager bewahrt werden. Hast du diese Sache im *Völkischen Beobachter* vom 16. Oktober gelesen?« Paul sah auf einem großen Foto auf der Vorderseite der Zeitung, wie sich Adolf Hitler und der Päpstliche Nuntius in Bayern, Vasallo di Torregrossa, warm die Hand schüttelten. Das geschah anlässlich der Grundsteinlegung für das Haus der Deutschen Kunst in München am Sonntag, dem 15. Oktober. Dabei sagte Hitler:

»... Furchtbar sind Not und Elend für unser Volk gekommen. Eine stolze Wirtschaft, einst blühend und reich, scheint zu verfallen. Millionen fleißige Menschen verdammt die Arbeitsnot zu Müßiggang. ... Das Gefüge unserer Gesellschaft geht in die Brüche, ja selbst an die Pforten der Tempel unseres Glaubens pocht die Faust der Träger einer neuen Weltzerstörung. Unrast und Unfriede überall.

Deutschland wehrlos und rechtlos, das Volk erfüllt von Verzagtheit und Verzweiflung!

Uns hat das Schicksal die herrliche Aufgabe gestellt, in dieser Not zu kämpfen, die Herzen dieser verzagten Menschen wieder mit

Glauben und Vertrauen zu erfüllen, die Wirtschaft in Ordnung zu bringen, ... eine neue Gesellschaft aufzubauen und ihre Feinde mit eiserner Faust zu zügeln, die Nation, ihre sachlichen, moralischen und kulturellen Güter in Schutz zu nehmen vor den Elementen der Zerstörung.
Eine kühne und stolze Mission!
Der Mensch lebt nicht vom Brot allein. Wenn wir die Wiederaufrichtung unseres Volkes als Aufgabe unserer Zeit und unseres Lebens empfinden, sehen wir vor uns nicht nur die leidende Wirtschaft, sondern ebenso die bedrohte Kultur, nicht nur die Not des Leibes, sondern nicht weniger die Not der Seele, und wir können uns keinen Wiederaufstieg des deutschen Volkes denken, wenn nicht wieder ersteht auch die deutsche Kultur, und vor allem die deutsche Kunst.«

»Und jetzt lies die begeisterte Erwiderung des Nuntius!«, drängte Herbert. Und da standen unter dem Foto die bewundernden Worte des Nuntius Torregrossa an Hitler:

»Ich habe Sie lange nicht verstanden, aber ich habe mich lange darum bemüht. Heute verstehe ich Sie!«

»Sei froh, Paul«, meinte Herbert, »dass Oberheid diese Worte noch nicht kannte, als du in Koblenz vor ihm saßest. Ich kann mir so richtig vorstellen, wie er sich solche Formulierungen zunutze gemacht hätte, um dich zu überzeugen, dass auch du, wenn du erst richtig verstehst, was es mit dem Nationalsozialismus auf sich hat und was Hitler vorhat, genauso reagieren würdest, wie der Nuntius Vasallo di Torregrossa es tat.«

Der Tag der Befragung, die Landrat Engfer gefordert hatte, war gekommen. Paul war mitgeteilt worden, dass ihn zwei Vertreter des Bischofs am Donnerstag, dem 19. Oktober, aufsuchen würden, um sich seine Version der Ereignisse, die zu den Schwierigkeiten mit den Nazis in Hochelheim geführt hatten, anzuhören.

Konsistorialrat Jung und Rudolf Wolfrum, letzterer in SA-Uniform, betraten Pauls Arbeitszimmer. Paul bat sie, Platz zu nehmen, bestellte Kaffee bei Gretel und hielt sich dann bereit. »Als Konsistorialrat vertrete ich das Konsistorium«, sagte Herr Jung. Herr Wolfrum stellte sich als pastoraler Verbindungsmann im Konsistorium vor. Wie schon im Büro des Bischofs stieß sich Paul an der SA-Uniform dieses Kirchenmannes. Er ahnte, dass er bei so vielen SA-Leuten wohl kaum eine Chance auf eine objektive Beurteilung seiner Kritik an Röhm hatte.

»Nach Aussage der Parteiführer«, begann Pfarrer Wolfrum, »ist Ihre Reaktion auf Röhms Artikel provokativ und stellt nur einen von vielen Vorfällen dar, bei denen Sie Ihre negative Einstellung zur NS-Regierung gezeigt haben. Man hat uns eine ganze Liste von Beschuldigungen gegen Sie gezeigt, die der Hochelheimer Ortsgruppenleiter Mehl in einem Schreiben an die Behörde in Wetzlar zusammengestellt hat.« – »Woraus will Herr Mehl schließen, dass ich kein guter Staatsbürger bin?«, wollte Paul wissen. »Die Beschuldigungen sind vage und sehr allgemein gehalten«, antwortete Pfarrer Wolfrum. »Erst Ihre Abfuhr an die Adresse von SA-Führer Röhm hat zu einer konkreten Anschuldigung geführt. Die Tatsache, dass Sie Ihre Antwort an Röhm öffentlich ausgehängt und sie von der Kanzel verlesen haben, hat die Parteiführung aufgebracht. Sowohl Konsistorialrat Jung als auch ich glauben, dass, wenn wir mit Ihnen die Sache mit Röhm aus der Welt schaffen, die anderen Angelegenheiten nicht relevant genug sein werden, um Ihre Beurlaubung seitens des Konsistoriums aufrechtzuerhalten.« – »Pfarrer Wolfrum«, unterbrach ihn Paul, »Sie sind doch Mitglied der NSDAP. Macht Ihnen denn der Hedonismus, dem Röhm das Wort zu reden scheint, nicht selbst zu schaffen? Steht seine Kritik an den irregeleiteten Moralisten nicht im Widerspruch zu dem Ziel eines hohen moralischen Standards, von dem der Kanzler selbst sagt, dass ihn die christliche Kirche unter der Bevölkerung fördern soll?« – »Natürlich, Pfarrer Schneider, teile ich als Pfarrer Ihre Bemühungen um dieses erklärte Ziel unseres Führers. Wir sind aber nicht befugt, mit Ihnen über den Widerspruch, den Sie vermeintlich sehen oder den eventuell sogar wir selbst sehen, bezüglich dessen, was SA-Führer Röhm oder der Führer persönlich unter nationaler Moral verstehen, zu diskutieren. Wir sollen lediglich die

Berechtigung der Beschuldigungen gegen Sie untersuchen, eine mögliche Aussöhnung zwischen Ihnen und der Ortsbehörde ausloten und jede Seite zu Verständnis und Toleranz ermutigen.«

Nun wandte sich auch Konsistorialrat Jung an Paul: »Das wäre alles. Wir wollen nicht Ihre Beurlaubung um jeden Preis, noch wollen wir der Forderung der nationalsozialistischen Führung entsprechen, Sie zu versetzen. Wir glauben, dass wir die Freiheit der Kirche in dieser Angelegenheit wahren sollten, aber die nationalsozialistische Führung gibt sich erst zufrieden, wenn wir alle Beschuldigungen gegen Sie abgewogen haben. So lautet unser Auftrag, Pfarrer Schneider. Bischof Oberheid glaubt, Sie hätten Röhms Absicht missverstanden. Sie haben beim Bischof Ihre Aussage widerrufen. Nun soll unsere Untersuchung hier ergeben, dass wir für die Partei belegen können, dass ihre Anklagen gegen Sie gegenstandslos sind.«

Als Paul später mit seinen Presbytern über den Besuch der beiden Herren sprach und ihnen erklärte, dass die Abgesandten keinerlei inhaltliche Auseinandersetzung über Röhms Schreiben oder seine eigenen Ausführungen zulassen wollten, scherzte Presbyter Zörb: »Denken Sie an Luther in Worms, Herr Pfarrer: ›Sind dies Ihre Schriften? Ja oder nein? Wollen sie widerrufen? Ja oder nein?‹« Paul klopfte Johann Zörb dankbar auf die Schulter. –
Konsistorialrat Jung schrieb am 20. Oktober 1933 in seinem Bericht u. a. Folgendes:

> »Ich habe im Auftrag des Herrn Bischof zusammen mit Herrn Pfarrer Wolfrum ... in der Angelegenheit des Pfr. Schneider verhandelt. ... Der ... stellvertretende Kreisleiter Haus berichtete, daß nach den ihm gemachten Mitteilungen der Stützpunktleiter in Hochelheim und Dornholzhausen Pfr. Schneider verschiedentlich in der Predigt kritische Äußerungen über den nationalen Staat und den Nationalsozialismus gemacht habe. Er zeigte einen Brief des Stützpunktleiters Mehl vor, der jedoch nur allgemeine Äußerungen enthielt und Zitate aus einer Predigt nicht aufwies. Auch im übrigen waren alle Ausführungen des stellvertretenden Kreisleiters mehr allgemeiner Art, dahingehend, daß Pfr. Schneider ...

an einem Sonntag von der Kanzel in Dornholzhausen seinen Austritt aus der Glaubensgemeinschaft ›Deutsche Christen‹ öffentlich mitgeteilt habe und daß auch sein Aufruf betr. den Erlaß des Stabschef Röhm in Dornholzhausen von der Kanzel herunter verlesen worden sei. Die Erregung der Stützpunktleiter sei so groß, daß sie nur mit Mühe davon hätten abgehalten werden können, einen öffentlichen Aufruf zu erlassen, die Bevölkerung möge den Gottesdienst von Pfr. Schneider nicht mehr besuchen. …
Ich habe gegenüber dem Landrat zum Ausdruck gebracht, daß eine Versetzung angesichts der bestehenden Rechtslage schwierig sei. …
Wir sind alsdann sofort nach Hochelheim gefahren und haben daselbst die Angelegenheit mit Pfr. Schneider besprochen. Pfr. Schneider bestritt, dem nationalen Staat ablehnend gegenüberzustehen. Die vom Stützpunktleiter angegriffene Predigt vom 11. 6. ds. Js. hatte Pfr. Schneider nicht schriftlich niedergelegt, so daß die angefochtenen Stellen nicht festzulegen waren. Er gibt zu, seinen Aufruf betr. Erlaß des Stabschefs in Dornholzhausen von der Kanzel verlesen zu haben. …
Die Presbyter und Gemeindeverordneten haben einstimmig eine Vertrauenskundgebung für Pfarrer Schneider beschlossen, die in Abschrift beiliegt, und an die Kreisleitung abgesandt. … Als Beweis seiner Stellung zum nationalen Staat wies Pfr. Schneider darauf hin, daß er am 1. 5. an dem Umzug und auch später an der Sonnenwendfeier der Partei teilgenommen habe. Demgegenüber führte er die Unversöhnlichkeit der Gegenseite an. Der Stützpunktleiter in Hochelheim habe öffentlich angeschlagen und mit der Ortsschelle bekanntgeben lassen, wer im Zusammenhang mit der Beurlaubung des Pfarrers etwas gegen ihn [den Stützpunktleiter] sage, werde einer strengen Bestrafung zugeführt werden. Der Polizeidiener hat daran die Bemerkung geknüpft: ›Jetzt kriegen wir ihn weg‹. …
Der Gesamteindruck von Pfr. Schneider, … war der, daß er ein etwas eigensinniger und eigenwilliger Mensch ist, der nicht leicht von seinen Ansichten abzubringen ist und infolgedessen auch für die Zukunft noch Anlaß zu Schwierigkeiten geben wird. Er sieht

jedoch ein, daß er in vielen Fällen zumindest unklug gehandelt hat, und sagte zu, sich hinsichtlich der Politik fortab völlig zurückzuhalten.«[84]

Der Bericht des zweiten Abgesandten, Pfarrer Wolfrum, vom 20. Oktober an die Partei lautete:

»Im Auftrage des Herrn Bischofs ... habe ich ... mit den beiden Stützpunktleitern der NSDAP über den Fall Schneider verhandelt. Die beiden Stützpunktleiter behaupteten zunächst, daß Pfr. Schneider für sie untragbar sei und daß eine seelsorgerliche Tätigkeit des Pfarrers in Hochelheim nicht mehr in Frage käme. Ich habe dann als Parteigenosse mit beiden Leuten gesprochen und sie gefragt über die persönlichen Eigenschaften des Pfarrers Schneider und dabei herausgefunden, daß gegen Pfr. Schneider in charakteristischer [gemeint ist wohl charakterlicher] Beziehung keine Einwände erhoben werden, die irgendwie von Bedeutung sind. Die einzigen Vorwürfe, die man Pfr. Schneider macht, sind die, ... daß er oft im Übereifer handele und daß er vor allen Dingen noch nicht das notwendige Verhältnis zur NSDAP gefunden habe, ... Ich habe den Leuten klargemacht, daß mit einer Versetzung des Pfr. Schneider an sich noch nicht viel gewonnen sei. ... Die beiden Stützpunktleiter erklärten sich damit einverstanden, daß Pfr. Schneider weiter im Amt verbleibt und auch seinen Dienst in Hochelheim weiter versehen könne. Nur verlangten sie gewisse Sicherheiten. Es wurde vereinbart, daß Pfarrer Schneider an einem demnächst stattfindenden Gemeindeabend diese Bereitwilligkeit zur loyalen Mitarbeit und zum Zusammenarbeiten mit den örtlichen Führern der NSDAP bekunden soll. Ferner soll dem Pfarrer Schneider empfohlen werden, in Zukunft alle Bemerkungen im Anschluß an die Predigt, die sich irgendwie mit politischen Dingen beschäftigen (vgl. Erlaß des Stabchefs, Stellung zur Hitlerjugend), zu unterlassen, ... Der Stützpunktleiter versprach auf der anderen Seite, dafür zu sorgen, daß die Hitlerjugend zum Besuch des Gottesdienstes und der kirchlichen Veranstaltungen angehalten würde. Er werde es auch begrüßen, wenn der Pfarrer der Hitlerjugend durch Vorträge und dergleichen dienen würde. Im Anschluß an diese Unterredung habe ich Bruder Schneider die Meinungen der Ortsgruppenführer mitgeteilt und ihn gebeten, auf diese Meinungen Rücksicht zu nehmen und sein künftiges Verhalten danach einzustellen. Es ist meine Überzeugung, daß bei einigermaßen gutem Willen ein wirklich gedeihliches Zusammenarbeiten mit der Gemeinde möglich sei; wenn Pfr. Schneider die gebotene Zurückhaltung bewahren wird, dürfte der Fall erledigt sein. Der Urlaub des Pfr. Schneider kann somit sofort aufgehoben werden.

Pfr. R. Wolfrum«[85]

»Angesichts der Anweisungen von Pfarrer Wolfrum nach seiner Besprechung mit Mehl und Reuter will ich nach dem Palmzweig greifen, den sie mir hinzuhalten scheinen. Ich möchte, dass meine Beurlaubung zurückgenommen wird. Es hat mich überrascht, dass Wolfrum, immerhin führendes Mitglied bei den Deutschen Christen, sich so neutral verhalten hat«, sagte Paul auf einem Spaziergang durch die Felder zu Gretel. »Ich hätte nichts dagegen, in eine andere Gemeinde überzuwechseln, aber nicht unter solchen Umständen.« – »Glaubst du, Mehl und Reuter meinen es ernst mit der Kooperation?«, fragte Gretel. »Bis jetzt haben sie sich alle Mühe gegeben, Aktivitäten von religiöser Bedeutung für unsere Gemeinde zu hintertreiben.« – »Aber Hitler und der Reichsbischof wollen Frieden zwischen Staat und Kirche«, erwiderte Paul. »Vielleicht hat sich dieser Wunsch nach Einigkeit und ruhiger Zusammenarbeit auch den örtlichen Funktionären mitgeteilt. Schließlich wird Hochelheim von Berlin aus regiert und nicht umgekehrt.«

Nach Hause zurückgekehrt, griff Paul nach dem Brief, den er verfasst hatte, um Ortsgruppenleiter Mehl auf das Angebot zur Zusammenarbeit, das auf Pastor Wolfrums Betreiben zustandegekommen war, zu antworten. »Mache ich es so richtig?«, fragte er Gretel. Und sie las:

»Hochelheim, den 12. Oktober 1933

Herrn Johannes Mehl, Stützpunktleiter, hier

Ihre Handlungen betreffs kirchl. Bekanntmachungskasten kann ich von Ihrem Standpunkt aus und von Ihrer Amtseigenschaft aus verstehen. Damit möglichst ein Mißverständnis zwischen uns vermieden wird, möchte ich Ihnen sagen, daß mir der Protest gegen den Röhmschen Aufruf Gewissenssache war, nachdem nicht von anderer Stelle Protest erfolgte kirchlicherseits. Es ist nach Luther nicht geraten, etwas gegen sein Gewissen zu tun oder zu unterlassen. Davon kann uns auch keine staatliche Rücksichtnahme entbinden. …

Zweitens hielt ich es für meine Ehrenpflicht meinen Jungs gegenüber, mich öffentlich vor sie zu stellen bei dem fortgesetzten Druck, der auf sie ausgeübt wird, und den mehrfachen Falschmeldungen, die auch in Hochelheim verbreitet wurden. … Wollen Sie aber einer künftigen besseren Regelung der Jugendbetreuung die Wege ebnen helfen, dann bitte ich Sie, sich vorläufig jeder gegen unsere kirchliche Gruppe im engeren Sinne gerichteten Handlung zu enthalten, da wir doch die offizielle Anerkennung von Staat und Kirche haben …

Ich würde mich von Herzen freuen über eine gelegentliche Einladung zu einem Abend mit der Hitlerjugend, …. Ich habe bisher tief beklagt, daß man danach in unserem Dorfleben so wenig Bedürfnis hatte. …

Mit freundlichem Gruß!
Schneider, Pfarrer«[86] –

Während Paul ehrlich suchte, wie sich ein annehmbarer Kompromiss mit der örtlichen Naziführung bewerkstelligen ließe, zeigte sich sein eigenes Konsistorium unter dem Einfluss eines Bischofs, der den Deutschen Christen angehörte, eifrig bemüht, mit dem Staat zusammenzuarbeiten, sogar auf Kosten des eigenen Klerus.

Folgendes Schreiben ging am 21. Oktober ohne Pauls Kenntnis vom Konsistorium an den Landrat:

»… hat das Evangelische Konsistorium die gegen den Genannten verhängte Beurlaubung wieder aufgehoben …

Wir haben Pfr. Schneider wegen seines künftigen Verhaltens das Erforderliche eröffnet und geben uns der Erwartung hin, daß er seiner Zusage entsprechend alles vermeiden wird, was als mangelnde Übereinstimmung zu den neuen Staatsgewalten angesehen werden könnte. Gleichwohl haben wir, wie wir Ew. pp. vertraulich mitteilen, in Aussicht genommen, Pfarrer Schneider mit Rücksicht auf kirchliche Erfordernisse später zu gegebener Zeit in ein anderes Pfarramt zu versetzen. ...«[87]

An dem Tag, als er seinen versöhnlichen Brief an Herrn Mehl geschrieben hatte, bekam er einen von Konsistorialrat Jung:

»... heben wir hiermit die gegen Sie verhängte Beurlaubung mit sofortiger Wirkung wieder auf. Wir benutzen diesen Anlaß, um Ihnen aufs neue einzuschärfen, daß Sie eine völlige Zurückhaltung auf staatspolitischem Gebiet zu üben haben und jede unüberlegte Handlung, die auch nur entfernt Anlaß zu Mißverständnissen oder Verdächtigungen geben könnte, unterlassen werden muß. ... Es muß von Ihnen wie von einem jeden Geistlichen erwartet werden, daß Sie dem heutigen Staate in ehrlicher Mitarbeit dienen und in einer den gegebenen Verhältnissen entsprechenden Weise ein gedeihliches Zusammenarbeiten mit allen Gliedern Ihrer Gemeinde zur Pflicht machen. Wir werden darüber wachen, daß Sie Ihr künftiges Verhalten dementsprechend einrichten.«[88] –

»Hast du das gehört?«, fragte Herbert, als er mit Paul im Pfarrhaus zusammensaß und plauderte. »Was?«, fragte Paul interessiert. »Es wird berichtet, dass Bischof Bell, der Präsident des Ökumenischen Komitees für Leben und Arbeit, Ludwig Müller aufgefordert hat, das Recht auf freie Meinung der zweitausend Pfarrer des Pfarrernotbundes, die gegen Müller sind, zu respektieren und ebenso die Integrität der Professoren, die eine Petiton gegen die Anwendung des Arierparagraphen in der Kirche unterzeichnet haben. Und dann hat Bell frank und frei gefragt, ob es ihm nicht möglich sei zu versprechen, dass es, solange er Reichsbischof sei, keine Verfolgung derer geben werde, die anderer Meinung seien, und dass es in der Zeit keine Anwendung des Arierparagraphen in der Kirche geben werde.« Paul lachte: »Da hätte ich mal Müllers Gesicht bei der Lektüre dieser Aufforderung sehen mögen!«

Herbert fuhr fort: »Leider ist der Arierparagraph in unserem Rheinischen Konsistoriumsbereich schon angewendet worden, und das mit bitteren Folgen. Der evangelische Krankenhauspfarrer Ernst Flatow hat am 30. Juni seine Stelle am Städtischen Krankenhaus in Köln verloren mit der Begründung, dass er ›reinrassiger Jude‹ sei. Als er bei seinen kirchlichen Vorgesetzten in Koblenz um vorzeitige Pensionierung ersuchte, bedeutete man ihm, für ihn als Juden sei dieser Umstand kein hinreichender Grund zu frühzeitiger Pensionierung. Er bat dann um eine Pfarrstelle; trotz seines hohen Dienstalters sei er auch zufrieden mit der Stelle eines Hilfspfarrers. Da aber am 6. September der Arierparagraph für die Altpreußische Union für verbindlich erklärt wurde, kann Flatow als Jude seit dem Tag auch nicht mehr Pfarrer oder Hilfspfarrer sein. Man fügte der Begründung sogar noch hinzu, dass bei Flatows ›ausgesprochen jüdischen Gesichtszügen‹ eine Anstellung in der Kirche selbst in niederer Funktion unmöglich sei. Die Deutschen Christen sind es«, stellte Herbert fest, »denen wir uns widersetzen müssen. Sie sind in erster Linie verantwortlich für das, was in den Beziehungen zwischen Staat und Kirche schiefläuft. Unsere rheinische Pfarrerbruderschaft hat eine Gegenschrift gegen die deutsch-christlichen ›Rengsdorfer Thesen‹ veröffentlicht, mit Gegenthesen und einem Kommentar, in dem es u. a. heißt:

›Sie werfen uns vor, wir seien Staatsfeinde. Wir müssen ihnen entgegnen: Seht zu, daß ihr dem Staat nicht Schaden zufügt, indem ihr die Kirche allzu eng an den Staat fesselt, ihm unterordnet, ihm ›zur Verfügung‹ stellt! Wir fürchten, daß hierdurch bei allzu vielen, die treue Staatsbürger aber auch echte Christen sein wollen, die echte freudige Bejahung des Staates gehemmt wird. Wir sagen das ausdrücklich um des Bestandes unseres jungen Staates willen, in dem wir einen echten Staat bejahen, und um unseres bedrohten deutschen Volkes willen.‹«[89] –

Paul formulierte in einem Brief an Frau Dieterich vom 26. Oktober 1933:

»Wir haben am Dienstag abend mit ganzer Begeisterung die Rede Hitlers gehört, und ich bin ganz für die Zusammenarbeit der Kirche mit dem Staat. Das darf aber nicht eine würdelose Unterwerfung der Kirche unter die Prinzipien des Staates sein.«

An jenem Dienstagabend, dem 24. Oktober, war es Hitler in seiner Berliner Sportpalastrede hauptsächlich um den Austritt Deutschlands aus dem Völkerbund gegangen, und zu diesem Thema hatte er gesagt:

»Ich für meine Person erkläre, daß ich jederzeit lieber sterben würde, als daß ich etwas unterschriebe, was für das deutsche Volk meiner heiligsten Überzeugung nach nicht erträglich ist.
Ich bitte das ganze deutsche Volk, wenn ich mich jemals hier irren würde oder wenn das Volk einmal glauben sollte, meine Handlungen nicht decken zu können, dann kann es mich hinrichten lassen: Ich werde ruhig standhalten! …
Und so bitte ich Sie, dieses Mal – wirklich zum ersten Mal in meinem Leben – geben Sie uns nun Ihre Stimmen. … Zum ersten Mal nach 14 Jahren bitte ich Sie jetzt, geben Sie Ihre Stimme für die Gleichberechtigung, die Ehre und den wirklichen Frieden, und geben Sie damit zugleich die Stimme ab für den neuen Reichstag, der der Garant dieser Politik sein wird. … Wir kennen nur ein Ziel auf der Welt: Nicht Haß anderen Völkern, sondern Liebe zu der deutschen Nation!«[90]

Paul war ein eifriger Patriot. Die Diskriminierung Deutschlands, die er mit den meisten Deutschen auf Seiten der ehemaligen Ententemächte zu spüren glaubte, ließen ihn so begeistert auf Hitlers Erklärung reagieren, dass Deutschland genau so wie alle anderen Staaten Europas behandelt werden müsse. Dass Hitler noch einmal solch einen Aufruf zur nationalen Wiedergeburt erließ, erfüllte Paul mit der Hoffnung, dass, wenn sich Hitlers Kirchenpolitik erst einmal durchgesetzt hätte, die kleinen Nazi-Bürokraten, die nicht nach diesen politischen Richtlinien handelten, und selbst ein Röhm zu Kreuze kriechen müssten. »Man kann nicht den Kanzler für die Häresien der

Deutschen Christen verantwortlich machen«, sagte Paul zu Gretel. »Hitler ist Katholik. Er kennt sich nicht aus mit der evangelischen Kirche, noch versteht er etwas davon, welche Bedeutung die historischen Bekenntnisse für uns haben. Wenn man ihm das alles genügend klar macht, dann glaube ich, dass er bei seinem großen Wunsch nach Zusammenarbeit zwischen Kirche und Staat Leute wie Hossenfelder und seine Anhängsel zügeln wird. Jedenfalls glaube ich, dass wir um der Ehre und Selbstachtung Deutschlands willen am 12. November den Kanzler in seiner Entscheidung, Deutschland aus dem Völkerbund austreten zu lassen, unterstützen müssen.« –
Die Nazipropaganda schaffte es nicht nur, Parteimitglieder mitzureißen, sie verführte auch christliche Theologen zur Suche nach zweifelhaften Kompromissen. Am 2. November schrieb Martin Niemöller:

»Wir haben in der Gemeinde, ob uns das sympathisch ist oder nicht, die bekehrten Juden als durch den heiligen Geist vollberechtigte Mitglieder anzuerkennen. (vgl. den entsprechenden Vorgang Apg. 10, 15 sowie Gal. 2, 11 ff.)
Unter diesen Umständen ist ein kirchliches Gesetz, das die Nichtarier oder Nichtvollarier, sowie sie dem jüdischen Volk angehören, von den Ämtern der Kirche ausschließt, bekenntniswidrig, weil es die im dritten Artikel bekannte Gemeinschaft der Heiligen grundsätzlich negiert; ... – Diese Erkenntnis verlangt von uns, die wir als Volk unter dem Einfluß des jüdischen Volkes schwer zu tragen gehabt haben, ein hohes Maß von Selbstverleugnung, so daß der Wunsch, von dieser Forderung dispensiert zu werden, begreiflich ist. ...
Die Frage kann nur so angefaßt werden, daß wir ... von den Amtsträgern jüdischer Abstammung heute um der herrschenden ›Schwachheit‹ willen erwarten dürfen, daß sie sich die gebotene Zurückhaltung auferlegen, damit kein Ärgernis gegeben wird.«[91]

»Ich kann mir gar nicht vorstellen, dass so etwas von Niemöller stammt«, sagte Gretel ganz irritiert zu Paul. »Seine Position ist ja ganz ähnlich der der Erlanger Universität.« – »Eine unhaltbare Position«, kommentierte Paul. »Da werden sich sicher Dietrich Bonhoeffer und

Karl Barth bei Niemöller melden.« Er wurde in der Tat bald von seinen Kollegen belehrt. [In einem Interview gab Martin Niemöller nach dem Krieg unumwunden zu, 1933 antisemitische Vorurteile geäußert zu haben.] Bonhoeffer hielt auch nichts von Niemöllers zustimmendem Telegramm an Hitler, nachdem der Kanzler ankündigte, er plane den Austritt Deutschlands aus dem Völkerbund. »Solche Phantasten glauben am Ende noch, die wahren Nationalsozialisten zu sein«, äußerte Bonhoeffer. –

Der Sonntag, der 12. November 1933, war ein trüber nebliger Tag. Dafür, dass das Wetter nicht auch die Stimmung trübte, sorgten Gretels Rosen, die letzten Sommererinnerungen, die immer noch unermüdlich ihre warme Farbenpracht darboten, allen kalten Wintervorboten zum Trotz.

Wie erwartet, erhielt Hitler überwältigend viele Stimmen für seine Politik. 96,3 Prozent der Abstimmungsberechtigten waren zu den Urnen gegangen. Von ihnen hatten 95 Prozent für Hitlers Politik gestimmt, 4,8 Prozent dagegen.

Trotz aller Probleme mit den Nazis und trotz all der hektischen politischen Aktivitäten des Herbstes 1933 vergaßen Paul und Gretel ihre Nachbarin, die jüdische Witwe, nicht. Sie war ernsthaft erkrankt, und die beiden besuchten sie. Frau Jordan war im Dorf hoch geachtet. Der »ehrbare« Simon Rosenbaum, der Viehhändler, machte zur selben Zeit wie Paul und Gretel mit seiner Frau einen Besuch. Frau Jordans Zustand hatte sich bedenklich verschlechtert. Paul entdeckte an der Schlafzimmerwand ein großes gerahmtes Foto. »Yom Kippur, Synagoge in Brüssel, 1915« stand darunter. Jüdische Soldaten in Uniform füllten einen Großteil der Synagoge. Paul schaute langsam der Reihe nach die mehr als hundert Gesichter an, jüdische Soldaten von verschiedenen deutschen Bataillonen, die damals Belgien erobert hatten. »Ah«, sagte Paul endlich, »hier ist Heschel, ganz vorne rechts.« – »Ja«, seufzte Frau Jordan, »sieht mein Heschel nicht imposant aus in seiner schicken Uniform und dem Stahlhelm?« Der sehnsuchtsvolle Glanz ihrer Augen beim Blick auf dieses Bild an der Wand spiegelte die ganze Hingabe des Weibes in der Erinnerung an ihre eine große Liebe wider. Im Raum herrschte Schweigen, denn jeder wusste, dass Heschel ein

Jahr danach in der Schlacht an der Somme gefallen war. Die zwei Söhne der Jordans waren in die USA ausgewandert.

Im Laufe des Besuchs wandte sich Paul an Simon Rosenbaum. »Wie erklären Sie sich«, wollte Paul wissen, »dass die jüdische Bevölkerung sich trotz des Boykotts der jüdischen Geschäfte und trotz des Arierparagraphen beim jüngsten Volksentscheid doch auf Hitlers Seite geschlagen hat?« – Frau Jordan wollte unbedingt auf diese Frage antworten: »Uns Juden werfen die Nazis vor, wir seien keine guten Deutschen. Sie sagen, wir empfänden keine bedingungslose Treue zu Deutschland. Mein Mann starb als Kriegsfreiwilliger fürs Vaterland. Wie können wir ihnen allen beweisen, den Nazis und der ganzen Welt, dass wir gute Deutsche sind und Deutschland lieben und dass wir es ganz und gar nicht leiden können, wenn unser geliebtes Vaterland von den früheren Feinden geringgeschätzt wird? Die deutschen Juden haben ihren Patriotismus unter Beweis gestellt, indem sie für Hitlers Außenpolitik gestimmt haben.«

Dieses engagierte Bekenntnis, so bewegt vorgetragen, hatte Frau Jordan viel Kraft gekostet. Nun lag sie ganz still und bleich da. Simon und seine Frau hatten mehrfach zustimmend genickt. »Auch wir sind Deutsche, Pfarrer Schneider«, betonte Simon Rosenbaum. »Ich weiß«, antwortete Paul, »mich braucht ihr nicht zu überzeugen.« – »Warum quälen uns die Nazis ständig mit diesem Thema? Ich habe keine Pläne zur Auswanderung, ich will mein Land nicht im Stich lassen. Es ist mein Vaterland. Die deutsche Sprache ist meine Sprache, die deutsche Kultur ist meine Kultur. Ich bin Deutscher. Natürlich bin ich auch stolz darauf, Jude zu sein. Deutschland ist nicht nur das Land, in dem ich zufällig lebe, es ist meine Heimat. Tausende von Juden sind ausgewandert, aber das habe ich nicht vor; obgleich auch mir Hilfe zur Auswanderung angeboten wird, bestehe ich darauf, dass ich nicht nur Jude bin, sondern eben auch Deutscher.« Dann fragte Simon Rosenbaum Paul und Gretel: »Haben Sie dieses Plakat gesehen?« und legte ein Stück bedruckten Kartons vor sie hin. »Das hängt in jedem größeren Bahnhof:

›Kostenlose Fahrkarte für Juden nach Jerusalem; einfache Fahrt, nicht übertragbar; gültig von jedem deutschen Bahnhof aus.‹

Ist natürlich nur als Scherz gemeint«, sagte Simon und fuhr dann fort: »Unser führender Rabbi, Leo Baeck in Berlin, hat allen deutschen Juden dringend geraten, beim Plebiszit am 12. November mit JA zu stimmen und jegliche Art von Verhalten zu vermeiden, das anti-deutsche Gefühle stärken und Kritik im Ausland hervorrufen könnte.«

Paul und Gretel wurde hier in großer Eindringlichkeit das Dilemma der jüdischen Bevölkerung nahe gebracht. Und trotz deren Vaterlandsliebe und patriotischer Treue würde man ihnen letztendlich die Zugehörigkeit zu diesem Staat aberkennen.

Während Frau Jordans Krankheit schauten Gretel und andere Frauen der Gemeinde immer wieder bei ihr vorbei. Bald darauf starb Frau Jordan. Paul begleitete sie, zusammen mit Simon Rosenbaum, auf ihrem letzten Gang zum Friedhof von Hernsheim, unweit von Hochelheim. Traditionsgemäß gingen nur Männer bei einer jüdischen Beerdigung mit.

»Wenn Sie diesen Artikel gelesen haben, hätte ich ihn gerne wieder«, sagte Simon Rosenbaum nach der Rückkehr vom Friedhof zu Paul. »Es ist eine Ausgabe des sozialdemokratischen *Neuen Vorwärts*, der hin und wieder aus der Schweiz zu uns herübergeschmuggelt wird.«

»Eine schreckliche Zwangslage für die deutschen Juden«, sagte Paul im Gedenken an seine Nachbarn, als er Gretel den Artikel vorlas:

»ALLE JUDEN FÜR HITLER!

Der Centralverein Deutscher Staatsbürger jüdischen Glaubens hat seine Mitglieder aufgefordert, einmütig zur Urne zu schreiten, nationalsozialistisch zu wählen und der Regierungspolitik ihre Zustimmung auszusprechen. Es kann kein Zweifel daran sein, daß die erdrückende Mehrheit der deutschen Juden dieser Parole folgen wird.

... Die NSDAP wird sich nach dem 12. November rühmen können, mehr jüdische Stimmen erhalten zu haben als jemals zuvor irgendeine andere Partei. ...

Man soll auf die deutschen Juden, die am 12. November nationalsozialistisch wählen und sich geschlossen hinter die Hitlerregierung stellen, keine Steine werfen. Steine werden schon genug auf sie geworfen. Sicher wird es auch charaktervolle, heldenmütige geben, die der sozialdemokratischen Parole folgen und mit Nein stimmen werden. Ihnen soll man die Ehre erweisen, die sie verdienen, aber man soll den großen Haufen der armen Teufel nicht schmähen, die lieber den Weg der Vorsicht gehen als den des Martyriums. …

Man hat in Deutschland die Juden wie Tiere gehetzt, sie geschlagen, sie zu Tode gemartert, man hat sie unter dem Gejohle des letzten Pöbels als Schänder christlicher Mädchen durch die Straßen geschleppt, man hat sie aus allen Ämtern hinausgeworfen, aus allen freien Berufen weggejagt, man hat Gräber ihrer Eltern geschändet und Ehrengräber für ihre Mörder geweiht. … – nie war der ›Unberührbare‹, der Paria in Indien geschundener, getretener, als es der Jude heute in Deutschland ist.

Und jetzt, jetzt holt man diese Unglücklichen aus ihren Wohnungen, damit sie ihre Schinder wählen und der gegen sie gerichteten Politik grausamer Ausrottung ihre Zustimmung geben sollen. Und sie – sie gehen hin, sie wählen, sie stimmen mit Ja in der eitlen Hoffnung, daß sie vielleicht nachher etwas weniger geschlagen werden könnten – die armen Toren!« –

Am Dienstag, dem 14. November, hatte es Herbert Heider äußerst eilig, nach Hochelheim zu kommen. Dr. Reinhold Krause hatte sich bei der großen Kundgebung der Deutschen Christen am 13. November im Berliner Sportpalast an ein dicht gedrängtes Publikum von zirka 20 000 gewandt und gesagt:

»Deutsche Volksgenossen! … Die Deutschen sind ein Volk geworden. Was einem Jahrtausend deutscher Geschichte nicht gelang, was auch Bismarck nicht erreichen konnte, das hat Gott durch die Kraft unseres Führers Adolf Hitler wahr werden lassen. …

›Ein Volk, ein Führer‹, so leuchtete es von den Transparenten über den Straßen und aus den Gesichtern der Volksgenossen, und wir deutschen Christen hätten dazu noch schreiben mögen: ein Gott und eine Kirche! …

Steht da nicht gerade in diesen Tagen vor uns die Gestalt des Mannes von Wittenberg, nicht ein vollendeter Heiliger, dessen Werk man nur geschichtlich betrachten kann, sondern der lebendige Luther, der uns auf unseren Weg zum deutschen Gott und zur deutschen Kirche Führer sein will, der uns ein kostbares Vermächtnis hinterlassen hat: die Vollendung der deutschen Reformation im Dritten Reich! (Sehr starker Beifall) Wenn die Nachfolger Martin Luthers in ihrer beschränkten Bekenntniskirchlichkeit nicht verstanden haben, daß sein Werk eine Aufgabe für seine Deutschen war, die er nicht lösen konnte, weil er noch kein deutsches Volk hatte, so wird uns in diesen Tagen der Volkwerdung des Reformators völkische Sendung Erlebnis. ... Ausgehend von der deutschen Mystik Meister Ekkeharts kommt Luther zum persönlichen inneren Gotterleben, kommt aus der Gottverlassenheit einer artfremden Möncherei zur Gottverbundenheit des nordischen Gottsuchers. Sein religiöser Kampf freilich war zunächst seine persönliche Angelegenheit. Aber wie Adolf Hitler war er nicht damit zufrieden, nur für sich den Weg in die Freiheit gefunden zu haben, er mußte seinen deutschen Volksgenossen auch Führer werden, ein Befreier der deutschen Seele, der über alles geschriebene und gelehrte Wort hinaus, allein in dem Gewissen, in dem Gott in uns, die letzte Bindung sieht. Der deutsche Kämpfer Luther ist immer eingetreten für die Werte deutschen Volkstums in Sprache und Sitte, in Haus und Familie, in Dichtung und Musik. ...
Aber Luther konnte diese völkische Sendung nicht vollenden. ... Da Luther kein Volk fand, hat er seine Kirche an die Fürstenmacht und den durch diese getragenen Staat gebunden. So wurde diese Kirche ... jedesmal mit hineingezogen, wenn der Staat in Verderben geriet, um mit der Zersetzung aller Gemeinschaft im liberalistischen Staate zu einer bloßen ›Religionsgesellschaft‹ herabzusinken. Der Marxismus aber hatte sich schon angeschickt, unter der Tarnkappe ›Religion ist Privatsache‹ jedes Gefühl der Gottgebundenheit im deutschen Volk mit Stumpf und Stiel auszurotten, bis auf den Tag, da Adolf Hitler kam und diesen Kehricht der Vereinzelung, Entseelung und Entartung hinwegfegte. (Starker Beifall)

... Das werdende Volk will eine neue Kirche formen, und so rufen wir in diesen Tagen den Feuergeist des Dr. Martinus, daß er uns helfe, sein Werk zu vollenden, zu schaffen: nicht eine lutherische, nicht eine reformierte, nicht eine unierte, nicht eine synodale oder konsistoriale, nicht eine Bischofs- oder Generalsuperintendenten-Kirche, sondern diese eine gewaltige neue, alles umfassende: die deutsche Volkskirche. (Sehr starker Beifall)
Diese Aufgabe konnte erst gelöst werden, nachdem der Nationalsozialismus nicht mehr den Kampf um die Macht in Deutschland zu führen hatte, sondern um die Seele des deutschen Volkes. (Beifall)
Da diese Seele restlos dem neuen Staat gehört, so kann der Totalitätsanspruch des nationalsozialistischen Staates auch vor der Kirche nicht halt machen (Beifall), vor der Kirche, die er nicht zertrümmern, sondern aus seinem Geist erneuern und neu gestalten will. ...
Der Strom der in die Kirche Zurückkehrenden muß erst gewonnen werden. Dazu ist Heimatgefühl notwendig, und der erste Schritt zu diesem Heimischwerden ist Befreiung von allem Undeutschen im Gottesdienst und im Bekenntnismäßigen, Befreiung vom Alten Testament mit seiner jüdischen Lohnmoral, von diesen Viehhändler- und Zuhältergeschichten.
Mit Recht hat man dieses Buch als eines der fragwürdigsten Bücher der Weltgeschichte bezeichnet. Es geht nicht an, daß Pastoren der Deutschen Christen erklären: wir stehen nach wie vor auf dem Boden des Alten Testaments, und auf der anderen Seite steht in den Richtlinien: ›artgemäßes Christentum‹. Eins schließt das andere praktisch aus. ...
Wenn wir Nationalsozialisten uns schämen, eine Krawatte vom Juden zu kaufen, dann müßten wir uns erst recht schämen, irgendetwas, das zu unserer Seele spricht, das innerste Religiöse vom Juden anzunehmen. (Anhaltender Beifall)
Hierbei gehört auch, daß unsere Kirche keine Menschen judenblütiger Art mehr in ihren Reihen aufnehmen darf. Wir haben nicht nur die Judenmission bekämpft, sondern wir haben immer wieder betont: judenblütige Menschen gehören nicht in die deutsche Volkskirche (starker Beifall), weder auf die Kanzel, noch unter

die Kanzel. Und wo sie auf den Kanzeln stehen, haben sie so schnell wie möglich zu verschwinden. (Bravorufe, Beifall)
Es wird aber auch notwendig sein, daß unsere Landeskirche sich damit beschäftigt, daß alle offenbar entstellten und abergläubischen Berichte des Neuen Testaments entfernt werden, und daß ein grundsätzlicher Verzicht auf die ganze Sündenbock- und Minderwertigkeitstheologie des Rabbiners Paulus ausgesprochen wird. ... Es ist schon richtig, daß die ganze Entwicklungsreihe der dialektischen Theologie von Paulus bis Barth aus unserem Gottvater eine Denksportaufgabe gemacht hat. Die Theologie hat Gott und Mensch immer zu trennen gesucht, immer wieder versucht, ihre eigene Existenzberechtigung durch den mit der Erbsünde belasteten, gefallenen und darum von der Kirche zu rettenden Menschen zu beweisen. Wir kennen keine Trennung Gott-Mensch, wenn der Mensch sich nicht durch seinen Willen von Gott löst. ...
Wir müssen fordern: Rückkehr zu einem heldischen Jesus. ... Wir müssen uns ... hüten vor der übertriebenen Herausstellung des Gekreuzigten. Wir können als Führer keinen in der Ferne thronenden Gott gebrauchen, sondern nur den furchtlosen Kämpfer. Führer braucht unsere Kirche, einen Führer hat sie in unserem Heiland, Führer braucht sie in denen, die uns hier führen müssen. ... Heilige Stätten müssen erwachsen in unserem Lande. Unsere heiligen, blutgedüngten Stätten müssen uns mehr sein als ferne Stätten in Palästina. ...
So fordern wir das Zurückkehren zu diesem schlichten und einfachen kindlichen Glauben, wie ihn die Frohbotschaft Jesu verkündet, ... so wollen wir die Gottesfeier im Gotteshaus, in der Gemeinschaft halten, mit deutschem Wort und aus deutschem Geist. Wir wollen Lieder singen, die frei sind von allen Israelitismen. Wir wollen uns frei machen von der Sprache Kanaans und zur deutschen Muttersprache kommen, weil nur in der deutschen Muttersprache der Mensch am tiefsten das Beten, Loben und Danken zum Ausdruck bringen kann. (Starker Beifall). ...
Wenn Luther heute lebte, wir dürften sicher sein, daß er der Vorkämpfer dieser deutschen Volkskirche wäre. ...

Es wird dann offenbar werden, daß die Vollendung der Reformation Martin Luthers der endgültige Sieg des nordischen Geistes über orientalischen Materialismus bedeutet. Heil!« (Lang anhaltender Beifall)[92]

Krauses Rede schlug in der evangelischen Kirche wie eine Bombe ein. Als Paul die Wiedergabe las, glaubte er seinen Augen nicht zu trauen. »Hat der Krause das wirklich von sich gegeben?«, stieß er hervor. »Und wo war der Bischof von Brandenburg, Joachim Hossenfelder, während der Rede von Krause?«, wollte er wissen. »Hossenfelder, von Trompetenfanfaren begrüßt, sprach zuerst«, erklärte Herbert, »dann musste der Bischof weg wegen eines Termins in Bayern.« – »Und Hossenfelder ging, bevor Krause sprach?«, fragte Paul. »Paul«, kommentierte Herbert, »diese Deutschen Christen, die mit Hilfe Hitlers und der NSDAP nach den Juliwahlen die Verwaltung der Deutschen Evangelischen Kirche übernommen haben und deren Patron der Reichsbischof Müller höchstpersönlich ist, haben an diesem 13. November Selbstmord verübt!« Paul schüttelte den Kopf. »Nun, Herbert, die Deutschen Christen braucht man nicht mehr zu bekämpfen; nachdem sie sich selber so bloßgestellt haben, kann sie niemand mehr als Repräsentanten des deutschen Protestantismus ansehen.« –

Beim Wetzlarer Pfarrertreffen, das eine Woche nach dem Schock durch die Berliner Kundgebung stattfand, gab es nur ein Thema: die Rede des Dr. Krause. Adolf Franz, der im Mai das Treffen geleitet hatte, bat sofort ums Wort. In seinem »mea culpa«, das für alle Anwesenden äußerst peinlich war, bat er um Vergebung wegen seines früheren engagierten Eintretens für eine Bewegung, die sich jetzt als anti-christlich enttarnt und die in rohester Weise sämtliche Traditionen und die historischen Glaubenssätze der Kirche mit Füßen getreten habe. Mit zitternder Stimme sprach Pfarrer Franz von seiner Schockiertheit und Enttäuschung, als er die Rede Krauses vernommen habe. »Ich konnte es nicht glauben. An diesem Abend sind alle Hoffnungen zusammengebrochen, dass sich auf der Basis der evangelischen Reformationstradition ein starkes Deutschland errichten ließe.«

Paul konnte nachvollziehen, wie Pfarrer Franz zumute war: Er musste sich verraten vorkommen. Bis zum August hatte ja Paul selbst Hoffnungen auf die Deutschen Christen gesetzt. Nun hagelte es Proteste von den Kirchen im ganzen Land, und eine massive Austrittswelle aus der Bewegung Deutsche Christen setzte ein. – Ulrich Krämer gesellte sich zu Paul und Adolf Franz. Er teilte den beiden etwas mit, was Paul wohl schon von anderen Kollegen gehört, aber was er schlicht für ein Gerücht gehalten hatte. Es gab 1933 so viele Gerüchte, so dass man jede Nachricht erst einmal mit Skepsis aufnahm. »Es stimmt wirklich, Paul. Mein Sohn ist ja Hörer bei Professor Barth in Bonn«, sagte Ulrich. »Er hat mir erzählt, dass beim Eintritt Barths in den Vorlesungsraum um 8 Uhr am ersten Tag der Gültigkeit der neuen Verordnung, jede Vorlesung mit dem Hitlergruß zu beginnen, einige Studenten ihn begeistert mit ›Heil Hitler!‹ empfingen. Barth ignorierte das und sprach ein kurzes Gebet, wie er es immer zu Anfang seiner Vorlesung getan hatte. Danach erteilte er den Studenten, die versuchten, andere zum Hitlergruß zu zwingen, einen gepfefferten Verweis. Und er sagte, dass er den Hitlergruß in seiner Theologievorlesung weder entbieten wolle noch werde. Er wolle damit betonen, dass das Evangelium unangetastet bleiben müsse und dazu dienen müsse, dem totalitären Staat Grenzen zu setzen. Er werde notfalls für diese seine Überzeugung und Handlungsweise seine Position aufs Spiel setzen. Schließlich gebe es für ihn Wichtigeres als eine Professur an der Bonner Universität.« – »Das hat er gesagt?«, fragte Paul ganz aufgeregt. »Welchen stärkeren Kontrast zwischen den Deutschen Christen und uns könnte es noch geben? Am selben Tag, an dem die Deutschen Christen ihre völlige Unterwerfung unter die Nazi-Ideologie verkünden, weigert sich einer, der die Auffassungen des Pfarrernotbundes teilt, mit dem Hitlergruß zu beginnen. Hurra! Es gibt noch Hoffnung für den Protestantismus in Deutschland.« – »Ja«, erwiderte Ulrich Krämer. »Mein Sohn sagte, er werde die Szene im Hörsaal nie vergessen. Als Barth seine Vorbemerkungen gemacht hatte, herrschte absolute Ruhe im Raum. Jedem war klar, dass Barth die staatliche Autorität herausgefordert hatte und dass seine Antwort sofort an Erziehungsminister Rust weitergegeben würde. Wenn Studenten – mit Ausnahme von Ausländern –, den Hitlergruß verweigern, werden sie zum Rektor zitiert, von ihm zurechtgewiesen, es wird ihnen sogar mit Ausweisung gedroht. Als Barth davon erfuhr, empfahl er in der nächsten Vorlesung seinen Studenten, zur Vermeidung von Schwierigkeiten ihrerseits den Hitlergruß zu entbieten, er seinerseits werde aber den Gruß nie erwidern. Ich glaube, Prof. Barths Tage als Professor an einer deutschen Universität sind gezählt. Nach seiner letzten Veröffentlichung in der *Theologischen Existenz heute* verlangen die Deutschen Christen seinen Kopf. Barth hat da geschrieben, die Deutschen Christen seien Häretiker, nicht nur weil sie den Arierparagraphen in der Kirche anwenden wollten, sondern auch durch ihre Ablehnung des Alten Testaments, ihre arianische Christologie, ihren Pelagianismus bezüglich der Rechtfertigungslehre und ihre Verherrlichung und Vergötzung des Staates. Auch deshalb, so schreibt Barth, weil es für sie eine weitere Quelle göttlicher Offenbarung gäbe, nämlich das Germanentum, die deutsche Geschichte. Die Deutschen Christen hätten in der Tat einen Gott nach ihrem eigenen Bild geschaffen.«[93]

Einige andere Kollegen hatten sich um Paul und Ulrich geschart, als sie hörten, um welches Thema es ging, unter ihnen auch Stefan Schepper und Fritz Kleindienst. Letzterer wandte vorsichtig ein: »Barth ist Professor an einer staatlichen Universität und folglich Staatsbeamter. Der Staat kann von seinen Angestellten Loyalität verlangen. Und der Hitlergruß ist doch nur symbolischer Ausdruck dieser Loyalität. So wird es jedenfalls staatlicherseits interpretiert werden.« – »Aber es steht mehr auf dem Spiel als Bekundung von Loyalität für den Staat an einer staatlichen Universität«, entgegnete Ulrich Krämer. »Wenn eine theologische Vorlesung mit einem politischen Akt begonnen wird, der mit einer bestimmten politischen Ideologie in Verbindung steht, sieht es dann nicht so aus, als gäbe unsere evangelische Theologie dieser zunehmend christentumsfeindlichen Ideologie ihren Segen?«

Jetzt hatte sich um den Sprecher ein ganzer Kreis aller anwesenden Pfarrer gebildet. Viele von ihnen hatten mit Barth zusammen studiert oder bezogen seine Zeitschrift *Theologische Existenz heute.* Pfarrer Kleindienst meinte: »Wir beten doch in jedem Sonntagsgottesdienst für unsere politische Führung. Wenn wir ›Heil Hitler!‹ sagen, wünschen wir meiner Meinung nach dem Führer Gesundheit und Wohlergehen, nämlich Heil.« – »Nein, ich sehe das eher wie Bruder Krämer«, entgegnete Pfarrer Dette. »Wenn wir ›Heil Hitler!‹ sagen, geht das über ein Gebet für den Kanzler hinaus. Es beinhaltet Zustimmung und sieht ganz so aus wie Verehrung, die in der Offenbarung im Kapitel 13 das falsche Lamm für den vergöttlichten Kaiser Domitian verlangte.« – »Ich weiß nicht, wie lange Prof. Barth diese Stellung beibehalten kann«, sagte Paul. »Barth weiß, dass sein Fall in der ausländischen Presse Aufmerksamkeit erregt hat«, fügte Pfarrer Dette noch hinzu. »Aber diese Aufmerksamkeit hat ihre zwei Seiten: Einerseits erscheinen jetzt aufgrund der Berichterstattung der ausländischen Presse die deutschen Protestanten, die sich geweigert haben, sich Bischof Müller und seiner von Deutschen Christen beherrschten Kirchenverwaltung zu unterwerfen, in einem Licht, als würden sie sich der nationalen Regierung unter Adolf Hitler verweigern. Und in der Ecke wollen wir ja gerade nicht stehen. Andererseits haben dieselben Berichte in der ausländischen Presse es Bernhard Rust, dem Erziehungsminister in Preußen, und Joseph Goebbels, dem Reichsminister für Volksaufklärung und Propaganda, unmöglich gemacht, Professor Barth zu entlassen. Hitler hat immer äußerst sensibel auf Kritik aus dem Ausland reagiert. Der Fall Barth ist da ganz symptomatisch.« Pfarrer Dette hatte zur Illustration seiner Meinung eine französische Zeitung, *Revue des Vivants,* dabei und übersetzte eine Passage daraus für seine Kollegen:

> »Karl Barth, als Schweizer stolz auf seine demokratische Haltung, ... verweigerte den Hitlergruß. ... Studenten ... forderten ihn auf, den Vorschriften zu entsprechen. Er erwiderte ihnen in scharfem Ton: ›Und wenn das ganze Dritte Reich in meiner Vorlesung säße, würde ich auf den Hitlergruß nicht reagieren!‹ Die Regierung, die von dem Vorgang in Kenntnis gesetzt worden war, gab nach. ...
> Es schien so, als ob die schweizerische Regierung klargemacht hätte, daß Repressalien gegen Barth seitens des Dritten Reiches Repressalien gegen deutsche Lehrende in der Schweiz nach sich

ziehen würden. Die Herren Rust und Goebbels legten eindeutig den Rückwärtsgang ein.«

»Das mag für den Augenblick zutreffen«, ergänzte Paul, »aber diese Verlegenheit wird sie dazu bringen, uns umso mehr zu hassen, und ihren Entschluss bestärken, im gegebenen Augenblick Rache an uns zu nehmen.« –

Der Sturm der Entrüstung, der Reichsbischof Müller nach der Rede von Dr. Krause traf, zwang Müller, sich vorläufig von den Deutschen Christen loszusagen, seine Leitung dieser Bewegung ruhen zu lassen, und am 16. November sah er sich sogar veranlasst, die Anwendung des Arierparagraphen in der gesamten deutschen Kirche, die gerade erst am 24. Oktober verfügt worden war, wieder rückgängig zu machen. Die für den 13. Dezember vorgesehene Einführung Hossenfelders in sein Amt als Bischof von Brandenburg musste ebenfalls abgesagt werden. –

»Du hast Recht gehabt, Herbert«, sagte Paul beim nächsten Besuch Herbert Heiders im Hochelheimer Pfarrhaus. »Krauses Rede hat den Deutschen Christen sozusagen das Genick gebrochen. Selbst Mitglieder dieser Bewegung sind in Rage. Erinnerst du dich an Georg Probst, den Frankfurter Führer der Deutschen Christen, den wir im Sommer gehört haben? Er hat mit Hossenfelder und den Berliner politischen Theologen gebrochen.« – »Hör gut zu, Paul«, sagte Herbert. »Krause und Hossenfelder werden zum Ende des Jahres all ihre kirchlichen Ämter verlieren. Müller muss sie opfern. Er kann nicht den lutherischen Theologen herauskehren und gleichzeitig solche Leute tolerieren.« Und Herberts Voraussage des Schicksals von Krause und Hossenfelder erwies sich bald als zutreffend.

Obgleich erst am 19. Dezember durchgeführt, wurde – zum großen Entsetzen des Pfarrernotbundes – am 20. November 1933 von Baldur von Schirach und Reichsbischof Müller eine Vereinbarung unterzeichnet, derzufolge die evangelische Jugendorganisation in die Hitlerjugend integriert wurde.

»Nun haben die christlichen Jugendverbände ihre Selbstständigkeit verloren. Diese Vereinbarung ist ein gewaltiger Schritt voran auf

dem Weg der Nationalsozialisten zur Verwirklichung ihres Mottos ›Wer die Jugend hat, hat die Zukunft‹«, seufzte Paul. »Und wer war Müllers engster Berater, als die diesbezügliche Entscheidung fiel? Kein anderer als der Bischof des Rheinlandes, Heinrich Oberheid, dem ich im Oktober in Koblenz Rede und Antwort stehen musste! Zugegeben, Gretel, nach meiner Begegnung mit Oberheid wundert mich nichts mehr. Und Müller ist dreist genug, den Bruch seines Versprechens und die erzwungene Integration der Evangelischen Jugend in die HJ in einem Schreiben an die Eltern der Jugendlichen zu rechtfertigen. Hör dir dies an, Gretel: ›Um des Evangeliums willen dürfen wir nicht den Eindruck erwecken, als ob unser Christentum uns von der Teilnahme am Leben der nationalen Gemeinschaft ausschließe.‹ So ändert Müller plötzlich seinen Kurs und rechtfertigt den Bruch seines feierlichen Versprechens mit solch einer pathetischen Logik«, stöhnte Paul.
Die Übergriffe der Hitlerjugend auf die christlichen Jugendgruppen alarmierten katholische wie evangelische Pfarrer. Die Veranstaltungen der HJ verlangten den jungen Leuten ein immer größeres Engagement und immer mehr Zeiteinsatz ab. Paul war deprimiert. Er musste tatenlos zusehen, wie seine eigene christliche Jugend von der Kirche weggelockt wurde durch Uniformen, Marschmusik, Ausflüge und großzügige finanzielle Unterstützung der HJ. So entschied er sich, nicht zuzulassen, dass die Kirche nur noch dazu herhalten sollte, Sitten und Traditionen zu pflegen, wenn ansonsten keine Loyalität gegenüber der Kirche und kein Interesse an ihr bekundet wurde.

Die Abendmahlsfeier war immer ein besonderer Teil evangelischer Tradition gewesen, und die Reformatoren hatten einen ganz bestimmten Ablauf dieser Feier festgelegt. Der Apostel Paulus hatte in 1. Korinther 11,23–24 die Leitlinien gesetzt, wie die Abendmahlsfeier würdig begangen werden sollte. Wenn aber Leute, die getauft und konfirmiert waren, sich selbst kaum hinter Gottes Wort stellten oder wenn sie jede Gelegenheit nutzten, ihrer christlichen Verantwortung, zu Gebet und Zeugnis zusammenzukommen, zu entrinnen, wie konnte dann der Pfarrer sie guten Gewissens zum Tisch des Herrn laden? Angesichts der Gleichgültigkeit und Unbekümmertheit, mit der die christlichen Jugendlichen den Sonntagsgottesdienst betrachteten, und weil ihre Zeit und ihr Interesse so ganz durch die Hitlerjugend belegt waren, beschloss Paul, mit der Tradition zu brechen. Das Versprechen, das im Oktober seitens der Nazi-Ortsgruppe als Teil der Versöhnung zwischen Pfarrer Schneider und der Hochelheimer Parteiführung abgegeben worden war, nämlich dass die Naziführer dafür sorgen würden, dass die Veranstaltungen der HJ nicht mit dem Sonntagsgottesdienst zusammenfallen sollten und dass die Hitlerjugend zum Besuch des Sonntagsgottesdienstes angehalten werden sollte, waren ja nie eingehalten worden. Auch war die Einladung, von der Ortsgruppenleiter Mehl gesprochen hatte, nie gekommen: Paul hatte kein einziges Mal vor der Hitlerjugend sprechen können.

»Paul, die Presbyter werden sich nie damit abfinden, dass du diese Sitte nicht beibehalten willst«, sagte Gretel. »Irgendjemand muss mal Klarheit schaffen«, antwortete Paul. »Hier, dies ist angekommen, während du weg warst.« Und Gretel gab Paul ein Schreiben der Presbyter:

»Falls nicht eine Verfügung der Kirchenbehörde vorliegt, so lehnen wir, die unterzeichneten Presbyter, diese von Ihnen getroffene Anordnung ab und bestehen auf dem ordnungsgemäßen Adventsgottesdienst am Mittwoch und dem Abendmahlsgang für die Jugend am ersten Feiertage. Dasselbe bitten wir sofort durch Ortsschelle bekanntzugeben. Andernfalls heute abend Sitzung.« [94]

Spannung lag in der Luft, als Paul und die Presbyter zusammentrafen, um über das Jugendabendmahl an Weihnachten zu diskutieren. Von Anfang an war klar, dass keine der Parteien bereit war, ihre Position aufzugeben. Helmut Hartmannshenn, der Sprecher der Presbyter, begann: »Herr Pfarrer, Sie haben kein Recht, einen Brauch abzuschaffen, der in unserer Kirche so lange gepflegt worden ist. Unsere Jugendlichen freuen sich auf die Teilnahme an ihrer Abendmahlsfeier zu Weihnachten. Warum soll dieser Gottesdienst plötzlich ausfallen?« – »Das geschieht nicht plötzlich«, erwiderte Paul. »Ich habe mich lange mit dem Problem herumgeplagt. Als Pfarrer muss ich dafür sorgen, dass die Sakramente der Kirche respektiert und gewürdigt werden. Wenn Leute einmal im Jahr zur Kirche kommen, um in einem Gottesdienst das Abendmahl zu empfangen, und sonst nie innerhalb der Kirchenmauern gesehen werden, dann kommen sie nicht, weil sie hungern und dürsten nach Gottes Wort oder als reuige Sünder, die die Vergebung Gottes suchen. Dann kommen sie, um von den Gemeindemitgliedern gesehen zu werden. Unter solchen Umständen sollte das Sakrament nicht gereicht werden. Und es sollte auch den Verstockten nicht gereicht werden, die das Evangelium verhöhnen, indem sie Gerichtsverfahren gegeneinander in die Wege leiten und Verleumdungen und bittere Vorwürfe verbreiten. Peter Klage und Hans Schädle müssen ihren Rechtsstreit beenden und sich versöhnen, bevor sie wieder zum Tisch des Herrn zugelassen werden.« Helmut Hartmannshenn unterbrach Paul: »Aber, Herr Pfarrer, es geht um die Tradition.« – »Hätte Luther schweigen sollen wegen des Missbrauchs des Ablasses, nur weil Ablassverkauf zur traditionellen Praxis geworden war?«, fragte Paul. Anton Zörb wandte ein: »Warum kann man die weihnachtliche Abendmahlsfeier nicht als Gelegenheit ergreifen, die Jugend zu ermahnen? Betrachten Sie doch den Gottesdienst als missionarisches Bemühen.« – »Es tut mir Leid«, sagte Paul, »aber ich versuche seit Monaten zu ermuntern, zu ermahnen, zu missionieren, und die Jugend kommt gar nicht erst, und das noch mit der Entschuldigung, dass sie, indem sie ihren Verpflichtungen in der HJ nachkämen, sowohl eine religiöse als auch eine patriotische Pflicht erfüllten. Wir müssen die Ketten der Tradition brechen. Termine, Jahreszeiten, Bräuche sind für uns nicht mehr Anregung zu wahrer Frömmigkeit, sondern bloße Formen, leer und hohl, unter deren Diktat wir Lippenbekenntnisse vor Gott ablegen, eine Art Gottlosigkeit, auch wenn wir es nicht wahrhaben wollen.« Die Grenzlinie war gezogen. Obwohl die Mehrheit seiner Gemeindemitglieder hinter Paul stand – eine unübersehbare Minderheit der Gemeinde wollte von der Aufgabe alter Gewohnheiten nichts wissen.

Paul lud Peter Klage und Hans Schädle für Dienstag, den 19. Dezember, ins Pfarrhaus zum Versöhnungsakt ein. Peter nahm die Einladung an, Hans nicht. Beide kamen am Mittwoch, dem 20. Dezember, in den abendlichen Gottesdienst, den Paul statt des Weihnachtsgottesdienstes anbot. Er verkündete, dass jeder, der irgendetwas gegen seinen Nachbarn habe, sich zuerst mit dem Nachbarn versöhnen müsse, bevor er am Abendmahl teilnehmen könne. Hans, der auf der Empore saß, machte keine Anstalten, der Einladung des Pfarrers zu folgen und nach vorn zu kommen, wo Peter sich befand, bereit zur Versöhnung. Schließlich sagte Paul, indem er direkt zu Hans hinschaute: »Wenn du dein Herz derart gegen einen Bruder in Christus verhärtet hast, kann ich dir das Abendmahl nicht reichen.« Verärgert sprang Hans Schädle auf und verließ die Kirche.

Aus dem Frauenchor, der auch auf der Empore saß, ging Gretel als einzige Frau nach vorn, um das Abendmahl zu empfangen. »Wir wären mitgegangen«, erklärten die Frauen später, »aber wir hatten unsere Tracht nicht an, und ohne sie sind wir noch nie zum Abendmahl gegangen.« –

Paul wusste, dass er dem Superintendenten eine Erklärung schuldig war. Deshalb schrieb er am 21. Dezember 1933 an ihn:

»Von einer Veränderung der Abendmahlssitte möchte ich Ihnen Mitteilung machen, die ich vor meinem Gewissen glaube verantworten zu müssen. Ich schicke voraus, daß in den sieben Jahren, die ich hier bin, die Abendmahlsgottesdienste mit ihrer starren Sitte, mit den vor dem Tische des Herrn zahlreich auftauchenden Gesichtern derer, die sonst die Kirche und Gottes Wort nicht brauchen, die größte Last gewesen sind und ich dann meinen Dienst immer mit einem Anstoß meines Gewissens verrichtet habe, weil die Sitte allzusehr die Wahrhaftigkeit und Ehrlichkeit erstickte. ... Bei meinem demokratisch gewählten Presbyterium, geführt von Herrn Hartsmannshenn, fand ich für meine Gewissensbedenken nie das genügende Verständnis, wohl bei einigen Gliedern der Gemeinde. Nun sollte wieder das Weihnachtsabendmahl der Jugend kommen. Sonntag für Sonntag gähnten mich die leeren Bänke des Kirchenschiffes, wo die Burschen sitzen, an. Dafür Abhaltung durch Sport- und Hitlerdienst. Ich sah darin nichts als eine Verachtung der Kirche, Gotteswort und Sonntagsfeier. ... Jetzt war mir das grobe Mißverständnis des gewöhnlichen Gottesdienstbesuches zu der Beteiligung beim Abendmahlsgang nicht mehr länger tragbar. ... Jetzt kommt dazu die kirchliche Lage, das freche Sichbreitmachen von Irrlehre und Weltlichkeit in unserer

Kirche. ... [Ich] setzte ... unter Begründung, wie oben dargelegt, das seitherige Weihnachtsabendmahl der Jugend aus und lud die Jugendlichen, die das Bedürfnis nach weihnachtlichem Abendmahlsgang hätten, auf Mittwochabend ein. Weil ich mir vom Presbyterium nur Hemmung und keine Förderung versprechen konnte, tat ich es allein auf meine Verantwortung. Hinterher bat ich das Presbyterium um sein Einverständnis. Das bekam ich nicht, sondern das Presbyterium, das sich zu sehr abhängig macht von den tonangebenden Dorfschreiern, erhob Einspruch. ... Ich berief darauf eine Gemeindeversammlung mit Aussprache über die allgemeine und örtliche Lage der Abendmahlssitte. Es waren viele Männer und Jugendliche erschienen. Ich leitete ein und begründete meine Anordnung vom Gesichtspunkt der Ehrlichkeit unter Darlegung der notwendigen Voraussetzungen gesegneten Abendmahlsganges. Ich fand Widerspruch und Zustimmung. ... Als mir dann in einer eindringlichen Mahnung zum Bekenntnisgottesdienst im Vergleich mit den Massenabendmahlen das Wort ›Hammelherde‹ entfiel, benutzten es die Böswilligen zum Protest durch Weggehen. Der größte Teil blieb im Saal. ... Um ½ 12 ging ich mit den Letzten heim.

Unsern Abendgottesdienst haben wir dann wie abgekündigt im Beisein des ganzen Presbyteriums gehalten. Die Beteiligung war viel besser als beim letzten Adventsgottesdienst. Unter dem brennenden Adventskranz hielten wir eine stille, gesegnete Abendmahlsfeier. ...

Ich konnte nicht anders. Der Anfang ist nun gemacht. Zurück kann ich nicht mehr. Ich bitte Herrn Superintendenten um freundliches Verständnis oder gar Billigung meines Handelns. ...

Nach Weihnachten sind Mütterschulungskurse und Volksmissionswochen in Aussicht genommen, damit es nicht scheine, als ob ich bloß niederreißen wolle. Dieses Niederreißen soll nur Platz machen dem gesunden Neuaufbau, wozu Gott seinen Segen geben möchte. ...«[95] –

Vier Hochelheimer Presbyter unterschrieben die folgende Klage gegen Pfarrer Schneider:

»Die unterzeichneten Presbyter fühlen sich verpflichtet, den Vorgang in der Kirchengemeinde Hochelheim durch Änderung der kirchlichen Handlungen, welche Herr Pfarrer Schneider vorgenommen hat, dem Konsistorium mitzuteilen.
... Herr Pfarrer Schneider lud die ganze Gemeinde durch Ortsschelle zu einer Versammlung bei Gastwirt Wilh. Jung ein (½ 9). Das Presbyterium wurde durch den Küster zu einer Sitzung eine Stunde früher geladen (½ 8 im Amtszimmer).
Nachdem Herr Pfarrer Schneider dem Presbyterium seinen Plan mitgeteilt, wurde vorgeschlagen, vorläufig bei der alten Ordnung zu beharren, da keine Aufklärung voraufgegangen sei. Ferner sollte Herr Pfarrer Schneider die Jugend, welche fast geschlossen zum Abendmahls-Gottesdienst erscheint, in Liebe, aber in allem Ernst des teuren Gotteswortes ermahnen und, falls nicht ein besserer Besuch der Gottesdienste zu erwarten sei, die Betreffenden vom nächsten Abendmahl der Jugend, welches mit dem Pfingstfeste zusammenfällt, verweisen und, sollte diese Maßnahme nicht genügen, die ganze Feier ausfallen lassen. Letzteres wurde einstimmig bestätigt.
Herr Pfarrer Schneider nahm diesen Vorschlag nicht an, sondern erklärte, daß er nach seiner Überzeugung handle, und möge es geben, was wolle.
Ohne zur Beteiligung an der öffentlichen Versammlung aufzufordern, verließ der Vorsitzende, Herr Pfarrer Schneider, das Amtszimmer und ließ die Presbyter stehen. Als nach geraumer Zeit derselbe nicht zurückkehrte, meinte einer der Presbyter, der Pfarrer müsse schon in der Versammlung sein. Kaum, daß wir das Versammlungslokal betreten hatten, eröffnete Herr Pfarrer Schneider seinen Vortrag, welcher ohne Diskussion verlief. Derselbe gab nun die Abendmahlsänderung bekannt, wonach derselbe stürmisch angefahren wurde. ... Daß aber Herr Pfarrer Schneider seine neuen Presbyter nicht achtet, erkennen wir daraus, daß er uns nie zur Beratung geladen, sondern nur bei der Abnahme der Kirchenrechnung. ...
Welche Entrüstung solche Vorgänge in der Gemeinde hervorrufen, braucht nicht besonders erwähnt zu werden.

Wir, die Unterzeichneten, erklären, daß unter solchen Umständen unsere Mitarbeit unmöglich erscheint, und bitten um schleunigste Abhilfe.

Mit deutschem Gruß!

Die Presbyter Hartmannshenn
Anton Zörb
Friedrich Schieferstein I
Heinrich Merte«[96]

Paul und Gretel wussten um die Beschwerde der Presbyter beim Konsistorium. So entschloss sich Paul, dem Superintendenten seinen Standpunkt zu erläutern. In seinem Brief vom 12. Januar 1934 wies er noch einmal auf das »höhere Recht eines in Gott gebundenen Gewissens und an die Schrift gebundenen Handelns« hin und fuhr dann fort:

»Dem Gröbsten hatte ich seither schon durch seelsorgerliche Ermahnung zu wehren gesucht, mußte aber dabei erleben, daß das Presbyterium und gerade auch Herr Hartmannshenn mir in den Arm fielen. Der Mann hat kein Recht, von dem ›eigensinnigen Charakter‹ seines Pfarrers zu sprechen. Vielmehr wird hieran seine ganze ungeistliche und überhebliche Art klar. …
Sachlich möchte ich zu dem Bericht und der Beschwerde des Herrn Hartmannshenn bzw. des Presbyteriums noch bemerken, daß darin Unrichtigkeiten und Unvollständigkeiten enthalten sind, die ein falsches Bild erwecken.
1. Ich habe meine Presbyter nach der Besprechung in meinem Amtszimmer, um den runden Tisch teilweise auf dem Sofa, teilweise im Sessel sitzend, nicht stehenlassen, sondern habe nach einstündiger Besprechung, während ich die Herren vergeblich von meinen Beweggründen zu überzeugen gesucht und gebeten hatte, mich zu unterstützen, lediglich weil es an der Zeit war und ich eine ganze Gemeindeversammlung nicht warten lassen wollte, indem ich das erklärte, als erster das Amtszimmer im Pfarrhaus verlassen, um in die Versammlung zu gehen. …

2. Über den Verlauf der Versammlung verweise ich auf meinen Bericht vom 21. Dezember an den Herrn Superintendenten. Herr Hartmannshenn vergißt zu erwähnen, daß sich auch mehrere anerkennende, unterstützende, mir recht gebende Stimmen zu Worte meldeten. ...
4. Was die Zahl der abgehaltenen Sitzungen anlangt, so ist das allerdings richtig. Herr Hartmannshenn verschweigt aber, daß ich alle geschäftlichen Dinge mit dem Ortsbürgermeister und dem Amt Rechtenbach abzumachen habe und alle unsere Beschlüsse im Presbyterium und größerer Vertretung nur bedingten Wert haben, weil praktisch der Gemeinderat das letzte Wort hat und wir darum schon viel Zeit und Beratung vergeblich vertan haben. ... Alle Unterstützung in Jugendpflege und Kindergottesdienst ist mir bisher versagt worden und war immer auf eigene Initiative angewiesen. Ich gestehe ehrlich, wenn ich etwas in der Gemeinde plane, habe ich Angst, diese Kirchenvertretung zu fragen, damit mir nicht ein Strich dadurch gemacht wird (siehe Kleinkinderschule und Krankenpflege, auch gegen die Einführung des neuen Gesangbuchs hat man nachträglich sehr Sturm gelaufen.) ...
Zum Schluß möchte ich noch aussprechen, daß das gottesdienstliche Leben und kirchliche Leben der Gemeinde durchaus nicht gestört erscheint, Gottesdienste und Frauenhilfe sind besser besucht als früher, ein Mütterschulungskurs in der kommenden Woche wird voll besetzt sein und eine Volksmissionswoche Mitte Februar erwarten wir mit Freuden. Ich habe die Überzeugung, daß ohne Eingriffe von außen unser Gemeindeleben sich aufs beste ordnen wird.

Schneider, Pfr.«[97] –

Als die Klage des Presbyteriums in Hochelheim bekannt wurde, wandte sich die Hochelheimer Evangelische Frauenhilfe in einem eigenen Schreiben an das Konsistorium:

»Da in den letzten Tagen wieder das Gerücht durch unser Dorf geht, daß unser Herr Pfarrer Schneider von hier versetzt werde und auch schon eine Eingabe von hier an das Konsistorium gemacht

wäre, so fühlen wir uns veranlaßt, dieser Sache einmal näher auf den Grund zu gehen, denn wir wissen nicht, was für Gründe vorliegen sollten. Unserer Auffassung nach sind es persönliche Auseinandersetzungen einiger Herren aus unserm Ort, die mit Gewalt den bisherigen Frieden im kirchlichen Leben stören möchten. Denn wenn ein Pfarrer das Wort Gottes treu und aufrichtig mit einem aufrichtigen Herzen verkündigt, so sind immer wieder Menschen da, die die Wahrheit nicht ertragen können, ganz besonders, wenn die Sünde beim Namen genannt wird. So war es schon bei unseres Herrn Jesus Zeiten und auch bei Johannes des Täufers Zeit. Wir können ihm nur das Zeugnis geben, daß er ein wirklich wahrheitsliebender, treuer und gerechter Pfarrer ist und kein dummer Bub, wie er von seinen hauptsächlichen Gegnern genannt wird, deren Berichte vielleicht schon im Laufe sind.
Dann wird ihm noch der Vorwurf gemacht, er sei kein echter Nationalsozialist. Das müssen wir hiermit zurückweisen und das Gegenteil behaupten. Denn als damals 1918 [richtig: 1920] unser alter Herr Reichspräsident seine Truppen zusammenrufen wollte, da hat es sich unser Herr Pfarrer als alleiniger Bürger von Hochelheim zur Pflicht gemacht, mitzukämpfen und das Vaterland zu retten.
Wir bitten das Konsistorium, uns hier in dieser Sache einmal ganz besonders anzuhören, da wir in der Evangelischen Frauenhilfe seit ungefähr 7 Jahren mit Herrn und Frau Pfarrer zusammenarbeiten. ... Nun können wir mit gutem Gewissen nur Gutes von ihm bezeugen, das beweist ja auch das Zunehmen unseres Vereins von 15 auf 60. Da unser Herr Pfarrer auch ein Mensch ist und es vielleicht einmal Meinungsverschiedenheiten gibt, so muß man doch immer wieder aus Achtung zur Kirche und Religion den Friedensweg suchen, was aber durch einige Herren nicht mehr möglich ist, da dieselben unsern Herrn Pfarrer gerne von hier weg hätten. ...
Wir Unterzeichneten bitten und verlangen, daß unser Herr Pfarrer hier auf seinem Posten tätig bleiben und weiter wirken und arbeiten soll wie bisher. ...

Die Frauenhilfe Hochelheim
mit 60 Mitgliedern«[98]

Paul und Gretel waren tief gerührt durch diese Unterstützung seitens der Frauenhilfe und erst recht, als sie erfuhren, dass folgendes Schreiben der Evangelischen Gemeinschaft Hochelheim ans Konsistorium abgegangen war:

»Hochelheim, den 12. 1. 1934

Die Evangelische Gemeinschaft Hochelheim schließt sich der Eingabe der Frauenhilfe an. ... Wir sind der festen Uberzeugung, daß Pfarrer Schneider die Zurückstellung des Abendmahls der Jugend nicht aus äußerer Machtstellung, sondern aus innerer Überzeugung getan hat. ... Unser Herr Pfarrer hatte ja auch doch den Jugendlichen Gelegenheit gegeben, am letzten Adventsabend-Gottesdienst dem Abendmahl beizuwohnen. Die Erregung suchten nur Herr Hartmannshenn, seine Frau und seine Tochter herbeizuführen, wie uns eine Frau aus der Gemeinde, die neben ihnen saß, erzählte. Sonst war alles sehr ruhig in der Kirche. Wir erklären hiermit, daß Presbyter Hartmannshenn ein Glied unserer Gemeinschaft ist und wir ihn schon oft aufgefordert haben, er solle sein Presbyteramt aufgeben, damit doch Friede in der kirchlichen Ordnung wiederhergestellt würde, da er eine äußere Machtstellung in der Kirche einnimmt und nicht im Geiste Jesu Christi. Wir versichern hiermit dem Konsistorium, daß fast bei jeder Beschlußfassung im Presbyterium Herr Hartmannshenn ein Gegner der Vorschläge des Herrn Pfarrer war. Wir bitten das Konsistorium freundlichst, wegen solcher Eingaben Herrn Pfarrer Schneider nicht versetzen zu wollen. Wir sind der festen Überzeugung, daß Herr Pfarrer Schneider sein Amt gewissenhaft und treu verwaltet. Wir erklären hiermit, daß Herr Pfarrer Schneider entschiedener Christ und Nationalsozialist ist und er von den meisten Hochelheimer und Filial-Gemeinde Dornholzhäuser Gemeindegliedern geachtet und geliebt ist.

Mit deutschem Gruß!
Karl Hepp
Konrad Schuster
Anton Weller
Wilhelm Schuster

Nachtrag:
Wie wir aus zuverlässiger Quelle erfahren haben, so ist Herr Hartmannshenn in die Häuser gegangen, wo Jugendliche wohnen, und hat ihnen gesagt, sie sollten nur nicht zum Abendmahl gehen an dem fraglichen Abend. Also ein klarer Beweis, warum so wenig Jugendliche teilnahmen.« [99]

Enttäuscht über die Einstellung seiner Presbyter und sich bewusst, dass das Konsistorium lieber eine Versetzung erwog, als die Naziführung in Hochelheim/Dornholzhausen zu beunruhigen, nahm Paul Anfang Januar 1934 die Einladung der Kirche von Monschau in der Eifel an, um dort eine Probepredigt zu halten. Aber als er danach von der dortigen Kirche gebeten wurde, die Stelle des Pfarrers von Monschau zu übernehmen, machte er einen Rückzieher. »Die große Mehrheit der Gemeindemitglieder hier steht doch hinter mir. Soll ich weggehen, Gretel, um damit den Kritikern, der hiesigen NSDAP-Leitung und dem Konsistorium einen Gefallen zu tun? Sähe das nicht aus, als ob ich vom Schlachtfeld wegliefe, Fahnenflucht beginge, das sinkende Schiff verließe? Das Konsistorium kann mich nicht gegen meinen Willen und gegen den Willen meiner Gemeinde versetzen.« Und Gretel stellte fest: »Da wo du Pfarrer bist, da gehöre auch ich hin. Wo immer du deinen Dienst versehen willst, ist es mir recht. Aber ich bin ziemlich sicher, dass unsere Feinde nicht ruhen werden, bis sie uns zur Aufgabe gezwungen haben.«

Mitten in diesen entscheidenden Wochen, am 4. Januar 1934, gab Bischof Ludwig Müller einen Erlass heraus, der Pfarrern untersagte, in kontroversen politischen oder kirchlichen Angelegenheiten Stellung zu beziehen. »Dies ist der Versuch des Reichsbischofs, die Kritik zu unterdrücken, die sich gegen ihn als Schirmherrn der Deutschen Christen richtet«, kommentierte Paul. »Der Pfarrernotbund wird sich niemals einem Diktat beugen, das sich folgendermaßen anhört:

›VERORDNUNG BETREFFEND DIE WIEDERHERSTELLUNG GEORDNETER ZUSTÄNDE IN DER DEUTSCHEN EVANGELISCHEN KIRCHE

Die kirchenpolitischen Kämpfe zerstören Frieden und Ordnung in der Kirche; sie zerrütten die notwendige Verbundenheit der Evangelischen Kirche mit dem nationalsozialistischen Staat und gefährden sowohl die Verkündigung des Evangeliums als auch die neu errungene Volkseinheit.

Zur Sicherung der Verfassung der Deutschen Evangelischen Kirche und zur Herstellung geordneter Zustände verordne ich daher unter Vorbehalt weiterer Maßnahmen in verantwortlicher Ausübung des mir verfassungsmäßig zustehenden Führeramtes auf Grund des Artikels 6 Abs. 1 der Verfassung der Deutschen Evangelischen Kirche:

§ 1 …

§ 2 Kirchliche Amtsträger, die das Kirchenregiment oder dessen Maßnahmen öffentlich oder durch Verbreitung von Schriften, insbesondere durch Flugblätter oder Rundschreiben, angreifen, machen sich der Verletzung der ihnen obliegenden Amtspflicht schuldig.

Die Eingabe von Vorstellungen auf dem hierzu vorgeschriebenen Wege bleibt unberührt.

§ 3 Gegen kirchliche Amtsträger, die den Vorschriften der § § 1 und 2 zuwiderhandeln, ist mit dem Ziele der Entfernung aus dem Amte einzuleiten. Für die Dauer der vorläufigen Amtsenthebung ist vorbehaltlich weitergehender Bestimmungen der Disziplinargesetze das Einkommen um mindestens ein Drittel zu kürzen. …

Berlin, den 4. Januar 1934 Der Reichsbischof

Ludwig Müller‹[100]

Ein Proteststurm war die Antwort auf diesen »Maulkorb-Erlass«. Obwohl er Gesetzescharakter hatte, predigten Sonntag für Sonntag Mitglieder des Pfarrernotbundes dagegen. Kopien von Hunderten von Protesttelegrammen nach Berlin kursierten in den Kirchen.

Zur selben Zeit, vom 3.–5. Januar 1934, versammelte sich in Barmen eine Synode von 320 reformierten Pfarrern und Ältesten, die

167 Gemeinden vertraten. »Die Grenzlinie zwischen uns und den Deutschen Christen wird deutlicher«, sagte Paul zu Gretel. »Die Synode in Barmen hat entschieden, dass alle Mitglieder der Reformierten Kirche, die den Deutschen Christen angehören, ihre Verbindung zu dieser Bewegung abbrechen müssen, anderenfalls werden sie aus dem Reformierten Bund ausgeschlossen.« – »Ist das ein guter Gedanke?«, wollte Gretel wissen. »Ich glaube, ja; die Loslösung von jenen, die sich die Unterwerfung der Kirche durch den Staat zum Ziel gesetzt haben, muss einmal vollzogen werden. Niemand kann zwei Herren dienen«, gab Paul zur Antwort. –

Ende Januar schauten zwei Berliner Pfarrer, Heinrich Klemp und Rudolf Feinberg, auf einer Reise nach Süddeutschland im Pfarrhaus von Hochelheim bei Paul und Gretel vorbei. Paul kannte die beiden seit seiner Tätigkeit in der Berliner Stadtmission 1924. Rudolf Feinberg, Sohn jüdischer Eltern, Kriegsteilnehmer wie Paul, war getauft und hatte wie Paul gegen Ende des Krieges beschlossen, Theologie zu studieren. Er war einer von 37 jüdisch-christlichen Pfarrern, die der Arierparagraph um ihre Stellung als Pfarrer gebracht hatte.

Die beiden brachten Neuigkeiten über den Empfang von führenden Mitgliedern der Evangelischen Kirche bei Hitler am 25. Januar. »Vierzehn Kirchenführer wurden von Hitler empfangen«, erzählte Rudolf. »Sieben von unseren Leuten: Bischof Marahrens von Hannover, Bischof Wurm von Württemberg, Bischof Meiser von Bayern, Schöffel von Hamburg, Laurerer und Karl Koch vom Pfarrernotbund in Oeynhausen, Martin Niemöller aus Berlin-Dahlem; dazu sieben Mitglieder der Deutschen Christen. Paul, du kannst es dir kaum vorstellen: Bischof Heinrich Oberheid sowie Bischof Friedrich Coch von Sachsen wichen nicht von Ludwig Müllers Seite.«

»Übrigens schien Hitler unter gewissem Druck von Seiten Hindenburgs zu stehen, Müller zum Rücktritt zu bewegen«, meldete sich Heinrich dazwischen. »Von Bodelschwingh hatte Präsident Hindenburg auf seinem ostpreußischen Landgut Neudeck besucht, und zwar unmittelbar vor dem Empfang der Kirchenleute durch Hitler, und dort seiner Klage über Müller Ausdruck verliehen. Da von Bodelschwingh und der Präsident seit Jugendzeiten miteinander bekannt sind, war anzunehmen, dass Bodelschwingh Einfluss auf Hindenburg hatte.«

»Paul«, rief Rudolf aus, »das sah am 25. Januar schon ganz nach einem Sieg unserer Seite über Müller und die Deutschen Christen aus, aber ...« – und Rudolf und Heinrich seufzten tief auf. »Aber was?«, fragtePaul ganz aufgeregt, und Rudolf fuhr fort: »... dann kam die Konfrontation zwischen Hitler und Niemöller. Darüber ging fast das ganze Treffen in die Brüche. Es scheint so, als sei Niemöllers Telefonat mit Walter Künneth um 10 Uhr 15 am Morgen des Empfangs bei Hitler von der Gestapo abgehört worden. Göring eröffnete die Sitzung, Hitler stand neben ihm, und Göring las als erstes das vor, was Niemöller am Telefon gesagt hatte. Niemöller hatte sich wohl eine reichlich anmaßende Einschätzung geleistet, hatte Künneth von den guten Beziehungen des Pfarrernotbundes zu Innenminister Frick und vom Zugang zu Hindenburg mit Hilfe seines Staatssekretärs Otto Meißner erzählt, davon dass der Pfarrernotbund den Präsidenten bearbeitet habe und dass Hindenburg, der von Gut Neudeck nach Berlin zurückgekehrt war, Hitler auf 12 Uhr zu einer Konferenz bestellt habe. Unglücklicherweise verwendete Niemöller das Wort ›Letzte Ölung‹, womit er ausdrücken wollte, der Präsident werde darauf bestehen, dass Hitler Müller fallen ließe. Mit anderen Worten, durch diesen geheimen Kontakt zum Präsidenten schien der Pfarrernotbund auf dem Wege zu sein, Hitler unter Druck zu setzen, seine Kirchenpolitik zu ändern und seine Bevorzugung der Deutschen Christen aufzugeben. Durch die überraschende Verlesung des Gesprächs waren natürlich die anwesenden Bischöfe und Pfarrer überrumpelt, und Hitler schäumte vor Wut. Er fragte Niemöller, ob er, Niemöller, tatsächlich glaube, dass solch eine hintenherum betriebene Politik einen Keil zwischen den Präsidenten und den Kanzler treiben könnte. Niemöller entschuldigte sich, aber er bestand darauf, dass seine Bemerkungen im Zusammenhang der entscheidenden Auseinandersetzung innerhalb der Kirche zwischen den Anhängern Müllers und denjenigen Pfarrern, die den historischen Glaubenslehren treu seien, gesehen werden müssten.« – »Ja«, ergänzte Rudolf, »Niemöller versuchte noch, Hitler zu überzeugen, dass der Pfarrernotbund sich nicht gegen das Dritte Reich richte, sondern mit seinem Kampf gegen die Deutschen Christen eigentlich für das Dritte Reich kämpfe. Worauf Hitler ironisch erwiderte: ›Herr Pfarrer, kümmern

Sie sich um die Kirche, die Sorge um das Dritte Reich können Sie getrost mir überlassen!‹«

Am 26. Januar 1934 hatte zur völligen Überraschung der Welt Deutschland mit Polen einen 10-jährigen Freundschafts- und Nichtangriffspakt geschlossen. Bei Hitlers Machtübernahme am 30. Januar 1933 hatte Joseph Pilsudski, der Mann an der Spitze Polens, geäußert:

> »Ich hoffe, mit diesem ehemaligen Österreicher besser zu Streich zu kommen, als ich es mit seinen preußischen Vorgängern konnte, die ständig von einer Korrektur der deutschen Ostgrenze redeten.«

Marschall Pilsudski sagte auch, er sei beeindruckt von der antibolschewistischen Einstellung der Nationalsozialisten. Wenn Hitler bereit sei, das Ziel seiner Vorgänger aufzugeben, eine Korrektur der deutschen Ostgrenze zu erreichen, sich in Reden von den Rechten der deutschen Minderheit in Polen mäßige und in der bolschewistischen Bedrohung sowohl der deutschen als auch der polnischen Sicherheit durch die Sowjetunion die Gemeinsamkeit der beiden Staaten anerkenne, dann sei ein deutsch-polnischer Vertrag in der Tat im Bereich des Möglichen.

Und dann erschien an dem Tage, an dem Heinrich Klemp und Rudolf Feinberg in Hochelheim zu Gast waren, am 27. Januar 1934, in der Presse ein Artikel von Propagandaminister Joseph Goebbels unter dem Titel »Mehr Moral und weniger Moralin«, der Paul noch einmal in eine Konfrontation mit dem NS-Staat hineinstürzte. Goebbels schrieb:

> »Mehr Moral, aber weniger Moralin
>
> Jede Revolution hat ihre Unarten, auch die unsere. Das ist an sich nicht schlimm, denn sie gleichen sich meistens von selbst aus. ... Entscheidend bleibt nur, daß die Verantwortlichen ein wachsames Auge darüber halten und aus Furcht vor der Öffentlichkeit nicht

schweigen, wo Reden am Platze wäre. Es ist ganz selbstverständlich, daß eine historische Umwälzung größten Ausmaßes ... neben den ungeheuren Werten, die sie zeitigt, auch eine Unmenge von Abfall zutage fördert.

Das wird nur gefährlich, wenn der Abfall liegenbleibt, sich verhärtet und dann das gesunde, organische Entwicklungsleben der Revolution hemmt und einengt.

Es ist heute an der Zeit, ein paar dieser Unarten, die auch beim nationalsozialistischen Umbruch in Erscheinung getreten sind, ... mitleidlos unter die Lupe einer kritischen Betrachtung zu nehmen. ...

Es hat sich im öffentlichen Leben vielfach der Unfug herausgebildet, durch öffentliches Reglement nicht nur, wie es richtig und geboten erscheint, die großen, sittlichen Grundgesetze unseres nationalen Lebens zu bestimmen und festzulegen, sondern darüber hinaus auch noch im einzelnen dem privaten Menschen den Kodex seiner rein persönlichen Auffassungen vorzuschreiben.

Das führt auf die Dauer zu einer Sittenriecherei, die alles andere als nationalsozialistisch ist.

Naturfremde Menschen, die entweder ein Leben schon hinter sich haben oder nicht verdienen, daß sie noch eins vor sich haben, machen im Namen unserer Revolution in Moral. Diese Art von Moral hat oft mit wahrer Sittlichkeit nicht viel zu tun. Sie stellt ethische Gesetze auf, die vielleicht das Gemeinschaftsleben in einem Nonnenkloster zur Not regeln könnten, die aber in einem modernen Kulturstaat vollkommen verfehlt sind.

Das ist Moralin statt Moral, und die dafür eintreten, sind von allen guten Geistern verlassen. Aber sie sollen sich wenigstens nicht vor die Öffentlichkeit hinstellen unter Berufung auf uns; denn wir wollen mit ihnen und ihrer muffigen Lebensauffassung nichts zu tun haben. ...

Das geht so weit, daß diese Kumpanei von Sittenrichtern nicht einmal vor den Bezirken des rein Privaten haltmacht. Sie möchten am liebsten in Stadt und Land Keuschheitskommissionen einsetzen, die die Aufgabe hätten, das Ehe- und Liebesleben von Müller und Schulze zu überwachen. Sie würden zwar, wie es in der bekannten

Operette heißt, das Küssen nicht abschaffen, weil das eine viel zu beliebte Beschäftigung ist; aber sie würden immerhin, wenn es nach ihnen ginge, das nationalsozialistische Deutschland in eine Einöde von Muff und Muckertum verwandeln, in der Denunziation, Bettschnüffelei und Erpressung an der Tagesordnung wären. Dieselben Moralpächter treten häufig an die vorgesetzten Behörden mit dem Ansinnen heran, Filme, Theaterstücke, Opern und Operetten zu verbieten, weil darin Tänzerinnen, Bühnenstars usw. auftreten, die angeblich die schlimmste Gefährdung der öffentlichen Sittlichkeit darstellen. Gäbe man ihrem Verlangen nach, dann sähen wir bald nur noch alte Jungfern und Bet-Tanten ... über die Leinwand und über die Bretter schreiten. Die Theater ständen leer, weil ja das Publikum in ihnen im allgemeinen nicht das zu finden hofft, was es in den Kirchen oder Bethäusern sucht. ...

Die deutsche Frau geht nicht allein aus, sie sitzt nicht allein im Restaurant, sie fährt nicht ohne Anstandsdame mit einem Jüngling oder gar mit einem SA.-Mann auf die Sonntagnachmittagstour, sie raucht nicht, sie trinkt nicht, sie putzt sich nicht und macht sich nicht schön, kurz und gut, sie tut alles, um die böse Begehrlichkeit des Mannes in ihre Schranken zurückzuweisen. So ungefähr stellt der kleine Moralin-Moritz sich die deutsche Frau vor. ...

Haben denn diese Moraltrompeter keine blasse Ahnung davon, daß sie mit diesen Überheblichkeiten Millionen deutscher Frauen, die in Leben und Beruf brav und ehrlich ihre Pflicht und Schuldigkeit tun, die ihren Männern gute Kameradinnen und ihren Kindern aufopfernde Mütter sind, aufs tiefste beleidigen und demütigen? Daß sie den Nationalsozialismus auf der ganzen Welt auf das peinlichste blamieren und kompromittieren, daß sie dreißig Jahre zu spät gekommen sind, und daß man sie zur Ordnung rufen muß, weil sie anfangen, lästig zu werden? Es gibt gute und schlechte, fleißige und faule, anständige und weniger anständige Frauen mit und ohne Bubikopf; ob sie ihre Nase pudern oder nicht, das ist nicht immer ein Zeichen ihres inneren Wertes, und wenn sie einmal zu Hause im Familien- oder Gesellschaftsleben eine Zigarette

rauchen, so brauchen sie damit nicht verworfen und ausgestoßen zu sein. ...
Leben wir nun in einem Pietistenstaat oder im Zeitalter des daseinsbejahenden Nationalsozialismus?
Wir sind erhaben über den Verdacht, daß wir einem öden Prunk und aufreizenden Luxus das Wort reden wollten. Der Führer und viele seiner engeren Mitarbeiter trinken und rauchen nicht und huldigen auch nicht den Genüssen des Lukullus; aber verächtlich sind die, die in einem 60-Millionen-Volk jede Freude und jeden Optimismus abtöten möchten, ganz abgesehen davon, daß ihr albernes Treiben unzähligen Menschen nur Armut und Unglück bringt.
Denn jedes abgelegte Bedürfnis macht neue Menschen brotlos; wenn keine Autos mehr fahren, dann liegen die Autofabriken still, wenn keine neuen Anzüge mehr getragen werden, dann haben Stoffwebereien und Schneider nichts mehr zu tun, gehen die Menschen nicht mehr in die Kinos oder in die Theater, dann fallen Hunderttausende von Bühnen- und Filmangehörigen der öffentlichen Fürsorge anheim.
Einem Volk die Freude und die Lebenslust nehmen, das heißt, es für den Kampf um das tägliche Brot untüchtig machen.
Wer das tut, der versündigt sich am Wiederaufbau und blamiert den nationalsoziatistischen Staat vor der ganzen Welt.
Eine trostlose Verarmung unseres öffentlichen Lebens würde die Folge sein. Und dagegen machen wir Front.
Wir wollen die Freude nicht beseitigen, sondern möglichst viele, möglichst alle daran teilnehmen lassen. ... Darum vermitteln wir Kraft durch Freude, darum schütteln wir die Agenten einer prüden Heuchelei von uns ab und dulden es nicht, daß sie weiterhin einem anständigen, braven Volk, das allen Grund hat, sich die Stärke zum schweren Daseinskampf durch immer erneuerte, bewußte Lebensbejahung zu holen, die für Mühe, Sorge und Entbehrung des Alltags so nötige Freude durch ewige, schikanöse Schulmeistereien verderben.
Also: mehr Lebensbejahung und weniger Muckertum! Mehr Moral, aber weniger Moralin!«[101]

KAPITEL 5

1934

BEGINN DER AMTSZEIT IN DICKENSCHIED/WOMRATH BEKENNTNIS UND KONFRONTATION

»Wer nun mich bekennet vor den Menschen,
den will ich bekennen
vor meinem himmlischen Vater.«
(Matthäus 10, 32)

DER ARTIKEL VON Goebbels war am Samstag, dem 27. Januar 1934, erschienen. Am 28. Januar nahm Paul Schneider in seiner Sonntagspredigt kritisch dazu Stellung. Darüber erging Mitteilung ans Konsistorium, und man bestellte ihn auf den 30. Januar nach Koblenz. Am 31. Januar 1934 schickte Paul von Hochelheim aus eine Mitteilung ans Konsistorium:

»Bezugnehmend auf meine gestrige Unterredung mit Herrn Oberkonsistorialrat Euler erlaube ich mir, meine Predigt vom letzten Sonntag … zuzusenden …

… Ich möchte erläutern, daß ich durch die nachfolgende Erklärung der Notbundpfarrer, die ich unter den Bekanntmachungen, mich ihr anschließend, verlesen habe, zu der thematischen Anlage der Predigt und Behandlung des Textes geführt wurde. Im allgemeinen pflege ich kirchenpolitische oder politische Dinge nicht in die Predigt zu bringen.

Ich glaube, daß es verkehrt war, den Namen des Herrn Dr. Goebbels zu nennen. Daß ich doch wieder trotz der vorausgegangenen Röhmsache zu einem ähnlichen Aufruf eines Ministers Stellung nahm, ist zu erklären aus der Sorge, wie solche Ausführungen auf ohnehin nicht moralfeste Nationalsozialisten, wie wir sie in führender ... Stelle in Hochelheim haben, wirken müssen. Es wurde mir von ernsthaften und älteren Kollegen nach dem Röhmaufruf erzählt, wie böse der sich auf das Sittlichkeitsgefühl der Großstadt (Frankfurt/Berlin) ausgewirkt habe. Da wollte es mir leid gewesen sein, meinen Protest unter der mir von meiner Behörde vorgestellten Begründung wieder zurückgenommen zu haben. Es war auch ein Rest von persönlicher Unaufrichtigkeit in meinem Herzen als Stachel zurückgeblieben, der sich nun auch auf diese Weise Luft machte. ...

Ich gebe zu, daß ich in meinen kirchenpolitischen Äußerungen zu allzu großer Schärfe mich habe fortreißen lassen vor der Gemeinde, und gebe meinem Bedauern darüber Ausdruck mit der Bitte um Entschuldigung.« [102]

Dem Schreiben war eine Abschrift seiner Predigt vom Sonntag beigefügt:

»Die Sturmfahrt Christi und Jesu Herrlichkeit

Liebe Gemeinde! Es ist wohl mittlerweile keinem denkenden und aufmerksamen Christenmenschen entgangen, daß wir in unserer evangelischen Kirche zum Kampf, zum Zeugnis, zum Bekenntnis gefordert sind ... Zwar viele schlafen noch ... und meinen, wo alles um uns anders geworden ist, müßte es ausgerechnet in der Kirche beim alten bleiben, oder sie wollen sich gar mit der Kirche ganz der politischen Macht unterwerfen und nach politischen Gesichtspunkten das Leben der Kirche gestalten, wie es die Praxis der ›Deutschen Christen‹ ist.

Diese Praxis müssen sie freilich mit [einer] Irrlehre unterbauen. ... Indem sie Blut und Rasse und Geschichte des Volkes als Offenbarungsquellen neben Gottes Wort stellen, ... neben Jesus als den alleinigen Mittler zwischen Gott und den Menschen, fallen sie in Wahrheit ab von dem lebendigen Gott und seinem Christus. Darüber ist in unserer Kirche heiß der Kampf entbrannt, und es kann nicht Friede werden, bis die Verräter der reinen Lehre und [die,] die

als Wölfe in den Schafstall eingedrungen sind, wieder ihre Bischofsstühle und Vertretersitze geräumt haben … . Aber jene sind noch an der Macht und möchten die anderen, die ihnen widerstehen, mundtot machen oder gar mit Hilfe der politischen Macht durch Verdächtigungen als Reaktionäre und Vaterlandsfeinde, die sie nicht sind, unschädlich machen. Das Schifflein der Kirche Christi fährt im Sturm. …
Wir können unsere Augen nicht verschließen vor den hoch sich türmenden Wellen, die wir heranrollen sehen auf dieses unser Volk auch im dritten Reich. Was sich in der ›Deutschen Glaubensbewegung‹ unter Führung einflußreicher nationalsozialistischer Männer zusammentut, unter ihnen auch Rosenberg, der Schriftleiter des ›Völkischen Beobachters‹, ist nacktes Heidentum, mit dem es vom Standpunkt des christlichen Glaubens keine Verständigung geben kann. … Sagen wir nicht: Das geht uns nichts an, die deutsche Glaubensbewegung tritt auf mit dem Anspruch, die Religion aller Deutschen zu sein. Wir sagen es auch offen, daß wir uns als evangelische Christen nicht mit allen Äußerungen und Reden mancher führender Männer des neuen Deutschland einverstanden erklären können. Uns schiert nicht der Vorwurf des Muckertums, wir fragen auch nicht nach ›Moral und Moralin‹, aber wir haben Gottes klares Gebot wider Hurerei und Ehebruch. … Damit verträgt sich nur eine wahrhafte und zuchtvolle Haltung, wie sie uns die Schrift zeigt, die der Frau größere Ehre gibt und die sich nicht verträgt mit den Freiheiten, die nun auch Herr Dr. Goebbels der deutschen Frau zubilligen will. …
Wir möchten als evangelische Eltern auch unsere Kinder ganz eindeutig in unserm evangelischen Glauben erzogen und gelehrt wissen und möchten sie unbehelligt wissen mit völkisch-religiösem Geist. – … Wir möchten, daß der Sonntag der Tag der Kirche sei und insbesondere die Sonntagvormittage auch für unsere Jugend ganz dem gottesdienstlichen Leben vorbehalten bleiben. – …
Nun bist du gefordert zum Bekenntnis und zum Zeugnis, liebe evangelische Kirche, lieber evangelischer Christ. … Der Heiland sagt: ›Nur der, der mich bekennt vor den Menschen, den will ich auch bekennen vor meinem himmlischen Vater.‹ Nun bist du

umdroht, du Christ in deiner Kirche, ... und wir fürchten uns. Es geht uns wie den lieben Jüngern auf dem Meere. Wir rufen: ›Herr, hilf uns, wir verderben.‹

... Doch da erinnern wir uns, daß in diesem Schiff der Kirche der Herr bei uns ist, daß diese Kirche die Verheißung hat, ob auch ein Rosenberg schreibt vom Mythus des 20. Jahrhunderts, die Verheißung: ›Die Pforten der Hölle, des Todes sollen sie nicht überwältigen.‹ Und es scheint nur so, als ob unser Herr schlafe und sich nicht um unsere Not kümmere. Bald wird er auf sein, denn die Stürme kommen nur über seine Kirche und über das Leben des Christenmenschen, damit SEINE Herrlichkeit offenbar werde. ...

... Was aber ist es, was du allein tun mußt, um Jesu Herrlichkeit im Sturm ... zu erleben? Glauben sollst du, vertrauen und dich verlassen auf die Wundermacht des Herrn, an den du glauben willst. ... Denn das ist ja nicht gesagt, daß Gott uns unter allen Umständen hier das arme bißchen Erdenleben fristen und keinen Schaden an Geld, Gut, Ehre, Leib und Leben, Weib und Kind zustoßen lasse. Vielmehr müssen solche Trübsale zu Zeiten über die Christen kommen; aber das Schifflein seiner Kirche bringt der Herr durch das Wogengebraus des Völkergeschehens, das sich legen muß, wenn er gebietet. ... Amen!«[103] –

Wie helle die Bauern waren, zeigte sich an ihrer Bemerkung Paul gegenüber: »Herr Pfarrer, wenn Sie in Ihrer Predigt Hinz und Kunz statt Goebbels kritisiert hätten, hätten Sie keine Schwierigkeiten bekommen.«

Im Januar 1934 erfolgte in den Kirchen, die von Pfarrern des Pfarrernotbundes betreut wurden, am Ende der Predigt eine Kanzelabkündigung, ein Protest gegen den »Maulkorberlass« des Reichsbischofs Müller. So hatte auch Paul diese Bekanntgabe verlesen. Rhythmus und Betonung beim Vortrag hatten die Entschlossenheit erkennen lassen, mit der er sich mit allen anderen Pfarrern dem Versuch, ihnen einen Maulkorb zu verpassen, zur Wehr setzte:

»Wir erheben vor Gott und dieser christlichen Gemeinde Klage und Anklage dahin, daß der Reichsbischof mit seiner Verordnung ernstlich denen Gewalt androht, die um ihres Gewissens und der Gemeinde willen zu der gegenwärtigen Not der Kirche nicht schweigen können. ... – Wir müssen uns auch dem Reichsbischof gegenüber nach dem Wort verhalten: ›Man muß Gott mehr gehorchen als den Menschen!‹«[104] –

Paul wurde also wieder zum Konsistorialbüro nach Koblenz zitiert. Kirchenrat Euler begrüßte ihn und vertiefte sich in eine lange Liste von Klagen gegen Paul. »Hier ist ein Brief, in dem sich der Ortsgruppenleiter von Dornholzhausen über Sie beschwert. Er schreibt hier, Sie hätten wiederholt politische Größen verunglimpft. Er warnt, dass er Sie in Schutzhaft nehmen müsse, wenn wir Sie nicht sofort Ihres Amtes enthöben. Unsere Staatsführer sind nicht anti-christlich, wie Sie es zu glauben scheinen«, betonte Kirchenrat Euler. »Sie setzen sich im Gegenteil sehr für eine starke evangelische Reichskirche ein.« Auf dem Tisch lag eine Ausgabe des *Völkischen Beobachters*, in dem Hitlers Reichstagsrede abgedruckt war. »Hier! Da steht es doch deutlich: Der Kanzler braucht die Mithilfe der Kirche bei der Einigung der Nation.« – »Herr Kirchenrat Euler«, antwortete Paul, »das Zusammenwirken der Kirche mit einem Staat, dessen Minister die Nation dazu bringen will, unsere traditionelle deutsche Moral aufzugeben, und dessen Hauptverantwortlicher für die Parteimedien glaubt, dass wir die christliche Religion gegen eine neue Religion mit nordischen Mythen und Helden vertauschen müssen, scheint mir nicht die gebührende Achtung vor dem historischen Christentum zu garantieren.« – »Sie können doch nicht den Kanzler für jede idiotische Vorstellung seiner untergeordneten Chargen verantwortlich machen«, konterte Kirchenrat Euler. »Sobald die Kirche ihr eigenes Haus befriedet hat und wir uns endlich zu einer starken Reichskirche vereint haben, dann werden wir stark genug sein, Rosenberg und andere, die Ihnen so viele Sorgen bereiten, zu bremsen.« – »Wenn der Staat weiterhin diesen Kurs steuert und die Kirche zu bevormunden sucht, uns mit Arrestandrohung einschüchtert und führenden Parteimitgliedern gestattet, solch eine feindliche Haltung gegenüber dem

Christentum zur Schau zu stellen, dann sehe ich keine Möglichkeit eines friedlichen Zusammenwirkens von Kirche und Staat oder von verschiedenen Gruppierungen innerhalb der Kirche.«

»Pfarrer Schneider«, unterbrach ihn Kirchenrat Euler, »Sie sind Kriegsveteran; Sie haben fürs Vaterland gekämpft und haben erlebt, wie Tausende von Kameraden für dieses Vaterland gefallen sind. Es muss Ihnen doch Genugtuung verschaffen zu erleben, wie die Nation, die der Versailler Vertrag gedemütigt und wirtschaftlich versklavt hat, wieder einen Ehrenplatz unter den anderen Nationen einnimmt – dank der Politik unseres Führers Adolf Hitler. Selbst ehemalige Feinde, die sich über Hitler nur lustig zu machen pflegten, müssen nun zugeben, dass unter seiner Leitung unser Land vor der Anarchie gerettet wurde. Sehen Sie sich den britischen *Daily Telegraph* an.« Und mit der Geste, die die unbeirrbare Überzeugung dieses streitbaren Menschen betonte, legte Kirchenrat Euler eine Ausgabe des *Daily Telegraph* auf den Tisch und wies mit großer Genugtuung und sichtlichem Vergnügen auf die mehrfach unterstrichene Übersetzung der Einleitung durch die Nazipresse hin. Paul las:

> »Vor einem Jahr war es zweifelhaft, ob Hitler überhaupt das Zeug zu wahrer Größe hätte. Aber heute muß man nicht nur zugeben, daß im deutschen Sattel ein mächtiger und maßgebender Reiter sitzt, man muß auch zugeben, daß der Reiter, der nun die Zügel hält, sich auf seinem Weg mit solcher Sicherheit bewegt, daß man den Eindruck hat, er sei mit diesem Weg vertraut.«

»Wir aber, Kirchenrat Euler«, entgegnete Paul, »wir von der Deutschen Evangelischen Kirche, wir müssen unseren Kurs ausrichten an dem, was wir an uns selber erleben, und nicht an dem, was die ausländische Presse schreibt.« – »Sehen Sie sich doch die Tatsachen an«, unterbrach ihn Kirchenrat Euler gereizt. »Die Anerkennung, die das Ausland Deutschland zollt, ist beträchtlich gestiegen, seit Adolf Hitler Kanzler ist. Das diplomatische Geschick Adolf Hitlers hat in diesem Jahr mehr zuwege gebracht, als seine Vorgänger in 14 Jahren vollbracht haben. Der Kanzler hat uns dringend gebeten, auf dem Weg zur Einheit der Nation an seiner Seite zu sein. Als Christen und als Patrioten dürfen wir uns ihm nicht verweigern. Mit Rom gibt es das Konkordat, alle anderen Gruppierungen im Staate, Arbeiter, Beamtenschaft, Wehrmacht sind begeistert dem Ruf nach nationaler Einheit gefolgt. Nur ihr circa 7000 Mitglieder des Pfarrenotbundes hindert uns daran, den Eckstein im Gebäude des starken geeinten Staates zu bilden.« – »Das ist immerhin ein Drittel der evangelischen Pfarrer, und die Zahl nimmt eher zu. Wäre es da nicht angebracht, dass die Reichskirchenleitung mal nach dem Grund für so viele abweichende Meinungen fragte?«

»Inzwischen« – jetzt wurde die Stimme des Kirchenrates sanft und fürsorglich – »haben nach ihrem Treffen mit dem Führer die Bischöfe und andere Kirchenleiter Ihres Pfarrernotbundes ihre Haltung des Widerstandes gegen Reichsbischof Müller aufgegeben und eine Erklärung veröffentlicht.« Und wie ein Dirigent, der seinen Taktstock zum glorreichen Finale hebt, langte Kirchenrat Euler mit dramatischer Geste in seine Schreibtischschublade und zog eine Abschrift der Erklärung hervor, die natürlich in jeder Zeitung gestanden hatte. Paul hatte sie gelesen, sie hatte ihn sehr getroffen; aber da sie erst drei Tage alt war und Paul keine näheren Informationen dazu hatte, wollte er seine Kenntnis davon nicht preisgeben, bevor er Genaueres wusste.

Der Kirchenrat war sich sicher, dass Paul den Text kannte, aber er begann mit sichtlichem Behagen laut zu lesen:

> »Unter dem Eindruck der großen Stunde, in der die Kirchenführer der Deutschen Evangelischen Kirche mit dem Herrn Reichskanzler versammelt waren, bekräftigen sie einmütig ihre unbedingte Treue zum Dritten Reich und zu seinem Führer. Sie verurteilen aufs schärfste alle Machenschaften der Kritik an Staat, Volk und Bewegung, die geeignet sind, das Dritte Reich zu gefährden. Insbesondere verurteilen sie es, wenn die ausländische Presse dazu benutzt wird, die Auseinandersetzung in der Kirche fälschlich als Kampf gegen den Staat darzustellen. Die versammelten Kirchenführer stellen sich geschlossen hinter den Reichsbischof und sind gewillt, seine Maßnahmen und Verordnungen in dem von ihm gewünschten Sinne durchzuführen, die kirchenpolitische Opposition gegen

sie zu verhindern und mit allen ihnen verfassungsmäßig zustehenden Mitteln die Autorität des Reichsbischofs zu festigen.«[105]

Paul befand sich in einer schwierigen Lage. Er wusste, dass Bischof Meiser von Bayern, Bischof Wurm von Württemberg und Bischof Marahrens von Hannover diesen Treueeid auf Müller unterzeichnet hatten. Wenn solch führende Köpfe im Kampf gegen Müller nach dem Gespräch mit Hitler ihren Widerstand aufgegeben hatten, wie konnten dann er und seine Kollegen im Pfarrernotbund einen Alleingang und eine Niederlage vermeiden, zumal ja viele von ihnen nur Pfarrer von Dorf- oder kleinen Stadtgemeinden waren?

Kirchenrat Euler beschloss seine Lektüre mit einem Blick voller Zufriedenheit. »Aber ...« – weiter kam Paul nicht. »Sie müssen Ihre sofortige Entlassung hinnehmen, Pfarrer Schneider«, hörte er Euler sagen. »Wir können uns keinen Pfarrer in Schutzhaft leisten, und wir können uns auch keine Entfremdung von der politischen Führung leisten. Sie sind also all Ihrer Pflichten als Pfarrer entbunden, und wir können versuchen, Ihnen zu einer anderen Pfarrstelle zu verhelfen.«

Paul brachte noch ein letztes Argument: »Ich sehe ein, dass meine Kritik an der politischen Führung Sie in gewisse Verlegenheit gebracht hat, aber wäre es nicht besser gewesen, die Kirchenleitung hätte selbst von ihrer Möglichkeit Gebrauch gemacht zu protestieren, als Röhm, Goebbels und Rosenberg öffentlich Meinungen äußerten, die den Lehren der christlichen Kirche zuwiderlaufen? Warum überlässt sie diese Aufgabe den Pfarrern vor Ort?« Solche Worte hörte der Kirchenrat gar nicht gern. »Wir müssen die Entscheidung des Konsistoriums abwarten«, sagte er lakonisch, indem er abermals Pauls Argument ignorierte, »Sie werden zum frühestmöglichen Termin versetzt.« Damit war die Unterredung beendet.

Beim Blick aus dem Abteilfenster sah Paul auf der Rückfahrt nach Gießen Tausende von Hakenkreuzfahnen und Propagandasprüchen auf allen Bahnhöfen, durch die der Zug fuhr – man feierte den ersten Jahrestag der Machtübernahme. Paul war überzeugt, dass im Konsistorium treue Staatsdiener saßen, die in der Tat bereit waren, die Unabhängigkeit der Deutschen Evangelischen Kirche zu opfern zur Verwirklichung des Mottos »Ein Volk, ein Reich, ein Führer«. Für ihn und seine Kollegen vom Pfarrernotbund wurde die Kluft zwischen ihnen und der Kirchenleitung immer tiefer.

Und wieder, wie schon im Oktober 1933, war Paul nicht mit sich zufrieden. Den Brief an den Mitbruder Fritz Langensiepen, den er am 29. Januar angefangen hatte, ergänzte er durch den Satz: »Nun habe ich wohl wieder einen Fehler gemacht.« Und während seines ganzen Lebens setzte ihm der Gedanke zu, dass er bei seinen Gesprächen in Koblenz versagt habe. –

Kaum war er zurück in Hochelheim, als Herbert Heider von Dorlar aus aufkreuzte. Er war bei der Synode in Berlin dabei gewesen. »Was ist in Berlin passiert, Herbert?« Paul war begierig, etwas Genaues zu erfahren. »Wir sind völlig in die Defensive gedrängt worden, Paul. Zum Empfang der Kirchenführer beim Kanzler war ich natürlich nicht zugelassen, aber ich habe direkt danach in Pfarrer Niemöllers Kirche in Dahlem einiges mitbekommen. Niemöller hatte allen Grund zu der Annahme, dass der Versuch, auf diese Weise Müller loszuwerden, Erfolg haben würde. Hindenburg sollte Hitler empfangen, und Niemöller bezeichnete diese Begegnung Hitlers mit Hindenburg als ›Letzte Ölung‹ für den Kanzler, was seine Kirchenpolitik mit Hilfe Müllers betraf. Bevor unsere Kirchenführer bei Hitler überhaupt über die Angelegenheiten der Deutschen Evangelischen Kirche sprechen konnten, las Göring die Worte Niemöllers vor. Die Unsrigen mussten all ihre Phantasie anstrengen, um Hitler zu überzeugen, dass es sich nicht wirklich um eine Verschwörung gegen ihn handelte. Das einzige, was sie tun konnten, um den Vorwurf einer Verschwörung zu parieren, war, sich dem Willen des Kanzlers zu fügen und dem Reichsbischof unsere loyale Ergebenheit zu bezeugen. Ich werde nie den Schmerz vergessen, der aus Bischof Meisers Stimme klang, als er uns am Abend des 27. Januar nach der Unterzeichnung der Ergebenheitsadresse an Müller davon Mitteilung machte. Er gab zu, sie hätten alle wie betäubt dagestanden, als sie den Text hörten, dessen Unterzeichnung der Kanzler von ihnen verlangte. Niemand habe ein Wort dagegen gesprochen. Und so wurde der Treueeid akzeptiert.«

»Diese eine Gelegenheit, wo man mit Hitler zusammen war und ihm ein paar Zugeständnisse hätte entlocken können – vertan durch so einen unglückseligen Zufall!«, stöhnte Paul. »Es mag uns wie ein Zufall erscheinen«, erwiderte Herbert, »aber ich bin sicher, Göring hatte das Ganze von vornherein so eingefädelt.« – »Und Niemöller ist nie auf den Gedanken gekommen, er könnte abgehört werden?«, fragte Paul. »Nein«, antwortete Herbert. »Bis zum 25. Januar hatte er keinerlei Grund zu einer solchen Vermutung. Aber an dem Abend, direkt nach dem Empfang bei Hitler, wurde sein Büro von der Gestapo durchsucht. Dabei wurden auch die Namenslisten des Pfarrernotbundes mitgenommen. Jetzt weiß man bei der Gestapo, wer wir sind.« – »Ach, das weiß man bei der Gestapo längst«, rief Paul dazwischen.

Am selben 31. Januar, an dem Paul Schneider seinen Verteidigungsbrief samt einer Abschrift seiner Predigt mit der Warnung vor dem »nackten Heidentum« der Rosenbergschen Ideologie an die Landeskirche nach Koblenz schickte, machte Hitler diesen Rosenberg zum »Reichsschulungsleiter der NSDAP« und betraute ihn mit der Oberaufsicht über die ideologische Erziehung in der Partei und den ihr angeschlossenen Organisationen, so wie sein Erziehungsprogramm auch maßgeblich war für die Freizeitorganisation »Kraft durch Freude«. Kein Wunder, dass die Jugend mehr und mehr der Kirche entfremdet wurde. »Christus krepiert, HJ marschiert« stand an die Wand des Gebäudes in Köln geschmiert, in dem sich katholische Jugendliche zu versammeln pflegten. Die Hitlerjugend brauchte die Kirche nicht mehr, Hitler war ja ihr Erlöser und Horst Wessel, nicht Christus, ihr Held. Man sang:

»Wir sind die fröhliche Hitlerjugend,
wir brauchen keine christliche Tugend,
denn unser Führer ist Adolf Hitler,
ist unser Erlöser, unser Vermittler.

Kein Pfaff, kein böser, kann uns hindern,
daß wir uns fühlen als Hitlerkinder.
Nicht Christus folgen wir, sondern Horst Wessel,
fort mit Weihrauch und Weihwasserkessel.

Wir folgen singend Hitlers Fahnen,
dann sind wir würdig unserer Ahnen.
Ich bin kein Christ und kein Katholik,
ich geh mit S.A. durch dünn und dick.

Die Kirche kann mir gestohlen werden,
das Hakenkreuz macht uns selig auf Erden,
ihm will ich folgen auf Schritt und Tritt,
Baldur von Schirach, nimm mich mit.« [106]

Und solch eine Haltung sprach auch aus dem Lied der Hitlerjugend, das Paul von Horst und Otto zugespielt worden war, das sich »Am 9. November vor der Feldherrnhalle« nannte und bei dessen Lektüre sich Pauls sämtliche Haare gesträubt hatten:

»Nicht in alten Bahnen
ist Gott.
Du kannst ihn ahnen,
wo die Fahnen
des Glaubens wehn: am Schafott.
Dort, wo die Teufel rufen:
›Schwör ab, du Hund, oder falle!‹
Was sie auch Dome schufen,
Uns sind Altar die Stufen
der Feldherrnhalle.« [107]

Selbst die Kleinen waren schon auf Adolf Hitler fixiert. Eines Tages erfuhr Paul von einem Gebet, das man in einer katholischen Mädchenschule aufsagte. »Du kennst doch das Kindergebet, Gretel, ›Lieber Gott im Himmel droben, alle Engel, die dich loben ...‹ Hör dir an, was die Nazis aus diesem Gebet gemacht haben:

›Lieber Gott im Himmel droben,
alle Engel, die dich loben,
laß rings um mein Bettchen stehn,
wenn ich muß zur Ruhe gehn.

Doch das schönste Engelein
mit dem lichten Gottesschein
und dem silbernen Gefieder
sende unserm Hitler nieder.

Es behüte seinen Schlummer
und verscheuch ihm allen Kummer,
daß er morgens froh erwache
und sein Deutschland glücklich mache.« [108]

»Welch ein Kitsch!«, rief Gretel aus.

Gerhard Weigel hatte beim Besuch in Hochelheim eine Ausgabe der Londoner *Times* vom 1. Februar dabei. »Den Brief hat Bischof Bell schon am 18. Januar an Müller geschickt, aber er ist erst jetzt gedruckt worden. Davon hat Müller Hitler wohl nichts wissen lassen, dazu steht zuviel Kritik am Reichsbischof drin. Hitler ist ja viel an guten Beziehungen zu England gelegen. Solche Veröffentlichungen sind das Letzte, was ihm schmeckt. Auch Außenminister von Neurath und Innenminister Frick mögen Müller nicht und empfinden ihn eher als Belastung sowohl für die deutsche Außenpolitik als auch für den inneren Frieden.« Und Gerhard half Paul, den englischen Zeitungsbeitrag zu lesen:

»Sehr geehrter Herr Reichsbischof!
Nur mit großer Sorge und mit tiefstem Bedauern haben Mitglieder der christlichen Kirchen im Ausland und ich die jüngste Entwicklung verfolgt. In den beiden Punkten, die ich angesprochen hatte und bezüglich derer Sie mir positive Zusicherungen gemacht hatten, hat sich nichts getan. Auf meine Anfrage wegen des Arierparagraphen sagten Sie derzeit, die Anwendung des Gesetzes auf Kirchenbeamte sei ausgesetzt worden. Bezüglich der Unterdrückung der oppositionellen Kritiker sagten Sie, Sie würden alles Erdenkliche tun, um zu einer einvernehmlichen Regelung mit den kirchlichen und theologischen Kräften der Deutschen Evangelischen Kirche zu kommen. …

Da Sie offensichtlich Wert auf gute Beziehungen zu anderen christlichen Kirchen legen, fühle ich mich verpflichtet, mich dazu zu äußern, wie die Mitglieder des Weltbundes christlicher Kirchen zwangsläufig Ihre Vorgehensweise beurteilen, Ihre Anwendung von Zwang gegen diejenigen, deren Rechtgläubigkeit und deren Eifer im Dienste der Kirche ebenso außer Zweifel stehen wie ihre Hingabe an ihre Nation. ...

Im letzten Absatz Ihres Briefes vom 8. September betonten Sie, wie notwendig und wünschenswert Ihnen eine Gelegenheit zu gemeinsamer Diskussion zwischen Ihnen und anderen deutschen Theologen einerseits und Theologen aus anderen christlichen Kirchen anderseits über die Rassenproblematik und über staatliche und internationale Ordnung erschiene. Ich begrüße dieses Anliegen von Herzen. Aber ich kann mich des Eindrucks nicht erwehren, daß das nun in Preußen gültige Gesetz, das Theologen verbietet, sich mit den Fragen, die der Deutschen Evangelischen Kirche auf den Nägeln brennen, kritisch auseinanderzusetzen, radikal gegen den Begriff theologische Diskussion verstößt. Genau die Themen aus der Diskussion Ihrer Theologen zu verbannen, über die Sie uns zur Diskussion auf internationaler Ebene einladen, erscheint uns reichlich merkwürdig und unlogisch. ...

In der aufrichtigen Hoffnung, daß die Anwendung von Zwang und Gewalt, um theologische Kritiker zum Schweigen zu bringen, ein Ende nimmt, und wir, um Ihre eigenen Worte vom 1. September zu verwenden, gemeinsam unter dem Banner des Evangeliums stehen,

bin ich mit ergebenen Grüßen
Ihr
George Chichester«

Paul war immer noch in Gedanken. Gerhard fuhr fort: »Ist es nicht interessant, Paul, wie der Kirchenkampf in Deutschland zu einem Gesinnungswandel in der anglikanischen Kirche geführt hat? Letzten Herbst hat der Bischof von Gloucester Müller zu seiner Wahl zum Reichsbischof gratuliert – und Bischof Bell hat dem Kollegen Headlam damals Naivität und mangelndes Verständnis vorgeworfen. Es ist gut, dass Dietrich Bonhoeffer seit Oktober in einer deutschen

Gemeinde in London ist. Ich bin sicher, er hält unsere englischen Freunde auf dem Laufenden.«

Im Februar bekam Paul Post von seinem Seminarkollegen aus der Soester Zeit, Pfarrer Bauer aus Leipzig. »Paul Bauer schreibt, dass Bischof Friedrich Coch den Pfarrern des Pfarrernotbundes in Sachsen das Leben schwer macht. Alle Pfarrer der Sächsischen Landeskirche sind verpflichtet, einen Eid zu unterschreiben; Paul Bauer hat mir ein Exemplar der Eidesformel vom 22. Januar 1934 geschickt – so etwas könnte ein Mitglied unserer Bruderschaft hier gar nicht unterschreiben.« Und er las Gretel vor:

> »Ich schwöre dem Führer Adolf Hitler unbedingten Gehorsam und gelobe dem Dritten Reich gegenüber Treue. Ich verpflichte mich, daß ich mich jeder staatsfeindlichen Kritik widersetzen werde. Ich beklage vor allem, daß die ausländische Presse gebraucht wird, den Kampf innerhalb unserer Kirche so darzustellen, als sei es ein Kampf gegen den Staat. Ich bekenne mich zur Autorität des Reichsbischofs und bin bereit, diese Autorität zu stärken. Ich verpflichte mich, mich jeder kirchlich-politischen Aktivität zu enthalten. Ich verspreche, keine Zweifel zu äußern. Ich bedaure, daß ich gegen die Anweisung des Reichsbischofs vom 4. Januar verstoßen habe und erkläre, daß ich fälschlicherweise einem spontanen Impuls gefolgt bin.«

»Und wieviele sächsische Pfarrer haben das unterschrieben?«, fragte Gretel. Paul lächelte: »Bauer schreibt, von den 141 auf der Synode anwesenden Pfarrern hätten ganze drei unterschrieben. 15 der Superintendenten in Sachsen gehören zum Pfarrernotbund. Alle 15 haben die Unterschrift verweigert.« – »Wie hat denn Bischof Coch auf die Haltung seiner Pfarrer reagiert – schreibt Paul Bauer das auch?« – »Er hat denen, die die Unterschrift verweigern, mit Entlassung gedroht – wegen Ungehorsams und wegen Gefährdung der großen Aufgaben des Führers, die Nation zu einen.« –
Am 8. Februar feierte die Familie Schneider Gerhards ersten Geburtstag. Heidi und Herbert Heider waren unter den Gästen. Gerhard

hatte noch nicht viel übrig für die festlich geschmückten Zimmer und die köstlichen Speisen, die auf dem Esszimmertisch so appetitlich angerichtet waren – er schlief, und so ließen es sich Dieter, Evmarie und Paul-Hermann wohl sein. Nach dem Essen blieben die Frauen im Wohnzimmer; Paul zog sich, nachdem er seinen Jüngsten nach oben in sein Schlafzimmer gebracht hatte, mit Herbert Heider in sein Arbeitszimmer zurück. Für sie gab es genug zu bereden, was die neuesten Ereignisse in der Kirche betraf.

Herbert erzählte: »Bischof Wurm ist der Meinung, dass nun, dem Treuebekenntnis zu Müller gemäß, die Auflösung des Pfarrernotbundes erfolgen muss. So liest sich das in der *Württembergischen Kirchenzeitung*:

> »Der Pfarrernotbund in Württemberg löst sich auf. Jede Gruppe in der Kirche ist einverstanden, sich öffentlicher Kritik an der Reichskirche zu enthalten. Der Kirchenkampf, der der Kirche in den letzten Monaten so sehr zugesetzt hat, ist vom Reichsbischof für beendet erklärt.«

Herbert fuhr fort: »250 Württemberger Pfarrer sind auf Wurms Einfluss hin aus dem Pfarrernotbund ausgetreten, aber 400 haben sich geweigert, dem Beispiel ihres Bischofs zu folgen.«

Mitte Februar hatte Paul die Antwort des Konsistoriums auf seinen Brief vorliegen:

> »Am 30. Januar 1934 ist ... durch unsere Sachbearbeiter Ihnen eröffnet worden, daß Sie sich bis auf weiteres als beurlaubt zu betrachten hätten und sobald wie möglich in eine andere Pfarrstelle versetzt werden müßten. ...
> Da Ihnen von unseren Sachbearbeitern in der mündlichen Aussprache bereits Ihre Verfehlungen eindringlich vor Augen gehalten worden sind und Sie selbst in Ihrer Eingabe vom 31. Januar 1934 eingestehen, daß Sie sich in Ihren kirchenpolitischen Äußerungen zu allzu großer Schärfe hätten fortreißen lassen, und eine Bitte der Entschuldigung ausgesprochen haben, sehen wir davon ab, disziplinarische Maßnahmen gegen Sie zu ergreifen. ...

Um die Osterzeit wird die Pfarrstelle Dickenschied/Womrath in der Kreisgemeinde Simmern frei.... Sobald die Genehmigung des Evangelischen Oberkirchenrates ... uns vorliegen wird, werden wir der Gemeinde mitteilen, daß Sie für diese Stelle von uns in Aussicht genommen würden. Es wird Ihnen dann von dem Superintendenten der Kreisgemeinde Simmern eine Mitteilung zugehen, an welchem Sonntage die Gemeinde eine Predigt von Ihnen zu hören wünscht. Wir fordern Sie auf, uns innerhalb einer Woche Ihre Bereitwilligkeit mitzuteilen, daß Sie diese Pfarrstelle übernehmen wollen.«[109]

»Was wäre, wenn ich mich nicht an die Weisungen hielte, einfach auf die Kanzel stiege mit dem Aufruf an die Gemeinde, mir zu helfen, im Amt zu bleiben?« Paul diskutierte mit Herbert Heider und mit Pfarrer Walther Harth, der vom Koblenzer Konsistorium bestimmt worden war, den Pfarrdienst in Hochelheim/Dornholzhausen zu übernehmen. »Die Nazis würden dich verhaften, Paul« – Herbert war sich da ziemlich sicher. »Schließlich wissen sie, dass du vom Konsistorium beurlaubt bist. Deine Verhaftung könnte auch deine Gemeinde nicht verhindern. Du bist isoliert.« Walther Harth wandte ein: »Pfarrer Schneider, Sie können sich ja nur auf die Dornholzhausener verlassen, Gemeinde wie Presbyter. Die Hochelheimer Presbyter werden sicher nicht auf Ihrer Seite stehen.« – »Das ist mir klar«, seufzte Paul. »Und die Gemeindemitglieder wollen sicher nicht bei der Partei unangenehm auffallen, indem sie den Pfarrer unterstützen. Ich muss wohl doch gehen. Ich muss, weil, wie Konsistorialrat Hasenkamp es ausdrückte, ›das Konsistorium nicht in der Lage ist, sich dem Parteidruck zu widersetzen.‹«

Paul plagte sich mit dem Problem herum. Er wollte seine Gemeinde nicht im Stich lassen. Als Kriegsveteran passte ihm der Gedanke, das Schlachtfeld zu räumen, gar nicht. Aber alles deutete darauf hin, dass in den Gemeinden Hochelheim und Dornholzhausen keine fruchtbare Arbeit mehr möglich sein würde.

Paul, Herbert Heider und Walther Hardt folgten der Einladung zum Pfarrertreffen in Barmen am 18./19. Februar 1934. Am Abend des 18. Februar saßen die drei Pfarrer in der Kirche in Barmen. Es predigte Pfarrer Friedrich Graeber aus Essen; er sprach über 1. Mose 12, 1. Abrahams Auszug aus seiner Heimat in ein unbekanntes Land nannte Pfarrer Graeber das Urbild der Kirche. Die drei waren besonders begeistert, als sie den Essener Prediger sagen hörten:

> »Ich überlasse nicht kampflos die Kirche meiner Väter, die Kirche meiner Berufung und heißen Liebe den Tyrannen aus Berlin oder Koblenz, auch wenn sie der Staat stützt. ... Welch eine Anfechtung! Welch ein Bruch! ... Das Kreuz Christi ist dazu aufgerichtet, daß wir zu dieser Scheidung tapfer entschlossen und demütig ja sagen ... Kirchenzugehörigkeit und Staatszugehörigkeit muß heute zweierlei sein. Eine vom Staat gemachte Religion ist Götzendienst, ob man das Weltanschauung nennt oder sonstwie, ist furchtbar gleichgültig.«[110]

Paul lief ein Schauer über den Rücken bei dem deutlichen Aufruf zu entschlossenem Widerstand gegen den Götzendienst zugunsten einer kompromisslosen Aussonderung der parasitären Elemente in der Kirche, die mit unersättlichem Appetit im Körper der Staatsreligion aasten. Graeber schloss mit der Verheißung des Mose an Israel im Angesicht des Gelobten Landes:

> *»Fürchtet euch nicht und laßt euch nicht vor ihnen grauen; denn der Herr, dein Gott, wird selber mit dir wandeln und wird die Hand nicht abtun, noch dich verlassen.«*

Die drei Zuhörer aus Hessen waren tief bewegt. Auf solch deutliche Worte hatten sie gewartet.

Am darauf folgenden Tag wandte sich ein junger Rechtsanwalt aus Essen, Dr. Gustav Heinemann, an die Synode: »Brüder, wir haben Alarmierendes aus Berlin gehört. Pastor Niemöller hat eine offizielle Nachricht der Reichskirchenverwaltung bekommen, unterzeichnet von Bischof Müller: Er wird mit Wirkung vom 1. März 1934 seiner kirchlichen Ämter enthoben und in den Ruhestand versetzt.«

Die Synode war schockiert; die meisten Teilnehmer hatten auch schon am eigenen Leibe den Zorn einer tyrannischen Autorität zu spüren bekommen.

Joachim Beckmann aus Düsseldorf ergriff das Wort. Er sprach über »Reformatorisches Bekenntnis heute«. Er wandte sich kritisch gegen die drei säkularen Prinzipien, die jetzt an die Stelle der Bekenntnisgrundlage der Kirche getreten seien: das nationale oder Rasseprinzip, das Führerprinzip und das Machtprinzip. Er sagte weiterhin, dass der Arierparagraph eine Irrlehre sei, die die Kirche niemals akzeptieren dürfe und fragte schließlich, warum alles unbedingt als »deutsch« bezeichnet werden müsse, die christliche Kirche sei nun mal nicht »deutsch«. Sie müsse eigentlich die »Evangelische Kirche in Deutschland« und nicht die »Deutsche Evangelische Kirche« heißen.[111]

Paul musste in sich hineinlachen. Er erinnerte sich an eine Formulierung, die einige seiner Gemeindemitglieder im Frühjahr 1933 verwendet hatten: »deutsche Tänze« – früher hatte man einfach »Tänze« gesagt! »Was ist denn ›deutsch‹ an einem Tanz?«, hatte er seinerzeit gefragt – was damals Stirnrunzeln hervorgerufen hatte bei denen, denen er diese Frage vorgelegt hatte; und dahinter hatten Zweifel an seinem Nationalbewusstsein gesteckt!

Pfarrer Beckmann fuhr fort:

> »Die christliche Hoffnung [wird] ersetzt ... durch die in der Neugeburt des Deutschen Reiches erfüllte Hoffnung. [Ihr gilt] die ganze Glut des Herzens, und man lebt davon, daß in absehbarer Zeit das Endziel: Ein Staat, ein Volk, ein Glaube, eine Kirche erfüllt sein wird. Das ist der nachchristliche Messianismus ... . Wie völlig anders redet das Neue Testament von der Gemeinde, ihren Ordnungen und Aufgaben, ihrer Leitung und Zucht. ... Es muß daher für uns dabei bleiben, Bekenntniskirche – nicht Nationalkirche, Gemeindekirche – nicht Bischofskirche, ... Amt als Dienst des Christen in der Gemeinde – nicht Führung und Gefolgschaft.«[112]

Im Gespräch mit seinen Amtsbrüdern konnte Paul manche Informationen über den Kirchenkampf im ganzen Reich sammeln. »Seien Sie vorsichtig mit Informanten«, betonte Karl Immer. »Jeder von uns muss damit rechnen, dass es einen oder mehrere gibt, die in unseren Gottesdiensten sitzen und Bemerkungen oder Predigtausschnitte an die Gestapo und ans Konsistorium weitergeben, die als verleumderisch oder subversiv betrachtet werden könnten. Besonders wenn wir unseren Gemeinden nahe legen, unsere Unabhängigkeit von der Reichskirchenleitung zu wahren, wenn wir unsere Leute ermutigen, Direktiven von dieser Seite zu missachten oder um Unterstützung für den Pfarrernotbund werben, dann können wir gewiss sein, dass es Leute in unseren Gemeinden gibt, die uns – heimlich natürlich – bei der Gestapo denunzieren.« Paul musste an Sophies Warnung vor Horst und Otto denken. Sie war überzeugt, dass Horst und Otto eine Liste von Pauls »unhaltbaren« Auffassungen führten und der Partei über ihn Berichtet erstatteten.

Karl Immer aus Barmen aber wusste noch von einem weiteren Informationsnetz zu berichten: »Wir unsererseits haben auch geheime Pläne der Regierung in Erfahrung bringen können. Wir wissen z. B. jetzt, dass Hitlers Idee vom ›positiven Christentum‹ dazu gedacht ist, dass wir uns in Sicherheit wiegen. In Wirklichkeit will Hitler das Christentum in Deutschland ausrotten, das evangelische wie das katholische Bekenntnis. Seine sämtlichen Anrufungen der Vorsehung oder Gottes sind nur dazu gedacht, die Christen auf seine Seite zu bringen, bis ihm die Zeit reif erscheint, seine wahre Absicht mit der Kirche zu enthüllen. Wenn die Zeit gekommen ist, lässt er seine religiöse Maske fallen.«

Die Zuhörer saßen stumm vor Entsetzen. Paul sagte dann: »Wir waren immer davon ausgegangen, dass Hitlers Haltung gegenüber unserer Kirche viel mit Unwissenheit und Missverstehen zu tun hat. Im Konsistorium hat man mir erzählt, der Kanzler teile die Meinung Rosenbergs nicht, ja, er habe das Buch *Der Mythus des 20. Jahrhunderts* gar nicht gelesen. Und wir haben immer gemeint, dass diese ganze Krise in unserer Kirche sich beheben würde, wenn nur der Kanzler besser informiert sei – und es sei unsere Aufgabe, ihm diese Information zukommen zu lassen.« – »Ja, das war unser Fehler«, antwortete Karl Immer. Paul dachte daran, wie Hitlers bewegender emotionaler Appell vom 1. Mai 1933 ihn aufgewühlt hatte, mit so glühenden Worten, wie sie eigentlich nur aus einer tief religiösen Haltung heraus gesprochen werden konnten – und das alles Teil eines Plans, das deutsche Volk an der Nase herumzuführen!

Dann kam Pfarrer Humburg nach vorn. Auch er hatte, wie Paul, im Frühjahr 1933 geglaubt, es gäbe eine Möglichkeit zur Zusammenarbeit zwischen dem neuen Staat und der evangelischen Kirche – jetzt im Februar 1934 ließ Humburg keinerlei Zweifel daran, dass eine solche Zusammenarbeit geradezu Verrat am Glauben sei. Er schloss seine Ausführungen:

> »Reformatorisches Bekenntnis heute fordert von uns letzte bedingungslose Preisgabe aller Sicherungen, Abbruch aller Brücken, letzte Entschlossenheit aus der Gebundenheit an das Wort Jesu Christi.
> Reformatorisches Bekenntnis fordert von uns Bereitschaft zum Zeugnis der biblischen Wahrheit gegen die Unwahrheit dieser Welt, Standhaftigkeit in den Anfechtungen des Satans, Kampfesmut gegen die in der Welt herrschenden Mächte der Finsternis, Bereitschaft zum Leiden und Sterben um des Glaubens an Jesus Christus willen.
> So haben unsere reformatorischen Väter bekannt, so sind die Gemeinden unter dem Kreuz entstanden, so wurde der Sieg Jesu Christi über die Welt zu allen Zeiten offenbar.
> Wir können nicht mehr tun als Gott bitten, daß er uns das reformatorische Bekenntnis heute aus Gnaden um unserer ewigen Rettung willen verleihen möge. –
> Wir ermahnen unsere Brüder im Amt, Prediger und Älteste, schriftwidrigen Verordnungen und Maßnahmen des schriftwidrigen jetzigen Kirchenregiments nicht zu gehorchen.«[113]

»Wie mächtig die heidnische Indoktrination schon ist, kann ich Ihnen beweisen«, meldete sich Pfarrer Heinrich Schmidt aus Elberfeld. »Ich habe hier ein Gebet, das vor dem Essen in staatlichen Waisenhäusern gebetet wird.« Er las das Gebet vor:

> »Führer, mein Führer, von Gott mir gegeben,
> Beschütz und erhalte noch lange mein Leben!
> Hast Deutschland gerettet aus tiefster Not,
> Dir danke ich heute mein tägliches Brot.

Bleib lange noch bei mir, verlaß mich nicht,
Führer, mein Führer, mein Glaube, mein Licht!
Heil, mein Führer!«[114]

Manche der Versammelten schüttelten ungläubig den Kopf, aber dann fügte Pfarrer Schmidt hinzu: »Dieses Gebet mag jedem seine Illusionen nehmen, der gemeint hat, Hitlers Ernennung von Rosenberg zum Reichspädagogen für ideologische Indoktrination nicht ernst nehmen zu müssen. Rosenberg ist inzwischen dabei, ein Programm zu entwickeln, wie er systematisch die Weltanschauung unserer Jugend grundlegend verändern kann. Die deutsche Jugend soll nicht in dem Bewusstsein erzogen werden, dass man auch die andere Backe hinhalten müsse, dass man für seine Verfolger beten solle, dass man zur Selbstentäußerung fähig sein solle. Sie soll vielmehr Schlag mit Schlag vergelten, die Verfolger zermalmen und stolz sein auf das Erbe einer überlegenen Rasse. Die Lage hat sich in der Tat so zugespitzt, dass ich Ihnen zum Schluss noch etwas vortragen möchte.« Aus dem Lächeln, das dabei um Pfarrer Schmidts Lippen spielte, konnten die Anwesenden schließen, dass er seine sonst so düstere Prognose mit etwas Humor würzen wollte, einer Art von Humor, die umso notwendiger wurde, je mehr die Verfolgung und die Schikanen des Staates zunahmen. So las er den damals gängigen Witz vor:

»Viele Bittgebete wurden zum Himmel gesandt. Schließlich sagte Gott Vater zu seinem Sohn: ›Willst du nicht hinabsteigen und unten ein bißchen helfen?‹ Gott Sohn antwortete: ›Die lassen mich gar nicht rein – wegen des Arierparagraphen.‹ Dann wandte sich Gott Vater an den Heiligen Geist: ›Willst du nicht den Menschen unten auf Erden in Deutschland ein wenig behilflich sein?‹ – ›Geht nicht, alles, was mit Geist zu tun hat, ist da unten unerwünscht.‹ Schließlich baten Gott Sohn und der Heilige Geist Gott Vater, in Deutschland nach dem Rechten zu schauen. ›Ich kann erst recht nicht hin‹, sagte Gott Vater, ›in dem Augenblick, wo ich von meinem Thron aufstehe, sitzt Adolf Hitler drauf.‹ – Und so wurde Deutschland keine Hilfe zuteil, obwohl das Land sie so dringend brauchte.«

Das Publikum lachte. Es tat gut, wenn man in der Angespanntheit der Lage einmal recht von Herzen lachen konnte und einen Augenblick lang befreit war von der Spannung und der Deprimiertheit, die so oft auf denen lastete, die sich dem allgemeinen Trend widersetzten.

Abschließend verabschiedete die Barmer Synode eine Erklärung, die direkt auf Pauls Problem abzielte und die ihn bis ins Herz hinein traf:

> »Wir ermahnen unsere Gemeinden, ihre Prediger und Ältesten, die wegen ihres bekenntnistreuen Handelns aus ihren Ämtern entfernt werden sollen, ihren Dienst an ihren Gemeinden zu erhalten. Solcher Ungehorsam gegen ein Kirchenregiment, das wider Gottes Wort regiert, ist Gehorsam gegen Gott.« [115]

Paul reiste heim, einerseits beglückt, mit so vielen Gleichgesinnten zusammen gewesen zu sein, ihre Entschlossenheit gespürt zu haben und ihren Mut, allen Gefahren zum Trotz auszuharren im Kampfe, andererseits aber tief deprimiert in dem Bewusstsein, dass die Annahme der Versetzung von Hochelheim nach Dickenschied genau das Gegenteil von dem war, was die Synode beschlossen hatte. War sein Sich-Beugen unter den Willen des Konsistoriums ein Akt des Ungehorsams gegenüber Gott? Zeugte es nicht von mangelndem Glauben, dass er, wenn auch nur zögernd, eingewilligt hatte, sich die Versetzung aufzwingen zu lassen von Verwaltungsbeamten, die sich in seinen Augen Entscheidungen anmaßten, die ihnen nicht zustanden? Aber die Versetzung nicht anzunehmen bedeutete den Verlust einer Stellung. Was sollte aus seiner Frau und seinen Kindern werden?

»Wenn meine Versetzung nur das Resultat meiner Kritik an Röhm, Goebbels und Rosenberg wäre«, sagte Paul zu Gretel, »dann würde ich mich dagegen wehren. Aber es geht ja um mehr. Seit der Auseinandersetzung mit den Presbytern wegen des Abendmahlgottesdienstes an Weihnachten habe ich ja in diesem Gremium keinen Rückhalt mehr«, klagte er.

»Das geht nicht direkt gegen mich, Gretel«, sagte Paul ein paar Tage später, »ich glaube nicht, dass Rosenberg und die Herausgeber des *Völkischen Beobachters* je von einem Paul Schneider gehört haben. Dieser Artikel ist auf den Pfarrernotbund gemünzt, gegen alle christlichen Pfarrer im Dritten Reich, die nicht konform gehen mit dem, was die Nazis sich unter einer Evangelischen Reichskirche vorstellen, einem willigen Instrument staatlicher Politik.« Sie saßen im Wohnzimmer des Pfarrhauses, und Paul las Gretel einen Artikel vor, den ihm ein Amtsbruder hatte zukommen lassen:

»›Wenn gekränkte Pfarrer aus einer falsch verstandenen Gewissenspflicht heraus die Mitglieder ihrer Kirchengemeinde gegen die kirchlichen und staatlichen Vorgesetzten aufhetzen, dann beweisen sie damit klar und deutlich, daß es ihnen doch nicht um das Seelenheil ihrer Pfarrkinder und den inneren Frieden der Kirche geht. Sie müssen sich schon den Verdacht gefallen lassen, daß sie sich zum Werkzeug reaktionärer Kreise hergeben und auf dem Wege über die Kirchen und durch die Gefährdung des Kirchenfriedens die Aufbauarbeit der nationalsozialistischen Regierung sabotieren wollen. Saboteure aber müssen unschädlich gemacht werden, auch wenn sie im Gewande eines Dieners Gottes ihr verwerfliches Handwerk ausüben.‹[116]

Trotz aller gegenteiligen Versicherungen seitens des Pfarrernotbundes ist Rosenberg nicht davon abzubringen, dass unsere Anti-Haltung gegen die Reichskirche politische Opposition sei«, meinte Paul. »Natürlich erweisen uns manche Freunde im Ausland einen Bärendienst, wenn in ihren Berichten unser Widerstand gegen Müller nicht als das, was er ist, bezeichnet wird, sondern als versteckte Opposition gegen Hitler. Karl Barth hat in einem Schreiben an die Freunde im Ausland darum gebeten, diese Gleichsetzung zu unterlassen. Er hat auch darum ersucht, dass die Oppositionsbewegung innerhalb der evangelischen Kirche als einzige legitime Vertretung der evangelischen Christen in Deutschland anerkannt werden sollte.«

Am 19. Februar hatte Paul die offizielle Mitteilung über seine Versetzung nach Dickenschied/Womrath erhalten. Er brauchte sein Amt nicht vor Mai anzutreten. So lange Zeit nicht predigen zu können, als Zuhörer in seiner eigenen Kirche zu sitzen, war hart für ihn. Aber er besuchte weiterhin die Kranken in den beiden Gemeinden. Walther Harth verstand sehr gut, dass die Gemeindemitglieder, insbesondere die Kranken, immer noch gerne von ihrem altgewohnten Pfarrer betreut werden wollten. Er durfte als Suspendierter zwar nicht mehr predigen, unterrichten oder Sakramente spenden, aber niemand konnte ihn daran hindern, Kranke zu besuchen, zumal man einen solchen Besuch stets auch als soziale Aufgabe bezeichnen konnte.

Nach einem solchen Krankenbesuch machte Paul sich auf den Weg nach Dorlar. »Hereinspaziert!«, sagte Heidi an der offenen Haustür. »Du kennst den Weg zu Herberts Arbeitszimmer.« – »Gut, dass du da bist«, empfing ihn Herbert. »Ich war gestern in Barmen. Einer aus unserer Bruderschaft war in Berlin gewesen und hatte von Niemöller eine Abschrift des Briefes mitgebracht, den Bischof Bell am 23. März an Nils Karlström, den Führer der Kirche von Schweden, geschrieben hat. Niemöllers Freund, der Kaplan der schwedischen Botschaft, Birger Forell, hält den Pfarrernotbund auf dem Laufenden über die schwedische Reaktion auf unseren Kampf mit Müller, Oberheid und den Deutschen Christen. Natürlich habe ich mir eine Abschrift des Briefes besorgt, und, da ich sie nicht per Post verschicken will, muss jeder, der Interesse an der Lektüre hat, zu mir nach Dorlar kommen. Ich bin mir sicher, dass du Interesse hast.« Und dann gab er Paul das Schreiben. Da war die Rede von einem auch in deutschen Kirchenkreisen erwogenen Plan, dass Bischof Bell selbst und der schwedische Erzbischof Eidem sich mit Hitler persönlich treffen sollten, und zwar ohne dass die ausländische Presse etwas davon erfuhr und aller Welt darüber berichtete. Erzbischof Eidem verspreche sich eine Besserung der Lage der deutschen evangelischen Kirche, wenn sie als hohe ausländische Kirchenführer Adolf Hitler unmissverständlich klar machten, dass er sich mit einer Behandlung von Pfarrern und Christen, von der man immer wieder zu hören bekomme, im Ausland in hohem Grade unbeliebt mache und deshalb Ludwig Müller aus seinem Amt als Reichsbischof entfernen solle. – Er aber, Bischof Bell, habe Bedenken. Fordere man so nicht Hitler direkt zu staatlichem Handeln heraus? Er wolle Hitler gerade nicht zur entscheidenden Instanz in kirchlichen Angelegenheiten machen. Schließlich könne sich dieser auch bei anderen Gelegenheiten das Recht nehmen, in kirchliche Belange einzugreifen, ohne dass man dann im Ausland protestieren könne. Wenn sich andererseits Hitler (ggf. unter dem Einfluss von Göring und anderen) strikt weigere, Müller fallen zu lassen, dann stünden die Bischöfe als deutlich geschwächt in ihrem Einfluss da. Dem Pfarrernotbund wäre damit keineswegs geholfen, im Gegenteil!

Dr. Karlström wurde gebeten, diese Überlegungen Bischof Bells sowohl dem Erzbischof von Uppsala als auch Kaplan Birger Forell mitzuteilen. Bell schlug nun eine vorsichtigere Maßnahme vor: Man könne Hitler daran erinnern, dass er selber betont habe, der Staat verhalte sich in kirchlichen Angelegenheiten neutral, und dass der Staat trotz dieser Versicherung die Gruppe um Müller und Oberheid z. B. bei den Kirchenwahlen von 1933 so massiv unterstützt und der oppositionellen Gruppe in der evangelischen Kirche keine Chance gegeben habe, ihre Stellung publik zu machen, sondern statt dessen Äußerungen z. B. in der Presse der staatlichen Zensur habe zum Opfer fallen lassen. Auf diese Weise könnten die Kirchen im Ausland genau umgekehrt das Ende jeglichen staatlichen Eingreifens fordern. Also Bestehen auf freier geistlicher Betätigung statt Entmachtung Müllers! Bischof Bell betonte, er wolle in dieser Angelegenheit keineswegs seinen eigenen Einfluss geltend machen, vielmehr wolle er Anregungen geben, damit man zu einer möglichst erfolgversprechenden und nicht anstößigen Vorgehensweise fände.

Nach einer Zeit des Nachdenkens bemerkte Paul schließlich: »Das ist treffend gesagt: Wir sollten Hitler nicht zum Schiedsrichter in Sachen Kirche machen. Wenn wir vom Pfarrernotbund den Widerstand gegen Müller durchhalten und das Ökumenische Komitee nur uns anerkennt und sich von Müller und der Reichskirchenleitung fern hält, dann könnte sich Hitler eines Tages gezwungen sehen, aus schlichten politischen und diplomatischen Erwägungen heraus Müller fallen zu lassen. Das wäre die beste Lösung.« – »Genau das«, stellte Herbert begeistert fest. –

»Gretel«, sagte Paul bei der Lektüre seiner Zeitung, »so hatten wir es ja erwartet. Die katholische Jugend ist in die HJ integriert worden. Sie wird mit genau denselben Zusicherungen gelockt, wie man sie uns damals gegeben hat: Sie brauchen ihre religiöse Ausrichtung nicht aufzugeben; sie können weiterhin der Führung von Kirche und Priestern gewiss sein; alle Angriffe auf die katholische Jugend und die katholische Kirche seitens der nicht-religiösen Mitglieder der HJ sollen unterbunden werden; der Sonntagmorgen und ein Nachmittag sollen für kirchliche Veranstaltungen reserviert bleiben. Genau das hat man uns im Dezember auch zugesagt, und kein Mensch hat sich daran gehalten.« – »Nachdem sie doch gesehen haben, wie alle Übereinkünfte von Baldur von Schirach und seiner Hitlerjugend mit der Evangelischen Jugend nicht eingehalten wurden, woraus schließen denn dann die katholischen Jugendführer, dass es ihnen besser ergehen wird?«, wollte Gretel wissen. »Sie hoffen wider alle Vernunft«, entgegnete Paul. »Sie glauben, innerhalb der HJ sicher zu sein vor den Angriffen von deren fanatischem Flügel, und sie glauben sogar, wie einige meiner Jugendführer es ja auch tun, sie könnten wie ein Sauerteig des guten Willens wirken und schließlich die Kräfte des Bösen überwinden – in Organisationen, die von Leuten wie von Schirach, Röhm und Rosenberg geleitet, verwaltet und kontrolliert werden! So viel Naivität lässt uns wie Schafe vor den Wölfen erscheinen.«

»Gott sei gelobt!«, rief Paul, als Walther Harth ihm die Nachricht brachte. »Ja, das stimmt wirklich. Bischof Wurm von Württemberg und Bischof Meiser von Bayern haben am 13. März bei Hitler vorgesprochen und ihm mitgeteilt, dass sie angesichts von Müllers mangelndem Willen, sich an die Vereinbarungen vom 27. Januar zu halten, ihren seinerzeit gegenüber dem Reichsbischof geleisteten Treueeid widerriefen. Wurm und Meiser hatten nämlich mit diesem Treueeid in ein Wespennest gestochen. Hunderte ihrer Pfarrer hatten sich von diesem Schritt ihrer Oberhirten distanziert. Jetzt kann der Pfarrernotbund in Bayern und Württemberg voll in die Pedale treten!«, frohlockte Pfarrer Harth. –
Die nicht den Deutschen Christen zugehörigen Pfarrer der Rheinischen Synode freuten sich über die Nachricht, dass am Sonntag, dem

18. März, eine Gruppe von 25 000 singenden und betenden Anhängern des Pfarrernotbundes in Dortmund zusammengeströmt war. Herbert Heider war in Dortmund dabei gewesen und berichtete Paul und Gretel begeistert von dem, was er erlebt hatte. »Pfarrer Paul Humburg hielt einen Vortrag ›Wahrheit gegen Irrtum‹«, sagte Herbert. »Er unterzog die Deutschen Christen und ihre Theologie einer vernichtenden Kritik. Man kann sich nur noch schwer vorstellen, dass das derselbe Pfarrer Humburg ist, der am 1. Mai 1933 einen wahren Lobgesang auf Hitler verfasst hat. Erinnerst du dich?« – »Ich finde das nicht so verwunderlich«, sagte Paul. »So naiv war man damals. Ich war auch in Hochstimmung nach der Rede Hitlers.« – Genau eine Woche nach dem Treffen in Dortmund inszenierten am Sonntag, dem 25. März, die Deutschen Christen in eben dieser Stadt eine Großveranstaltung. »Wie viele waren da?«, fragte Gretel Paul. Paul überflog den Zeitungsartikel. »18 000, angeführt von Bischof Müller und Christian Kinder, der Joachim Hossenfelder als Leiter der Berliner Deutschen Christen abgelöst hat. Dortmund in Westfalen ist kein so günstiger Ort für eine Veranstaltung der Deutschen Christen. Überall sonst hätten sie größere Massen angezogen, aber sie wollten wohl unseren westfälischen Bund herausfordern. Schließlich sind die Hälfte aller westfälischen Pfarreien mit Mitgliedern unseres Bundes besetzt.«

Am 16. April hatte Paul wieder allen Grund, nach der Lektüre eines Zeitungsartikels melancholisch zu werden. Gretel sah es ihm gleich an, dass der Artikel nichts Gutes enthielt. Auf ihre Frage sagte Paul: »Wilhelm von Pechmann, bis zu seinem freiwilligen Rücktritt Präsident des Evangelischen Kirchentages, hat angekündigt, dass er sich aus der Kirche zurückziehen will. Gerade ist sein Brief veröffentlicht worden. Er stammt zwar schon vom 5. April, aber die Nazipropaganda hat offensichtlich Zeit für eine entsprechende Reaktion gebraucht.« Pechmann schrieb:

> »Ich habe in diesen Tagen … zu Offenbarung III, 8 … das Wort gefunden: ›Oft kann man nur noch protestieren; man soll aber das nicht lassen, bis gelegene Zeit kommt, durchzudringen.‹ Nun habe

ich zwar, Sie wissen es ja, … oft und oft protestiert: gegen die Vergewaltigung der Kirche, gegen ihren Mangel an Widerstandskraft, auch gegen ihr Schweigen zu viel Unrecht und zu all dem Jammer und Herzeleid, das man … in ungezählte, ›nichtarische‹ Herzen und Häuser, christliche und jüdische, getragen hat. Aber ich habe bisher nur in Wort und Schrift protestiert, und immer ganz vergeblich. Es ist Zeit, einen Schritt weiterzugehen, d. h. durch den Austritt aus einer Kirche zu protestieren, die aufhört, Kirche zu sein, wenn sie nicht abläßt, die … ›Einheit zwischen Nationalsozialismus und Kirche‹ zu einem integrierenden Bestandteil ihres Wesens, zur Richtschnur ihrer Verwaltung zu machen.«[117]

Goebbels seinerseits bezeichnete von Pechmann als Hinterwäldler, wenn er meine, die Kirche müsse sich einem staatlichen Absolutismus unterwerfen; auch verkenne er, wenn er das Schweigen der Kirche beklage gegenüber all dem Leid, das den Juden zugefügt worden sei, dass diese armen Juden als wahre Blutsauger dem deutschen Volk großen Schaden angetan hätten. –
Dieter, Pauls und Gretels Ältester, hatte schon lange gemerkt, dass das Fahnenmeer, das am 20. April Gebäude und Lampenmasten einhüllte, und die flotte Marschmusik, die aus jedem Radio ertönte, nicht seinem Geburtstag galten, sondern dem des Führers. Dieters Klassenkameraden beneideten ihn, dass sein Geburtstag auf den von Adolf Hitler fiel. 1934 wurde Dieter sieben, und Adolf Hitler wurde 45. Spruchbänder zierten die öffentlichen Gebäude: »Führer befiehl! Wir folgen dir!« –
»Ich habe erfreuliche Nachrichten für uns alle«, sagte Walther Harth nach dem Gottesdienst. »In Ulm versammeln sich heute im Münster Führer der Evangelischen Kirche in Württemberg, um darüber zu beraten, wie man einheitlicher und erfolgreicher vorgehen könne im Widerstand gegen Müller, seine Reichskirchenleitung und seinen Handlanger Jäger – den ›Jäger‹ –, der in der württembergischen Kirche wie ein Berserker wütet und seine kirchliche und politische Autorität nutzt, um die Württembergische Landeskirche in die Reichskirche des Ludwig Müller hineinzuzwingen. Bischof Meiser von Bayern wird eine Ulmer Deklaration verlesen. Das Ulmer Treffen

gilt als Vorbereitung für eine größere Synode, die Ende Mai in Barmen zusammenkommen soll.«

Die Ortsgruppenleitung versuchte, eine feierliche Verabschiedung für Pfarrer Schneider zu verhindern. Wenn ihm so viele eine solche Ehrung erwiesen, waren damit die Nazis Lügen gestraft, die behauptet hatten, dass man, wenn man Paul Schneider nicht versetzt hätte, ihn hätte in Schutzhaft nehmen müssen, um ihn vor der Volkswut zu schützen. Die Frauen von Hochelheim und das Dornholzhausener Presbyterium blieben hartnäckig. »Mit oder ohne Ihre Genehmigung feiern wir Abschied von Pfarrer Schneider«, ließen sie ihre Ortsgruppenleitung wissen. Um dem Unmut der Frauen zu entgehen, gab man dort schließlich nach, und die Turnhalle wurde für die Feier zur Verfügung gestellt. Das Hochelheimer Presbyterium plante keine offizielle Verabschiedung.

Die 12-jährige Maria Weber, eine von Pauls Konfirmandinnen, schien die Empfindungen aller Versammelten auszudrücken, als sie ein Gedicht vortrug, das der Lehrer zu diesem Anlass verfasst hatte:

»Dumpf hallen die Glocken durchs Hochelheimer Land,
die Mienen sind düster, die Freude ist gebannt.
Aus unseren Herzen dringt bang der Klageruf:
›Unser Herr Pfarrer geht fort, der so viel Gutes schuf,
der seiner Gemeinde der beste Vater war,
ein Apostel des Friedens, ein Berater in Gefahr,
ein Vorbild edler Tugend, ein Mensch in göttlichem Sinn,
voll pflichtbewußten Strebens, er geht nun, ach, dahin!‹

Aus allen Herzen rufen Abschiedsgrüße ihm entgegen,
ihn zu ehren, ihm zu danken auf seinen zukünftigen Wegen.
Auch Ihnen, Frau Pfarrer, unseren innigsten Dank
für all Ihre Güte und Liebe. Ein echt frauliches Wesen Sie
mit uns verband,
die Ihrer gedenken in schmerzlichem Triebe.
Sie haben getreulich mit Ihrem Gemahl der Armen Not oft
gelindert.

Ein tragisches Schicksal, das zwischen uns trat,
hat unser Band nun zerrissen,
doch hoffen wir sicher, daß Ihre Saat ergiebig und kräftig
wird sprießen.
Ein Sporn sei's uns allen im bunten Gewühl,
Ihren Rat getreu zu erfüllen,
bis in wahrhaftigem Pflichtgefühl
die Rätsel vor Gott sich erfüllen.
Ja, er war der Guten einer, rein selbstlos bis zum heutigen Tage,
opferwillig, opfermutig für seine Gemeinde an Gottes Altare.
Ob Christ oder nicht, stets hilfsbereit war sein Denken,
daß sie nimmer in das Dunkel des Zweifels mitversenken.

Nun ist er uns genommen, entzogen unserem Blick,
entrafft aus unserer Mitte von traurigem Geschick.
Doch seine Taten bleiben in unserem Herzen zurück
und was er uns gewesen in seiner Treue Schoß,
weil er ein Hirt gewesen, fromm, gerecht und groß,
der bis zur letzten Stunde nur seiner Gemeinde gedacht
und wie ein Held im Glauben den schweren Kampf vollbracht.«[118]

[55 Jahre später, 1989, als man in Hochelheim den 50. Todestag von Pfarrer Schneider beging, las die inzwischen 67-jährige Maria Hanke, geborene Weber, vor einem großen Zuhörerkreis noch einmal die Zeilen, die sie als 12-Jährige gesprochen hatte.]

Paul bedankte sich herzlich bei Gemeindemitgliedern und Freunden. Mit den Tränen kämpfend, bekannte er seinerseits, er hätte vielleicht sein Amt mit größerer Liebe versehen sollen. Wenn er hier bleiben könnte, würde er der Liebe mehr Platz einräumen.

Am Mittwochmorgen, dem 25. April 1934, standen viele Mitglieder der Gemeinden Hochelheim und Dornholzhausen am Straßenrand, um endgültig von der allseits beliebten Pfarrersfamilie Abschied zu nehmen. Als sich der Möbelwagen in Bewegung setzte, erscholl aus dem Mund der Frauen ein Abschiedslied. Paul trieb es die Tränen in die Augen, und er musste gewaltig schlucken. Später schrieb Paul über den Umzug nach Dickenschied:

»Mit einem Rest der Möbel, in Sofa und Sessel sitzend, mit Aussicht nach hinten, fuhr die Familie höchst gemütlich, andere sagen zigeunerhaft, im Möbelauto die 200 km von Hochelheim nach Dickenschied. Ich selber habe wie ein Schäferhund mit meinem Motorrad das Auto begleitet. Die ganze versammelte Gemeinde mit dem Kirchmeister an der Spitze bereitete uns dann im Pfarrhofe einen schönen Empfang.
Auf die schönste und freundlichste Weise mit festlichem Grün und Kirchenfahnen wurde in der Filialgemeinde Womrath am 8. Mai 1934 die Amtseinführung gefeiert.«

Die Bevölkerung von Dickenschied war zu zwei Dritteln katholisch, während Womrath ein evangelisches Dorf war. Zusammen zählten beide Gemeinden etwa 500 Mitglieder. Man benutzte den Heidelberger Katechismus. Ende April, als die Familie Schneider nach Dickenschied zog, hatte sich im Rheinland eine unabhängige Synode konstituiert und dem Konsistorium der Reichskirche in Koblenz den Gehorsam aufgekündigt. Die Gemeinde Dickenschied/Womrath hatte sich dieser unabhängigen Synode angeschlossen. –
Superintendent Ernst Gillmann hatte zur Amtseinführung in Womrath am 8. Mai den Text Jeremia 15, 19–20 ausgewählt:

»Darum spricht der Herr also: Wo du dich zu mir hältst, so will ich mich zu dir halten, und sollst mein Prediger bleiben. Und wo du die Frommen lehrest sich sondern von den bösen Leuten, so sollst du mein Mund sein. Und ehe du sollst zu ihnen fallen, so müssen sie eher zu dir fallen. Denn ich habe dich wider dies Volk zur festen, ehernen Mauer gemacht. Ob sie wider dich streiten, sollen sie dir doch nichts anhaben. Denn ich bin bei dir, daß ich dir helfe und dich errette, spricht der Herr, und will dich erretten aus der Hand des Bösen und erlösen aus der Hand der Tyrannen.«

»Du sollst mein Prediger bleiben«, hatte Luther übersetzt. Trotz fortgesetzter Verhaftungen, trotz der erzwungenen Beendigung seiner amtlichen Tätigkeit und trotz des strikten Verbots in Buchenwald, dort zu »predigen«, fuhr Paul Schneider unbeirrt fort, seinen Mit-

Pfarrkirche in Dickenschied (1994)

Paul mit Konfirmanden

menschen zu dienen, und so erfüllten sich für ihn auf einzigartige Weise die Worte des Propheten und machten ihn zum »Prediger von Buchenwald«. –
Seiner Antrittspredigt hatte Paul den Text 2. Petrus 1, 19 zugrunde gelegt:

> *»Wir haben desto fester das prophetische Wort, und ihr tut wohl, daß ihr darauf achtet als auf ein Licht, das da scheint in einem dunklen Ort, bis der Tag anbreche und der Morgenstern aufgehe in euren Herzen.« –*

Paul und Gretel bekamen nicht mit, dass in den Tagen, da sie sich mit Pauls neuem Amt vertraut machten, wo er »die Frommen von den bösen Leuten sondern« sollte, Alfred Rosenberg auf einem Kongress über germanische Kultur in Königsberg sagte:

> »Über eines sollen sich unsere Gegner endgültig klar sein: Wir kämpfen nicht mehr um Dogmen, dieser Kampf ist beendet, ein neuer Kampf der Charakterwerte hat begonnen. So lehnen wir es auch ab, die deutsche Jugend von früh auf mit Minderwertigkeitskomplexen zu belasten. Wir wollen in ihr nicht das Bewußtsein der Sündhaftigkeit, sondern Werte ihres Charakters wecken. Wenn wir uns während des Kampfes immer unsere Sündenregister vorgehalten hätten, wir hätten nicht gesiegt.«[119]

Man konnte sich keine größere Kluft vorstellen als zwischen den Bibeltexten bei Pauls Amtseinführung und den Ausführungen Rosenbergs.

»Wir heißen Sie mit Ihrer Gattin auf Herzlichste willkommen«, sagte Superintendent Gillmann bei dem kleinen Empfang nach dem Antrittsgottesdienst zu dem neuen Pfarrer. »Sie wissen ja, dass der Hunsrück die Gegend ist, in die unliebsame Pfarrer vom Konsistorium verbannt werden«, fügte er hinzu. »Ja, das ist mir zu Ohren gekommen. Aber ich mag diese Gegend, und ich kenne den Menschenschlag hier. Mein Onkel Walter war in meiner Kinderzeit hier Pfarrer. Ich bin ja im nahen Pferdsfeld geboren und bin oft hierher gewandert, um Onkel Walter zu besuchen.«

Superintendent Gillmann hatte noch einiges anzumerken. »Bezüglich Ihrer Tätigkeit in den Gemeinden hier darf ich Ihnen nicht verschweigen, dass die evangelische Bevölkerung von Dickenschied und Womrath bei den Wahlen von 1932 und 1933 mehrheitlich die NSDAP gewählt hat.« Dann fügte er noch hinzu: »Auf einer Dortmunder Synode, die gerade am 29. April abgehalten wurde, trafen sich 240 Vertreter des Pfarrernotbundes aus dem Rheinland und aus Westfalen. Sie erklärten sich [damit Gedanken der Ulmer Erklärung vom 22. April aufgreifend] zur wahren Evangelischen Kirche vom Rheinland und von Westfalen. Sie haben auch erklärt, dass sie die Autorität der Reichskirche und ihrer Konsistorien nicht mehr anerkennten, weil diese Institutionen wiederholt unser historisches Bekenntnis und die historischen Kircheneinrichtungen ignoriert hätten. [Ebenso deutlich war die Formulierung des Gremiums, das sich am 2. Mai in Berlin traf: ›Punkt II: Ein Ausgleich der Gegensätze zwischen Deutschen Christen und der Bekenntniskirche ist nicht möglich.‹ Diese Erklärung stellte die Versammlung auch dem Reichsinnenminister zu, damit dieser, wie es hieß, ›über unsere Absichten im Bilde sei‹. Die kirchliche Opposition beließ es also nicht beim bloßen Protest, sondern sie stellte in der Kirche der nach ihrer Überzeugung falschen, schriftwidrigen Kirchenleitung eine wahre, schriftgemäße Kirchenleitung entgegen. In Berlin wurde die Einberufung einer deutschen Bekenntnissynode beschlossen; der theologische Vorbereitungsausschuss bestand aus Karl Barth, Hans Assmussen und Thomas Breit; als Tagungsort wurde Barmen vorgeschlagen – dort sollte im Mai 1934 die ›Barmer Erklärung‹ beschlossen werden.][120] Und noch eins: Ich möchte, dass Sie die Einschätzung unserer Deutschen Evangelischen Kirche kennen lernen, die gerade von dem schwedischen Theologen Andreas Nygren veröffentlicht worden ist.«

Am Abend las Paul Gretel den Artikel vor, den ihm Superintendent Gillmann überlassen hatte:

»Der Kirchenstreit gilt dem Christentum selbst. ... Das Gefährliche dabei ist, daß das gegenwärtige Kirchenregiment nicht das geringste Verständnis dafür hat, worum es in dem Kampfe geht. Es glaubt, die Stellung des Christentums zu behaupten, und merkt nicht, daß es in eine neue Rassenreligion abgeglitten ist. Aber es gibt in der deutschen Kirche Männer – und diese sind zum Glück nicht wenige –, die verstehen, was auf dem Spiele steht, und die verstehen, daß das, was diese neue Religion den Menschen zu bieten hat, vom christlichen Standpunkt aus nichts anderes als Abgötterei ist. Man schafft sich einen neuen Gott nach seinem eigenen Bilde, nach dem Bilde des ›deutschen Menschen‹. Die Christen, die das sehen, werden durch die Treue zum Evangelium zum Kampfe gezwungen; sie geraten dadurch in einen tragischen Konflikt, denn es gibt so vieles in dem neuen Staate, das sie von Herzen und mit Freude bejahen. ... Nun ist es dahin gekommen, daß diejenigen, die ihren christlichen Glauben nicht aufgeben wollen, von dem gegenwärtigen Kirchenregiment mit Gewaltmitteln, von der geheimen Staatspolizei mit Absetzung und Suspendierung bekämpft werden .... Wir evangelische Christen eines verwandten Volkes haben mit Betrübnis und Kummer gesehen, daß das deutsche Kirchenregiment durch solches Verfahren den christlichen Namen befleckt hat. Mit tiefgehender Anteilnahme stehen wir zu den bedrängten Christen in ihrem heldenmütigen und opferfreudigen Kampfe, mit dem sie für das Christentum evangelischen Bekenntnisses in Deutschland und in der Welt streiten.«[121]

Gretel nickte zustimmend. »Wir sind nicht allein, Paul«, sagte sie.

Ein paar Wochen später erhielten Paul und Gretel die Erklärung, die vom 29.–31. Mai 1934 in Barmen versammelte evangelische Christen zusammengestellt hatten. Es sollte als »Barmer Erklärung« in die Geschichte eingehen, und auf diese Erklärung berief sich die »Bekennende Kirche«, der Zweig des deutschen Protestantismus, der sich der Zusammenarbeit mit dem NS-Staat verweigerte, der in Gegnerschaft zu den Deutschen Christen stand und darauf beharrte, dass die evangelische Christenheit weiterhin den historischen christlichen Glaubenslehren anhing.

So wie sie es immer taten, besprachen Paul und Gretel auch dieses Ereignis, während sie zusammen im Wohnzimmer ihres Pfarrhauses saßen. Paul las das Motto vor, unter dem die Barmer Synode gestanden hatte:

»Er mache uns im Glauben kühn
und in der Liebe reine.
Er lasse Herz und Zunge glühn,
zu wecken die Gemeine.«

Und dann las Paul, während Gretel gespannt zuhörte:

»Die Deutsche Evangelische Kirche ist nach den Eingangsworten ihrer Verfassung vom 11. Juli 1933 ein Bund der aus der Reformation erwachsenen, gleichberechtigt nebeneinanderstehenden Bekenntniskirchen. Diese möchten sich durch ihre Vereinigung zu der kommenden Gottesgabe der einen, heiligen, allgemeinen und apostolischen Kirche ... bekennen. Die theologische Voraussetzung der Vereinigung dieser Kirchen ist in Art. 1 ... der von der Reichsregierung am 14. Juli 1933 anerkannten Verfassung der Deutschen Evangelischen Kirche angegeben:
Art. 1: Die unantastbare Grundlage der Deutschen Evangelischen Kirche ist das Evangelium von Jesus Christus, wie es uns in der Heiligen Schrift bezeugt und in den Bekenntnissen der Reformation neu ans Licht getreten ist. Hierdurch werden die Vollmachten, deren die Kirche für ihre Sendung bedarf, bestimmt und begrenzt.
... Uns fügt zusammen das Bekenntnis zu der einen Kirche Jesu Christi, welches bei der Vereinigung der Bekenntniskirchen zur Deutschen Evangelischen Kirche ausgesprochen ist. ...
Wir erklären aber vor der Öffentlichkeit aller evangelischen Kirchen Deutschlands ebenso gemeinsam, daß die Einheit dieses Bekenntnisses und damit auch die Einheit der Deutschen Evangelischen Kirche aufs schwerste gefährdet ist. Sie ist nämlich bedroht durch die in dem ersten Jahr des Bestehens der Deutschen Evangelischen Kirche mehr und mehr sichtbar gewordene Lehr- und Handlungsweise der herrschenden Kirchenpartei der Deutschen Christen und des von ihr getragenen Kirchenregiments. Diese

Bedrohung besteht darin, daß die theologische Voraussetzung, in der die Deutsche Evangelische Kirche vereinigt ist, sowohl seitens der Führer und Sprecher der Deutschen Christen, als auch seitens der Kirchenregimente dauernd und grundsätzlich durch fremde Voraussetzungen durchkreuzt und unwirksam gemacht wird. Bei deren Geltung hört die Kirche nach allen bei uns in Kraft stehenden Bekenntnissen auf, Kirche zu sein. ...
... Wir bekennen uns angesichts der die Kirche verwüstenden und damit auch die Einheit der Deutschen Evangelischen Kirche sprengenden Irrtümer der Deutschen Christen und der gegenwärtigen Reichskirchenregierung zu folgenden evangelischen Wahrheiten:

1. ›Ich bin der Weg, die Wahrheit und das Leben; niemand kommt zum Vater denn durch mich.‹ (Joh. 14, 6)
›Wahrlich, wahrlich, ich sage euch: wer nicht zur Tür hineingeht in den Schafstall, sondern steigt anderswo hinein, der ist ein Dieb und ein Mörder. Ich bin die Tür; so jemand durch mich eingeht, der wird selig werden.‹ (Joh. 10, 1 und 9)
Jesus Christus, wie er uns in der Heiligen Schrift bezeugt wird, ist das eine Wort Gottes, das wir hören, dem wir im Leben und im Sterben zu vertrauen und zu gehorchen haben.
Wir verwerfen die falsche Lehre, als könne und müsse die Kirche als Quelle ihrer Verkündigung außer und neben diesem einen Worte Gottes auch noch andere Ereignisse und Mächte, Gestalten und Wahrheiten als Gottes Offenbarung anerkennen.

2. ›Jesus Christus ist uns gemacht von Gott, zur Weisheit und zur Gerechtigkeit und zur Heiligung und zur Erlösung.‹ (1. Kor. 1, 30)
Wie Jesus Christus Gottes Zuspruch der Vergebung aller unserer Sünden ist, so und mit gleichem Ernst ist er auch Gottes kräftiger Anspruch auf unser ganzes Leben; durch ihn widerfährt uns frohe Befreiung aus den gottlosen Bindungen dieser Welt zu freiem, dankbarem Dienst an seinen Geschöpfen.
Wir verwerfen die falsche Lehre, als gebe es Bereiche unseres Lebens, in denen wir nicht Jesus Christus, sondern anderen Herren

zu eigen wären, in denen wir nicht der Rechtfertigung und Heiligung durch ihn bedürften.

3. ›Lasset uns aber rechtschaffen sein in der Liebe und wachsen in allen Stücken an dem, der das Haupt ist, Christus, von welchem aus der ganze Leib zusammengefügt ist.‹ (Eph. 4, 15 und 16)
Die christliche Kirche ist die Gemeinde von Brüdern, in der Jesus Christus in Wort und Sakrament durch den Heiligen Geist als der Herr gegenwärtig handelt. Sie hat mit ihrem Glauben wie mit ihrem Gehorsam, mit ihrer Botschaft wie mit ihrer Ordnung mitten in der Welt der Sünde als die Kirche der begnadigten Sünder zu bezeugen, daß sie allein sein Eigentum ist, allein von seinem Trost und von seiner Weisung in Erwartung seiner Erscheinung lebt und leben möchte.
Wir verwerfen die falsche Lehre, als dürfe die Kirche die Gestalt ihrer Botschaft und ihrer Ordnung ihrem Belieben oder dem Wechsel der jeweils herrschenden weltanschaulichen und politischen Überzeugungen überlassen.

4. ›Ihr wisset, daß die weltlichen Fürsten herrschen und die Oberen haben Gewalt. So soll es nicht sein unter euch; sondern so jemand will unter euch gewaltig sein, der sei euer Diener.‹ (Matth. 20, 25 und 26)
Die verschiedenen Ämter in der Kirche begründen keine Herrschaft der einen über die anderen, sondern die Ausübung des der ganzen Gemeinde befohlenen Dienstes.
Wir verwerfen die falsche Lehre, als könne und dürfe sich die Kirche abseits von diesem Dienst besondere, mit Herrschaftsbefugnissen ausgestattete Führer geben oder geben lassen.

5. ›Fürchtet Gott, ehret den König!‹ (1. Petr. 2, 17)
Die Schrift sagt uns, daß der Staat nach göttlicher Anordnung die Aufgabe hat, in der noch nicht erlösten Welt, in der auch die Kirche steht, nach dem Maß menschlicher Einsicht und menschlichen Vermögens unter Androhung und Ausübung von Gewalt für Recht und Frieden zu sorgen. Die Kirche erkennt in Dank und Ehrfurcht

gegen Gott die Wohltat dieser seiner Anordnung an. Sie erinnert an Gottes Reich, an Gottes Gebot und Gerechtigkeit und damit an die Verantwortung der Regierenden und Regierten, sie vertraut und gehorcht der Kraft des Wortes, durch das Gott alle Dinge trägt.
Wir verwerfen die falsche Lehre, als solle und könne der Staat über seinen besonderen Auftrag hinaus die einzige und totale Ordnung menschlichen Lebens werden und also auch die Bestimmung der Kirche erfüllen.
Wir verwerfen die falsche Lehre, als solle und könne sich die Kirche über ihren besonderen Auftrag hinaus staatliche Art, staatliche Aufgaben und staatliche Würde aneignen und damit selbst zu einem Organ des Staates werden.

6. ›Siehe, ich bin bei euch alle Tage bis an der Welt Ende.‹ (Matth. 28, 20)
›Gottes Wort ist nicht gebunden.‹ (2. Tim. 2, 9)
Der Auftrag der Kirche, in welchem ihre Freiheit gründet, besteht darin, an Christi Statt und also im Dienst seines eigenen Wortes und Werkes durch Predigt und Sakrament die Botschaft von der freien Gnade Gottes auszurichten an alles Volk.
Wir verwerfen die falsche Lehre, als könne die Kirche in menschlicher Selbstherrlichkeit das Wort und das Werk des Herrn in den Dienst irgendwelcher eigenmächtig gewählter Wünsche, Zwecke und Pläne stellen. ...
Verbum Dei manet in aeternum.«[122]

Paul war ganz begeistert von den klaren und deutlichen Formulierungen über den Glauben seitens der Barmer Synode, er und seine Amtsbrüder auf dem Hunsrück fühlten sich durch die »Theologische Erklärung von Barmen« sehr gestärkt.

Es war Mittwochnachmittags, am 6. Juni 1934. Gretel rief hinauf zu Pauls Arbeitszimmer: »Presbyter Walter Mittelzwei aus dem Nachbarort Gemünden möchte dich sprechen.« – »Pfarrer Schneider«, sagte Herr Mittelzwei, »eine Frau aus unserer Gemeinde, Katharina

Zimmer, ist mit 63 Jahren an Krebs gestorben. Unser Pfarrer Küppers ist in Urlaub, und der Pastor von Sargenroth, Oskar Klingenheben, der normalerweise unsere Gemeinde betreut, wenn Pfarrer Küppers nicht da ist, ist auch nicht erreichbar. Unsere Presbyter haben mich geschickt, Sie zu bitten, ob Sie die Beerdigung durchführen können.«

Nach der Beisetzung hatten die Presbyter von Gemünden noch eine weitere Bitte an Pfarrer Schneider: »In unserem Dorf gibt es einen jungen Mann, Karl Moog, der an Hirnhautentzündung erkrankt ist. Die Familie Moog braucht seelsorgerliche Hilfe. Könnten Sie das übernehmen, bis Pastor Küppers wieder da ist?«, fragte Presbyter Mittelzwei. »Natürlich.«

In seinem Schlafzimmer lag der 17-jährige Karl, offensichtlich sehr geschwächt. »Danke, dass Sie gekommen sind.« – »Ich will mit dir beten und dir einige Stellen aus der Schrift vorlesen. Wir alle zusammen vertrauen auf den Herrn, er möge dich gesund machen. Er möge aber auch unseren Glauben stark genug machen zu ertragen, was immer er als Ausgang deiner Krankheit vorgesehen hat.« Paul las Karl aus der Bibel vor, dann betete er mit der ganzen Familie Moog. »Ich komme morgen wieder«, sagte Paul, als er Karl die Hand drückte, »vergiss derweil die Worte nicht ›Der Herr ist mein Hirte, mir wird nichts mangeln‹ (Psalm 23, 1) und ›Der Herr gedenkt meiner‹ (Psalm 40, 17).«

Paul bestieg sein Motorrad, fuhr über die Hauptstraße von Gemünden und bog dann rechts ab in Richtung Dickenschied. Der Motor stotterte ein wenig, weil die Straße hinter dem Ortsausgang steil anstieg. Er dachte amüsiert an mehrere Gelegenheiten, wo er mit Gretel auf dem Rücksitz versucht hatte, den Berg hinaufzukommen. Jedes Mal hatte die Maschine schließlich ihren Dienst versagt. So hatte Gretel absteigen und zu Fuß hinaufgehen müssen. Paul wartete dann auf der Anhöhe, wo sie wieder aufsteigen konnte, denn von hier aus verlief die Straße nach Dickenschied nahezu eben. Das Motorrad kam nun zügig voran in Richtung Pfarrhaus. –

Als Paul Karl Moog noch einmal besuchte, hatte sich sein Zustand verschlechtert, und Dr. Huber sagte später unten zu Paul: »Ich kann nichts mehr für ihn tun.« Paul kam jeden Nachmittag, las Bibelverse und betete mit Karl und seinen Eltern.

Am 9. Juni starb Karl Moog. »Sie haben sich so rührend um Karl gekümmert. Wir möchten, dass Sie auch die Beerdigung durchführen«, baten die Eltern. Paul war es nicht so recht. Er wusste, dass Pfarrer Küppers am Sonntag aus dem Urlaub zurückerwartet wurde und wollte sich nicht gerne in seine Amtsgeschäfte einmischen. Aber er ließ sich von den Eltern und Presbyter Mittelzwei, der bei dem Gespräch dabei war, umstimmen.

Am 10. Juni fand ein Presbytertreffen des Hunsrück in Büchenbeuren statt. Auch Paul war dabei. Pfarrer Fritz Langensiepen hielt einen Vortrag, in dem er scharfe Kritik an den Deutschen Christen übte. Anschließend wandten sich die Dickenschieder Presbyter bekümmert an Pfarrer Langensiepen: »Unter Pfarrer Schneiders Vorgänger Christmann sind wir Mitglieder bei den Deutschen Christen geworden. Deren Verstoß gegen unsere reformatorischen Glaubenslehren war uns gar nicht so bewusst. Pfarrer Christmann schien es für klug zu halten, dieser Bewegung, die der Partei nahe steht, beizutreten.« Pfarrer Langensiepen wusste sie zu beruhigen: »Pfarrer Christmann hat sich selber von den Deutschen Christen distanziert. Nach einem Gespräch mit ihm kann ich Ihnen versichern, dass Sie in Dickenschied und Womrath nicht dieser Bewegung zugehören. Er hat wohl seine Entscheidung noch einmal überdacht und hat das Anmeldeformular der Gemeinde nicht weitergegeben. Sie können die Anmeldung noch im Gemeindearchiv finden.« Und so war es dann auch – zur großen Erleichterung des Presbyteriums. Als Paul diese Geschichte seinem Freund Hermann Lutze erzählte, lachte dieser und sagte: »Ja, am 22. Mai 1933 haben uns einige Amtsbrüder der Hunsrücker Pfarrerbruderschaft gedrängt, den Deutschen Christen beizutreten. Aber weil einige von uns gegen eine solche Mitgliedschaft waren, haben wir das Abschicken der Anmeldeformulare aufgeschoben. Zum Glück, denn es zeigte sich ja bald, dass die, die den Beitritt abgelehnt hatten, Recht hatten. Wir müssen allerdings zugeben, dass eine kurze Zeitspanne lang im Frühjahr 1933 die Bewegung Deutsche Christen sehr anziehend auf uns wirkte.«

Dienstag, der 12. Juni 1934, brach an – ein wunderschöner Frühsommertag. Ein tiefblauer Himmel wölbte sich über den Feldern der welligen Hunsrücklandschaft. Hin und wieder segelten ein paar Wolken vorüber. Die Natur sprühte vor Leben, und an diesem Tag trug man den jungen Sohn Gemündens, Karl Moog, zu Grabe.

Paul bestieg in Dickenschied sein Motorrad und verabschiedete sich von Gretel: »Rechne nicht vor heute Abend mit mir, ich bleibe noch zum Beerdigungskaffee.« Er genoss die Fahrt durch die Natur mit dem Geruch der Erde und dem Anblick der sprießenden Saat. Nichts deutete darauf hin, dass dieser 12. Juni 1934 voller Schönheit und Freude an dem heimatlichen Fleckchen Erde zum Beginn seines Aufstiegs gen Golgatha werden sollte. Natürlich mischte sich in das erhabene Gefühl, das ihn beseelte, auch Trauer: Karl war so jung gestorben; seine gramgebeugten Eltern würden viel Zeit brauchen, um den Verlust zu verschmerzen. Nur Gottes Wort barg Trost angesichts des Todes unter den Menschenkindern. Paul fielen die Worte seines Vaters ein – er hatte sie damals seinem Sohn und jungen Mitarbeiter mit auf den Weg gegeben als reinste Quelle des Trostes: »Herr, wohin sollen wir gehen? Du hast Worte des ewigen Lebens« (Joh. 6, 68).

Paul stellte sein Motorrad im Hof der Familie Moog ab. Er hatte auch Pfarrer Küppers eingeladen, aber der wollte nicht kommen. Nachdem einige Bibeltexte vorgelesen worden waren, setzte sich der Trauerzug zum höher gelegenen Friedhof des Ortes in Bewegung. Paul ging im Talar vor dem Sarg her, viele Trauergäste schlossen sich ihm an. Als man sich dem Friedhof näherte, sah Paul mehrere Formationen von Hitlerjungen, die am Hang Aufstellung genommen hatten. Karl hatte ihm mit unverhohlenem Stolz erzählt, er sei der erste Junge von Gemünden gewesen, der in die HJ eingetreten war. Nun standen seine Gefährten in Uniform und mit Fahnen bereit, um einem der Ihren die letzte Ehre zu erweisen.

Paul begann die liturgische Einsegnung. Bevor der Sarg in die Erde gesenkt und der Schlusssegen gesprochen wurde, folgten, ohne dass Paul zuvor verständigt worden war, auf Betreiben der NS-Leitung von Gemünden etliche Ansprachen. Aufgrund der großen Zahl der Kranzniederlegungen dauerte die Feierlichkeit am Grabe ungewöhnlich lange. Zum Schluss sprach Heinrich Nadig, der Kreisleiter. Seine überschwängliche Rede endete mit den Worten:

»Kamerad Karl Moog, nun bist du in Horst Wessels himmlischen Sturm eingegangen.«

Als Paul sich anschickte, den Toten der Erde anzuvertrauen, war ihm klar, dass er jetzt irgendetwas sagen musste. Sicher kannten diese jungen Leute das Hitlerjungenlied und sangen wohl selbst: »Nicht Christus, Horst Wessel ist unser Held!« Hunderte standen nun hier. Paul konnte nicht zulassen, dass sie davongingen in dem Glauben, dass das Evangelium für diejenigen von ihnen, die vorzeitig abberufen wurden, einen Platz im »Sturm Horst Wessel« bereithielt. Gleichzeitig, weil er ja wusste, dass er selbst schon mit kritischen Äußerungen bei den Nazis angeeckt war, suchte er nach der mildesten Zurechtweisung, die ihm denkbar erschien. »Ich weiß nicht, ob es in der Ewigkeit einen Sturm Horst Wessel gibt«, sagte er. »Aber ich weiß, dass Gott unseren Ausgang aus der Zeit und unseren Eingang in die Ewigkeit segnet. Lasst uns nun zur Kirche gehen und Totengedächtnis halten vor Gott und seinem heiligen Wort.«

Zu Pauls Überraschung und zu seiner Verärgerung trat Heinrich Nadig noch einmal nach vorn und wiederholte, bewusst Pauls Zurückweisung ignorierend:

»Kamerad Karl Moog, du bist tatsächlich in den Sturm Horst Wessel heimgegangen.«

Empört über Nadigs Dreistigkeit, eine christliche Liturgie mit heidnischer Mythologie zu unterwandern, entgegenete Paul, diesmal nicht mehr milde und sanft zurückweisend: »Ich lege Protest ein. Dies ist eine christliche Beerdigung, und ich bin als evangelischer Pfarrer verantwortlich dafür, dass das Wort Gottes unverfälscht verkündet wird.«

Es herrschte absolutes Schweigen. Hier am Grabe Karl Moogs, eines getauften Christen und Mitglieds der Hitlerjugend, stießen christliches Evangelium und nationalsozialistische Ideologie in der Person des evangelischen Pfarrers Paul Schneider und der Person von Heinrich Nadig, dem NS-Kreisleiter, aufeinander. Für alle Anwesenden, die Zeugen des Zusammenpralls der Worte waren und die über das nachdachten, was sie erlebten, stand fest, dass sich zwischen christlicher Theologie und der Mythologie der Nazis ein unüberbrückbarer Abgrund aufgetan hatte.

»Was wird passieren, wenn sich Nadig beschwert, dass du ihn öffentlich zurechtgewiesen hast?«, fragte Gretel, als Paul zu Hause über die Geschehnisse in Gemünden berichtete. »Ich hatte keine andere Wahl, Gretel. Ich konnte solche Bemerkungen nicht ohne Erwiderung hinnehmen.« Gretel seufzte tief: »Wenn doch nur Pfarrer Küppers die Zeremonie durchgeführt hätte!« –

Paul beschloss, sofort den Superintendenten über den genauen Vorgang in Gemünden zu informieren und ihn zu bitten, ihm »geeignet erscheinende Schritte zu tun, um die Würde und Reinheit unserer kirchlichen Beerdigungsfeiern zu schützen.«

Am folgenden Tag wurde Paul verhaftet. Er hatte einen Brief an Kreisleiter Nadig geschrieben; Gretel fand das Schreiben aber noch auf Pauls Schreibtisch liegend:

»Dickenschied, d. 13. Juni 1934

Sehr geehrter Herr Kreisleiter!
Zum gestrigen Vorfall auf dem Friedhof möchte ich Ihnen, nachdem ich Sie gestern vergeblich zu sprechen suchte, einige Worte schreiben, die Sie bitten wollen, mein Handeln zu verstehen.
Es ist mir persönlich leid, daß es zu diesem Zusammenstoß kam, aber ich handelte in einer Zwangslage. Auch die Friedhofsfeier ist eine streng kirchliche Feier, im Namen des dreieinigen Gottes eingeleitet und geschlossen mit dem Segen und der Einladung zum Gotteshaus. Es geht nicht an, daß dabei wer nur will und was er nur will, redet. Dies Verständnis für rechte kirchliche Ordnung darf ich bei Ihnen voraussetzen. ... So mußte die Einführung des himmlischen Sturmes, der übrigens von dem einmal gewesenen Bischof Hossenfelder erfunden worden ist, den die Feier leitenden ... Pfarrer zu Widerspruch nötigen. Ich tat das in der mildesten Form, die am wenigsten Aufsehen erregen sollte. Ihr nochmaliges Auftreten zwang mich, Protest einzulegen.
... Bei einer kirchlichen Beerdigungsfeier insbesondere verträgt es der Ernst der Ewigkeit nicht, mit menschlichen Maßstäben gemes-

sen zu werden. Nicht jeder, der einigermaßen in der HJ oder SA seine Schuldigkeit tut, ist darum seligzusprechen. Den irdischen Sturm Horst Wessel lasse ich sehr wohl gelten, aber darum läßt ihn Gott noch lange nicht gradlinig in die ewige Seligkeit marschieren. Das ist vielleicht ›Deutscher Glaube‹, aber nicht schriftgemäß christlicher Glaube. ...

Es ist jetzt wohl nur noch eine überflüssige Versicherung, die ich Ihnen gebe, daß mich nicht politische Reaktion leitete, und Sie werden es einem aufrechten deutschen Manne und Christenmenschen schon glauben, wenn er sich auf sein pfarramtliches, in Gott gebundenes Gewissen beruft. Im übrigen wäre es mir ein Vergnügen, wenn wir uns über die Sache selbst und die dahinterliegenden Glaubenswirklichkeiten weiter unterhalten dürften.

Mit deutschem Gruß!

P. Schneider, Pfarrer«[123]

»Paul, Polizist Bauer steht draußen mit der Weisung, dich in Schutzhaft zu nehmen.« Paul ging nach unten. »Tut mir Leid, Pfarrer Schneider,« – Polizist Bauer fühlte sich nicht wohl in seiner Rolle – »ich habe Anweisungen, Sie nach Simmern zu bringen.« – »Ich weiß«, erwiderte Paul, »Sie müssen mich vor dem Volkszorn schützen, man könnte mir sonst etwas antun. Sie sehen ja, wie die wütende Volksmenge draußen vor dem Pfarrhaus steht, um mich zu lynchen.« Bauer machte kein geistreiches Gesicht und sagte grinsend, er wisse, dass der Begriff Schutzhaft verwendet werde, wenn die Regierung Kritiker einlochen wolle. Er wisse auch, dass sich der Zorn der Leute von Dickenschied, als sie von den Ereignissen erfuhren, eher gegen Heinrich Nadig richte als gegen Pfarrer Schneider.

Gretel packte Paul ein paar Sachen ein. Er küsste sie und die Kinder und stieg ins Polizeiauto. Dieter und Evmarie verfolgten das Geschehen voller Angst und Verwirrung. Die Kleineren hielten gerade ihren Mittagsschlaf. Dieter tröstete sich mit dem Gedanken, dass Simmern ja nicht weit von Dickenschied entfernt war und sein Vater gesagt hatte, er komme bald zurück. –

Sobald Superintendent Gillmann von Pauls Verhaftung erfuhr, schickte er ein Einschreiben an das Konsistorium:

»Hiermit bestätige ich dem Evangelischen Konsistorium den durch Herrn Oberkirchenrat Siebert gegebenen fernmündlichen Bescheid in Sachen der Schutzhaft des Pfarrers Schneider – Dickenschied –, ›das Konsistorium könne und wolle in dieser Angelegenheit nichts tun‹. Damit aber das Konsistorium für sein Urteil wenigstens nachträglich auch eine Darstellung des beschuldigten Pfarrers Schneider zu den Akten erhält, lege ich zwei Briefe, und zwar einen an mich und einen anderen an den Herrn Kreisleiter, in Abschrift an. ... Die Erregung unter der Bevölkerung [ist] außerordentlich groß, jedoch, um jedes Mißverständnis auszuschließen, nicht gegen Pfarrer Schneider.«[124]

Das Konsistorium kann und wird in dieser Angelegenheit nichts tun! »Kann« nichts tun? Stand es 1934 schon unter der Oberaufsicht der Gestapo? Es »wird« nichts tun! War das Konsistorium entschlossen, die unbotmäßigen Pfarrer der Bekennenden Kirche zur Strafe ihrem Schicksal in den Händen der Gestapo zu überlassen? –
Nur einen Tag später schickte Pauls Gemeinde in Womrath ans Konsistorium eine Abschrift des Briefes, mit dem sie sich an den Regierungspräsidenten in Koblenz gewandt hatte:

»... Wir sind der Meinung, daß unser Pfarrer am Grabe des Karl Moog, Gemünden, als Diener am Worte Gottes nichts anderes sagen konnte, als was der klare Wortlaut der Bibel verkündet. Unserer Meinung nach hat er sich nicht im geringsten gegen den Staat oder wider seinen Führer verfehlt, deshalb treten wir für unsern Herrn Pfarrer ein und bitten um seine Freigabe.«[125]

Von 48 Haushalten der Gemeinde Womrath hatten 43 diesen Brief unterzeichnet. Die Dickenschieder Gemeinde hatte einen Zusatz zu diesem Brief verfasst:

»... Wir benutzen diese Gelegenheit, ... Sie zu bitten, ... daß Pfarrer Schneider, der das Vertrauen der ganzen Gemeinde besitzt, doch aus der Haft entlassen wird und wieder in seinem Amte tätig sein kann. Der ganze Hunsrück ist empört und erregt über die Verhaftung.«[126]

Das Konsistorium kommentierte die beiden Eingaben wie folgt: »Die Vorgänge sind uns von der Staatspolizei her bekannt. Zu den Akten.« –
Auch die Hunsrücker Pfarrerbruderschaft nahm sich des Falles ihres Mitgliedes Paul Schneider an:

»... Wir unterzeichneten Pfarrer erklären unsere volle Gemeinschaft mit unserem Amtsbruder Schneider. Wir sind der Überzeugung, daß im Rahmen einer kirchlichen Beerdigungsfeier angesichts des Ernstes des Todes die Zitierung des ›himmlischen Sturmes Horst Wessel‹ unangebracht ist.... [Sie] widerspricht dem innersten Wesen des Evangeliums, wie es uns die Reformatoren neu erkennen gelehrt haben.
Es ist jedem Einsichtigen ohne weiteres klar, daß die Zurückweisung des obengenannten Ausdrucks durch Herrn Pfarrer Schneider keineswegs eine persönliche Herabsetzung oder gar Verunglimpfung und Verunehrung des Verstorbenen bedeuten kann.
Es ist weiter klar, daß diese Zurückweisung alles andere als eine Herabsetzung oder gar Verunglimpfung des heutigen Staates oder der nationalsozialistischen Bewegung darstellt, als die sie anscheinend aufgefaßt ist.... Wir wissen, daß der Protest unseres Bruders Schneider allein vom Evangelium her bestimmt war....
Wir richten darum den herzlichen und dringenden Appell an alle maßgebenden behördlichen Stellen, unsern Amtsbruder Schneider wieder seinem Dienste zurückzugeben und für seine baldige Rehabilitierung zu sorgen.

Simmern (Hunsr.), 18. Juni 1934

Deuchert – Büchenbeuren
Disselnkötter – Sensweiler
Lutze – Cleinich
Oberlinger – Thalfang
Reif – Veldenz
Storkebaum – Irmenach
Langensiepen – Gödenroth
Finsterbusch – Castellaun
Rolffs – Bell
Ringhardtz – Dill
Langensiepen, Pfr. i.R.
Petry – Wirschweiler«[127] –

Der Gefangenenaufseher, der Paul gewogen war, kündigte an: »Superintendent Gillmann.« Es war Punkt 12 Uhr, und, wie er es die ganze Woche getan hatte, ging Superintendent Gillmann von seinem Haus aus quer durch die Stadt zum Gefängnis im Schloss mit einem Korb, in dem sich Pauls Mittagessen befand. Jeder in Simmern wusste, dass er mit dieser Geste seine Solidarität mit Paul Schneider zum Ausdruck bringen wollte. –

Am 18. Juni brachte Superintendent Gillmann außer dem Mittagessen aufregende Neuigkeiten mit: »Gestern hat an der Marburger Universität Vizekanzler von Papen eine Rede gehalten, in der er den Lauf der Ereignisse in Deutschland scharf kritisierte. Einer unserer Pfarrer hat die Rede gehört und hat mir telefonisch mitgeteilt, was für sensible Folgen sie hatte. Sie muss im Kreis unmittelbar um Hitler sehr übelgenommen worden sein, denn es heißt, Edgar Jung, von Papens Sekretär, der die Rede verfasst hat, und Herbert von Bose, einer unter von Papens Beratern, seien verhaftet worden. Es heißt auch – und da muss was dran sein, denn nirgends wurde über diese Rede etwas veröffentlicht –, Goebbels habe sofort absolutes Stillschweigen darüber angeordnet. Der Pfarrer hat mir am Telefon die wichtigsten Gedanken wiedergegeben: Am Anfang von Hitlers Kanzlerschaft, 1933, seien gewisse drakonische Maßnahmen nötig gewesen, um die Regierung nach einer Phase der Anarchie zu konsolidieren, aber jetzt, im Juni 1934, ließe sich fortgesetzter blanker Totalitarismus, um angebliche Feinde des Regimes auszuschalten, nicht mehr rechtfertigen. Die Konsolidierung müsse irgendwann einmal als abgeschlossen gelten. Er, von Papen, habe sich der politischen Führung gegenüber geäußert über die Gier, die Unehrlichkeit, den Mangel an Fairness und die Hybris, die unter dem Deckmantel der deutschen Revolution ihren Ausdruck gefunden hätten. Der politischen Führung müsse klar sein, dass sie dabei sei, den reichen Schatz an Vertrauen, den das deutsche Volk ihr einst entgegenbrachte, zu verspielen. Sie dürfe dem Volk gegenüber nicht den Herrn herauskehren und müsse aufhören, es mit Befehlen zu schikanieren.

Paul staunte. »Das hat von Papen gesagt? Das spricht doch deutlich für ein Zerwürfnis zwischen dem Vizekanzler und der Clique um Hitler. Von Papen hat doch auch ein gutes Verhältnis zu Hindenburg.

Vielleicht lässt das auf einen gemäßigteren Kurs hoffen. Für die Kirche ist die Rede wahrhaftig ein Grund zur Freude. Von Papen ist praktizierender Katholik. Hitler hat keine religiösen Überzeugungen. Hindenburg ist treuer Protestant. Wenn es nach von Papens und Hindenburgs Vorstellungen ginge, säße ich nicht im Gefängnis, weil ich einem ungestörten christlichen Begräbnis das Wort geredet habe. Wenn es aber stimmt, dass die Rede nicht an die Öffentlichkeit kommt, und wenn die Gerüchte über die Verhaftung der Berater von Papens Wahrheit sind, dann bedeutet das doch nur, dass die radikalen Nazis noch das Sagen haben.« –
Paul wurde nach sechstägiger Schutzhaft am 20. Juni entlassen. In Begleitung zweier Presbyter kehrte er nach Dickenschied zurück. An dem Abend war die gesamte Gemeinde in der Kirche versammelt, um ihn willkommen zu heißen.

Kaum war er wieder zu Hause, als er an die Staatspolizeistelle Koblenz folgenden Brief schrieb:

»Dickenschied, den 21. Juni 1934

Wie ich schon bei meiner Entlassung aus der Schutzhaft ... zum Ausdruck gebracht habe, verwahre ich mich entschieden gegen die nachträgliche Beurteilung des Zwischenfalles auf dem Friedhof in Gemünden am 12. Juni als eine ›staatsfeindliche Äußerung‹. Diese Verwahrung gebietet mir meine Amtsehre. ...

Darum kann ich auch nicht, wie Sie mir in den gemachten Eröffnungen ansinnen, versprechen, mich in Zukunft ähnlicher ›staatsfeindlicher‹ Äußerungen zu enthalten, wenn es die Pflicht meines Amtes und christlichen Bekennens gebietet.

Damit aber solche Zwischenfälle vermieden werden, die freilich dem Ansehen der Partei bei unserer an Bibel und Bekenntnis festhaltenden Bevölkerung schaden könnten, wäre es geraten, wenn auch von seiten der Partei und ihrer Organisationen die Lebensordnungen, die Lehre und das Ansehen der Kirche ernstlich respektiert würden.

Schneider, Pfr.«[128] –

Es war Brauch in der Familie Dieterich, mit Hilfe eines Rundbriefs miteinander in Kontakt zu bleiben. So schrieb Gretel an ihre Mutter, und wenn Frau Dieterich den Brief gelesen hatte, fügte sie einen Abschnitt an und schickte ihn an die nächste Familie; diese berichtete ihrerseits über den letzten Stand der Dinge und schickte dann den immer dicker gewordenen Brief weiter. Wer ihn als Letzter bekam, sollte dann den nächsten Rundbrief beginnen, um ihn in umgekehrter Reihenfolge zu versenden. So war jedes von Frau Dieterichs Kindern über jeden informiert. Zwischen 1927 und 1937 beteiligte sich auch Paul bei diesem Informationssystem. Am 25. Juni 1934 entstand ein solcher Rundbrief im Dickenschieder Pfarrhaus. Paul schrieb darin:

»Während meiner Haft unterschrieben von 48 Haushaltungen meines Filials 43 eine Eingabe, in Dickenschied das Presbyterium für die ganze Gemeinde. Die SA-Leute drohten mit Austritt, wenn der Pfarrer nicht wiederkomme und riskierten Verhaftung, führten Glaubensgespräche mit dem Kreisleiter und antworteten auf die Frage, was ihnen lieber sei, der Glaube oder der Nationalsozialismus, ›der Glaube‹, um sich dann sagen lassen zu müssen, daß sie so keine rechten Nationalsozialisten seien. ... – Die Amtsbrüder der Pfarrbruderschaft, zu der ich gehöre, verfaßten eine Erklärung, in der sie ausdrücklich mein Handeln vor der Öffentlichkeit rechtfertigten. Sie sollte am letzten Sonntag von den Kanzeln verlesen werden und auch an Innenministerium, Vizekanzlei und kirchliche Stellen wurde sie weitergegeben. Fast alle Amtsbrüder der Synode erklärten sich in einem Schreiben an mich ins Gefängnis solidarisch. ... Nach sechs Tagen entließ mich der stellvertretende Landrat aus der Haft. Obwohl die Sache bis Berlin geleitet wurde, fand man doch keinen Grund zur Strafe und verwarnte mich nur, in Zukunft von staatsfeindlichen Äußerungen Abstand zu nehmen, wogegen ich mich mündlich und schriftlich verwahrte. Zwei Presbyter geleiteten mich heim, und abends versammelte sich die ganze Gemeinde in der Kirche. Ihr könnt Euch denken, daß wir viel mehr Trost und Freude hatten, als das bißchen Ungemach uns ausmachte. Ich glaube, Euch dies unser Erleben nicht vorenthalten zu dürfen, weil es uns allen den Glauben stärken darf an die Sendung und Verheißung der Kirche Christi für unser Volk auch in unseren

Tagen. Nachdem die Gemeinde hier solche Haltung gezeigt, möchten wir wirklich uns erst recht beglückwünschen zu unserer Verbannung auf den Hunsrück.« –

Einige Tage nach Pauls Rückkehr nach Dickenschied besuchte ihn Wilhelm Wolf aus seiner Gemeinde und sagte: »Einige von uns sind auf Drängen von Pfarrer Christmann in die SA eingetreten. Er glaubte, wir könnten, wenn es genug Christen in den Nazi-Organisationen gäbe, aufgrund der großen Anzahl wie Hefe in einem Teig wirken und von innen her friedliche moralische Reformen bewirken.« – »Ich habe von Pfarrer Christmanns Theorie gehört«, erwiderte Paul, »nur kann ich selber seinen Optimismus nicht teilen. Ich sehe nicht, dass Christen in der NSDAP und ihren Organisationen irgendeinen positiven Einfluss ausüben. Ich stehe auf dem Standpunkt, diese Organisationen sind vom Übel, und Christen sollten mit Übel-Tätern nichts zu tun haben und Abstand wahren, wie die Schrift es verlangt.« – »Aber, Pfarrer Schneider«, antwortete Wilhelm Wolf, »immerhin hat unsere Drohung, aus der SA auszutreten, wenn Sie nicht entlassen würden, Eindruck gemacht! Außerdem haben wir erfahren, dass prominente katholische Geistliche Mitglieder in der SA geworden sind. Vielleicht kann man doch etwas bewirken.« Paul schüttelte den Kopf. Er hatte davon gehört, dass es innerhalb der katholischen Kirche Proteste gab gegen eine solche Anbiederung, mit der führende katholische Kirchenmänner offensichtlich versuchten, einen modus vivendi im Nazistaat zu finden. Außer Bischof Preysing von Berlin und Bischof Galen in Münster waren viele führende Katholiken in die Kritik geraten. »Aber überlassen wir die katholischen Probleme den Katholiken, Herr Pfarrer«, sagte Wilhelm Wolf. »In unserem speziellen Falle ist die Tatsache, dass viele von denen, die sich für Ihre Entlassung eingesetzt haben, SA-Mitglieder sind, bei den Behörden ins Gewicht gefallen! Wir waren in Gmünden und haben von Herrn Nadig gefordert, er solle seine Klage gegen Sie zurückziehen. Nadig gibt zu, er habe unmittelbar nach dem Vorfall auf dem Friedhof eine Klage gegen Sie eingereicht, schließlich sei er ja in aller Öffentlichkeit von Ihnen gerügt worden. Aber er bestreitet, dass er darum ersucht habe, Sie in Schutzhaft zu nehmen, das habe nicht in seiner Absicht gelegen. Über die Schutzhaft habe die Gestapo in Koblenz entschieden, nicht die NS von Gemünden. Nadig machte tatsächlich keinen glücklichen Eindruck. Als Sie verhaftet wurden, waren natürlich alle Christen in Gemünden gewiss, dass er seine Hand im Spiel hatte, da hat auch all sein Protest dagegen wenig genützt. Nadig wird jetzt von vielen geschnitten. Ich bin bereit, ihm zu glauben, dass er an der Schutzhaft unschuldig ist.«

Die grünen Mitgliedskarten des Pfarrernotbundes lösten viele Diskussionen aus. Der Notbund, die Bruderschaft Evangelischer Pfarrer im Rheinland und auch die Hunsrückbruderschaft – letzterer Gruppe war Paul Schneider nach seinem Umzug nach Dickenschied beigetreten – waren Vorläufer der Bekennenden Kirche. Alle drei waren im Sommer 1933 gegründet worden. Die Barmer Erklärung hatte Ende Mai 1934 in deutlicher Form die Treue zum neutestamentlichen Christentum und das Festhalten an den Glaubenssätzen der Reformation betont. In diesem Zusammenhang muss man auch Pauls Predigt über Römer 14, 1–9 sehen:

»Liebe Gemeinde! Wir sind durch den Kirchenkampf und die für oder gegen die Bekennende Kirche sich ergebende Haltung der Gemeindeglieder aufmerksam geworden auf die Frage der Einheit und Einigkeit der Gemeinde. ... Wie die Volksgemeinschaft, so soll auch die kirchliche Gemeinschaft um jeden Preis hergestellt werden, ein Volk, ein Gott, ein Glaube, eine Kirche. So lautet die Parole. Auch unser Text hat das Anliegen, daß die Kirche, die Gemeinde einig sei ... Er, der Apostel, ist aber in der glücklichen Lage, bei beiden Parteien es voraussetzen zu dürfen, daß sie mit ihrer Haltung dem Herrn Jesus gefallen wollen, daß sie aus ehrlichem Gewissen und ehrlicher Erkenntnis ihren Weg gehen ... In der alleinigen Herrschaft Jesu Christi ... werden alle Unterschiede der Christen sonst in der Erkenntnis und worin sie einander nicht verstehen und sich voneinander unterscheiden, aufgehoben. Jesus Christus ist die Einheit und Freiheit seiner Gemeinde. ... – Was will das für unsere Lage sagen? Freunde, es will uns erstlich das sagen, daß wir uns die Maßstäbe für die Einheit und Einigkeit in der Gemeinde und Kirche, für die christliche Liebe nicht von denen

sagen und vorschreiben lassen dürfen, die nicht an Christus glauben als den Sohn Gottes und den Herrn seiner Kirche.
Diese aber sind es, die am lautesten über Abtrennung, Lieblosigkeit, Pharisäismus und Sektenbildung schreien, wenn sich das Häuflein der Christen zu Christus ihrem Haupte sammelt und seinen alleinigen Herrschaftsanspruch in der Gemeinde und Kirche wieder sichtbar werden läßt. Von diesem Schreien sollen und brauchen wir uns also nicht beirren zu lassen ...
Doch gibt es auch heute noch Unterschiede einer freieren, weltlicheren und einer gesetzlicheren frömmeren Lebenshaltung auch unter Christen, nach ihrer Erziehung, nach ihrem Herkommen, nach ihrer Erkenntnis begründet und erklärlich. Ich erinnere nur an die Frage, ob ein Christ Branntwein, Alkohol, Zigaretten genießen darf, an die Frage des Tanzens und der weltlichen Vergnügungen, Kino- und Theaterbesuch u. a. m. Tragen diese Dinge nicht bis in die engeren kirchlichen Kreise, bis in die Bekennende Kirche hinein, Mißtrauen, gegenseitige Verachtung, Unbrüderlichkeit und Unduldsamkeit, daß die einen die andern als schwach und eng gesetzlich und stur verachten, die andern den Freien ihr Verhalten als leichtfertig und sündlich kritisieren, daß Gemeinschaftskreise der BK fern und fremd bleiben und sich dem Ruf Gottes hier entziehen, weil ja in die BK auch soviel Leute aus der Welt kommen, auch Pfarrer, die einmal liberal gestanden haben, daß wieder andere die BK als Muckerei und Sektiererei ansehen, weil Christen pietistischer Haltung und Prägung sich ihr zugeordnet haben – das alles gehört hierher und hat bis in unser Dorf, in unsere Gemeinde, seine Auswirkungen. Aber dürfen diese Unterschiede uns dann noch trennen, wenn wir einig werden in dem Bekenntnis: Christus der Herr, und wir uns von seinem Wort regieren lassen wollen, wenn wir von dem ernsten Willen ergriffen worden sind, unser ganzes Leben dem Herrn dienstbar zu machen? ... Nehmet euch untereinander auf, gleichwie Christus euch hat aufgenommen. ... Wer in der Liebe bleibt, der bleibt in Gott und Gott in ihm. So wird unser ganzes Leben auf den Herrn Christus bezogen und seinen Dienst. So wird Christus unser einziges Gesetz. ... So ist Christus unsere Einheit und Freiheit ...«[129] –

Es war ein schöner Sommertag, der 30. Juni 1934. Paul und Gretel konnten kaum glauben, was sie hörten. Die Stimme des Radiosprechers zitterte vor Ärger, als er die Neuigkeit vortrug, dass Stabschef Röhm verhaftet und seines Amtes enthoben worden sei. Es folgte ein ausführlicher Bericht, der am folgenden 1. Juli auf der Titelseite des *Völkischen Beobachters* nachzulesen war. Darin hieß es u. a.:

»Seit vielen Monaten wurde von einzelnen Elementen versucht, zwischen S.A. und Partei sowohl wie zwischen S.A. und Staat Keile zu treiben und Gegensätze zu erzeugen. Der Verdacht, daß diese Versuche einer beschränkten, bestimmt eingestellten Clique zuzuschreiben sind, wurde mehr und mehr bestätigt. Stabschef Röhm, der vom Führer mit seltenem Vertrauen ausgestattet worden war, trat diesen Erscheinungen nicht nur nicht entgegen, sondern förderte sie unzweifelhaft.
Seine bekannte unglückliche Veranlagung führte allmählich zu so unerträglichen Belastungen, daß der Führer der Bewegung und Oberste Führer der S.A. selbst in schwerste Gewissenskonflikte getrieben wurde.
Stabschef Röhm trat ohne Wissen des Führers mit General Schleicher in Beziehung. Er bediente sich dabei neben einem anderen S.A.-Führer einer von Adolf Hitler schärfstens abgelehnten, in Berlin bekannten obskuren Persönlichkeit.
Da sich diese Verhandlungen endlich, natürlich ebenfalls ohne Wissen des Führers, zu einer auswärtigen Macht bzw. zu deren Vertretung hin erstreckten, war sowohl vom Standpunkt der Partei, wie auch vom Standpunkt des Staates ein Einschreiten nicht mehr zu umgehen. Planmäßig provozierte Zwischenfälle führten dazu, daß der Führer heute nacht um 2 Uhr nach der Besichtigung von Arbeitslagern in Westfalen von Bonn aus nach München flog, um die sofortige Absetzung und Verhaftung der am schwersten belasteten Führer anzuordnen.
Der Führer begab sich mit wenigen Begleitern nach Wiessee, um dort jeden Versuch eines Widerstandes im Keime zu ersticken.
Die Durchführung der Verhaftung zeigte moralisch so traurige Bilder, daß jede Spur von Mitleid schwinden mußte. …

> Der Führer gab den Befehl zur rücksichtslosen Ausrottung dieser Pestbeule. Er will in Zukunft nicht mehr dulden, daß Millionen anständiger Menschen durch einzelne krankhaft veranlagte Wesen belastet und kompromittiert werden. …
> Mittags um 12 Uhr hielt der Führer vor den in München zusammengekommenen höheren S.A.-Führern eine Ansprache, in der er seine unerschütterliche Verbundenheit mit der S.A. betonte, zugleich jedoch den Entschluß verkündete, disziplinlose und ungehorsame Subjekte sowie asoziale und krankhafte Elemente von jetzt ab unbarmherig auszurotten und zu vernichten. …«

Wilhelm Wolf meldete sich alsbald im Pfarrhaus. »Jetzt besteht Hoffnung, dass sich die SA zu dem entwickelt, was wir vor Augen hatten, als Pfarrer Christmann uns zuredete, ihr beizutreten. Diese Krise musste kommen. Es war klar, dass die militärische Führung des Reiches Röhm und die SA nie akzeptieren würde. Es hieß, dass Oberbefehlshaber Werner von Blomberg Röhm besonders die Bemerkung verübelt habe, der graue Felsen [die Reichswehr] müsse in der braunen Flut [der SA] untertauchen. Hitler hat im Februar versucht, die Grenzen der Verantwortung zwischen Reichswehr und SA zu ziehen. Er verkündete damals, dass die Reichswehr die einzige Kraft für die deutsche Reichsverteidigung sei. Der SA ihrerseits bleibe die Funktion der vormilitärischen Ausbildung und der ideologischen Indoktrination. Wir alle spürten, dass Röhm eine solche untergeordnete Rolle nicht passte. Einige SA-Männer berichteten später, dass Röhm bei einem Treffen mit seinen Mitarbeitern Hitler als einen unwissenden Korporal bezeichnete, der besser daran täte, auf Urlaub zu gehen. Diese Bemerkung ist Hitler wohl zu Ohren gekommen. Übrigens, ist Ihnen aufgefallen, Pfarrer Schneider, dass seit Jahresbeginn Hitler immer, wenn er öffentlich auftritt, einen schwarzen Frack trägt und nicht mehr die SA-Uniform, die er früher bevorzugte? Bei Hitlers Besuch in Italien paradierte Mussolini wie ein Pfau in stets anderen Uniformen, während sich Hitler mit dem üblichen schwarzen Anzug begnügte. Wir fanden das reichlich komisch, dass er nicht einmal die SA-Uniform anzog. Einigen SA-Leuten fiel das auf, und sie sahen diesen Geschmackswandel als böses Omen für Röhm.« Wilhelm

Wolf fuhr fort: »Röhm war nicht zufrieden damit, dass die nationalsozialistische Revolution vorüber sein sollte. Hitler wollte das festigen, was erreicht war, Röhm aber wollte weiter in Richtung der sozialistischen Ziele. Was hatten die Massen von SA-Leuten denn aufzuweisen nach all den Jahren von Risiken und Opfern in den Kämpfen mit dem Rotfrontkämpferbund und der Eisernen Front? Röhm bestand darauf, dass die SA nun die Früchte ihres Sieges ernten sollte. Und Hitler, der unter dem Druck der Reichswehr und des konservativen rechten Flügels seiner Partei stand, war sich bewusst, dass er Röhm opfern musste. Wie aber wird man auf elegante Weise einen Menschen los, der so aufbrausend sein konnte wie Röhm, oder wie legt man einem Mann, der vor keinerlei Gewaltanwendung zurückschreckt und dessen ganze Karriere auf Anarchie und politischer und sozialer Unruhe basiert, die Zügel einer ordnungsgemäßen Regierung an? Röhm musste weg. Und wie kann man jemanden loswerden, dem 30 Divisionen unterstehen?« –
Röhm wurde mit 74 anderen in der sogenannten »Nacht der langen Messer« umgebracht. Paul und Gretel waren schockiert, als sie erfuhren, dass unter den »Hingerichteten« = Ermordeten auch Kurt von Schleicher und seine Frau waren. Sie konnten nicht glauben, dass General von Schleicher, Hitlers Vorgänger im Kanzleramt, den Hitler beschuldigte, sich gegen die NS-Regierung verschworen zu haben, erschossen worden war, als er sich der Verhaftung widersetzte. »Frau Schleicher« – die Stimme des Ansagers klang ernst und traurig – »begab sich leider in die Schusslinie, als sie versuchte, zwischen ihren Mann, der mit gezogener Pistole dastand, und die Polizei zu treten.«

»Warum mussten Edgar Jung und Herbert von Bose, Papens Berater, und Dr. Erich Klausener, der Vorsitzende der Katholischen Aktion in Berlin, und Adalbert Probst, der Leiter der katholischen Sportorganisation ›Junges Deutschland‹, ihr Leben lassen?«, seufzte Paul. »Die hatten doch gar nichts zu tun mit der SA-Führung und mit Ernst Röhm.«

Sorgenvoll blickten die beiden in die Zukunft, gerade so wie sich an diesem Tag in Berlin der christliche Journalist Jochen Klepper in seinem Tagebuch Gedanken darüber machte, wie schrecklich es sei,

dass Männer vom Format eines Generals von Schleicher und erst recht seine Frau Opfer dieser Kampagne geworden seien. Es gebe keine Hoffnung mehr, schrieb Klepper. Alles sei so schnell geschehen, so impulsiv, so anmaßend. –
Am 2. Juli 1934 schickte Reichspräsident von Hindenburg ein Telegramm an Hitler, das Goebbels schleunigst über alle Zeitungen im Lande bekannt machte:

> »Aus den mir erstatteten Berichten ersehe ich, daß Sie durch Ihr entschlossenes Zugreifen und die tapfere Einsetzung Ihrer eigenen Person alle hochverräterischen Umtriebe im Keime erstickt haben. Sie haben das deutsche Volk aus einer schweren Gefahr gerettet. Hierfür spreche ich Ihnen meinen tiefempfundenen Dank und meine aufrichtige Anerkennung aus.
> Mit besten Grüßen
>
> Von Hindenburg.«[130]

Am 13. Juli trat Hitler vor den Reichstag, um die Maßnahmen seiner Regierung zu rechtfertigen. Paul und Gretel saßen da und hörten, wie Hitlers Stimme bei seiner Erklärung der Aktion des 30. Juni sich fast hysterisch überschlug:

> »... Wenn mir jemand den Vorwurf entgegenhält, weshalb wir nicht die ordentlichen Gerichte zur Aburteilung herangezogen hätten, dann kann ich ihm nur sagen: In dieser Stunde war ich verantwortlich für das Schicksal der deutschen Nation und damit des deutschen Volkes oberster Gerichtsherr! Meuternde Divisionen hat man zu allen Zeiten durch Dezimierung wieder zur Ordnung gerufen. Nur *ein* Staat hat von seinen Kriegsartikeln keinen Gebrauch gemacht, und dieser Staat ist dafür auch zusammengebrochen: Deutschland. Ich wollte nicht das junge Reich dem Schicksal des alten ausliefern.
> Ich habe den Befehl gegeben, die Hauptschuldigen an diesem Verrat zu erschießen, und ich gab weiter den Befehl, die Geschwüre unserer inneren Brunnenvergiftung und der Vergiftung des Auslandes auszubrennen bis auf das rohe Fleisch. ...«[131]

Paul und Gretel zuckten beim Klang dieser schrillen Stimme zusammen; das war der Kanzler ihres Volkes, und er war dabei, Mord mit »Staatsräson« zu rechtfertigen!

Im Garten des Dickenschieder Pfarrhauses hörte sich Paul an, wie seine Pfarrerkollegen die jüngsten Ereignisse besprachen. Die Hunsrücker Pfarrerbruderschaft traf sich einmal im Monat, abwechselnd mal in dem einen Pfarrhaus, mal in einem anderen. Im August 1934 waren Schneiders die Gastgeber. Für große Aufregung sorgte die soeben erfolgte Amtsenthebung von Superintendent Gillmann, die das Koblenzer Konsistorium verfügt hatte. »Wir müssen uns alle öffentlich gegen diese Ungeheuerlichkeit wehren!«, rief Fritz Langensiepen. »Ja, wir müssen uns alle wie ein Mann hinter unseren Superintendenten stellen, ganz egal, welche Drohungen das Konsistorium uns entgegenschleudert«, meldete sich Walter Disselnkötter. »Noch lässt sich nicht genau sagen, ob das Konsistorium diese Bestrafungskampagne gegen Gillmann in Szene setzt, weil er sich weigert, die Kirchenpolitik des Konsistoriums in seinem Amtsbezirk durchzusetzen. Vielleicht ist die Amtsenthebung nur vorübergehend, gedacht als Warnung, um zu einer besseren Zusammenarbeit mit der Politik der Reichskirche anzuregen«, war Oskar Reifs Vorschlag. »Auf jeden Fall müssen wir uns auf eine längere Belagerung einstellen«, kommentierte Paul. »Wenn man so schamlos gegen den Hirten vorgeht, was kommt dann auf die Schafe zu?« – »Jedenfalls sollten wir Superintendent Gillmann einen Brief schicken und ihn unserer Solidarität versichern«, schlug Pfarrer Petry vor. Dem stimmten alle zu.

»Warum ist denn das Konsistorium so gegen den Superintendenten vorgegangen?«, wollte Gretel wissen. Hermann Lutze erklärte: »Superintendent Gillmann ist zwar kein Mitglied der Bekennenden Kirche, aber er ist nicht richtig neutral. Seine offene Kritik an den Deutschen Christen stellt ihn eher in unser Lager. Seine Amtsenthebung ist die unmittelbare Antwort auf seinen jüngsten Protest beim Konsistorium. Das Recht der Gemeinden, ihre Presbyter jeweils selbst zu bestellen, soll verletzt werden; die Presbyter sollen jetzt von oben bestimmt werden. Dieses willkürliche Vorgehen des Konsistoriums verstößt gegen unsere kirchliche Verfassung und die Traditionen.« –

Nach dem Essen bat Paul Ernst Deuchert aus Büchenbeuren, der gerade von einem einwöchigen Seminar für Pfarrer an der Humboldt-Universität zurückgekommen war: »Erzählen Sie uns von Ihrem Besuch in Berlin.« – »Der Höhepunkt war ein Vortrag von Hans Christoph von Hase, einem Vetter von Dietrich Bonhoeffer, in kleinstem Kreise. Von Hase ist im Juni von Studien am Theologischen Seminar in New York zurückgekehrt. Die amerikanische Bevölkerung lebt in der Überzeugung, dass in Deutschland die christliche Kirche vom nationalsozialistischen Staat verfolgt wird. Überall in Amerika hat man von Hase gefragt: ›Was macht Hitler mit der Kirche?‹ Als er versuchte, ihnen begreiflich zu machen, die NS-Regierung habe nicht die Absicht, sich in das Leben der deutschen Kirche einzumischen, hat man ihn entweder zweifelnd angeschaut oder gleich ausgelacht. Laut von Hase sind es zwei Komplexe deutscher Politik, die den Amerikanern am unangenehmsten auffallen: 1. die Politik des Staates gegenüber der Kirche, 2. die Politik des Staates gegenüber den Juden.« – »So ist also«, unterbrach ihn Oskar Reif, »in den USA unser Kampf gegen eine von der Politik vereinnahmte Kirche bekannt. In England sorgt ja Bischof Bell von Chichester dafür, dass man dort Bescheid weiß. In Berlin erfuhr ich, dass unser Bruder Karl Koch von Westfalen eine Einladung von Bischof Bell bekommen hat, an dem Ende des Monats in Dänemark stattfindenden ökumenischen Kongress teilzunehmen. Die Auslandsabteilung der Reichskirche stimmt dieser Reise Kochs nach Dänemark nicht gerne zu, denn die Reichskirchenbehörde hatte gehofft, ihr Vertreter, Bischof Heckel, sei der einzige Deutsche auf dem Kongress. Besonders Müller wünscht keinen Vertreter der Bekennenden Kirche dort. Aber wenn Koch die nötigen Reisedokumente nicht bekommt, dann könnte Bell auch den Reichskirchenvertreter ausladen.«

Den ganzen Nachmittag noch hatten die Pfarrer zusammengesessen, von Gretel mit Apfelkuchen und Kaffee verwöhnt. Alle bedankten sich herzlich bei der Hausfrau, vereinbarten, das nächste Treffen bei Adolf Ringhardtz in Dill abzuhalten, und beschlossen den Tag mit einem gemeinsamen Gebet. Das Gebet und die Entschlossenheit, das reine Wort Gottes zu bewahren, waren die wesentlichen Anliegen der Gemeinschaft der Hunsrücker Pfarrer.

Als Paul seine Gäste noch ein Stück weit auf der Hauptstraße begleitete, grüßten diese die Dickenschieder mit »Guten Tag«. Einer der Angesprochenen antwortete: »Wenn man sein Gehalt vom Staat bekommt, sollte man mit ›Heil Hitler!‹ grüßen.«

Am Abend dieses Tages sagte Paul voller Erleichterung zu Gretel: »Hier habe ich die christlichen Brüder gefunden, die ich brauche.«

Am 2. August 1934 starb im Alter von 87 Jahren Reichspräsident von Hindenburg. Obwohl irgendwann damit zu rechnen gewesen war, traf die Nachricht die ganze Nation, die über so lange Zeit dieser Vaterfigur Loyalität und Liebe bezeugt hatte.

Nun hinderte nichts und niemand mehr Adolf Hitler, nach der ganzen Macht zu greifen. Sein entschiedener Gegner bei den Präsidentschaftswahlen von 1932, der Mann, der damals vor ihm gewonnen hatte, der lange nicht gewollt hatte, dass der »böhmische Gefreite« Reichskanzler wurde, war im Alter von Hitler schamlos zugunsten der NSDAP ausgenutzt worden. Ein Jahr nach der Präsidentschaftswahl, vor der Reichstagswahl vom März 1933, hatten der Feldmarschall und der Gefreite zusammen als politische Verbündete im Kampf um die Wiedergeburt der deutschen Nation auf den Plakaten im Wahlkampf posiert – das alte und das junge Deutschland. »Ja, Paul«, sagte Gretel nachdenklich, »Politik führt auf merkwürdige Weise Menschen zusammen.«

Am selben Tag noch, am 2. August 1934, ließ Hitler die Reichswehr den Treueid auf seine Person schwören:

> »Ich schwöre vor Gott diesen heiligen Eid, daß ich dem Führer des deutschen Volkes, Adolf Hitler, dem Oberbefehlshaber der Wehrmacht, unbedingten Gehorsam leisten werde und zu jeder Zeit bereit bin, als tapferer Soldat diesen Eid mit meinem Leben einzulösen.«[132]

»Gott sei Dank, dass ich nicht mehr der Armee angehöre«, vertraute Paul Gretel an. »Solch einen Eid könnte ich nicht schwören.« – Am 6. August hielt Hitler in der Krolloper, in der seit dem Reichstagsbrand das Parlament tagte, die Totenrede auf Hindenburg. Seine vielen Anspielungen auf die »Vorsehung« gingen Paul auf die Nerven. Hier vollzog sich dasselbe Ritual, dem er auf dem Friedhof von Gemünden widersprochen hatte. Hermann Lutze saß mit Paul und Gretel vor dem Radioapparat. Sie tauschten vielsagende Blicke aus, als Hitler sagte:

»... Da das Schicksal uns bestimmt hat, Reich und Volk weiterzuführen, können wir nur den Allmächtigen bitten, er möge uns die Kraft geben, uns jederzeit einzusetzen für des Volkes Freiheit und die Ehre der deutschen Nation, und insbesondere möge er uns gnädig stets die richtigen Wege finden lassen, um unserem Volke das Glück des Friedens zu sichern und es vor dem Unglück des Krieges zu bewahren, so wie der große Verstorbene es selbst immer aufrichtig und mit ganzem Herzen gewollt hat. ...
Der Herr Reichspräsident Generalfeldmarschall von Hindenburg ist nicht tot. Er lebt, denn indem er starb, wandelt er nun über uns inmitten der Unsterblichen unseres Volkes, umgeben von den großen Geistern der Vergangenheit, als ein ewiger Schutzherr des Deutschen Reiches und der deutschen Nation.«[133]

Im Gedanken an Gemünden wartete Paul nur noch auf den »Sturm Horst Wessel«! –
Am darauf folgenden Tage erschien in der Presse der Wortlaut eines neuen Gesetzes:

»Das Amt des Reichspräsidenten wird mit dem des Reichskanzlers vereinigt. Die bisherigen Befugnisse des Reichspräsidenten gehen auf den Führer und Reichskanzler Adolf Hitler über.«

Die Beerdigung von Hindenburgs fand am 7. August in Tannenberg statt, an dem denkwürdigen Ort seines größten Sieges. Hitlers Propaganda feierte einen Triumph. Überall im Land läuteten die Glocken, als der Reichspräsident zu Grabe getragen wurde.

Franz Dohrmann, der Wehrmachtskaplan, predigte über den Text, den Hindenburg für die Trauerfeier ausgesucht hatte, Offenbarung 2, 10: »Seid treu bis zum Tod, und ich werde euch die Krone des Lebens geben.« Kaplan Dohrmann sprach von der Liebe Gottes, die sich im Kreuz Christi manifestiere. Er pries Hindenburg als einen Christen, der während der vielen Prüfungen seines langen Lebens beharrlich gewesen sei im Gebet. »Endlich sagt mal jemand, was Hindenburg glaubte, und nicht, was Hitler und Goebbels ihn glauben machen wollen«, stellte Paul fest. Und dann hörten Paul und Gretel noch einmal die Stimme des Reichskanzlers:

»... Und es ist eine der wundersamen Fügungen einer rätselhaften weisen Vorsehung, daß unter der Präsidentschaft dieses ersten Soldaten und Dieners unseres Volkes die Vorbereitung zur Erhebung unseres deutschen Volkes eingeleitet werden konnte und er selbst endlich noch das Tor der deutschen Erneuerung öffnete.
In seinem Namen wurde der Bund geschlossen, der die stürmische Kraft der Erhebung einte mit dem besten Können der Vergangenheit. Als Reichspräsident wurde der Generalfeldmarschall Schirmherr der nationalsozialistischen Revolution und damit der Wiedergeburt unseres Volkes. ...
Heute hat die Nation ... den toten greisen Helden zurück zur großen Walstatt seines einzigartigen Sieges geführt. Hier, inmitten der schlummernden Grenadiere seiner siegreichen Regimenter, soll der müde Feldherr seine Ruhe finden. Die Türme der Burg sollen trotzige Wächter sein dieses letzten großen Hauptquartiers des Ostens. Standarten und Fahnen halten die Parade. ...
Toter Feldherr, geh' nun ein in Walhall!«[134]

Das war sie wieder, die heidnische Liturgie, wie in Gemünden – Pauls Reaktion darauf hatte ihn ins Gefängnis gebracht. »Die babylonische Sprachverwirrung der Theologie«, sagte er zu Gretel, »das Schicksal, die Vorsehung, der Allmächtige, Gott, der himmlische Sturm Horst Wessel und ein ganzes Pantheon von Nazi-Heiligen werden angerufen, jeder, der irgendwie einschreiten und den Kurs des deutschen Volkes direkt von Walhalla aus dirigieren kann.«

»Gretel«, sagte Paul voller Ärger und Frustration, »wir Pfarrer der Bekennenden Kirche werden Müllers Anweisung vom 9. August schlicht ignorieren, so wie wir ja gelernt haben, Anordnungen des Reichskirchenregiments zu ignorieren. Das ›Kirchengesetz über den Diensteid der Geistlichen und Beamten‹ soll alle Pfarrer eidlich auf die Person Hitlers und die Ordnungen und Weisungen der Reichskirche verpflichten. Wir haben doch mit unserem Ordinationsgelöbnis schon einen Treueeid auf den Staat geschworen. Müller will sich wohl als ehemaliger Militärkaplan bei seinem Oberbefehlshaber einschmeicheln und dem Klerus einen militärischen Codex überstülpen, indem er den Eid imitiert, den die Soldaten auf Hitler leisten müssen.« – Hitler gelang es, die meisten Deutschen und die meisten Europäer davon zu überzeugen, dass von dem politischen Machtmonopol, das er nun nach der Vereinigung des Amtes des Präsidenten mit dem des Kanzlers besaß, keine Bedrohung der europäischen Sicherheit ausging. Er war in der Tat seiner Sache so sicher, dass er am 19. August 1934 in einem Referendum dazu aufrief, sein Vorgehen zu billigen. Zwei Tage vor dem Referendum gab Hitler dem deutschen Volk zu bedenken, er brauche kein Vertrauensvotum, um seine Position zu sichern oder zu bewahren, wohl aber brauche das deutsche Volk einen Kanzler, der dieses Volk im vollen Bewusstsein seiner Loyalität vertreten könne.

Wilhelm Wolf begegnete Pfarrer Schneider zufällig auf der Hauptstraße. Paul meinte: »Ich habe mich schon eine Weile keinen Illusionen über Präsident Hindenburg hingegeben. In den letzten Monaten haben die Nazis seine Altersschwäche doch regelrecht ausgenutzt. So wie wir von der Bekennenden Kirche zur Führung der NSDAP stehen, werden meine Frau und ich ja wohl mit ›Nein‹ stimmen.« – »Das habe ich mir gedacht«, entgegnete Wilhelm Wolf. »Das Pfarrhaus ist das einzige Haus in Dickenschied, wo keine Fahne weht. Viele von uns können Ihre Einstellung nicht verstehen. Wollen Sie nicht, dass Deutschland von den europäischen Staaten geachtet wird? Der Kanzler hat immer wieder betont, wir sind nur jemand, wenn alle an einem Strang ziehen.« Wilhelm Wolf zog enttäuscht von dannen. »Den wirst du morgen nicht in der Kirche sehen«, kommentierte Gretel.

Das Referendum brachte Hitler 89,9 Prozent Zustimmung. Es gab aber auch 5 Millionen Nein-Stimmen; ein deutlicher Schwund an

Zustimmung im Vergleich zur Abstimmung vom November 1933, das 95 Prozent Ja-Stimmen für Hitlers Politik gebracht hatte.

Paul und Gretel spürten eine gewisse Reserviertheit von Seiten einiger Nachbarn. Es traf sie schmerzlich, dass Leute wie sie, die mit ›Nein‹ gestimmt hatten, von Hitler als ›Verräter‹ deklassiert wurden. In Ehrenbreitstein sagte der Führer am 26. August:

»Und was beweisen nun die ... 10 Prozent Widersacher? Früher, meine Volksgenossen, hatten fünf Deutsche zehn verschiedene Meinungen. Heute haben unter zehn Deutschen neun dieselbe Meinung. Ich bin dabei überzeugt, daß es uns gelingen wird, den zehnten Mann auch noch zu bekommen, denn immerhin, man kann mir schon glauben, der Weg von den ersten sieben Mann bis zu den 38 Millionen war schwerer als der Weg von den 38 zu den 42 Millionen sein wird.«[135] –

Am 29. August 1934 beging Paul mit Freunden und Verwandten seinen 37. Geburtstag, und am folgenden 30. August schrieb er an seine Schwiegermutter:

»Für Dein liebes Mcin Gedenken zu meinem Geburtstage danke ich Dir herzlich. ... Im übrigen hast Du ja auch unsere Kinder wieder so nett und liebevoll bedacht und versorgt. Hab für alles vielen, vielen Dank, nicht zuletzt natürlich für Deine lieben Zeilen und guten Wünsche. Das ›ruhige‹ neue Lebensjahr wünsche ich mir selber auch und hoffe zuversichtlich darauf. Nun müssen wir freilich am nächsten Sonntag wieder auf Weisung von der freien Synode unseren Ungehorsam gegen die Nationalsynode und ihre Gesetze erklären, und ich muß sagen, ich tue das ja nun auch herzlich gerne, denn mit diesen verlogenen Praktiken kann es keinen ehrlichen Frieden geben für die Kirche Christi. ...
Und nun möchte ich Dir, liebe Mutter, auf Gefahr Deiner Ungnade noch ein Geheimnis kund tun, nachdem es doch kein Geheimnis mehr ist, daß nämlich Gretel wieder guter Hoffnung ist. Unsere löblichen Vorsätze sind wohl von unserem schönen Urlaub bei Dir durchkreuzt worden, und wir hoffen, da es ein Kindlein unserer

Liebe ist, daß auch dieses wohl geraten werde durch Gottes Güte.« –

Am 1. September folgte die Geburtstagsfeier für die fünfjährige Evmarie. Zusätzliche Sitzgelegenheiten waren aus der nahen Kirche herbeigeschafft worden. Gretel hatte natürlich Evmaries Lieblingskuchen gebacken und ein wunderschönes neues Geburtstagskleid genäht. Der siebenjährige Dieter und Paul-Hermann mit seinen fast vier Jahren schauten etwas ungemütlich zu, als Evmarie und ihre Freundinnen und die Geschenke ihrer Schwester so sehr im Mittelpunkt des Interesses standen. Klein-Gerhard war das alles total gleichgültig – er konzentrierte sich auf Kuchen und Eis. Und auch Dieter und Paul-Hermann überwanden schließlich ihre Anwandlung von Neid und taten sich an Limonade und Torte gütlich.

Evmarie und Paul hatten ein besonders enges Verhältnis zueinander. Sie genierte sich nicht, auch in Gegenwart von Freunden, zu ihrem Vater zu gehen, sich auf seinen Schoß zu setzen und sich von ihm umarmen zu lassen. Gretel freute sich ungemein, wenn sie die beiden so beieinander sitzen sah. Dieses liebe Kind, ihre einzige Tochter, war wirklich ein Geschenk Gottes. Ihr Mutterherz war voll tiefer Dankbarkeit und Freude. –

Am Sonntag, dem 2. September 1934, verlas Paul im Anschluss an die Predigt die Erklärung der Gehorsamsverweigerung, die er in seinem Brief an Frau Dieterich erwähnt hatte:

»Am 9. August 1934 hat unter dem Namen einer Nationalsynode eine unter Bruch der Reichsverfassung gebildete Versammlung Beschlüsse gefaßt, Gesetze beschlossen, bisher Unrecht für Recht erklärt. Diese sogenannte Nationalsynode, ihre Verhandlungen und Beschlüsse sind nach kirchlichem und weltlichem Recht ungültig. Wer sie befolgt, bricht selbst Verfassung und Recht der Kirche. Wir weigern uns dessen und rufen die Gemeinden und Kirchen auf, sich ihrerseits nicht des Verfassungs- und Rechtsbruchs schuldig zu machen. Verantwortlich dafür, daß es in unserer Deutschen Evangelischen Kirche bis hierher hat kommen können, ist durch ihr fortgesetztes unkirchliches Handeln die Reichskirchenregierung, besonders der zum Schutz der Verfassung der Deutschen Evangelischen Kirche berufene Reichsbischof. Die Reichskirchenregierung verachtet die einfachsten Grundsätze von Recht und Gerechtigkeit. Sie unterstellt die Verkündigung des Evangeliums dem Machtwillen fehlsamer Menschen. Sie ist bar der von der Heiligen Schrift geforderten Bruderliebe. Sie verläßt damit die Grundlage der auf dem Evangelium erbauten reformatorischen Kirche. Wer Recht und Verfassung, die er schützen soll, immer wieder selber bricht, hat den Anspruch verwirkt, Gehorsam zu fordern. Wer, zur Leitung der Kirchen berufen, immer wieder die Grundlagen christlicher Lehren und christlichen Handelns verläßt, stellt sich außerhalb der Kirche. Darum erklären wir den Kirchen, den Gemeinden und ihren Gliedern in der Verantwortung vor Gott: Gehorsam gegen diese Kirchenregierung ist Ungehorsam gegen Gott. Aber der feste Grund besteht und hat dieses Siegel: Der Herr kennt die Seinen; und: Es trete ab von der Ungerechtigkeit, wer den Namen Christi nennt (2. Tim. 2, 19).«[136] –

Paul und Gretel verfolgten die Nachrichten über den Reichsparteitag, der am 5. September in Nürnberg eröffnet wurde. Die Presse überschlug sich mit beredten Formulierungen über den Führer, der ja nun alle politische Macht in Händen hatte. »Am 5. September flog Hitler über Nürnberg ein«, las Paul. Und er kommentierte: »Schau dir das Bild an: Hunderttausende von Anhängern, den Blick zum Himmel gerichtet, in Erwartung des Führers. Adolf Hitler als deus ex machina! Und schau dir diese endlosen Reihen von SA, SS, Hitlerjugend und Arbeitsfront an, wie sie ihn erwarten wie einen Erlöser!« – Beim nächsten Treffen der Hunsrückbruderschaft im September in Dill war natürlich auch die Rede vom Parteitag. »Wir Deutschen werden einfach immer schwach vor dem starken Führer«, meinte Gastgeber Pfarrer Ringhardtz. »Ich stieß kürzlich auf Heinrich Heines Aufsatz über Ludwig Börne von 1840. Das passt genau auf die gegenwärtige Situation. Ich lese es Ihnen vor:

›Deutschland … erwartet einen Befreier, einen irdischen Messias … einen König der Erde, einen Retter mit Zepter und

> Schwert … O teurer, sehnsüchtig erwarteter Messias! Wo ist er jetzt, wo weilt er? Ist er noch ungeboren oder liegt er schon seit einem Jahrtausend irgendwo versteckt, erwartend die große rechte Stunde der Erlösung. Ist es der alte Barbarossa, der im Kyffhäuser schlummernd sitzt auf dem steinernen Stuhle und schon so lange schläft, daß sein weißer Bart durch den steinernen Tisch durchgewachsen? … Nein, es ist nicht der Kaiser Rotbart, welcher Deutschland befreien wird, wie das Volk glaubt. …«[137]

Pfarrer Ringelhardtz unterbrach kurz: »Natürlich warnt Heine vor der Herrschaft eines Einzelnen, aber er ist überzeugt, dass die deutschen Massen geführt werden wollen.« Hermann Lutze meldete sich zu Wort: »Ich erinnere daran, dass 1920, als unser Volk unter Niederlage und Wirtschaftschaos litt, viel über einen erwarteten Messias geschrieben wurde. Ein Artikel sprach damals davon, dass unser nationales Elend uns zwinge, nach einem ›Führer‹ Ausschau zu halten, er werde uns den Weg weisen, die Ehre der Nation wiederzugewinnen. Diesen Führer werde uns das Schicksal bescheren, sein Amt werde nicht aus einer demokratischen Wahl herrühren. Und seine Berufung bestimme seinen Weg, nicht der Wille der Menge. Er werde rücksichtslos seinen Kurs verfolgen, ohne die Folgen in Betracht zu ziehen. Wohl sei er verantwortungsbewusst, aber er werde den Willen Gottes ausführen, der sich in ihm verkörpere. Der besagte Artikel endete mit dem Ruf: ›Gott, gib uns einen solchen Führer und mache uns zu seinen getreuen Gefolgsleuten!‹« – »Wie soll man unser Volk davon abhalten, den Führer wie einen Gott zu verehren, wo es doch die Presse unentwegt tut?«, wollte Paul wissen.

Jetzt meldete sich Pfarrer Petry, der bis jetzt still zugehört hatte: »Ich fürchte, wir können den Hitlerkult nicht verhindern. Wenn wir in unseren Kirchen etwas dagegen sagen, weiß es gleich die Gestapo. Ich glaube, wir sollten uns auf die Wahrung unserer Unabhängigkeit von der Reichskirche konzentrieren und nicht wertvolle Energien in einen Bereich verschwenden, wo wir uns nur Verfolgung einhandeln und dabei vielleicht auch noch die wichtige Auseinandersetzung mit der Reichskirche um unsere unabhängige Stellung verlieren.«

So wurden die Pfarrer in Dill einig, sich darauf zu konzentrieren, den Kampf gegen die Deutschen Christen siegreich zu bestehen. »Wir können einfach nicht mit den Nazis konkurrieren, wenn es um Massenversammlungen und -aufmärsche geht, um nächtliche Fackelzüge und Flutlichtveranstaltungen und um all die Uniformen und das Rufen von ›Sieg Heil!‹«, sagte Paul. »Wir haben nicht die Mittel dazu, und solche Exzesse passen auch nicht zu unserem christlichen Glauben.«

Beim allgemeinen Aufbruch standen die einen oder anderen noch in kleinen Gruppen beisammen. Pfarrer Rolffs aus Bell gab Paul eine *Wittenberger Zeitung* vom 12. September. »Das habe ich geschickt bekommen. Der Artikel wird Sie interessieren.«

»Auf Wiedersehen im Oktober in Castellaun.« Paul bestieg sein Motorrad. Zu Hause holte er die Zeitung hervor und wunderte sich. »Nicht mal das Luthermuseum wird von Nazi-Propaganda verschont.« – »Was für eine Zeitung hast du da?«, wollte Gretel wissen, und Paul zeigte ihr die *Wittenberger Zeitung* mit einem Artikel über den Besuch des Landwirtschaftsministers Darré in Wittenberg. »Das ist doch der«, sinnierte Gretel, »der glaubt, der deutsche Bauer sei das Urbild der nordischen Rasse und aus deutschem Blut und Boden erwachse, wenn erst alle unreinen Elemente ausgemerzt sind, eine neue edle Rasse.« Paul amüsierte sich über Gretels Versuch, Darrés Stimme und seine Gebärden zu imitieren. »Genau der«, sagte er. Der Artikel berichtete, wie Walter Darré auf dem Rückweg von Nürnberg nach Berlin die Gelegenheit wahrzunehmen wünschte, in Wittenberg dem Luthermuseum einen Besuch abzustatten. Er befand sich in Begleitung diverser hoher NS-Funktionäre. Der auf fünf Minuten veranschlagte Besuch habe sich dann doch auf eine Stunde ausgedehnt, hieß es in dem Bericht. »Kannst du dir jemanden vorstellen, der meint, das Luthermuseum in fünf Minuten zu besichtigen! Selbst in einer Stunde kann man Luthers ehemaliges Wohnhaus nicht würdigen. Ich hatte damals nach mehreren Stunden noch das Gefühl, nur an der Oberfläche gekratzt zu haben. Die Zeitung schwärmt vom Interesse des Landwirtschaftsministers für Wittenberg, für die Reformation – die Erneuerung Deutschlands vor 400 Jahren! – und den großen Martin Luther; man freut sich, dass Darré einen weiteren, längeren Besuch in dem sehenswerten Museum in Aussicht gestellt hat, und als er und seine Begleitung zu den Automobilen eilten, begleitete sie ein ganzer Chor von ›Heil‹-Rufen!«

Ein paar Tage später war Hermann Lutze wieder mal in Dickenschied. »Vielleicht erleben wir es noch, dass Reichsbischof Müller sich selbst das Wasser abgräbt.« – »Wie das?«, erkundigte sich Paul. Hermann hatte eine Ausgabe einer saarländischen Zeitung vom 20. September in der Hand. »Schaut euch das an«, drängte er seine Gastgeber, »der Herausgeber nimmt Müller ins Gebet wegen einer Rede, die der Reichsbischof am Dienstag in Hannover gehalten hat. Er hat gesagt, der Staat habe das Recht, in der Kirche für Ordnung zu sorgen. Und wenn nicht bald wieder Ordnung herrsche, dann würde er nicht mehr lange zögern und etwas unternehmen. Wenn die Unruhe weiter andauere, könne und müsse der Staat handeln. Das Ziel der Reichskirche sei eine ›Rom-freie deutsche Kirche, ein Volk, ein Führer, eine Kirche‹.« Gretel lächelte: »Was halten denn die katholischen Saarländer von dem Vorschlag der ›Rom-freien Kirche‹?« – »Genau das ist der Punkt«, sagte Hermann aufgeregt, »solch eine Bemerkung ist politisch äußerst unklug. Hitlers Diplomatie will die Saarländer behutsam zurück ins Reich dirigieren. Im Januar soll das Referendum über die Wiedereingliederung ins Deutsche Reich stattfinden. Und dann lässt dieser von Hitler selbst für dieses Amt ausgesuchte Reichsbischof solch eine Bombe platzen. Der *Allgemeine Saaranzeiger* spricht regelrecht von einer Demaskierung der NSDAP: Wenn diese Formulierung nicht eine Kriegserklärung an die katholische Kirche sei! Und an die Opposition innerhalb der evangelischen Kirche, und an die Juden, an Rom, überhaupt an alles, was nicht 100-prozentig nationalsozialistisch sei! Ich weiß aus sicherer Quelle«, fügte Hermann hinzu, »dass Hitlers Vertreter im Saarland, Josef Bürckel, ihn ersucht hat, Müller zu feuern.« – »Und das alles drei Tage vor der offiziellen Amtseinführung Müllers als Reichsbischof. Hat die Geschichte Einfluss auf die Amtseinführung?«, interessierte sich Sophie. »Die Feierlichkeit soll am Sonntag, dem 23. September, sein. Kannst du nächste Woche kommen, Hermann?«, fragte Paul. »Bring möglichst viele Zeitungen mit, und auch ich werde besorgen, was mir an Presseerzeugnissen in die Finger fällt.« –

»Paul«, sagte Gretel ganz aufgeregt, »Mutters Meinung nach wächst der Einfluss der Bekennenden Kirche in Württemberg. Sie schreibt, am 7. September habe Bischof Theophil Wurm von Württemberg seine Pfarrer befragt bezüglich seiner Unterstützung der Bekennenden Kirche und seiner Herausforderung der Reichskirchenbehörde. 1174 der württembergischen Pfarrer, das sind 82 Prozent, haben geantwortet und ihm Unterstützung zugesagt. Nur 92 Pfarrer, das sind 8 Prozent, haben eine negative Antwort gegeben. Und dann, so schreibt Mutter, habe Gottlob Dill, der Nazileiter von Württemberg, Bischof Wurm seines Amtes enthoben. Dills Entlassung von Bischof Wurm habe zwar die Zustimmung der höchsten Kreise der Reichskirchenregierung in Berlin gefunden, aber die württembergischen Pfarrer und ihre Gemeinden weigerten sich, die Amtsenthebung zu akzeptieren. Viele Gemeinden hätten Gedenkgottesdienste für Bischof Wurm abgehalten. In Truchtelfingen auf der Schwäbischen Alb ... O, Paul«, unterbrach Gretel ihre Lektüre lebhaft, »weißt du noch, in diesem wunderhübschen Ort machten wir Rast auf unseren Wanderungen von Weilheim aus! ... Ja, in Truchtelfingen also wurde ein Pfarrertreffen, das am 23. September nachmittags dort stattfinden sollte, von offizieller Seite verboten. Am Montagabend, am 24. September, gab es eine Demonstration von Hunderten von Leuten vor dem Pfarrhaus – sie wollten ihrem Pfarrer beistehen und sangen ›Ein' feste Burg ist unser Gott‹. Die Polizei versuchte vergeblich, sie auseinander zu drängen; sie ersuchte die örtliche SA-Gruppe um Hilfe bei dieser Aufgabe, aber die SA von Truchtelfingen weigerte sich, gegen Nachbarn und Verwandte einzuschreiten. So mussten erst SA-Leute aus dem benachbarten Ebingen herbeigeschafft werden. Schließlich wurde der Pfarrer verhaftet und ins Rathaus abgeführt. Unter dem Fenster des Rathauses, wo er verhört wurde, versammelte sich der Mädchenkreis und sang ›Sollt' ich meinem Gott nicht singen?‹ Da gab man sich seitens der Polizei und der örtlichen Parteileitung Mühe, die Angelegenheit herunterzuspielen und die Sache möglichst schnell aus der Welt zu schaffen, denn man hatte begriffen, dass mit erregten schwäbischen Nachbarn nicht zu spaßen ist.« Paul platzte los vor Lachen bei Gretels letzten Worten. »Das hätte ich ihnen vorher sagen können. Meine Gretel ist aus Schwaben. Kann sich irgendjemand ausmalen, sie täte etwas, was nicht ihren Vorstellungen entspricht? So sind sie, die Schwaben!«

Paul wurde wieder nachdenklich. »Der Kampf in Bayern und Schwaben wird weitergehen. Schon fordern die Deutschen Christen die Amtsenthebung von Bischof Meiser. Er wird öffentlich als Verräter bezeichnet.« – »Die Nazis genießen unter den Evangelischen in Nürnberg und Umgebung hohes Ansehen«, merkte Gretel an. »Aber«, wusste Paul, »ich habe gehört, dass die Deutschen Christen zwar einen öffentlichen Protest gegen Meiser geplant hatten, dass aber am selben Abend Bischof Meiser in der Lorenzkapelle predigte, am Adolf-Hitler-Platz, wo die Kundgebung stattfinden sollte. Sobald die Menge merkte, dass ihr Bischof predigte, verließen die Leute scharenweise den Protestzug und erschienen samt Uniformen, Trommeln, Fahnen und Fanfaren in der Kirche, um den Bischof zu sehen und zu hören.«

Es war Nachmittag; die Septembersonne durchflutete den Pfarrgarten. Hermann Lutze kam zu Besuch. Das Gespräch drehte sich bald um die Amtsenthebung von Superintendent Gillmann. Inzwischen hatte das Konsistorium auf das Protestschreiben der Hunsrückpfarrer vom 2. September reagiert: Allen Pfarrern, die unterschrieben hatten, war ein beträchtlicher Teil ihres Gehalts gestrichen worden. Weil das Gehalt der Pfarrer zum Teil aus staatlichen Zuschüssen bestand, waren Staat und Führung der Deutschen Evangelischen Kirche in der Lage, die unbotmäßigen Pfarrer wirtschaftlich zu strangulieren. Aber sie hatten nicht mit der Solidarität der Hunsrückgemeinden mit der Bruderschaft gerechnet. Sowohl Paul und Gretel als auch die anderen Pfarrersfamilien litten keinen Mangel. Gemüse und Obst in Fülle, Eier, Milch, Butter, selbst gebackenes Brot und manches Stück Fleisch kam in die Pfarrhaushalte aus den Händen der handfesten und halsstarrigen Hunsrücker Bauern, die entschlossen waren, ihre Pfarrer dabei zu unterstützen, nicht nachzugeben gegenüber einer Kirchenverwaltung, die in ihren städtischen Büros keinen Schimmer einer Ahnung hatte von Glaubensstärke auf dem Lande und Treue zu dem Hirten seiner Schafe in seiner Gemeinde. –

Hermann Lutze kam zu Schneiders zusammen mit seiner Frau Hanna. Gretel und Hanna kümmerten sich in der Küche um das Mittagessen, während Paul und Hermann sich durch die Zeitungsberichte über den Einführungsgottesdienst für Reichsbischof Müller in Berlin arbeiteten. »Dieser Bericht spricht davon, dass 15 000 Deutsche Christen sich am Samstag im Sportpalast in Berlin versammelten, um die Feier des nächsten Tages vorzubereiten«, bemerkte Hermann. »Diese Zeitung erklärt die relativ geringe Zahl der Anwesenden bei der Feier am Sonntag mit schlechtem Wetter«, gab Paul wieder. »Offensichtlich hat es in Berlin den ganzen Tag geregnet. Es gab also kein ›Führerwetter‹ für Müller.«

Paul hatte den Berliner Dom deutlich vor Augen. Er hatte ihn ja oft gesehen, als er damals in der Stadtmission arbeitete. Der Platz davor, der Lustgarten, bot Raum für Tausende. Aber offensichtlich waren nicht Tausende von Berlinern daran interessiert gewesen, die Amtseinführung des Reichsbischofs mitzuerleben. Zur gleichen Zeit fand in Berlin eine Parteiversammlung statt, zu der Mitglieder aus allen Teilen Deutschlands angereist waren. Sowohl Paul als auch Hermann glaubten, dass die Zeitungen diese Teilnehmer als Anwesende bei der Einführungsfeier mitgezählt hatten.

»Ist es nicht interessant, Paul«, sagte Hermann, »dass Hitler nicht dabei war und dass er auch keinen Glückwunsch geschickt hat? Nach diesem Bericht waren nur der Staatssekretär und der Innenminister anwesend.« – »Nun«, meinte Paul, »Hitler hat ja immer darauf bestanden, neutral zu sein und nicht die staatliche Autorität gebrauchen zu wollen, um Vorgänge in der Kirche zu beeinflussen.«

»Was nicht in der Zeitung steht«, ergänzte Hermann, »was mir aber ein Freund, der dabei war, am Telefon erzählt hat: Bischof Wurm und Bischof Meiser waren nicht da und auch kein Vertreter des Ökumenischen Weltkirchenrates. Ich glaube, dieser Einführungsgottesdienst war eine Fehlkalkulation von Seiten der Deutschen Christen und des Staates. Er wurde nicht zu einer Demonstration einer starken, geeinten Reichskirche unter einem Reichsbischof, sondern bewies eher, wie zerstritten der deutsche Protestsantismus ist und wie die Reichskirchenleitung vom Ökumenischen Rat geschnitten wird.«

»Ein hervorragender Sauerbraten!«, rief Hermann aus, als er auf die leeren Schüsseln blickte. »Ein hohes Lob auf die Küchenfeen Gretel, Sophie und Hanna.« Alles lachte; Pauls leerer Teller zeigte, dass auch er sich dem Lob anschloss. »Eigentlich sollte es das am Sonntag geben, zu euren Ehren haben wir umdisponiert. Nicht dass ihr meint, so etwas Feines kommt hier täglich auf den Tisch«, erklärte Gretel. »So geht es uns doch auch«, meinte Hanna. »Andererseits«, sagte Gretel, »unsere Bauern verwöhnen uns großzügig, seit das Konsistorium die Zuschüsse gestrichen hat.« –

Heute saßen Paul und Gretel einmal zusammen am Gartentisch und schöpften an diesem schönen Oktobertag ein bisschen frische Luft, ansonsten bestand ja ihr Alltag aus einer endlosen Fülle von Aufgaben und Verpflichtungen, die ein Pfarramt in zwei Gemeinden und ein Haushalt mit vier Kindern so mit sich brachten. Sophie und Luise waren zwar eine große Hilfe im Haushalt und bei der Kinderbetreuung, aber es gab immer mehr als genug zu tun. Paul und Gretel nahmen ihr Amt als Pfarrer bzw. Pfarrfrau sehr ernst. Gretel betätigte sich bei den Frauengruppen, wirkte in beiden Chören mit und half bei den diakonischen Diensten, die die evangelischen Kirchen im Hunsrück anboten. –

»Halleluja!«, rief Hermann Lutze, als er in den Garten geeilt kam, und wedelte mit einer Zeitung. »Wie findet ihr das? Jäger ist zurückgetreten!«, rief er, bevor Paul die Zeitung auseinander falten konnte. Müllers Hauptberater und skrupelloser Scharfmacher Jäger hatte tatsächlich auf sein Amt verzichtet. »Den sind wir los – eine Woche nach unserer zweiten Synode!«, jubelte Hermann. »Aber noch ist Müller Reichsbischof«, mahnte Paul, »und wer weiß, was der noch alles plant. Vielleicht werden in der Reichskirchenbehörde nur ein paar Möbel verrückt.«

Am 13. November traf sich die Hunsrückbruderschaft in Simmern. Superintendent Gillmann war wieder im Amt! Er bedankte sich herzlich für die ihm erwiesene Loyalität. »Ich habe ehrlich versucht, zwischen den beiden Gruppierungen in der Kirche und ihren Pfarrern zu vermitteln. Aber die Hoffnung erwies sich als Illusion. Weil ich mich weigerte, gewisse Maßnahmen gegen die Pfarrer der Bekennenden

Kirche zu verhängen, weil ich protestierte gegen die willkürliche Änderung bei der Auswahl der Presbyter, musste ich gehen. In meinem Hunsrücker Zuständigkeitsbereich kamen mir nur die Pfarrer der Bekennenden Kirche, die Mitglieder der Hunsrückbruderschaft sind, zu Hilfe. Ich bin sicher, dass mir deren Unterstützung, der erfolgreiche Widerstand der Bekennenden Kirche in Bayern und Württemberg und die Kritik aus internationalen Kreisen an der Kirchenpolitik unserer Regierung zugute gekommen sind.« Und er fuhr fort: »Die Abdankung von August Jäger als Reichskirchenwart und das Treffen des Kanzlers mit den Bischöfen Marahrens, Meiser und Wurm am 30. Oktober haben den Staat und die Spitze der Deutschen Christen bewogen, ihre Taktik zu ändern. Bedenken Sie: Am 6. Oktober kommt Bischof Wurm auf Veranlassung Jägers unter Hausarrest, am 30. Oktober hat er eine Audienz beim Kanzler, und Jäger ist von der Bildfläche der Reichskirche verschwunden! Und in den Zusammenhang gehört meiner Überzeugung nach auch meine Rückkehr in mein Amt. Das Konsistorium weiß jetzt, dass die Pfarrer des Hunsrück hinter ihrem Superintendenten stehen. Auch der Versuch, uns mit wirtschaftlichen Zwangsmaßnahmen in die Knie zu zwingen, ist fehlgeschlagen; man hat nicht mit der Hilfsbereitschaft und der Großzügigkeit der Hunsrücker Bauern gerechnet. Meine Speisekammer ist besser ausgestattet, als sie es war, als ich das volle Gehalt bezog; meiner Familie hat es an nichts gefehlt.« Superintendent Gillmann war ganz gerührt und musste sich ein paar Tränen wegwischen, als er sagte: »Ihre Unterstützung und Loyalität haben mir und meiner Familie wohlgetan.«

Pfarrer Deuchert ergriff nun das Wort: »Uns Pfarrern ist es ja ähnlich ergangen. Dank der Großzügigkeit unserer Gemeinden hat nicht einer von uns, denen wegen der Unterstützung für Sie das Gehalt gekürzt worden war, wirtschaftliche Probleme gehabt. Unsere Leute haben uns durchgezogen, dafür sind wir sehr dankbar. Jeder von uns hat ein Schwein geschenkt bekommen, die Bauern nannten es das ›Pfarrschwein‹, es war für sie das Symbol ihrer Entschlossenheit.« Bei der Erwähnung des Pfarrschweins mussten alle lachen. –

Pfarrer Oberlinger berichtete nun: »Bischof Wurm predigte vorgestern in der Leonhardskirche in Stuttgart zur Feier des 431. Jahrestages der Taufe Luthers. Mehr als 450 Theologiestudenten der Tübinger Universität waren gekommen, jubelten ihm zu und riefen ihm den Hitlergruß ›Sieg Heil!‹ zu.« Paul zeigte sich befremdet über diese Mischung aus Dank für den göttlichen Beistand bei der Befreiung aus dem Hausarrest und Hitlergruß. Er sagte: »Mitglieder der Bekennenden Kirche sollten ihrer Freude nicht mit ›Sieg Heil!‹ Ausdruck geben.« Pfarrer Rolffs unterbrach Paul. »Ich weiß schon, wie Paul es meint«, mischte sich Fritz Langensiepen ein. »Wenn man mit erhobenem rechten Arm ›Sieg Heil‹ sagt, erinnert das unwillkürlich an die NSDAP. Und mit der wollen wir von der Bekennenden Kirche uns doch wohl auf keinen Fall identifizieren.«

Der pensionierte Pastor Friedrich Langensiepen, der Vater von Fritz, meldete sich zu Wort: »Wir wollen uns nicht verzetteln. Gegen den Kanzler und seine Partei können wir nichts ausrichten. Wir müssen uns darauf konzentrieren, unsere Kirche vor der Integration in eine von den Deutschen Christen kontrollierte Reichskirche zu bewahren. Dabei kann uns Hitlers vermeintliche Naivität vielleicht sogar helfen. Wenn Hitler nämlich betont, er habe mit der Formulierung der Ziele der Reichskirche nichts zu tun, dann können wir uns doch gegen diese Ziele zur Wehr setzen, ohne dass es so aussieht, als gingen wir gegen ihn selbst vor. Geben wir uns doch auch mal naiv!« Die Brüder lachten gutmütig über diesen Vorschlag.

»Ich möchte noch auf etwas hinweisen«, sagte Pfarrer Reif. »Wir schulden Bischof Bell aus Chichester besonderen Dank. Als Vorsitzender des Ökumenischen Komitees für Leben und Arbeit hat er keinen Vertreter zu Müllers Amtseinführung geschickt. Er hat, zusammen mit dem Bischof von Canterbury Lang und Kardinal Francis Bourne, dem Oberhaupt der katholischen Kirche in England, beim deutschen Botschafter Beschwerde eingelegt wegen des Vorgehens von Jäger gegen die Bischöfe Meiser und Wurm und wegen der Situation der Bekennenden Kirche überhaupt. Und diese Beschwerden sind, das weiß ich von Berliner Freunden, beim Außenminister angekommen.« Superintendent Gillmann stellte fest: »Wir sind Bischof Bell, Erzbischof Lang, Kardinal Bourne und dem schwedischen Bischof Eidem wegen ihres Einsatzes für unsere Bekennende Kirche sehr verbunden. Ohne den Druck aus dem Ausland wären wir in unserem Kampf gegen Müller und Jäger isoliert gewesen. Ich hörte, dass Bischof Bell am 6. November ein dreistündiges Interview mit von Papen in London gehabt hat; darin drückte der Bischof seine Sorge über die Lage der Kirche in Deutschland aus und sein Befremden über die Politik, die die Kirche anscheinend zum Instrument des Staates zu machen wünsche.« Superintendent Gillmann fuhr fort: »Wir müssen auf der Hut bleiben. Die Abdankung Jägers muss noch nicht bedeuten, dass die Regierung ihre Absichten geändert hat. Trotz der vielen Forderungen nach Müllers Rücktritt will Hitler ihn nicht gehen lassen.« – »Das kann der Kanzler auch nicht«, erklärte Hermann Lutze. »Das hieße doch, einen Irrtum zugeben, und Hitler ist nicht der Mann, der so etwas fertig bringt!«

»Was sagen Sie denn zu der Dahlemer Erklärung, die jeder Pfarrer der Bekennenden Kirche von der Kanzel verlesen soll?«, wollte der Superintendent wissen. Pfarrer Finsterbusch aus Castellaun antwortete: »Wir sind alle für diese Erklärung, obgleich einige von uns meinen, es geht zu weit, dass wir alle Bindungen an Christen, die die Reichskirche unterstützen, zerreißen sollen.« – »Wir sind gegen Müller und die Reichskirchenleitung, aber nicht gegen einzelne Christen, die die volle Bedeutung der Auseinandersetzung vielleicht noch nicht durchschauen«, war Hermann Lutzes Meinung. »Andererseits, Hermann«, sagte Paul, »Leute, die Sonntag für Sonntag in der Kirche sind, sollten eigentlich inzwischen wissen, was die Stunde geschlagen hat.« – »Wir sollten nicht zu streng richten«, mahnte Superintendent Gillmann. »Wir wollen keine Kirche von Pharisäern schaffen und uns auch nicht einigeln.« – »Aber wir müssen das Übel beim Namen nennen und unsere Leute dazu auffordern, Farbe zu bekennen. Ich persönlich glaube wie Martin Niemöller und Karl Immer aus Wuppertal, dass wir aktiv werden und alle Beziehungen zu Mitgliedern der Deutschen Christen abbrechen müssen«, war Pauls Meinung.

Zu Hause beschäftigte ihn das Thema weiter, und er sagte zu Gretel: »Einige der Amtsbrüder meinen, eine zu strikte Trennung von den Mitgliedern der Bewegung Deutsche Christen könnte zu etwas führen, was sie eine Kirche von Pharisäern nennen. Andererseits, wie kann es irgendeine Gemeinschaft mit Leuten wie Heinrich Oberheid oder seinem Nachfolger als Bischof des Rheinlandes, Heinrich Forsthoff, geben? Wir sollten nicht in einer gemeinsamen Kirche mit ihnen sein.« Gretel fiel noch etwas ganz anderes ein: »Während du in Simmern warst, kam Uwe Schmidt von Kirchberg vorbei, um zu erzählen, dass Rosa Frank, das jüdische Mädchen aus Kirchberg, freigesprochen worden ist. Du weißt ja, sie war von dem Kirchberger Busfahrer, SA-Mitglied Hans Teufel, beschuldigt worden, sie habe ihn verführen wollen. Ich habe diese Geschichte nie geglaubt. Warum sollte sich eine junge Frau, der einzige Passagier der letzten Nachtfahrt, an der Endstation ausgerechnet Hans Teufel an den Hals werfen?« – »Nun«, sagte Paul, »der wahre Grund, warum Teufel sie beschuldigte, war, dass sie ihm vorwarf, sie überfallen zu haben. Wer sonst sollte ihr denn die Bluse aufgerissen haben? Ich bin überzeugt, die Nazis wollten Teufels Version von der Erklärung Rosa Franks durchsetzen. Aber es gab einen Augenzeugen, der zu Rosas Gunsten aussagte und ihre Geschichte glaubhaft erscheinen ließ. Die Nazis waren natürlich sauer auf ihn. ›Wie kann ein Deutscher eine Jüdin gegen einen Deutschen unterstützen!‹, warfen sie ihm vor.« – Anfang November schrieb Paul an Frau Dieterich:

> »Hab vielen herzlichen Dank für die Übersendung der wertvollen Drucksachen. Es ist mir eine große Freude für Euch, daß Ihr nun auch so aktiv am Kirchenkampf teilnehmt und schon so großen Segen in den Bittgottesdiensten gehabt habt. Wir müssen uns ja alle erst ein wenig an den Kriegszustand gewöhnen, aber dürfen dann doch auch lernen darin nichts Fremdes und Außergewöhnliches zu sehen. Jesus sagt: Ich bin nicht gekommen den Frieden zu bringen, sondern das Schwert. …
> Die Lage ist jetzt hier wieder sehr ungeklärt. Nach dem Bischofsempfang beim Führer gab es ein freudiges Aufatmen, aber nun hat der Innenminister wieder alle Presseäußerungen verboten und das Konsistorium triumphiert und droht mit der Staatsmacht. Aber es hilft ja alles nichts, wir müssen halt durch, komme was da wolle. Bis jetzt geht es uns sehr gut und sind wir mit allem versorgt. Vielen Dank für deine Fürsorge. Bitte laß Dir von Deinem kärglichen Einkommen um unseretwillen nichts abgehen. Jetzt haben wir einstweilen ja auch reichlich Geld.« –

Am 22. November verkündeten evangelische Christen, die der Bekennenden Kirche nahe standen, in der Hoffnung, aus der Konfusion innerhalb der Reichskirchenbehörde nach dem Rücktritt Jägers Vorteile schöpfen zu können, die Errichtung einer Vorläufigen Kirchenleitung. Bischof August Marahrens von Hannover wurde zum Präsidenten ernannt, und ein Rat von fünf Brüdern unter der Leitung von Karl Koch, dem Präses der Westfälischen Kirche, verwaltete das neue Gremium. Am 25. November erklärte sich die Vorläufige Kirchenleitung zum wahren Verwaltungsorgan der Deutschen Evangelischen Kirche und alle seit Januar 1934 durch Reichsbischof Müller erlassenen Verfügungen für null und nichtig.

»Innenminister Frick hat diese Vorläufige Kirchenleitung bereits für illegal erklärt«, sagte Hermann Lutze zu Paul, als sie im Pfarrhaus in Dickenschied bei einer Tasse Kaffee zusammensaßen. Die beiden hatten sich von dem eifrigen Treiben anlässlich der Geburtstagsfeier für den vierjährigen Paul-Hermann zurückgezogen. Es war Nikolaustag, der 6. Dezember 1934. Dieter, Evmarie und ein paar Nachbarskinder machten die Räume im Erdgeschoss unsicher und spielten Verstecken dort, während Gretel, Sophie und Hanna Lutze für die ausgelassene Geburtstagsgesellschaft etwas Essbares zubereiteten. Ungerührt von dem Gelache und Gequieke unten, schlief der 22 Monate alte Gerhard sanft und selig in seinem Bettchen neben dem Arbeitszimmer des Vaters. »Gretel ist schon eine bewundernswerte Frau, Paul«, sagte Hermann, »so kurz vor der Niederkunft veranstaltet sie noch eine Geburtstagsfeier mit so vielen Kindern. Wann kommt denn euer Kind?« – »Nächsten Monat«, antwortete Paul. »Wir haben immer Wert darauf gelegt, die Geburtstage der Kinder besonders festlich zu begehen. Sophie und Luise sind eine große Hilfe für Gretel, sie springen immer ein, wenn Gretel erschöpft ist.«

Hermann kam auf das Thema zurück, über das sie zuvor gesprochen hatten: »Minister Frick hat allen Kirchen, die auf die Vorläufige Kirchenleitung hören, mit Streichung der staatlichen Unterstützung gedroht.« – »Gerade haben wir unsere staatlichen Gehaltszuschüsse wieder«, sagte Paul, »da droht man uns mit erneuter Kürzung. Aus Berlin habe ich erfahren, dass Hitler sich damit zufriedengeben will, die Sache mit der Kirche bis nach der Abstimmung an der Saar am

12. Januar 1935 schleifen zu lassen. Die Wiedereingliederung der Saar ins Dritte Reich hat für ihn Vorrang. Alles andere muss erst mal dahinter zurückstehen.« –

Am Sonntagnachmittag, am 9. Dezember, klingelte im Dickenschieder Pfarrhaus das Telefon. »Es ist Hermann«, sagte Gretel und gab den Hörer an Paul weiter. »Ja?« Dann hörte Gretel eine Weile nichts, während Paul der Stimme seines Freundes lauschte. »Gut«, sagte er zum Schluss, »du kommst morgen Nachmittag mit Hanna herüber, dann sprechen wir weiter darüber.« Seitdem Martin Niemöllers Telefonat im Januar 1934 von der Gestapo abgehört worden war, sprachen die Pfarrer des Notbundes und der Bekennenden Kirche nicht mehr gern am Telefon über politische Dinge oder über ihre Reaktionen auf Regierungsmaßnahmen.

Hermann und Hanna kamen am Montag zeitig an, so dass sie noch an der etwas verspäteten Mittagsmahlzeit teilnehmen konnten.

»Das Reichsgericht hat sein Urteil im Fall Karl Barth gesprochen«, sagte Hermann. »Am letzten Freitag bekam er es mitgeteilt. Er hat gleich darauf seine engsten Freunde in der Bekennenden Kirche mit dem Inhalt bekannt gemacht. Durch diese Freunde bin ich auch an die Nachricht über das Wesentliche des Urteils gekommen.« Er zog ein Stück Papier aus der Tasche, auf das er sich einige Notizen gemacht hatte:

> »... Der Angeschuldigte bestreitet, dem Zeugen Pietrusky gegenüber geäussert zu haben, er habe mit der Ablehnung des Deutschen Grusses demonstrieren wollen. Er gibt die Möglichkeit zu, dass der Ausdruck gefallen sei, er habe jedoch keinesfalls damit sagen wollen, er habe gegen den Staat demonstrieren wollen. Grundsätzlich erklärt der Angeschuldigte, er werde auch in Zukunft im Hörsaal den Deutschen Gruss ablehnen, selbst wenn er vom Gericht dieserhalb mit einem Verweise bestraft werden sollte. ...«[138]

»Damit meint Barth also«, unterbrach ihn Paul, »dass der Deutsche Gruß nicht in eine Theologievorlesung gehört, nicht wahr?« –

»Genau das«, erwiderte Hermann. »Aber das Gericht lässt das Argument nicht gelten und antwortet darauf so:

›... Liegt nicht in einer derartigen Herausstellung der theologischen Disziplin eine gewisse Ueberheblichkeit gegenüber den anderen wissenschaftlichen Fächern? Der Angeschuldigte scheint zu verkennen, dass er nicht mehr Pfarrer ist, sondern Beamter in staatsrechtlichem Sinne.... Der Staat [muß] daran festhalten, dass der theologische Unterricht an den Deutschen Universitäten ein Teil der Jugenderziehung ist, die dem Staate obliegt und der er von allen seinen Funktionen die höchste Bedeutung beimisst. Mit der Ausübung dieser Funktion sind die beamteten Dozenten betraut. Von ihnen muss daher in erster Linie und mit allem Nachdruck verlangt werden, dass sie sich für den Staat einsetzen, den sie als Beamte vertreten, und diesen Willen, sich einzusetzen, sollen sie eben durch die in diesem Sinne als symbolisch aufzufassende Handlung des Deutschen Grusses bezeugen. ...
Aus diesem Grunde ist es daher unrichtig, im vorliegenden Verfahren ein solches über einen Konflikt zwischen der autoritären Staatsführung und dem Willen Gottes zu erblicken. ... In seiner Weigerung ... liegt der Beweis dafür, dass der Angeschuldigte dem Staate, dessen Diener er ist, ablehnend gegenübersteht, und dieses Verhalten allein schon zwingt zu dem Schlusse, dass der Staat einen Beamten mit solcher Denkungsweise nicht in seinen Diensten behalten kann. ...‹[139]

Und jetzt macht euch gefasst auf die Schlussfolgerung des Gerichts:

›In dem nationalsozialistischen deutschen Reich ist bei seiner bejahenden Einstellung zu Religion und Gott und der Wiedereinführung des religiösen Eideszusatzes – im Gegensatz zu einem sozialdemokratischen Staat [Barth war bis zur Auflösung der SPD deren eingeschriebenes Mitglied gewesen] – nicht einmal die Möglichkeit zu einer Anordnung des Führers und Reichskanzlers gegen Gottes Gebot gegeben, geschweige denn daß ein solches Gebot zu erwarten wäre.‹« [140]

Alle konnten darauf nur ironisch lächeln. »Ja«, sagte Gretel im Brustton der Überzeugung, »wir alle kennen ja zur Genüge die Achtung der Nationalsozialisten vor Gott und der Religion.« Und Paul bemerkte bitter: »Ob Barth jetzt wohl den Bescheid des Gerichts verbrennt wie Luther die päpstliche Bulle vor 414 Jahren?«

KAPITEL 6

1935

»Seid nüchtern und wachet«

(1. Petrus 5, 8)

AM 1. JANUAR 1935 gab Hitler einen Empfang für das Diplomatische Korps. Jedermann war erleichtert, in der Zeitung zu lesen, was Hitler in Berlin vor diesem internationalen Gremium gesagt hatte:

»... Kein Land kann das Bedürfnis nach Frieden tiefer empfinden als Deutschland, das nach schweren Jahren voller Not und Leid alle Kräfte für seinen inneren Wiederaufbau zusammengefaßt hat, das diesen Wiederaufbau in Ruhe vollziehen will und das für seine Lebensrechte von den anderen Ländern nur die gleiche Anerkennung und Achtung fordert, die es ihnen selbst entgegenbringt. Mit seiner Politik, die unverrrückbar auf diesen Grundsätzen beruht, wird Deutschland stets ein sicherer Garant des Friedens sein.«[141] –

Mit dem 5. Januar begann ein kalter und rauer Tag, ein Samstag. Paul saß in seinem Arbeitszimmer über seiner Predigt, die er am darauf folgenden Epiphanias-Sonntag halten wollte. Gretel rief herauf: »Paul, Rabbi Israel aus Simmern möchte dich sprechen.« Rabbi Alfred Israel stand der Synagoge von Simmern vor; er betreute auch die Juden in Kirchberg und die kleine jüdische Gruppe, die in der Synagoge von Gemünden zusammentraf; in Dickenschied gab es keine Juden. Obwohl sich Paul nie privat mit Rabbi Israel unterhalten hatte, kannten die zwei sich und grüßten sich freundlich, wenn sie einander begegneten.

Paul hieß seinen Gast willkommen und führte ihn ins Wohnzimmer. »Die Juden meiner Gemeinden wissen Ihre Amtstätigkeit hier zu schätzen; Sie stehen in gutem Ruf, Pfarrer Schneider. Besonders Ludwig Schlachter aus Gemünden hat eine sehr hohe Meinung von Ihnen; er ist in Kontakt mit einem Ihrer Pfarrkinder.« – »O ja«, bestätigte Paul, »er verkehrt viel bei Adam Becker, der da drüben im Haus Nr. 44 wohnt. Die beiden haben in derselben Kompanie an der Westfront gedient. In irgendeiner der grimmigen Schlachten hat Schlachter Becker das Leben gerettet. Sie wissen sicher, dass Becker von einem seiner Nachbarn, einem NSDAP-Mitglied, wegen seines jüdischen Gastes einen Verweis bekommen hat; vielleicht kennen Sie auch Beckers Antwort: ›Ich entscheide selbst darüber, wer bei mir verkehrt.‹«

»Ihre Standfestigkeit gegenüber der Tyrannei in unserem Lande und Ihre Weigerung, Juden zu diskriminieren, ist ermutigend für uns«, sagte Rabbi Israel. »So verhalten sich leider nicht alle Mitglieder Ihrer Gemeinde. Einige kaufen nicht mehr in jüdischen Geschäften. Natürlich kann jeder einkaufen, wo er will, aber Sie und ich wissen sehr wohl den Grund, warum sie sich umorientiert haben. Warum sollten sie lieber länger als eine Stunde zum Einkauf nach Bingen oder Koblenz fahren, statt bei den viel näher wohnenden jüdischen Geschäftsleuten zu kaufen? Die Erklärung ist doch wohl, dass Dr. Goebbels ihnen weisgemacht hat, dass derjenige, der ›beim Juden‹ kauft, ein Verräter an seinem Land ist. Ich erwarte nicht von Ihnen, dass Sie sich für einen Sinneswandel bei diesen Leuten einsetzen – ganz gewiss nicht. Was mir nur Sorgen bereitet, ist die wachsende Antipathie gegen uns, nur weil wir Juden sind. Schauen Sie sich dies hier an.« Und damit zeigte er Paul in einer Ausgabe des *Stürmers* vom 2. Januar einen Brief, den ein Kind verfasst hatte:

»Gauleiter Streicher hat uns so viel über die Juden erzählt, daß wir sie hassen. In der Schule haben wir einen Aufsatz geschrieben: ›Die Juden sind unser Unglück.‹ Leider sagen noch immer viele Menschen: ›Die Juden sind doch Geschöpfe Gottes, deshalb müssen wir sie achten.‹ Dann antworten wir: ›Insekten sind auch Lebewesen, aber wir töten sie trotzdem.‹«

Paul konnte es kaum fassen und schüttelte den Kopf. »Das Ausland erfährt so viel Widersprüchliches über Deutschland«, fuhr der Rabbi fort. »Wie lässt sich der Brief im *Stürmer* mit Hitlers Bitte um den Segen des Allmächtigen für die Bewältigung der Aufgaben des kommenden Jahres vereinbaren?« Rabbi Israel schaute zu Paul hinüber, als ob er von ihm die Lösung des Dilemmas erwartete. Paul beruhigte den besorgten Mann: »Sie können gewiss sein, die Christen in Dickenschied und Womrath wissen, dass Streichers Ansichten mit den Lehren Jesu unvereinbar sind.« – »Herzlichen Dank, Pfarrer Schneider«, sagte Rabbi Israel und schüttelte Paul warm die Hand. Auf seinem Weg nach draußen wandte er sich an Gretel, die aus der Küche gekommen war, um sich von ihm zu verabschieden. Gretel war im neunten Monat schwanger. Der Rabbi erkundigte sich nach ihrem Befinden und wollte wissen, wann das große Ereignis stattfinden würde. »Es kann jederzeit sein«, meinte Gretel, und der Rabbi sagte zum Abschied: »Gott segne Sie, Ihre Familie und Ihre Nachkommenschaft«, und beide dankten ihm gerührt.

Am Sonntag, dem 13. Januar 1935, fand unter der Aufsicht des Völkerbundes die lang erwartete Volksabstimmung über die Saar statt. Am 15. Januar wurden die Ergebnisse bekannt gegeben. Von 539 541 registierten Abstimmungsberechtigten hatten 528 005 ihre Stimme abgegeben. 477 119 (90,8 Prozent) waren für eine Vereinigung mit Deutschland, 46 513 wollten ein selbstständiges Gebilde, ganze 2 124 eine Union mit Frankreich. Die Begeisterung in Deutschland über die Rückkehr der Saar kannte keine Grenzen, und Hitler begrüßte überschwänglich diejenigen, die ins Reich heimkehrten: »Seid gegrüßt in unserer gemeinsamen teuren Heimat, in unserem einigen Deutschen Reich!«

Am 17. Januar 1935 brachte Gretel mit Hilfe der Gemündener Hebamme Frau Fett einen Sohn zur Welt. Paul hatte sich immer einen Adolf in seiner Familie gewünscht, nach seinem Vater. Schließlich gab Gretel nach: »Aber nur, wenn er auch nach meinem Vater genannt wird.« So hieß nun das Kind Karl-Adolf nach beiden Großvätern.

»Wie kommst du nur dazu, deinen Sohn Adolf zu nennen?«, ereiferte sich Fritz Langensiepen. Aber Paul antwortete lachend: »Doch nicht wegen Adolf aus Berlin, sondern wegen Adolf aus Pferdsfeld und Hochelheim; nicht wegen Adolf Hitler, sondern allem, was Hitler mit dem guten alten deutschen Namen angerichtet hat, zum Trotz nennen wir den Jungen Adolf.« – »Das weiß aber niemand.« Fritz ließ sich da nicht beirren. »Was werden die Leute denken? Sie meinen doch, du hast deinen Sohn nach Adolf Hitler genannt.« – »Dann müssen sie's halt meinen«, erwiderte Paul. »Ich lasse jedenfalls nicht zu, dass Hitler ein Monopol auf den Namen meines Vaters hat.«

Am selben 17. Januar stand im *Völkischen Beobachter* ein Interview, das Hitler dem amerikanischen Korrespondenten Pierre Huss am 16. Januar auf dem Obersalzberg gewährt hatte. Am nächsten Tag kamen Hermann Lutze und seine Frau zu Besuch zu Gretel. Hermann brachte Paul eine Zeitung mit, und Paul las u. a.:

> »Frage: ›Haben Sie, Herr Reichskanzler, nach Ihrem großen Erfolg in der Saarabstimmung etwas zu sagen, was von besonderem Interesse gerade für das amerikanische Volk sein könnte?‹
> Antwort: ›Ich hätte an das amerikanische Volk nur eine einzige Bitte zu richten. Millionen amerikanischer Bürger werden seit Jahren und in den letzten Monaten über die Saar das Gegenteil von dem gehört und gelesen haben, was jetzt durch diese freie, offene Wahl bekundet ist. Ich würde glücklich sein, wenn man dies erkennen wollte, um auch in Zukunft den beruflichen internationalen Brunnenvergiftern und Hetzern unserer Emigranten kein Wort mehr zu glauben. ... Das amerikanische Volk sollte nur Augenzeugen über Deutschland hören und, wenn möglich, selbst nach Deutschland kommen, um sich ein Bild ... zu machen. ...‹«[142]

In einem weiteren Interview sprach der englische Reporter Ward Price Hitler auf den Vorwurf von künftigen »aggressiven Aktivitäten Deutschlands« an. Hitler antwortete:

»... Was ich will, ist das Glück meines Volkes! Ich habe nicht gesehen, daß der Krieg das höchste Glück ist, sondern im Gegenteil, ich sah nur tiefstes Leid. Ich spreche daher zwei Bekenntnisse ganz offen aus:
1. Deutschland wird von sich aus niemals den Frieden brechen und,
2. wer uns anfaßt, greift in Dornen und Stacheln! Denn ebenso wie wir den Frieden lieben, lieben wir die Freiheit. ...« [143]

»Was lässt sich dagegen sagen?«, meinte Hermann Lutze. »Nicht viel«, antwortete Paul, »wenn die Behauptungen ehrlich gemeint sind – wenn ...« –
Am Sonntag, dem 20. Januar, predigte der Bischof von Münster, Clemens August Graf von Galen. Er griff das Gesetz vom 14. Juli 1933 an, das es dem Staat erlaubte, Menschen, die als »Erbkranke« eingestuft waren, zu sterilisieren. Zwischen Juli 1933 und Januar 1935 waren in Anwendung dieses Gesetzes schätzungsweise 800 000 Menschen sterilisiert worden. Bei einer Nazi-Kundgebung hatte Hitler schon 1929 gesagt, es könne nötig sein, eine »Säuberung der Bevölkerung« um etwa 700 000 bis 800 000 Menschen vorzunehmen, um das Blut des Volkes aufzufrischen. Von Galen verwarf in seiner Predigt die Sterilisation als Mittel zur Reinerhaltung des Blutes. Zwangsweise Durchführung von Sterilisation sei ein Eingriff in unveränderliches Naturrecht und moralisches Gesetz. –
Der 30. Januar war der zweite Jahrestag der Ernennung Hitlers zum Reichskanzler. Hitlers Ausführungen, zu keinem Zeitpunkt seines Aufstiegs zur Macht habe Chaos geherrscht; seine Revolution sei die unblutigste der Weltgeschichte gewesen und zugleich eine ihrer entscheidendsten, schenkten Paul und Gretel keinen Glauben. Paul seufzte vielmehr: »Ist das Blutbad vom 30. Juni 1934 schon in Vergessenheit geraten, wo außer Hitlers Feinden in der SA auch viele Unschuldige ermordet wurden?« Hitler aber prahlte, dass keine andere demokratische Regierung der Welt sich so sicher auf den Willen des Volkes stützen könne wie die nationalsozialistische Regierung in Deutschland, die gerade erst zwei Jahre an der Macht sei. »Es ist so schwer, etwas dagegen zu sagen«, bemerkte Gretel, »zumal die

Volksabstimmungen den Nazis immer 90 Prozent Zustimmung bescheren.«

Am 1. Februar erschien eine Mitteilung in der Presse, die Paul und Gretel, aber auch die Pfarrer der Bekennenden Kirche überzeugte, dass die Deutschen Christen mit ihrer Interpretation von Christentum immer noch dem öffentlichen Leben ihren Stempel aufdrückten. Es war von neuen Richtlinien zur Erteilung von Religionsunterricht in Volksschulen die Rede; es sollte in Zukunft größere Betonung auf deutsche Religion und deutsche Tradition gelegt werden. Solche schulischen Probleme beschäftigten die Familie Schneider zunehmend. Wenn auch drei Kinder noch nicht im schulpflichtigen Alter waren – Gerhard wurde am 8. Februar 1935 zwei Jahre alt –, die beiden älteren gingen ja zur Schule.

»Pfarrer Castor [der katholische Pfarrer von Dickenschied] sagt, am 10. Februar habe Kardinal Faulhaber in München in einer Predigt heftige Kritik an dem Programm der Regierung geübt, alle Schulen in Deutschland unter einer einheitlichen Schulverwaltung zusammenzufassen«, sagte Gretel zu Paul. »Laut Pfarrer Castor hat der Kardinal gesagt, solch ein Plan verstoße gegen den Artikel 23 des Konkordats mit Rom vom Juli 1933. Dort sei die Existenz christlicher Schulen garantiert. Der Kardinal drängte die katholischen Eltern, ihre Kinder weiterhin in kirchliche Schulen zu schicken. ›Wer garantiert uns‹, fragte Kardinal Faulhaber, ›dass die deutsche Einheitsschule nicht schließlich auch zur nationalsozialistischen Einheitskirche führt?‹« – »Wir müssen unbedingt für die Erhaltung der kirchlichen Schulen kämpfen!«, rief Paul aus. »Wenn der Staat uns die Schulen nimmt, nachdem wir schon die Jugendorganisation an die HJ verloren haben, dann hat der Staat das Erziehungsmonopol. Jeder echte evangelische oder katholische Christ muss sich solchen Versuchen widersetzen. Da müssen die Konfessionen Seite an Seite kämpfen.« –

Es war ein kalter, feuchter Februartag. Paul hackte Holz im Garten, als Rabbi Alfred Israel vorfuhr. Paul führte ihn ins Wohnzimmer, wo der Rabbi Gretel herzlich begrüßte.

»Wir haben doch letzten Monat über Julius Streicher gesprochen«, sagte der Gast zu Paul. »Wir Juden haben immer mehr Grund zur Sorge. Gerade, am 11. Februar, war Hitler im ›Deutschen Hof‹ in Nürnberg zur Feier von Streichers 50. Geburtstag. Er soll Streicher bei der Gelegenheit als niemals wankenden Mitkämpfer gerühmt haben, von dem er wisse, dass er in jeder Lage treu zu seinem Führer stehen werde.« – »Ihre Besorgtheit scheint berechtigt«, erwiderte Paul. »1932 fragte meine Frau einige SA-Männer meiner Hochelheimer Gemeinde wegen der antisemitischen Passagen in *Mein Kampf* und wegen Goebbels' Satz, dass derjeinge, der einem Juden helfe, sich an seinem eigenen Vaterland versündige. Damals hieß es, solche Sätze seien halt politische Propaganda und fielen schon mal im hitzigen Kampf der Partei um den Aufstieg zur Macht. Wenn man dann politische Verantwortung trage, dann werde der Radikalismus der Mäßigung weichen. Schließlich werde die Suppe nie so heiß gegessen, wie man sie koche, hieß es!« – »Aber ich kann wenigstens meinen jüdischen Gemeinden mitteilen, Pfarrer Schneider, dass wir in Ihnen einen Freund haben.« – »Das haben Sie«, sagte Paul ernst. »Gläubige Christen können keine Antisemiten sein. Wir glauben ja, dass sich Gott in Moses und den Propheten geoffenbart hat. Wir glauben, dass das hebräische Volk damals Gottes auserwähltes Volk war. Wir glauben, daß Christus der versprochene Messias ist, aber auch, dass es unsere Pflicht ist, allen Völkern das Evangelium zu predigen, auch den Juden. Während ich alles Erdenkliche tun will, um dem Antisemitismus entgegenzuwirken, werde ich weiterhin beten, dass die Juden Jesus Christus als den Messias anerkennen.« – »Weil wir wissen, dass Sie wahrhaftig sind und keine Unterscheidung treffen zwischen Judenchristen und Juden, möchten wir Freunde sein, auch wenn wir den missionarischen Aspekt Ihres Wirkens nicht nachvollziehen können. Wir wissen, dass Sie viele Probleme mit den NS-Autoritäten haben, und Ihre Freundschaft mit uns ist nicht das kleinste auf dieser Liste. So lassen Sie mich Ihnen, Pfarrer Schneider, für Ihre Aufrichtigkeit und Ihre Freundschaft danken.« Und Rabbi Israel streckte Paul seine Hand entgegen. Paul ergriff die Hand; die beiden Männer schauten einander tief in die Augen; ihre Blicke versprachen einander gegenseitige Achtung. Dann wandte er sich an Gretel: »Frau Schneider, darf ich Ihnen ein Geschenk von mir und meiner Frau für Ihren kleinen Jungen überreichen?« Gretel machte das Päckchen auf und rief begeistert: »Ein blaues Jäckchen – wie schön! Herzlichen Dank, Rabbi, auch an Ihre Frau.« Dann brachte Paul seinen Gast zur Tür.

Beim nächsten Besuch der Lutzes in Dickenschied fragte Hermann: »Hast du schon dein Auto bestellt, Paul?« Und er erklärte: »Wenn man Hitler glauben darf, hat bald jeder Deutsche sein eigenes Auto.« Am 14. Februar hatte Hitler den Internationalen Automobil- und Motorradsalon in Berlin eröffnet. Er hatte gesagt, dass Deutschland, wenn die Autobahnen fertig seien, das modernste Fernstraßensystem der Welt haben werde. Um dieses Autobahnnetz voll nutzen zu können, sei an die Massenproduktion von Autos für das deutsche Volk gedacht. Dr. Ferdinand Porsche und seine Mitarbeiter seien dabei, ein Auto zu entwickeln, das noch dieses Jahr getestet werden solle. Paul lachte: »Ein Auto! Kannst du dir vorstellen, dass sich ein Dorfpfarrer die Anschaffung eines Automobils leisten kann? Nein, nein – mein Motorrad gibt mir genügend Freiheit, das ist mir lieber.«

Hermann hatte die Zeitung aber hauptsächlich wegen eines anderen Artikels mitgebracht: »Hier, so zeigt sich, wie fanatisch die Nazis mit der Einführung ihres einheitlichen Schulsystems sind: Vier katholische Lehrerinnen in München sind aufgrund einer Klage von Nachbarn verhaftet worden. Die vier hatten den nationalsozialistischen Plan für eine Einheitsschule kritisiert.«

Am 1. März 1935 erfolgte offiziell die Wiedereingliederung des Saarlandes ins Deutsche Reich. Hitler reiste in die Hauptstadt Saarbrücken und hielt von dort über den Rundfunk eine Rede an die ganze Nation:

»... Ein Glückstag für die ganze Nation. Von hier bis Hamburg, von Westdeutschland bis nach Königsberg, überall die gleiche Empfindung: Endlich, endlich seid ihr wieder bei uns. Aber es ist nicht nur ein Glückstag für Deutschland, ich glaube, es ist auch ein Glückstag für ganz Europa, ... besonders deshalb, weil durch diese Rückkehr des Saargebietes vielleicht gerade die Krise am ehesten behoben werden kann, unter der zwei große Nationen am meisten zu

leiden haben. Wir hoffen, daß durch diesen Akt ... der Wiedereinsetzung natürlicher Vernunft ... das Verhältnis zwischen Deutschland und Frankreich sich endgültig bessert.
... Wir mußten erst in Not geraten, um unser Volk reif zu machen für diesen Gedanken. Manchmal erfaßt uns eine Ahnung, daß das ganze Geschehen notwendiges Schicksal war, um uns dorthin zu führen, wozu uns glückliche Tage leider nicht bringen konnten. Die Ahnung, daß die Hand des Herrn uns schlagen mußte, um uns reif zu machen für dieses größte innere Glück, das es geben kann, das Glück des gegenseitigen Verstehens im eigenen Volke. ...
Ich weiß, nichts Vollendetes schenkt der Himmel den Menschen. Sie müssen sich alles bitter und schwer verdienen. Und ich weiß, daß dieses große Ziel heute noch lange nicht vollkommen erreicht ist. Aber wir streben nach ihm mit heißem Herzen, und der Himmel und die Vorsehung haben unser Streben gesegnet. ... Fünfzehn Jahre Kampf, und wenn ich das Ergebnis am heutigen Tage hier abwäge, dann muß ich dem Himmel danken: er hat den Kampf gesegnet und immer wieder gesegnet. Er ist nicht umsonst gewesen. ...
Ich beschwöre euch: seid gläubig auch im neuen Reich, glaubt an seine Zukunft, glaubt an die Aufgabe und an die Vollendung, glaubt an den Erfolg dieser Aufgabe, glaubt an die Freiheit, glaubt an das Große und Ewige unseres Volkes. ... Der Glaube kann Berge versetzen. ...«[144]

Brausender Beifall begleitete Hitlers Worte, und ein mitreißender Jubel erregte die ganze Nation, die sich in ein nationalistisches Fieber hineinsteigerte. Die »Heil! Heil! Heil!«-Rufe im Radio wollten nicht enden, und Paul und Gretel schauten sich entsetzt an. »Wie wird das weitergehen, Paul?«, seufzte Gretel. »Die ganze Nation ist wie berauscht von diesem Wahnsinn.«

Am 4./5. März berief die Vorläufige Leitung der Deutschen Evangelischen Kirche der Altpreußischen Union die zweite Bekenntnissynode nach Berlin-Dahlem. Die Synode verfasste die folgende Erklärung, die in allen Kirchen im Bereich der Bekennenden Kirche verlesen werden sollte:

»... Wir sehen unser Volk von einer tödlichen Gefahr bedroht. Die Gefahr besteht in der neuen Religion.

Die Kirche hat auf Befehl ihres Herrn darüber zu wachen, daß in unserem Volk Christus die Ehre gegeben wird. ...

I. Das erste Gebot lautet: Ich bin der Herr, dein Gott. Du sollst nicht andere Götter haben neben mir.

Wir gehorchen diesem Gebot im Glauben an Jesus Christus, den für uns gekreuzigten und auferstandenen Herrn. Die neue Religion ist Auflehnung gegen das erste Gebot.

1. In ihr wird die rassische, völkische Weltanschauung zum Mythus. In ihr werden Blut und Rasse, Volkstum, Ehre und Freiheit zum Abgott.

2. Der in dieser Religion geforderte Glaube an das ›ewige Deutschland‹ setzt sich an die Stelle des Glaubens an das ewige Reich unseres Herrn und Heilandes Jesus Christus.

3. Dieser Wahnglaube macht sich seinen Gott nach des Menschen Bild und Wesen. In ihm ehrt, rechtfertigt und erlöst der Mensch sich selbst. Solche Abgötterei hat mit positiven Christentum nichts zu tun. Sie ist Antichristentum.

II. Angesichts der Versuchung und Gefahr dieser Religion haben wir, gehorsam unserem kirchlichen Auftrag, vor Staat und Volk zu bezeugen:

1. ... Wer Blut und Rasse und Volkstum an Stelle Gottes zum Schöpfer und Herrn der staatlichen Autorität macht, untergräbt den Staat. ...

3. Gehorsam und dankbar erkennt die Kirche die durch Gottes Wort begründete und begrenzte Autorität des Staates an. Darum darf sie sich nicht dem die Gewissen bindenden Totalitätsanspruch beugen, den die neue Religion dem Staate zuschreibt. ...

III. Die Kirche hat nach dem Befehl ihres Herrn allem Volk das Evangelium von der Gnade und Herrlichkeit Jesu Christi zu predigen.

1. Darum darf sie sich nicht aus der Öffentlichkeit der Welt in einen Winkel privater Frömmigkeit abdrängen lassen, wo sie in Selbstgenügsamkeit ihrem Auftrag ungehorsam würde. Auch der Gewalt gegenüber darf sie nicht aufhören, das ihr aufgetragene Wort zu verkündigen.«

[Ziffer 2 dieser Verlautbarung fordert auf zu Widerstand gegen die Verweltlichung der Sitte der Kirche (Entheiligung des Sonntags, Entchristlichung ihrer Feste), Ziffer 3 zu einer schriftgemäßen Unterweisung und Erziehung der Jugend.] [145] –

Diese Erklärung war, wie vorgesehen, verbreitet worden, und auch Paul hatte sein Exemplar bekommen. Am 16. März, einem Samstag, rief Gretel hinauf zum Arbeitszimmer: »Paul, ein Polizeibeamter aus Simmern will dich sprechen.« Paul kam herunter und ging mit dem Beamten ins Wohnzimmer. Gretel und Sophie, angeblich in der Küche beschäftigt, lauschten angestrengt und hörten, wie der Polizist sagte: »Mein Name ist Klein. Ich bin auf einer Routinefahrt. Ich bin informiert, dass Sie die Erklärung der Bekenntnissynode in Berlin in Händen haben und sie in Ihren Kirchen verlesen sollen. Ich habe Anweisung von der Gestapo, Sie aufzufordern, diese Einwilligung zu unterschreiben.« Er zog ein Blatt Papier aus seiner Aktentasche. Paul las oben den Satz:

»Hiermit stimme ich zu, meiner Gemeinde die Erklärung der Bekenntnissynode vom 4./5. März 1935 *nicht* vorzulesen.«

Und zu Pauls Kummer standen unter diesem Satz die Unterschriften vieler seiner Hunsrücker Amtsbrüder. Polizist Klein reichte Paul das Blatt in der sicheren Annahme, dass er unten seine eigene Unterschrift dazusetzen würde, aber Paul sah ihn ganz fest an, gab ihm das Papier zurück und sagte: »Das kann ich nicht unterschreiben, denn ich habe vor, meinen Gemeinden die Erklärung morgen vorzulesen.« – »Pfarrer Schneider«, stieß der Beamte hervor, »Sie sind der einzige Pfarrer im Hunsrück, der seine Unterschrift verweigert. Wenn Sie nicht unterschreiben, muss ich Sie in Schutzhaft nehmen.« Sophie und Gretel vernahmen dieses viel sagende Wort, sie seufzten auf und schauten einander angstvoll an. Paul aber wiederholte: »Ich kann nicht unterschreiben.«

Jetzt hielt es die beiden nicht mehr in der Küche; sie eilten ins Wohnzimmer. Sophie sah die vielen Unterschriften auf dem Papier und rief: »Da kannst du doch auch zustimmen. Alle deine Amtsbrüder stehen doch drauf.« Paul sah zu Gretel hinüber. Gretel hatte sich vorgenommen – damals, als Paul wegen seiner Kritik an Röhm zur Rechenschaft gezogen worden war –, ihn nie zu bewegen, gegen sein Gewissen zu handeln oder von dem abzuweichen, was er für richtig hielt. So sagte sie schlicht: »Mir ist alles recht, wie immer du dich entscheidest.« Paul wusste, wie hart sie solche Worte ankamen. In erster Linie natürlich, weil sie ihren geliebten Mann, den Vater ihrer Kinder, nicht im Gefängnis wissen wollte, andererseits aber auch aus dem Bewusstsein heraus, dass einige Mitglieder ihrer Familie Pauls Verhalten sehr kritisch beurteilten; man fand, dass Paul ein dickköpfiger Fanatiker sei. Gretel und Paul konnten sich lebhaft vorstellen, was diese Verwandten sagen würden, wenn sie von einer erneuten Verhaftung erfuhren.

»Gretel«, platzte Sophie los, »bitte sag ihm doch, er soll unterschreiben, wie all die anderen auch.« Und Paul beschwor sie erneut: »Bitte, unterschreibe. Das bringt doch auch nichts, wenn nur ein einziger Pfarrer die Erklärung verliest.« Der Polizist beendete die Debatte mit einem kurzen »Wenn Sie nicht unterschreiben, dann muss ich Sie bitten, mit mir nach Kirchberg zu kommen.«

In dem Augenblick kam der 8-jährige Dieter nach Hause. Er hatte draußen das Auto gesehen und irgendwie rausbekommen, dass ein Polizist bei seinem Vater war. Gerade als er das Haus betrat, fiel das Wort »Schutzhaft«. Wie um vor Angst und schlimmen Ahnungen zu flüchten, lief Dieter die Treppe hinauf und schloss sich in seinem Zimmer ein. Dort blieb er auch, bis der Vater mit dem Polizisten abgefahren war.

Kaum war das Auto außer Sichtweite, als Frau Piroth, die Wirtin des Gasthauses »Zur Post«, über die Straße kam, um Gretel zu trösten. »Der Polizeibeamte hat bei mir ein Bier getrunken, bevor er ins Pfarrhaus ging«, erzählte sie. »Er gab damit an, er habe es bisher geschafft, sämtliche Pfarrer der Umgebung zur Unterschrift zu bewegen. Er habe Dickenschied als letzten Ort auf seine Besuchsliste gesetzt, weil sich Pfarrer Schneider am wenigsten leicht überreden ließ. ›Wenn ich mit Pfarrer Schneider angefangen hätte und wenn er sich geweigert hätte zu unterschreiben, dann hätte das nur die anderen Pfarrer ermutigt, auch ihre Unterschrift zu verweigern. So habe

ich mit denen angefangen, die am ehesten rumzukriegen waren, und ich sage mal, dass Pfarrer Schneider, wenn er die Unterschriften seiner sämtlichen Amtsbrüder sieht, weniger hartnäckig sein wird!‹ Wir haben aus dem Fenster geschaut«, fuhr Frau Piroth fort, »und als wir sahen, dass Pfarrer Schneider in das Polizeiauto stieg, war klar, wie er sich entschieden hatte.« –
Einen Tag, nachdem Paul ins Kirchberger Gefängnis gebracht worden war, besuchte ihn einer von den Bauern aus seiner Gemeinde und erzählte ihm, die Gestapo habe das Pfarrhaus durchsuchen lassen. Paul schrieb schnell einen kurzen Brief an Gretel, den der Womrather Bauer bei ihr abgeben konnte:

»17. 3. 1935

Liebe Gretel!
Es ist mir leid, daß Du nun noch die Aufregung der Haussuchung gehabt hast. Hoffentlich ist es bald vorüber gegangen. Dem lieben Dieter habe ich gar nicht ›Auf Wiedersehn‹ sagen können. Er hat sich aber auch gar nicht hervorgewagt.... Aber nun tust Du mir am meisten leid, daß Du wieder alle guten Ratschläge, vielleicht auch Vorwürfe zu hören bekommst. Aber ich bin noch jetzt der Meinung, daß es nicht anders sein konnte. ... Lies Dir nur das Blatt noch einmal durch, dann erkennst du, wie eine solche Unterschrift dem Inhalt und Geist des Aufrufes ins Gesicht schlägt. Gott mache uns also getrost und freudig. ...
... Gott behüte Euch alle miteinander.

In herzlicher Liebe
Dein Paul« –

Am selben 16. März verkündete Hitler die Allgemeine Wehrpflicht in Deutschland. Am 17. März standen die Zeitungen voll davon. Fritz Langensiepen besuchte Paul in seiner Zelle. »Was hältst du von der Allgemeinen Wehrpflicht?«, fragte er Paul. »Mir gefällt sie nicht«, antwortete Paul. »Ich empfinde sie als Verrat an den gefallenen Kameraden des Weltkriegs. Alle Nationen haben damals gesagt ›Nie wieder!‹, und alle wollten sofortige Abrüstung, aber jetzt, 1935, sind wir so weit davon entfernt wie 1918.« – »Aber«, unterbrach ihn Fritz, »du bist doch sicher auch nicht dafür, dass Deutschland als einziges europäisches Land keine Möglichkeit zur Selbstverteidigung hat? In seiner Rede gestern sagte der Kanzler, Deutschland habe als einziges Land die Abrüstung durchgeführt, die der Versailler Vertrag vorschreibt. Frankreich habe den Wehrdienst auf zwei Jahre verlängert, und die Sowjetunion habe gegenwärtig 101 Divisionen zur Verfügung. Können wir uns da leisten, unbewaffnet zu sein, Paul? Unsere Nachbarn wissen ja, dass unsere Entscheidung zur Wiederaufrüstung nicht gegen sie gerichtet ist. Nachdem die Saarfrage geregelt ist, gibt es keine gegenseitigen territorialen Ansprüche zwischen Deutschland und Frankreich. Die Westgrenze ist unantastbar, hat der Kanzler versichert. Der Freundschaftsvertrag mit Polen zeigt, dass wir diesem Land gegenüber keine feindseligen Gefühle hegen.« – »Werden uns denn unsere Nachbarn jetzt noch glauben, dass wir keine Revisionspläne bezüglich der Bestimmungen des Versailler Vertrages haben?«, fragte Paul. »Diese Frage hat der Kanzler in einem Interview mit dem englischen Reporter Ward Price beantwortet«, sagte Fritz. »Deutschland habe sich nur in Bezug auf die Abrüstung den Bestimmungen des Versailler Vertrages entzogen, und das auch erst nach jahrelangem vergeblichen Warten darauf, dass sich auch andere europäische Staaten diesen Bestimmungen beugten.« Laut Fritz hatte der Kanzler zu Price gesagt, wenn er, Price, die Millionen Deutschen fragen würde, ob sie bei dieser Ankündigung der Einführung der Allgemeinen Wehrpflicht eher an Frieden oder an Krieg dächten, dann würden diese Deutschen von dieser Frage gänzlich überrascht sein; diese Massen hätten seine Entscheidung ja nicht aus Hass gegen ihre Nachbarn bejubelt, sondern aus einem Gefühl des Glücks darüber, dass unsere Nation wieder frei sei. Das könne Price vielleicht nicht nachvollziehen. Aber wenn er die Schande miterlebt hätte, die das deutsche Volk 15 Jahre hätte ertragen müssen, dann könnte er verstehen, wie glücklich es jetzt über die Wiedererlangung seiner Ehre sei. Deshalb sei für ihn, Adolf Hitler, die Ankündigung der Allgemeinen Wehrpflicht zugleich ein Aufruf zu Frieden und Zusammenarbeit unter den Völkern. »Das klingt verständlich«, gab Paul zu. »Aber man soll doch um Himmels willen nicht vergessen, dass Deutschland jetzt unter der Leitung einer Partei steht, die Gewalt predigt und absolute

Unterwerfung unter den Willen des Führers. Was würde denn passieren, wenn die Machtgelüste, die in den letzten Jahren in der Innenpolitik eine so beherrschende Rolle gespielt haben, auf die Beziehungen zum Ausland ausgedehnt würden?«

Am nächsten Tag, am 18. März, schrieb Paul wieder aus seiner Zelle an Gretel:

> »Herzlichen Dank für Deine Zeilen. Der Superintendent war vorhin da und sagte, ich sei der einzige, der recht getan, und brachte noch allerlei Nachrichten aus der Gesamtkirche, die ich Dir lieber mündlich sage. Er erzählte auch, wie die andern und auch er selbst überredet und aus Herdentrieb zu ihrer Unterschrift bestimmt wurden. Also komm Du nur getrost, Du brauchst Dich nicht zu schämen, ...
>
> N.S. ... Den Umfall, nicht ›Abfall‹ der Anderen erkläre ich mir auch noch hauptsächlich damit, daß sie den Inhalt der Kundgebung nicht wichtig und ernst genug genommen haben. Ich habe sie heute auswendig gelernt und merke immer mehr, wie gewichtig und entscheidend sie ist, daß wir uns durch die Unterschrift auch nicht das Geringste davon durften abmarkten lassen, von ihrer Geltung und der entschlossenen Hinausgabe in die Öffentlichkeit.« –

Gretel war im Begriff, nach Kirchberg zu fahren, als Pfarrer Castor vorsprach. Sie begrüßte ihn, leicht überrascht über seinen Besuch. »Ich wollte Ihnen nur ganz kurz mitteilen, was ich gerade von einem ausländischen Sender am Radio gehört habe: In Preußen sind 500 Pfarrer verhaftet worden wegen ihrer Weigerung, die Verlesung der Erklärung der Bekennenden Kirche zu unterlassen. Vielleicht bringt Ihnen der Gedanke, dass Pfarrer Schneider zwar der einzige inhaftierte Pfarrer des Hunsrück ist, aber immerhin 500 Leidensgenossen in Preußen hat, etwas Erleichterung.« – »Danke, dass Sie mir das mitgeteilt haben, Pfarrer Castor. Das wird in Deutschland sicher nicht veröffentlicht. Ich bin auf dem Weg nach Kirchberg und werde meinem Mann die erfreuliche Nachricht bringen.« – »Und sagen Sie

ihm gleich dazu, dass die preußischen Pfarrer inzwischen wieder auf freiem Fuß sind. Innenminister Frick war offensichtlich schockiert, dass eine große Zahl von Pfarrern lieber ins Gefängnis ging, als sich seinem Ultimatum zu beugen.« –
Kaum war auch Paul aus dem Gefängnis entlassen, als er Besuch von einigen seiner Amtsbrüder bekam. Er sagte ihnen gleich ins Gesicht: »Wir hatten Anweisung, die Erklärung der Bekennenden Kirche vorzulesen. Ihr habt den Gehorsam verweigert. Wer in dieser Auseinandersetzung ungehorsam ist, verleugnet den Glauben.« Hermann Lutze entgegnete: »Wir haben die Erklärung aber an die Gemeindemitglieder verteilt, so dass sie sie selbst lesen konnten.« – »Das reicht nicht«, gab ihm Paul zur Antwort. »Wir Pfarrer der Bekennenden Kirche müssen die Sache Christi mutig vertreten und dürfen uns nicht durch Drohungen des Staates oder der Reichskirche einschüchtern lassen. Die einzige Entschuldigung eurerseits, die ich gelten lasse, ist die Tatsache, dass ihr eure Unterschrift nachträglich zurückgezogen habt, eine Unterschrift, die nie hätte geleistet werden dürfen.«

Am 22. März 1935 berichtete Paul Frau Dieterich über seinen Gefängnisaufenthalt:

»... Von uns hätten wir Dir wieder viel zu schreiben. Du hast gehört von den 500 verhafteten Pfarrern in Preußen ..., die sich weigerten, durch Unterschrift zu bescheinigen, daß sie sich vom Staat die Kundgebung ... der altpreußischen Bekenntnissynode ... zur Bekanntgabe im Kirchenvolk verbieten ließen. Man wollte damit den Bekenntnischarakter ... der Kirche abdrosseln. Es ist nicht geraten. Der verhafteten Pfarrer waren zu viele. Sie sind wohl alle vorläufig wieder auf freiem Fuße. Ich saß vom Samstag Abend ... bis Dienstag Morgen im Gefängnis in Kirchberg, leider als der einzige vom ganzen Hunsrück, aber es war doch gut, daß einer die Ehre des Hunsrücks rettete. ...
Gretel mußte sich am Samstag Abend noch eine Haussuchung gefallen lassen und ich bin heute noch einer großen Zahl Blätter und Schriften beraubt, die man mir entführt. ...
Die Gemeinden standen wieder treu. Volle Passionsandachten in dieser Woche, nachdem am letzten Sonntag kein Gottesdienst sein

konnte. In Kirchberg war es nicht übel. Mit den Kerkermeistern des Hunsrücks schließe ich allmählich Freundschaft, wie einst Paulus in Philippi. ...« –

Am Sonntag, dem 24. März, trafen sich die Presbyterien von Dickenschied und Womrath. Von den insgesamt acht Vertretern der beiden Gemeinden waren je drei anwesend. Das Gremium war beschlussfähig. Nach einem eröffnenden Gebet ging es u.a. um folgende Sorgen der Gemeinden:

»1. Presbyterium beschließt einstimmig, die Herren Lehrer in Dickenschied und Womrath als evangelische Religionslehrer zu bitten, im Unterricht den Eindruck zu vermeiden, als ob sie in der Auffassung der Heiligen Schrift Alten Testaments eine andere Auffassung vertreten als das Bekenntnis der Kirche sie vertritt, beziehungsweise möchten sie sich mit ihrer anderen Auffassung zurückhalten, damit nicht die Kinder in einen Zweispalt geraten und der Eindruck der Uneinigkeit in Schule und Kirche erweckt wird. Auch möchten die Herren Lehrer das Alte Testament nicht ganz vernachlässigen, sondern ihnen selber wertvoll erscheinende Stücke vor den Kindern behandeln. ...
3. Die Presbyterien der evangelischen Kirchengemeinde von Dickenschied und Womrath beschließen einstimmig folgende Stellungnahme zu den Vorgängen vom Sonntag, dem 17. März, zur Weitergabe an die geeigneten Behörden:
Die Inhaftierung des Pfarrers Schneider von Samstag, den 16. März bis Dienstag, den 19. März, bedeutet einen schweren Eingriff in das kirchliche Gemeindeleben und hat große Unruhe bei der kirchlichen Bevölkerung ausgelöst. Die Gemeinden blieben am Sonntag (Volkstrauertag) ohne Wortverkündigung. Die Presbyterien stellen sich einmütig hinter ihren Pfarrer und billigen sein Verhalten in der Verweigerung der ihm zugemuteten Unterschrift als im Gehorsam gegen seine Amtspflicht und sein Ordinationsgelübde begründet. Die öffentliche Abwehr der neuen Religion darf sich die Kirche und eine christliche Gemeinde nicht verbieten lassen. ...« –

Am 3. April war Gretel an der Reihe mit dem Familienrundbrief:

»Ich hätte dieses Jahr auch rechte Reiselust, in den Süden oder Norden – aber das wird wohl nicht verwirklicht werden, vielmehr werden wir allem Anschein nach in kommender Zeit die ›Ohren steif halten‹ müssen und auf unserm Posten treu aushalten. Paul – und nicht nur er – sieht die Lage unserer Kirche sehr ernst an. ... – Und weil ich nun schon dran bin, kann ich auch gleich erzählen, daß Paul vor 14 Tagen mit etwa 500 preußischen Pfarrern im Gefängnis war. ... Schwer war es uns beiden, daß die anderen Hunsrücker Pfarrer alle umgefallen waren und wir erfuhren erst am Montag, daß es in ganz Preußen doch 500 waren. Zum Teil wurde die Sache von Seiten des jeweiligen Landrates milder behandelt, von vielen wurde gar keine Unterschrift verlangt. In Essen z. B. hatten sich alle Bekenntnispfarrer in einem Saal versammelt und erklärten dem erschienenen Oberpräsidenten, sie unterschrieben nicht, er könne sie alle gleich einsperren. Was er aber *nicht* tat. Am Dienstag wollte ich Paul besuchen und erlebte dabei seine Entlassung – *ohne* irgendwelche Bedingung auf freien Fuß gesetzt! Den anderen Pfarrbrüdern tat es sehr leid, daß sie sich überreden ließen. Sie zogen am nächsten Tag ihre Unterschrift wieder zurück und schickten ihr Schreiben an die Geh. Staatspolizei Berlin. Der nächste Sturm wird nun kommen, daß die Monatszuschüsse in Wegfall kommen. – Zwei Monate hatten wir Hunsrücker das ja schon ausprobiert im Herbst! ... Wie gut, daß wir von Jugend auf an keine Reichtümer gewohnt sind, da fällt das Armsein und werden nicht so schwer wie manch anderen. Die Zukunft unserer Kinder ist allerdings etwas was einem Sorgen machen könnte bei Pauls Einstellung zur heutigen Weltlage – doch bis jetzt freuen sie sich noch ihres Lebens und ihres Kindseins.«

Am Ostermontag schrieb Paul an seine Schwiegermutter:

»Dickenschied, den 22. April 1935

Liebe Mutter!

Daß auch ich Dich nicht ganz vergesse, wenn ich auch nicht viel zum Schreiben an Dich komme, laß Dir durch diesen Brief sagen. Er kommt zu Deinem 71. Geburtstag.... Gott erhalte Dich noch lange uns und der ganzen großen Familie .... Laß Dir heute noch besonders danken für Deine Anteilnahme an den ›aufregenden‹, mit dem Kirchenkampf zusammenhängenden Ereignissen. Ich weiß, Du nimmst es mir nicht übel, daß ich als Pfarrer nicht immer nach dem Grundsatz handeln kann: ›Ruhe ist die erste Bürgerpflicht‹ und es mir verzeihst, daß es auch für Gretel nicht immer so glatt und ohne Aufregung abgeht. Wir haben uns diesen Kampf ja nicht gesucht, müssen ihn nun aber um des Evangeliums willen ausfechten....« –

Mit Entsetzen erfuhren Paul und Gretel im April über den internen Informationsdienst der Bekennenden Kirche, dass Pfarrer Erich Walter, der Leiter der Berliner Bekennenden Kirche, in ein Konzentrationslager gekommen war, weil er öffentlich für inhaftierte Pfarrer gebetet und Abschriften verbotener Predigten verteilt hatte. Sophie hatte in Erfahrung gebracht, dass Konzentrationslager – sieben gab es inzwischen, sie standen unter der Kontrolle von speziellen SS-Wachmannschaften – in den Augen der SS so etwas wie Lernzentren wären und dass man – außer politischen Gefangenen und Kriminellen – entlassen werden könne, wenn man seine entsprechende Lektion gelernt habe. »Was bei Pfarrern der Bekennenden Kirche so viel heißt wie Unterordnung unter die Anweisungen der Gestapo«, interpretierte Paul.

Eines Tages saßen Rabbi Israel und Paul wieder in ernsthafter Unterhaltung beieinander. Der Rabbi fragte: »Wussten Sie, dass man Gerhard Leibholz, Juraprofessor in Göttingen und Schwager von Dietrich Bonhoeffer, wegen seiner jüdischen Abkunft den Laufpass gegeben hat?« Paul verneinte, und der Rabbi fuhr fort: »Seit zwei Jahren machen sie ihm das Leben schwer. Studenten boykottierten seine Vorlesungen, und Kollegen, die auf den Karren des Nationalsozialismus aufgesprungen waren, legten plötzlich keinen Wert mehr darauf, mit ihm bekannt zu sein. Es nützte ihm nichts, dass er der Schwager eines bekannten Theologen und der Schwiegersohn eines berühmten Psychiaters war.« – »Im Gegenteil«, sagte Paul lebhaft, »die Verwandtschaft mit der Familie Bonhoeffer bot umso mehr

Grund für die Nazis, ihn loszuwerden. Schließlich ist Dietrich Bonhoeffer namhaftes Mitglied der Bekennenden Kirche und spricht sich offen gegen den Nationalsozialismus aus.« – »Glauben Sie mir, wir sind so dankbar gegenüber Christen wie Dr. Dietrich Bonhoeffer, Professor Friedrich Sigmund-Schultze, Baron Wilhelm von Pechmann aus Bayern und Pfarrer Hermann Stöhr aus Stettin. Übrigens, im Zusammenhang mit Pfarrer Stöhr: Es war zu erfahren, dass in Stettin eine Zeitung verboten wurde wegen der Veröffentlichung einer Anekdote, die Pfarrer Stöhr zugeschrieben wird.« Und lächelnd gab der Rabbi wieder:

»Es war einmal ein betagter Erzbischof von Bordeaux, schon viele Jahre in seinem Amt. Zu ihm kam einst sein Sekretär und sagte: ›Eminenz, in der Kirche bettelt eine arme Frau.‹ – ›Wie alt ist sie?‹ wollte der Erzbischof wissen. ›Etwa 70.‹ – ›Und wirklich arm und unglücklich?‹ – ›Sie sagt es jedenfalls.« Der Erzbischof war gerührt. ›Geben Sie ihr 50 Francs«, sagte er. Der Sekretär zögerte und gab zu bedenken: ›Eminenz sollten wissen, daß sie Jüdin ist.‹ – ›Eine Jüdin!‹ rief der Erzbischof. ›Das verändert die Sachlage vollständig. Geben Sie ihr 100 Francs und danken Sie ihr dafür, daß sie nicht an der christlichen Nächstenliebe gezweifelt hat.‹«

Paul meinte: »Kein Wunder, dass so etwas dem Propagandaministerium missfällt. Solche Anekdoten machen alle Bemühungen von Goebbels und Streicher hinfällig.« – »Herzlichen Dank, Pfarrer Schneider.« Als sich der Rabbi verabschiedete, erschien Gretel mit Karl-Adolf auf dem Arm; er trug das blaue Jäckchen, das Geschenk des Rabbi und seiner Frau zu seiner Geburt.

»Die Regierung nutzt das Winterhilfsprogramm, um unsern Untergang zu beschleunigen«, sagte Hermann Lutze bei einem seiner zahlreichen Besuche bei Paul und Gretel. »Wie das?«, erkundigte sich Gretel. »Ich war gerade zu Besuch bei Pfarrern der Bekennenden Kirche in Frankfurt. Da wurde mir gesagt, dass die Verwaltung des Winterhilfswerks in Hessen-Nassau ihre Macht gebraucht, um Hilfsbedürftige zu zwingen, ihre Beziehungen zur Bekennenden Kirche abzubrechen. Pfarrer Franz Lau hat mir von einem Mann in seiner Gemeinde erzählt. Er ist Invalide, ehemaliger Bergmann und hat drei Kinder, die alle drei an Asthma leiden. Die Familie ist auf Wohlfahrtsunterstützung angewiesen. Der Sohn sollte von Pfarrer Lau konfirmiert werden. Als das Winterhilfswerk davon erfuhr, wurde die Unterstützung gestrichen. Schließlich musste der Mann sich bereitfinden, den Sohn von einem Pfarrer der Deutschen Christen konfirmieren zu lassen, seine materielle Notlage ließ ihm keine andere Wahl. Daraufhin bekam er Schuhe für seine Kinder, Kohlen und Dosenfleisch.« Paul und Gretel waren sehr bedrückt über diesen Bericht.

Hermann wusste noch etwas: »Ich habe von Freunden in Bremen gehört, dass trotz ausverkauften Hauses eine Aufführung von Schillers Drama ›Don Carlos‹ abgesagt wurde. Der Applaus bei Marquis Posas Worten an König Philipp II. von Spanien ›Sire, geben Sie Gedankenfreiheit‹ war wohl zu langanhaltend gewesen. Jedem war bewusst, dass das gegen Dr. Goebbels ging. Die Nazis sitzen in der Zwickmühle. Sie reklamieren Schiller als großen deutschen Dichter für sich, aber bei der Aufführung seiner Dramen mit ihrem engagierten Ruf nach Freiheit zeigt sich der peinliche Widerspruch.«

In Dickenschied war Besuch: Anna Groth, die Diakonisse aus Gießen und langjährige Freundin der Familie. Heute hatte Paul seine drei Ältesten um sich geschart. Er sagte zu Anna: »Hast du Lust zu einer kleinen Wanderung mit uns auf den Idarkopf?« – Paul nahm die Kinder gerne mit zu Wanderungen in die Umgebung, nach Gemünden, zum Idarkopf oder noch weiter bis zu den Ruinen der Burg Koppenstein, von wo aus man einen herrlichen Blick über das ganze Land hatte. – »Gern«, antwortete Anna, »dann kann ich meine Bekanntschaft mit den Kindern auffrischen.«

Paul konnte selbst wie ein Kind sein. Er war daheim in der Welt seiner Kinder; er konnte mit ihnen spielen und herumtollen bis zur Erschöpfung. Seine körperliche Gewandtheit und Ausdauer faszinierte auch die Kinder in seiner Gemeinde. Mit Purzelbäumen, Handständen und Auf-den-Händen-Laufen führte er die begeisterten Jungen und Mädchen wie der Rattenfänger von Hameln auf die Felder und Wiesen des Hunsrück.

So waren sie nun unterwegs zum Idarkopf, zusammen mit Anna Groth. Außer Dieter, der sich zu »erwachsen« vorkam für solcherlei Späße, durften die Kinder auf Vaters Schultern reiten. Mit der Zeit waren alle drei Kinder mit sich selbst beschäftigt, es galt, auf dem Weg zu ihrem Ziel die Natur zu erkunden. Dann stieß man am Waldrand auf eine Gruppe von Zigeunern. Sie waren um ein Feuer gelagert und aßen. Paul begann ein Gespräch. Bald befragte er sie zu ihrer Auffassung von der Schöpfung und ob sie in ihr die Hand des Schöpfers erkennen könnten. Die Zigeuner standen ihm bereitwillig Rede und Antwort. Während Paul in seiner lockeren Art mit den Zigeunern redete, schlossen Dieter, Evmarie und Paul-Hermann Freundschaft mit den Zigeunerkindern, zunächst etwas zaghaft, aber bald sprangen sie genauso unbekümmert mit ihnen in Wald und Wiesen umher, wie sie es sonst mit den Spielgefährten in Dickenschied taten. Die Zigeunerkinder hörten staunend, dass die drei das ganze Jahr in demselben Haus wohnten, dass sie jeden Tag etwas anderes anzogen und dass sie regelmäßig zur Schule gingen. Aber dass sie auch so gerne draußen herumtobten wie sie, das gefiel den Zigeunerkindern. So gaben sie ihren drei neuen Freunden ein Stück weit das Geleit nach Dickenschied, als sich Anna und die Schneiders nun auf den Heimweg machten.

Paul und Anna blieben einen Augenblick auf einer steinernen Brücke stehen und schauten in das glasklare Wasser des Flüsschens. »Paul, du wirst versuchen, jede Konfrontation mit den Nazis zu vermeiden, nicht wahr?«, bat Anna inständig. »In Sachsen sind gerade zehn Pfarrer der Bekennenden Kirche verhaftet worden. Sie kamen ins Konzentrationslager von Sachsenhausen. 200 ihrer Amtsbrüder versammelten sich und verlangten die Freilassung der zehn, aber ob sie wieder in Freiheit kommen, ist fraglich; der Staat ist so unberechenbar geworden.« – »Anna, du kannst gewiss sein, dass ich mich nicht zu einem Martyrium dränge«, antwortete Paul. »Aber ich kann meinen Herrn nicht verleugnen, und wenn mein Zeugnis für Christus mich in Konflikt mit dem Staat bringt, dann soll es eben so sein.« – »Aber lass dich bei deinen Entscheidungen auch von dem Gedanken an deine Frau und deine Kinder leiten!« Paul schaute eine Weile in das rauschende Wasser zu seinen Füßen. Endlich sagte er, als ob er beim Blick in den dahinströmenden Bach eine Vision erlebt hätte: »Hat denn Gott Gretel und mir diese Kinder nur gegeben, dass ich für ihr äußerliches Wohlergehen sorge? Sind sie uns nicht anvertraut, damit wir sie für die Ewigkeit bewahren? Vielleicht steht Gretel und mir noch ein allerletzter Beweis unseres Glaubens bevor.« Die zwei setzten, jeder in seinen eigenen Gedanken, ihren Weg nach Dikkenschied fort. –

Am folgenden Tag wartete Paul im Talar in der offenen Pfarrhaustür. Es war Abendmahlssonntag. An einem solchen Tag versammelten sich, einer alten Hunsrücker Sitte gemäß, die Presbyter vor dem Pfarrhaus, um den Pfarrer zur Kirche zu geleiten. Paul stieg die Treppe hinab und ging zwischen den beiden Presbytern, die an diesem Tag den Kelch und das Brot vom Pfarrhaus zur Kirche trugen, während der Pfarrer die Heilige Schrift in seinen Händen hielt. So schritt die Prozession die Hauptstraße des Ortes entlang. Es war ein beeindruckender Anblick für die Dorfbewohner, besonders aber für Anna Groth, die sich an Hermann und Hanna Lutze – Letztere machten gerade ein paar Tage Urlaub im Dickenschieder Pfarrhaus – wandte und tief bewegt sagte: »Ich mache mir Sorgen um Paul. Er hat anscheinend zunehmend Probleme mit den politischen Autoritäten.« Hermann Lutze antwortete: »Paul dient seinen Leuten am besten, wenn er ihnen die ganze unbarmherzige Wahrheit des Evangeliums verkündet. Gerade weil er die Menschen liebt, nimmt er kein Blatt vor den Mund. Er hält an seinen Prinzipien fest, ungeachtet der politischen Atmosphäre um ihn herum und ungeachtet irgendwelcher möglicher Konsequenzen für ihn. Es ist fast eine kindliche Unbekümmertheit in ihm, ohne dass das seiner tapferen Männlichkeit Abbruch tut.«

Der 1. Mai und die damit verbundenen Feierlichkeiten gaben Hitler wieder die ideale Gelegenheit zur Propaganda. Der Jugend, um die sich Paul und Gretel nach wie vor Sorgen machten, sagte Hitler in Berlin, sie seien Zeugen einer großen Zeit. Sie erlebten nicht etwa den »Untergang des Abendlandes«, wie der Autor dieses Buches sie glauben machen wolle, sondern die Wiederauferstehung der Völker dieses Abendlandes. Nur das Alte und Morsche sterbe, aber neues

Pfarrer Paul Schneider

Paul mit Gemeindemitgliedern bei einem Ausflug zum »Deutschen Eck« in Koblenz (ca. 1936)

Leben werde entstehen. Als Teil der Feierlichkeiten wurde von Goebbels der nationale Filmpreis an Leni Riefenstahl überreicht, als Ehrung für ihren Dokumentarfilm über den Nürnberger Reichsparteitag von 1934 mit dem Titel »Triumph des Willens«.

»Wo steckt er denn bloß?«, sagte Gretel gereizt. »Die Konfirmanden warten schon eine ganze Stunde auf den Beginn der Einführung. Ich fürchte, einige der Eltern werden schon ungeduldig.« – »Fang du doch schon mal an mit der Einführung!«, schlug Sophie vor. »Vielleicht hat er einen Unfall gehabt; du weißt ja, wie er auf dem Motorrad rast.« Genau in dem Moment erschien einer der Presbyter in der Kirche. »Ich habe Pfarrer Schneider unten bei den Bredenbröckers gesehen. Er hat gesagt, wir sollen hier ohne ihn anfangen; er wird bald hier sein. Bauer Bredenbröcker hat sich die Hand verstaucht und kann das Heu nicht auf den Wagen heben, und Frau Bredenbröcker strengt die Arbeit zu sehr an. Als Pfarrer Schneider an der Wiese vorbeifuhr, hat er gesehen, wie erschöpft Frau Bredenbröcker war, und hat ihr die Arbeit einfach abgenommen.« Otto Bredenbröcker war sehr dankbar und sah voller Bewunderung zu, wie der Herr Pfarrer eine Heugabel nach der anderen voll duftenden Heus auf den Wagen beförderte. »Kleinigkeit!«, rief Paul ihm zu. »Im Freien zu arbeiten, Ernte einzubringen, sich eins mit der Natur zu fühlen gehört zu meinen Lieblingsbeschäftigungen. Ich müsste Ihnen eigentlich was zahlen für diese Vergünstigung!«, lachte er.

Pfarrer Castor stand bei Paul auf der Straße; sein katholisches Pfarrhaus lag direkt gegenüber der evangelischen Kirche. »In Preußen sind alle Exemplare der *Kirchlichen Nachrichten* für den 5. Mai beschlagnahmt worden«, erzählte Pfarrer Castor. »Die Kirchenzeitung hatte gegen den Willen der staatlichen Stellen ein Rundschreiben gedruckt, in dem die katholischen Bischöfe Deutschlands die kirchlichen Schulen verteidigen und den staatlichen Plan der Einheitsschule unter Naziaufsicht verwerfen. Im *Völkischen Beobachter* griff Rosenberg die Bischöfe als antiquierte Apostel an und pries das geplante Schulsystem als in Harmonie mit der neuen Zeit und mit der nationalsozialistischen Ideologie.« –

Als nächste Attacke der Presse gegen die katholische Kirche kam die Veröffentlichung von Geschichten über Mönche und Nonnen, die sich als »Devisenschieber« betätigten. Am 17. Mai wurde Schwester Wernera Wiederhofer zu fünf Jahren Gefängnis verurteilt, weil sie zwischen 1932 und 1934 illegal 252 000 Mark an Schwesternhäuser in Holland verschoben habe. Goebbels' Hetzblatt *Der Angriff* triumphierte, mindestens 60 solcher Fälle krimineller Akte würden zur Zeit untersucht. Die Leute, so das Blatt, seien entsetzt über die Zahl solcher Vergehen – ein ganzes System verbrecherischer Aktivität sei ans Tageslicht gekommen. »Es liegt auf der Hand, was Goebbels mit solchen Berichten bezweckt«, sagte Paul zu Gretel. »Er will das Vertrauen der Katholiken in ihre Kirche und deren Geistlichkeit erschüttern. Die Nationalsozialisten haben es fertig gebracht, einen Keil zwischen die evangelischen Christen zu treiben, jetzt sind die Katholiken dran. Sie bringen es aber gleichzeitig fertig, einem katholischen Seelenamt wie selbstverständlich beizuwohnen. Hier steht ...« – und damit wies Paul auf eine Zeitung vom 13. Mai auf dem Gartentisch und las in ironischem Ton vor, dass Hitler anlässlich des Todes von Polens Marschall Pilsudski seiner Witwe ein Telegramm schickte, in dem er seine tiefe Trauer über diesen Tod bekundete. Göring wurde als Hitlers Vertreter zu den Beerdigungsfeierlichkeiten nach Warschau und Krakau entsandt; der Führer selbst nahm am 18. Mai an einer Messe für Pilsudski in der katholischen St. Hedwigskathedrale in Berlin teil.

Von der Kirche aus eilte Hitler zu einem seiner Lieblingsprojekte nach Frankfurt. Dort eröffnete, in einem offenen Wagen an der Spitze eines Autokonvois stehend, der Führer Adolf Hitler am Sonntag, dem 19. Mai, das erste Teilstück der Autobahn von Frankfurt nach Darmstadt. Tausende von Zuschauern jubelten ihm zu.

Vom 4. bis 6. Juni 1935 tagte in Augsburg die Dritte Synode der Bekennenden Kirche. »Hier, Gretel, das Positionspapier ist noch voll von Formulierungen über die Verpflichtung des Christen zur Respektierung der politischen Autorität und zum Gehorsam gegenüber dem Gesetz. An der Spitze der Bekennenden Kirche scheint man bei all dem, was wir unter der staatlichen Politik zu leiden haben, bis heute noch nicht begriffen zu haben, dass eine Konfrontation von Bekennender Kirche und Staat unausweichlich ist. Dietrich Bonhoeffer hat scharfe Kritik an der Synode geübt. Auch Karl Barth hat aus seiner neuen Heimat Basel einen Brief an die Synode geschrieben, hat mir Emil Weber erzählt, in dem er die allzu große Friedfertigkeit der Bekennenden Kirche beklagt.« Und Paul fügte bekümmert hinzu: »Die beiden Theologen sprechen mir aus dem Herzen. Emil wusste sogar, dass Bonhoeffer der Meinung ist, man müsse Hitlers Herrschaft als die Herrschaft des Antichrist betrachten; dass Christen nicht verpflichtet seien, einem dämonischen Staat zu gehorchen; dass wir dem Beispiel der Kirche in der Offenbarung folgen und dem Tier und dem falschen Propheten widerstehen sollten. Laut Bonhoeffer reiche es nicht, die Opfer zu verbinden und für die Verfolgten zu beten; wir müssten dem Rad in die Speichen greifen. Sowohl Bonhoeffer als auch Barth haben sich für einen viel stärkeren aktiven Widerstand gegen Hitler und seine Regierung ausgesprochen.« – Während die Synode um eine geeignete Antwort auf die zunehmende Aggressivität des Staates gegenüber der Bekennenden Kirche rang, baute die NS-Regierung ihre Position im In- und Ausland mit Hilfe immer neuer innen- und außenpolitischer Erfolge mehr und mehr aus. Am 18. Juni 1935 gelang ihr ein weiterer glänzender Coup, der auch entsprechend in den Medien herausgestrichen wurde: Deutschland und England hatten ein Flottenabkommen unterzeichnet. »Das Abkommen sieht sogar vor, dass Deutschland wieder U-Boote haben darf. Das ist eine glatte Umgehung des Versailler Vertrages«, sagte Paul zu Gretel.

»Ich bin froh, dass Ihr Bischof Galen von Münster den Mut gehabt hat, Rosenberg anzugreifen«, sagte Paul zu Pfarrer Castor, als die zwei sich wieder zu ihrem privaten Bibelgespräch trafen. »Am 6. Juli hat Rosenberg auf einen Brief von Galens an den Präsidenten der Provinz Westfalen reagiert – was ja vorauszusehen war«, erklärte Pfarrer Castor. »Der Bischof hatte den Präsidenten aufgefordert, Rosenbergs geplante Rede abzusagen, weil sein Auftreten in Westfalen von den Münsteraner Christen als krasse Provokation angesehen werden würde und sie ihre heiligsten Glaubensgüter als verhöhnt empfinden würden. Schließlich sei ja Rosenbergs *Mythus des 20. Jahrhunderts* nicht umsonst im Februar 1934 von der katholischen Kirche auf den Index der verbotenen Bücher gesetzt worden.« – »Wenn ein Pfarrer der Bekennenden Kirche so einen Brief geschrieben hätte«, bemerkte Paul, »dann säße er längst im Gefängnis.« – »Da hätten die Nazis den Bischof auch am liebsten hingesteckt«, meinte Pfarrer Castor, »aber sie haben Bedenken wegen seiner Beliebtheit in Westfalen. Eine Inhaftierung von Bischof Galen würde ohne Zweifel größere Unruhen in einem der bevölkerungsreichsten Teile Deutschlands hervorrufen, vom Deutschlandbild im Ausland einmal ganz abgesehen. In der Tat macht Rosenbergs Reaktion in der Presse aus der Not eine Tugend, wenn er schreibt, dass man, wenn solch ein Brief eines Bischofs gegen ein führendes Mitglied der nationalsozialistischen Bewegung keine unmittelbare Verhaftung nach sich ziehe, doch wohl erkennen könne, wie ungeheuer tolerant der NS-Staat gegenüber den Repräsentanten der christlichen Kirche sei. Klug eingefädelt, nicht wahr?«, beschloss Pfarrer Castor seine Information. – Am 16. Juli lasen Paul und Gretel, dass Hanns Kerrl zum Minister für Kirchenangelegenheiten ernannt worden war. Paul kommentierte: »Ein neuer Minister ohne eine neue Politik des Staates ändert gar nichts. Die Führung der Bekennenden Kirche hat ja schon 1934 beschlossen, dass wir uns nicht nach den Anweisungen der Reichskirche richten. Was Hitler mit der Ernennung Ludwig Müllers zum Reichsbischof nicht geschafft hat, vesucht er jetzt durch ein neues Amt wettzumachen. Müllers Einfluss wird allerdings durch dieses neue Amt leiden.«

Paul las Gretel die erste öffentliche Rede vor, die Hitler nach seiner Operation an den Stimmbändern vom 23. Mai nun am 11. August in Rosenheim gehalten hatte:

> »Damals [1920] stand einer gegen zehn, und wir sind in diesem Kampfe nicht müde geworden, bis der Erfolg errungen war.
> Heute stehen neun des ganzen Volkes gegen einen der kleinen Zweifler. Wenn wir damals nicht kapituliert haben, dann werden wir es heute sicherlich nicht tun.

Im Kampfe haben wir einst das Deutsche Reich erobert, und im Kampf werden wir es erhalten und bewahren. Die gegen uns stehen, sollen sich in uns nicht täuschen! Den Kampf haben wir noch nie gescheut, früher nicht und heute nicht. Wenn sie ihn wollen, dann können sie ihn haben! Wir werden sie niederschmettern, daß ihnen für die nächsten fünfzehn Jahre jeder Gedanke an eine Fortsetzung dieses Kampfes vergehen wird!
Heute ist die Bewegung die Bewegung Deutschlands, heute hat diese Bewegung die deutsche Nation erobert und gestaltet das Reich. Wäre das möglich gewesen ohne den Segen des Allmächtigen? Oder wollen etwa die, die damals Deutschland ruinierten, behaupten, daß sie den Segen Gottes gehabt hätten? Was wir sind, sind wir nicht gegen, sondern mit dem Willen der Vorsehung geworden, und solange wir treu, ehrlich und kampfmutig sind, an unser großes Werk glauben und nicht kapitulieren, werden wir auch weiterhin den Segen der Vorsehung haben. …
Daran glaube ich so unerschütterlich für die Zukunft wie vor fünfzehn Jahren an die heutige Zeit! Damals habe ich diese Fahne geschaffen und gesagt, daß sie einmal über ganz Deutschland flattern werde. 15 Jahre sind vorbei, und über Deutschland wehen heute unsere Fahnen! Und heute prophezeie ich weiter: in 500 Jahren wird diese Fahne das Herzblut der deutschen Nation geworden sein!«[146]

Paul machte sich Gedanken und sagte schließlich: »Gretel, wir glauben, dass Gott in der Geschichte wirkt. Vielleicht ist doch was dran, wenn Hitler sich bei seinen Erfolgen auf das Walten der Vorsehung beruft. Im Alten Testament ist ja der Pharao auch ein Instrument des göttlichen Willens. Wenn man den Propheten glaubt, dann durfte Sargon, der Assyrer, die zehn Stämme Israels zerstreuen, so dass sie aus der Geschichte verschwanden, dann war Nebukadnezar von Gott gesandt, um Juda durch die Babylonische Gefangenschaft zur Vernunft zu bringen. In der Offenbarung fügen das Tier und der falsche Prophet der Kirche durch ihre Verfolgung großen Schaden zu, aber nur weil Gott es zulässt.« Gretel war nicht ganz einverstanden: »Aber Paul, wenn man so einfach das Böse als gottgegeben hinnimmt, dann wird das in Fatalismus münden. Sollen wir nicht lieber widerstehen, weil auch dem Bösen zu widerstehen Teil des göttlichen Planes ist?« – »Du hast Recht«, sagte Paul, erleichtert und ermutigt. »Christen müssen sich dem Bösen widersetzen, aber gleichzeitig muss uns klar sein, dass das Böse nicht unabhängig von Gottes Ordnung wirken kann. Wir können letztendlich den Willen Gottes nicht ergründen. Wir können nur unser Bestes tun, so wie er es uns durch die Bibel weist. Und darin steht auch, wie wir uns angesichts atheistischer Tyrannei zu verhalten haben. In der Offenbarung wird die Kirche zum Widerstand gegen den römischen Kaiser Domitian aufgerufen, der sich selbst zum Gott erklärte, obwohl sie auf der anderen Seite nicht umhin konnte anzuerkennen, dass Gott Domitians Herrschaft als Teil seines geheimnisvollen Planes zugelassen hatte.«

Als Paul am 29. August 1935 mit Freunden seinen 38. Geburtstag feierte, war das Hauptthema – nachdem einer der Gäste sie über den Unfalltod der belgischen Königin Astrid informiert hatte – die Feststellung der Synode der Bekennenden Kirche im August, wie viele Kleriker von ihren Kanzeln verjagt worden waren. »Diese ›Feststellung‹ ist mir einfach zu wenig«, sagte Paul. »Die Bekennende Kirche reagiert zu schwach, z. B. wenn der Staat nach wie vor auf der Anwendung des Arierparagraphen in der Kirche besteht. Die Reichskirche wiegelt ab. Und was macht die Bekennende Kirche?« Damit las er die entsprechende Verfügung der Synode vor, in der es hieß, dass sie zum gegenwärtigen Zeitpunkt keine allgemeingültige und bindende Erklärung zu dem Thema »ausgewiesene Pfarrer« geben könne, da zu viele Pfarrer betroffen seien und die Fälle zu unterschiedlich gelagert seien. –

Am 1. September zeigte Pfarrer Castor Paul eine Kopie des Hirtenbriefes der in Fulda versammelten deutschen katholischen Bischöfe vom 20. August, der am 1. September in allen Kirchen verlesen werden sollte. Paul interessierte sich sehr dafür. Die Bischöfe beklagten sich massiv über die Arroganz von Parteioffiziellen, die sich angesichts verbrecherischer Aktivitäten von NS-Genossen in einen Mantel des Schweigens hüllten, während sie Vergehen einzelner Katholiken der gesamten Kirche anlasteten. Ein anderer Punkt, der in dem Hirtenbrief angesprochen wurde, war das Schulproblem. Hier wiesen die Bischöfe mit Nachdruck auf das Recht der Eltern hin, die Schule, die ihre Kinder besuchen sollten, selbst auszuwählen. Sie verwahrten sich gegen die zunehmenden Übergriffe der Hitlerjugend auf kirchliche Jugendgruppen. Die katholische Kirche unterstrich die Verpflichtung ihrer Gläubigen, im Falle des Konflikts von staatlichem Recht mit Natur- und göttlichem Recht »Gott mehr zu gehorchen als den Menschen«.

Am 10. September war wieder Reichsparteitag in Nürnberg. »Aha«, stellte Paul beim Lesen seiner Tageszeitung fest, »dieses Jahr heißt er ›Parteitag der Freiheit‹, weil mit der Verkündigung der Wiederbewaffnung und dem Flottenabkommen mit England die Fesseln von Versailles zerrissen sind.«

Die Zeitungen waren voll von Reportagen. Am 12. September erschien eine Liste von Volksfeinden, die der Nationalsozialismus überwunden habe: »1. der jüdische Marxismus und die mit ihm verwandte parlamentarische Demokratie, 2. das politisch und moralisch verderbliche Zentrum, 3. gewisse Elemente eines unbelehrbaren, dumm-reaktionären Bürgertums.« – »Womit natürlich auch die Bekennende Kirche gemeint ist«, kommentierte Gretel. Und dann las sie Teile von Hitlers Rede vor:

> »Der nationalsozialistische Staat aber wird unter keinen Umständen dulden, daß auf irgendwelchen Umwegen die Politisierung der Konfessionen entweder fortgeführt oder gar neu begonnen wird. Und hier möge man sich über die Entschlossenheit der Bewegung und des Staates keiner Täuschung hingeben! Wir haben den politischen Klerus schon einmal bekämpft und ihn aus den Parlamenten herausgebracht und das nach einem langen Kampf, in dem wir keine Staatsgewalt und die andere Seite die gesamte hatte. Heute haben wir aber diese Gewalt. … Wir werden auch diesen Kampf nie kämpfen als einen Kampf gegen das Christentum oder auch nur gegen eine der beiden Konfessionen. Aber wir werden ihn dann führen zur Reinerhaltung unseres öffentlichen Lebens von jenen Priestern, die ihren Beruf verfehlt haben, die Politiker hätten werden müssen und nicht Seelsorger.«[147]

Ein paar Tage später stand eine Rede Hitlers vor der NS-Frauenschaft in der Zeitung: Es gebe Dinge, die mache der Mann, und für die stehe er allein ein. Er würde sich schämen, ein deutscher Mann zu sein, wenn jemals im Falle eines Krieges auch nur eine Frau an die Front gehen müsste. Die Frau habe auch ihr Schlachtfeld. Mit jedem Kind, das sie der Nation zur Welt bringe, kämpfe sie ihren Kampf für die Nation. Der Mann trete für das Volk ein, genau so wie die Frau für die Familie. Die Gleichberechtigung der Frau bestehe darin, dass sie in den ihr von der Natur bestimmten Lebensgebieten jene Hochschätzung erfahre, die ihr zukomme. ... Es gebe keinen größeren Adel für die Frau, als Mutter der Söhne und Töchter eines Volkes zu sein. All die Jugend, die man heute so stark und schön auf der Straße sehe, diese strahlenden Gesichter und glänzenden Augen – wo wären sie, wenn sich nicht immer wieder eine Frau gefunden hätte, die ihnen das Leben gegeben hätte? Die letzte Unsterblichkeit hier auf der Erde liege in der Erhaltung des Volkes und des Volkstums.

»Hört sich phantastisch an, Paul«, sagte Gretel, »aber für mich ist Kindergebären nicht ein Schlachtfeld nationaler Ehre. Stell dir mal Mutters Reaktion vor, wenn wir diese Worte von patriotischer Fruchtbarkeit ernst nähmen!«, lachte sie. »Ich frage mich nur, warum so viele Frauen bei den Versammlungen vor lauter Begeisterung für Hitler in Ohnmacht sinken«, meinte Paul. »Das muss an der Stimmung des Augenblicks liegen«, antwortete Gretel. »Es gibt übrigens genau so viele verrückte Männer wie Frauen.« –

Am 14. September hielt Hitler eine Rede vor 54 000 Mitgliedern der Hitlerjugend im Stadion der Stadt. Frenetisches »Sieg Heil!« scholl ihm entgegen. Paul, immer noch verbittert über Hitlers Erfolg bei der Jugend, die geschlossen in der HJ hinter ihm stand, las in der Zeitung, was Hitler den jungen Leuten zugerufen hatte:

> »Wir sehen heute nicht mehr im damaligen Bierspießer das Ideal des deutschen Volkes. ... In unseren Augen, da muß der deutsche Junge der Zukunft schlank und rank sein, flink wie Windhunde, zäh wie Leder und hart wie Kruppstahl. Wir müssen einen neuen Menschen erziehen, auf daß unser Volk nicht an den Degenerationserscheinungen der Zeit zugrunde geht.«[148] –

Am 15. September wurde – in einer Sondersitzung des Reichstages auf dem Parteitag in Nürnberg – das »Gesetz zum Schutz des deutschen Blutes und der deutschen Ehre« verabschiedet. Es besagte:

> »1. Reichsbürger ist nur der Staatsangehörige deutschen oder artverwandten Blutes …
> 2. Eheschließungen zwischen Juden und Staatsangehörigen deutschen oder artverwandten Blutes sind verboten. Trotzdem geschlossene Ehen sind nichtig, auch wenn sie zur Umgehung dieses Gesetzes im Ausland geschlossen sind.
> 3. Außerehelicher Verkehr zwischen Juden und Staatsangehörigen deutschen oder artverwandten Blutes ist verboten.
> 4. Juden dürfen weibliche Staatsangehörige deutschen oder artverwandten Blutes unter 45 Jahren in ihren Haushalten nicht beschäftigen.«[149]

»Jetzt haben sie ein weiteres Mittel, jüdisch-christliche Pfarrer aus den Kirchen zu entfernen«, klagte Paul. »Wenn Juden keine Staatsbürger sind, dann können sie natürlich kein Pfarramt in deutschen Kirchen haben. Aber diese Nürnberger Gesetze gehen noch weit über das hinaus, was der Arierparagraph bedeutete. Dieses Gesetz beraubt alle Juden in Deutschland ihrer staatsbürgerlichen Rechte. Nicht nur dieser Versuch, jüdisch-christliche Pfarrer aus ihren Ämtern zu entfernen, sondern auch die Politik des Staates, ›unerwünschte‹ Pfarrer oder solche, die den Staat kritisieren, zu suspendieren, um von vornherein Kritik zu unterbinden, hat die Bekennende Kirche zu folgender Feststellung veranlasst: ›Vielleicht ist dies die Frage, die am meisten Sorgen bereitet: Was sollen Pfarrer machen, die ihr Amt verloren haben und ihre Tätigkeit nicht mehr ausüben dürfen?‹« – »Ich kann von einem ganz konkreten Beispiel solcher staatlicher Willkür berichten«, sagte Oskar Reif, als er einmal in Dickenschied mit den Lutzes zusammentraf. »Ich selbst wurde wegen einiger kritischer Bemerkungen in einer Predigt aus meiner Gemeinde ausgewiesen. Ich darf hier bei den Schneiders wohnen, bis sich die Sache geklärt hat. Ich habe mir vorgenommen, den Ausweisungsbefehl zu ignorieren und einfach in meine Gemeinde zurückzukehren. Ich rechne eigentlich nicht mit weiteren Folgen.« – »Was hat denn die Gestapo als Grund für die Ausweisung angegeben?« – »Die Gestapo braucht nicht mal einen Grund zu nennen«, rief Paul dazwischen. »Als wir z. B. am 29. September ein Treffen unserer Jungmädchen in Lotzbeuren hatten«, fuhr er fort, »da hieß es nur lapidar, die örtlichen Behörden verböten unser Treffen. Wir sind dann einfach aus dem Dorf raus auf das nächstgelegene Wiesengelände gezogen und haben dort weitergetagt. So versucht man, die Tätigkeit der Bekennenden Kirche zu behindern, besonders wenn es sich um unseren Dienst an der Jugend handelt.« [Dieser Bericht über das Jugendtreffen ging ohne Wissen von Paul und Gretel an die Gestapostelle in Frankfurt:

> »Pfarrer Schneider veranstaltete ein Treffen der Evangelischen Jungmädchen. Man konnte ihn nicht verhaften, weil kein ausdrücklicher Verstoß gegen ein Gesetz vorlag.«]

Ende Oktober begleitete Paul Oskar Reif, der, um eine Gestapokontrolle auf der Zufahrtstraße nach Veldenz zu umgehen, durch die Weinberge in sein Dorf zurückkehrte, wo er in seiner Kirche predigen wollte. Die Presbyter wussten Bescheid und hatten die Gemeindemitglieder informiert. »Was wird die Gestapo machen, wenn man herausfindet, dass wir sie überlistet haben?«, fragte Paul. »Ich werde«, antwortete Pfarrer Reif, »die Gestapo einfach vor vollendete Tatsachen stellen. Jedenfalls habe ich schon die erste Predigt gehalten, bevor man überhaupt etwas merkt. Und wenn meine ganze Gemeinde hinter mir steht, komme ich vielleicht mit einem blauen Auge davon.« – »Ich wünsche es dir jedenfalls«, sagte Paul, als er sich zwischen Weinberg und Dorf nahe bei der Kirche von seinem Amtsbruder verabschiedete.

Das Netz, das Regierung und Kirchenverwaltung über katholische und evangelische Abweichler geworfen hatten, zog sich allmählich dichter zusammen, und auch Paul und Gretel bekamen das deutlich zu spüren. »Paul, wenn du in deinem Konfirmandenunterricht nicht den Hitlergruß entbietest, darfst du dann nicht mehr im Schulgebäude unterrichten?« Gretels Frage klang zutiefst besorgt. »Ich

finde es einfach lächerlich, genau wie damals Professor Barth in Bonn: zu Beginn und zum Schluss ›Heil Hitler!‹«, war Pauls Reaktion. Gretel aber meinte: »Professor Barth konnte nach seiner Ausweisung aus Deutschand wenigstens in sein Heimatland, die Schweiz, zurückkehren. Wir haben nichts, wohin wir uns zurückziehen könnten.« –
Am 17. Oktober 1935 erhielt das inzwischen von Koblenz nach Düsseldorf übergesiedelte Rheinische Konsistorium eine Mitteilung vom Oberpräsidenten der Rheinprovinz:

»Regierungspräsident a I Nr. 1001.
An
das Evangelische Konsistorium der Rheinprovinz
in Düsseldorf
Betr.: Pfarrer Schneider in Dickenschied
Es besteht Veranlassung, auf folgenden Vorfall hinzuweisen: Der evangelische Pfarrer Paul Robert Schneider, geb. 29.8.1897 zu Pferdsfeld, Kreis Kreuznach, jetzt Dickenschied Nr. 58, Kreis Simmern, hat sich wiederholt geweigert, bei Beginn und Beendigung des Konfirmandenunterrichtes, den er in der Volksschule zu Dickenschied abhalt, den Deutschen Gruß anzuwenden.
Als er am 9. Oktober 1935 dieserhalb durch den zuständigen Bürgermeister vernommen wurde, gab er folgende Erklärung ab: ›Ebensowenig wie wir den Gottesdienst mit dem Deutschen Gruß beginnen und beenden, muß ich, wie auch ein Teil meiner Kollegen, es ablehnen, den Religionsunterricht mit dem Deutschen Gruß zu beginnen bzw. zu beenden.‹ Daraufhin versuchte der Kreisschulrat Pfarrer Schneider in persönlicher Aussprache davon zu überzeugen, daß die Anwendung des Deutschen Grußes verlangt werden müsse. Pfarrer Schneider ließ sich jedoch nicht überzeugen, er erklärte vielmehr, bei der Aussage vom 9. Oktober bleiben zu müssen, wobei er noch hinzufügte, daß man durch die Grußpflicht das deutsche Volk zu einem Volk von Heuchlern und Heloten mache. Auch als ihm der Kreisschulrat erläuterte, daß in dem Gruß ›Heil Hitler‹ ein Glück- und Segenswunsch für unser Staatsoberhaupt liege und daß man infolgedessen bei Ausübung

des Grußes eine rechte christliche Pflicht erfülle, hielt er die Weigerung des Grußes aufrecht.
Hat Pfarrer Schneider schon durch diese seine Handlungsweise seine staatsfeindliche Gesinnung zu erkennen gegeben, so kommt hinzu, daß er bereits im Jahre 1934 als Feind des neuen Staates in Erscheinung getreten ist. Ich verweise dieserhalb auf den Vorfall bei der Beerdigung des Hitlerjungen Moog am 12. Juni 1934, der zur Inschutzhaftnahme von Pfarrer Schneider geführt hat. Bezeichnend für die Gesinnung des Pfarrers Schneider ist auch der Inhalt einer Sonntagspredigt, die er Anfang September gehalten hat. Er kam hierbei auch auf das ›auserwählte Volk‹ der Juden zu sprechen, wobei er ausführte, daß man versuchen müsse, den Juden das Christentum beizubringen.
Ferner versuchte Pfarrer Schneider, in seiner Predigt die Deutschen Christen lächerlich zu machen. ... Die Ermittlungen ... sind noch nicht abgeschlossen.
Dessen ungeachtet halte ich Pfarrer Schneider schon auf Grund der übrigen klar erwiesenen Vorwürfe für einen ausgesprochenen Feind des heutigen Staates. Unter Berücksichtigung dieser Sachlage bitte ich ernsthaft in Erwägung zu ziehen, ob nicht die Entfernung Schneiders aus seinem Amte geboten erscheint.
Dem Herrn Reichs- und Preußischen Minister für die kirchlichen Angelegenheiten habe ich entsprechend Bericht erstattet.

gez. Turner
Beglaubigt: Bode
Kanzleiangestellter« [150]

Im Zusammenhang mit diesem Brief schrieb das Konsistorium am 24. Oktober 1935 an den zuständigen Superintendenten Gillmann:

»Der Oberpräsident der Rheinprovinz hat uns beifolgende Mitteilung über Pfarrer Schneider in Dickenschied übermittelt, um deren Rückgabe wir Sie ersuchen.
Mit tiefem Bedauern haben wir von dieser Mitteilung Kenntnis genommen. Wir ersuchen Sie, möglichst bald eine Aussprache mit Pfarrer Schneider herbeizuführen und ihn zu einer Änderung sei-

nes Verhaltens zu bewegen. Sie wollen ihm vorhalten, daß die Weigerung des Deutschen Grußes vor den Schulkindern nicht nur ihm, dem einzelnen Pfarrer, aufs neue politische Feindschaft zuzieht, sondern daß er dadurch das Ansehen des gesamten Pfarrerstandes ernstlich schädigt. Auch der ›Bekennenden Gemeinde‹, der er angehört, leistet er einen sehr schlechten Dienst. Denn er gibt dem so oft wiederholten und von der ›Bekennenden Gemeinde‹ stets mit schmerzlicher Entrüstung zurückgewiesenen Vorwurf neue Nahrung, daß sie zur Reaktion hinneige und als Feind des Staates zu beurteilen sei.
Würde es sich bei dem Unterricht der Kinder wie beim Kindergottesdienst um eine religiöse Feier handeln, die im Kirchenraum selbst vor sich ginge, so würde der vaterländische Gruß weder erwartet werden noch angebracht sein. Aber der Pfarrer ist in Dikkenschied beim Konfirmandenunterricht auf einen Klassenraum der Ortsschule angewiesen, also Gast einer staatlichen Einrichtung. Jeder Lehrer, der den Klassenraum betritt, ist zu dem Deutschen Gruß verpflichtet. Der Pfarrer, der im Schulraum unterrichtet, kann und darf sich von diesem Brauch nicht ausschließen, wenn er nicht die Achtung der Kinder verlieren und den Unwillen des Staates auf sich ziehen will. Ihm sollte aber auch aus inneren Gründen der Gruß gegenüber dem Führer des deutschen Volkes nicht schwerfallen. Fleht er doch an jedem Sonntage im Gebet Gottes Heil und Segen auf das Oberhaupt des Staates herab. Er sollte daher, statt vor den Kindern auf den Heilgruß zu verzichten, ihnen lieber klarmachen, in welch tiefem Sinne ein gläubiger Christ den Heilgruß gegenüber dem Oberhaupt des Staates aussprechen kann und soll. Um des Ansehens unseres Pfarrerstandes willen und aus diesem innersten Grunde würden wir es begrüßen, wenn es Ihren Vorstellungen gelingen sollte, Pfarrer Schneider zu einer Änderung seines Standpunktes zu bewegen. Wir erwarten in Bälde einen Bericht hierüber.«[151]

Superintendent Gillmann wandte sich in einem Brief an Paul und schrieb nach Erhalt von Pauls Antwort an das Konsistorium:

»Der Superintendent Simmern, den 9. 11. 1935
Fernsprecher 484
Tgb.Nr. 360/35 11
Dem Evangelischen Konsistorium
in Düsseldorf

teile ich hierdurch mit, daß die versuchte Unterredung mit Herrn Pfarrer Schneider – Dickenschied nicht zustande kam. Pfarrer Schneider hat mir unter dem 8. 11. 1935 folgendes mitgeteilt:
Abschrift:
›Herrn Superintendent Gillmann, Simmern
Auf Ihre Aufforderung vom 2. 11. Tgb. 347/II zu einer Unterredung mit Ihnen betr. Hitlergruß im Konfirmandenunterricht, die Sie als vom Konsistorium zuletzt beauftragt an mich richteten, muß ich Ihnen erwidern, daß ich mich nicht zu einer solchen Unterredung bereitfinden kann.
Dem Herrn Regierungspräsidenten habe ich meine Stellungnahme schon zweimal, das erste Mal protokolliert von dem Herrn Amtsbürgermeister in Kirchberg, das andere Mal mündlich und schriftlich durch den Herrn Kreisschulrat, kundgetan. Es ist anzuerkennen, daß der Staat jetzt in Sachen des Konfirmandenunterrichtes den Weg über die Kirche zu mir sucht. Meine Kirchenbehörde ist aber nicht das Konsistorium, sondern die Evangelische Bekenntnissynode im Rheinland und der dieselbe vertretende Rheinische Bruderrat. Dieser Rheinische Bruderrat hat bereits meine Haltung gebilligt und mitgeteilt, daß es nicht angebracht sei, den Unterricht als einen Teil der Wortverkündigung mit einem Gruß zu beginnen, der Ausdruck einer politischen Bewegung ist.
Sollte der Herr Oberpräsident meine Haltung dennoch nicht verstehen und billigen können, so gebe ich anheim, bei meiner vorgesetzten kirchlichen Behörde, dem Rheinischen Bruderrat, vorstellig zu werden.

gez. Schneider, Pfr.‹

Trotz des Scheiterns dieser Unterredung empfehle ich dringend, keine Maßnahmen gegen Pfarrer Schneider zu treffen, weil bei

Schneider hier eine gewissensmäßige Glaubensentscheidung vorliegt, die keine Rückschlüsse auf seine politische Gesinnung zuläßt. Schneider ist alter Soldat und ein grundehrlicher, ehrenwerter Mann, auf den der Staat in jeder Lage zählen kann. Er sieht den Konfirmandenunterricht an wie etwa den katholischen Kommunionsunterricht, [d. h.] als Teil des Predigtamtes.

E. Gillmann, Pfr.«[152]

Pauls Weigerung, seine Konfirmanden mit dem Hitlergruß zu empfangen und zu verabschieden, und sein Widerstand gegen den Druck seitens des Konsistoriums auf ihn in dieser Sache brachte, ohne dass es Paul bewusst war, das Rheinische Konsistorium in große Verlegenheit, wie aus der Eingabe vom 18. Oktober 1935 beim Oberkirchenrat in Berlin ersichtlich ist:

»Pfarrer Schneider hat sich geweigert, uns unmittelbar zu berichten, weil er den Rheinischen Bruderrat als seine Behörde betrachtet. In seiner Antwort an den Superintendenten vertritt er, im Einverständnis mit dem Bruderrat, der ihm mitgeteilt hat, daß ›es nicht angebracht sei, den Unterricht als einen Teil der Wortverkündigung mit einem Gruß zu beginnen, der Ausdruck der politischen Bewegung ist‹, die Auffassung, der Konfirmandenunterricht sei als religiöse Amtshandlung zu werten, die nicht mit einem aus der politischen Sphäre stammenden Gruß eingeleitet werden dürfe. …

Da der Regierungspräsident Pfarrer Schneider wegen seiner Grußverweigerung ausdrücklich der staatsfeindlichen Gesinnung bezichtigt und im Zusammenhang mit einigen andern weniger bedeutsamen Vorgängen uns ernsthaft zu erwägen bittet, ob nicht die Entfernung Schneiders aus dem Amt geboten sei, da andererseits viele Pfarrer wie Schneider denken und handeln und leicht neu Klagen des Staates, die die Neuordnung des Verhältnisses zwischen Kirche und Staat auf der Grundlage des Aufrufes des Reichs- und Landeskirchenausschusses gefährden würden, daraus erwachsen können, scheint uns eine Klärung von maßgebender Stelle dringend angezeigt zu sein. Wir bitten daher erwägen zu wollen, ob nicht dem Landeskirchenausschuß die Bitte vorzutragen sei, eine Weisung, wie es mit dem Deutschen Gruß im Konfirmandenunterricht zu halten sei, herauszugeben.«[153]

Das Problem wurde vorläufig dahingehend gelöst, dass Paul den Unterricht für die Konfirmanden im Pfarrhaus hielt – da erübrigte sich der deutsche Gruß!

Mittwoch, der 20. November, war der Buß- und Bettag. In den Kirchen wurden Gottesdienste gehalten. »Wenn du diese Erklärung verliest, Paul«, mahnte Gretel, »dann wird irgendjemand nach oben berichten.« – »Das muss aber verlesen werden«, erwiderte Paul, »und zwar von allen Kanzeln der Bekennenden Kirche in Preußen. Nur gemeinsam haben die Gemeinden der Bekennenden Kirche eine Chance, sich gegen Einmischung durch die Regierung aufzulehnen.« Und so stand Paul auf der Kanzel in Dickenschied und anschließend in Womrath und verlas den Protest der Bekennenden Kirche der altpreußischen Union gegen die systematische staatlich gesteuerte Verbreitung von heidnischen Lehren und dagegen, dass hohe Staatsbeamte ihre Stellung ausnutzen und mit Hilfe des Monopols von Presse und Rundfunk jede Äußerung von Gegenargumenten unterdrücken könnten. Dann las er:

»Wir sehen, wie eine neue Religion unser Volk von dem Herrn Jesus Christus hinwegführen will. Wir sehen, wie neben der Gottesbotschaft eine Menschenlehre in der Kirche Heimatrecht fordert und findet. Wir sehen, wie dem theologischen Nachwuchs auf den Universitäten die rechten Lehrer des Wortes Gottes einer nach dem anderen genommen werden, wie es der Bekennenden Kirche verwehrt wird, in eigenen Ausbildungsstätten die Studenten zu lehren, und wie auf diese Weise die künftigen Prediger dahin gebracht werden sollen, eine andere, falsche Lehre zu lernen und anzunehmen.«[154] –

»Das ist Willkür und soll uns weiter einschüchtern«, sagte Paul zu Gretel, als er am 20. Dezember las, dass der Reichsminister für kirchliche Angelegenheiten einen Kirchenausschuss eingerichtet hatte, der die vier Provinzen in Preußen überwachen sollte. »Dieser Ausschuss hat die Verwaltungs- und Ernennungsfunktion, die sonst den Landeskirchen zugestanden hat, und somit das Recht der Ernennung von Pfarrern und der Einberufung von Synoden, was immer Sache unserer traditionellen kirchlichen Körperschaften war«, ereiferte sich Paul.

Noch mehr regte ihn auf, wenn er einen Blick in Zeitungen wie den *Stürmer* warf, dessen neueste Ausgabe ihm Hermann Lutze vorlegte. Das Blatt nannte sich großartig »Eine deutsche Wochenzeitschrift im Kampf um die Wahrheit«. Die Karikatur auf der Titelseite stellte eine Menge Leute dar, die für das staatlich geförderte WHW (Winterhilfswerk) spendeten, während ein einzelner fetter Jude auf seinen Geldsäcken mit Aufschriften wie »Zinsen«, »Devisen« und »Kapital« saß. Neben dem Bild der Vers:

»Der Teufel Geld hat stets gesiegt
Wo Egoismus überwiegt –
Jedoch Alljudas Macht zerfällt
Dort wo ein Volk zusammenhält.«

Und auf derselben Seite dick gedruckt das, was in jeder Ausgabe des *Stürmer* die Titelseite zierte: »Die Juden sind unser Unglück!« »Hitler hat zwar letzten Monat vor der internationalen Presse versprochen, dass es während der Olympischen Spiele in Berlin 1936 keinerlei antisemitische Propaganda geben werde, aber ob sich Julius Streicher mit seinem Nürnberger Blatt so weit zügeln lässt, ist mehr als fraglich.« –

Am 21. Dezember konnte man vom Freitod des 45-jährigen Schriftstellers Kurt Tucholsky in seinem schwedischen Exil lesen. Paul war erschüttert: »Er kam einfach nicht zurecht mit einem Exil fern von Deutschland, im Bewusstsein, dass sein jüdisches Volk so misshandelt wurde von einem Volk, dessen Kultur ihm teuer war.«

Das Jahr 1935 ging zu Ende. Am 31. Dezember wandte sich der Führer an die Nation mit den Worten: »Das Motto für 1936 lautet:

Beständig voran für Frieden, Ehre und nationale Stärke!« Hitlers Appell erweckte in Paul den heißen Wunsch, seinen Landsleuten die Augen zu öffnen, damit sie die Gefahren sahen, die sie überall bedrohten, wenn sie sich immer tiefer in die Bande der Nationalsozialistischen Partei verstrickten. Er hätte ihnen zurufen mögen mit lauter Stimme, so dass man es bis in den hintersten Winkel Deutschlands hören konnte, wie einst Jeremia (22, 29) gerufen hatte: »O Land, Land, Land, höre des Herrn Wort!« Er hätte seine Landsleute beschwören mögen: »Seid nüchtern und wachet!« Aber das tausendfältige »Heil!«, der donnernde Beifall, die aufpeitschende Marschmusik würden seinen mahnenden Ruf ersticken. Der feste Tritt der endlosen Reihen von braun und schwarz gekleideten Horden entfachte das Feuer des Nationalismus und der Selbstbespiegelung, und die Worte des Pfarrers Paul Schneider und seiner Brüder aus der Bekennenden Kirche verhallten, wie derzeit die Worte des Propheten, ungehört und unbeachtet:

»O Land, Land, Land, höre des Herrn Wort!«

KAPITEL 7

1936

DIE HÖHLE DES LÖWEN
EIN DANIEL DES 20. JAHRHUNDERTS

»Ziehet an den Harnisch Gottes, daß ihr bestehen könnet gegen die listigen Anläufe des Teufels. Denn wir haben nicht mit Fleisch und Blut zu kämpfen, sondern mit Fürsten und Gewaltigen, nämlich mit den Herren der Welt, die in der Finsternis dieser Welt herrschen, mit den bösen Geistern unter dem Himmel.«
(Epheser 6, 11 – 12)

AM 1. JANUAR 1936 VERLAS Joseph Goebbels die Neujahrsbotschaft des Führers an die Nation über den staatlichen Rundfunk:

> »Zum dritten Mal feiert das neue Reich den Jahreswechsel. ...
> Zum dritten Mal ist Deutschland unter diesem Regime stärker und gesünder geworden auf allen Gebieten seines nationalen Lebens. ...
> ... Eine fanatisch verschworene Gemeinschaft deutscher Männer, deutscher Frauen und deutscher Jugend wird hinter mir stehen, wie in der Vergangenheit in ihren guten und schlechten Tagen, so auch in der Zukunft! ...
> Das Jahr 1936 soll uns ... alle vereint sehen im Bewußtsein der uns gestellten gemeinsamen Aufgabe. Heute aber wollen wir danken dem Allmächtigen, der unser Volk bisher in seinen Segen genommen hat. Und wir wollen uns vereinen in der demütigen Bitte an ihn, uns auch in Zukunft nicht zu verlassen.
> Es lebe die nationalsozialistische Bewegung! Es lebe unser einiges deutsches Volk und Reich!«[155] –

Während des Winters 1935/36 wurde Paul mehrfach zu Verhören auf das Dickenschieder Bürgermeisteramt bestellt. Der aufgebrachte Amtsleiter klagte: »Pfarrer Schneider, man hat schon wieder Anzeige erstattet wegen einiger Bemerkungen, die Sie in Ihrer Predigt gemacht haben. Trotz aller Erklärungen seitens der Reichskirchenleitung reden Sie immer noch von den Juden als von Gottes auserwähltem Volk. Sie wollen immer noch Juden das Evangelium nahe bringen, um sie für Christus zu gewinnen, und halten auch noch Kollekten in Ihren Gemeinden, um Juden zu unterstützen, die, wie Sie sich ausdrücken, aufgrund der Nürnberger Gesetze unter Einkommensverlusten und Entbehrungen leiden. Das passt nicht so ganz zu den Auffassungen Ihrer Reichskirchenleitung. Die Menge der Anschuldigungen gegen Sie kann uns nicht untätig sein lassen.« – »Erstens, Herr Jakoby«, antwortete Paul, »wir Pfarrer der Bekennenden Kirche erkennen die kirchenrechtlichen Entscheidungen der Reichskirchenleitung nicht an; die Reichskirche ist nicht unsere Kirche. Und zweitens, wer erstattet denn dauernd Anzeige gegen mich? Ich habe ein Recht darauf, das zu wissen.« Herr Jakoby entgegnete: »Namen dürfen wir natürlich nicht nennen. Wenn wir das in einem so kleinen Ort wie Dickenschied täten, wo jeder jeden kennt, dann würde uns niemand als Informant dienen.« – »Die Anzeige«, sagte Paul, »von der Sie mir kürzlich berichteten, derzufolge ich gesagt haben soll, Hitler sei vom Teufel, erinnert mich zu sehr an ein Gespräch mit Lehrer Kunz. Zwischen Herrn Kunz und mir gibt es Meinungsverschiedenheiten wegen des neuen staatlich verordneten Lehrplans. Ich weiß, dass Herr Kunz mich schlicht für unpatriotisch hält und für ungeeignet für das Amt des Pfarrers und erst recht ungeeignet, in unserem neuen Deutschland Konfirmanden zu unterrichten. Er fragte mich ganz unvermittelt, ob ich glaube, Hitler sei vom Teufel oder von Gott. Ich habe ihm geantwortet, das könne erst die Zukunft lehren. Weil ich nicht spontan von einem himmlischen Auftrag des Führers sprach, wurde meine Antwort so interpretiert und umformuliert, als ob ich gesagt hätte, Hitler sei vom Teufel.« – »Wir wissen natürlich, Pfarrer Schneider, dass einige der Anzeigen gegen Sie Feindschaft oder Neid entspringen«, erwiderte Herr Jakoby, »aber wo Rauch ist, ist auch Feuer.« – »Herr Jakoby«, sagte Paul, »Sie sollten nicht denen Gehör schenken, die die Bekennende Kirche hier kaputtmachen wollen. Sie und Ihr Sohn Rudolf scheinen ja keine große Lust zu haben, am Gottesdienst teilzunehmen, so dass Sie nicht selber mitbekommen, was dort in der Predigt gesagt wird, aber Sie könnten ja schließlich auch Ihren Vetter Heinrich fragen, was ich wirklich predige; er und seine Frau sind praktizierende Mitglieder der Gemeinde.« – »So halten Sie den Lehrer Kunz nicht für einen verlässlichen Zeugen? Der hört Sie ja jeden Sonntag, da er die Orgel spielt.« – »Er ist kein wohlmeinender Zeuge«, entgegnete Paul. »Die Orgel spielt er nur, weil das zu seinen vertraglich geregelten Pflichten als Lehrer der Konfessionsschule von Dickenschied gehört. Wenn er nicht gerade schläft, kann er kaum verbergen, wie sehr er sich im Gottesdienst langweilt. Wir lassen jetzt nicht einmal mehr die Jugend auf die Empore, damit sie ihn nicht derart an der Orgel sitzen sieht; sein Verhalten passt so gar nicht zu dem Bild, das Jugendliche von einem Lehrer haben sollten.«

Eine Flucht weg vom Schlachtfeld erschien Paul nicht ohne Reiz. »Stell dir mal vor, Gretel«, scherzte Paul, »wir flögen eines Tages in die USA.« Er las nämlich gerade einen Bericht in den *Hunsrücker Nachrichten* vom 15. Februar, in dem von Plänen der Deutschen Lufthansa und der amerikanischen Fluggesellschaft Pan American Airways die Rede war, wie man eine regelmäßige Flugverbindung über den Atlantik bewerkstelligen könnte.

Die Nachrichten über den Kirchenkampf holten Paul und Gretel bald aus der Fantasiewelt der Reisen in ferne Welten in die raue Wirklichkeit zurück, als Hermann Lutze zu Besuch kam. »Die Vierte Bekenntnissynode in Bad Oeynhausen vom 17. bis 22. Februar wird die letzte gemeinsame sein«, meinte Hermann. »Minister Kerrl hat es fertig gebracht, einige von unsern Brüdern zur Mitarbeit in seinem im letzten September gegründeten Reichskirchenausschuss zu bewegen. Niemöller und sein Kreis werden hart bleiben und unsere eigene Kirchenleitung ergänzen, um die Verluste dieser Mitglieder auszugleichen.«

Am frühen Morgen des 7. März 1936, an einem Samstag, marschierten auf Anordnung Hitlers deutsche Truppen ins entmilitarisierte Rheinland ein. 1919 war in Versailles verfügt worden – und Deutschland hatte das im Vertrag von Locarno 1925 bestätigt –, dass in einem Streifen von 50 km Breite östlich des Rheins keine deutschen Truppen stationiert sein dürften. Nun war eine weitere Bestimmung des Versailler Vertrages rückgängig gemacht worden. Die Welt hielt den Atem an. Frankreich stand isoliert; England wollte so kurz nach dem Flottenabkommen mit Deutschland vom Juni 1935 die guten Beziehungen zu Deutschland nicht durch eine militärische Aktion zunichte machen, und so lautete ein britischer Kommentar, man wolle Deutschland nicht hindern, den eigenen Vorgarten zu besetzen. Alles wartete gespannt auf eine Erklärung Hitlers, und die kam am 7. März über den Rundfunk:

> »Männer, Abgeordnete des Deutschen Reichstags! In dieser geschichtlichen Stunde, da in den westlichen Provinzen des Reiches deutsche Truppen soeben ihre künftigen Friedensgarnisonen beziehen, vereinigen wir uns alle zu zwei heiligen inneren Bekenntnissen:
> Erstens zu dem Schwur, vor keiner Macht und vor keiner Gewalt in der Wiederherstellung der Ehre unseres Volkes zurückzuweichen und lieber der schwersten Not ehrenvoll zu erliegen, als jemals vor ihr zu kapitulieren, und
> zweitens zu dem Bekenntnis, nun erst recht für eine Verständigung der Völker Europas und insbesondere für eine Verständigung mit unseren westlichen Völkern und Nachbarn einzutreten. …
> Ich kann diese geschichtliche Epoche der Wiederherstellung der Ehre und Freiheit meines Volkes nicht abschließen, ohne das deutsche Volk nunmehr zu bitten, mir und damit allen meinen Mitarbeitern und Mitkämpfern die nachträgliche Zustimmung zu erteilen zu all dem, was ich in diesen Jahren an oft scheinbar eigenwilligen Entschlüssen, an harten Maßnahmen durchführen und an großen Opfern fordern mußte. …
> In diesen drei Jahren hat Deutschland wieder zurückerhalten seine Ehre, wiedergefunden seinen Glauben, überwunden seine größte wirtschaftliche Not und endlich einen neuen kulturellen Aufstieg

eingeleitet. Dies glaube ich vor meinem Gewissen und vor meinem Gott aussprechen zu dürfen.«[156]

Hitlers Worte übten eine gewaltige Wirkung auf die Nation aus; alle begrüßten, dass diese letzte Einschränkung deutscher Souveränität im Westen beseitigt war. Goebbels' Propagandamaschine überschlug sich: Rundfunk, Presse und Film schlachteten das Thema im Hinblick auf die bevorstehenden Reichstagswahlen am 29. März aus. »Nur einer konnte das schaffen: der Führer. Bleibt ihm treu!«, gemahnten Plakate und Spruchbänder und empfahlen dem Wahlvolk das »Ja« zu Hitlers Politik. –
Am 12. März hörten Paul und Gretel eine Rede Hitlers in Karlsruhe, wo er das deutsche Volk erneut zur Geschlossenheit aufrief, wenn es bei der kommenden Wahl um Zustimmung für seine Politik ging:

»... So bitte ich Sie, gehen Sie an diesem kommenden Wahltag an die Urne. Erfüllen Sie Ihre Pflicht und vergessen Sie nicht: Deutschland wird nicht getragen nur von einem Mann, sondern vom ganzen deutschen Volk. Und ein Mann kann nur so lange Sprecher dieses Volkes sein, solange dieses Volk selbst Mann für Mann und Weib für Weib hinter diesem Manne steht. Nicht meinetwegen bitte ich Sie, an diesem 29. März Ihre Pflicht zu erfüllen, sondern um unseres Volkes und seiner Zukunft wegen. Denn wir sind vergänglich, aber Deutschland wird bestehen! Wir können sterben, aber Deutschland muß leben, jetzt und immerdar!«[157]

Am 16. März appellierte Hitler in Frankfurt/Main an die Nation:

»... Ich werde das deutsche Volk dann weiter fragen: ›Willst du, daß wir das französische Volk unterdrücken oder minderberechtigen sollen?‹ Und es wird sagen: ›Nein, das wollen wir nicht!‹
Dann sollen sie drüben ebenfalls die Frage an das Volk stellen, ob es will, daß das deutsche Volk weniger Recht haben soll in seinem eigenen Hause als jedes andere. Und ich bin der Überzeugung, auch das französische Volk sagt: ›Nein – das wollen wir nicht!‹ ... Ich möchte der Vorsehung und dem Allmächtigen danken dafür,

daß er gerade mich ausersehen hat, diesen Kampf für Deutschland führen zu dürfen. Es ist der schönste Kampf und die herrlichste Aufgabe, die einem sterblichen Menschen gestellt werden kann: für ein Volk, das darniederliegt, das man beleidigt, dem man glaubt, seine Ehre zertreten zu können, einzutreten.
Ich habe meine Pflicht jetzt dreieinhalb Jahre getan, Deutsches Volk, tu jetzt du die deine!«[158]

Noch einmal ergriff Hitler das Wort, in nimmermüdem Eifer, das ganze Volk zu mobilisieren, so dass innen- und außenpolitische Skeptiker und Neinsager endgültig überstimmt und zum Schweigen gebracht wären. Am 27. März sprach der Führer in Essen:

»... Deutsches Volk, ... hast du nicht am Ende doch Grund, jetzt wieder einmal stolz zu sein? Kannst du nicht doch wieder sagen: Herrgott, was vielleicht im einzelnen auch sein mag, im großen und ganzen sind wir doch wieder ein fabelhaftes Volk geworden! Wir sind doch wieder ein so anständiges Volk geworden! Wir sind doch wieder ein so fleißiges und tatkräftiges Volk geworden! Was schaffen wir jetzt nicht wieder in Deutschland! ...«[159]

»Was sollen wir Pfarrer der Bekennenden Kirche tun, Paul?«, fragte Hermann Lutze. »Wir können uns nicht der Zustimmung zur Remilitarisierung des Rheinlandes widersetzen, die jedermann als gerechtfertigt ansieht, ohne dass man uns für unpatriotisch hält und ohne dass wir einen Teil unserer Gemeindemitglieder, die sonst so treu zu uns stehen, vor den Kopf stoßen. Wir können uns nicht verweigern, wenn überall im Land die Fahnen wehen und die Glocken läuten, weil man uns das als Weigerung, Deutschlands Demütigung durch die Verfasser des Versailler Vertrages zu beenden, auslegen könnte. Bischof Wurm hat seine Pfarrer aufgefordert, Hitler ein freudiges ›Ja‹ zu bescheinigen zu seiner Außenpolitik, aber sein Verhalten gegenüber der Kirche weiterhin zu missbilligen. Auch der katholische Bischof Bertram von Breslau macht diese Unterscheidung: ›Ja‹ zur Außenpolitik mit gutem Gewissen, trotz aller Vorbehalte gegenüber der Kirchenpolitik.« – »Bei allem Respekt vor diesen beiden Persönlichkeiten, Hermann«, gab Paul zu bedenken, »das ist doch naiv. Es steht eben nur die Frage der deutschen Außenpolitik zur Entscheidung, die gleichzeitige Zustimmung zur Innenpolitik ergibt sich daraus zwangsläufig. Ich für meinen Teil muss beides ablehnen, ich kann also am 29. nicht ›Ja‹ sagen.«

Pauls Patriotismus war durchaus echt, aber sein Protestantismus hatte längst den Sieg davongetragen über seinen Patriotismus. Hitler sprach von einem »neuen Glauben«, und das war nicht mehr der Glaube der Väter. Die nationalsozialistische Regierung hatte alle ihre Versprechen gebrochen.

Am Wahlsonntag verlas Paul von der Kanzel:

»Der evangelisch-reformierten Gemeinde Dickenschied bin ich folgende Erklärung schuldig:
Die erzwungene Anteilnahme der Kirche an der heutigen Reichstagswahl durch Glockenläuten und Fahnen zu zeigen zwingt mich, aus meiner Zurückhaltung, die ich bisher beachtet habe, herauszutreten. – ... Fahnenzeigen und Glockenläuten ... können nur zu leicht als Segensanwünschung verstanden werden. Diese Segensanwünschung aber kann die Kirche dem Staate im Augenblick nicht geben. Offenbar ist mit dieser Reichstagswahl nicht nur verbunden, daß wir dem Führer unsere Stimme geben und die Außenpolitik des Führers billigen, sondern auch, daß wir die das ganze Schicksal der Nation zutiefst berührende Weltanschauungspolitik des Nationalsozialismus billigen, die sich in immer mehr offenbar werdenden Gegensatz zum biblischen Christentum setzt. Deutschlands Schicksal entscheidet sich aber nicht an den Truppen am Rhein, sondern an der Stellung des deutschen Volkes zum Worte Gottes.
... das deutsche Volk und seine Jugend [sind] einer immer offensichtlicheren Entfremdung von der Kirche Christi und von der Lehre der Hl. Schrift und damit dem Abfall und der Empörung gegen Gott entgegengeführt worden. – ... Es ist auch nicht die leiseste Zusicherung von den verantwortlichen Männern in Staat und Partei gemacht worden, daß es in diesen Dingen anders wer-

Aufruf zur Wahl vom 29. 3. 1936[160]

> den soll. ... Liebe evangelische Gemeinde, werde wach und verteidige mannhaft deine heiligsten Glaubensgüter, bezeuge die Ehre und Majestät des lebendigen Gottes, des Vaters unseres Herrn Jesu Christi, gegenüber den Herrgöttern und Abgöttern dieser vergehenden Welt.«[161]

Beim Blick hinunter von seiner Kanzel sah Paul in die Gesichter seiner Gemeindemitglieder und erblickte Kummer, Schockiertheit und Zorn. Wie konnte er aber auch um alles in der Welt an diesem Tage von einem Rheinländer Verständnis für seine Position erwarten?

»Paul, ich glaube, wir sind die einzigen im Dorf, die heute nicht wählen«, sagte Gretel nach dem Gottesdienst, als alles in Richtung Wahllokal strömte. »Ich weiß, Gretel«, antwortete Paul, »Aber dies ist ja keine echte Wahl, es gibt ja nichts auszuwählen. Warum kein Wahl-Zettel, auf dem auch ein ›Nein‹ angekreuzt werden kann?«

Am Spätnachmittag wurde an die Tür geklopft. Amtsleiter Jakoby wohnte nicht weit vom Pfarrhaus entfernt. Er war der Wahlleiter im Schulgebäude, das dem Pfarrhaus gegenüberlag. »Pfarrer Schneider, man hat mir gesagt, Sie, Frau Schneider, Fräulein Helmes und Fräulein Luise Mack haben noch nicht gewählt. Sie haben gerade noch Zeit, hinüberzugehen und Ihre Stimme für die Politik der Regierung abzugeben.« – »Meine Frau und ich wählen heute nicht, und Fräulein Helmes und Fräulein Mack wollen unserm Beispiel folgen.« – »So ein schlechtes Beispiel gibt der Pfarrer von Dickenschied?«, rief Jakoby aus. »Ich habe von Ihrer Erklärung heute morgen in der Kirche gehört. Ich verstehe Sie nicht. Sind Sie denn nicht froh, dass wir Deutschen wieder jemand sind in der Welt? Sie wissen, diese Abstimmung soll in erster Linie Solidarität demonstrieren mit der kühnen Tat des Führers, im Rheinland unsere nationale Souveränität wiederherzustellen.« – »Es bleibt dabei, meine Frau und ich, Fräulein Helmes und Luise Mack werden nicht wählen.« Mit hochrotem Kopf sprang Jakoby von seinem Stuhl auf; er konnte sich nur mühsam beherrschen und eilte auf die Tür zu, indem er ausrief: »Dann sind Sie für mich kein Deutscher mehr!« –
Hermanns Voraussage, was das Ergebnis der Wahl vom 29. März anbetraf, erwies sich als zutreffend; alle Zeitungen gaben dick gedruckt folgende Zahlen wieder: 45,4 Millionen Wahlberechtigte, von denen 44,9 Millionen ihre Stimme abgaben. Davon waren 99 Prozent »Ja«-Stimmen, in einigen Wahlbezirken im Rheinland sogar 99,9 Prozent. –
Am Ostersonntag, dem 5. April, erwartete Paul und Gretel Schockierendes: Während der Nacht war in dicken roten Lettern an ihre Hauswand geschmiert worden:

»ER HAT NICHT GEWÄHLT. VATERLAND?? VOLK, WAS SAGST DU??!!«

Nachbarn und Gemeindemitglieder äußerten ihre »Meinung«, indem sie mit Eimern voll Wasser und Bürsten der roten Farbe kräftig zu Leibe rückten, wofür sich Paul im nächsten Gottesdienst bei allen bedankte.

Etliche Mitglieder der Familie Jakoby, die sonst wenigstens an Feiertagen in der Kirche erschienen, glänzten an diesem 5. April durch Abwesenheit. Heinrich Jakoby jedoch ließ sich durch die Antipathie gegen Paul auf Seiten seiner Verwandten nicht davon abhalten, jeden Sonntag dem Gottesdienst beizuwohnen und im Kirchenchor aktiv zu sein.

In der Gemeinde Dickenschied/Womrath ergab sich ein aktuelles Problem, das man angehen musste. So kam es am 16. April zu einer Zusammenkunft der Presbyter beider Kirchen, und das Protokoll hält Folgendes fest:

»Verhandelt Dickenschied, den 16. April 1936
Auf schriftliche Einladung am Tage zuvor mit Angabe der Tagesordnung versammelt sich das Gesamtpresbyterium von Dickenschied und Womrath im Pfarrhaus unter Vorsitz von Pfarrer Schneider.
Die gesetzliche Zahl aller Mitglieder ist acht. Alle acht sind anwesend. Die Versammlung ist beschlußfähig.
Die Sitzung wird mit Schriftlesung und Gebet eröffnet.
Zu Punkt 1 der Tagesordnung betreffend Sicherung der christlich-biblischen Unterweisung der Jugend beschließt das Gesamtpresbyterium einstimmig folgendes:
Die christlich-biblische Unterweisung durch die Schule in beiden Gemeinden erscheint in jeder Weise ungenügend, sowohl was den Umfang des zu lernenden Stoffes aus Bibel, Gesangbuch und Katechismus, als auch was schrift- und bekenntnis-mäßige Auffassung des noch verwerteten biblischen Stoffes angeht. Beispiele: ... An der Schultafel in Dickenschied erscheint ein Zitat, wonach das mosaische Gesetz nichts anderes ist als die Lehre von der Erhaltung der jüdischen Rasse. Für die Erklärung der Geschichte von der Speisung der 5000 führt Lehrer Kunz aus: Die Leute hätten im allgemeinen alle etwas im Rucksack mitgebracht. Jesus sei doch kein Zauberer gewesen. In Womrath erklärt Lehrer Sturm im glatten Gegensatz gegen Schrift und Bekenntnis der Kirche den Kindern: Erbsünde gäbe es nicht, kleine Kinder könnten noch keine Sünde

haben.... Das alte Testament scheint in beiden Schulen vom Stoffplan des Unterrichts verschwunden zu sein. ...
Der kirchliche Pfarrunterricht genügt unter diesen Umständen in seinem bisherigen Umfang nicht, um die Kinder der Konfirmandenreife entgegenzuführen. ...
Auf Vorschlag des Vorsitzenden beschließt Presbyterium für das drittletzte und viertletzte Schuljahr eine Religionsdoppelstunde an einem schulfreien Nachmittag einzurichten, in welcher der Religionsunterricht im Auftrage der Kirche durch den Pfarrer erteilt wird.
Unter den obwaltenden Umständen kommt der 14tägigen Christenlehre im Sommer erhöhte Bedeutung zu ... Es erscheint nicht mehr geraten, sie als Anhängsel an den Gottesdienst abgetan sein zu lassen in etwa 1/4stündiger Dauer wie bisher. Presbyterium beschließt daher einstimmig die Einrichtung besonderer Christenlehrgottesdienste um 1 Uhr (oder 2 Uhr) nachmittags. ...
Nach mehreren seelsorgerlichen Unterredungen des Pfarrers mit den Herren Lehrern in Dickenschied und Womrath, in denen sie auch auf ihre Stellung und Pflicht als evangelische Lehrer hingewiesen wurden, beschließt das Presbyterium beider Gemeinden einstimmig, von sich aus mit einem Appell an die Herren Lehrer heranzutreten. Im Namen des Presbyteriums sollen sie aufgefordert werden, sich zu einer Zusammenarbeit mit Pfarrer und Kirche bereitzufinden ...
Das Presbyterium hat Kenntnis erhalten von Richtlinien des Nationalsozialistischen Lehrerbundes für den Religionsunterricht an Volksschulen, die eine Verharmlosung und völlige Entwertung des biblischen Stoffes und des christlichen Bekenntnisses durch Vermengung und Gleichstellung mit dem Naturjahr, mit Märchen und Sagen und Göttermythen bedeuten; diese Richtlinien erscheinen durchaus nicht geeignet, bei den Kindern den Glauben an Jesus Christus als den Gottessohn und Sünderheiland vorzubereiten.
... Es wird ferner erwartet, daß der Unterricht der evangelischen Schule mit christlichem Gebet und Lied begonnen wird. ...
Im Falle erneuter religiöser Belehrung der Kinder wider die Schrift und das Bekenntnis eines nach Gottes Wort reformierten Gemein-

delebens, würde sich das Presbyterium gezwungen sehen, gegen solchen Unterricht mit den ihm gegebenen Mitteln kirchlicher Gemeindezucht vorzugehen ...

Zu Punkt 2 der Tagesordnung: Stellungnahme zu der vorliegenden Schmähung des Pfarrers und Sachbeschädigung des Pfarrhauses ... Das Gesamtpresbyteriurn verurteilt einstimmig aufs schärfste die ...Vorgänge in der Nacht auf den ersten Ostertag. ...

Presbyterium billigt dem Pfarrer zu, daß er aus christlicher Gewissensüberzeugung so gehandelt hat. Presbyterium weiß sich mit der ganzen Gemeinde, ja mit dem ganzen Dorf einig in der Verurteilung der angewandten Schmähung, ...

Presbyterium stellt fest, daß durch die Verschmierung des Hauses mit roter Farbe ein neuer Außenanstrich der Hauswand erforderlich geworden ist, also nicht unerheblicher Sachschaden entstanden ist. Es erhebt darum beim Amtsgericht in Kirchberg Anklage wegen Sachbeschädigung gegen Unbekannt ...

Zu Punkt 3 der Tagesordnung. Verhalten des Presbyteriums bei Anzeigen gegen den Pfarrer in Ausübung seiner Dienstpflicht.

Presbyterium hat mit Bedauern davon Kenntnis genommen, daß in kurzer Zeit, innerhalb ½ Jahres vier Anzeigen mit rund zwölf Anschuldigungspunkten bei der Amtsbehörde eingelaufen sind, die jedes Mal eine Vorladung und Vernehmung des Pfarrers zu Protokoll für die Geheime Staatspolizei zur Folge hatten.

Presbyterium stellt fest, daß der Pfarrer in allen Fällen nichts Unrechtes getan hat und daß er in fast allen Fällen nur die berechtigten Anliegen seines Amtes als Prediger des Evangeliums und Diener der Kirche am Worte Gottes wahrgenommen hat.

Die Anschuldigungspunkte betreffen

1. Nichtverwendung des Hitlergrußes im Konfirmandenunterricht.
2. Abkündigung und Abhaltung einer Kollekte für die Verkündigung des Evangeliums unter den Juden, gemäß Anordnung der Bekennenden Kirche.
3. Kollektensammlungen für die Bekennende Kirche.
4. Stellungnahmen in einer Sitzung der größeren Vertretung zu den staatlichen Finanzausschüssen und Erwägung von eventuell möglichen Umstellungen in der finanziellen Ordnung der Gemeinde.

5. Erwähnung des Parteitagsfilms ›Sieg des Glaubens‹ in einer Predigt.
6. Aufforderung an die Gemeindeglieder von der Kanzel zum persönlichen Beitritt zur Bekennenden Kirche durch Unterschrift unter die grünen Mitgliedskarten.
7. Taufansprache in Dickenschied mit Hinweis auf die konfessionelle Erziehungspflicht evangelischer Eltern, Paten und Gemeinde unter Anführung eines Wortes von Baldur von Schirach.
8. Begegnung mit S.A. Männern auf dunkler Dorfstraße in Dickenschied mit Grußwechsel.
9. Einladung zu einem Säuglingskurs in Womrath bei der Abschlußfeier der Frauenhilfe Womrath.
10. Zusammenstoß mit der Frauenschaftsleiterin Frau Sturm auf der Straße nach Passionswochengottesdienst und Frauenschaftsabend mit dem Hinweis auf ihre Pflicht, für die Belange evangelischen Glaubens und Gemeindelebens auch ihrerseits einzutreten.
11. Abendgottesdienst am 26. März über den Text aus Leidensgeschichte Luc. 22 Jesus oder Barabbas.
In der Mehrzahl der Fälle sind die Tatsachen noch entstellt und verdreht angegeben worden.
Presbyterium verurteilt aufs schärfste einstimmig diese Angebereien, die zum größten Teil nur aus der eigenen Gemeinde kommen können. ...
Presbyterium ist entschlossen, gegen weitere Angebereien und Verrätereien in Sachen der Kirche und des Glaubens gegen dieses oder andere Gemeindeglieder mit Verbietung des heiligen Abendmahls und Entzug der kirchlichen Rechte vorzugehen.
... Zu Punkt 7 Verschiedenes.
a) Da mehrere Väter in Womrath gewillt sein sollen, ihre Kinder auswärts in deutsch-christlichem Gemeindeleben in den kirchlichen Unterricht zu geben, beschließt Presbyterium einstimmig folgendes:
... Die Eltern sollen aufgefordert werden, ihre Kinder dem rechtmäßigen Unterricht zuzuführen. Sollten die Eltern dieser Aufforderung nicht nachkommen, so werden sie durch Verbietung der

> Sakramente und Entzug der kirchlichen Rechte vom Gemeindeleben ausgeschlossen. Wortverkündigung und Seelsorge sollen ihnen aber weiter gewährt werden. …
> v. g. u. (Unterschrift von Pfarrer und vier Presbytern)«[162] –

Viele überzeugte Mitglieder der Bekennenden Kirche fühlten sich zunehmend beunruhigt wegen der Schwierigkeiten für deutsche auswanderungswillige Juden. So hieß es am 19. April 1936 in der deutschen Presse: »Im britischen Mandatsgebiet Palästina wurden 16 Personen getötet und 50 verletzt.« – »Nach diesem Artikel«, sagte Paul zu Gretel, »wehrt sich die arabische Bevölkerung gegen den Strom jüdischer Einwanderer in Palästina. Zwischen 1922 und 1935 habe sich – so heißt es – der Prozentsatz jüdischer Einwanderer von 11 auf 28 Prozent gesteigert. Die Politik unserer Regierung verschärft das Problem noch, denn viele von den Juden, die Deutschland verlassen, wissen ja sonst nicht, wohin sie gehen könnten.« Paul wies auf eine Tabelle, die die jüdische Einwanderung nach Palästina mit Zahlen belegte: 1932 waren es 12 500; 1933 – 37 300; 1934 – 45 300; 1935 – 66 500. –
Die Presse schrieb begeistert über ein Programm für Kriegsveteranen zur Wiederaufnahme in den Stand des Reserveoffiziers, und als Paul eine Einladung aus dem Hauptquartier der Wehrmacht zur Teilnahme an einer militärischen Übung bekam, fragte Gretel: »Was willst du tun, Paul? Diese Übung wäre vielleicht gar nicht so schlecht für dich. Du kämest eine Weile von den Problemen der Gemeinde weg, die sportliche Betätigung täte deiner Gesundheit gut und würde dir sicher Spaß machen.« Aber Paul schüttelte den Kopf. »Nein, Gretel«, sagte er, »wie die Lage der Bekennenden Kirche gerade jetzt liegt, könnte ich nicht wochenlang von meiner Gemeinde weg, obgleich ich die körperliche Übung sehr genießen würde und auch die Disziplin, wie man uns alte Hasen wieder auf Vordermann brächte. Ich habe schon an das Wehrkommando geschrieben, dass ich mit Rücksicht auf meine Pfarrerspflichten leider von der Teilnahme Abstand nehmen muss.« Und mit hochgezogenen Augenbrauen ergänzte er, mehr zu sich selbst: »Wenn Wiederbewaffnung und Einmarsch ins Rheinland in Wirklichkeit echte Kriegsvorberei-

tungen sind, dann könnte ich doch nie wieder eine deutsche Uniform tragen. Und könnte niemals unter dem Hakenkreuz dienen.«

Ein paar Tage später sagte er zu Gretel: »Die Partei würde mich ohnehin nicht als Reserveoffizier wollen. Schau her!« Und er hielt ihr die *Hunsrücker Nachrichten* vom 29. April hin. »Gestapochef Reinhard Heydrich hat eine Liste aufgestellt und die Hauptfeinde des Dritten Reiches benannt: Kommunisten, Juden, Freimaurer und Pfarrer, die in ihren Predigten Kritik am Regime üben.« – »Und die Tatsache, dass wir am 29. März nicht zur Wahl gegangen sind, macht uns erst recht zu Feinden des Regimes im Sinne Heydrichs«, ergänzte Gretel. »Machst du dir immer noch Gedanken über dein Gespräch mit dem Womrather Lehrer Sturm gestern?«, wandte sie sich nun an Paul. »O ja«, antwortete ihr Paul. »Als ich ihm sagte, die Presbyter erbäten von ihm einen Plan für seine Religionsstunden, der mehr Bezug zu unseren Glaubenssätzen und unserer Bekenntnisgemeinde hätte, erwiderte er, er nehme für seine Religionsstunden nur Anweisungen seiner Schulbehörde entgegen. Auf meine Vorhaltungen, sein Fehlen im Gottesdienst sei ein schlechtes Beispiel für die Kinder, antwortete er mir, Inhalt und Tenor meiner Predigten seien ihm unerträglich. Auf meine Aufforderung, er solle die Erlöserfunktion Christi stärker in den Mittelpunkt stellen, belehrte er mich, dass mein mittelalterlicher Christus in seinem Unterricht durch einen heroischen Christus ersetzt sei, dem die Schüler eher nachzueifern suchten. Sturm ignoriert es völlig, dass ihm die Presbyter mit Kirchenzucht gedroht haben.« Nach einer Pause fuhr Paul fort: »Und meine Unterhaltung mit dem Lehrer Kunz hier in Dickenschied verlief fast haargenau so.«

Paul Schneider scheute sich nicht, sich auch in seinen Predigten mit dem NS-Regime auseinander zu setzen. So predigte er am Sonntag Cantate, am 10. Mai 1936, über Johannes 16, 5–15:

> *»Nun aber gehe ich hin zu dem, der mich gesandt hat; und niemand unter euch fragt mich: Wo gehst du hin? Sondern weil ich solches zu euch geredet habe, ist euer Herz voll Trauerns geworden. Aber ich sage euch die Wahrheit: Es ist euch gut, daß ich hingehe. Denn*

so ich nicht hingehe, so kommt der Tröster nicht zu euch; so ich aber gehe, will ich ihn zu euch senden. Und wenn derselbe kommt, wird er die Welt strafen um die Sünde und um die Gerechtigkeit und um das Gericht: um die Sünde, daß sie nicht glauben an mich; um die Gerechtigkeit aber, daß ich zum Vater gehe und ihr mich hinfort nicht sehet; um das Gericht, daß der Fürst dieser Welt gerichtet ist. …

… Dem Trostamt des Geistes an den Jüngerherzen entspricht sein Strafamt an der Welt. Die nicht glaubende Welt empfängt nicht die Gabe des Heiligen Geistes; wohl aber fühlt sie sein Strafen, wohl aber muß sie es spüren, wie ihre Sünde der göttlichen Gerechtigkeit und des über sie ergangenen Gerichts überführt wird. …
Die Jünger Jesu mochten sich wohl wundern, daß sie, als sie nach Ostern und Pfingsten Zeugen seiner Auferstehung wurden, mit aller Freudigkeit seinen Namen predigten und sogar mit Zeichen und Wundern im Namen Jesu diese Predigt bekräftigten, doch so viel Ablehnung und Feindschaft erleben mußten. … Da wird offenbar gemacht die eine Sünde des Unglaubens der Welt. Und dieser Unglaube gegenüber Jesus Christus ist noch heute die Sünde, an der die Welt, die nicht Gott gehören will, immer wieder als Welt offenbar gemacht wird. Wer aber bekennt, daß Jesus Christus der Herr sei, der ist aus Gott geboren. Das ist das befreiende Wirken des Heiligen Geistes in unseren Tagen, daß er diese Sünde klar herausstellt, daß im Mythus des 20. Jahrhunderts und der ganzen Deutschgläubigkeit die Welt sich wieder als Welt enthüllt und sich an der Stellung zu Christus die Geister scheiden, der christliche Schleier der Welt vom Angesicht gerissen wird. Für die christliche Welt, die sogenannte, die den Anspruch Jesu gehört hat und sich mit ihm, wie es ja auch Rosenberg tut, auseinandersetzt, die dann aber doch den Anspruch Christi, das Zeugnis der Kirche Christi ablehnt, bedeutet diese Ablehnung ein Brandmal, einen Stachel im Gewissen, als die den Sohn Gottes und Heiland der Welt aufs neue kreuzigen. …«[163] –

Paul und Gretel ahnten nicht, dass der Womrather Lehrer Karl Sturm am 26. Mai eine Beschwerde an die Schulverwaltung des Bezirks Simmern geschickt hatte:

»Pfarrer Schneider ist bereits über den ganzen Hunsrück als übler reaktionärer und fanatischer Hetzer gegen die nationalsozialistische Weltanschauung (die er auch mir gegenüber als ›Teufelswerk‹ bezeichnete) berüchtigt. Er hat nicht nur die Volksmeinung in seinen Gemeinden Dickenschied/Womrath vergiftet, sondern bereits auch die weitere Umgebung heimlich wühlend und Flugblätter verteilend. Die wenigen Dorfinsassen, die noch der Bewegung freundlich gegenüberstehen, werden irre an der Durchschlagskraft von Staat und Partei, weil diese nun das Treiben schon so lange untätig ansehen. …
Wenn also künftig diesem schimpflichen Treiben kein Einhalt geboten wird, muß Ich die Verantwortung für eine einwandfreie weltanschauliche Ausrichtung meiner Schüler ablehnen!«[164]

Ebenso wenig ahnten Paul und Gretel, dass der Simmerner Kreisschulrat beschlossen hatte, die Beschwerde Sturms an die Gestapo in Koblenz weiterzuleiten. Und dort interessierte man sich besonders für den Beschwerdepunkt, dass Pfarrer Schneider die NSDAP als »teuflisch« bezeichnet hatte. So etwas ließ sich benutzen, um ihn wegen »Diffamierung der Partei« zu belangen.

»Das Jahr der Olympischen Spiele in Berlin fängt ja gut an«, kommentierte Paul, als er Gretel aus der Zeitung vom 21. Juni vorlas:

»YANKEE STADION NEW YORK, 19. JUNI 1936. MAX SCHMELING SCHLÄGT DEN BRAUNEN BOMBER JOE LOUIS IN DER 12. RUNDE K.O.«

Natürlich haben sich die Nazis das für ihre Propaganda nicht entgehen lassen. Hier ist Hitlers Glückwunschtelegramm an Schmeling abgedruckt. Und auch Goebbels hat es nicht verabsäumt, telegrafisch zu dem ›deutschen Sieg‹ zu gratulieren, auf den ganz Deutschland stolz sei.«

»Ein Wahnsinnsaufwand für einen Boxkampf«, meinte Gretel beim Blick auf die umfangreiche Reportage, über die ihr Paul nun Auskunft gab: Die Boxkommission von Amerika, von Weißen dominiert, hatte in Amerika vergeblich nach einem Weißen Ausschau gehalten, der den Braunen Bomber schlagen könnte. Mit jedem weißen Herausforderer war Joe Louis spielend fertig geworden. Ein Weißer musste her, ihm den Siegeslorbeer zu entwinden, und wenn er auch nicht Amerikaner war! Und die Begeisterung über den Sieg Schmelings war so groß, dass selbst Senatoren und Abgeordnete, die sich zu diesem Zeitpunkt in einer Nachtsitzung über Steuergesetzgebung in Washington befanden, bei Erhalt der Botschaft applaudierten und sich gegenseitig beglückwünschten; der Sprecher des Hauses konnte sich kein Gehör mehr verschaffen! In den Straßen von New York und Chicago aber strömten enttäuschte Schwarze auf die Straßen, um ihrer Wut freien Lauf zu lassen. Geschäfte wurden geplündert und Weiße angegriffen. In Harlem wurden an die 700 Polizisten aufgeboten, um die Ruhe wieder herzustellen. Gretel war ganz beeindruckt: »Und das alles wegen eines Boxkampfes!«

Am 30. Juni reiste Haile Selassie, der Kaiser von Äthiopien, persönlich nach Genf und wandte sich an den Völkerbund. Er verurteilte scharf, dass dieser Äthiopien trotz gegenteiliger Zusagen der 52 Mitglieder nicht vor der Aggression und der Inbesitznahme durch Italien bewahrt habe. Ein Exemplar dieser Rede hatte sich über die schweizerisch-deutsche Grenze bis hin zu Paul und Gretel verirrt. »Hermann meint«, sagte Paul nach der Lektüre, »dass man in Pressekreisen den Völkerbund als politisches Fossil zu betrachten beginnt. Wenn er nicht verhindern kann, dass Japan in die Mandschurei einmarschiert und Italien Äthiopien überfällt, wozu ist er dann noch gut?« Kurze Zeit später las Paul dann, dass Kaiser Haile Selassie nach London ins Exil gegangen sei.

Anfang Juli besuchten Gretel und Paul zusammen mit Dieter, Evmarie und Gerhard Gretels Mutter in Derendingen, einem Vorort von Tübingen.

»Stimmt was nicht mit Paul?«, fragte Frau Dieterich ihre Tochter.

»Ich hatte geglaubt, er würde sich auf das Mozart-Fest freuen, aber er wirkt so nachdenklich, so in sich gekehrt.« – »So ist er, seit er von der Visitation in Westfalen und von der Barmer Synode zurückgekommen ist«, erklärte Gretel. Genau in dem Augenblick kam Paul ins Wohnzimmer und ergänzte Gretels letzte Worte: »Ja, Mutter, ich bin mit anderen Dingen beschäftigt. Du möchtest, dass wir uns hier entspannen, und die ganze Familie möchte, dass wir wenigstens ein paar Tage lang die raue Wirklichkeit um uns herum vergessen, aber mit noch so wohlgemeinter Geselligkeit lässt sich die Bedrohung unserer Kirche einfach nicht überdecken.« – »Paul, meinst du nicht, dass deine Einstellung etwas zu unnachgiebig ist?«, fragte Frau Dieterich vorsichtig. »Aber Mutter, du wirst doch nicht wollen, dass ich dem Evangelium untreu werde.«

Frau Dieterich zeigte sich ihrerseits verunsichert: »Ich weiß gar nicht so recht, was man glauben soll. Ich höre auf die Erklärungen des Kanzlers, und alles, was er sagt, scheint logisch. Wollen wir Deutsche eine von allen anderen geachtete Nation in Europa? Wollen wir unser Volk von den Fesseln und Demütigungen des Versailler Vertrages befreien? Wollen wir einen starken Nationalstaat, der seinerseits mit der Kirche an der Stärkung von Moral und religiösen Werten im Leben des Volkes zusammenarbeitet? Ich für meine Person kann alle diese Ziele bejahen. Und dann betonst du wiederum, der Staat stehe unter dem Einfluss heidnischer, ja dämonischer Kräfte, die eine Bedrohung für das Christentum darstellen. O, ich wollte, mein Karl lebte noch, um mir aus so viel Unsicherheit und Widerspruch herauszuhelfen!« – »Mutter, ich bin sicher, wenn Vater noch lebte, wäre er Mitglied der Bekennenden Kirche, er wäre gegen die Deutschen Christen und hätte Schwierigkeiten, die Sympathie von einigen seiner Schwiegersöhne für die Reichskirche nachzuvollziehen. Die halten mich für dickköpfig, stur und fanatisch und finden, dass ich wegen meines Widerstandes gegen die Staatskirche und meiner Kritik an hochgestellten Persönlichkeiten am Ende noch in ein Konzentrationslager kommen könnte, wo man mich umerziehen und mich überzeugen würde, wie man ein brauchbares Mitglied der neuen deutschen Gesellschaft wird.« – »Um Gottes willen! Ein Konzentrationslager?«, rief Frau Dieterich erregt. »Jawohl, ein Konzentrationslager«, schloss sich auch Gretel an. »Genau das denken einige deiner Schwiegersöhne.« – »Paul, ich liebe dich wie einen eigenen Sohn«, sagte Frau Dieterich. »Man wird nicht Mutter nur durch Blutsverwandtschaft. Ich weiß, dass das, was du tust, deinen ehrlichen Überzeugungen entspringt. Aber ich bin auch für den Frieden innerhalb meiner Familie verantwortlich. Ich habe nun mal Schwiegersöhne, die auch Pfarrer sind und die anderer Meinung sind als du, und auch einige meiner Töchter verstehen dich nicht; ich aber billige deine Entscheidung, wenn es mir auch manchmal schwerfällt, sie nachzuvollziehen, ich glaube an dich. Meine einzige Bitte – und ich flehe dich an, respektiere sie –: Riskiere nichts, was dir nicht unumgänglich erscheint.« –

Das Konzert war hinreißend. Die Mozartsche Musik schlug alle Zuhörer in ihren Bann, aber Gretel merkte, dass Paul mit seinen Gedanken ganz woanders war. Auf dem Heimweg schalt sie ihn, dass er sich so gar nicht von der Musik hatte ablenken und begeistern lassen. –

Natürlich besuchten Schneiders den Sonntagsgottesdienst in Weilheim. Der Gang von Tübingen nach Weilheim rief alte Erinnerungen an die Studentenzeit wach. Nun saßen Paul und Gretel, ihren Ältesten zwischen sich, in eben der Kirche, wo vor zehn Jahren ihre Hochzeit gefeiert worden war. Wie oft hatten sie gemeinsam hier gesessen und erlebt, wie Pfarrer Dieterich den Gottesdienst gehalten hatte. Viel war inzwischen geschehen. Paul blickte voller Rührung zu der Kanzel hinüber, von der auch er auf Einladung seines Schwiegervaters gepredigt hatte. Immer noch stand da: »Das Wort Gottes bleibt in Ewigkeit«. Erinnerungen an Wittenberg wurden wach, wo er im April 1929 dieselben Worte in unmittelbarer Nähe vom Grabe Luthers gelesen hatte.

Hand in Hand zogen die Eheleute nach dem Gottesdienst durch die Kirche und über den Friedhof zurück in Richtung Derendingen. Unterwegs begegnete ihnen ein Mann, der Paul in ein Gespräch verwickelte. Gretel erkannte ihn, er war Anhänger einer radikalen Sekte, die sich über die evangelische Kirche in Weilheim lustig machte und deren Mitglieder sich für die einzigen hielten, die im Besitz der Wahrheit waren. Gretel erinnerte sich, dass auch ihr Vater des öfteren von diesem religiösen Eiferer angesprochen worden war. Paul blieb stehen und redete mit ihm. »Komm!«, drängte Gretel, »Mutter wartet mit dem Mittagessen auf uns.« – »Geh du nur schon vor mit Dieter«, sagte Paul, »ich komme gleich nach.« Dieter und Gretel entfernten sich langsam, schauten sich immer wieder nach Paul um. Plötzlich ging ein Platzregen nieder. Die spärlichen Bäume boten kaum Schutz vor den Wassermassen, und so liefen die beiden, nachdem sie die Hoffnung aufgegeben hatten, dass Paul mitkäme, eilends zu Frau Dieterichs Haus, zogen sich dort um und trafen mit dem Rest der Familie zusammen.

Das Mittagessen war längst vorüber, der Tisch abgedeckt und die Küche in Ordnung gebracht, als Paul ankam, natürlich klatschnass. Gretel war verärgert und enttäuscht, weil sie wusste, wieviel Mühe sich ihre Mutter mit dem Essen gegeben hatte. Auch Gretel hatten die letzten Monate zugesetzt, mit ihrer Sorge um ihren Mann und ihre Familie und mit der Ungewissheit, wie es in Zukunft weitergehen würde. Besonders seit sie die Schmiererei an ihrer Hauswand gelesen hatten, die dicken roten Buchstaben: »Er hat nicht gewählt. Vaterland?? Volk, was sagst du??!!«, war sie zutiefst beunruhigt über ihrer aller Sicherheit. Ihr Mann war auf den Druck der Gestapo hin strafversetzt worden. Seit sie in Dickenschied wohnten, war er schon zweimal verhaftet worden; er war mehrfach verhört worden, weil anonyme Beschuldigungen gegen ihn eingegangen waren. Pauls Weigerung, den Nazigruß im Religionsunterricht zu verwenden, hatte ihm das Missfallen sowohl der Partei als auch des Konsistoriums eingebracht. Dann kam die Wahl vom 29. März, an der sie sich nicht beteiligten, was in den Augen mancher Mitmenschen nach Staatsfeindlichkeit aussah und was manchen veranlasste, dem Gottesdienst fernzubleiben. Das alles hatte Gretel belastet, und nun musste es raus, genau zu dem Zeitpunkt, als Paul endlich hereinkam, genau hier, wo Gretel ungeduldig auf ihn gewartet hatte.

»Konntest du dich nicht wenigstens in diesen kurzen Ferien auf deine Familie konzentrieren? Wenn sich deine Gedanken so sehr um den Kampf der Kirche drehen, dass du doch von diesen Ferien nichts hast, dann hättest du auch gerade so gut in Dickenschied bleiben können, Paul. Mutter gibt sich Mühe, Konzertkarten zu besorgen, und du hörst nicht einmal auf die Musik und denkst an Kirchenprobleme. Mutter macht ein herrliches Mittagessen, und du gibst dich mit diesem Sektierer ab, bis das Essen vorüber ist.« Gretel schluchzte laut auf. »Es tut mir wirklich Leid, Gretel. Aber ich kann nicht so tun, als gäbe es nichts auf der Welt als ein schönes Mozartkonzert. Nichts und niemand könnte und sollte uns von der Wirklichkeit ablenken, in der sich unsere christliche Kirche in Deutschland heute befindet.«

»Und mir hast du auch den ganzen Abend verdorben«, schluchzte Gretel weiter. »Und heute lässt du uns allein, lässt uns auf dich warten, und du stehst triefend im Regen, versuchst, einen Sektierer zur Umkehr zu bewegen!« – »Ich musste auf ihn eingehen, er irrt über das, was in der Schrift steht. Gott hatte ihn mir geschickt.« Und weil Gretel nun mal angefangen hatte, kam immer mehr heraus: »Allmählich wächst einem alles über den Kopf. Für dich gibt es nur noch den Kirchenkampf. Die staatlichen Stellen hast du mehr und mehr verärgert. Warum musst du denn immer in vorderster Front stehen? Schau dir die hiesigen Pfarrer an, schau dir deine Schwäger an. Sie sind keine Nazis, aber sie tun ihren Dienst, ohne Unannehmlichkeiten für sich und ihre Familien heraufzubeschwören.« So erleichterte Gretel ihr Herz, und aus ihrem Mund sprudelte es nur so heraus – was Paul zu denken gab. So hatte Gretel nie mit ihm gesprochen. Und als sie ihm auch noch das angepasste Verhalten ihrer Verwandten als Vorbild empfahl, kam er sich vor wie einst Luther: »Bin ich denn als einziger im Recht?« Aber schnell schwanden die Zweifel wieder, er war ja nicht allein als Mitglied der Bekennenden Kirche, er war aufgehoben in einer Gruppe von mehr als 7000 Pfarrern.

»Warum musst du immer in vorderster Front stehen?«, hörte er Gretel noch einmal fragen, eindringlich und auf Antwort wartend. Paul war erschüttert über Gretels Ausbruch. Sie hatten ja oft über die Haltung ihrer Schwäger zum Kirchenkampf gesprochen. Gretel wusste genau, dass Paul deren Auffassung nicht teilen konnte. Aber nun sah sie an deren neutraler Einstellung die Sicherheit, die sie bot, und in ihrer verzweifelten Angst vor einer neuerlichen Verhaftung, die ihr Mann riskierte, wenn er den eingeschlagenen Kurs weiter verfolgte, suchte sie ihm die Schwäger als Beispiel zu empfehlen, um Paul zu einer zurückhaltenderen Handlungsweise zu bewegen. Pauls

Stimme wurde fest und bestimmt: »Gretel, sollten wir solchen Streit wirklich im Hause deiner Mutter austragen?«

Frau Dieterichs Wohnung war klein. Paul wurde klar, dass sie und Amei unfreiwillige Zuhörer ihrer heftigen Auseinandersetzung geworden waren. So verließ er das Zimmer und suchte seine Schwiegermutter im Nebenraum auf. Er bat sie um Entschuldigung wegen des verspäteten Mittagessens und dafür, dass er die ihm liebevoll zugedachte Gelegenheit zur Entspannung beim Mozartkonzert nicht wahrgenommen, sondern statt dessen durch seine Abgelenktheit auch noch andere in ihrem wohlverdienten Vergnügen beeinträchtigt hatte.

Dann ging er, um seine Kleidung zu wechseln, und ließ Gretel, die ihm ins Wohnzimer gefolgt war, weinend an der Seite ihrer Mutter zurück. –

Um sich doch noch etwas Ruhe und Erholung zu gönnen, fuhr Paul allein nach Bad Sebastiansweiler, etwa 15 Kilometer südlich von Tübingen. Von dort schrieb er am 15. Juli einen langen Brief an Gretel:

»Liebste Gretel!

... Die letzten Tage sind doch wie ein wüster Traum, trotz aller Liebe, mit der uns Mutter umgab und trotz alles Schönen, was sie uns sonst gebracht haben. Das machen die Meinungsverschiedenheiten und die Art und Weise, wie wir denselben Ausdruck gegeben haben; dabei will ich gerne den Löwenanteil von Schuld auf mich nehmen und Dich nur bitten, mir das zu verzeihen, zumal ich vor Deinen Leuten mich hätte mehr beherrschen sollen. Es ist ja auch wohl noch kaum so arg gewesen zwischen uns beiden, wenigstens vor andern. Die mancherlei äußeren Umstände, die mitsprachen, entschuldigen uns ja nicht.

Wir wollen es von der guten Seite nehmen und es als eine Krise zum Guten aufnehmen wie eine Krankheit. Krankheiten müssen nicht sein, die sind Ausdruck unserer Sünde, in der Ewigkeit gibt es keine Krankheiten mehr, aber hier auf Erden müssen sie noch sein und dienen uns zur Demütigung und Züchtigung an Leib und Seele. ...

Nun möge Gott uns eine innerlich befriedigendere Fortsetzung unseres Urlaubs und doch auch die nötige Erholung der Nerven und des ganzen Körpers schenken.

Dazu ist Sebastiansweiler wohl geeignet. Soeben bin ich in mein Zimmer eingezogen, welches sehr schön mit Balkon und Blick über Wiese und Wald ausgerichtet ist. ... Die Luft ist sehr gut und der Blick auf die Alb sehr schön. ... Von dem Wasser habe ich schon getrunken und morgen kann ich baden. ...

Das Haus gehört der Basler Mission. ... Morgens und abends gibt es Andachten ... in einer Kapelle. Die heutige kam mir reichlich als fromme Seelenkultur vor und wies auch nicht die Spur von Kirche, Gemeinde, geschweige denn deren Kampf oder Bekenntnis auf. Bei dieser Art kann man wohl im Frieden bleiben mit den öffentlichen Gewalten, die gegen die Kirche Gottes aufgestanden sind. Ich halte diese Art aber im tiefsten Grunde unwahrhaftig und unecht. ...

Ich dachte, ob Du nicht am Samstag doch noch auf 5 Tage herkommen wolltest. ...

Ich bin also immer noch gerne bereit, ... mit Dir zusammen die Ulmer und Gingener zu besuchen und nachher doch von Tübingen aus mit den Kindern die Rückreise anzutreten. Wenn Du aber meinst, ich solle die mögliche Rolle des Störenfrieds lieber vermeiden, will ich nicht aufdringlich sein, andererseits tust Du mir leid und bist Du auch den Männern gegenüber nicht schlagfertig genug. Aber wenn Du in Gottes Namen die Besuche machen willst ..., dann fahre ruhig.

Und nun Gott befohlen und gute Nacht ...

In herzlicher Liebe

Dein Paul.« –

Während Paul Gretels Ankunft in Bad Sebastiansweiler erwartete, fühlte er sich mitgerissen von der Begeisterung, mit der überall die Vorbereitungen auf die Olympischen Sommerspiele in Berlin verfolgt wurden.

»Da gibt es ein paar Probleme im Vorfeld«, teilte ihm sein Tischnachbar in Sebastiansweiler mit. »In Deutschland sind ja alle jüdischen Sportler aus den Sportverbänden ausgestoßen worden. So gibt

es natürlich keine jüdischen Teilnehmer bei den Spielen. Aber keine Regel ohne Ausnahme! Die Fechtmeisterin Helene Mayer darf dabei sein, denn sie hat 1928 die Goldmedaille für Deutschland gewonnen und 1929 und 1931 die Weltmeisterschaft. Danach begann sie ihre Karriere in den USA. Von dort aus bekundete sie ihr Interesse an der Teilnahme bei den olympischen Spielen. Nun ist sie aber Jüdin. Wie würden sich die Nazis dazu stellen? Das Internationale Olympische Komitee ließ das Deutsche Olympische Komitee wissen, dass Deutschland, wenn man Fräulein Mayer ausschlösse, mit einem Boykott der Spiele rechnen müsse. Das konnte man natürlich aus Propagandagründen nicht hinnehmen. Zum Glück ist Fräulein Mayer groß und blond und sieht, was ihre äußere Erscheinung anbetrifft, so arisch aus, wie man es sich nur wünschen kann.« – »Und so darf sie nun mitmachen!«, amüsierte sich Paul. »Natürlich!«, antwortete Pfarrer Keil spitz. »Und nicht nur das. Sämtliche antisemitischen Propagandasprüche auf öffentlichen Plakaten und in Schaukästen in Berlin sind verschwunden, und während der Olympischen Spiele werden keine Ausgaben von Streichers Hetzblatt *Der Stürmer* zum Verkauf angeboten.« Das Lächeln, das Pfarrer Keils Worte begleitete, besagte genug. –
Aus Sebastiansweiler schrieb Paul auch an seine Schwiegermutter:

> »Mich bedrückt, daß wir ›Bekenntnisleute‹ uns Dir in einem so schlechten und anstößigen Licht gezeigt haben. … Dich möchte ich nun bitten, uns auch als Sünder anzusehen, die an sich nicht besser sind und sein können als andere Menschen. Bitte verstehe auch, daß unser Weg in der Bekennenden Kirche eine Last für unsere Ehe und unser Amt und unseren Stand bedeutet, die andere so nicht tragen müssen.«

Gretel kam, und die beiden verbrachten die letzten vier Tage von Pauls Urlaub gemeinsam in Sebastiansweiler. Vergessen waren die Vorwürfe, die sie sich gegenseitig in Tübingen gemacht hatten, sie lebten wieder in der Stimmung, die vor Jahren ihre Hochzeitsreise nach Oberstdorf geprägt hatte. Wieder hielten sie einander an den Händen, saßen lange zusammen und genossen den wunderbaren

Sonnenuntergang, so dass eine der älteren Damen, die auch als Gast in ihrem Hause weilte, fragte: »Sie sind sicher auf Hochzeitsreise?« Die beiden lachten ganz unbeschwert. »O nein«, sagte Gretel, »wir haben zu Hause fünf Kinder.«

Gestärkt durch diese »zweite Hochzeitsreise«, nahm Paul seinen Dienst im Pfarramt von Dickenschied/Womrath wieder auf.

Inzwischen waren in Berlin die Olympischen Spiele eröffnet worden, die nun in Berlin Teilnehmer aus 52 Nationen versammelten. Ganz Deutschland lauschte am Radio der Eröffnungsansprache des Führers, und der Reporter versäumte nicht zu kommentieren, dass die meisten Mannschaften mit dem Hitlergruß ins Stadion einmarschiert waren. Auch Helene Mayer, die Jüdin, war, wie Paul später von Kirchberger Bekannten erfuhr, mit erhobener Rechten an der Ehrenloge des Führers vorbeigezogen. Die Juden aus Kirchberg waren entsetzt über ihr konformistisches Verhalten; da sei es doch ehrenvoller, man verzichte auf die Teilnahme, meinten sie.

Die Presseleute aus dem Ausland waren von den Spielen fast ausnahmslos beeindruckt, und der Radiosprecher verlas sorgfältig in deutscher Übersetzung, was am 2. August im britischen *Observer* stand: »Das neue Deutschland als der hervorragendste Gastgeber. Das großartigste Sportereignis, das die Welt je gesehen hat.«

Obgleich die Nazipresse über die überragenden Siege von Jesse Owens, dem amerikanischen Läufer [der innerhalb von sechs Tagen vier Goldmedaillen gewann], in reichlich unterkühltem Ton berichtete, war der Schwarze aus den USA der Star der Spiele von 1936! Das passte so gar nicht ins Konzept der Nazis! Auf der 100-Meter-Strecke, bei den 200 Metern und den 400 Metern ließ Owens alle anderen Läufer, einschließlich der besten deutschen Athleten, hinter sich, und auch im Weitsprung war ihm keiner gewachsen. »Das ist die Rache für Joe Louis«, lachte Gretel, als sie das Foto mit den enttäuschten Naziführern in der Zeitung sah.

Paul, Gretel, Sophie und die drei Ältesten hörten sich den Bericht von der Schlusszeremonie im Radio an. Da wurden eine Menge Zahlen genannt. Deutschland könne stolz sein auf 33 Gold-, 26 Silber- und 30 Bronzemedaillen. Selbst das Team der USA habe es nur auf

Platz 2 gebracht. Aber auch die Reichsbahn konnte Rekorde verzeichnen. Zwischen dem 28. Juli und dem 17. August waren 2150 Sonderzüge gefahren, die Bahn hatte 3,9 Millionen Fahrgäste von und nach Berlin befördert – 500 000 Besucher waren da gewesen, unter ihnen 150 000 Ausländer. – Und lauter Vergünstigungen hatte es gegeben: 60 Prozent Fahrpreisermäßigung für ausländische Gäste, 50 Prozent für deutsche Besucher. – Und alle die, die versucht hatten, die Gäste in Berlin zu übervorteilen und auszubeuten, waren festgenommen und mit drakonischen Strafen belegt worden.

Kaum waren die letzten Gäste aus Berlin abgereist, da waren die antisemitischen Sprüche wieder da, und den *Stürmer* gab es auch wieder zu kaufen.

Am 22. August waren Paul und Lehrer Sturm bei der Gestapo vorgeladen und wurden zu Pauls angeblicher Äußerung über den »teuflischen« Nationalsozialismus verhört. Herr Sturm wurde gefragt, wann Pfarrer Schneider diese Bemerkung gemacht habe. Er meinte, das sei im Juli 1935 geschehen. Paul jedoch konnte sich nicht erinnern, eine solche Formulierung gebraucht zu haben. Auf die Frage, ob es Zeugen dieser Unterhaltung gebe, konnte Sturm nur mit »Nein« antworten – was den Gestapomann ob der verschwendeten Zeit sichtlich ärgerte. Und Lehrer Sturm dämmerte nun, dass es ohne Zeugen wohl keine Möglichkeit gab, dem Pfarrer am Zeug zu flicken.

Aber Paul hatte keine Ruhe vor den Nazis. »Wenn du das von der Kanzel verliest, wird man dich sofort bei der Gestapo anzeigen«, sagte Gretel, als sie die Erklärung gelesen hatte, die die Vorläufige Leitung der Deutschen Evangelischen Kirche mit der Bitte um Verlesung an die Pfarrer der Bekennenden Kirche geschickt hatte. »Ich muss es riskieren«, entgegnete Paul. »Die Sache muss nun an die Öffentlichkeit, zumal sie ja kein Geheimnis mehr ist, nachdem selbst im Ausland etwas davon durchgesickert ist. Die englische *Morning Post* vom 17. Juli hat die Erklärung veröffentlicht, die eigentlich für Hitler allein bestimmt war. Die britische Presse nennt es äußerst ›kühn‹, dass die Bekennnende Kirche offen den Antisemitismus anprangert, ebenso die Existenz von Konzentrationslagern, die Wahlmethoden der Nazis und gewisse Stellungnahmen von Nazigrößen. – Übrigens hat mir Pfarrer Castor einen Text gezeigt, aus dem hervorgeht, dass beide christlichen Kirchen von Hitler schwer an der Nase herumgeführt würden. Schon 1924 habe Hitler auf Ludendorffs Kritik am ›positiven Christentum‹ hin diesen beruhigt mit der Versicherung, diese Formulierung sei nur ein Propagandatrick. Ludendorff könne es sich leisten, mit seinen Feinden abzurechnen, er, Hitler, brauche momentan noch die bayerischen Katholiken und die preußischen Protestanten. Die Nationalsozialisten könnten ihr wahres Gesicht erst später zeigen. Und ich habe Hitler am 1. Mai 1933 noch alles geglaubt«, stöhnte Paul. »Die Erklärung der Bekennenden Kirche scheint mir nun überfällig.«

Und so verkündete nun Paul Schneider seinen Gemeinden in Dickenschied und Womrath am Sonntag, dem 23. August 1936:

»Brüder und Schwestern!
Das deutsche Volk steht vor einer Entscheidung von größter geschichtlicher Bedeutung. Es geht darum, ob der christliche Glaube in Deutschland Heimatrecht behalten soll oder nicht. … Die evangelische Kirche weiß sich unserm Volk und seiner Obrigkeit durch Gottes Wort verbunden und verpflichtet. An jedem Sonntag wird in den evangelischen Gottesdiensten Fürbitte getan für den Führer und für das Vaterland. Millionen von evangelischen Deutschen haben vor drei Jahren den neuen Anfang im Leben unseres Volkes mit heißem Herzen begrüßt. Sie haben es um so freudiger getan, als die Regierung in ihrer ersten Proklamation vom 1. Februar 1933 gesagt hat, sie werde ›das Christentum als Basis unserer gesamten Moral in festen Schutz nehmen‹.
Es ist für evangelische Christen ein schier unfaßbarer Gedanke, daß sich im deutschen Vaterlande staatliche Organe gegen das Evangelium von Jesus Christus wenden. Und doch geschieht es.
Wir haben dazu lange geschwiegen. Wir haben uns sagen lassen, es handle sich nur um das Vorgehen weniger einzelner, die zur Ordnung gerufen werden müssen. … Auch dem Führer und Reichskanzler ist (bereits 1935) schriftlich vorgetragen worden, was Herz und Gewissen der evangelischen Christen beschwert. … Alle Versuche, hier Wandel zu schaffen, sind vergebens gewesen, zumal

uns im steigenden Maße fast jede Möglichkeit öffentlicher Gegenwehr genommen wird. ...
In diesem Jahr haben die jetzige Vorläufige Leitung und der Rat der Deutschen Evangelischen Kirche dem Führer und Reichskanzler eine Denkschrift zugeleitet. ... Die Denkschrift ist Punkt für Punkt mit ausführlichem Beweismaterial belegt worden. Mit größter Gewissenhaftigkeit ist diese Denkschrift und ihr Inhalt vor der Öffentlichkeit, ja selbst vor den Gliedern der Bekennenden Kirche geheimgehalten worden, um dem Führer des Reiches Gelegenheit zu sachlicher Prüfung zu geben und gleichzeitig einen Mißbrauch dieser Denkschrift in der Öffentlichkeit zu verhindern. Gegen unseren Willen und ohne Verantwortung der Bekennenden Kirche wurde die Denkschrift in der ausländischen Presse veröffentlicht und dadurch in Deutschland bekannt.
Wir sind nunmehr gezwungen, öffentlich zu diesem Worte zu stehen. Wir müssen jetzt der Gemeinde bezeugen, was uns im Blick auf unser Volk und unsere Kirche bewegt. Es ist der christlichen Kirche geboten, Angriffen gegen das Evangelium frei und öffentlich entgegenzutreten, ohne Furcht vor Menschen. Es ist ihr geboten, ihren Gliedern, vor allem dem heranwachsenden Geschlecht, die Augen zu öffnen für die Gefahr, in der wir alle stehen. In solcher Verpflichtung reden wir. Was daraus wird, das befehlen wir dem, der uns in seinen Dienst gerufen hat. Er hat es geboten. Er wird es walten!
Die Wahrheit des Evangeliums wird in aller Öffentlichkeit angegriffen, auch von den führenden Männern des Staates. Wir erinnern an die Rede des Reichsleiters Dr. Ley zum 1. Mai 1936. ...
In den Schulungslagern wird vielfach die Weltanschauung des Rosenbergschen Mythus gelehrt, die den Menschen verherrlicht und Gott seine Ehre nimmt. Mit aller Offenheit wird stellenweise bereits verkündet, daß diese Weltanschauung unvereinbar sei mit dem christlichen Glauben und daß sie diesen christlichen Glauben abzulösen bestimmt sei. ...
Aus solcher Bedrückung der Gewissen, verstärkt durch dauernde Bespitzelung, wachsende Heuchelei und knechtische Gesinnung, lösen sich schließlich die echten sittlichen Bindungen überhaupt. Wir sagen das alles mit tiefstem Schmerz. Wir sind bereit, dem

Staat und unserm deutschen Volk Gut und Blut zu opfern, aber wir wollen uns vor Gottes Richterstuhl nicht sagen lassen: Als das Evangelium von Jesus Christus in deutschen Landen bekämpft wurde, da seid ihr stumm geblieben und habt eure Kinder widerstandslos einem fremden Geiste überlassen. ...
Christen sind es schuldig, der Obrigkeit Gehorsam zu leisten, soweit sie nicht verlangt, was gegen Gottes Gebot ist. Christen sind es schuldig zu widerstehen, wenn es von ihnen verlangt wird, was wider das Evangelium ist. ...
[Es geht] um das Daseinsrecht der Kirche Jesu Christi in dieser Welt. Wir bitten alle Obrigkeit im deutschen Volk, mit Ernst zu bedenken, daß sie Rechenschaft geben muß vor dem lebendigen Gott für alles, was sie tut. Wir beschwören sie, hinfort nichts zu tun und nichts zuzulassen, was wider Gottes Gebot und wider die Freiheit des in Gott gebundenen Gewissens ist! ...
Wir rufen alle evangelischen Christen auf, fest und offen das Evangelium von Jesus Christus zu bekennen. In dieser Stunde der Entscheidung will Jesus Christus aufrechte Bekenner und entschlossene Jünger und Jüngerinnen haben. Jetzt gilt das Wort: ›Wer mich bekennt vor den Menschen, den will ich auch bekennen vor meinem himmlischen Vater!‹ ...
Wir erheben die Hände zu Gott, dem Vater und dem Sohne und dem Heiligen Geist ... Der Bruderrat der Bekenntnissynode der DEK Koch, Asmussen, D. Dürr, v. Arnim-Kröchlendorff, Müller (Heiligenstadt), Tramsen, L. Steil, Martin Richter, Hans Iwand, von Soden, Hesse, Middendorf, Berger, von Thadden, Remé, Niemöller, Jacobi, Kloppenburg, Humburg, W. Pressel
Die Vorläufige Leitung der DEK Müller, P. Albertz, Forck, Fricke, Böhm«[165]

»Jetzt gibt es kein Zurück mehr«, bemerkte Gretel nach dem Gottesdienst, und Paul meinte, die Gestapo werde nicht eher ruhen, als bis sie die undichte Stelle entdeckt habe, durch die die Erklärung ins Ausland gelangt sei.

Kurz danach ging ein Brief von Paul an einen befreundeten Lehrer, Erich Girolstein, und seine Frau in Wetzlar:

»Wir haben hier am 23.8. die Abkündigung der Vorläufigen Kirchenleitung und des Bruderrates zu verlesen gehabt; mich hat es in der Seele froh gemacht, es war eine große Befreiung, daß unsere Kirchenleitung dies Wort gefunden und gewagt hat und wir damit durchstoßen durften durch die Nebelschwaden von List und Lüge, mit denen die weltanschauliche Lage getarnt und unser armes christliches Volk verwirrt wird. Die neu durchbrechende Sonne nach Regenwolken und Erntenot war mir wie ein freundliches Sich-Bekennen Gottes zu diesem Wort.« –

An einem Tag Anfang September traf Paul im Gasthaus »Post«, wo er gelegentlich bei Frau Piroth einkehrte, einen Nachbarn, der in der Nähe des Pfarrhauses einen Garten besaß. Der junge Mann hatte sich entschlossen, nach Saarbrücken zu ziehen, und brauchte Geld. – »An welche Summe hatten Sie denn gedacht?«, wollte Paul wissen. »800 Mark«, war die Antwort, und Paul bat den Mann, ihm den Garten zu reservieren, bis er mit seiner Frau gesprochen habe. Gretel hörte von dem Garten, hörte, dass er 800 Mark kosten sollte, und fragte: »Und dein Motorrad? Du wolltest doch ein neues haben? Beides zusammen geht leider nicht.« Aber Paul sagte ganz spontan: »Mir ist der Garten lieber. Stell dir doch mal vor, eigenes Gemüse, frisches Obst, und viel Platz für die Kinder zum Spielen!« Gerade wollte er zurück zum Gasthaus, um den Kauf zu tätigen, als Gretel nachdenklich sagte: »Paul, kauf den Garten auf meinen Namen!« Sie schauten einander in tiefem Einverständnis an, ohne viele Worte dachten beide an die Zukunft. »Wird gemacht«, sagte Paul und verschwand in Richtung Gasthaus »Post«.

Pauls weise Vorsorge für seine Familie stand in scharfem Kontrast zu dem, was er sich selbst zumutete. Am 6. September predigte er über 1. Petrus 2, 1–10. Zur Illustration der Notwendigkeit, rein von unrein zu scheiden, machte er vor Beginn der Predigt eine Vorbemerkung: »Einige von euch, liebe Gemeinde, finden, dass 800 Mark ein enorm hoher Preis für unseren Garten ist. Aber vergesst nicht, der Garten ist eingezäunt. Luther hat einmal gesagt, auch um die Kirche gehöre ein Zaun, ansonsten würden bald die Schweine hereinkommen und sie verwüsten.

›So leget nun ab alle Bosheit und allen Betrug und Heuchelei und Neid und alles Afterreden, und seid begierig nach der vernünftigen, lauteren Milch als die jetzt geborenen Kindlein, auf daß ihr durch dieselbe zunehmt, so ihr anders geschmeckt habt, daß der Herr freundlich ist, zu welchem ihr gekommen seid als zu dem lebendigen Stein, der von den Menschen verworfen ist, aber bei Gott ist er auserwählt und köstlich. ... Euch nun, die ihr glaubt, ist er köstlich; den Ungläubigen aber ist der Stein, den die Bauleute verworfen haben, der zum Eckstein geworden ist, ein Stein des Anstoßes und ein Fels des Ärgernisses; ...‹

1. Petrus 2, 1–10

Liebe Gemeinde! Das Kennzeichen alles gesunden und echten Lebens ist das Wachstum. Den Müttern und Vätern ist es oft recht schmerzlich, wenn die Kleider ihrer Kinder immer wieder zu eng werden und durch neue ersetzt werden müssen, und dennoch freuen sie sich dieses Zeichens des Wachstums ihrer Kinder. Wenn die Schweine im Stall nicht mehr zunehmen, ... dann ist es an der Zeit, sie zu verkaufen oder zu schlachten.

... Das Kennzeichen aber des gesunden, normalen Christenstandes ist das Zunehmen zum Heil. Das Schwein im Stall hat als Ziel seines Zunehmens, sagen wir, ein Schlachtgewicht von vier Zentnern. Der Geizhals und irdisch gesinnte Mensch hat als Ziel die neuen größeren Scheunen, ein Vermögen – sagen wir einmal – von 50 000 Mark zur Sicherung des Alters und zur Aussteuer oder Ausbildung der Kinder. Der Christenmensch kennt nur eins, was not ist: selig zu werden, das Heil zu erlangen; er trachtet nach dem Reiche Gottes und nach seiner Gerechtigkeit. ... *Der normale, gesunde Christenstand aber ist ein solches Zunehmen zum Heil.*

Unser Text sagt uns, wie solches Zunehmen zum Heil vor sich geht, was dazu gehört und worin es sich beweist. Es ist erstens ein Ablegen des alten Sündenkleides und eine herzliche Begierde nach der lauteren Milch des Wortes Gottes. Wie die herangewachsenen Kinder ihre zu eng gewordenen Kleider ablegen, so müssen wir fort und fort das Sündenkleid des alten Menschen ablegen, alle Bosheit, all die verborgene, heimliche und unaufrichtige, eigensüch-

tige und unter dem Schein des Guten doch böse Gesinnung, ferner allen daraus fließenden Betrug, Heuchelei und Neid, alle Lügen, damit [= mit denen] wir den andern mit ehrlicher Miene hinters Licht führen und übers Ohr hauen, den Neid, mit dem die Armen dem Reichen sein Erbgut und die Reichen dem Armen sein Ackergärtlein nicht gönnen und darüber zu Dorfzwist und Prozessen aneinandergeraten, ...
Wie viele sind noch unter uns, die beharrlich die tägliche Bibellese für sich selbst und die Ihrigen ablehnen und ihre geistige Nahrung allein aus der Zeitung bestreiten! ...
Das Zunehmen zum Heil ist dann zweitens eine Auferbauung auf dem lebendigen Eckstein Jesus Christus zum geistlichen Haus und Priestertum. ...
Wir können die Weltgeschichte mit einem Tempelbau Gottes vergleichen. Er, der Bauherr, Gott selbst! Jesus Christus der Hohepriester, das Opferlamm auf dem Altar und der Grund und Eckstein des Tempels zugleich. An dem Tempel viele Baumeister und Vorarbeiter und Arbeiter, die Apostel und Propheten. Immer größer und herrlicher baut sich der Tempel hoch; auch ein jeder von uns darf sich als schlichten Stein im Tempel Gottes hineinbauen lassen und sich am Priester- und Opferdienst beteiligen mit dem Lobopfer seines Herzens und seiner Lippen, mit dem Bekenntnis seines heiligen Namens. Zu solchem Priester- und Opferdienst macht er selbst uns tüchtig. ...
Freilich, so auserwählt und köstlich dieser Stein bei Gott und den Gläubigen ist, so sehr ist er ein Stein des Anstoßes und des Verderbens bei den Ungläubigen. Das ist die doppelte Bedeutung dieses Ecksteins. An dem Eckstein der Straße ist schon manches Fuhrwerk, manches Auto zerschellt; an dem Eckstein auf der Wiese zerschlägt der Mäher seine Sense und ist damit in seiner Arbeit, seinem Werk zuschanden geworden. Hüten wir uns, daß dieser lebendige Stein nicht zum Stein des Anstoßes und des Ärgernisses werde! Wie damals Hohepriester und Landpfleger, so verwerfen heute die Bauleute des Staates diesen Stein mit ausdrücklichen Worten, wie es Alfred Rosenberg in seinem ›Mythos‹ oder Julius Streicher im ›Stürmer‹ tut und viele andere in den Zeitungen der Partei und

Bewegung, oder durch Totschweigen seines heiligen Namens, außer dem kein Heil ist, und die Bauleute der Kirche, die, anstatt sich auf den ewigen Felsen Jesus Christus zu gründen, das ›ewige‹ Volkstum als National- und Staatskirche zum Ziel haben. ...
Darum dürfen wir uns nicht scheuen, den Schnitt zu machen, die Trennungslinie zu ziehen zu den Ungläubigen, Gottlosen, weltlichen, gesetzlosen Leuten, damit wir nicht mit ihnen verloren werden. ...
Zunehmen! Nicht stehengeblieben! Wir wollen Gott danken, daß er uns aufgestört hat aus unserer trägen Sicherheit und Ruhe. Der gesunde Christenstand ist ein Zunehmen zum Heil. ...«[166] –

Am 8. September begann der jährliche Parteitag der NSDAP in Nürnberg. Diesmal nannte er sich »Parteitag der Ehre«, weil die Wiedergewinnung der deutschen Souveränität im Rheinland die nationale Ehre Deutschlands wieder hergestellt habe. Im Radio brüstete sich Hitler am 9. September damit, dass er in nur vier Jahren mit 99 Prozent Zustimmung des Volkes den Wiederaufbau der Nation bewerkstelligt habe, trotz aller »Minierarbeit der bolschewistischen Drahtzieher« – wer von seinen Feinden hätte sich das 1933 vorstellen können!

Paul, Gretel und den Kollegen der Hunsrückbruderschaft erschien es regelrecht unheimlich, wie Hitler seine Zuhörer mit seiner hysterischen Stimme und der Schwindel erregenden Aufzählung seiner politischen Erfolge für das Vaterland geradezu hypnotisierte. Am 10. September war die deutsche Arbeiterschaft dran, deren Los er mit dem der vom Kommunismus heimgesuchten Länder verglich:

»Hier bei uns ist Aufbau! Hier ist Kameradschaft! Und hier ist vor allem der Glaube an eine bessere Menschheit und damit an eine bessere Zukunft! Welcher Unterschied zu einem anderen Land [Spanien], in dem der Marxismus die Macht zu erringen versucht. Da brennen die Städte, da sinken die Dörfer in Schutt und Trümmer zusammen, da kennt einer den anderen nicht mehr. Klasse kämpft gegen Klasse, Stand gegen Stand, der Bruder vernichtet den Bruder. Wir haben den anderen Weg gewählt: statt euch zu zerreißen, habt ihr euch zusammengefügt.«[167]

Paul, der sich den Arbeitern stets verbunden fühlte, konnte nicht umhin zuzugeben, dass es den Arbeitern jetzt besser ging. »Das ist gerade das Gefährliche, Gretel«, meinte er, »materielle Besserstellung und politischer Erfolg. Der Teufel erscheint als Lichtgestalt, und schon lässt sich unser Volk, das verlernt hat, von der Warte geistiger Tiefgründigkeit aus die Dinge kritisch zu betrachten, von einer Welle von nationalem Narzissmus wegreißen.« Und Gretel erwiderte: »Das Volk scheint nicht zu merken, wie geschickt Hitler Ideen und Phrasen verwendet, die aus der Bibel stammen, um seine eigene messianische Sendung zu untermauern, z. B. hier in seiner Rede vom 11. September vor Parteiführern.« Paul las, was Gretel ihm in der Zeitung zeigte:

»... Wenn wir uns hier treffen, dann erfüllt uns alle das Wundersame dieses Zusammenkommens. Nicht jeder von euch sieht mich und nicht jeden von euch sehe ich. Aber ich fühle euch, und ihr fühlt mich! Es ist der Glaube an unser Volk, der uns ... wankende, mutlose, ängstliche Menschen tapfer und mutig gemacht hat. ... Dieses Reich hat erst die ersten Tage seiner Jugend erlebt. Es wird weiterwachsen in Jahrhunderte hinaus, es wird stark und mächtig werden! Diese Fahnen werden durch die Zeiten getragen von immer neuen Generationen unseres Volkes. ...
Seid aufrecht und entschlossen, scheut niemand und tut im übrigen recht und eure Pflicht! Dann wird Gott der Herr unser Volk nie verlassen. Heil Deutschland!«[167]

Paul schüttelte entsetzt den Kopf. Dann war da noch die Rede an die Jugend vom 12. September. Die Jugend – ein besonders wunder Punkt für Paul. Wie hatte ihn geschmerzt, dass die evangelische Jugend der Kirche entfremdet wurde. Wie hatte er sich bemüht, in Hochelheim/Dornholzhausen christliche Disziplin unter der Jugend aufrechtzuerhalten – nicht einmal die eigenen Presbyter hatten ihn verstanden, sondern statt dessen dazu beigetragen, dass er versetzt worden war. Immer weniger Jugendliche blieben der Bekennenden Kirche treu. So rieb sich Paul immer wieder besonders an der Vorstellung, dass mit jeder Rede an die Jugend Hitler Terrain gewann und die Lehren der Bibel mehr und mehr verblassten. Mit entsprechend ungutem Gefühl verfolgte Paul, was Hitler auf diesem Parteitag der deutschen Jugend zu sagen hatte:

> »Meine deutsche Jugend!
> Ihr habt das Glück, Zeugen einer ebenso bewegten wie großen Zeit zu sein. Das ist nicht allen Geschlechtern beschieden gewesen. Wenn ich ... an die Zeit meiner eigenen Jugend zurückdenke, dann kommt diese mir wahrhaft leer vor gegenüber dem, was die heutige Zeit an Aufgaben stellt ... Es ist wirklich wunderbar, in einem solchen Zeitalter zu leben und in ihm wachsen und werden zu dürfen. Und ihr habt dieses große Glück! ...
> ... Wenn ich euch, erfüllt vom glücklichsten Empfinden, ansehe, wenn ich eure Blicke finde, dann weiß ich: mein Lebenskampf ist nicht umsonst gekämpft, das Werk ist nicht umsonst getan! ... Ihr werdet Männer sein, wie die große Generation des Krieges es war. Ihr werdet tapfer und mutig sein, wie eure älteren Brüder und eure Väter es gewesen sind. Ihr werdet treu sein, wie jemals Deutsche treu sein konnten. ... Ihr werdet eine andere Hingabe kennen an das ewige Reich und an das ewige Volk.«[168]

»Das ewige Reich«, »das ewige Volk« – das »Reich Gottes« gab es nicht mehr. Hitler war der lang ersehnte Messias, der, von tosendem Beifall begleitet, am 13. September den Massen auf dem Parteitag zurief:

> »Das ist das Wunder unserer Zeit, daß ihr mich gefunden habt unter so vielen Millionen. Und daß ich euch gefunden habe, das ist Deutschlands Glück!«[169]

Der 14. September war der Tag der Wehrmacht. Gretel lachte, als sie im Radio hörte, wie der Kanzler versprach, der zweijährige Militärdienst beschere jedem Soldaten ein zehn Jahre längeres Leben, weil das Training in Sonne und frischer Luft seine Gesundheit stähle.

Am 16. Sonntag nach Trinitatis, dem 27. September 1936, beschäftigte sich Pauls Predigt – in geradezu prophetischer Vorschau auf die bevorstehenden Ereignisse in seinem Leben – mit Daniel, Kapitel 6. Er beschrieb das Schicksal Daniels mit folgenden Worten:

»Im Jahre 521 v. Chr. kam Darius 1. auf den Thron des medisch-persischen Weltreiches. ... Er war ein kluger und guter Regent. Hundertzwanzig Landvögte setzte er ein, und über diese stellte er drei Fürsten, unter ihnen Daniel, der unter den Gefangenen Judas unter Nebukadnezar nach Babel an den Königshof gebracht worden war, um eines klugen, hohen und göttlichen Geistes willen, der in ihm war. ... Der Großkönig wollte ihn gar zum Kanzler des ganzen Reiches machen.
Der Neid der Großen, der anderen Fürsten, gegenüber diesem Emporkömmling will das nicht zulassen; sie suchen Daniel eine Falle zu stellen. ... Die Schmeichler, die Daniels gottesfürchtigen Sinn und Gebetstreue wohl kennen, listen dem heidnischen König ein Gesetz ab, daß man ... einen Monat lang, im ganzen Reich nur zu ihm, dem Großkönig, beten solle und zu keinem andern Gott. Das sei nötig zur Festigung seiner Autorität und Regierungsgewalt. ... Daniel hört von diesem Gesetz ... Er weiß, daß seiner die Löwengrube wartet. Aber hier hat sein Gehorsam, während er doch sonst der treuste und gehorsamste Diener seines Herrn war, seine Grenze. Beten zum Großkönig – ihn mit heiliger, religiöser Verehrung anrufen –, dreißig Tage nicht zu seinem, dem lebendigen, in Israel geoffenbarten Gott beten, der allein heilig und allmächtig ist – das kann er nicht! Keinen Tag schwankt er. Wie er immer tat, so geht er in seine Gebetskammer mit dem offenen Fenster nach Jerusalem und betet auf den Knien des Morgens und Mittags und Abends zu seinem Gott. ...
Daniel, verstecke doch dreißig Tage lang dein Gebet, laß es die kurze Zeit sein! Nachher kannst du wieder beten! Mach doch wenigstens vorübergehend, mach einmal äußerlich die Königsverehrung mit – vielleicht war das nicht einmal nötig, wenn er nur das Beten sein ließe! Daniel, bedenk doch deine Karriere, deine Ehre, dein Leben! Ja, Daniel, höre doch! Daniel bedenkt das alles, aber beugen mit seinem allein Gott gehörenden Herzen kann er sich nur vor dem allmächtigen, lebendigen Gott. Dem König will er allen

schuldigen Gehorsam und Ehrerbietung erweisen, aber mit religiöser Verehrung sich vor ihm bücken, das kann er nicht, und diese Verehrung Gott schuldig bleiben kann er auch nicht. ... Er weist mannhaft die Vergewaltigung seines Gewissens und seines Glaubens, diese Behinderung seiner gottesdienstlichen Pflichten zurück durch die Tat. ...
Wo sind die Männer heute, die unerschrocken zu ihrem Glauben stehen, wenn er in aller Öffentlichkeit und von höchsten Stellen gelästert und verächtlich gemacht wird? Ihrer sind wenige. Gehörst du zu ihnen? ... Und der nur ist ein Christ und wahrhaft frommer Mann, dem des deutschen Mannes, D. Martin Luthers Wort tief in die Seele gefallen ist: ›Wir sollen Gott über alle Dinge fürchten, lieben und ihm vertrauen!‹ Nur der Beter kann sich beugen vor Gott; wer sich aber nicht beugen will vor Gott, der muß sich bücken vor den Menschen und den Abgöttern und Götzen der Welt. ...
Und Daniel, der sich beugt vor der Majestät Gottes allein, wird zum Bekenner, zum Zeugen und Prediger seines Gottes vor der Welt mit seinem Gebet. ... Und ehe er in die Löwengrube geht, hat er dem Großkönig schon Achtung beigebracht vor seinem Gott, so daß er zu ihm spricht: ›Dein Gott, dem du ohne Unterlaß dienst, der helfe dir!‹ ... Das ist die Frucht des Gebets im Kämmerlein, das Daniel gebetet hat, daß der Großkönig einen Reichsbefehl durch sein weites, großes Reich ergehen ließ: ›Das ist mein Befehl, daß man in der ganzen Herrschaft meines Königreichs den Gott Daniels fürchten und scheuen soll ...‹ So ist das Gebet Daniels ein Bekenntnis des lebendigen Gottes vor der ganzen Welt. Ist auch unser Beten und Gebet ein Zeugnis? Wenn es rechtes Beten ist, sicherlich! ... Ist nicht dein Gang ins Gotteshaus zum Gebet der gottesdienstlichen Gemeinde, um den Herrn öffentlich anzurufen, ein Bekenntnis, wo so viele sich die gottlose Freiheit nehmen, zu Hause zu bleiben, mit den irdischen Geschäften sich entschuldigend? ...
Das Gebet ist aber auch die Kraft Gottes für den Lebens- und Glaubenskampf. Woher hatte denn Daniel die Kraft für seinen Weg, für sein Verhalten? Warum fällt er nicht um und beugt sich vor Menschen in göttlicher Verehrung? Was läßt ihn standhaft bleiben auch dem ihm wohlgesinnten König gegenüber? Nun, ... in der

> Kraft des gläubigen Gebets traute er Gott zu, daß er ihn auch von den Löwen erretten könne, und wenn das nicht Gottes Wille sei, so würde er auch in der Kraft des Gebets sein Leben als wohlgefälliges Opfer auf Gottes Altar legen können. ›Wenn ich dich anrufe, so erhörst du mich und gibst meiner Seele große Kraft.‹ Uns graut vor schweren Entscheidungen unseres Lebens. Wie werden wir's ertragen? Durchs Gebet allein ist Gott bei uns. Amen!«[170] –

»Ja, du hast recht gehört«, sagte Hermann Lutze, als er wieder einmal mit seiner Frau bei den Schneiders vorbeischaute, »am 6. Oktober wurde Friedrich Weissler von der Gestapo aus dem Schlaf gerissen und verhaftet. Man legte ihm zur Last, er habe der ausländischen Presse die Erklärung der Bekennenden Kirche für Hitler zugespielt. Man warf ihm vor, er habe willentlich die nationalsozialistische Regierung in Verruf zu bringen versucht. Weissler als rechtmäßiger Berater der Bekennenden Kirche hat bestimmt eine wesentliche Rolle bei der Abfassung der Erklärung gespielt, aber mit Sicherheit stammt die Information an die Presse im Ausland nicht von ihm. Man sagt, Gäste im Hause Weissler, zwei junge Theologen, hätten die Erklärung auf seinem Schreibtisch liegen sehen und sie ohne sein Wissen abgeschrieben. Den beiden radikalen Theologen ging die Vorsicht der Bekennenden Kirche gegenüber dem Staat zu weit, sie fanden es richtiger, die Sache publik zu machen, und wählten den Weg über die ausländische Presse. Die zwei hat man ebenfalls verhaftet. Die Gestapo ist erfreut, Weissler belasten zu können. Erstens hasst man ihn, weil er einer der intelligentesten Führer der Bekennenden Kirche ist, und zweitens hasst man ihn, weil er Jude ist. Am nächsten Sonntag wird sein Name auf den Gebetslisten aller Gemeinden der Bekennenden Kirche stehen.« Paul und Gretel hörten das alles gar nicht gern. »Lasst uns gleich hier für ihn beten«, schlug Gretel vor. Und die Freunde beteten am Gartentisch, so wie sie da saßen, für Friedrich Weissler und seine Familie und auch für die beiden Theologen, die gemeint hatten, Hitler in der Kirchenfrage zum Handeln zwingen zu können. –

Am 9. Oktober schickte der Schulrat von Simmern als Reaktion auf Karl Sturms Anschuldigungen gegen Pfarrer Paul Schneider ohne dessen Wissen ein Schreiben an den Landrat in Koblenz mit der Bitte, gegen Pfarrer Schneider vorzugehen, mindestens aber seine Versetzung zu initiieren, da es in Dickenschied und Womrath niemals Ruhe geben werde, solange Paul Schneider seine destruktiven Aktivitäten in seiner Pfarrgemeinde fortsetzen könne.

Immer noch gingen auf der politischen Bühne die Bemühungen weiter, alte Gräben zuzuschütten und neue Bündnisse zu schmieden. »Deutsche und Italiener stehen gemeinsam an der Seite von General Franco von Spanien gegen die von der Sowjetunion unterstützte republikanische Regierung von Spanien«, erklärte Hermann Lutze, »Hitler und Mussolini haben ja unentwegt erklärt, der Bolschewismus sei die größte Bedrohung der Sicherheit in Europa.« Dann fügte er noch hinzu: »Zum Ende des Besuches von Mussolinis Schwiegersohn und Außenminister Graf Ciano bei Hitler auf dem Obersalzberg war solch eine Abschlusserklärung zu erwarten.« Damit wies er auf die Sonntagsausgabe der Zeitung vom 25. Oktober: »Mussolini beschreibt das Abkommen zwischen Deutschland und Italien als ›Achse Berlin–Rom‹, und beide Staaten verpflichten sich zur Zusammenarbeit in allen wichtigen Fragen. Es ist natürlich klar, gegen wen sich diese Achse richtet.« – »Zusammen mit all dem Säbelrasseln auf dem letzten Parteitag kann das unsere Nachbarn schon beunruhigen«, meinte Paul. –
Am 26. Oktober las Paul Gretel einen Abschnitt aus der Zeitung vor, nicht ahnend, dass ihn der Inhalt eines Tages selbst treffen könnte. Da hieß es, dass es für die Insassen eines Konzentrationslagers keine festgelegte zeitliche Begrenzung ihres Aufenthalts geben sollte. Das Ende der Inhaftierung werde ausschließlich von den entsprechenden Gestapostellen bestimmt. »Das heißt«, kommentierte Gretel, »wenn bei einem Inhaftierten keine Anzeichen zu erkennen sind, dass sich seine Haltung gegenüber dem Staat geändert hat, kann er sein Leben lang im Lager festgehalten werden. So bringt der Staat seine Kritiker für immer zum Schweigen. Deshalb sind alle Leute so betroffen, sobald das Wort ›Dachau‹ fällt.« –
Pfarrer Castor hielt wieder eine interessante Nachricht für Paul bereit: »Ich weiß es aus zuverlässiger Quelle in München, dass Kardi-

nal Faulhaber sich am 4. November mit Hitler auf dessen Sommersitz auf dem Obersalzberg getroffen hat.« Und Pfarrer Castor redete weiter, während Paul im Hof seines Pfarrhauses mit einer kleinen Motorradreparatur beschäftigt war: »Die Unterredung soll drei Stunden gedauert haben. Der Kardinal soll den Führer daran erinnert haben, dass die katholische Kirche sich schon Dutzende Male beschwert habe, der Staat halte sich nicht an das, was er im Konkordat der katholischen Kirche zugestanden hatte. Er erwähnte die Rassegesetze und kam auf die Sterilisation von erbkranken Menschen zu sprechen; Hitler wurde regelrecht wütend und drohte, das Gespräch abzubrechen. Aber dann nahm die Unterhaltung doch noch einen friedlichen Verlauf. Was mich am meisten beunruhigt«, endete Pfarrer Castor, »ist Hitlers Bemerkung, wenn die katholische Kirche den NS-Staat nicht unterstütze, dann müsse der Staat eben ohne die Kirche auskommen. Darin liegt doch eine entschiedene Drohung – Konkordat hin oder her.« Paul fragte: »Was hat Ihnen denn das Konkordat überhaupt gebracht? Es kommt mir vor wie eine Einbahnstraße. Die Kirche hält sich an ihre Verpflichtungen, der Staat denkt nicht daran. Wenn ich Ihre Situation mit der unsrigen vergleiche, dann schätze ich, Sie werden ebenso hereingelegt, sobald die Partei das Konkordat als lästig empfindet.« – »Das fürchte ich auch«, meinte Pfarrer Castor. Dann fuhr er fort: »Unsere Bischöfe haben am 10. November einen Hirtenbrief verfasst, in dem sie die Auflösung der kirchlichen Schulen und die willkürliche Einrichtung von staatlichen Schulen in den Gemeinden beklagen. Unsere Bischöfe haben auch das Unterrichtsverbot für Nonnen an öffentlichen Schulen kritisiert.« – »Sie werden nichts ausrichten, denn dessen können Sie sicher sein, dass Erziehungsminister Rust und Chefideologe Rosenberg sich einig sind, nichts unversucht zu lassen, um jegliche Erinnerung an das Christentum in den Schulen zu tilgen«, sagte Paul deprimiert. –

Ein weiteres Ereignis, das die Schneiders der Zeitung des 25. November entnahmen, war der Antikominternpakt zwischen Deutschland und Japan. Beide Staaten kamen überein, die Verbreitung kommunistischer Revolutionspropaganda zu unterbinden.

Wieder fand Paul, dass es in der Geschichte des frühen Christentums Situationen gab, die denen der derzeitigen Kirche sehr ähnlich waren. Er predigte über einen Text aus der Offenbarung (2, 8–11):

»Und dem Engel der Gemeinde zu Smyrna schreibe: Das sagt der Erste und der Letzte, der tot war und ist lebendig geworden: Ich weiß deine Werke und deine Trübsale und deine Armut (du bist aber reich) und die Lästerung von denen, die da sagen, sie seien Juden, und sind's nicht, sondern sind des Satans Schule. Fürchte dich vor keinem, das du leiden wirst! Siehe, der Teufel wird etliche von euch ins Gefängnis werfen, auf daß ihr versucht werdet, und werdet Trübsal haben zehn Tage. Sei getreu bis an den Tod, so will ich dir die Krone des Lebens geben. Wer Ohren hat, der höre, was der Geist den Gemeinden sagt: Wer überwindet, dem soll kein Leid geschehen von dem andern Tode.

Offenbarung 2, 8–11

Liebe Gemeinde! Die sieben Gemeinden in Kleinasien, an die die Sendschreiben der Offenbarung ergehen, sind ein Abbild der Kirche aller Zeiten. … Das Bild der sieben Gemeinden paßt auch für die Kirche heute, und auch wir fallen darunter mit unserem Gemeindeleben. …
Wir singen: ›Ein Christ kann ohne Kreuz nicht sein‹; aber auch eine rechte Gemeinde kann ohne Kreuz nicht sein. Es ist ein betrübliches Zeichen, daß wir das heute nicht mehr wissen, daß vielleicht hier und da einzelne Christen, aber kaum irgendwo ganze Gemeinden den Kreuzes- und Trübsalsweg gehen mögen. Da ist weithin der Gemeinden vornehmste Sorge, daß sie mit der Welt gut stehen, und sei es auf Kosten der Verweltlichung ihres Lebens. Da wird sehr schnell das Gemeindeleben in seinen äußerlichen Formen und in seiner Lehre den Forderungen der Zeit angepaßt, der Sonntag preisgegeben den neu aufgetretenen starken politischen Mächten, das konfessionell gebundene Schulleben kampflos einer neuen unchristlichen Gestaltung überlassen, nachdem man schon vorher in Jugendorganisationen der Partei die Jugend dem fremden weltanschaulichen Geist, der erklärtermaßen zur Kirche nicht

paßt, hat zuführen lassen. Aber man denkt nicht daran, um die Jugend und für die Jugend zu kämpfen – es könnte ja der Gemeinde Trübsal bringen. ...
Ist so schon der gegenwärtige Zustand einer Gemeinde, ... von Trübsal und Anfechtung bestimmt, so hat doch der Herr ihr noch größere Trübsal anzukündigen. ... Das ist bangemachend und tröstlich zugleich. Gemeinde des Herrn! Du hast keine Ursache, dich zu fürchten, ich bin bei dir! ... In der Welt habt ihr Angst, aber seid getrost: Ich habe die Welt überwunden! Gefängnis – es ist der Kirche Christi, der Bekennenden Kirche, nicht mehr ein fremder Gedanke, und es haben sich alle ernsthaften Pfarrer der Bekennenden Kirche mit diesem Begriff vertraut gemacht. Es haben auch schon Laien gesessen. ... Wenn nicht alles trügt, sehen wir ja in aller Kürze eine Verfolgung über die Bekennende Kirche Deutschlands hereinbrechen. Sind wir dann bereit, das, was der Herr seiner Gemeinde angekündigt, auf uns zu nehmen ...?«[171] –

Pauls Sorge um die Kirche fand immer neue Nahrung. So fand er in einem Zeitungsartikel eine Instruktion des Innenministeriums: Bezüglich der Religionszugehörigkeit der Deutschen gab es statt der beiden bisherigen Kategorien: a) »Mitglied einer Kirche« und b) »keine Religionszugehörigkeit« eine neue Kategorie – für Nationalsozialisten, die mit keiner der beiden christlichen Kirchen in Verbindung gebracht werden wollten –: »Glaubt an Gott, aber gehört keiner Kirche an.« –
Am 1. Dezember lasen Paul und Gretel die beunruhigende Nachricht, dass ein neues Gesetz die Mitgliedschaft bei der HJ für alle Jugendlichen ab 10 Jahren zur Pflicht machte. Paul las Gretel vor, dass zusätzlich zu Familie und Schule die Hitlerjugend die Aufgabe habe, die deutsche Jugend körperlich, ideologisch und moralisch im Geiste des Nationalsozialismus zum Dienst am deutschen Volk zu erziehen. »Nie sollen unsere Kinder Mitglieder der HJ werden, ganz gleich, was das für Konsequenzen nach sich zieht«, sagte Paul mit finsterer Entschlossenheit.

Kurz danach übertrug der Rundfunk eine Rede von Reichsjugendführer Baldur von Schirach, in der er alle deutschen Eltern drängte, ihre Kinder zur Hitlerjugend zu schicken. Sie sollten den Angriffen von ein paar spinösen Pfarrern keinen Glauben schenken, die ihn als Feind der Religion abstempeln wollten. Im Gegenteil, Atheismus in den Reihen der Hitlerjugend sei ihm ein Gräuel. »Er mag ja etwas gegen Atheismus haben«, sagte Paul nach der Rede zu Gretel, »Gottlosigkeit ist das in der Tat nicht, die HJ wird ja gezwungen, an die Göttlichkeit des Führers, an die Ewigkeit des Deutschen Reiches und an das Evangelium des Alfred Rosenberg zu glauben.« –

Am 11. Dezember gab es Neuigkeiten aus der weiten Welt: der englische König Eduard VIII. verzichtete, um eine geschiedene bürgerliche Amerikanerin zu heiraten, auf den Thron zugunsten seines Bruders, der als Georg VI. König von England wurde. –

Kirchliche Probleme aber standen immer im Vordergrund des Interesses im Hause Schneider. So sorgte man sich in der Bekennenden Kirche um die Entchristlichung des Weihnachtsfestes durch die Nazis. Germanische Sagen wurden zunehmend wichtig, und die Geschichte von der Geburt Jesu wurde allmählich verdrängt durch heidnische Winterfeiern. Die Deutsche Evangelische Schulgesellschaft – die bisher der NS-Gleichschaltung entgangen war – hatte einen Bericht zusammengestellt und ihn sogar zu verbreiten verstanden. Diesen Bericht resümierte Paul, als er mit Gretel und Sophie zusammensaß: Die Entchristlichung des Weihnachtsfestes – hieß es in dem Bericht – hinge eng mit der Entchristlichung der Schule und des Lehrstoffs zusammen. Die Problematik der »deutschen Schule« ließe sich eigentlich nie so deutlich machen wie zu Weihnachten, das sich langsam aber sicher zu einer »deutschen Weihnacht« wandele. Es wäre gut, wenn das den Christen klar würde; das sei eben Realität, der man ins Auge sehen müsse. »Nationale Wiedergeburt«, »Winterhilfswerk«, dazu heidnische Bräuche bei den »Deutschen Christen« in den letzten Dezembertagen hätten eben nichts mit »Weih-Nacht« zu tun. Je mehr Leute nur noch »deutsche Weihnachten« feierten, umso geringer seien die Chancen für die christliche Schule. Die aber sei das entscheidende Thema, davon solle man in der Kirche nicht ablenken.

»Das ist genau das Problem«, kommentierte Paul. »Wir haben Deutsche Christen als Lehrer sowohl in Dickenschied als auch in Womrath. Herr Kunz hier und Herr Sturm in Womrath stehen auf Kriegsfuß mit Gemeinde, Presbyterium, Pfarrer und Eltern, und wir werden sie nicht los, weil sie Staatsbeamte sind. Ihr sogenannter Religionsunterricht ist nichts anderes als die Verbreitung der NS-Ideologie.« Gretel wandte ein: »Wir kämpfen auf verlorenem Posten, Paul, wenn wir versuchen, unsere alte Bekenntnisschule wiederzubekommen. Der Staat will nun mal die Deutsche Gemeinschaftsschule, und wir können wenig dagegen ausrichten, besonders wenn Kunz und Sturm diese Entwicklung unterstützen.« Damit war Paul nicht einverstanden. »Nein, wir müssen kämpfen«, sagte er entschlossen, »und in diesem Kampf stehen die katholischen Nachbarn an unserer Seite. Auch Pfarrer Castor ist strikt gegen die Gemeinschaftsschule. Die Zusammenarbeit von Kirche und Bekenntnisschule hat eine jahrhundertealte Tradition. Erst seit dem Krieg wird an dieser Tradition gerüttelt. Natürlich passt es Kunz und Sturm nicht, dass die beiden Pfarrer in der Schulpolitik ein Mitspracherecht haben. Sie wollen gegen den christlichen Geist antikirchliches und antichristliches Gedankengut durchsetzen. Sie wettern gegen meinen Konfirmationsunterricht, wie ich mich gegen ihren Religionsunterricht stelle. Ich weiß, sie haben mich beide bei der Partei verpfiffen, weil ich die Schüler nicht mit dem Hitlergruß empfange. Deshalb hat man mir die Erlaubnis zum Konfirmationsunterricht im Schulgebäude entzogen. Gott sei Dank haben wir im Pfarrhaus genügend stabile Bänke, so dass die Konfirmanden hier sitzen und ihren Unterricht haben können.« – »Die Nationalsozialisten zerstören den guten Ruf unserer Universitäten«, sagte Paul, als er las, dass die Bonner Universität am 19. Dezember Thomas Mann die Ehrendoktorwürde aberkannte, die er 1919 erhalten hatte. »Erst wird Karl Barth entlassen, und jetzt dies dem bekanntesten Schriftsteller Deutschlands!« – »War das nicht zu erwarten«, fragte Gretel, »nachdem Goebbels am 2. Dezember Thomas Manns deutsche Staatsbürgerschaft aufgehoben hat wegen seiner Unterstützung einer internationalen Gruppe unter jüdischer Leitung, die im Ausland Aufklärung über die Vorgänge in Deutschland leistet?« – »Einige Brüder der Bekennenden Kirche haben gelegentlich Zugang zu Zeitungsartikeln aus der Schweiz«, sagte Paul. »In einem Interview mit einer Schweizer Zeitung hat Thomas Mann gesagt, er habe Deutschland verlassen, weil er überzeugt sei, die

Politik der derzeitigen Regierung werde katastrophale Folgen für Deutschland und für die Welt haben. Er versicherte, er liebe Deutschland und sein deutsches kulturelles Erbe wurzele tiefer als das derjenigen, die gegenwärtig in Deutschland am Ruder seien und ihn nun seines Geburtsrechts berauben wollten.«

Voll lebendiger Hoffnung, wie sie das Kind in der Krippe verheißen hatte, ging Paul nach Womrath, um dort die Familie von Ernst Scherer zu besuchen. Auguste Scherer ließ ihn in das geräumige Bauernhaus ein. Ihr war nicht ganz wohl bei dem Gedanken, dass sie sich nun zwischen zwei erklärten Gegnern befand: dem Pfarrer und ihrem Mann. Letzterer saß nach der Erledigung seiner bäuerlichen Aufgaben im Wohnzimmer, vor sich eine Tasse Kaffee und die jüngste Ausgabe des *Völkischen Beobachters.* Ernst Scherer erhob sich ein bisschen umständlich, aber trotz aller Entfremdung zwischen Pfarrer und Gemeindemitglied reichte er dem Gast die Hand, wie es sich gehörte, wenn auch ohne alle Wärme und Verbindlichkeit.

»Wie geht es Hilde?«, fragte Paul. »Sie muss noch eine Woche im Bett bleiben, hat Dr. Schmidt angeordnet.« Auguste Scherer führte Paul ins Krankenzimmer, während ihr Mann unten blieb. Hilde begrüßte den Pfarrer und kam gleich darauf zu sprechen, dass sie nicht mehr zum Sonntagsgottesdienst komme, weil ihr Vater dagegen sei. »Er hat es mir verboten«, sagte sie. Und ihre Mutter fügte hinzu: »Es ist schwer, zwischen zwei Stühlen zu sitzen, Herr Pfarrer. Hier ist die Verpflichtung gegenüber der Kirchengemeinde und da die Verpflichtung in der Familie. Ernst ist unerbittlich. Er will die Bekennende Kirche nicht untersützen und weigert sich, Ihre Predigten zu hören und verbietet auch uns, es zu tun. Als die Kinder und ich allein in den Gottesdienst gehen wollten, konnten wir hier unser blaues Wunder erleben: Ernst war so wütend, dass wir um des häuslichen Friedens willen lieber zu Hause blieben.« Und sie fügte noch hinzu: »Ich bin ja nicht so gut informiert, aber mein Mann sagt, die Bekennende Kirche sei nichts weiter als eine unpatriotische Sekte unter der Leitung von Pfarrern, die versuchten, dem Ziel des Kanzlers, der Schaffung eines starken geeinten Deutschland, entgegenzuarbeiten. Ich sage zwar immer, das könne doch gar nicht sein, dass evangelische Pfarrer etwas gegen eine starke Nation hätten. Hilde und ich mögen Sie doch, und wir mögen Frau Schneider, und Ihre Predigten gefallen uns auch.« Paul nickte. Ihm war nicht klar, wie viele von Auguste Scherers Aussagen jetzt ihre eigene Meinung waren oder eher die ihres Mannes.

Nach Schriftlesung und Gebet mit Hilde und ihrer Mutter stieg Paul die Treppe hinunter zu Ernst Scherer, der immer noch in sein Parteiblatt vertieft war. »Ich muss Ihnen sagen«, begann Paul, »dass ich dem Übergang Ihres Sohnes Hermann von meinem Konfirmationsunterricht in den einer Gemeinde, die der Reichskirche angehört, gar nicht zustimmen kann, denn unsere Kirche erkennt die Reichskirchenleitung nicht an, und wir haben nichts zu tun mit Gemeinden, die ihr unterstehen.« Ernst Scherer ärgerte sich maßlos, und er fuhr Paul an: »So etwas ist doch lächerlich. Wann kapieren Sie endlich, dass mich Ihre Bekennende Kirche nicht im Geringsten interessiert! Für mich sind Sie und Ihre Bekennende Kirche Feinde der nationalen Einheit. Wie Sie als Kriegsveteran mit dem Eisernen Kreuz eine solche Haltung vertreten können, ist mir völlig schleierhaft. Jemand wie Sie sollte mehr Patriotismus aufbringen.« – »Und Sie sollten nicht Liebe zum Vaterland mit Anerkennung der Ziele der NSDAP verwechseln«, konterte Paul. »Ich bin stolz, Mitglied der Partei zu sein«, ließ sich Ernst Scherer hören, »und stolz, Mitglied der Reichskirche zu sein, die Ihre Bekennende Kirche ja verachtet.« – »Das ist schon die falsche Reihenfolge«, warf Paul ein. »Sie sollten in erster Linie Christ sein und daran Ihre Mitgliedschaft in Partei und Reichskirche messen. Erst kommt das Reich Gottes, und erst danach sollte die Mithilfe beim Aufbau des nationalsozialistischen Deutschland kommen.«

»Sagen Sie, Pfarrer Schneider«, lenkte Ernst Scherer ab, »ist Hitler ein Christ?« – »Das Thema hatten wir schon mal«, erwiderte Paul, »die Frage ist die Lieblingsfangfrage von Lehrer Kunz.« – »Eine ganz normale Frage«, gab Ernst Scherer zurück, »die jeder Pfarrer beantworten kann.« – »Also dann eine ganz normale einfache Antwort, die ich übrigens auch Herrn Kunz schon gegeben habe: Bei Präsident Hindenburgs Begräbnis empfahl Hitler Hindenburgs Seele nach Walhalla. Hindenburg selbst hätte sich verwahrt gegen solche Worte an seinem Grabe, er hatte einen Bibelvers als Text am Grab gewählt. Und Hindenburg legte Wert darauf, dass Reichsbischof Müller Christus predigte. Müller hat sich wenig darum geschert. Statt dessen duldet er die Apotheose von Horst Wessel und schreitet nicht ein, wenn die christliche Liturgie für den Toten von einem Chor von Braunhemden umrahmt wird.« – »Ich weiß nur«, entgegnete Ernst Scherer, »dass die Leiter der Bekennenden Kirche ein langweiliges Christentum predigen und einen blutleeren Christus propagieren, der uns ein Evangelium der Demut und Schwachheit gegeben haben soll. Mir ist der Christus der Deutschen Christen lieber, der die Juden aus dem Tempel gejagt hat und der behauptet hat, er sei gekommen, das Schwert zu bringen und nicht den Frieden. Besser ein heldenhafter brutaler Recke, der einer erwachten deutschen Rasse etwas zu bieten hat, als Ihr verweichlichter Nazarener!«

Und dann fügte Scherer rasch hinzu: »Übrigens, Pfarrer Schneider, sagen Sie mir als christlicher Hirte, der schwarze von weißen Schafen unterscheiden kann: Ist der Führer von Gott oder vom Teufel?« Da war die Falle wieder! Wenn er sagte »von Gott«, dann würde Ernst Scherer sich mokieren und fragen: »Und warum widersetzt ihr euch dann dem Führer?« Wenn er aber antwortete »vom Teufel«, dann würde er wieder Minuspunkte sammeln für sich und seine Bekennende Kirche, denn Scherer würde diese Antwort postwendend der Gestapo weitermelden. Und so antwortete Paul wieder: »Die Zeit wird lehren, ob Hitler von Gott oder vom Teufel gesandt ist.« – »Sie hat es schon gelehrt!«, versetzte Ernst Scherer. »Wir haben schließlich das Jahr 1936. Der Führer leitet die Geschicke Deutschlands schon seit Januar 1933. Und was hat er nicht alles fertig gebracht! Ich nenne nur Stichworte: Das Konkordat mit dem Papst – hätten die atheistischen Sozialisten und Kommunisten nie zustande gebracht! Nichtangriffspakt mit Polen. Saarland heimgeholt ins Reich. Deutschland hat wieder eine richtige Armee und einen Flottenvertrag mit England. Souveränität im Rheinland – obwohl Sie dagegen gestimmt haben. Arbeitslosigkeit und Inflation vergessen. Olympische Spiele in Berlin. Selbst ehemalige Gegner wie Lloyd George erklären, dass Hitler ein wahrhaft großer Deutscher ist. Man könnte endlos weitermachen – merken Sie, wie abgehoben von der

Wirklichkeit Ihre Einstellung und die Ihrer Freunde ist? Für uns Christen in der NSDAP ist sonnenklar: Der Führer ist von Gott gesandt. Und Sie sagen immer noch: ›Die Zeit wird es lehren.‹ Wieviel Zeit brauchen Sie denn noch?«

Paul hatte geduldig der Litanei gelauscht. Ob Ernst Scherer bewusst war, wie sehr seine Art zu gestikulieren und seine Finger zu spreizen bei jedem Punkt, den er seiner Liste hinzufügte, der seines Führers glich? Paul amüsierte sich ein bisschen, während er den kleinen »Führer« beobachtete, der wie ein Roboter mit rhythmischen Bewegungen von Fingern und Händen die »reine Wahrheit« verkündete.

Nun machte Paul die Gegenrechnung auf: »Herr Scherer, haben Sie an die Zensierung der Meinungen gedacht, die man unserem Volke auferlegt hat? Haben Sie an die Konzentrationslager gedacht, in denen Tausende leiden, weil sie es gewagt haben, sich kritisch über Politik und Politiker zu äußern? An die gebrochenen Versprechen gegenüber der Kirche? An die Verfolgung der Juden, die im Ausland übel vermerkt wird? An die Politisierung in den Schulen und an den Universitäten, wo Loyalität gegenüber der NS-Ideologie wichtiger ist als unabhängige Forschung und Lehre? An den teilweise gelungenen Versuch, die Deutsche Evangelische Kirche zum Anhängsel des Staates zu machen?«

Ernst Scherer hatte genug. Er machte eine wegwerfende Handbewegung. »Es ist sinnlos«, klagte er. »Wir brauchen nicht weiter zu reden. Es kommt doch nichts dabei heraus bei unseren unterschiedlichen Meinungen.«

Paul aber kam noch einmal auf das Problem mit Hermanns Konfirmationsunterricht zurück. »Wenn Sie Hermann von der Kirche und von der Konfirmationsvorbereitung fern halten, Herr Scherer, dann verstoßen Sie gegen das Versprechen, das Sie bei der Taufe des Kindes gegeben haben. Sie haben sich verpflichtet, das Kind in der Furcht des Herrn aufzuziehen. Nun sind Sie selbst dem Glauben der Väter entfremdet, ein Nationalsozialist im Fahrwasser der Deutschen Christen. Sie haben das Christentum verraten zugunsten einer Pseudo-Religion, ja in Wirklichkeit einer heidnischen Lehre, und auch ihren Sohn fühlen Sie in der HJ besser aufgehoben als bei den christlichen Veranstaltungen der Kirche. Wenn Sie Ihre Einstellung nicht ändern, muss ich das Presbyterium ersuchen, Kirchenzuchtmaßnahmen gegen Sie anzuordnen, denn noch sind Sie eingetragenes Mitglied der Kirchengemeinde von Womrath. Es geht nicht an, dass Ihre gleichgültige bzw. ablehnende Haltung gegenüber dieser Gemeinde und Ihre ketzerischen Ansichten von Gott und Gottes Sohn die Harmonie in der Gemeinde beeinträchtigen. Man weiß in der Gemeinde sehr wohl, dass Sie – ermuntert durch den Pfarrer von Gemünden, Erich Bechthold, und durch Dr. Karl Wippermann von Kreuznach – eine Unterschriftensammlung durchführen, um einen Deutschen Christen der Thüringer Richtung zum Predigen in unsere Dörfer einzuladen. Ist Ihnen bewusst, wer die Thüringer Deutschen Christen sind? Überhaupt keine Christen, sondern besonders eifrige Anhänger Rosenbergs. Ich sage es noch einmal in aller Deutlichkeit: wenn Sie so weitermachen, sind Kirchenzuchtmaßnahmen unausweichlich.« – »Sie kommen mir recht!«, rief Ernst Scherer. »Sie brauchen mir ja bloß den Schein auszustellen, dass Hermann nicht mehr in Ihren Konfirmationsunterricht zu kommen braucht. Seine Zukunft ist besser gesichert, wenn er in der HJ ist als in Ihrer Gruppe. Sie haben natürlich was gegen die Hitlerjugend. Ich sehe doch den Tag kommen, an dem Sie nicht mehr predigen dürfen und an dem Ihre Bekennende Kirche in der Reichskirche aufgeht.«

Paul erhob sich und verließ das Zimmer – diesmal ohne Händedruck! Auf dem Weg zur Haustür hörte er hinter einer Tür das Schluchzen von Auguste Scherer.

Entmutigt kam er zu Hause an. »Mit mir gibt es keine Erlaubnis für Hermann Scherer zum Wechsel in den Unterricht bei einem Deutschen Christen«, sagte er fest. Gretel aber meinte: »Mit oder ohne Genehmigung wird Ernst Scherer seinen Sohn nach Gemünden zu Pfarrer Bechthold schicken. Dafür lässt er ihn auch stets die fünf Kilometer mit dem Fahrrad fahren. Und Pfarrer Bechthold wird ihn auch mit oder ohne Genehmigung in seine Klasse aufnehmen.« –
»Ich muss mich fügen«, sagte Paul, als er die Aufforderung der Simmerner Polizei gelesen hatte, am 23. Dezember in Kirchberg zu erscheinen, um Stellung zu nehmen zu den Vorwürfen der Hetze gegen den Staat, die gegen ihn erhoben worden seien. »Ausgerechnet

zwei Tage vor Weihnachten!«, rief Gretel aus. »Als ob man das nicht auch nach den Feiertagen tun könnte!« – »Das ist eben die Taktik«, erklärte Paul, »dauernd die Mitglieder der Bekennenden Kirche zu zwingen, ihre Energie auf Selbstverteidigung vor den ihr feindlich gesinnten Behörden zu konzentrieren und ihre Gemeinden unter ständige Belastung und Irritation zu setzen – so kann man die Kirche auf lange Sicht kaputtmachen! Anscheinend geht es jetzt um eine Klage von Förster Horst Jäckel und seiner Frau beim Kreisleiter Nadig in Gemünden, ich hätte ihnen gegenüber Äußerungen getan, die den Staat diffamierten. Das kam Nadig gerade recht – er hat mir mein Auftreten ihm gegenüber auf dem Friedhof von Gemünden bei der Beerdigung von Karl Moog noch nicht verziehen! Man hat mir sogar gesagt, Nadig und Lehrer Kunz brüsteten sich damit, auf einer schwarzen Liste Klagen gegen mich zu sammeln.«

Paul machte sich am Morgen des 23. Dezember mit seinem Motorrad auf den Weg ins nahe Kirchberg. Dort saßen im Polizeirevier bereits die beiden Jäckels. Der Polizeibeamte begrüßte Paul und begann: »Ich sehe, dass Sie in einem Gespräch mit den Jäckels Äußerungen getan haben, die Herrn und Frau Jäckel verletzten und die als Angriff auf die politische Führung verstanden werden können. Sie warfen Frau Jäckel vor, nicht aktiv am Gemeindeleben teilzunehmen. Als Frau Jäckel die Bekennende Kirche als Sekte bezeichnete, kamen Sie in Ihrem Gespräch auf das Thema Staat und Kirche. Und da sollen Sie, Pfarrer Schneider, nach Aussagen der Frau Jäckel geäußert haben, das Schicksal der Kirche im nationalsozialistischen Deutschland sei schlimmer als das der Kirche in Spanien oder Russland.« Paul erwiderte: »In der Form habe ich das nicht gesagt. Ich habe gesagt, es sei besser für die Kirche, einen erklärten Gegner zu haben, der diese Gegnerschaft offen zeigt; es sei gefährlicher für die Kirche, wenn die politische Autorität vorgäbe, mit ihr an einem Strang zu ziehen, in Wirklichkeit aber – in den Medien, in den Schulen und in mancherlei anderem – die Arbeit der Kirche behindere und unterminiere. Ich vermute, Frau Jäckel hat nur auf eine Formulierung gewartet, aus der man mir einen Strick drehen könnte. Diese Formulierung ist aus dem Zusammenhang gerissen, und das deutet darauf hin, dass die Klägerin aus Bosheit handelt.« – »Ich bleibe bei meiner Aussage«, erwiderte Frau Jäckel, als der Beamte sich ihr zuwandte. »Pfarrer Schneider hat behauptet, das Los der Kirche in Deutschland sei schlimmer als das der Kirche in Spanien oder Russland, weil hier die Kirche nicht durch offene und landesweite Verfolgung umgebracht wird, sondern durch Nadelstiche.«

Auf der Heimfahrt dachte Paul über das Erlebte nach. Er wollte sich so gerne auf seine Verpflichtungen gegenüber seinen Gemeinden konzentrieren, besonders jetzt an den kommenden Feiertagen, aber die Kirchberger Polizei hatte ihn zu einem weiteren Verhör am 26. Dezember bestellt. »Es liegen noch weitere Klagen von vier anderen Personen gegen Sie vor«, hatte es geheißen.

Paul und Gretel erfuhren von Gemündener Freunden, dass der dortige Amtsvorsteher Piro von der Polizeibehörde des Rheinlandes aufgefordert worden war, die Namen von weiteren Personen zu nennen, die Pauls staatsfeindliche Gesinnung bezeugen könnten. »Es ist nicht schwer zu wissen, wer diese vier sind«, sagte Gretel, »und auch nicht, was sie dir zur Last legen. Uns ist schon lange klar, dass die nationalsozialistische Oppositionsgruppe in unseren Gemeinden der Bekennenden Kirche aus den Lehrern Friedrich Kunz und Karl Sturm, dem Bauern Ernst Scherer und aus Jakob Dörn besteht.«

Und so wunderte sich Paul nicht, dass am 26. Dezember Ernst Scherer gegen ihn aussagte. Als Womrather Bauer und als Vorsitzender der nationalsozialistischen Bauernschaft der Gegend hatte er die Anschuldigungen unterschrieben. Vor der Polizei sagte Scherer nun aus: »Pfarrer Schneider lässt nie eine Gelegenheit aus, um unseren nationalsozialistischen Staat und seine politischen Führer anzugreifen. Er leugnet, dass Adolf Hitler ein Christ ist. Pfarrer Schneider redet von der SA in verunglimpfender Sprache, indem er die Organisation als ›braune Horde‹ bezeichnet, die mit dem Christentum nichts anzufangen wisse und die als Instrument gebraucht werde, um in Deutschland die christliche Tradition auszulöschen. Pfarrer Schneider kritisiert das Winterhilfswerk. Und er weigert sich, mir eine Bescheinigung zu geben, dass mein Sohn vom Konfirmationsunterricht bei der Bekennenden Kirche Womrath zur Kirche in Gemünden überwechseln kann, wo er von einem Pfarrer konfirmiert werden kann, der unserer nationalsozialistischen Regierung treu ergeben ist.« Nach einer kurzen Pause redete Ernst Scherer weiter: »Aber auch ich bekenne mich schuldig. Als Nationalsozialist hätte ich Pfarrer Schneider schon lange anzeigen müssen. Aber weil meine Eltern und meine Frau ihn mögen und seine Gottesdienste eifrig besuchen, habe ich ihretwegen gezögert, ihren Pfarrer anzuzeigen. Aber nun erkenne ich, dass meine erste Pflicht die gegenüber der Partei ist und dass ich keine andere Wahl habe, als Klage zu führen gegen einen Feind der Partei.«

Dann bezeugte auch Jakob Dörn, dass er Pfarrer Schneider als Gegner der NS-Führung betrachte. »Ich gebe zu«, sagte er, »dass ich in den Kindergottesdienst eingedrungen bin und meinen Sohn herausgeholt habe. Einem jungen Mädchen sollte nicht die Verantwortung übertragen werden, die Jugend zu unterweisen.« – »Sagten Sie nicht, dass Sie Ihren Sohn aus dem Gottesdienst holten wegen Pfarrer Schneiders mangelndem Patriotismus und seiner mangelnden Unterstützung der nationalsozialistischen Regierung?«, fragte der Beamte. »Nein«, antwortete Jakob Dörn, »ich tat es aus Protest gegen eine ungebildete junge Gans, der der Pfarrer eine Aufgabe übertrug, für die er hier angestellt ist und bezahlt wird.« Paul mischte sich ein: »Herr Dörn vergisst in seinem Bericht zu erwähnen, wie er seinen Sohn so gewaltsam aus der Kirche zerrte, dass sowohl die junge Lehrerin als auch die anderen Kinder entsetzt waren. Die Lehrerin, Rosa Auler, kommt aus gutem Womrather Hause. Als sie voll Sorge um ihren Schüler nach dem Gottesdienst zu seiner Familie ging, um ihm sein Gebetbuch nachzubringen, wurde sie mit beleidigenden Worten aus dem Hause Dörn hinausgetrieben.« – »Das tut hier nichts zur Sache«, meinte der Beamte.

Paul konnte nicht wissen, dass trotz seiner Beteuerungen, die Anschuldigungen seien aus dem Kontext herausgerissen und aus purer Bosheit betrieben worden, die Polizei von Simmern nach Erhalt des Berichts aus Kirchberg bei der Gestapo in Koblenz um seine Verhaftung ersuchte. Dort versah man den Bericht mit dem Vermerk: »Unmittelbar weiterzuleiten, um eine Anklage vorzubereiten.« Alle diese Unterlagen wurden an ein Sondergericht in Köln geschickt, das für solche Verfahren im Rheinland zuständig war. So bahnte sich

Düsteres an, als Paul an jenem 26. Dezember 1936 auf seinem Motorrad von Kirchberg nach Hause fuhr.

Am 31. Dezember saß Paul wieder bei der Lektüre seiner Zeitung und schaute zu Gretel hinüber, die schadhafte Kinderkleidung flickte: »Ernst Scherer war ja so begeistert über all die wunderbaren Dinge, die sich in unserem neuen Deutschland ständig ereignen. Dieser Artikel hier tutet in dasselbe Horn, indem er berichtet, wie wachsam unsere Regierung ist. 13 000 Menschen hat die Gestapo wegen illegaler politischer Aktivitäten 1936 verhaftet. 1 374 davon sind Sozialdemokraten und 11 687 Kommunisten. 1936 sind 1,6 Millionen illegale Flugblätter beschlagnahmt worden. Das würde Ernst Scherer als Beweis betrachten, dass das Dritte Reich ein Hort des Friedens und der Ruhe ist.« Dann widmete sich Paul der Weihnachtsansprache, die Rudolf Hess, der Stellvertreter des Führers, im Radio verlesen hatte. »Kein Wunder, dass unsere Jugend und viele von unseren Nachbarn irregeführt sind«, sagte Paul, bevor er die Zeitung zitierte:

> »Meine lieben deutschen Volksgenossen im Ausland und in der Heimat!
> Adolf Hitler hat uns Deutschen an Stelle des bolschewistischen Zerstörungswillens, der uns bedrohte, ein wahrhaft religiöses Aufbauideal gegeben! Und wir hier in der Heimat wollten, wir könnten euch zeigen, wie es wirksam geworden ist: wie die Schlote einst brachliegender Werke wieder rauchen, wie der Bauer über neugewonnenes Land den Pfug zieht; wir möchten euch die Schiffe zeigen, die auf Stapel liegen oder schon erstanden, um unter der Hakenkreuzflagge den freundlichen Beziehungen der Völker zu dienen; wir möchten euch … sagen, das haben wir unter ihm für Deutschland, für euch und für uns geschaffen! …
> Ich weiß, wie die Herzen derer heute Nacht höher schlagen, die dieses Wesen der Heimat meist unbewußt mit sich hinausgetragen haben in die Weite der Fremde, oder die Herzen derer, die ihr Deutschtum in sich wiederentdeckten, das neu aufbrach, weil Deutschland zu einem schöneren und stolzeren Deutschland geworden ist als je zuvor. Das große neuerstandene Deutschland

wünscht allen seinen Kindern draußen und in der Heimat ein inhaltsreiches und glückliches neues Jahr!«[172]

Nach dem Gottesdienst zum Jahreswechsel gingen die beiden Schneiders das kurze Stück zu ihrem Pfarrhaus. Paul blieb einen Moment stehen. Gretel wartete an seiner Seite, und sie betrachteten still das Haus, das ihnen seit 1934 zur Heimat geworden war. Die Häuser von Dickenschied waren mit grauen Schieferplatten aus dem nahen Steinbruch verkleidet, einem praktischen, natürlichen Baumaterial bei dem rauhen Klima des Hunsrück: Diese Isolierung hielt im Winter das Haus innen länger warm, und im Sommer sperrte sie die Hitze aus. Dieses schieferbeschlagene, geräumige, gemütliche Pfarrhaus an der Hauptstraße von Dickenschied war für die Schneider-Familie und Sophie der vertraute Mittelpunkt ihres Lebens und Wirkens geworden. Paul und Gretel betraten Hand in Hand den Garten an der linken Seite des Pfarrhauses, wo auch der Haupteingang war. Noch einmal hielten sie inne. Paul schaute hinauf in den ersten Stock zum Fenster seines Arbeitszimmers. Von hier aus konnte man den Blick weit in die Landschaft schweifen lassen. Und hier erschien Paul oft mit seiner Flöte und erfreute die Bewohner von Dickenschied mit einem kleinen Konzert – so wie einst seine Mutter mit ihrem Gesang vom Fenster ihres Pfarrhauses aus die Hochelheimer erfreut hatte. Bevor Paul ins Haus eintrat, berührte seine Hand eine der Schieferplatten. Sie zeigte ein Fossil – ein Fachmann hätte daran das Alter des Schiefers ablesen können. »Hier«, sagte er zu Gretel, »wir sind in unserem Haus geschützt von Schieferplatten, in denen Fossilien aus Urzeiten ihre Spuren hinterlassen haben. Wichtiger noch ist, dass wir beschützt sind von einem ewigen Vater, der uns immerwährende Liebe und ewiges Heil zugesagt hat.« Er strich leicht über die Platte, bewegt von dem Gedanken an seine Familie, an seine Gemeinde, an sein Pfarrhaus. Es war unvorstellbar, einmal nicht mehr hier zu sein, weggerissen zu werden von hier. Nur allzu gut vorstellbar aber war, dass die Auseinandersetzung zwischen totalitärem Staat und Bekennender Kirche weitergehen, ja an Schärfe zunehmen würde, dass die Pfarrer der Bekennenden Kirche in ständig wachsende Gefahr hineingerieten und dass der Ruf ihrer Feinde, solche unpatriotischen Leute gehörten ins Konzentrationslager, immer lauter werden würde. Gretel ahnte Pauls Gedanken. So gingen sie ernst in das neue Jahr hinein, aber doch mit der festen Überzeugung, dass der, der sie sicher bis hierher geleitet hatte, sie auch im Jahr 1937 nicht verlassen würde.

Paul spielt Flöte in seinem Arbeitszimmer
in Dickenschied.

Familie Schneider mit Gästen, re. neben Paul seine Schwiegermutter, ganz re. Sophie (1935)

KAPITEL 8

1937

HIRTE ODER MIETLING WAGNIS ODER SICHERHEIT

»Sebulons Volk aber wagte seine Seele in den Tod, Naphthali auch auf der Höhe des Gefilds.« (Richter 5, 18)

ANFANG JANUAR ERZÄHLTE Paul Hermann Lutze ausführlich von seiner Kontroverse mit Ernst Scherer und von seinem Besuch in dessen Haus. »Kurz danach bekam ich folgende Mitteilung«, sagte Paul, und Hermann konnte sich nun selbst ein Bild machen:

»Sehr geehrter Herr Pfarrer!
Da Sie – wie Sie mir sagten – mich als ein faules Glied der Gemeinde ausstoßen wollen und ich noch über meinen Sohn Vater bin, kann ich meinen Sohn nicht mehr zu Ihnen in den Unterricht schicken, es geht gegen mein Gewissen und meine Ehre als Vater. Ich bitte Sie deshalb, mir einen Schein zu geben, damit ich meinen Sohn zu einem anderen Pfarrer in den Unterricht schicken kann.
Heil Hitler!
Ernst Scherer«[173]

»Das sieht ganz nach einem abgekarteten Spiel zwischen diesem Womrather Bauern und dem Kreuznacher Pfarrer Dr. Wippermann aus, Paul. Beide sind Mitglieder der NSDAP, beide sind Deutsche Christen, und beide wollen deine Stellung in deinen Gemeinden untergraben, natürlich mit dem Ziel, letztendlich Dickenschied und

Womrath zu Gemeinden der Deutschen Reichskirche zu machen.« – »Auch der Pfarrer der Deutschen Christen in Gemünden, Johann Erich Bechthold, ist mit von der Partie«, ergänzte Paul. »Zu ihm will ja Ernst Scherer seinen Sohn in den Religionsunterricht schicken, wenn er es nicht inzwischen schon tut. Es ist mir zu Ohren gekommen, dass Pfarrer Bechthold den sonntäglichen Konfirmandengottesdienst in SA-Uniform feiert. Ich habe versucht, Ernst Scherer klarzumachen, dass er, solange er der Gemeinde Womrath angehört, automatisch Mitglied der Bekennenden Kirche ist, denn unsere beiden Gemeinden haben sich mit großer Mehrheit für diese Mitgliedschaft ausgesprochen. Ernst Scherer müsste von sich aus seine Womrather Gemeinde verlassen und sich selbst mit seiner Familie offiziell der Reichskirche anschließen.« Inzwischen hatte Sophie Kaffee hereingebracht und den letzten Teil der Unterhaltung mitbekommen. »Machen Sie Paul klar, Pfarrer Lutze, wie gefährlich die Parteileute sind. Dieser Ernst Scherer hat garantiert gute Freunde in der Partei und bei der Gestapo, die über jede Möglichkeit, etwas gegen Paul zu unternehmen, hocherfreut sind. Paul ist in dieser Hinsicht viel zu unbefangen. In Hochelheim ging es doch genau so, das hat er mir nur nie glauben wollen!« – »Sophie sieht hinter jedem Busch Denunzianten«, lachte Paul. »Ja, ja«, seufzte Sophie. »Halten Sie ihm eine Predigt über das, was in Wahrheit los ist«, konterte sie und ging zurück in ihre Küche.

»Dies habe ich dann an Ernst Scherer geschrieben.« Und Paul gab Hermann den Brief zu lesen:

»Sehr geehrter Herr Scherer!
Auf Ihre zweimalige Bitte um einen Schein für Ihren Sohn Hermann zwecks Umschulung im kirchlichen Unterricht habe ich Ihnen folgendes mitzuteilen: Mein letzter Besuch bei Ihnen aus Anlaß der Krankheit Ihrer Tochter Hilde und die dabei mit Ihrer Frau und Ihnen selbst gehabte Unterredung war eine seelsorgerliche Angelegenheit, die ich als Pfarrer persönlich mit Ihnen auszutragen suchte. Ich selber kann Sie gar nicht, wie Sie schreiben, aus der Kirchengemeinde ausstoßen, das habe ich Ihnen ausdrücklich gesagt. Ausstoßen kann Sie auch das Presbyterium nicht. Aber die-

ses kann und muß Sie unter Kirchenzucht nehmen, wenn Sie bei Ihrer Haltung verharren.
Ausdrücklich hat das Presbyterium am 16. April 1936 im Rahmen der geltenden Rheinisch-westfälischen Kirchenordnung beschlossen, die Väter unter Kirchenzucht zu nehmen, die ihre Kinder einem anderen als dem rechtmäßigen Unterricht zuführen oder dieselben von dem Unterricht der Gemeinde fernhalten.
Ein Entlassungsschein ... für Ihren Sohn Hermann könnte von uns nur ausgestellt werden, wenn Sie angeben und nachweisen können, daß Sie Ihren Sohn einem anderen bekenntniskirchlichen Unterricht zuführen ....
Ich fordere Sie hierdurch als Ihr Pfarrer und Seelsorger auf, Ihr Kind unverzüglich dem rechtmäßigen Unterricht zuzuführen. Andernfalls zwingen Sie mich, diesen Fall und Ihr ganzes Verhalten dem Presbyterium zur weiteren kirchenzuchtlichen Behandlung zu übergeben.

Mit freundlichem Gruß!
Schneider,
Pfarrer«[174]

»Deine Position ist zweifellos korrekt«, sagte Hermann. »Sowohl der Heidelberger Katechismus als auch das Augsburger Bekenntnis verpflichten uns als Pfarrer dazu, im Notfall unsere Herden zu disziplinieren.«

Als Hermann gegangen war, griff Paul noch einmal zu Calvins *Institutio christianae religionis*, wo es im Buch IV, Kapitel 12, Paragraph 1 unzweideutig hieß:

»... Wenn keine Gemeinschaft, ja kein Haus, in dem auch noch so wenige Hausgenossen miteinander leben, ohne Zucht im rechten Stande erhalten werden kann, so ist solche Zucht doch viel notwendiger in der Kirche. ... Wie also die heilbringende Lehre Christi die Seele der Kirche ist, so steht die Zucht in der Kirche an der Stelle der Sehnen: Sie bewirkt, daß die Glieder des Leibes, jedes an seinem Platz, miteinander verbunden bleiben. Jeder also, der da begehrt, die Zucht solle abgeschafft werden, oder ihre Wiederherstellung hindert, der sucht, ob er das nun absichtlich tut oder aus mangelnder Überlegung, unzweifelhaft die völlige Auflösung der Kirche.... Die Zucht ist also ... zuweilen gewissermaßen eine väterliche Rute, mit der solche, die sich ernstlich vergangen haben, in Milde und im Einklang mit der Sanftmut des Geistes Christi gezüchtigt werden sollen ...«[175]

Anschließend griff Paul in sein Bücherregal, um sich Luthers Äußerungen zur Exkommunikation ins Gedächtnis zu rufen.

Es war keine Bagatelle, wenn man einem Mitglied der Gemeinde den Vorwurf machte, den Frieden der Kirche zu stören und gegen ihre Lehre zu verstoßen, und für einen Pfarrer eine recht unliebsame Verpflichtung, das Presbyterium darum zu ersuchen, dass Kirchenzuchtmaßnahmen ergriffen werden müssten. Gretel merkte deutlich, wie sehr Paul durch diese Kontroverse mit Ernst Scherer mitgenommen wurde. »Ich selbst habe alle Möglichkeiten ausgeschöpft«, sagte Paul zu ihr. »Jetzt muss ich das Presbyterium einschalten und seinen Mitgliedern überlassen, wie sie gegen Ernst Scherer vorgehen wollen. Ich habe noch einmal bei Calvin, Luther und auch in der rheinisch-westfälischen Kirchenordnung von 1923 nachgelesen. Diese Schriften bestätigen mir, dass ich bei Ernst Scherers Verhalten keine andere Wahl habe. Der Heidelberger Katechismus, den Scherer in seinem eigenen Konfirmationsunterricht gelernt hat, verpflichtet den Pfarrer strikt dazu, rebellierende und sich blasphemisch äußernde Mitglieder nicht ungeschoren davonkommen zu lassen. Paul las:

»Frage 82: Sollen aber zu diesem Abendmahl auch zugelassen werden, die sich mit ihrem Bekenntnis und Leben als Ungläubige und Gottlose erzeigen?
Nein; denn es wird also der Bund Gottes geschmäht und sein Zorn über die ganze Gemeinde gereizt; deshalb ist die christliche Kirche schuldig, nach der Ordnung Christi und seiner Apostel solche zur Besserung ihres Lebens durch das Amt der Schlüssel auszuschließen.
Frage 83: Was ist das Amt der Schlüssel?

> Die Predigt des heiligen Evangeliums und die christliche Bußzucht. ...«[176]

Dann ging er gleich zu Frage 85 über: »Dies trifft am ehesten auf das Problem Ernst Scherer zu:

> ›Frage 85. Wie wird das Himmelreich zu- und aufgeschlossen durch die christliche Bußzucht? Also, daß nach dem Befehl Christi diejenigen, so unter dem christlichen Namen und von ihren Irrtümern oder Lastern nicht abstehen, der Kirche oder denen, so von der Kirche dazu verordnet sind, angezeigt und, so sie sich an derselben Vermahnung auch nicht bekehren, von ihnen durch Verbietung der heiligen Sakramente aus der Gemeinde und von Gott selbst aus dem Reich Christi werden ausgeschlossen; und wiederum als Glieder Christi und der Kirche angenommen, wenn sie wahre Besserung verheißen und erzeigen.‹«[177]

Gretel lauschte sehr aufmerksam. Am Ende sagte sie: »Aber Paul, solche Kirchenzuchtmaßnahmen sind in unseren evangelischen Gemeinden doch noch nie angewendet worden, oder?« – »Bis jetzt noch nicht«, erwiderte Paul. »Unsere Deutsche Evangelische Kirche ist in Bezug auf die ›Bußzucht‹ recht nachlässig geworden. Die hohen Ansprüche an Kirchenangehörige sind ja leider stark heruntergeschraubt worden, um der breiten Masse entgegenzukommen. Leute, die nur anlässlich von Taufe, Konfirmation, Hochzeit und Beerdigung in der Kirche erscheinen und vielleicht mal gelegegentlich zu Ostern und Weihnachten, bleiben eingeschriebene Mitglieder ihrer Gemeinden. Aber momentan befinden wir uns in einem Kampf um Leben und Tod gegen eine verfälschte Kirche und eine Pseudo-Religion, und wir müssen erwarten, dass jeder Christ deutlich Farbe bekennt, wohin er gehört. Und für uns in der Bekennenden Kirche heißt das: Wenn wir unsere Geschlossenheit bewahren und in aller Deutlichkeit Zeugnis ablegen wollen gegen die, die das Evangelium zu einem politischen Bekenntnis abzuwerten versuchen, dann müssen wir uns auch zu diesem Aspekt unseres Glaubens, nämlich zur Anwendung von Kirchenzuchtmaßnahmen, bekennen. Dietrich

Bonhoeffer hat zu dieser Thematik folgendes geäußert« – und Paul griff nach einer Zeitschrift auf seinem Schreibtisch und las Gretel daraus vor:

> »Gemeindezucht ist die notwendige sichtbare Folge der rechten Ausübung des Schlüsselamtes innerhalb der Gemeinde.... Fällt ein Bruder in offenbare Sünde des Wortes oder [der] Tat, so muß die Gemeinde die Kraft haben, das eigentliche Gemeindezuchtverfahren gegen ihn einzuleiten. Dieses besteht in drei Stücken: Die Gemeinde muß die Kraft haben, sich vom Sünder zu trennen. ›Habt nichts mit ihm zu schaffen‹ (1. Tim. 5, 14). ›Weichet von ihnen‹ (Röm. 16, 17). ›Ihr sollt auch nicht mit ihnen essen‹ (Abendmahl, 1. Kor. 5, 11). ›Wir gebieten euch aber, liebe Brüder,... daß ihr euch entzieht von jedem Bruder, der da unordentlich wandelt‹ (2. Thess. 3, 6). Dieses Verhalten der Gemeinde ist dazu da, um den Sünder ›schamrot‹ werden zu lassen (2. Thess. 3, 14) und ihn dadurch zurückzugewinnen.... Der Sünder bleibt noch Bruder und erfährt eben darum Strafe und Vermahnung der Gemeinde. ...«[178]

Und er ergänzte: »Ich finde, dass Pfarrer Hans Hellbardts Schrift, die am 1. Januar 1935 in Wuppertal-Elberfeld veröffentlicht wurde, den Nagel auf den Kopf trifft. Hellbardt spricht von den beiden Schlüsselgewalten, die Christus seinen Aposteln übertragen habe, der lösenden und der bindenden, und davon, wie Luther diese beiden Gewalten betont habe, wie aber die Kirchenzucht in der Praxis der Nachfolger Luthers vernachlässigt worden sei. Heute seien Kirchenzuchtmaßnahmen nicht nur unüblich, sondern auch unbequem. Wer wage denn schon, prominenten Kichenmitgliedern und eifrigen Kirchensteuerzahlern mit dem Ausschluss aus der Kirche zu drohen! Nun zeige sich, wie nachteilig diese Vernachlässigung sich auswirke, z. B. bei den Kirchenwahlen von 1933.«[179] Paul legte die Schrift nieder, aus der er Gretel referiert hatte. »Bei diesen Wahlen von 1933 haben sich ja Massen von SA-Leuten und NSDAP-Mitgliedern und -Sympathisanten in die Wahllisten eintragen lassen, obwohl sie seit Jahren keine Kirche mehr von innen gesehen hatten. Aber da ihre Taufe und ihre Konfirmation registriert waren, galten sie als Kirchenmitglieder und als wahlberechtigt, und das eben auch bei einem so entscheidenden Wahlvorgang. Es geht also nicht anders, Gretel, als dass man die Feinde des Evangeliums in unserer Mitte als solche kennzeichnet und sie herausfordert.«

Paul und Gretel beteten gemeinsam zum Herrn, dass er Paul Weisheit verleihen möge, die richtige Entscheidung zu treffen. Sie beteten aber auch darum, dass sich das Herz Ernst Scherers wenden möge, denn wenn die öffentliche Ankündigung der Kirchenzucht auf einen Sünder traf, der nicht umkehren wollte, dann würde das im Fall des NSDAP-Mitglieds Ernst Scherer möglicherweise Konsequenzen nach sich ziehen, die weit über die Grenzen des Dorfes Womrath hinausreichen würden. –

Der 17. Januar brachte allerlei Gäste ins Haus, die den zweiten Geburtstag von Karl-Adolf begehen wollten. Der Kleine nahm freilich unter seinem kuscheligen Deckbett die Reihe der vorbeiziehenden Bewunderer nicht wahr, die ihn mit liebevollen Blicken betrachteten. Auch Hermann und Hanna Lutze waren unter den Gästen, und Paul und Hermann fanden später Gelegenheit zur Unterhaltung in Pauls Arbeitszimmer. »Die Schauprozesse in der Sowjetunion gehen ihrem Ende zu«, bemerkte Hermann. »Trotzki ist es gelungen, das Land zu verlassen, aber alle seine Genossen, die mit ihm angeklagt waren, werden sicherlich hingerichtet werden.« – »Stell dir vor«, meinte Paul, »wie schwierig es sein muss, in der Sowjetunion unter Stalin Pfarrer zu sein. Wenn ich anfange, mich selbst zu bedauern wegen meines Pfarramtes unter dem NS-Regime, dann brauche ich bloß an das Los meiner Amtsbrüder in der Sowjetunion zu denken.«

Folgende Predigt über Lukas 2, 41–52 (Der zwölfjährige Jesus im Tempel) hielt Paul am 31. Januar 1937:

> »Liebe Gemeinde! In der letzten Predigt hörten wir von der Herrlichkeit Christi, die sich ausbreitet über das Ehe- und Familienleben. Die vornehmste … Aufgabe christlichen Familienlebens ist die Erziehung der Kinder zu Gott, in der Zucht und Vermahnung zum Herrn. …
> Gebe Gott, daß wir wieder christliche Elternhäuser bekommen, die willig und freudig nicht nur ihre Kinder als köstliche Gabe sich

schenken lassen, sondern sie auch ernsthaft zu Gott hin unterweisen und erziehen. …
Wir wollen eine christliche Erziehung.
… *Als zwölfjähriger Knabe hat Jesus gesprochen.* ›Wisset ihr nicht, daß ich sein muß in dem, das meines Vaters ist?‹ Aus diesem Wort unseres Herrn lassen wir uns ein Dreifaches sagen:
1. Die christliche Erziehung ist kindesgemäß.
2. Christliche Erziehung kann nur sein in dem, was Gottes ist, das ist in der Kirche Christi.
3. Christliche Erziehung kann nur eine totale, das ganze Leben des Kindes umfassende sein, oder es ist keine christliche Erziehung. …
Die christliche Erziehung, die Hinführung unserer Kinder zu Gott in der Furcht und Vermahnung zum Herrn, ist auch für unsere Kinder kindesgemäß. … Wer wollte behaupten, daß der Glaube an die Ahnen, an die Sonne und das Licht, an Blut und Boden kindesgemäßer wäre als der Glaube an den lebendigen Gott, der in der Heiligen Schrift mit ihren vielen wunderbaren göttlichen Geschichten zu uns redet? … Oder sollte irgendeine Gestalt der Menschen, etwa führende Männer mit ihren Reden oder die alten, rohen Götter der Germanen oder die Heldengestalten der deutschen Sage oder die Helden in Krieg und Frieden aus unserer Geschichte kindesgemäßer sein als die Gestalt des Heilandes, der in der Krippe geboren und am Kreuz gestorben, aus Liebe zu den sündigen Menschen? …
Meinen Kindern ist der Glaube an den lieben Heiland, das Reden vom lieben Heiland, das Beten zum lieben Heiland das Selbstverständlichste, und Gottes Fluch komme über die Menschen, die diesen Kleinsten Ärgernis geben … Jesus selber sagt: ›Es wäre solchen Menschen besser, daß sie nie geboren wären.‹
Ich freue mich auch der Konfirmanden, … daß ich von den meisten den Eindruck haben darf, daß sie unerschüttert sind in ihrem Glauben an den Herrn Jesus und die Bibel. Wenn es sich auch unserer Beobachtung entzieht, was an verborgenem Gift des Unglaubens in ihre Herzen gefallen ist, möchten sie es alle dem zwölfjährigen Heiland nachsprechen können: ›Wisset ihr nicht, daß ich sein muß in dem, das meines Vaters ist?‹ …
… Die eingebildeten, stolzen und klugen, politisierenden und

jeden modernen Wind einer neuen Zeitrichtung propagierenden Leute – die noch Glieder unserer Kirche sein wollen – meinen Christen zu sein und zugleich das vierte Gebot verachten zu können, das uns anweist, das Predigtamt in Verbindung mit den Schulen zu erhalten und sonntäglich den Herrn mit der Gemeinde öffentlich anzurufen. Wie sollen aber die Kinder noch christlich erzogen werden können, wenn die Eltern ihnen nicht mit gutem Beispiel vorangehen im treuen Besuch des Gotteshauses? Die Kinder werden es bald so machen wie die Eltern. Wie sollen die Kinder noch christlich unterwiesen werden können, wenn sich die Schule innerlich und äußerlich von der Kirche löst und der Lehrer die Kirche seiner Gemeinde, deren Kinder ihm anvertraut sind als ihrem evangelischen Lehrer, mit keinem Fuß mehr betritt? Dann mag es freilich so kommen, daß man die Kinder vom Religionsunterricht der Schule abmeldet; dann mag es weiter so kommen, daß man in der Schule etwas anderes unter Weihnachten, dem heiligen Christfest, versteht als die Kirche!
Ich habe doch aufgehorcht, und ihr habt es hoffentlich mit mir getan, was kürzlich in der verspäteten Weihnachtspost aus Womrath zu lesen stand als Charakteristik einer Weihnachtsfeier. Dort heißt es in der Wiedergabe der Rede des ›christlichen‹ Lehrers, ›daß die Züge, die uns das Weihnachtsfest so lieb und wert machen, gar nicht mit der Christianisierung Deutschlands zu uns gekommen sind‹, deutlicher gesagt, daß Weihnachten mit dem Christentum nichts zu tun habe, ›sondern als ureigene deutsche Wesensart von unseren germanischen Vorfahren stammen‹. Ich kann nur raten und ermahnen, daß wir eine Weihnachtsfeier, auf die diese Beschreibung zutrifft, von der die Hunsrücker Zeitung vom 4. Januar geschrieben hat, nicht mehr als christliche Weihnachtsfeier ansehen können. Sie will ja auch bewußt nichts mehr mit der Kirche zu tun haben, und wir wollen aus diesem Grunde unsere Kinder von solchen und ähnlichen Feiern fernhalten. … Christliche Erziehung gibt es nur in der christlichen Kirche. …
Auch hier gilt: Niemand kann zwei Herren dienen.
Darum wollen wir es verlernen, liebe Gemeinde, wenn wir von christlicher Erziehung reden, das Wörtlein *christlich* klein zu

schreiben. Wir müssen es groß schreiben, denn es kommt von Christus, von Christus selbst, und kein Geringerer will Gestalt gewinnen in den Herzen unserer Kinder. ... Er fordert uns und unsere Kinder total, er erhebt Anspruch auf unser ganzes Leben. Dementsprechend muß die christliche Erziehung, soll es wirklich eine *christliche* sein, eine das ganze Leben des Kindes umfassende sein. ... Amen!«[180] –

Pauls Blick wanderte am 31. Januar über die Titelseite der Zeitung und blieb bei der Rede hängen, die Hitler am Tag zuvor anlässlich des vierten Jahrestages seiner Ernennung zum Reichskanzler vor dem in der Krolloper versammelten Reichstag gehalten hatte. Seitdem die politische Landschaft in Deutschland nicht mehr von mehreren Parteien geprägt und nur noch die NSDAP zugelassen war, konnte Hitler sich nur noch an seine eigenen Leute wenden. Paul musste lachen bei der Erinnerung an die Formulierung, die sich nach Auskunft von Berliner Freunden auf den Deutschen Reichstag bezog, welcher außer Applaus zu Hitlers Reden nur noch das Absingen von Nazi-Liedern beherrschte: »der teuerste Gesangverein der Welt«. Paul las Gretel vor:

»Männer! Abgeordnete des Deutschen Reichstages!
... Vier Jahre sind vergangen seit dem Augenblick, da die große innere Umwälzung und Neugestaltung, die Deutschland seitdem erlebte, ihren Anfang nahm. ... Ich darf es mit einem gewissen Stolz aussprechen: dies war vielleicht die erste neuere Revolution, bei der noch nicht einmal eine Fensterscheibe zertrümmert wurde. Ich möchte aber nun nicht falsch verstanden werden: wenn diese Revolution unblutig verlief, dann nicht deshalb, weil wir etwa nicht Männer genug gewesen wären, um auch Blut sehen zu können.
Über 4 Jahre lang war ich Soldat im blutigsten Kriege aller Zeiten gewesen. Ich habe in ihm in keiner Lage und unter keinen Eindrücken auch nur einmal die Nerven verloren. Dasselbe gilt von meinen Mitarbeitern. Allein wir sahen die Aufgabe der nationalsozialistischen Revolution nicht darin, Menschenleben oder Sach-

werte zu vernichten, als vielmehr darin, ein neues und besseres Leben aufzubauen. …
Nur dort, wo die bolschewistische Mordlust auch noch nach dem 30. Januar 1933 glaubte, mit Gewalt den Sieg oder die Verwirklichung der nationalsozialistischen Idee verhindern zu können, haben wir – und da natürlich blitzschnell – auch mit Gewalt geantwortet. Andere Elemente wieder, deren Unbeherrschtheit in Verbindung mit größter politischer Unbildung wir erkannten, nahmen wir nur in Sicherheitsverwahrung, um sie im allgemeinen schon nach kurzer Zeit wieder in den Besitz ihrer Freiheit zu setzen. Und nur wenige, deren politische Tätigkeit nur der Deckmantel für eine durch zahlreiche Gefängnis- und Zuchthausstrafen bestätigte verbrecherische Haltung an sich war, hinderten wir auch später an einer Fortsetzung ihrer verderblichen Zerstörungsarbeit, indem wir sie, wohl zum erstenmal in ihrem Leben, zu einer nützlichen Beschäftigung anhielten. …
Unser ganzes deutsches Erziehungswesen einschließlich der Presse, des Theaters, des Films, der Literatur wird heute ausschließlich von deutschen Volksgenossen geleitet und gestaltet. Wie oft konnten wir früher nicht hören, daß die Entfernung des Judentums aus diesen Institutionen zum Zusammenbruch oder ihrer Verödung führen müßte! Und was ist nun eingetreten? Auf all diesen Gebieten erleben wir ein ungeheures Aufblühen des kulturellen und künstlerischen Lebens. …
Möge der allmächtige Gott uns den Frieden schenken, um das gewaltige Werk in ihm vollenden zu können …
An diesem geschichtlichen Tag muß ich wieder Millionen unbekannter deutscher Menschen gedenken, die in allen Lebensschichten, die in allen Berufen und Betrieben und in allen Gehöften für das neue Reich ihr Herz und ihre Liebe und ihre Opfer gegeben haben. Und wir alle, Männer und Abgeordnete des Reichstages, wollen gemeinsam danken vor allem der deutschen Frau, den Millionen unserer Mütter, die dem Dritten Reich ihre Kinder schenkten. Wenn ich dieser gesunden Jugend unseres Volkes gedenke, dann wird mein Glaube an unsere Zukunft zur freudigen Gewißheit. Und ich empfinde in tiefer Inbrunst die Bedeutung des einfa-

chen Wortes, das Ulrich von Hutten schrieb, ehe er zum letzten Mal die Feder weglegte: Deutschland.«[181]

Hitlers fromme Anspielung auf den »Allmächtigen« konnte Paul nicht mehr vom Stuhl reißen. Er wusste längst, dass die Frömmigkeit des Kanzlers nur der Deckmantel für seine höchst diabolischen Pläne war. –
Am 4. Februar führte die NS-Regierung eine Volksabstimmung durch, in der sich deutsche Eltern zwischen der Deutschen Gemeinschaftsschule und den traditionellen Bekenntnisschulen entscheiden mussten. »Es lässt sich schwer nachvollziehen«, sagte Paul, »dass selbst in einer so katholischen Stadt wie München 95,2 Prozent der Eltern sich für das neue Schulsystem entscheiden. Und in dem sich als ›evangelisch‹ bezeichnenden Nürnberg sind noch ganze 4 Prozent der Betroffenen für die evangelische Volksschule.« – »Wir wissen doch, wie es bei solchen Volksentscheiden zugeht, Paul. Der NS-Lehrerverband warnt die Eltern, dass sie, wenn sie nicht mit ›Ja‹ zugunsten des neuen Systems stimmen, möglicherweise ihren Kindern die Zukunft verbauen. Solcherlei Einschüchterung garantiert, zusammen mit der ideellen und finanziellen Unterstützung durch den Parteiapparat, automatisch den Erfolg des Staates in der jeweiligen Frage.« Pauls Sorge galt dem Religionsunterricht an den Gemeinschaftsschulen: »Der liegt natürlich in den Händen der Deutschen Christen, und irgendwann fällt er dann ganz weg. Bernhard Rust und Alfred Rosenberg kommen langsam, aber sicher ihrem Ziel näher, in den Herzen der Jugend den Altar des ›ewigen Deutschland‹ zu errichten, und auf dem Altar wird nur noch der Führer-Kult zelebriert. Bald wird das geschichtliche christliche Erbe zerstört sein.«

Die Predigt vom 7. Februar 1937 ist die letzte vor seiner Verhaftung am 31. Mai, die erhalten ist. Zu Beginn wurde Lied Nr. 252 gesungen, mit dem Text des Siegmund von Birken aus dem 17. Jahrhundert in der Vertonung durch Johann Schop:

»Lasset uns mit Jesu ziehen,
seinem Vorbild folgen nach,
in der Welt der Welt entfliehen;
auf der Bahn, die er uns brach,
immerfort zum Himmel reisen,
irdisch noch schon himmlisch sein,
glauben recht und leben rein,
in der Lieb den Glauben weisen.
Treuer Jesu, bleib bei mir;
gehe vor, ich folge dir!

Lasset uns mit Jesu leiden,
seinem Vorbild werden gleich!
Nach dem Leide folgen Freuden,
Armut hier macht dorten reich.
Tränensaat, die erntet Lachen;
Hoffnung tröste die Geduld:
es kann leichtlich Gottes Huld
aus dem Regen Sonne machen.
Jesu, hier leid ich mit dir,
dort teil deine Freud mit mir.

Lasset uns mit Jesu sterben! ...

Lasset uns mit Jesu leben! ...«

Dann begann Paul seine Predigt über Lukas 18, 31–43 (Die Heilung des Blinden):

»Liebe Gemeinde! Wir gehen heute ... durch das Eingangstor der heiligen Passionszeit, da unser lieber Herr und Heiland auch uns zu sich nehmen möchte und zu uns sprechen: ›Sehet, wir gehen hinauf nach Jerusalem!‹ Er wartet darauf, daß wir es wirklich ernst nehmen, was wir gesungen haben. ›Lasset uns mit Jesu ziehen, seinem Vorbild folgen nach!‹ Darf er uns nun wirklich zu sich nehmen auf dem Passionsweg, dem Weg ins Leiden, ins heilige Kreuz? Oder

gehören wir doch vielleicht zu denen, von denen es heißt: ›Von da ab‹ – als er von seinem Leiden und Sterben sprach – ›gingen viele seiner Jünger hinter sich‹? …
Daß wir uns wieder sammeln dürfen um sein Kreuz in dieser angehenden Passionszeit, das ist seine große Gnade. Daß er uns mit seinem Wort den Weg weist und uns zurüstet, den Weg hinauf mit ihm zu gehen, das ist unser Trost und unsere Zuversicht. Und nun zeigt uns der Herr gleich in unserem ersten Evangelium am Tor der Passion so viel Herrliches und Tröstliches, so viel Licht und Gnade, daß es uns wie eine ermunternde Wegweisung begleiten darf vom Tor der Passion: durch Leiden zur Herrlichkeit, durchs Kreuz zur Krone. …
… Der Weg des Meisters ist aber der Weg seiner Jünger und seiner Gemeinde, so wie es die Apostel hernach auch gelernt und erfahren haben. Auch für die Jünger und die Gemeinde kann es nur durch Leiden zur Herrlichkeit, durch das Kreuz zur Krone gehen. …
Das alles ist gegen unser natürliches Gefühl und gegen unsere Vernunft, genauso wie es damals die Worte Jesu für die Jünger waren. Der natürliche Mensch sieht in dem Kreuz und dem Kreuzesweg nur den Zusammenbruch aller menschlichen Kräfte, nur das gänzliche Ende eines Weges. Ohne Glauben kann kein Mensch bereit sein, den Weg des Kreuzes zu gehen …
Wie töricht fragen doch die Menschen heute in bezug auf den Kirchenkampf: Ist's denn nicht bald mit der Kirche wieder in Ruhe und guter Ordnung? Hat es die Kirche nicht bald gepackt? Ich meine doch, wir werden es packen! So urteilen die der Kirche günstig Gesinnten. … Die anderen aber, die Feinde der Kirche, urteilen nun vollends, daß unsere Sache, die Sache Jesu Christi, aus und verloren sei, daß von der Kirche jetzt schon nur noch ein Haufe sich streitender Pfarrer übrig sei und man die Kirche ruhig ihrem sich von selbst vollziehenden Ende überlassen könne, und beide, Freunde wie Feinde, können nicht sehen, daß der Sterbensweg der evangelischen Kirche nun gerade der Weg Jesu, der Weg des Kreuzes, der Weg zum Leben ist. Ein Blick nach Rußland sollte uns belehren; dort ist jede äußerlich organisierte Kirche zerschlagen, die Pfarrer verschwunden, die Kirchenhäuser zerstört bis auf

wenige. Und doch lebt dort die Kirche Jesu Christi wohl mehr als je und vielleicht schon stärker als bei uns in Deutschland. Sie lebt dort unter dem heiligen Kreuz der Verfolgung in denen, die sich hin und her in den Häusern sammeln, in den schlichten Laienpriestern, die das Wort verkündigen und willig die darauf gesetzten Strafen auf sich nehmen. Warum sollte nicht auch in Deutschland der Weg der Kirche durch noch viel größeres Leiden und Sterben, durch gänzliches äußerliches Unterliegen zum Siege und zur Herrlichkeit führen? Und täusche dich nicht: Auch du kannst an Jesu Herrlichkeit und Sieg *nicht* anders Anteil haben, als indem du das heilige Kreuz um Jesu willen auch auf dich nimmst und mit ihm den Leidens- und Sterbensweg gehst. ...
Der Blinde am Wege nach Jericho hat von Jesus gehört, der eben gerade hinaufzieht nach Jerusalem; und er glaubt an Jesus. ... Er wagt kühn und glaubensstark die Bitte: Herr, daß ich sehend werde!, und Jesus quittiert es ihm: Dein Glaube hat dir geholfen! Die Welt ist blind für den Weg Jesu und seiner Jünger: durch Leiden zur Herrlichkeit; und auch wir sind von Natur dafür blind. Unsere Augen sind gehalten, daß wir die verborgene und kommende Herrlichkeit auf dem Leidensweg nicht sehen. Wir sind dem blinden Manne gleich, mutlos, verzagt, verzweifelt in Not und Leid, blind für die Herrlichkeit des Kreuzes. ... Wie wäre es, wenn wir mit der herzandringenden Bitte zu unserem Herrn gehen würden, daß er uns die Glaubensaugen öffne für seine Kreuzesherrlichkeit, damit wir von diesem Glaubensblick fröhlich, satt und reich gemacht werden, daß wir nicht mehr als Bettler am Wege der Welt sitzen. ... Amen.«[182] –

Am folgenden Tag erfuhr Paul von Pfarrer Castor, den er auf der Straße traf, dass in der ostpreußischen Diözese Ermland Bischof Maximilian Kaller einen Appell an seine Gläubigen gerichtet hatte, sich der Entchristlichung Deutschlands durch die Nationalsozialisten zu widersetzen.« – »Wird die Gestapo den Bischof wegen seiner Kühnheit verhaften, Paul?«, fragte Gretel im Gedanken an Pauls Predigt vom Vortag. »Vielleicht, aber ich glaube eher nicht«, antwortete Paul. »Die Verhaftung von Bischöfen kommt im Ausland nicht so gut an. Einen Pfarrer der Bekennenden Kirche in so einer abgelegenen Gegend wie dem Hunsrück in Schutzhaft zu nehmen kann sich die Gestapo ohne weiteres leisten, einen Bischof zu verhaften ist da schon eine ganz andere Sache. Jedermann weiß, wie verhasst der Bischof von Münster, Graf Galen, bei den Nazis ist, wie liebend gerne sie den im Konzentrationslager verschwinden lassen würden. Aber die Gestapo weiß genau, das gäbe einen Aufruhr im katholischen Westfalen.«

Sophie hatte am 13. Februar etwas Aufregendes, als sie vom Samstagseinkauf heimkam. »Hier!«, rief sie ganz außer Atem und schwenkte eine Zeitung in der Hand. Paul las gleich die Überschrift: der Reichskirchenausschuss – den der Reichsminister für kirchliche Angelegenheiten, Hanns Kerrl, am 14. Oktober 1935 berufen hatte, um die Einheit der Deutschen Evangelischen Kirche wieder herzustellen – war zurückgetreten, weil er seiner Aufgabe, die beiden rivalisierenden Richtungen in der evangelischen Kirche an einen Tisch zu bringen und die Kirche zur Anerkennung des Primats des Staates zu bewegen, nicht gerecht geworden war. Ebenso habe er dem Grundsatz, dass auch für die Kirche Rasse, Blut und Boden vorrangig seien, nicht genügend Geltung verschaffen können. Das »positive Christentum« der Partei sei ein lebendiges Christentum der Tat, es entspreche dem Willen Gottes, und der Wille Gottes offenbare sich im deutschen Blut und im deutschen Volk.

Gretel kam währenddessen ins Zimmer und sah, wie sich Paul mehr und mehr ereiferte und wie sein Gesicht rot wurde. »Solcher Häresie muss jemand Paroli bieten«, sagte er mit Entschiedenheit. »Aber nicht du!«, erwiderte Gretel, »du hast bereits Röhm und Goebbels Paroli geboten.« – »Die Antwort ist schon erfolgt«, meldete sich Sophie. »Kerrls Rede muss Pfarrer Otto Dibelius bekannt gewesen sein. Er hat in der heutigen Kirchenzeitung schon reagiert.« – »Wunderbar!«, rief Paul nach der Lektüre erleichtert. Weniger wunderbar war, was sich ohne Pauls Kenntnis zur gleichen Zeit gegen ihn zusammenbraute. Ernst Scherer stellte eine Beschwerdeliste gegen ihn zusammen und schickte diese Eingabe ans Konsistorium in Düsseldorf:

»Der Seelsorger unserer Gemeinde, Herr Pfarrer Schneider, Dickenschied, der bereits weit über den Hunsrück hinaus als hinterhältiger Gegner unserer neuen Staatsführung bekannt geworden ist, hat den inneren Frieden unseres Gemeindelebens in einer Weise hintertrieben und zerstört, die himmelschreiend ist. Der größte Teil seiner Predigten ist mit versteckten und gehässigen Angriffen gegen den Nationalsozialismus und die Regierung ausgefüllt. ... Er treibt die Jugend in Gewissenskämpfe zwischen einer judenchristlichen Religionslehre und der politischen Weltanschauung. ... Ferner lernte ich seine ganz verschrobenen mittelalterlichen Ansichten kennen und mußte sogar erleben, daß er in fanatischem Verfolgungseifer zweifelhafter Ziele ... sich weigert, mir einen Schein zu geben zur Entlassung meines Sohnes aus dem Womrather Religionsunterricht ... und zur Zulassung zum Unterricht in einer Gemeinde der Deutschen Christen. Ich bitte das Konsistorium um eine solche Erlaubnis. ...«[183] –

Wieder war die Schule der Schauplatz für den fortgesetzten Konflikt unter den evangelischen Christen. »Das ist nun wirklich das Letzte!«, brachte Presbyter Klos hervor. »Kunz wusste genau, dass unsere Gemeinde die Halle unserer Schule für ihr Februarprogramm braucht. Nicht nur, dass er selber unauffindbar ist, er hat auch die Schulschlüssel mitgenommen, statt sie einem Presbyter zu überlassen, und wir stehen vor verschlossenen Türen. Erst nachdem er uns derartig brüskiert hat, dass wir vor Wut kochen, zeigt er sich geneigt und macht das Schulgebäude für uns zugänglich. Er gebärdet sich geradezu, als sei das Schulhaus sein Privatbesitz. Dabei weiß er genau, dass das Gebäude auf Kirchengelände steht und dass die Kirchengemeinde ein Recht darauf hat, es jederzeit zu nutzen. Aber er muss immer seine Einstellung gegen die Bekennende Kirche herauskehren. Und was seine moralische Haltung anbetrifft, so weiß ja inzwischen jeder, dass es damit nicht zum Besten bestellt ist. Jeder hier weiß doch, dass er und Fräulein Paula Mosel zusammenleben. Und seine Flirterei mit den jungen Mädchen des Dorfes erregt überall Ärgernis. Auch in Womrath sollte der Deutsche Christ Karl Sturm besser keinen Religionsunterricht geben, aber dem kann man wenigstens in moralischer Hinsicht keine Vorwürfe machen. Gegen Kunz wollen wir vom Prebyterium eine Beschwerdeliste aufstellen und an die Schulaufsichtsbehörde schicken.«

Diese Beschwerde war Gegenstand einer Besprechung des Dickenschieder Presbyteriums am 15. Februar im Pfarrhaus. Man beschloss, Kunz noch einmal zu einem Treffen mit den Presbytern auf 1 Uhr am 17. Februar 1937 einzuladen, und formulierte für den Fall, dass er nicht käme, die Anklagepunkte. Paul bekam ein Exemplar des Textes ausgehändigt und las zu Hause Gretel und Sophie vor:

»Das Presbyterium der
Evangelisch-Reform. Gemeinde Dickenschied

Dickenschied, den 15. Februar 1937

An den
Regierungspräsidenten in Koblenz
als oberste Schulbehörde der Rheinprovinz
durch den Herrn Schulrat in Simmern

Betr.: Evangelische Schule und Lehrer Kunz in Dickenschied
Das Gesamtpresbyterium der evangelischen Kirchengemeinden Dickenschied-Womrath hat im Juli vorigen Jahres dem Herrn Schulrat in Simmern erhebliche Beschwerden über den Religionsunterricht an den evangelischen Schulen beider Gemeinden zugeleitet. Es ist uns bekannt geworden, daß der Herr Kreisschulrat beide Schulen besucht und auch den Religionsunterricht geprüft hat. ... Einer Antwort ist das Presbyterium bis heute nicht gewürdigt worden.
Im übrigen ist der evangelische Charakter der Schule in Dickenschied nun weiter beseitigt worden durch den Wegfall des evangelischen Schulgebetes .... Ferner bemüht sich Lehrer Kunz, seine Verachtung des evangelisch-kirchlichen Gemeindelebens deutlich an den Tag zu tun und die christlich und kirchlich gesinnten Leute der Gemeinde, das ist die übergroße Mehrheit, vor den Kopf zu stoßen.

Als die Gemeinde am Donnerstag, dem 11.2., sich ihr vertragsmäßig festgelegtes Recht auf die Benutzung des evangelischen Schulsaales erst erzwingen mußte, nachdem angeblich der Schlüssel nicht vorhanden war, machte sich der Unwille der Gemeinde gegen ihren sich noch evangelisch nennenden Lehrer in erregten Auftritten Luft. ...
Sollte eine evangelische Gemeinde für ihre evangelischen Schulinteressen bei den Schulbehörden kein Verständnis mehr finden, ... dann wäre sie ... genötigt, dem gegen die evangelische Lehre, den evangelischen Geist und die evangelischen Kirchen handelnden Lehrer ihrer Kinder mit den ihr gegebenen Mitteln der Gemeindezucht zu begegnen ... .

Das Presbyterium der
Evangelisch-Reformierten
Gemeinde Dickenschied«[184] –

Am 17. Februar kam es dann zu dem anberaumten Treffen der Presbyter. Nach der Lesung von 2. Korinther 6, 14–18 und einem Eröffnungsgebet unterzeichneten alle Presbyter außer Heinrich Jakob Jakoby den Beschwerdebrief gegen Friedrich Kunz, so wie sie es am 15. Februar beschlossen hatten. Dann fragte Presbyter Klos: »Was lässt sich gegen die Einladung an einen Deutschen Christen unternehmen, der nach dem Willen von Kunz und Sturm, Scherer und Dörn in unsern Dörfern predigen soll?« – »Die große Mehrheit unserer Leute steht hinter Pfarrer Schneider und der Bekennenden Kirche«, antwortete Heinrich Diener. »Unsere Gemeinden haben sich im August 1934 zum Anschluss an die Bekennende Kirche entschieden. Jeder weiß, dass hinter der Einladung an den Prediger von den Deutschen Christen der Versuch des Gemündener Pfarrers Bechthold und des Regionalsprechers der Deutschen Christen, Dr. Karl Wippermann aus Bad Kreuznach, steckt, die Zugehörigkeit unserer Gemeinden zur Bekennenden Kirche zu hintertreiben und sie in den Wirkungsbereich der Deutschen Christen hinüberzuziehen. Dies müssen wir den Gemeindemitgliedern nur deutlich vor Augen führen, dann wird der Vorstoß der genannten Herren zunichte gemacht und die Einladung nicht zustandekommen.« Nachdem man sich auf diesen Kurs geeinigt hatte, ging man nach einem Schlussgebet auseinander.

Am 20. Februar wurden vom Dickenschieder Presbyterium gegen Friedrich Kunz die vorgesehenen Kirchenzuchtmaßnahmen verkündet, nachdem er die Einladung zu einem Gespräch mit den Presbytern nicht ernst genommen hatte.

Im Sitzungsprotokoll vom 20. Februar steht u. a.:

»... Presbyterium sieht sich genötigt zur Ausfertigung der christlichen Bußzucht für Lehrer Kunz nach Matth. 18, 15–20 und Heidelberger Katechismus Fragen 83–85 zu schreiten. ...
Lehrer Kunz ist einer Vorladung des Presbyteriums auf den 17. Februar mit Nichtachtung begegnet und hat damit die Hand ausgeschlagen, die die Gemeinde ihm noch ein letztes Mal ... gereicht hat.
Die Vorladung betraf folgende Punkte:
1. Falsche Lehre über Bibel und christlichen Glauben und sonstige Entchristlichung des evangelischen Schullebens durch Wegfall jeglicher evangelischer Andacht (trotz wiederholter Bitte und Mahnung des Pfarrers).
2. Zurücknahme des Vorwurfes der Lügerei gegen gewisse kirchliche Kreise der Gemeinde, die Lehrer Kunz im Auge hat.
3. Offene Erklärung des Lehrers über die laut gewordenen Vorwürfe, das sittliche Vorleben und Verhalten des Lehrers betreffend mit dem Ziele einer Bereinigung derselben auf dem Wege ordentlicher Gemeindezucht durch Kirchenbuße.
4. Verzicht auf das Zusammenwohnen mit Fräulein Paula Mosel unter der vorliegenden Belastung im Urteil der Gemeinde.
Da Herr Lehrer Kunz ... in seiner Unbußfertigkeit verharrt und alle diese Dinge als Gemeindeärgernis fortbestehen sollen, fertigt Presbyterium nunmehr die christliche Bußzucht aus.
Das heißt ... Lehrer Kunz wird durch Verbietung der Sakramente aus der christlichen Kirche und von Gott selbst aus dem Reiche Christi ausgeschlossen. Er wird als Glied Christi und der Kirche wieder angenommen, wenn er wahre Besserung verspricht und erzeigt.

Während dieser Zeit ... ruhen seine sämtlichen kirchlichen Rechte. Die Gemeinde aber ist gehalten, nicht in unchristlichem Zorn oder Haß, sondern in christlicher Trauer um ein in Sünden totes und abgeschiedenes Glied, Lehrer Kunz als einen Heiden und ›Zöllner‹ zu halten; die Gemeindeglieder werden ermahnt, allen freundschaftlichen und gesellschaftlichen Verkehr mit Lehrer Kunz abzubrechen ... Der Abbruch der christlichen Gemeinschaft erstreckt sich auch auf die Einladung zu christlichen Hausfeiern.
Die Eltern werden ermahnt, ihre Kinder vom Religionsunterricht des Lehrers Kunz zu Beginn des neuen Schuljahres abzumelden. ... Die Eltern wollen ihre Kinder in dieser Zeit in eine von der Kirche einzurichtende biblische Unterweisung schicken. ...«[185]

Am 28. Februar 1937 verkündete Paul Schneider, nachdem weder Scherer noch Sturm aus Womrath noch Kunz aus Dickenschied reagiert hatten, die Entscheidung des Presbyteriums von der Kanzel:

»Liebe Gemeindeglieder! Das Presbyterium hat sich genötigt gesehen, zum erstenmal ein in unserer Kirche lang vernachlässigtes Mittel, das der öffentlichen christlichen Bußzucht, in Anwendung zu bringen. Es handelt sich in drei Fällen, in denen das geschah, um öffentliches Ärgernis, das der Gemeinde Jesu Christi gegeben wurde ...
Diese kirchliche Zucht der Gemeinde wird ausgerichtet in der Vollmacht Jesu Christi. Christus spricht: ›Was ihr binden werdet auf Erden, soll gebunden sein im Himmel, und was ihr lösen werdet auf Erden, soll los sein im Himmel.‹ ... Die kirchliche Zucht der Gemeinde wird ausgerichtet nicht aus Zorn oder Haß, sondern aus Liebe. ... Luther sagt: ›Der kirchliche Bann ist also eine liebevolle und mütterliche Geißel der Kirche, verhängt über den Leib und die leiblichen Dinge. ...‹
1. Das ist ... Zerstörung der Gemeinde, wenn ihr ungestraft öffentliches Ärgernis gegeben wird, wenn die Gemeinde, die christlichen Eltern und der Ort, da ihre Kinder ihre Schulunterweisung empfangen, durch die Art und Weise, in der dies geschieht, auseinandergerissen werden und eine Kluft befestigt wird zwischen Schule

und christlicher Gemeinde; wenn eine andere Art, das heilige Christfest zu feiern, eingeführt und gepriesen wird.
2. Das ist Zerstörung der Gemeinde, wenn etliche sind, die ihre Kinder vom Unterricht und vom Kindergottesdienst fernhalten. Das ist Zerstörung der Gemeinde, wenn Wort und Sakrament und die Mahnung und die Zucht der Gemeinde verachtet werden, das zu deren Leitung bestellte Presbyterium, der Pfarrer und die Ältesten der Gemeinde gar verhöhnt und gescholten werden, ohne daß hierfür der Beweis angetreten wird.
3. Das ist endlich Zerstörung der Gemeinde, wenn man hin und her in den Häusern die Gemeindeglieder verführt zur Unterschrift, daß die Predigt eines Thüringer Deutschen Christen, die selbst nach dem Gutachten des Generalsuperintendenten Zöllner vom Reichskirchenausschuß auf unbiblischem und unkirchlichem Boden steht, in die Gemeinde hineingelassen werden soll.
Möge Gott die Wiedererweckung ernsthafter Kirchenzucht unserer Gemeinde und den Betroffenen zum Segen, zu der Seele Heil und Seligkeit setzen.«[186]

Paul las in beiden Kirchen klar und deutlich vor. In beiden Kirchen herrschte während der Abkündigung absolute Stille. Jeder kannte in beiden Dörfern jeden. Der Ausschluss eines Gemeindemitglieds aus der Kirche war eine für alle peinliche Angelegenheit. –
Aber der Kampf der Bekennenden Kirche um Unabhängigkeit von der Reichskirchenleitung unter dem Einfluss der Nationalsozialisten machte es dringend erforderlich, dass die Bekennende Kirche jeden Versuch abwehrte, die Reihen ihrer Anhänger zu lichten, der Gegengruppe Einflussmöglichkeit zu bieten und auf diese Weise die Gemeinden zu spalten.

Das zeigte sich nirgends so deutlich wie durch das gleichzeitige Martyrium eines der leitenden Kirchenbeamten. »Ja, es stimmt tatsächlich«, sagte Hermann Lutze beim Besuch in Dickenschied. »Man hat Dr. Friedrich Weissler tot in seiner Zelle gefunden. Im Hauptquartier der Bekennenden Kirche in Berlin-Dahlem herrscht tiefe Betroffenheit. Dr. Weissler war einer unserer besten Vertreter. Martin Niemöller und Friedrich Müller sind überzeugt, dass der

Bericht der Gestapo, Dr. Weissler habe Selbstmord verübt, den wahren Sachverhalt vertuschen soll. In Berlin glaubt jeder, Weissler sei ermordet worden.« Paul schwieg eine Weile. Schließlich sagte er bekümmert: »Dr. Weissler ist ein Märtyrer. Er hat gewusst, dass er dadurch, dass er den Appell an Hitler zugunsten der Bekennenden Kirche mitverfasste, dass er Mitglied dieser Bekennenden Kirche war und besonders dadurch, dass er ein führendes jüdisch-christliches Mitglied unserer Kirche war, für die Gestapo ein Gezeichneter war.« –

Am 13. März traf sich das Dickenschieder Presbyterium im Pfarrhaus. Hier gab Presbyter Heinrich Jakoby bekannt, dass er von seinem Amt zurücktreten wolle. »Aber wir brauchen dich doch«, sagte Paul, und die anderen Presbyter schlossen sich dem an. »Nein«, sagte Jakoby, »ich bin jetzt 60, und ich brauche einfach mehr Ruhe in meinem Leben. Die Spannungen hier in der Gemeinde beeinträchtigen inzwischen meine Gesundheit. Ich glaube übrigens auch, dass wir die dritte Abkündigung des Kirchenausschlusses von Lehrer Kunz aufschieben sollten. Ich jedenfalls brauche in dieser Angelegenheit erst mal eine Denkpause.« Presbyter Müller ergänzte: »Da es für uns so schwer ist, eine einhellige gemeinsame Meinung zu vertreten, stelle ich den Antrag, die Entscheidungen über diese Fragen zu vertagen.« Der Antrag wurde angenommen. »Das einzige, worauf wir uns heute einstimmig einigen«, bemerkte Peter Klos ironisch, »ist, dass Schreiner Jakoby die Pfarrhaustür reparieren soll.«

Das alles erzählte Paul seinem Freund Hermann, und der mahnte: »Lass ihnen Zeit zum Nachdenken, Paul.« –

Dr. Karl Wippermann aus Kreuznach hatte sich zusammen mit Pfarrer Bechthold von Gemünden beim Reichskirchenministerium in Berlin über Paul Schneider beschwert. Außer im Konsistorium in Düsseldorf beschäftigte man sich nun auch in der Hauptstadt mit dem Pfarrer aus Dickenschied und Womrath. In der Beurteilung des rheinischen Kirchenausschusses in einem Schreiben nach Berlin hieß es u. a.:

> »Pfarrer Schneider in Dickenschied, der von eigenartiger psychischer Veranlagung und dazu ein sehr eifriger Anhänger der Bekenntnisfront ist, hat verschiedentlich Stellen der Partei und

auch staatlichen Organen zu Beschwerden Anlaß gegeben.... Dem Verhalten des Pfarrer Schneider wenden wir im übrigen ständige Aufmerksamkeit zu.«[187]

Es wurde in dem Schreiben bedauert, dass das Konsistorium trotz vieler Klagen noch keinen hinreichenden Grund sah, gegen Schneider disziplinär einzuschreiten. –
»Paul«, sagte Gretel, »deine Briefe an die beiden Lehrer sind zurückgeschickt worden, der an Ernst Scherer nicht. Ein Womrather hat gesagt, Ernst Scherer habe seinen Brief der Gestapo in Kirchberg vorgelegt und sich beklagt, du setztest einen deutschen Bürger öffentlicher Schande aus und wolltest durch die Verlesung seiner Exkommunikation von der Kanzel zum Boykott von Scherer animieren.« – »Das ist doch Unfug«, erwiderte Paul. »Die Kirchenzucht ist doch durch einstimmigen Beschluss des Womrather Presbyteriums verhängt worden. Ohne Presbyterium und Gemeinde kann ein Pfarrer solche Maßnahmen gar nicht anordnen.« – »Ich habe eben mit Hans Mitler gesprochen. Er hat mir erzählt, er sei gestern auf ein Glas Bier ins Gasthaus in Kirchberg gegangen. Als er von seiner Zeitung aufblickte, sah er in der hintersten Ecke zwei Männer eifrig schreiben – einer von ihnen war Scherer, dem der zweite Mann offensichtlich etwas diktierte. Und dieser zweite war niemand anderes als Lehrer Kunz. Sicher hat Kunz dem Nazi Scherer bei der Formulierung einer Beschwerde gegen dich bei der Gestapo geholfen.«

In der zweiten Hälfte März 1937 hielt Paul mehrere Reden in den Dörfern des Hunsrück, um in den Kirchen, die noch nicht zur Bekennenden Kirche gehörten, um Verständnis dafür zu werben, dass das Schicksal der christlichen Kirche in Deutschland auf dem Spiel stünde. Diese christliche Kirche laufe Gefahr, ohne das erklärte Engagement aller Christusanhänger von den Gegnern, die massiv gegen sie zu Felde zögen, kaputtgemacht zu werden. Solcherlei Mission war nicht ohne Risiko.

»Paul, dein Rücken ist ja ganz blau angelaufen!«, rief Gretel aus, als Paul nach seiner Rückkehr das Hemd auszog und Gretel bat, mal nachzuschauen. »Irgend jemand hat etwas an meinen Ausführungen nicht gepasst«, erläuterte er. »Nach dem Treffen stand ich noch mit einigen Gemeindemitgliedern zusammen. Nachdem sie mir ›Gute Nacht‹ gesagt hatten, gingen sie davon. Ich zog noch meinen Motorradanzug an, setzte mich aufs Motorrad und wollte gerade abfahren, als ich einen heftigen Schmerz zwischen meinen Schultern spürte. Der Schlag saß, muss ich schon sagen. Ich riss mein Motorrad herum, um den Täter zu sehen, der mir den Stein ins Genick geworfen hatte. Aber es war zu dunkel, und bei der nahen Kreuzung konnte einer leicht auf einem Seitenweg entkommen.« Gretel reagierte heftig auf Pauls Bericht: »Jetzt reicht's aber, du fährst jetzt einfach nicht mehr hin zu solchen Abendveranstaltungen in Dörfern, wo es so viele Deutsche Christen gibt!« – »Geht nicht«, antwortete Paul, »für morgen abend habe ich schon eine Einladung nach Gemünden angenommen.« – »Nein, Paul! Da sind so viele Deutsche Christen. Und ausgerechnet in der Gemeinde von Pfarrer Bechthold! Warum musst du denn in diese Höhle des Löwen?« – »Weil besonders diese Gemeinden Rat und Hilfe brauchen.« – »Dann schick doch jemand anderen hin, Paul!«, flehte Gretel. »Haben wir denn immer noch nicht genug getan? Jedesmal steht am Ende ein Verhör. Die Kinder werden in der Schule gehänselt, und Scherer, Kunz und Konsorten verfassen Beschwerden über dich für die Gestapo. Lass doch die jungen Pfarrer, die noch nicht für eine Familie zu sorgen haben, diese Rolle der Verantwortung und das Risiko übernehmen.« – »Morgen muss ich jedenfalls hin, ich habe es versprochen.« Gretel schwieg und verließ schmollend das Zimmer. Zurück blieb ein Paul Schneider, der lange aus dem Fenster in die Dunkelheit starrte und sich Gedanken machte, wie man das Kunststück fertig brächte, die Verantwortung für seine Familie und die Verantwortung vor seinem eigenen Gewissen miteinander in Einklang zu bringen. –

Als Paul am nächsten Abend in Gemünden seinen Vortrag gehalten hatte, erboten sich einige Männer aus dem Kreis seiner Zuhörer, ihn auf Nebenwegen aus der Stadt hinauszubegleiten. Und an dem Abend kam Paul denn auch wirklich heil nach Hause. Gretel grollte ihm immer noch, dass er sich zu der Veranstaltung hatte überreden lassen, aber sein Bericht über die Besorgtheit seiner Zuhörer und ihre raffinierte Eskorte versöhnte sie sichtlich. –

Am Abend des 19. März war Paul in Womrath unterwegs, wo er die Konfirmanden auf ihr großes Fest am Palmsonntag, dem 21. März, vorbereitete. »Wo er nur bleibt?« Gretel lauschte ganz nervös. »Wir werden die Chorstunde ohne ihn anfangen müssen.« Mitten im begeisterten Gesang erschien Sophie in der Kirche und winkte Gretel zu sich. »Man hat gerade aus Womrath angerufen – Paul hat einen Unfall gehabt.« Gretel schrak zusammen, und Sophie fügte schnell hinzu: »Es ist nicht viel passiert. Er ist auf dem Heimweg in einen Holzabfuhrwagen gefahren, der unbeleuchtet am Straßenrand geparkt war. Wegen des dichten Nebels hatte der Fahrer seine Männer heimgeschickt und sein Fahrzeug unbeleuchtet und ohne Warnschild stehen gelassen, so dass Paul die Gefahr nicht erkennen konnte. Sein Bein ist verletzt, sonst ist er unversehrt. Ein vorüberfahrender Radfahrer hat seine Hilferufe gehört. Nun ist er in Womrath im Hause von Presbyter Fuchs.« Gretel bat sogleich Hermann Link, den katholischen Lehrer, der als einziger in Dickenschied ein Auto besaß, ob er sie schnell nach Womrath fahren könne.

»Du Ärmster!«, rief sie Paul zu, als sie das Haus in Womrath betrat. »Er muss nach Simmern ins Krankenhaus«, meinte Presbyter Fuchs. »Das Bein scheint gebrochen zu sein.« Gretel ließ Sophie ausrichten, dass sie die Nacht über bei Paul im Krankenhaus bleiben werde. Dort erklärte ihr Paul dann ausführlich, wie alles gekommen war. Er war zwar wegen des dichten Nebels sehr langsam gefahren, aber zu plötzlich war das Hindernis vor ihm aufgetaucht. Gretel fragte besorgt: »Warum lässt du dir keine Schmerzspritze geben?« Aber er erwiderte nur: »Du kennst meine Abneigung gegen Nadeln, Gretel, und gegen unbekannte Medikamente. Solange es auszuhalten ist, muss es so gehen.« Am nächsten Morgen gab Paul allerdings zu, dass ihm die argen Schmerzen jeglichen Schlaf geraubt hätten. –

»Im morgigen Gottesdienst werden wir viel singen«, schlug Gretel vor. »Palmsonntag eignet sich gut dazu.« Superintendent Gillmann hatte inzwischen Pfarrer Becker von der Bekennenden Kirche in Simmern gebeten, in Womrath Gottesdienst zu halten, und in Dickenschied sollte das Pfarrer Wilhelm Müsse von der Trierer Synode besorgen. Paul war erleichtert. Beide Pfarrer waren eifrige Mitglieder

der Bekennenden Kirche, denen er seine beiden Gemeinden unbesorgt anvertrauen konnte.

Am Montag kam Hermann Lutze zum Krankenbesuch nach Simmern. Er brachte ein Exemplar der päpstlichen Enzyklika »Mit brennender Sorge« mit, das ihm der katholische Pfarrer in seiner Gemeinde Kleinich gegeben hatte. »Gestern ist die Enzyklika in allen katholischen Kirchen von den Kanzeln verlesen worden. Endlich hat damit Papst Pius XI. [1922–1939] auf Hitlers wiederholte Verletzung des Konkordats von 1933 reagiert. Die Gestapo wurde durch diesen Schritt völlig überrascht. Stell dir vor: Was für ein Meisterstück, dieses Papier sämtlichen Priestern zuzustellen, ohne dass die Gestapo etwas davon merkt! Ich bin gespannt, wie das weitergeht, Paul.« Paul musste mitlachen, und dann las er:

> »Mit brennender Sorge und steigendem Befremden beobachten Wir seit geraumer Zeit den Leidensweg der Kirche, die wachsende Bedrängnis der ihr in Gesinnung und Tat treu bleibenden Bekenner und Bekennerinnen. ...«[188]

Und weiter las er, was Hermann unterstrichen hatte:

> »Als Wir ... im Sommer 1933 die Uns von der Reichsregierung ... angetragenen Konkordatsverhandlungen aufnehmen und ... abschließen ließen, leitete Uns die pflichtgemäße Sorge um die Freiheit der kirchlichen Heilsmission in Deutschland und um das Heil der ihr anvertrauten Seelen – zugleich aber auch der aufrichtige Wunsch, der friedlichen Weiterentwicklung und Wohlfahrt des deutschen Volkes einen wesentlichen Dienst zu leisten. Trotz mancher schwerer Bedenken haben wir Uns damals den Entschluß abgerungen, Unsere Zustimmung nicht zu versagen ...«[189]

»Auch diese Stelle hier über die Konfessionsschulen lässt sich auf die evangelischen Schulen anwenden« – Hermann wies auf eine andere Stelle der Enzyklika, wo das Oberhaupt der Katholischen Kirche von einer Kampagne gegen die im Konkordat garantierte Bekenntnisschule und gegen die freie Entscheidung christlicher Eltern für eine katholische Erziehung als einer sehr ernst zu nehmenden Situation für ein jedes christliches Gewissen sprach.

Und wieder nickte Paul. »Genau das«, kommentierte er. »In Dickenschied und Womrath, wo Kirche und Staat traditionell gut zusammengearbeitet haben, werden die Schulen jetzt politisiert und missioniert von staatlich bezahlten Parteidienern im Lehrberuf. Die Eltern in beiden Dörfern haben sich zwar bei der Schulbehörde in Simmern beschwert, aber die Beamten, an die sie sich wenden, sind ja selber Parteimitglieder und berufen sich auf Weisungen aus Berlin.« – »Auch diese Passage ist für uns Pfarrer der Bekennenden Kirche interessant, besonders im Hinblick auf unseren Kampf gegen die Deutschen Christen.« Und Paul las:

»Habt acht, Ehrwürdige Brüder, daß vor allem der Gottesglaube, die erste und unersetzbare Grundlage jeder Religion, in deutschen Landen rein und unverfälscht erhalten bleibe. Gottgläubig ist nicht, wer das Wort ›Gott‹ rednerisch gebraucht ... Wer die Rasse oder das Volk oder den Staat oder die Staatsform ... aus ihrer irdischen Wertskala herauslöst, sie zur höchsten Norm aller, auch der religiösen Werte macht und sie mit Götzenkult vergöttert, der verkehrt und fälscht die gottgeschaffene und gottbefohlene Ordnung der Dinge.«[190]

Hermann erklärte: »Man sagt allgemein, Kardinal Faulhaber aus München sei der Verfasser der Enzyklika.« –
Am 23. März schrieb Paul vom Krankenbett aus an seine Schwiegermutter:

»... Nun bist Du wieder die erste, die mir einen Brief ins Krankenhaus geschickt, um mich zu ermuntern und zu trösten. Ich danke Dir herzlich. ... Die Lektion, die Gott mir damit aufgibt, daß er mich in dieser Festzeit und der Zeit wichtigster kirchlicher und Glaubensentscheidungen in den Gemeinden lahmlegt – Du nennst es freundlich ›die nötige Ruhe‹ – muß ich zu lernen suchen. Bitte bete

für mich, daß ich sie lerne. ... Eingerichtet ist das Bein allerdings noch nicht. Das Schienbein hat doppelten Bruch, das Wadenbein einfachen. Bisher war der ganze Schenkel sehr verschwollen, geht aber nun zurück.
Was die Pflege angeht, habe ich es unverschämt gut hier. Ich liege allein, kann darum auch gut lesen und studieren. An Besuch hat es nicht gefehlt. Gestern war auch Gretel wieder hier und brachte Dieter und Evmarie mit. In Dickenschied und Womrath ist die Konfirmation dann auch ganz ordentlich zu Ende gegangen. Vielleicht war es um der christlichen Bußzucht willen, die wir zu erneuern im Begriffe sind, ganz gut, daß ich nicht in der Gemeinde und genötigt war, die Scheidung von den unbußfertigen und versteckten Sündern, die die Gemeinde verführen und verstören, allzu schmerzlich für einige Gemeindeglieder vorzuexerzieren. ...«

Ende März kam Pfarrer Castor zu Besuch nach Simmern. Paul freute sich, dass er den Weg ins evangelische Krankenhaus gefunden hatte. »Hier liegen auch einige von meinen Gemeindemitgliedern«, sagte Pfarrer Castor. »Nachdem ich meine Schäfchen hier betreut habe, wollte ich doch auch bei Ihnen vorbeischauen.« Auch Gemeindemitglieder aus Dickenschied und Womrath besuchten Paul und saßen mit ihm im Garten des Krankenhauses. Man kam natürlich auch auf das Thema der Kirchenzucht zu sprechen. Man war sich sicher, dass es im Falle eines Kirchenausschlusses zu Reaktionen staatlicherseits kommen würde, denn alle drei waren ja Parteimitglieder. Zum Schluss sagte Paul: »Ich nehme hiermit zur Kenntnis, dass sich das Presbyterium von Womrath einstimmig dafür ausspricht, die dritte Verkündigung unmittelbar nach meiner Rückkunft vorzunehmen. Andererseits möchte das Dickenschieder Presbyterium zwar mehrheitlich diese Verkündigung, bittet mich aber wegen fehlender Einstimmigkeit um Verschiebung derselben.«

Im März begann eine siebenwöchige Kampagne, in der Jungen für die Hitlerjugend geworben werden sollten. Am 19. April, am Vorabend von Hitlers Geburtstag, erreichte diese Kampagne ihren Höhepunkt. Baldur von Schirach versprach Hitler auf der Marienburg in Westpreußen 1,5 Millionen neue Hitlerjungen sozusagen als Geburtstagsgeschenk. So weit das Auge reichte, Plakate mit strahlenden, gesunden Jungen in Uniform, Trommeln schlagend und Trompete blasend, und oben in großen Lettern »Mach mit!« Lehrer, Parteimitglieder, Eltern von Hitlerjungen, ja, sogar Pfarrer wurden als Missionare ausgesandt, die Jungen zu gewinnen, die 1937 ihren 10. Geburtstag begingen. Laut staatlicher Statistik wurden 1937 600 000 Jungen und 520 000 Mädchen 10 Jahre alt. Baldur von Schirach brüstete sich damit, dass bis zum Ende des Jahres die Zahl der Hitlerjungen 7 Millionen betragen werde.

Am 20. April 1937 hatte auch Dieter Schneider Geburtstag; er wurde 10 Jahre alt. Er ging jetzt im nahen Kirchberg zum Gymnasium. Paul betrachtete seinen Ältesten mit gemischten Gefühlen. »Ich bin stolz auf dich«, sagte er, »ich weiß, wie schwer es ist, dem Druck der Lehrer und Schulkameraden standzuhalten, die dich in der Hitlerjugend sehen wollen. Solange da die Zustimmung der Eltern ausschlaggebend ist, wirst du kein Mitglied.« – »Ich will es auch nicht«, erwiderte Dieter, »obwohl die Lehrer sagen, dann sei man unpatriotisch; und sie sagen auch, die Eltern, die sich weigern, ihre Zustimmung zu geben, seien keine rechten Deutschen. Und dann sagen sie noch, die Bekennende Kirche verhindere die nationale Einheit, und besonders einige ihrer Pfarrer. Und wenn die Lehrer so etwas sagen, dann schauen alle im Klassenzimmer mich an, denn du bist für sie der eifrigste Pfarrer im ganzen Hunsrück. Es wird auch davon geredet, dass jede Schule demnächst ohne Zustimmung der Eltern die Jungen bei der Hitlerjugend oder beim Jungvolk anmelden könne.« Paul runzelte die Stirn. »So habe ich auch schon gehört, mein Sohn. Deine Zugehörigkeit zum Gymnasium wird wohl bald von der Mitgliedschaft bei HJ oder Jungvolk abhängen.«

In Berlin wurde am 30. April eine Wanderausstellung eröffnet; sie nannte sich »Gebt mir vier Jahre Zeit« und sollte an die Rede Hitlers im Berliner Sportpalast 1933 erinnern. Dieter teilte seiner Familie am Mittagstisch mit, dass seine Klasse einen Ausflug nach Koblenz plane, um dort die Ausstellung zu besuchen. »Unser Geschichtslehrer hat uns aus einem neuen Buch vorgelesen. Er diktierte uns ein Stück, und als Hausaufgabe müssen wir es auswendig lernen.« Paul öffnete Dieters Geschichtsheft und sah den Namen des Autors und den Titel des Buches, aus dem der Lehrer diktiert hatte: Alfred-Ingemar Berndt, »Gebt mir vier Jahre«. Da standen die Lobeshymnen auf die Erfolge der Nationalsozialisten: Der 30. Januar 1933 hatte Deutschland die große Veränderung gebracht, Hitler hatte das Tor zu Deutschlands Befreiung aufgestoßen und ihm das Recht auf Wiederbewaffnung gebracht, was erst die volle Souveränität des Staates bedeutete. Und die Zahl der Arbeitslosen war von über 6 Millionen auf unter 1 Million gesunken.

Paul gab zu: »Ja, es gibt wirklich viel weniger Arbeitslose, und wir haben eine moderne Armee zum Schutz unserer Grenzen, aber es gibt auch die totale Pressezensur, und wir haben Konzentrationslager, in denen Tausende von Kommunisten und Sozialisten sitzen und solche, die angeblich eine Bedrohung des inneren Friedens darstellen. Es gibt eine staatliche Autorität, die uns in jedem Lebensbereich erfasst, im Beruf, in der Schule, ja selbst in der Kirche. Und es gibt eine geradezu skandalöse Verfolgung von Juden in unserem Land.« – »Paul!«, rief Gretel ganz ängstlich ob Pauls Bitterkeit. »Dieter, dass du bloß nicht in der Schule erwähnst, was dein Vater gerade gesagt hat.« – »Das weiß ich doch«, erwiderte Dieter. »Bei uns in der Schule wissen wir genau, was der Lehrer hören will. Wir erzählen Herrn Grau nur das, was er hören will.«

Pfarrer Castor sah Paul im Pfarrgarten sitzen und kam auf einen Sprung herüber. »Ah, Sie haben gerade über den jüngsten ›Skandal‹ in unserer Kirche gelesen?« Hinter der Zeitungsnotiz »Barmherzige Brüder nötigen Schutzbefohlene zum Genuss von Messwein und missbrauchen sie« steckte eine Anklage gegen Brüder vom Waisenhaus Bonn-Endenich wegen sexuellen Missbrauchs von Jungen in ihrem Heim. »Wenn es nur eine objektive Überprüfung solcher Fälle gäbe«, klagte Pfarrer Castor, »dann sähe man klarer.« – »Ich bin sicher«, sagte Paul, »dass diese neue Kampagne gegen die katholische Kirche mit der Enzyklika zusammenhängt. Jahrelang sind z. B. Gelder von international tätigen Orden über die europäischen Grenzen gegangen. Auf einmal nennt sich das Devisenschmuggel und bringt Patres und Nonnen ins Zuchthaus.« Pfarrer Castor verabschiedete sich mit einem Hinweis auf die Rede von Arbeitsminister Robert Ley und bemerkte ironisch: »Dann werden Sie merken, in was für einem wunderbaren Land wir leben.«

Paul machte sich dann gleich an die Lektüre der Rede von Ley: ein Lobgesang auf die Leistungen des Führers! Er hat in nur vier Jahren ein Land geschaffen, in dem es sich wieder zu leben lohnt, in dem Freude, Glück und Gesundheit blühen! Warum verschweigen die Pharisäer und Heuchler das Wunder der nationalen Wiedergeburt, warum sind die Ewig-Gestrigen nicht bereit, die Leistungen des Führers zu feiern und dem Himmel dafür zu danken! Der 1. Mai ist so recht der Tag, an dem alle Arbeiter sich des Lebens freuen sollten – des Lebens in einem immer wunderbareren Deutschland! Paul legte nachdenklich die Zeitung beiseite: So gaukelte ein total verweltlichter Staat seinen Bürgern vor, er genieße das besondere Wohlwollen des Himmels, nur weil sie sich eines gewissen materiellen Wohlstandes erfreuen könnten!

Am 1. Mai hielt auch Hitler eine Rede. Die religiösen Führer interessierte natürlich dabei, was Hitler im Zusammenhang mit der päpstlichen Enzyklika und mit dem Widerstand der Bekennenden Kirche zu sagen hatte:

> »... Wir können nicht dulden, daß diese Autorität, die die Autorität des deutschen Volkes ist, von irgendeiner anderen Stelle angegriffen wird.
> Das gilt auch für alle Kirchen. Soweit sie sich um ihre religiösen Probleme kümmern, kümmert sich der Staat nicht um sie. Wenn sie versuchen, durch irgendwelche Maßnahmen, Schreiben, Enzykliken usw. sich Rechte anzumaßen, die nur dem Staat zukommen, werden wir sie zurückdrücken in die ihnen gebührende geistlich-seelsorgerische Tätigkeit. Es geht auch nicht an, von dieser Seite aus die Moral eines Staates zu kritisieren, wenn man selbst mehr als genug Grund hätte, sich um die eigene Moral zu kümmern. ...«[191] –

In der zweiten Maiwoche trafen Frau Dieterich und Tante Lina aus Tübingen ein, um Gretel bei der Geburt ihres Kindes beizustehen. Paul informierte Superintendent Gillmann, dass er die Aushilfspfarrer für seine beiden Gemeinden nicht länger benötige, da er am Pfingstsonntag, dem 16. Mai, selber wieder in der Kirche und auf der Kanzel amtieren wolle. Er beschäftigte sich mit Feuereifer mit dem Pfarrbrief, der noch vor dem Pfingstsonntag an die Gemeindemitglieder in Dickenschied und Womrath ausgeteilt werden sollte. Weil der Gipsverband an seinem linken Bein so hoch heraufreichte, war es lästig und ermüdend für ihn, am Schreibtisch zu sitzen. So erledigte er den Großteil seiner Schreibarbeiten auf dem Fußboden liegend. Zu Pfingsten schrieb er:

»1. Gemeindebrief der Pfarrei Dickenschied-Womrath
Wochenspruch: Wir haben nicht empfangen den Geist der Welt, sondern den Geist aus Gott. 1. Kor. 2, 12.
Zum heiligen Pfingsfest geht dieser erste Gemeindebrief in die Häuser als Beilage unserer Predigt- und Sonntagsblätter, zugleich ein herzlicher Pfingstgruß des Pfarramtes nach der durch meinen Unfall veranlaßten langen Zwischenzeit von acht Wochen, in welcher die Verbindung von Pfarramt und Gemeinde nur eine lose sein konnte.
Auch diese Zwischenzeit wird ihren Wert und Segen für die Gemeinde gehabt haben. Wenn ich meine Krankheit als Urlaub von meinen Amtsgeschäften auffassen darf, so hat die Gemeinde gewissermaßen auch Urlaub gehabt von ihrem Ortspfarrer und hatte Gelegenheit, das Evangelium aus anderem Munde zu hören. Das wird die einen des Weges, den wir mit unserm Gemeindeleben gehen, um so gewisser gemacht haben. Sie haben aus dem Munde anderer Diener am Wort das Wort Gottes als das lebendige und kräftige wiedererkannt, als das scharfe zweischneidige Schwert, das uns nicht in unserer Ruhe und Zufriedenheit mit uns selbst läßt, sondern uns zur Buße ruft, auf daß wir recht an Christus glauben können als an unseren Heiland und Seligmacher von unsern Sünden.«

Es folgten Dankesworte an die Hilfspfarrer und an alle, die Paul besucht hatten gemäß dem Wort Jesu: ›Ich bin krank gewesen, und ihr seid zu mir gekommen.‹ Dann fuhr er fort:

»So dürfen Gemeinde und Pfarrer auf die hinter uns liegende Zeit trotz allem Schweren und allem Vermissen doch zurückschauen

Familie Schneider. Von li.: Dieter, Evmarie, Gerhard, Karl-Adolf, Paul-Hermann (1936)

Rheinfahrt. Von li.:
Gretel mit Evmarie,
Frau Dieterich, Tante Lina
(1937)

auf eine Segenszeit. Der Gemeinde und Kirche Gottes sind auch Gerichtswege, die er uns führt, immer heilsam und gut, denn ›denen, die Gott lieben, müssen alle Dinge zum Besten dienen‹. …«[192]

Inzwischen kümmerten sich Frau Dieterich und Tante Lina um Gretel. Beide Frauen machten Paul Vorwürfe, dass er gar zu aktiv in der Bekennenden Kirche des Hunsrück tätig sei. Für Sophie war das Wasser auf ihre Mühlen: Konnte Paul nicht wirklich mehr Rücksicht auf seine Familie nehmen und so risikoreiche Aufgaben wie den Kirchenkampf jüngeren Kollegen ohne Familienanhang überlassen?

Einstweilen aber warteten die Frauen auf die bevorstehende Geburt. Tante Lina war besonders engagiert – war sie, die Unverheiratete, »übrig geblieben« angesichts des Frauenüberschusses nach dem Weltkrieg, doch noch nie bei einer Geburt dabei gewesen! In der Nacht zum 13. Mai aber überließen die beiden Frauen, erschöpft vom langen Warten und weil bei Gretel immer noch keine Wehen eingesetzt hatten, das Feld der Hebamme Frau Fett und zogen sich ihrerseits zu einer kurzen Nachtruhe zurück.

Dann aber ging alles sehr schnell. Frau Fett bedurfte Pauls Hilfe, und er humpelte, die Krücken ganz vergessend, ins Schlafzimmer und half Frau Fett, Gretel aufzurichten, und schon bald war ein gesunder Junge geboren. Paul blieb nur noch Zeit, in die Diele zu hinken und seiner Schwiegermutter und der Tante zuzurufen, dass der kleine Ernst-Wilhelm schon das Licht der Welt erblickt habe. Nun eilten die beiden zu Gretel, und Tante Lina konnte nicht umhin zu jammern: »Nur ein paar Schritte weg waren wir, und nun habe ich es doch verpasst. Solch eine Gelegenheit habe ich bestimmt nie wieder!«

Paul konnte vor Freude nicht schlafen und, auf dem Boden liegend, verfasste er ein Gedicht auf den neuen Erdenbürger. Am nächsten Tag informierte er Freunde und Verwandte:

»Am 13. Mai zur frühen Nacht
hat Gottes Wundergüte
und treue Vaterliebe
ein starkes Büblein uns gebracht.

Sinds auch der Buben Fünfe nun, das Mädchen eines nur,
So deckt doch Gottes Weisheit
die menschliche Besorgtheit
und weist dem Glauben ihre Spur.

Wir sagen wohl den Namen ›Ernst Wilhelm‹ in der Tauf,
doch soll der Name Christ' des Herrn
gleich einem hellen Morgenstern
nur selig leiten seinen Lauf.

Allen lieben Verwandten und treuen Freunden, die unser in der Zeit des Wartens und anlässlich meines Unfalls gedacht haben, senden herzliche Grüße, der Vater am Stocke hinkend, die Mutter wohlauf im Bett

Dickenschied, d. 14. Mai 1937
Gretel und Paul Schneider.« –

Am 28. Mai wurde der Gipsverband abgenommen, aber das Bein musste nun bestrahlt und massiert werden.

Am 31. Mai meldeten sich zwei Gestapoleute an der Pfarrhaustür. Sie erklärten Paul, dass sie ihn zum Verhör nach Koblenz abholen sollten. Gretel saß gerade mit Frau Dieterich, Tante Lina und dem kleinen Ernst-Wilhelm zusammen; sie ließ alles liegen und stehen und wollte wissen, warum Paul nach Koblenz gebracht werden sollte. »Eine Formalität, Frau Schneider«, hieß es. »Unser Chef wünscht sich mit Pfarrer Schneider zu unterhalten, aber er wird in ein paar Stunden wieder da sein.« – »Vielleicht packst du mir etwas Wäsche und den Kulturbeutel, Gretel«, unterbrach Paul. »Nicht nötig, Sie sind in Kürze zurück«, meinte der Gestapomann. So küsste Paul seine Lieben, drückte Sophie und Luise liebevoll die Hand und ging mit den beiden Begleitern zum Auto. Die Kinder bekamen zum Glück nichts mit von den Vorgängen: Die Großen waren beim Sport, die beiden Kleinen spielten im Sandkasten hinter dem Haus. Zumindest die Großen hätten sich beim Anblick des Autos, in das der Vater mit zwei fremden Männern stieg, ziemlich beunruhigt.

Gretel benachrichtigte unmittelbar die Presbyter der beiden Gemeinden. In beiden Dörfern gab es Aufregung und Empörung. Und entgegen den beschwichtigenden Aussagen der Gestapoleute kam Paul an diesem Tage nicht zurück. Im Gegenteil, er wurde ins Gestapogefängnis abgeführt, und dort wurde ihm bedeutet, dass er »für eine ganze Weile« dort sein würde. Das Gestapogefängnis befand sich im Keller einer ehemaligen Staatsbank, das Gewölbe war in Gefängniszellen umgewandelt worden.

So reisten am 1. Juni vier Mitglieder der Gemeinden von Dickenschied/Womrath nach Koblenz, um sich nach dem Verbleib ihres Pfarrers zu erkundigen. »Warum ist Pfarrer Schneider gestern nicht, wie Ihre Leute zusagten, nach Hause zurückgekehrt?«, wollten sie wissen. Der ziemlich arrogante Beamte gefiel sich darin, diese vier Bauern aus dem Hunsrück, die ganz von seinem guten Willen abhängig waren, seine volle Autorität spüren zu lassen. »Das können Sie demnächst in der Zeitung nachlesen. Außerdem wissen Sie das ja längst; warum fragen Sie überhaupt? Der macht ja den ganzen Hunsrück rebellisch gegen unsere Regierung.« Trotz seiner offensichtlichen Verachtung für diese vier fragte er etwas vorsichtig nach: »Ist jemand von Ihnen Parteimitglied, oder gehört jemand einer unserer Hilfsorganisationen an?« Das war natürlich nicht der Fall. Wohl bezeichneten sie sich alle als »gute Deutsche – so wie es unser Pfarrer auch ist«. Pfarrer Schneider habe sich bestimmt nichts zuschulden kommen lassen. Jetzt erhob sich der Gestapomann zu voller Größe und herrschte sein Gegenüber an: »Wer die Schwelle dieses Gefängnisses überschreitet, hat hier nichts mehr zu melden. Und wenn Sie von derselben Sorte guter Deutscher sind, dann sitzen Sie auch bald hier. Einem Parteigenossen hätte ich ja erklärt, was los ist, aber mit so unpolitischen Querulanten wie Ihnen rede ich gar nicht mehr. Ihnen bin ich keine Erklärung schuldig.«

Und tatsächlich stand am 2. Juni in der Zeitung:

»*In Schutzhaft genommen.* Pfarrer Schneider aus Dickenschied (Hunsrück) wurde durch die Geheime Staatspolizei in Schutzhaft genommen, weil er in unverantwortlicher Weise von der Kanzel herab gegen einen Bauern aus nichtigen Gründen zum Boykott aufgefordert hat.«

Am 2. Juni meldete sich Superintendent Gillmann beim Konsistorium in Düsseldorf. Auch ihm wurde bedeutet, Auskunft könne man nicht geben; er könne aber »um Auskunft schriftlich einkommen«. Auf seine Frage, was er denn nun der Frau Schneider sagen solle, erhielt er die Antwort, die Sache mit der Aufrechterhaltung der Haft werde in Berlin entschieden. Das stünde nicht bei der Gestapo in Koblenz.

Pfarrer Fritz Langensiepen kam bei Gretel vorbei, ließ sich von ihr ein paar Kleidungsstücke einpacken und versprach, die Tasche nach Koblenz zu bringen. »Ich werde versuchen, ihn öfter zu besuchen und ihm Wäsche zu bringen.« Gretel war sehr dankbar. »Darf ich wohl zwei Karten zwischen die Wäsche legen? Auf die eine habe ich ein paar persönliche Worte geschrieben, auf der anderen steht nur ein Bibelspruch.« – »Warum nicht?«, meinte Fritz Langensiepen und machte sich mit seinem Auto auf den Weg.

Eine Stunde später war Fritz in Koblenz. Der Gestapobeamte wollte aber die Wäschesendung erst durchsehen, bevor sie dem Gefangenen ausgehändigt werden könne. So musste Fritz die Tasche abstellen, ehe er in dem nebenliegenden Raum kurz mit Paul sprechen durfte, den man inzwischen heraufgeholt hatte. »Gretel hat ein paar Zeilen beigelegt. Ich weiß nicht, ob man so was darf, aber man wird dich diesbezüglich wohl aufklären«, sagte Fritz, der sich bald darauf verabschiedete. Kurze Zeit später bekam Paul die Wäsche ausgehändigt, Gretels Zeilen waren dabei, die Karte mit dem Bibelspruch nicht. –

Die Zellentür wurde aufgerissen, und die Stimme, die Paul zurief: »Häftling Schneider, mitkommen!«, hallte in dem Gewölbe des einstigen Banktresorraums wider. Paul folgte dem Gestapomann durch einen Flur und über eine stählerne Wendeltreppe hinauf ins Erdgeschoss. Er atmete auf und genoss den hellen Sonnenschein, der durch die großen Fenster hineinströmte. Roch es nicht nach den Blumen und Sträuchern, die man draußen im Garten sehen konnte? Er gelangte in ein Zimmer, wo man ihn fotografierte und seine Fingerabdrücke ins Verbrecheralbum aufnahm. Das war schnell genug geschehen, und Paul musste zurück in seine Zelle, wo ihn nach dem Anblick von Frühling aus dem Fenster oben das matte Licht und die kühle feuchte Luft in der Zelle mit ihren nackten Betonwänden so recht deprimierten. »Häftling Schneider!« Nicht mehr voller Respekt und Sympathie »Pfarrer Schneider«, hier hasste man ihn und alles, hinter dem er mit vollem Herzen stand, hier war er nur »Häftling Schneider«.

Zu seinem Erstaunen aber stand beim nächsten Öffnen der Zellentür ein nicht unfreundlicher Wärter auf der Schwelle. Wohl sah das Essen, das er im Schein der schwachen Glühbirne auf dem Tablett in der Hand des Bewachers sah, nicht gerade appetitanregend aus, aber der Mann sagte: »Pfarrer Schneider, diese Karte lag auf dem Boden im Zimmer oben, wo Ihre Wäsche durchsucht wurde. Ich wollte sie nicht einfach wegwerfen.« Paul war ganz glücklich und noch glücklicher, als der Wärter hinzufügte: »Das bleibt unter uns beiden, das geht niemanden was an. Soll man doch dort oben meinen, ich hätte aufgeräumt und die Karte in den Papierkorb geworfen. – Und damit es Ihnen hier nicht so langweilig wird, lasse ich Ihnen den *Völkischen Beobachter* da, bis ich das Tablett wieder abhole.« Das machte Mut: wenigstens ein Mensch, der sympathisch wirkte. Und der »Pfarrer Schneider« statt »Häftling Schneider« gesagt hatte! Bald stellte sich dann heraus, woher die freundliche Einstellung kam. Der Sohn des Aufsehers war verlobt mit einer jungen Dame, die zur Gemeinde von Pfarrer Wilhelm Winterberg in Koblenz gehörte. Als dieser Siegfried Wehner von seinem Vater hörte, dass ein Pfarrer ins Gefängnis eingeliefert worden sei, erzählte er seiner Braut davon, und sie berichtete ihrem Pfarrer. Sogleich schickte Pfarrer Winterberg Nahrungsmittel ins Gefängnis, um Pauls Speiseplan zu ergänzen. So erfuhr der Aufseher von dem Interesse Pfarrer Winterbergs für diesen Häftling und war erstaunt, mit welcher Hochachtung seitens seiner zukünftigen Schwiegertochter von Pfarrer Schneider gesprochen wurde. Auch er nahm sich nun dieses Häftlings an und kümmerte sich um sein Wohlergehen; Frau Wehner ließ ihm sogar in der Frühstücksdose ihres Mannes ein paar Butterbrote zukommen. –

Paul hatte die Karte mit dem Bibelspruch gelesen. Laut sagte er die Verse, die Betonwände gaben das Echo wider – wie beruhigend klangen diese Worte:

»Freut euch aber, daß eure Namen im Himmel geschrieben sind.« (Lukas 10, 20)

Auch die Ausgabe des *Völkischen Beobachters* vom 2. Juni, die der Aufseher dagelassen hatte, hatte Paul studiert. Er fand einen Artikel, der ihn sehr interessierte: Die NS-Regierung beschwerte sich beim Vatikan über die Kritik, die der Erzbischof von Chicago, Kardinal George William Mundelein, an ihr geübt hatte. So las Paul:

> »Der Deutsche Botschafter beim Heiligen Stuhl hat vor kurzem Vorstellungen dagegen erhoben, daß Kardinal Mundelein vor über 500 Priestern des Erzbistums Chicago über das deutsche Staatsoberhaupt, über Mitglieder der Reichsregierung und über gewisse kirchenpolitische Vorgänge in Deutschland in unerhört beleidigender Form gesprochen hat. ...
> Hierauf ist dem Deutschen Botschafter beim Heiligen Stuhl eine ... Antwort gegeben worden, die ich [Adolf Hitler] im Auftrag meiner Regierung wie folgt beantworte:
> ... Die deutsche Reichsregierung hatte es für selbstverständlich gehalten, daß der Heilige Stuhl von den aller Welt bekanntgewordenen Äußerungen des Kardinals alsbald abrücken, diese korrigieren und sein Bedauern aussprechen werde, wie es im internationalen Verkehr stets guter Brauch gewesen ist. Zu ihrer lebhaftesten Überraschung und zu ihrem tiefen Befremden hat der Heilige Stuhl es jedoch für gut gehalten, in allgemeinen, unsubstantiierten und unrichtigen, aber desto ausfallenderen Bemerkungen darüber, daß der Kardinal höchstens Gleiches mit Gleichem vergolten habe, einen Vorwand zu suchen, um die Vorstellungen des deutschen Botschafters unbeantwortet beiseitezuschieben ... und sie dadurch in den Augen der Welt tatsächlich deckt.
> Der Heilige Stuhl wird sich darüber im klaren sein, daß sein ... Verhalten ... die Voraussetzungen für eine normale Gestaltung der Beziehungen zwischen der Deutschen Regierung und der Kurie beseitigt hat. Für diese Entwicklung trägt die Kurie allein die volle Verantwortung.«

Natürlich bekam Paul den Wortlaut der Rede des Kardinals nicht zu sehen, es hätte ihn gefreut zu sehen, wie eng die Sorgen der Katholiken im fernen Chicago mit den Sorgen des evangelischen Pfarrers Schneider verwandt waren. Kardinal Mundelein hatte deutliche Worte gefunden zu der Propaganda gegen angebliches massenhaftes unmoralisches Verhalten innerhalb religiöser Institutionen, über deren Vertreter in den USA sich nach Auffassung des Kardinals während der vielen Jahrzehnte ihres Wirkens in Amerika nur Lobenswertes sagen ließ. »Sicher könnten«, hatte Mundelein ausgeführt, »so schlimme Dinge, deren sie die lautstarke deutsche Propaganda beschuldigt, nicht über Nacht in Deutschland passieren, ohne dass man nicht auch bei uns Auswirkungen davon zu spüren bekäme. Und warum wird die schmutzige Wäsche so vor aller Öffentlichkeit gewaschen? Mit anderen Worten, welches Motiv steckt dahinter?« Der Kardinal zitierte dann einen Artikel, den ein amerikanischer Korrespondent in Berlin für die *New York Times* verfasst hatte:

»Es gibt eine dreifache Reaktion auf die ungeheure Breitenwirkung der Prozesse gegen Mönche und Laienbrüder der katholischen Kirche: viele gläubige Katholiken sind überzeugt, daß die Anschuldigungen unwahr sind und die Prozesse Teil eines Komplotts gegen die Kirche. Eine weitere Gruppe von Katholiken und Protestanten kritisieren insgeheim, diese Prozesse seien schlicht antikatholische Propaganda, die mitunter allgemein antichristliche Züge trage. Die Anhänger des Nationalsozialismus aber, die die katholische Kirche als ›fremde Macht‹ hassen, freuen sich natürlich und schlachten diese Prozesse weidlich aus.«

Die *New York Times* erläuterte dann die Bereiche, in denen die Kontroverse zwischen Staat und Kirche besonders heftig war, und nannte das Verbot der konfessionellen Jugendorganisationen und die Schulfrage. Wörtlich hieß es in der Zeitung:

»Die katholische Geistlichkeit … ging zum Angriff über. Sie prangerte die Schulabstimmung als Fälschung an und hob hervor, daß in den Städten im Saarland und in der Pfalz nachmittags eine Bekanntmachung herausgekommen sei, daß in der jeweiligen Stadt Gemeinschaftsschulen eingerichtet würden und daß diejenigen, die dagegen seien, vor 7 Uhr am Abend ihren Protest im Rathaus bekunden müßten. Als niemand Mut genug hatte zu protestieren, wurde behauptet, die Stadt habe zu 100 Prozent für die neue Schulart gestimmt.

Hirtenbriefe nahmen Monat für Monat Stellung zur Schulfrage und protestierten gegen den Verstoß gegen das Konkordat. Schließlich kam zu Palmsonntag die päpstliche Enzyklika als drastischste Herausforderung für das Nazi-Regime.«

Kardinal Mundelein kam zu der Schlussfolgerung:

»Wenn uns das heute gleichgültig ist, wenn wir die Schultern zucken und nur äußern, da sei vielleicht was dran oder das sei nicht unsere Angelegenheit, dann werden wir eben, wenn wir dem Heiligen Vater jetzt nicht beispringen, wo wir eine Chance dazu haben, eines Tages unsererseits allein sein im Kampf, der möglicherweise irgendwann auch auf Amerika übergreifen könnte.«

Mundelein beantwortete die mögliche Frage seiner Zuhörer, »wie es kommt, dass eine Nation von 6 Millionen [es sollte heißen 60 Millio nen] intelligenter Leute sich in Furcht und Unterwürfigkeit einem Fremden beugen, einem österreichischen Tapetenkleber, so einem verdammten Kerl, wie man mir sagte, und ein paar Artgenossen wie Goebbels und Göring, die jede Körperregung der Menschen registrieren«, mit dem Hinweis auf das Leben in einer Diktatur,

»wo jeder zweite ein Spitzel des Staates ist, wo Bewaffnete eindringen und ohne Rechtsgrundlage private Bücher und Papiere beschlagnahmen, wo ein Vater seinen eigenen Sohn nicht mehr disziplinieren darf aus Furcht, derselbe werde ihn anzeigen und ins Gefängnis bringen, ... wo Briefe geöffnet und gelesen werden, wie es in Kriegszeiten mit der Post des Feindes geschieht, ... wo angehende Priester und Ordensleute nicht nur in Arbeitslager, sondern auch in Militärlager gesteckt werden. Nie zuvor war die Kirche in Deutschland so hilflos, nicht mal in den Tagen des Kulturkampfes. Damals hatte sie ihre Zentrumspartei im Parlament. Sie hatte ihre Sprecher, Laien und Geistliche. Sie hatte ihre katholische Presse. Heute ist die Kirche ohne Stimme. Wenn sich die Bischöfe zu Wort melden, werden ihre Mahnungen erstickt von der gewaltigen Propagandamaschinerie der Regierung. Das Mindeste, was wir tun können, um der Kirche in Deutschland zu helfen, ist, in dieser Stunde der Versuchung offen unsere Stimme zu erheben. Und beten, ja, wir sollten beten für die Kirche in Deutschland und das deutsche Volk. ... Unser aller Gebet wird sich am Ende als mächtiger erweisen und wirksamer sein als alle bösartige Propaganda, die vom Dritten Reich ausgeht.« –

Donnerstag, 3. Juni 1937 – welch ein Tag für Liebende! Im Schloss Condé in Frankreich schloss der Herzog von Windsor den Bund fürs Leben mit Wallis Warfield-Simpson, und im Gestapo-Gefängnis von Koblenz durfte Paul Schneider an seine geliebte Frau in Dickenschied schreiben:

»Heute darf ich Dir einige Mitteilungen machen. Es geht mir Gott sei Dank recht gut. Wir sind sauber untergebracht. Geschlafen habe ich auch ganz ordentlich. Mein Bein ist in diesen Tagen sehr viel dünner geworden und heute morgen kann ich fester drauf gehen als bisher. ... Den guten Mut wußten wir uns auch zu bewahren.

Nun bitte ich Dich und Euch alle auch recht herzlich, Euch keine unnötigen Gedanken und Sorgen zu machen. ... Bitte macht Euch auch nicht gegenseitig jetzt das Leben schwer durch Meinungsverschiedenheiten.

Die Taufe rate ich zum vorgesehenen Termin zu halten. Der Vater ist diesmal im Geiste bei Euch. ...

Vielleicht ist es möglich, daß Ihr mir einige Lebensmittel zusätzlich schickt, nötig ist es nicht. Da ich fast ohne Geld fort bin, wäre es mir angenehm, wenn 20 RM in meinen Besitz gelangen könnten. Wir wohnen. Vogelsang 1. ... Wenn noch nicht dabei möchte ich noch um Bibel und Katechismus bitten.

Grüß und küß die lieben 6e, grüß Mutter und Tante Lina, die Dir gewiß treulich beistehen, grüß Sophie und Luise, die treuen. In herzlicher Liebe und fröhlichem Gottvertrauen Dein Paul.« –

Im *Völkischen Beobachter* vom 4. Juni las Paul, dass ein junger amerikanischer Jude, der Architekturstudent Helmut Hirsch, im Berliner

Gefängnis Plötzensee hingerichtet worden war. Er hatte geplant, Hitler zusammen mit Julius Streicher, dem Herausgeber des *Stürmer*, bei einem Treffen der beiden in Nürnberg im Dezember 1936 zu ermorden. Aber man hatte den Mann, der den Sprengstoff liefern sollte, an der deutschen Grenze geschnappt. Helmut Hirsch wurde aufgespürt und der Verschwörung für schuldig erklärt. Der Bitte seiner Eltern um die Asche ihres Sohnes wurde nicht entsprochen. So gingen die Nazis mit drakonischen Maßnahmen gegen ihre Gegner vor.

Am 7. Juni schickte Gretel einen Bericht über Pauls Verhaftung an die Synode der Bekennenden Kirche des Rheinlandes. Da sowohl Gretel als auch die Gemeindemitglieder offiziell keinen Grund für die Verhaftung von Pfarrer Schneider kannten, vermuteten sie ein Mitwirken des von der Kirchenzucht betroffenen Ernst Scherer und des Lehrers Kunz. Gretel erläuterte deshalb ausführlich den Vorgang der Verhängung der Bußzucht und äußerte in Bezug auf den Lehrer Kunz:

»Die hiesigen Leute sagen, Herr Scherer sei mit unserm hiesigen Lehrer Kunz in einer Wirtschaft gesehen worden, ein Schriftstück verfassend. Lehrer Kunz kommt übrigens am 15.VI. von hier weg auf den Westerwald und hat schon länger geäußert, ehe er fortkäme, ›spiele er Dickenschied noch einen Streich‹ und ›der Pfarrer wäre vor ihm schon fort‹.«

Während so zu seinen Gunsten interveniert wurde, war Paul in seiner Zelle zum Warten verurteilt. Er las regelmäßig die Zeitung, die ihm sein Aufseher zur Lektüre überließ. Am 7. Juni konnte er eine Rede Hitlers in Regensburg nachlesen. Im *Völkischen Beobachter* stand:

»... Ich werde niemals zugeben, daß man dieses Volk wieder zerreißt in einen sich bekämpfenden religiösen Streithaufen.
Wir haben hier Erfahrungen genug aus der deutschen Geschichte und brauchen keine weiteren zu sammeln. Sie sind die traurigsten,

die es gibt. Einst hat unser Volk 18,5 Millionen Menschen gezählt, und davon sind nach einem dreißigjährigen Kriege 3,6 Millionen übriggeblieben. Ich glaube, das wird so mancher, dem es nicht paßt, daß wir endlich ein Volk geschaffen haben, wieder über Deutschland herbeiführen wollen, auch dieser Versuch wird mißlingen: Das deutsche Volk und das deutsche Reich zerstören sie uns nimmer und nimmermehr. –

... Wäre das, was wir erreichten, möglich gewesen, wenn die Vorsehung uns nicht geholfen hätte?

Ich weiß es, alles Menschenwerk ist schwer und vergänglich, wenn es nicht gesegnet wird von dieser Allmacht. Wenn aber diese Allmacht ein Werk segnet, so wie sie unseres gesegnet hat, dann können Menschen es auch nicht mehr zerstören. ...«[193]

Paul legte die Zeitung beiseite und schaute eine Weile vor sich hin. »Mit solchen Worten hat es Hitler verstanden, Millionen von Christen regelrecht an der Nase herumzuführen«, dachte er bitter. War es denn wirklich nur die kleine Zahl der Anhänger der Bekennenden Kirche, die merkte, dass wie im Märchen der Kaiser in seinen »neuen Kleidern« in Wirklichkeit nackt herumlief? Wie konnte die große Menge der in den christlichen Konfessionen erzogenen Menschen der Meinung sein, die nationalsozialistische Ideologie ließe sich mit dem Evangelium vereinbaren? Fast gab es nur eine Erklärung, schloss Paul: Die Kirche war ihrer Aufgabe, die ihr anvertrauten Seelen zu prägen, nicht gerecht geworden. Es war ihr nicht gelungen, die bedeutendsten Lehren des Evangeliums zu vermitteln. Sie hatte versagt. Sie hatte selbst die Bibel nicht gut genug verstanden und war so auf den größten Scharlatan aller Zeiten hereingefallen, der es verstand, die Bibel für seine eigenen Zwecke zu benützen und sich auf sie zu berufen, um die unfähigen Christen einzufangen. –

Am 8. Juni wandten sich die Presbyter von Dickenschied und Womrath »unter Bezugnahme auf den Bericht der Frau Pfarrer Schneider an die Synode der Bekennenden Kirche im Rheinland«:

»... bitten wir den Rheinischen Rat, Beschwerde beim Kirchenministerium einzulegen.

1. ... Die in Womrath geschehene Ankündigung der Bußzucht über drei Mitglieder dieser Gemeinde ist auf unsern – im Protokollbuche nachzulesen – Beschluß geschehen. Wir übernehmen diesen Beschluß auf unsere volle Verantwortung.
2. Unsere Abgesandten sind in Koblenz bei der Gestapo übel empfangen worden. ...
3. Auf die Frage nach den Gründen der Schutzhaft für Pfarrer Schneider wurden unsere Abgesandten auf die Zeitung verwiesen. Es ist uns neu, daß eine Körperschaft öffentlichen Rechts – ganz zu schweigen von der Familie des Verhafteten –, die Gründe für die Verhaftung eines ihrer Beamten durch die öffentliche Presse erfährt und von der verhafteten Behörde mit einem Hinweis auf eine Pressenotiz abgespeist wird.
4. ... Es ist nicht wahr, daß Herr Pfarrer Schneider von der Kanzel zum Boykott irgendeines Mannes aufgerufen hat. In dem Schreiben an die drei mit der Bußzucht belegten Mitglieder der Gemeinde heißt es ausdrücklich: ›Die Gemeinde ist aufgefordert und gehalten, die christliche und kirchliche Gemeinschaft mit Ihnen abzubrechen, jedoch in allen notwendigen Dingen Ihnen mit Freundlichkeit zu begegnen ...‹ In den Ausdrücken ›in unverantwortlicher Weise‹ und ›aus nichtigen Gründen‹ liegt eine ungehörige Beurteilung der Gründe vor, die das Presbyterium zur Aussprechung der Bußzucht bewogen haben.
5. Unsern Abgesandten wurde in Koblenz erklärt, es sei nicht angängig, daß ein Bauer öffentlich von der Kanzel gemaßregelt würde. Wir erklären dagegen, daß wir uns durch derartige Einmischungsversuche weltlicher Behörden in die Handhabung der christlichen Bußzucht nicht beirren lassen werden und alleine in solchen Fragen uns nach Gottes Wort richten werden.«[194]

Diesen Bericht schickte die Rheinische Synode der Bekennenden Kirche an verschiedene Räte der Bekennenden Kirche im Rheinland.

Am 13. Juni war die Taufe von Gretels und Pauls jüngstem Sohn. Sie hatten schon lange vorher vereinbart, ihn nach Gretels 1916 gefallenen Brüdern Ernst und Wilhelm zu nennen. Nun konnte Paul bei der

Taufe nicht dabei sein. Aber er schrieb an seinen kleinen Sohn, schon am 10. Juni, damit der Brief am Tauftag in Dickenschied sein sollte; der Briefumschlag trug aber den Stempel vom 15. Juni. Und der Zusatz zum Tagesdatum auf dem Stempel löste bei Gretel ein grimmiges Lächeln aus: »Kinderreichtum – eine deutsche Schicksalsfrage«. So las sie erst nach dem Tauftag den Brief und das folgende Gedicht, das der Vater seinem Sohn widmete:

»Koblenz, Vogelsang, d. 10. Juni 1937

seiner lieben Frau und Schwiegermutter! seinem jüngsten Sohne.

Ernst Wilhelm zur Taufe!

1) Ernst ist die Zeit und ernst ist Gottes Walten
mit dem Er über seinem Haus und Volke wacht,
denn es ist Zeit, daß er anfange im Gerichte zu gestalten
die Kirche, die sich mit der Welt gemein gemacht.

2) Doch birgt auch in der ernsten Zeit in seiner Kinder Armen
der treue Gott sein wunderbar Geschenk.
Er tröstet der Anfechtung Schmerz durch sein Erbarmen
und macht uns seiner ewgen Gnade eingedenk.

3) Zwei Namen mahnen heut uns an den Ernst des Krieges,
da Gott zwei tapfre Jungen riß vom Mutterherzen und aus dem Geschwisterkreis,
Ihr beiden Brüder, Ernst und Wilhelm, im Lorbeer nicht des Sieges,
doch treuen Opfertodes für die Heimat ich Euch unvergessen weiß.

4) Ernst Wilhelm! tröste du mit deinem Namen, den wir auf dich legen,
das Herz der Mutter in der Enkel großer Schar
und sei ein Siegel auf den frommen Elternsegen,
der noch an Kindeskind die Gotteshand gerecht macht offenbar.

5) Ernst Wilhelm! mehr auch du die Zahl der Söhne und der Kinder,
die's deutsche evangelsche Pfarrhaus seinem Volke gab und gibt,
weil es dieselben nimmt aus Gottes Hand für Gottes Reich und seine Kirch nicht minder
und weil es, Gott das Seine gebend, auch sein Volk recht liebt.

6) Ernst Wilhelm! Deine Taufe rufet dich im Wasser und im Worte
zum Glaubenskampfe für dein Volk und für das ewge Vaterland;
sie rufet dich zur Kreuzesfahne Christi treu an allem Orte,
und Er, Er selbst, dein Heiland, bietet hilfreich dir die Hand.

7) Wilhelm, getauftes Kind, ergreif auch du den Helm des Heils im rechten Glauben
und traue fest auf Gottes Wort und ewge Treu!
Dein Will sei diesem Helm geweiht und laß dir ihn nicht rauben,
steh fest zu deinem Herrn und Heil ohn alle Menschenscheu.

8) Hilf streiten du für Gottes heilge Kirche hier auf Erden,
hilf schützen die bedrängte Wahrheit wider Menschen Macht und List,
im Sieg des Glaubens überwind und lasse dir die Krone werden,
die darbeut allen Totgetreuen unser Jesus Christ.

9) Ernst Wilhelm! Segne Gott dir deinen Namen und deine heilge Taufe nach des Herren Willen,
noch glauben wir für dich und weihn dich Gott zum Eigentum,
dereinst da sollst du selber glaubend deine Tauf erfüllen
und eingehn in das ewge selige Leben Gott zum Ruhm!«

Superintendent Gillmann hatte es gut gemeint, als er als Tauftext Psalm 27, 10 ausgewählt hatte: »Denn mein Vater und meine Mutter verlassen mich; aber der Herr nimmt mich auf.« Aber Gretels Kummer an diesem Tag war übergroß. Sie musste eine Weile im Garten ihren Tränen freien Lauf lassen. –
Am 16. Juni schickte sie wieder einen Brief ins Gefängnis:

»Gottlob, daß wir wieder Nachricht von dir haben, heute kam dein lieber Brief mit dem schönen Taufgedicht, möge unser Ernst dessen wert werden. Auch wenn wir nichts Greifbares von dir hatten, wußten wir uns dir doch innig verbunden am Tauffest und ich konnte doch trotz allem schmerzlichen Vermissen und geheimer Tränen meinen Hausfrauen- und Mutterpflichten stark und getrost nachkommen. An einem solchen Tage muß man Gottes Verheißungen ganz ernst nehmen, ›Siehe, ich bin bei Euch alle Tage‹! Da weiß man auch, warum Gottes Geist von dem Herrn selbst der Tröster genannt wird.«

Dann berichtete Gretel ausführlich über den Verlauf des Tauffestes in der Kirche und daheim, erzählte von den Kranken des Dorfes und vermerkte im letzten Satz ihres Briefes:

»Herr Lehrer [Kunz] ist ab 15. 6. auf seiner neuen Stelle, am Montag wurde er in Kirchberg von Pfr. Hannecke getraut. So ist das auch in Ordnung.

In herzlicher Liebe bin ich deine Gretel mit den Kindern

Der Kleine gedeiht gut.

Nur Mut!«

Ihr Brief kreuzte sich mit dem, den Paul ihr am 17. Juni schrieb:

»Heute darf ich Dir wieder ein Lebenszeichen schicken. Es geht mir noch gut. Das Bein ist immer noch nicht ganz fest. Es ist hier keine Gefahr, daß ich es überanstrenge. An die Primitivität der Lebensbedürfnisse hier gewöhnt man sich bald wieder an. Die 3 ½ Jahre Krieg waren eine gute Vorübung für diese Art Pfarrdienst. …

Während der Taufe habe ich sehr an Euch gedacht. Wie mag die Feier gewesen sein?! Einiges wirst Du mir schon darüber schreiben dürfen …

Um mich sorgt Euch bitte nicht. Ihr wißt, ich kann mich schicken und Gottes Trost und Freude und Hilfe ist uns überall nahe. …«

Gretel erhielt des öfteren kurze Briefe von dem Präses der Bekennenden Kirche im Rheinland, Paul Humburg, mit Informationen und tröstenden Worten; u. a. schrieb er am 18. Juni:

»Liebe Frau Pastor!
Nach meinem vergeblichen Versuch, Ihren Mann im Gefängnis zu sprechen, habe ich gestern (nochmal) an den Leiter der Gestapo-Stelle in Koblenz geschrieben und ihm einige Bitten vorgetragen: Daß er mich oder Bruder Langensiepen zu Ihrem Mann lasse, daß er Ihnen einen Besuch erlaube, daß man ihm Bibel und Gesangbuch usw. ausliefere, und habe gestern gebeten, ob er nicht auch die Vergünstigung haben kann, daß ihm theologische Literatur zugeschickt werden darf.
Wir wollen sehen, was daraus wird. Wenn Sie etwas von Ihrem Mann hören, wäre ich dankbar für eine Nachricht.

Mit herzlichem Gruß!
Ihr Humburg«[195] –

Etwa drei Wochen nach Pauls Einlieferung ins Gefängnis in Koblenz kam es zu einer Strafverschärfung, die in Schreib- und Besuchsverbot bestand. Und das war so gekommen: Paul hatte Kontakt zu einem inhaftierten SS-Offizier aufgenommen. Gespräche untereinander waren Gefangenen untersagt, aber Paul und der SS-Mann hatten sich unterhalten, indem jeder aus seinem vergitterten Fenster hinaus in den Hof hinein gesprochen hatte. Der SS Mann hatte eines Morgens laut genug gesagt: »Ich bin Horst Fuchs aus Simmern, Pfarrer Schneider.« Paul erinnerte sich mit Freude daran, wie er damals in Weilheim mit Gretel solch ein Gespräch vom jeweiligen Fenster nach draußen geführt hatte, um zu vermeiden, dass man im Zimmer seine Liebeserklärung an seine Gretel mitbekam.

Nun sprach also SS-Mann Horst Fuchs auf diese Weise mit ihm. »Ich gebe zu«, sagte er eines Tages, »ich war mit dabei beim Versuch, der Bekennenden Kirche im Hunsrück zu schaden und ihr letztlich den Garaus zu machen. Deshalb kenne ich Ihren Namen gut, Sie gelten als besonders verhasst! So wundert mich auch nicht, dass Sie hier sind, mich würde, nach Kenntnis Ihres Sündenregisters, nicht einmal wundern, wenn Sie im Konzentrationslager säßen.« – »Und warum sitzen Sie hier?«, fragte Paul verwundert. »Ich war nicht eifrig genug bei der Überführung unserer Feinde im Bezirk Simmern. Ich habe sogar Feinde des Regimes zu schützen versucht; sie waren doch meine Freunde seit meiner Schulzeit. Das hat man in der Partei spitzgekriegt, und nun bin ich hier, ganz einfach. Wenn ich nach meiner Entlassung wieder in Amt und SS-Würden bin, dann muss ich mich wohl der Parteidisziplin fügen. Steht es nicht so auch in der Bibel, dass ein Jünger Jesu bereit sein muss, sein bisheriges Leben hinter sich zu lassen und nur zu tun, was sein neuer Beruf von ihm verlangt? Das verlangt man auch von uns: Ein SS-Mann schuldet seinem Führer unbedingten Gehorsam. Alles andere muss vergessen sein.« Paul fand diesen Vergleich zwischen Christus, dem Sohn Gottes, und dem selbst ernannten Führer Adolf Hitler reichlich unpassend.

»Was bedeutet eigentlich Auferstehung?«, wollte Herr Fuchs beim nächsten Gespräch am Fenster zum Hof wissen. »Sie ist eine der wichtigsten christlichen Glaubensinhalte«, erwiderte Paul ernsthaft. »Ja, glauben sie denn selber daran?«, wunderte sich Herr Fuchs. »Wie kann denn ein Toter wieder leben? So etwas gibt es doch gar nicht.« – »Ich will es Ihnen mit den Worten des Apostels Paulus an die Korinther erklären«, sagte Paul. »Ich darf zwar meine Bibel nicht hier haben, aber ich weiß es fast auswendig.« Dann zitierte er, wie Paulus seinen Lesern in Korinth die Auferstehung Jesu erläuterte. Besonders wichtig waren ihm die Verse 1. Korinther 14, 42–44 und 55–57:

»14. Ist aber Christus nicht auferstanden, so ist unsere Predigt vergeblich, so ist auch euer Glaube vergeblich.
42. … Es wird gesät verweslich, und wird auferstehen unverweslich.
43. Es wird gesät in Unehre, und wird auferstehen in Herrlichkeit. Es wird gesät in Schwachheit, und wird auferstehen in Kraft.
44. Es wird gesät ein natürlicher Leib, und wird auferstehen ein geistlicher Leib. Ist ein natürlicher Leib, so ist auch ein geistlicher Leib.
55. ›Der Tod ist verschlungen in den Sieg. Tod, wo ist dein Stachel? Hölle, wo ist dein Sieg?‹
56. Aber der Stachel des Todes ist die Sünde; die Kraft aber der Sünde ist das Gesetz.
57. Gott aber sei Dank, der uns den Sieg gegeben hat durch unseren Herrn Jesus Christus!«

Herr Fuchs hatte aufmerksam zugehört. »Und das glauben Sie?«, fragte er noch einmal. »Ja, natürlich«, antwortete Paul mit Selbstverständlichkeit. »Es geht doch nicht um die Wiederbelebung eines toten Körpers, der äußeren Hülle. Es geht um einen neuen, vergeistigten Leib. Sie haben mir doch kürzlich von den herrlichen Blumen Ihrer Braut erzählt. Haben Sie einmal darüber nachgedacht, dass aus den Samen auch der unscheinbarsten welken Pflanze wieder die wunderbarsten Blumen erblühen? Die lebendige Kraft in den Samen verkümmerter hässlicher Exemplare bezeugt Gottes Wirken in der Natur, und genau so kann Er unseren schwachen sterblichen Körper verwandeln in solch wunderbare verklärte Gebilde, wie sie die Bibel als Auferstandene darstellt.« – »So habe ich das nie betrachtet; der Vergleich mit den Blumen ist sehr hilfreich«, sagte Herr Fuchs – aber dann erscholl plötzlich eine drohende Stimme vom Flur her: »Schluss mit dem Religionsunterricht!« Offensichtlich hatte man im darüber liegenden Stockwerk mitbekommen, dass die zwei Männer unten sich durch ihre Fenster unterhalten hatten.

Diese Episode hatte zur Folge, dass Paul nach oben beordert wurde. Während er wie ein ertappter Sünder vor dem mächtigen Schreibtisch des Gestapochefs stand, herrschte dieser ihn von seinem erhöhten Sitz aus feindselig an: »Sie versuchen nicht nur, den ganzen Hunsrück gegen uns aufzuwiegeln, jetzt versuchen Sie auch noch, entgegen allem Gefängnisreglement einen SS-Mann zu ihrer verflixten Religion zu bekehren. Herr Fuchs gehört zu uns! Sie aber werden vorläufig weder Besuche noch Post empfangen, und schreiben dürfen Sie auch nicht mehr!« – »Darf ich noch etwas fragen?«, meldete sich Paul, die günstige Gelegenheit ergreifend. »Ich bin seit dem 31. Mai hier und weiß immer noch nicht, aus welchem Grunde.« – »Ha«, sagte sein Gegenüber, »Sie haben zum Boykott dreier deutscher Bürger aufgerufen. In unserer neuen deutschen Gesellschaft gibt es das nicht, dass man Mitbürger solcher öffentlichen Schande preisgibt, und erst recht nicht, wenn es sich um Parteimitglieder und um treue Gefolgsleute unseres Führers handelt. Sie bleiben hier, bis wir weitere Instruktionen aus Berlin haben.«

Damit wurde Paul in seine Zelle zurückgebracht. Weitere Unterhaltungen von Fenster zu Fenster wagten die beiden Gesprächspartner nicht. Sie konnten nur beim täglichen Hofgang ein paar Worte miteinander wechseln. Paul aber war wenigstens erleichtert, dass seine Inhaftierung nur mit dem Kirchenausschluss der Herren Dörn, Sturm und Scherer – und wohl auch von Friedrich Kunz – zu tun hatte, das war letztlich kein politisches Vergehen, und der Staat hatte ja nichts mit dem Kirchenrecht zu schaffen, und schließlich war ja ein Kirchenausschluss kein Akt persönlicher Rache eines Pfarrers, sondern eine Entscheidung des kirchlichen Gremiums der Presbyter. Es gab also gar keinen »Fall Schneider«. –

Zur selben Zeit, in der Paul wegen Übertretung der Gefängnisordnung bestraft wurde, wurde Gretel von der Gestapo bezichtigt, auf ihrer Schreibmaschine Durchschläge des Berichts an den Rat der Bekennenden Kirche des Rheinlandes angefertigt zu haben. Diesen Bericht über Pauls Inhaftierung hatte sie an Freunde und Verwandte geschickt. Dafür wurde ihr verboten, an Paul zu schreiben und Post von ihm zu empfangen, und ihre Schreibmaschine wurde beschlagnahmt. Erst am 25. Juli sahen sich Paul und Gretel wieder, und erst dann erfuhren sie voneinander, dass sie beide Schreibverbot gehabt hatten, und Paul kommentierte dann lachend: »Waren wir beide ungehorsam?!«

Am 25. Juni erfuhr Paul aus der Presse, dass sechs Pfarrer der Bekennenden Kirche in Berlin inhaftiert worden waren. Sie hatten gegen einen Erlass von Innenminister Frick verstoßen, der dem Klerus untersagte, die Namen von aus der Kirche ausgetretenen Mitgliedern öffentlich vorzulesen. Paul kannte das Argument solcher Pfarrer, die diesen Erlass missachteten, auch er war eindeutig der Meinung, dass staatliche Regelungen vor der Kirchentür Halt machen müssten. Mehr als 60 Pfarrer wurden bis Ende Juni aus dem oben genannten Grund verhaftet, und als Martin Niemöller, der Führer der Bekennenden Kirche in Berlin, in einer Predigt dagegen protestierte, wurde auch er kurz danach in Schutzhaft genommen. –

Am 26. Juni schrieb der Präses der Synode der Bekennenden Kirche im Rheinland, Paul Humburg, an Gretel:

»Liebe Frau Pastor!
Ich möchte Ihnen noch einmal gern ein paar Worte schreiben. Es scheint mir fast, als ob der Fall Ihres Mannes jedenfalls hier im Rheinland der schwerste sei; er wird offenbar härter behandelt, als die anderen behandelt worden sind. Am meisten schmerzt es mich, daß er offenbar immer noch nicht seine Bibel hat. ...
An den Herrn Justizminister habe ich ganz besonders in Sachen Ihres Mannes geschrieben, aber dieser hat wohl auch nicht viel Einfluß auf das Verfahren der Gestapo. ...

Mit herzlichem Gruß!
Ihr Humburg«[196] –

Am 26. Juni hatte auch der Womrather Lehrer Sturm einen Brief geschrieben. Gretel und Paul hatten keine Ahnung, dass er sich an den Koblenzer Landrat wandte mit dem Vorschlag, man solle nicht zulassen, dass diejenigen, die sich für Pfarrer Schneiders Entlassung stark machten, seinen Fall als ungerechtfertigt darstellten. Auf diese Weise würde Paul zum Märtyrer hochstilisiert. Man solle die Sympathisanten zum Schweigen bringen. Paul Schneider sei ein verschlagener Gegner des Nationalsozialismus, der sich als Lamm gebärde, das zur Schlachtbank geführt wird. Die Gestapo tue gut daran, sich die Namen seiner Anhänger zu merken.

Am 27. Juni hielt Hitler eine Rede in Würzburg, die in der Zeitung nachzulesen war:

»... So wurde ein neues Volk geboren – in Schmerzen, wie alles, was geboren wird, nur unter Schmerzen geboren werden kann. Ich glaube aber, daß wir vor der Geschichte sagen können, daß in keinem der geschichtlichen Fälle dieser schmerzliche Prozeß klüger, vernünftiger, vorsichtiger und gefühlvoller vollzogen wurde als bei uns. Die Zukunft wird diesen Prozeß einmal als einen der klügsten – ich darf wohl sagen – als einen der genialsten bezeichnen, die jemals stattfanden. Als eine der gewaltigsten Revolutionen, die dabei in keinem Moment ihres Ablaufs den Boden der unbedingten Legalität verlassen hat.«[197]

Paul konnte es kaum glauben. »Nie vom Pfad unbedingter Legalität abgewichen«, reflektierte er. Und was war mit den manipulierten Kirchenwahlen vom Juli 1933? Und mit der »Nacht der langen Messer« 1934? Mit der Behandlung der Juden? Dem Umgang mit der Kirche? Wenn die Worte des Kanzlers über die »Legalität« stimmten, warum saß er, Paul Schneider, denn dann im Gefängnis? –

Ende Juni erfuhr Paul von Hans Wehner, dass Martin Niemöller eine Predigtreise unternehme. »Meine zukünftige Schwiegertochter hat gehört, er habe in der Paulskirche in Frankfurt gesprochen«, sagte sein Aufseher. »Ich soll Ihnen erzählen, dass die ganze Kirche gestopft voll gewesen sei. Er habe über die Belagerung Jerusalems durch den Assyrerkönig Sanherib gepredigt, soll ich ausrichten. Niemöller habe die Belagerung der Heiligen Stadt durch die Welt des Heidentums verglichen mit der heutigen Situation, in der der Staat das Gottesvolk zu unterjochen sucht. Inzwischen ziehe sich der Ring um die Stadt, nämlich die Kirche, immer enger, die schwersten Geschütze würden aufgefahren. Die Heilige Stadt müsse sich rüsten mit dem Schwert des Geistes; sie müsse ihre Kräfte sammeln und die beschädigten Mauern verstärken. Er müsse sich ganz klar ausdrücken, habe Niemöller gesagt, denn wer weiß, wie lange man ihm noch zu predigen gestatte.« Paul war ganz hingerissen von dem, was er hörte. »Und dann hat mich die Braut meines Sohnes noch gebeten«, fuhr Wehner fort, »Ihnen unbedingt zu sagen, dass Pfarrer Niemöller mit seiner Predigt schließlich wie Barth und Bonhoeffer der Meinung war, der größte Feind der Deutschen Evangelischen Kirche seien nicht die Deutschen Christen, sondern der nationalsozialistische Staat selbst. So verweigere Niemöller einem NS-Staat die Anerkennung als einer von Gott bestimmten Institution, die der Apostel Paulus im Römerbrief dem Reiche Neros noch zugebilligt hatte.« Paul war ganz gerührt, dass man ihm auf diese Weise Mitteilung machte über Niemöllers Predigt, und bedankte sich herzlich bei Wehner sowohl für das Interesse seiner Schwiegertochter als auch für die Fürsorge von Frau Wehner, die wieder ein paar leckere Butterbrote für ihn mitgegeben hatte.

Am 1. Juli bekam Gretel erstmals wieder die Erlaubnis, an Paul zu schreiben:

»Lieber Paul!
Seit letzter Woche habe ich dir nun nicht mehr geschrieben, – verzeih, – da ich immer auf ein Lebenszeichen von dir wartete. Doch ich weiß ja, du kannst nicht, wie du willst und will mich gedulden – endlich wird ja auf den Nebel die Sonne folgen. ... Unser Vater im Himmel gab mir bisher Kraft zu tragen und es ist mein ständiges Anliegen, daß er sich deiner annehme in aller Not und deinen freudigen Glauben nicht aufhören lasse. ... –
Es geht uns hier daheim recht gut, die Kinder sind vergnügt. Eben hat nur Dieter Schule, die anderen beiden nur alle zwei Tage vom Lehrer von Rohrbach. Hermann behagt das sehr. Ich sollte nur mehr mit ihm lernen, aber es gibt so manche Schreibtischarbeit zu erledigen und das Kleine zu besorgen, daß ich leider wenig dazu komme. Eben liegen Gerhard und Adolf im Bett, die Impferei hat sie doch etwas mitgenommen. ... –
Mutter schreibt, es wäre ihr recht langweilig und still daheim, sie sehnt sich nach unseren Kindern, sie ist natürlich sehr in Sorge um dich und betet ernstlich. Diese Wochen brachten es mit sich, daß auch die Schwaben es langsam verstehen, was unser Anliegen ist! ...
Das ganze Haus grüßt dich in Treue. Die Kinder beten treulich für den lieben Vater.

In herzlicher Liebe Deine Gretel« –

Die Bemühungen um Pauls Entlassung liefen weiter; und Paul bezog weiterhin Informationen aus der Außenwelt auf dem Umweg über seinen sympathischen Aufseher. Anfang Juli brachte ihm Wehner mit dem Frühstück eine Bibel in die Zelle. »Irgendjemand Einflussreiches muss sich für Sie verwendet haben«, sagte Wehner. »Ich soll Ihnen diese Bibel geben.« Paul war glücklich, das Wort Gottes als Gefährten für die vielen einsamen Stunden in seiner Zelle zu haben. Neben den Psalm 23 kritzelte er an den Rand »6. Juli 1937«.

Paul durfte noch nicht schreiben, aber er tat es doch am 9. Juli. Aufseher Wehner hatte Paul angeboten, er wolle heimlich nicht nur Pauls Dankesbrief an Pfarrer Winterberg befördern, sondern auch einen Brief an Frau Schneider einem Mann zustecken, der kurz vor seiner Entlassung stand. So schrieb Paul auf das Papier, in dem Frau Wehners Butterbrote eingewickelt gewesen waren:

»Liebe Gretel!
Es geht mir noch gut, was die leibliche und seelische Verfassung anlangt. Unsere Verbindung wurde jäh unterbrochen. Von Dir habe ich überhaupt nur einen Brief vom 8. 6. und zwar erst am 18. erhalten. Wir sind wohl beide nicht brav gewesen.... Ich glaube ja, lieber Schatz, daß Dein Weg in der Freiheit mit den Kindern und inmitten der wahrscheinlich aufgewühlten und zerrissenen Gemeinden viel schwerer ist als der meine. Gott helfe Dir gnädig und schenke Dir auch im Gebet Weisung und Kraft. ...
... Heute bekam ich von Br. Winterberg hier über die Wache ein köstliches Lebensmittelpäckchen, was mich sehr freute. ... – Ich vergnüge mich mit Gottes Wort und Liedern ... So kann ich geistliche Schätze sammeln und mich rüsten für neuen Dienst ... – Außer einem Abputzer von dem Chef dieser Einrichtung wegen zu lauten Verhaltens in der Zelle und aus dem Zellenfenster heraus und einer kleinen Vernehmung vor einer staatsanwaltlichen Instanz wegen eines Nachrichtenblattes bin ich noch nicht vernommen worden. Es scheint so, daß unsere Sachen so langsam aus dem Schutzhaftverfahren in das Gerichtsverfahren hinübergespielt werden. ...
11. 7. 37 Heute ist schon der sechste Sonntag meiner Haft, ohne die Möglichkeit, an einem Gottesdienst teilzunehmen, und doch nicht ohne Gottesdienst. ... Ein lieber Mitgefangener gab mir von seinen Blumen (rote Zaunwicken), die ihm seine Braut gesandt, die Hälfte ab; aus Pappe habe ich mir ein Kreuz gefertigt und mir heute Zellentisch und Zelle sonntäglich herausgeputzt, ein reines Taschentuch als Tischdecke. So habe ich mir heute morgen selber Gottesdienst gehalten und war mit der gläubigen Gemeinde verbunden. Die Karte mit der Aufforderung zur Freude habe ich mir zum Sonntag unter die Blumen gestellt. Du siehst, man kann auch

hier Sonntagsfreuden haben.... – Laß uns nur in unserem ›Leiden‹ Gottes Liebe sehen. Es ist ja keine Bestrafung, keine Bezahlung mehr für unsere Sünde, nachdem Jesus vollgültig bezahlt. Nein, es ist die väterliche Liebeszucht, der wir uns nicht weigern dürfen. Wenn manche oder viele Brüder das Leiden meinen vermeiden zu können, weil sie es vermeiden wollen, obwohl es doch jedem Sehenden seit langem unvermeidlich vor Augen steht, so können sie das vielleicht haben, aber die Glücklichen und Gesegneten sind sie dabei nicht, und zu denen, die getrost dem Feind entgegengehen, können sie auch nicht gehören, höchstens zu denen, die Schrittchen für Schrittchen zurückweichen – und wir sind doch wahrlich schon genug zurückgewichen. Deshalb, lieber Schatz, nicht bitter werden, nicht gegen die Brüder und nicht gegen die Feinde der Kirche. Unser ›Leiden‹ ist ja ein Vorzug und also bald ist es ja kein Leiden mehr, sondern: ›Freuet Euch, wenn Ihr mit Christus leidet‹. Nur darum wollen wir ringen, daß unser Leiden ein gottwohlgefälliges Opfer sei, in Christi Liebe und Geist gebracht, damit wir und die Gemeinden und die Kirche auch Segen davon haben.«

Es folgten eine Menge Überlegungen, wie das Gemeindeleben in Dickenschied und Womrath ohne die Anwesenheit des Pfarrers weiterlaufen konnte, seien es finanzielle Angelegenheiten, sei es die Unterweisung der Kinder, derer sich Eltern und Presbyter annehmen sollten. Paul endete seinen Brief mit:

»Und nun, liebes Herz, wollen wir guten Mut und fröhliche Hoffnung behalten.« ...

In herzlicher Liebe
Dein böser Paul.«

Weil er nicht wusste, ob dieser Brief auch tatsächlich bei Gretel ankommen würde, schrieb er am 11. Juli einen zweiten gleichen Inhalts; den zweiten Brief schickte er, zusammen mit einem Dankschreiben, an Pfarrer Winterberg mit der Bitte um Beförderung nach Dickenschied – beide kamen aber erst am Tag seiner Entlassung, am 25. Juli, in Dickenschied an. Auch am 19. Juli schrieb Paul wieder ausführlich an seine Frau, vorsichtshalber manche Themen noch einmal aufgreifend.

Paul empfahl Gretel auch einige Bibelverse und Lieder zur Beherzigung und ließ sie wissen, was er täglich las und betete. Morgens und abends betete er das Vaterunser und ein Bittgebet für alle seine Lieben, für seine Nachbarn, die Kirche, das Land und die Regierung. Zu denen, für die er an besonderen Wochentagen betete, gehörten auch alle einzelnen Mitglieder seiner Gemeinden und seine zwölf Patenkinder.

Inzwischen ereignete sich etwas, von dem Paul und Gretel nichts mitbekamen, das aber auf ihr späteres Leben großen Einfluss haben sollte. Zwischen dem 15. und dem 19. Juli 1937 kamen 149 streng bewachte Gefangene auf den Ettersberg, einen mit Buchen bestandenen Bergrücken sieben Kilometer von Weimar entfernt an und begannen mit dem Bau des berüchtigten Konzentrationslagers Buchenwald. Ursprünglich hatte die SS-Verwaltung den Namen Ettersberg für das Lager vorgesehen, aber der Weimarer NS-Kulturbund protestierte gegen einen Namen, der so eng mit Johann Wolfgang von Goethe verbunden war, als Bezeichnung für ein Konzentrationslager. In einem Brief vom 24. Juli 1937 bat also die SS-Verwaltung den SS-Führer Heinrich Himmler um Zustimmung zur Verwendung des Namens Hochwald, Himmler seinerseits entschied sich für den Namen Buchenwald. Lagerleiter Karl Koch wurde diese Entscheidung per Telefon mitgeteilt. Etliche kleine Lager wurden aufgelöst und deren Häftlinge nach Buchenwald verlegt. Bis zum 6. August gab es dann in dem Lager 1400 Gefangene, die 14 Stunden pro Tag arbeiteten, um das Lager zu errichten, das einmal Tausende fassen würde. Zwischen Juli 1937 und dem 11. April 1945, dem Tag der Befreiung des Lagers, hat es insgesamt 250 000 Häftlinge aus 35 Nationen dort gegeben. Ca. 58 000 Gefangene sollen dort umgekommen sein. Brutal misshandelt von der SS, starben Tausende bei der Arbeit, aufgrund von Folter und Schlägen oder wurden erschossen oder aufgehängt.

Am 20. Juli schrieb Gretel an Paul, berichtete von ihren Kontakten mit Freunden, vom Besuch des kleinen Neffen im Hause Schneider, von Klein-Adolfs Reise nach Hochelheim mit Luise und von den

Fortschritten des Jüngsten, dazu tröstende Worte und Zeilen aus Psalm 42 und geistlichen Liedern. –
Pauls Brief vom 22. Juli lautete:

»Mein lieber Schatz!
... Unser ›Kerkermeister‹ weiß schon gar nicht mehr, was er uns alles zu lieb tun soll und wie er seine Hochachtung noch bezeugen soll. ... Den Plan für das Alte Testament mit Fragen und Liedern für den häuslichen Unterricht und für die Katechismusfragen insgesamt schicke ich schon mit, der für das Neue Testament mit Verteilung der Fragen und Lieder folgt bei nächster Gelegenheit. Dieser Vorunterricht legt also die bibl. Geschichten zu Grunde, gewöhnt aber die Kinder schon ein wenig an den Katechismus. Im Konfirmandenunterricht soll der Katechismus mit seiner Lehre den Leitfaden bilden und Ziel ist das Können des ganzen Katechismus. Auf irgendeine Weise müßte der Plan vervielfältigt und den Eltern zugeleitet werden. ... – Die 20 RM habe ich ja schon quittiert. Bruder Winterberg hat wieder ein großes Lebensmittelpaket geschickt, große Wurst, Käse, Tomaten, Keks usw. Ich fürchte das nächste Mal kommt ein Reisekoffer. ... Brauchst also keine Sorge um mein Aussehen zu haben.
Bitte schicke mir doch auch einige Bildchen von Euch Lieben. ... So wäre wohl alles vorläufig gesagt. – Mit dem Plan tu noch eine Weile langsam, weil ich ihn ja vielleicht selbst bald in Kraft setzen kann, bis sich es – ich denke in der nächsten Woche – entscheidet, was wird. Ich denke also, daß ich nach Hause komme. Aber nicht zu feste und sicher hoffen.

Herzliche Grüße Euch Allen
Dein Paul.

Wie wird das Heimkommen ein Fest werden!«

»Das hier soll ich Ihnen von Pfarrer Winterberg geben.« Und Herr Wehner gab Paul einen Zettel mit einem Gebet in Schreibmaschinenschrift, das die Synode der Bekennenden Kirche formuliert hatte. Paul las es später, als er allein in seiner Zelle war:

»Barmherziger Gott, du hast die Angst und das Zurückgestoßensein erlitten, die wir erfahren auf dem Weg zur Hölle und mitten in sie hinein. Du hast in Zeit und Ewigkeit den Sieg für uns errungen. Wir kommen zu dir, weil wir keine andere Zuflucht haben. Mit Hilfe deiner Gnade besiege unsere Furcht, die uns vor dem Kreuz fliehen läßt. Mit Hilfe deiner Gnade erwecke in uns die Bereitschaft, die Bürde unseres Nachbarn mitzutragen. Erwecke in uns durch dein Wort die Hoffnung, die alles besiegt.« –

Am Freitag, dem 23. Juli, schien Hans Wehner in Hochstimmung, als er Paul sein Essen brachte. »Ich habe mitbekommen, dass über Ihre morgige Entlassung gesprochen wurde«, teilte er Paul mit. Paul lächelte: »Ich hatte es im Gefühl.« – »Aber Sie dürfen nicht ins Rheinland oder nach Dickenschied zurück«, fuhr Hans Wehner fort. »Sie sollen aus dem Rheinland ausgewiesen werden, Pfarrer Schneider, aber Sie finden bestimmt woanders eine Gemeinde der Bekennenden Kirche. Morgen sollen Sie nach Wiesbaden auf Hessen-Nassauer Boden gebracht werden.« Dem begeistert erzählenden Hans Wehner fiel auf einmal auf, dass Paul sich über seine bevorstehende Entlassung gar nicht freute. »Sie freuen sich nicht?« – »Sie haben es sicher gut gemeint mit Ihrer Botschaft«, erwiderte Paul, »aber entlassen zu werden, um ausgewiesen zu werden aus meiner Heimat, ist für mich kein Grund zur Freude. Ich muss unbedingt zurück in den Hunsrück und vor allem zu meinen Gemeinden.« – »Das geht beim besten Willen nicht«, unterbrach ihn Hans Wehner. »Wenn man einen Ausweisungsbefehl missachtet, wird man auf der Stelle wieder verhaftet.« – »Ich werde mit mir zu Rate gehen und zu Gott beten, um seinen Willen zu erkennen«, sagte Paul ernst. »Ich danke Ihnen trotzdem herzlich, dass Sie mich eingeweiht haben. Natürlich werde ich nichts verraten.«

Lange verharrte Paul schweigend. Er griff nach seiner Bibel und las hier und dort eine Passage. Schließlich hatte er das Buch der Richter aufgeschlagen. »O Herr, was soll ich tun?«, betete er inbrünstig. »Wenn ich die Ausweisung annehme, kann ich bei meiner Familie bleiben, und wir können zusammen eine andere Pfarrei finden, wo ich eine Gemeinde betreuen kann. Aber das heißt doch auch, die beiden mir anvertrauten Gemeinden von Dickenschied und Womrath im Stich zu lassen. Und es heißt vor allen Dingen, die staatliche Autorität in Angelegenheiten der Kirche Jesu Christi anzuerkennen, die Freiheit der Kinder Gottes der Tyrannei der antichristlichen, dämonischen politischen Macht zu überlassen.« Paul dachte an Gretel, an seine Kinder, an die Gemeinden von Dickenschied und Womrath. Natürlich würde er wieder verhaftet werden, wenn er den Befehl missachtete, und die nächste Inhaftierungszeit würde viel länger sein. Aber es erschien ihm unmöglich, diese Entscheidung des Staates in Angelegenheiten der Kirche zu akzeptieren. Paul las im 5. Kapitel des Buches der Richter. Und da schien es ihm, als gebe es eine Parallele zwischen der Enttäuschung der Deborah, die vergeblich für ein vereintes Vorgehen der zwölf Stämme Israels gegen die Könige der Kanaaniter warb, und dem verzweifelten Bemühen der Führer der Bekennenden Kirche, ihre oft zu lethargischen, furchtsamen oder gleichgültigen Mitglieder gegen eine von den Nazis kontrollierte Staatskirche zu mobilisieren. Wie eng die Parallelen zwischen den Menschen des Alten Bundes aus dem 12. Jahrhundert vor Christus und den Menschen des Neuen Bundes im 20. Jahrhundert waren! Jeder Stamm, der aufgerufen wurde, hatte eine andere glaubhaft scheinende Entschuldigung dafür gefunden, dass er sich nicht zum Kampf meldete. Dann kam Paul an die Stelle, wo in Richter 5, 18 von zwei Stämmen die Rede war, die die Pflicht auf sich nahmen und Hilfe zusagten und ihren Bündnisverpflichtungen nachkommen wollten – und da wurde es hell in Pauls Herzen: Das war's, was er tun musste:

> *»Sebulons Volk aber wagte seine Seele in den Tod, Naphthali auch auf der Höhe des Gefilds.«*

Der 23. Juli brachte Paul keinen Schlaf. Die ganze Nacht rang er mit der Entscheidung; bis zum Morgen musste er sie getroffen haben.

»Wenn ich die Ausweisung aus dem Rheinland und aus meiner geliebten Heimat im Hunsrück akzeptiere«, argumentierte Paul vor sich selber, »kann ich wenigstens eine Gefangennahme vermeiden, meine Familie zusammenhalten und vielleicht irgendwo in Deutschland eine Gemeinde der Bekennenden Kirche betreuen.« Aber eine solche Handlungsweise erinnerte ihn an diejenigen Stämme, die Entschuldigungen fanden, warum sie nicht zur Stelle waren, als Deborah zum Kampf rief. »Wenn ich andererseits den Ausweisungsbefehl missachte, werde ich sicher wieder verhaftet und wohl in ein Konzentrationslager geschickt. Aber vielleicht wird dann, weil ja der einzige Vorwurf gegen mich auf dem Kirchenausschluss von Scherer, Dörn und Sturm, einer rein kirchlichen Angelegenheit, beruht, vor einem ordentlichen Gericht die Legalität des Ausweisungsbefehls überprüft. Wenn ich wieder gefangen genommen werde, bedeutet das Trennung von meiner Familie und meinen Gemeinden auf unabsehbare Zeit.«

Paul las Richter 5, 18 noch einmal:

> *»Sebulons Volk aber wagte seine Seele in den Tod, Naphthali auch auf der Höhe des Gefilds.«*

Als ehemaliger Frontsoldat konnte er die Fahne nicht im Stich lassen. Allerdings war ihm klar, dass er mit seiner Entschlossenheit, die Fahne hochzuhalten, die Sicherheit und das Wohl seiner Familie aufs Spiel setzte und sein eigenes Leben in Gefahr brachte. Aber dann erinnerte sich Paul an die bedingungslose Gefolgschaft, die Christus von seinen Jüngern verlangt hatte: »So jemand zu mir kommt und haßt nicht seinen Vater, seine Mutter, Weib, Kinder, Brüder und Schwestern, auch dazu sein eigen Leben, der kann nicht mein Jünger sein. Und wer nicht sein Kreuz trägt und mir nachfolgt, der kann nicht mein Jünger sein« (Lukas 14, 26–27). Paul stand im Kampf um die Bewahrung des Evangeliums in einer Gesellschaft, die Christus zunehmend feindlich gesinnt war. Er kannte den Auftrag Christi nur zu gut: »Wer seine Hand an den Pflug legt und sieht zurück, der ist nicht geschickt zum Reich Gottes.« (Lukas 9, 62). Das Gebet der Synode der Bekennenden Kirche fiel ihm wieder ein: »Besiege meine Furcht vor dem Leiden, die uns vor dem Kreuz fliehen läßt.« Jetzt wusste er, welchen Weg er gehen musste, und er weinte um Gretel und um die Kinder. In der Nacht, in der er sich entschied, die Sicherheit von Gretel und seinen Kindern zu opfern, erreichte seine Liebe zu seiner Familie eine Glut, die jegliches Gefühl der Zuneigung, das er bisher empfunden hatte, übertraf.

Früh am Samstag, dem 24. Juli, schloss ein Gestapobeamter seine Zelle auf und befahl Paul, ihm zum Büro des Gefängnisdirektors im Erdgeschoss zu folgen.

»Nun, Häftling Schneider«, sagte der Gefängnisdirektor, »Sie haben Glück. Heute sollen Sie entlassen werden. Vorher aber müssen Sie diese Einverständniserklärung unterschreiben.« Mit diesen Worten schob er Paul quer über den Schreibtisch eine getippte Erklärung zu. Paul las:

»Der entlassene Häftling, Pfarrer Paul Schneider, erklärt sich einverstanden, daß er nach seiner Entlassung aus der Schutzhaft weder ins Rheinland zurückkehren noch im Rheinland eine Amtshandlung durchführen wird.«

Paul schob das Blatt quer über den Schreibtisch wieder zurück. »Das kann ich nicht unterschreiben«, sagte er. »Wollen Sie in Schutzhaft bleiben?«, fragte der verblüffte Direktor. »Was Sie so schönfärberisch Schutzhaft nennen«, erwiderte Paul mit verzogenem Gesicht, »ist in Wahrheit Gefängnis. Vor was oder vor wem werde ich denn geschützt? Meine Gemeindemitglieder haben ihre Besorgnis bezüglich meines Wohlergehens ausgedrückt. Es waren die Gemeinden in Dickenschied und Womrath, die sich mit großer Mehrheit dafür ausgesprochen haben, drei Mitgliedern unserer Gemeinde den Kirchenausschluss zu verkünden. Schützt mich die Gestapo vor diesen drei verärgerten Kirchenmitgliedern?« – »Wir sind nicht hier, um mit Ihnen über diese Angelegenheit zu diskutieren, Häftling Schneider«, unterbrach ihn der Gefängnisdirektor. »Hier ist Ihr Durchschlag des Protokolls, das festlegt, dass Sie hiermit aus dem Rheinland ausgewiesen sind.« Er schob Paul ein Stück Papier zu. »Herr Direktor«, sagte Paul, »ich bin nicht offiziell eines Verbrechens beschuldigt worden. Es hat weder ein Verhör noch ein Gerichtsverfahren stattgefunden, um den Grund meiner Gefangennahme klarzustellen. Und nun erwarten Sie, dass ich die Ausweisung aus meiner Heimat und aus meiner Gemeinde akzeptiere, ohne dass es eine legale Beurteilung meines Falles gegeben hat?« Bei diesen Worten zerriss Paul, zur höchsten Verblüffung seiner Aufseher, das Protokoll, das der Gefängnisdirektor ihm hatte in die Hand drücken wollen. »Was machen Sie da?«, herrschte dieser ihn an. Paul antwortete: »Ich zeige Ihnen hiermit, dass ich ein Urteil, das ohne Anklage und ohne Verhör gegen mich verhängt worden ist, nicht anerkenne.« – »Ob Sie das Protokoll anerkennen oder nicht – Sie reisen heute von hier ab«, stieß der Direktor ärgerlich hervor. »Sie werden nach Wiesbaden in Hessen-Nassau gefahren, und wenn Sie es wagen sollten, das Rheinland wieder zu betreten, werden wir wissen, wie wir mit so viel Starrköpfigkeit umzugehen haben.«

Als Paul seine wenigen Habseligkeiten beieinander hatte, wurde er um 10 Uhr mit zwei Gestapoleuten in ein Auto gesteckt, das ihn die 75 Kilometer nach Wiesbaden bringen sollte, direkt hinter die Grenze der Provinz Rheinland. Seine zwei Begleiter entließen Paul, indem sie ihm einen Durchschlag der Gestapoanweisung aushändigten, die ihn aus dem Rheinland auswies. Paul ging direkt zum Bahnhof, wo er den Ausweisungsbefehl in einen der Abfallkörbe warf und wo er in den nächsten Bus in den Hunsrück stieg. Er fuhr nach Simmern, der Dickenschied und Womrath am nächsten gelegenen Bus- und Bahnstation. Weil er befürchtete, dass ihm Gestapoleute folgten und das Pfarrhaus in Dickenschied unter Bewachung stehen könnte, beschloss Paul, nicht unmittelbar zu seiner Familie in Dickenschied zurückzukehren; statt dessen wartete er bis zum Abend in Simmern, bevor er ein Taxi nach Womrath nahm. Im Schutze der Dunkelheit klopfte er ans Fenster des Bauernhofs von Presbyter Jakob Fuchs und wurde von seinem erstaunten Gemeindemitglied voller Freude empfangen.

Am Morgen des Sonntag, des 25. Juli, stand Gretel auf der Kirchbergstraße, der Hauptstraße durch Dickenschied, vor dem Pfarrhaus. »Onkel« Hermann Mettel, der Missionssuperintendent von Kirn, hatte Gretel angerufen, um ihr mitzuteilen, dass ihm von einem von Pauls Mitgefangenen in Koblenz ein Brief ausgehändigt worden sei und dass ein Fahrer aus Kirn sie um 7 Uhr morgens abholen würde. Um die Zeit sei noch niemand in der Nähe. Während Gretel auf das Auto wartete, kam einer von Pauls Konfirmanden auf dem Fahrrad angesaust. »Frau Schneider, Frau Schneider!«, rief Erich Fuchs ihr zu und wedelte mit einem Stückchen Papier. Erich bremste direkt vor Gretel, überreichte ihr, völlig außer Atem, das Papier und schnaufte: »Von Pfarrer Schneider.« Gretel war vollkommen überrascht und überflog die kurze Botschaft: »Ich bin in Womrath. Obgleich ich aus dem Rheinland ausgewiesen bin, werde ich heute predigen. Wenn du das Herz hast, dann komm herüber!«

Gretels Herz schlug aufgeregt. Sie rannte zurück ins Pfarrhaus, bat Sophie, nach dem Autofahrer Ausschau zu halten und ihm zu erklären, dass Paul entlassen sei. Dann machte sich Gretel auf den Weg, der durch den Wald von Dickenschied nach Womrath führte. Nach nur 45 Minuten kam sie auf dem Platz an, an dem die Womrather Kirche lag. Sie sah schon von weitem, wie die Bewohner des Dorfes ihren Pfarrer begeistert willkommen hießen. Paul sah sie kommen und öffnete weit seine Arme. Gretel lief geradewegs in diese offenen Arme hinein, während viele Gemeindemitglieder vor Freude weinten.

Für die Bewohner von Womrath, die vielleicht noch nichts von Pfarrer Schneiders Anwesenheit mitbekommen hatten, verkündeten alle drei Glocken seine Rückkunft. Während Pauls Gefangenschaft hatte nämlich nur eine Glocke zum Sonntagsgottesdienst gerufen. So hatte es die Gemeinde beschlossen. Jetzt, beim Klang aller drei Glocken, wussten auch die, die weiter draußen wohnten, dass der Hirte zu seiner Herde zurückgekehrt war.

Paul predigte über Jesaja 7, 9: »Glaubet ihr nicht, so bleibet ihr nicht.« Paul erinnerte seine Zuhörer daran, dass in den dunkelsten Tagen der Deutschen Reformation im 16. Jahrhundert, als ihr geistiger Vorfahr Martin Luther aus der Kirche ausgeschlossen und mit dem kaiserlichen Bann belegt worden war, als die Mächte der Kirche und des Kaiserreiches sich gegen ihn zusammengetan hatten, der große Reformator aus dieser Ermahnung Kraft geschöpft hatte. So wie der Prophet Jesaja König Ahaz von Juda gemahnt hatte, trotz der ständigen Angriffe durch Syrien und Samarien an die Befreiung durch Gott zu glauben, so hatte Luther die deutschen Fürsten ermutigt, um des Evangeliums willen Papst und Kaiser zu widerstehen. »Geliebte im Herrn«, sagte Paul, »im 16. Jahrhundert musste das Volk

Gottes die offizielle Kirche und die rechtmäßig gewählte kaiserliche Macht herausfordern. Wenn heute eine irregeleitete Kirche und ein totalitärer Staat sich miteinander verschwören, das wahre Evangelium zu vernichten, dann müssen diejenigen Christen, die das Evangelium kennen und lieben, Widerstand leisten, auch wenn dieser Widerstand zu schwerwiegenden Konsequenzen führen mag. Aller Gefahr zum Trotz müssen wir die Herausforderung annehmen. Wir fühlen uns sicher in dem Vertrauen, das Luther zum Ausdruck brachte in dem Lied:

›Ein feste Burg ist unser Gott,
Ein gute Wehr und Waffen;
Er hilft uns frei aus aller Not,
Die uns jetzt hat betroffen.
Der alte böse Feind
Mit Ernst er's jetzt meint,
Groß Macht und viel List
Sein grausam Rüstung ist,
Auf Erd ist nicht seinsgleichen.

Mit unsrer Macht ist nichts getan,
Wir sind gar bald verloren,
Es streit't für uns der rechte Mann,
Den Gott hat selbst erkoren.
Fragst du, wer der ist?
Er heißt Jesus Christ,
Der Herr Zebaoth,
Und ist kein andrer Gott;
Das Feld muß er behalten.

Und wenn die Welt voll Teufel wär
Und wollt uns gar verschlingen,
So fürchten wir uns nicht so sehr,
Es soll uns doch gelingen;
Der Fürst dieser Welt,
Wie sau'r er sich stellt,

Tut er uns doch nichts;
Das macht, er ist gericht't,
Ein Wörtlein kann ihn fällen.

Das Wort sie sollen lassen stahn,
Und kein'n Dank dazu haben;
Es ist bei uns wohl auf dem Plan
Mit seinem Geist und Gaben.
Nehmen sie den Leib,
Gut, Ehr, Kind und Weib, – Laß fahren dahin,
Sie haben's kein'n Gewinn;
Das Reich muß uns doch bleiben.«

Paul erwähnte in seiner Predigt nicht, dass er aus dem Rheinland ausgewiesen war. Er bat seine Gemeinde in Womrath – und später auch in Dickenschied – zu beten, dass es ihm vergönnt sein möge, sein Amt bei ihnen weiterzuführen. Nachdem Paul in Womrath gepredigt und jedes einzelne Mitglied der Gemeinde begrüßt hatte, gingen er und Gretel nach Dickenschied, wo Paul die Predigt wiederholte, die er in Womrath gehalten hatte.

Die Kinder waren beglückt, ihren Vater zu sehen. Jedes – mit Ausnahme von Ernst-Wilhelm, der im Alter von zwei Monaten noch zu jung war, um ihn zu vermissen – verlangte nach seiner Zuwendung. Evmarie schmiegte sich an ihren Vater und genoss es, dass er sie liebevoll an sich drückte.

Die Gemeinde in Dickenschied war genau so glücklich, ihren Pfarrer wiederzuhaben, wie es die Gemeinde in Womrath gewesen war. Den ganzen Sonntagnachmittag des 25. Juli zog ein ständiger Strom von Besuchern zum Dickenschieder Pfarrhaus. Aufgrund der telefonischen Benachrichtigung über Pauls Entlassung machten sich die Mitpfarrer aus den umliegenden Gemeinden – deren Mitglieder unentwegt in ihren Gottesdiensten für Paul gebetet hatten – auf den Weg nach Dickenschied, um ihn daheim zu begrüßen. Paul und Gretel aber fürchteten, dass Ernst Scherer, Karl Werner Sturm und Jakob Dörn Pauls Rückkehr der Getapo melden würden. Sie beschlossen daher, die Nacht nicht im Dickenschieder Pfarrhaus zu verbringen, sondern in einen Nachbarort zu fahren, wo ihnen ein Mitbruder eine Übernachtungsmöglichkeit angeboten hatte. Die Kinder blieben in der Obhut von Sophie und Luise.

»Gretel und ich planen, morgen früh nach Dickenschied zurückzukehren«, sagte Paul zu seinen Gastgebern, »aber ich muss erst noch Dr. Nagel, meinen Orthopäden in Odernheim, konsultieren.« Paul und Gretel betraten das Gästezimmer. Sie stellten enttäuscht fest, dass es nur zwei Einzelbetten gab, und auch noch an den entgegengesetzten Enden des Zimmers. Jedes Geräusch des Möbelrückens vermeidend, schoben sie eines der Betten quer durch das Zimmer. Durch das große Fenster konnten sie den Sternenhimmel sehen. Die Liebenden dankten Gott für Pauls Entlassung und das Wunder ihrer Wiedervereinigung. Als sie am folgenden Morgen aufwachten, schoben sie vorsichtig das beiseite gerückte Bett wieder an seinen ursprünglichen Platz. Das ächzende Geräusch der Holzdielen irritierte Gretel, aber Paul konnte sich kaum das Lachen verbeißen.

Nach dem Frühstück mit ihren Gastgebern begaben sich Paul und Gretel im Taxi zur Praxis Dr. Nagels in Odernheim. »Jetzt lässt sich nicht mehr viel tun«, sagte dieser nach einer Untersuchung des linken Beins. »Es ist zu lange unbehandelt geblieben. Als der Gips am 28. Mai entfernt wurde, hätte es regelmäßiger sachkundiger Therapie bedurft. Die kurzen Massagen, die Sie in Koblenz anwenden konnten, waren doch zu wenig, wenn sie auch die Blutzirkulation gefördert haben. Ich muss Ihnen leider sagen, Pfarrer Schneider, dass Ihr linkes Bein immer drei Zentimeter kürzer sein wird als das rechte.« Gretel zeigte große Besorgnis, aber Paul antwortete mit stoischer Ruhe: »Nun, ich kann wenigstens ohne Stock laufen, und ich werde mit meinem Motorrad fahren können. Vielen Dank, Dr. Nagel.«

Als Paul und Gretel von Odernheim nach Dickenschied gefahren wurden, sahen sie mitten auf der Kreuzung am Rande des Dorfes, wo sie links nach Dickenschied abbiegen mussten, Freund Fritz Langensiepen mit seinem Motorrad stehen. Er hielt die beiden an. »Nein, nein, Paul«, sagte er, »es kommt gar nicht in Frage, dass du jetzt nach Dickenschied zurückkehrst. Die Gestapo wird dich auf der Stelle verhaften. Ich bin auf dem Weg zum Christlichen Hospiz in Baden-

Baden. Alle befreundeten Pfarrer, mit denen ich darüber gesprochen habe, sind der gleichen Meinung, dass du auf keinen Fall Dickenschied jetzt betreten solltest.«

Gretel fand das auch, und trotz seines heißen Wunsches, zu seiner Pfarrgemeinde zurückzukehren, ließ sich Paul nach langem Zögern überreden, dass es, wenigstens zum gegenwärtigen Zeitpunkt, besser wäre, außerhalb des Rheinlandes Zuflucht zu suchen. »Könnte es nicht als Mangel an Vertrauen in Gottes Vorsehung angesehen werden, wenn ich nicht zurückkehre?«, wandte Paul ein. »Paul«, unterbrach ihn Fritz, »Gott selbst lenkte David, als der junge Hirte vor dem Zorn des Königs Saul floh, und er hat viele Male dafür gesorgt, dass der Apostel Paulus entkommen konnte. Die Schrift lehrt uns, dass wir Gott nicht versuchen sollen. Denk daran, Christus weigerte sich, von der Zinne des Tempels zu springen, trotz Satans spöttischer Bemerkungen.« – »Fritz hat Recht«, ergänzte Gretel. »Bis sich entscheidet, ob man dich korrekt verhört, ist eine vorübergehende Flucht besser als eine sofortige Verhaftung.«

Paul wandte sich noch einmal an Fritz: »Morgen wird Gretel bei der Gestapo in Koblenz wegen des Berichts über meine Verhaftung verhört, den sie getippt und an die Synode der Bekennenden Kirche in Barmen geschickt hat. Mir ist nicht wohl bei dem Gedanken an dieses Verhör. Man wird sie sicherlich fragen, wer den Bericht vervielfältigt und an die Pfarrer der Bekennenden Kirche verschickt hat, und wird ihr bestimmt nicht abnehmen, dass sie selbst nichts damit zu tun hatte.« Fritz sagte spontan: »Gretel, wenn dich die Gestapo danach fragt, dann sag ihnen ruhig, dass ich es war und dass ich dir auch erlaubt habe, diese Aussage zu machen. Gegen mich liegt inzwischen schon so viel vor, dass es auf eine Beschuldigung mehr auch nicht ankommt.«

Nach so kurzem Wiedersehen mussten Paul und Gretel erneut Abschied nehmen. An der Straßenkreuzung in Odernheim sagten sie einander »Lebewohl«. Gretel fuhr mit dem Taxi heim, Paul schwang sich auf das Motorrad von Fritz, der ihn nach Münster am Stein brachte und dort mit ihm den Zug nach Baden-Baden bestieg. Baden-Baden lag etwa 220 Kilometer von Dickenschied entfernt, dort würde er bestimmt in Sicherheit sein.

Sie erreichten das Christliche Hospiz, das von Pfarrer Wilhelm Ippach und seiner Frau Alice geleitet wurde. Fritz lieferte Paul ab und kehrte selbst in den Hunsrück zurück. In Dickenschied aber erklärte Gretel der enttäuschten Kinderschar, dass sie noch eine Weile auf ihren Vater verzichten mussten. Sophie und Luise verstanden das gut – hatten sie doch schon am Morgen ein Auto mit zwei Unbekannten beobachtet, das mehrmals am Pfarrhaus vorbeigefahren war.

In Baden-Baden sagte Pfarrer Ippach zu Paul: »Pfarrer Schneider, eigentlich müssten alle Gäste innerhalb von 48 Stunden bei der Polizei gemeldet werden. In Ihrem Falle unterlassen wir das wohl besser, sonst weiß die Gestapo nur allzu bald, wo Sie sich aufhalten. Hier in Baden-Baden mit seinen Thermalquellen und seinem Spielkasino ist ein ständiges Kommen und Gehen von Gästen, da wird es nicht auffallen, dass Sie da sind.« Paul war einverstanden.

Gleich am nächsten Tag schrieb er einen langen Brief an Gretel:

»Baden-Baden, den 27. Juli 1937

Lieber Schatz!

... Über unsere Reise und Einführung hier wird Dir Fritz wohl das Nötige gesagt haben. Nun betet nur auch, daß Gott auch diese unsere Wege, auch wenn sie nicht so ganz von Gott geführt sein sollten, segne und für die Haltung der Gemeinden zu keinem Schaden geraten lassen wolle. ...

Ich sehe nun unseren Weg so, und ich bitte Dich, auch außerhalb des Gefängnisses ein wenig auf mich zu hören. Wir dehnen unsern Urlaub nicht über 4 Wochen aus, das heißt, weil ich gestern Dir und Fritz so brav gefolgt bin gleich, werde ich am 23.8. wieder Dienst tun. ... So herunter, wie es gestern und vorgestern nach den letzten Nächten mit wenig Schlaf und bei den Wegen der Flucht und Entführung den Anschein hatte, bin ich gar nicht und fühle mich nach dem Schlaf der letzten Nacht wieder ganz frisch und wohl. Also höchstens vier Wochen. Nachher kann ich dann den Dienst wieder voll aufnehmen und tüchtig Unterricht halten und brauchen wir für die Zwischenzeit auch keinen Vikar. Nachher gibt es dann keine Unterbrechung mehr, so Gott will. –

... Dann wirst Du doch in der nächsten Woche, Montag oder Dienstag nach hier nachkommen können. ... Wir müssen halt diesmal auf die Kinder verzichten und auf die See. ... Gestern Abend vor dem Einschlafen las ich noch die Briefe. Wir müssen ja ganz beschämt sein um der vielen Anteilnahme und Treue, um der vielen Gebete willen, und um der Sorge willen, die man an uns verschwendet hat und die ich mir in Koblenz in keiner Weise so vorgestellt hätte, die wir in keiner Weise wert sind, schon weil wir gar nicht in gleicher Weise treu sind in Gebet, Fürbitte und Sorge um andere. Auch das muß uns zur Buße rufen und uns nur ein etwas freundlicheres Gericht Gottes sein als die Gefängniswochen. ...
Ich las mit Bewegung Mutters und Tante Lina's Klagen über die Quittung ihrer sträflichen Gutgläubigkeit (bezüglich des Hitlerregimes), die sie nun empfangen und um deren Fehlen ich mich so viel tadeln lassen mußte. Nun muß auch dieses ein heilsames Gericht zur rechten Zeit sein, damit wir einig werden und in einem Kampfe stehen lernen in gleichem Schritt und Tritt.
Nun grüße die lieben Freunde herzlich und dankbarst von mir. ...
Für die Zukunft wollen wir – ich bitte mir es jetzt schon aus, ohne Sorgen und auch ohne Ausweichpläne sein, gelt? Sonst mußt Du nicht herkommen. Wenn Gott aus unserem Unglauben, Kleinglauben und Schwanken noch Gutes kommen läßt, so rechtfertigt das uns nicht, sondern geschieht nur zum Preis der unverdienten Barmherzigkeit Gottes, von dessen sündenvergebender Gnade wir leben. Im übrigen bist Du ja mein liebes, tapferes, kluges (manchmal zu kluges) Weib, auf das ich stolz bin, das die Last der vergangenen Wochen noch mehr getragen hat als ich und für mich getragen hat, dem ich sein Sorgen und Dreinreden darum auch ein wenig zu Gute halten will. Nun freu Dich, liebes Herz, auf hier, wie ich mich auf Dein Kommen freue.

Dein Paul.

(Schreibe nur an mich ohne alle Heimlichkeit!)« –

Als Gretel am 27. Juli in Koblenz eintraf, wurde sie von einem Gestapobeamten namens Oswald verhört. »Nehmen Sie bitte Platz«, sagte er höflich und wollte dann unmittelbar wissen, wer den Bericht über die Verhaftung Pfarrer Schneiders vervielfältigt und an die Pfarrerbruderschaft verschickt habe. Sie antwortete ohne Umschweife: »Sie wissen, dass ich den Bericht auf unserer Schreibmaschine geschrieben habe. Diese Maschine haben Sie dann selbst konfisziert. Pfarrer Fritz Langensiepen hat mir gestattet, Ihnen mitzuteilen, er sei für Vervielfältigung und Verbreitung verantwortlich.« Oswald grinste breit. »Aha, Langensiepen, das hätte ich mir denken können.«

»Noch etwas interessiert mich«, fügte Oswald hinzu, »ist Ihr Mann noch in Wiesbaden?« Also war Oswald noch nicht informiert, dass Paul in Dickenschied und Womrath gewesen war. »Ich wusste, dass er dort war«, antwortete Gretel. »So, Sie wussten es. Von wem denn, vom Heiligen Geist?«, fragte Oswald zynisch. »Kann er denn Wiesbaden verlassen haben? Er hatte doch gar kein Geld.« Also hatte man in Koblenz nicht gemerkt, dass sie Paul Geld geschickt hatte und dass der Aufseher Wehner dafür gesorgt hatte, dass Paul es auch bekam. Oswald sah wohl, dass man aus dieser Frau nicht mehr herausbekam, und ließ sie laufen.

Noch war früher Vormittag, und Gretel hatte sich mit einem Freund der Familie, dem Wetzlarer Lehrer Erich Girolstein, in einem Restaurant verabredet; Girolstein hatte an dem Tag zufällig in Koblenz zu tun. Er war mal Mitglied in der NSDAP gewesen, war zwar später wieder aus der Partei ausgetreten, besaß aber noch sein Parteiabzeichen. Weil er Gretel vom Verhör bei der Gestapo abholte, fand er es passend, sich dieses Abzeichen ans Revers seines Anzuges zu heften. Und siehe da, gerade als die beiden aus dem Restaurant heraustraten, ging zufällig Herr Oswald vorbei. Er war nicht wenig erstaunt, Gretel in Begleitung eines Mitglieds der NSDAP zu sehen. Die beiden aber warteten, bis Oswald um die nächste Ecke verschwunden war, bevor sie herzhaft über sein verdutztes Gesicht lachten.

An diesem 27. Juli berichtete Paul aus Baden-Baden auch seiner Schwiegermutter ausführlich über die Vorgänge in Womrath und über seinen erneuten, so plötzlichen Ortswechsel:

»Liebe Mutter!
Nach Gretel sollst Du den zweiten Gruß haben aus meiner Freiheit, die ich mit Lob und Dank wieder genießen darf gegen Gott, ›der die Gefangenen ausführt zur rechten Zeit‹. ... Auf Drängen von Gretel und den Brüdern habe ich dann gleich am Montag meinen Urlaub angetreten, hier im schönen Haus Taborhöhe. ... Der treue Freund Fritz L. begleitete mich bis hier. Der Aufenthalt ist sehr angenehm im Hause und Baden-Baden und Umgebung ist bekanntlich sehr schön. Nächste Woche kommt Gretel wahrscheinlich nach, die drei Großen der Obhut von Luise und Sophie, die drei Kleinen der Obhut Langensiepens und eines guten Säuglingsheimes in Kreuznach überlassend. So wird man um des Glaubenskampfes willen seinen Kindern ›fremd‹, daß man leicht in diese Trennung willigt. Ich denke, daß wir hier auch noch ein schönes Treffen halten und Wiedersehen feiern können mit Dir und Tante Lina, nachdem unser Abschied am 31. 5. etwas eilig war.
... Ich hoffe, Du und Tante nehmt es mir auch, trotz unsrer verschiedenen Meinung darüber am 31. 5. nicht übel, daß ich trotz Ausweisung in meine Gemeinde zurückgekehrt bin!
Mit Bewegung las ich gestern in Deinen und Tantes Briefen von Euren Drangsalen, die ja nun freilich auch zum Guten und Segen sein sollen; möchten Euch diese bitteren Erfahrungen helfen, mit der preußischen und ganzen Bekennenden Kirche Eure Hoffnung allein auf Gott und seine treue Durchhilfe und Wundermacht zu setzen und keine falschen Bündnisse mit der gleichgültigen und gottfeindlichen Welt zu schließen. ...
Gretel durfte ich am Sonntag Morgen in Womrath schon vor dem Gottesdienst wohl und munter und gut aussehend in die Arme schließen. Freilich hat mich das sorgende Närrchen gleich nachher abhalten wollen, in Dickenschied die Kirche zu halten und es auch mitverschuldet, daß ich so plötzlich hier in Baden-Baden auftauche, und wenn wir nicht einen gnädigen, sündenvergebenden Gott hätten, müßte er uns und unsere Gemeinde dafür wieder strafen und es uns mit schweren Wegen und Züchtigungen entgelten lassen, denn ich selber hatte noch gerade gepredigt über das Wort: ›Glaubet ihr nicht, so bleibet ihr nicht‹. –

... Gelt, Du bist mir nicht böse, wenn ich Gretel oft auf einem Wege führen mußte, den Du vielleicht nicht ganz gebilligt hast oder wenn es in Zukunft noch so sein müßte. ...
Und nun sage ich vorläufig: Auf frohes Wiedersehen hier in Baden-Baden. Herzliche Grüße an Amai, Konrad, Franks, Tante Lina, Frl. Kraus, Abels und alle Freunde, die unser gedacht.

In dankbarer Liebe
Dein Sohn Paul.«

Und noch einen Brief schrieb Paul an diesem Tage, an Paul Humburg:

»Baden-Baden, d. 27. Juli 1937

Sehr verehrter, lieber Bruder Humburg!
Nach dem Anruf gestern mittag vor der Reise möchte ich auch von hier aus Ihnen noch einmal herzlich danken und auch berichten, was über meine Haftentlassung zu sagen ist.
Vor mir habe ich drei Briefe von Ihnen liegen, die Sie meiner Frau zur Tröstung und Stärkung geschrieben haben. Ich ersehe auch daraus, wie viele Mühe Sie sich gegeben haben, mein Los zu erleichtern und zu wenden. Gewiß sind auch alle diese Schritte und Bitten und Besuche nicht vergeblich gewesen und haben mit dazu geholfen, daß ich doch endlich auf freien Fuß gesetzt werden mußte. ...
Sie haben mich sogar selber besuchen wollen. Wie ärgerlich und niederdrückend ist es dann, wenn man unverrichteter Sache wieder gehen muß, und war auch das doch wieder nicht vergebens, weil es das Bekenntnis der Bekennenden Kirche zu der zu vertretenden Sache und ihren Zusammenhalt zum Ausdruck brachte. Sie wissen ja, wie man bemüht war, mich und meinen Fall zu isolieren und in der hermetischen Abgeschlossenheit von Gemeinde und Kirche zu erledigen. ...
Gott ließ es also nicht zu, daß ich die ganze Zeit über ohne Bibel blieb, wenn der Wille dazu auch vorhanden war. So hat sie mich denn getröstet und gestärkt, ist mit mir ins Gericht gegangen und hat mir den Weg gewiesen. Die Haft ist mir zu einer geistlichen

Rüstzeit geworden, für die ich Gott sehr dankbar bin und die ich nicht missen möchte.

Am Samstag, d. 24. Juli, wurde ich aus der Haft entlassen ...« –

Ende Juli wusste man auch in der Gestapozentrale in Berlin um diesen Pfarrer Paul Schneider. Das Geheime Staatspolizeiamt schickte seinerseits eine Information an den »Reichs- und Preußischen Minister für kirchliche Angelegenheiten« nach Berlin mit dem einleitenden Satz: »Pfarrer Paul Schneider wurde am 31.5.1937 auf Anordnung des Führers ... in Schutzhaft genommen.« Es folgte eine ausführliche Beschreibung der dem Leser bereits bekannten Vorgänge um die Verhängung der Bußzucht; das Schreiben endete mit dem Satz: »Pfarrer Schneider ist inzwischen wieder aus der Schutzhaft entlassen und aus der Rheinprovinz ausgewiesen. ...« –
Während Paul sich in seinem Refugium in Baden-Baden entspannte, war sein Fall auch Thema eines Briefes des Rheinischen Konsistoriums in Düsseldorf an die Zentrale Kirchenleitung der Evangelischen Kirche in Berlin. Am 28. Juli fragte Konsistorialrat Hasenkamp bei der Gestapo an:

»Konsistorium
6840/III
Düsseldorf, den 28. Juli 1937
An
die Staatspolizei-Leitstelle
in Koblenz
Regierungspräsidium
Betr.: Verhaftung und Ausweisung des Pfarrers Schneider in Dickenschied, Kr. Simmern

Es ist uns mitgeteilt worden, daß Pfarrer Schneider aus Dickenschied am 24.7.1937 aus seiner Haft entlassen und gleichzeitig aus dem Gebiet der Rheinprovinz ausgewiesen worden sei. Indem wir Bezug nehmen auf unser Schreiben vom 8.6. Nr. 6840, ersuchen wir nochmals dringend um gefl. Mitteilung über die Gründe, die erst zur Verhaftung und dann zur Ausweisung des Pfarrers geführt haben. Wir als kirchliche Aufsichtsbehörde haben ein dringendes Interesse daran, die Gründe zu erfahren, die zu so einschneidenden Maßnahmen gegen einen uns unterstellten Geistlichen geführt haben. Wir bitten deshalb sehr darum, uns hierüber unterrichten zu wollen.

Ha[senkamp] 30. 7.«[198]

Von Düsseldorf wurden von der Gestapo auch die lokalen Gestapostellen instruiert – wiederum ohne jegliche Angabe von Gründen:

»Gegen den evangelischen Pfarrer Paul Robert Schneider (aus Dickenschied Kreis Simmern), geb. 29. 8. 97 zu Pferdsfeld Kreis Bad Kreuznach, ist ein Aufenthaltsverbot für die Rheinprovinz verhängt worden.«

Paul Humburg beantwortete bald Pauls Brief vom 27. Juli; er schrieb:

»D. Paul Humburg
Pfarrer der reformierten Gemeinde Barmen-Gemarke

Fernruf. 54235
Postscheckkonto Essen 23955
Wuppertal-Barmen, den 4. 8. 1937
Heinrich-Janßenstraße 16

Lieber Bruder Schneider! ...
Ihr Fall beschäftigt mich unausgesetzt. ...
Sie haben den Ausweisungsbefehl nicht anerkannt und können nicht anders, als in Ihre Gemeinde zurückkehren. Aber bitte, lieber Bruder Schneider, nicht zu schnell und nicht auf Ihre eigene Faust! Es darf keine persönliche Sache von Ihnen sein, sondern es muß eine Sache des Kirchenregimentes sein. Und, es darf nicht einfach Übertretung des Gebotes der Gestapo sein. Sondern Sie oder wir müssen durch einen Rechtsanwalt (etwa Dr. Holstein in Berlin) beim Justizministerium beantragen, daß ein regelrechtes Verfahren gegen Sie eröffnet und ein Urteil gesprochen wird. ... Ich bitte Sie deshalb, sich alsbald mit Bruder Schlingensiepen, der jetzt den

Präses vertritt, in Verbindung zu setzen. Entweder durch meine Tochter Irmgard u. Frau Schlingensiepen oder besser durch Deckadresse: Conrektor Hillebrandt, Virchowerstr. 34 (bitte vertraulich behandeln!!), Barmen.

Ich nehme an, daß Sie sich keiner Schuld bewußt sind und nur die Kirchenzuchtmaßnahme, nach Ihrer Beurteilung, die Ursache Ihrer Verhaftung und Ausweisung ist. Sonst müßten Sie alles an Schlingensiepen berichten. Jedenfalls bitte ich Sie, nicht zurückzukehren, bis diese Vorarbeit getan ist. Sie müßten sich entschließen, länger dazubleiben, etwa noch den ganzen August, denn ganz schnell geht es nicht.

Ihnen und Ihrer lieben Frau und Bruder Disselnkötter herzliche Grüße!

Ihr Humburg«[199] –

Inzwischen war Gretel mit dem Zug in Baden-Baden angekommen. Paul erwartete sie mit einem Riesenblumenstrauß auf dem Bahnsteig. Arm in Arm schlenderten sie, wie ein Paar auf der Hochzeitsreise, zum Hospiz. Paul stellte seine Frau dem Ehepaar Ippach und Irmgard Humburg vor. Ruhige Tage standen den beiden in Baden-Baden bevor. Seit ihrer Hochzeitsreise 1926 hatten sie nicht mehr solch eine erholsame Zweisamkeit erlebt, obwohl Gretel inmitten aller Freude mitunter der Gedanke an die Zukunft aufschreckte, die wie eine düstere Wolke am Himmel ihres Glücks hing. Gegen Ende dieses Urlaubs wurde sie fast depressiv. »Wenn ich tot wäre«, war ihr Gedankengang, »dann könnte ich dem drohenden Unheil entgehen.« Paul ließ solcherlei Gedanken und Gefühle nicht an sich heran, seine Stimmung blieb ungetrübt. Natürlich vermisste er die Kinder, und sie, so versicherte ihm Gretel, taten sich schwer ohne ihren Vater. »Was wird aus uns allen, wenn du verhaftet oder gar ins Konzentrationslager eingeliefert wirst?« Gretels Miene und ihre Stimme verrieten ihre Sorgen. »Und sobald du zurück bist in Dickenschied, wirst du bestimmt verhaftet. Immer wieder erzählen die Nachbarn von Unbekannten, die am Pfarrhaus vorüberführen wie auf der Suche nach irgendjemand.« Paul wusste, Gretel wäre es lieber, wenn er sich außerhalb des Rheinlandes eine neue Stelle suchte, aber er sagte nur:

»Ich kann nicht anders, ich muss zurück in den Hunsrück.« – »Warum denn nur?«, schluchzte Gretel. »Du hast doch schon so viel für die Bekennende Kirche getan. Kein anderer Pfarrer im Hunsrück war Verhören ausgesetzt oder gar im Gefängnis, und du schon so oft. Überlass doch den Kampf den anderen, Paul! Du hast doch eine Frau und sechs Kinder. Denkst du denn gar nicht an uns?« Nun war auch Paul tief bekümmert; er schaute Gretel ins Gesicht und sprach noch einmal von all dem, was er in der letzten Nacht vor der Entlassung in seiner Zelle erlebt hatte, wie Gott ihm selbst den Fingerzeig gegeben hatte, als er ihn die Bibelstelle aufschlagen ließ: »Sebulons Volk aber wagte seine Seele in den Tod ...«. Gretel ließ den Kopf hängen, voller Verzweiflung und Resignation. »Und du denkst nicht an uns, an mich, an deine Kinder?« – Ihre Stimme zitterte. – »Liebst du uns denn nicht?« Nun füllten sich auch Pauls Augen mit Tränen, er zog seine Frau an sich und sagte weich: »Nie habe ich dich und die Kinder mehr geliebt als in jener Nacht. Ich weinte um euch.« Diese so tief empfundenen Worte ließen Gretel erkennen, dass auch ihr keine andere Wahl blieb, als den Weg mit ihrem Mann gemeinsam zu gehen. Sie beide überantworteten sich dem Willen Gottes, gehorsam und vertrauensvoll beugten sie sich der geheimnisvollen göttlichen Vorsehung. –

Am 12. August hatten Paul und Gretel in ihrem Feriendomizil ihren 11. Hochzeitstag begangen, den letzten, der ihnen zusammen zu feiern vergönnt war. Ein paar Tage später spazierten sie am Rhein entlang, einige Kilometer westlich von Baden-Baden. Paul hielt es nicht länger, er schaute sich vorsichtig um, und als er keine Menschenseele um sich herum erblickte, zog er schnell seine Kleider aus und sprang in die eilends dahinströmenden Fluten des Rheins, bevor Gretel auch nur ahnte, was er vorhatte. »Die Abkühlung tut gut bei solch einer Hitze«, rief er Gretel vergnügt zu. Zuerst schwamm er in kräftigen Zügen und kam gut voran, aber es machte ihm mehr und mehr Mühe, gegen die Strömung anzukämpfen. Gretel beobachtete ihn, und ihr war auf einmal, als sei dieser Kampf mit den Wellen des Rheins eine Allegorie seiner Amtstätigkeit. Er kämpfte voll Tatkraft und Willen gegen die Fährnisse seines Amtes in schwerer Zeit, aber die widrigen Mächte waren stärker, als ein Einzelner sein konnte,

und er würde trotz aller Bemühungen und aller Entschlossenheit von den Wellen hinweggetragen werden. Hier im Strom konnte er natürlich den Kampf abbrechen, bevor ihn die Kräfte verließen. Schwer atmend stieg er aus dem Wasser und zog sich an. Noch war er Sieger geblieben. –
Von Baden-Baden aus schrieb Paul an seinen Freund Fritz Langensiepen:

»Lieber Fritz!
... Präses Humburg ... fürchtet offenbar ein wenig, daß ich nicht ganz unschuldig sein könnte und dem Staat vielleicht berechtigte Ursache meiner Verhaftung und Ausweisung gegeben haben könnte. Ich habe sofort an Br. Schlingensiepen geschrieben, daß zwar die Kirchenzuchtsache offenbar nur der letzte Anlaß meiner Verhaftung gewesen sei und meiner Ausweisung, daß ich aber bei allen vorausgehenden Ursachen, die ich Partei und Staat gegeben haben mag, ein gutes Gewissen habe und daß auch die andern und die Kirche ein gutes Gewissen haben möchten. ...
Auch den Entscheid über die Ablehnung der Ausweisung und Rückkehr in die Gemeinde habe ich nach ernstlichem Prüfen und Gebet getroffen und bereits grundsätzlich vollzogen. Ich begrüße es aber dankbar und halte es für richtig, daß die Kirchenleitung meine Rückkehr in die Gemeinden zu ihrer Sache macht. Das wird 1. der Durchsetzung der Kirchenzucht und 2. dem gegenüber der Ausweisung gebotenen Widerstand seitens der Pfarrer und Gemeinden förderlich sein. ...
Der dringenden Bitte von Präses Humburg, nichts auf eigene Faust zu unternehmen, der ich mich zunächst ganz fügen will, möchte ich nun auch mit der Bitte meinerseits dringlich begegnen, die Rückkehr bzw. den Termin derselben einer *schnellen* Entscheidung zuzuführen, um der Sache willen. ...«[200] –

Bald danach bekam Paul Post von Bernhard Forck, einem Mitglied der Vorläufigen Kirchenleitung der Bekennenden Kirche in Berlin; der Brief stammte vom 18. August:

»Lieber Bruder Schneider!
… Selbstverständlich bleiben wir Ihnen und allen bedrängten Brüdern in Fürbitte verbunden. Ganz besonders bewegt uns Ihr Fall sehr. Im allgemeinen haben es die Brüder so gehalten, daß sie dem Ausweisungsbefehl Folge geleistet haben. Wir verstehen es aber gut, daß der Ordinationsernst den Amtsbruder an seine Gemeinde weist. Immerhin hat die Staatspolizei die Macht in den Händen und wird sie auch gebrauchen. Es ist eine ernste Entscheidung, in der Sie stehen. Daher ist es richtig, daß der Rheinische Rat Sie gebeten hat, die Entscheidung der Kirchenleitung abzuwarten. Wenn die Kirchenleitung Sie anweist, in Ihrer Gemeinde zu bleiben, so haben Sie zu gehorchen, einerlei, was daraus folgt. Wenn die Kirchenleitung Ihnen rät, dem Ausweisungsbefehl Folge zu leisten, so werden Sie auch diesem Rat Folge leisten müssen und dürfen es der Kirchenleitung überlassen, für eine Betreuung der Gemeinde Sorge zu tragen. Gott der Herr sei und bleibe mit Seinem Segen bei Ihnen und den Ihrigen. Er segne auch Ihre Gemeinde in dieser Zeit der Betrübnis. …
Mit herzlichen Grüßen

in Treue
für die Vorläufige Leitung der
Deutschen Evangelischen Kirche
Forck«[201]

Unter den vielen Freunden und Kollegen, die Paul und Gretel in Baden-Baden ihren Besuch abstatteten, war der wichtigste Gast der Vertreter des Präses der Bekennenden Kirche im Rheinland, Pfarrer Johannes Schlingensiepen. »Sie sind entschlossen«, fragte er Paul, »trotz des Verbots der Gestapo zu Ihren Gemeinden auf den Hunsrück zurückzukehren?« – »Ja«, war Pauls Antwort, »in meinem Amt als Pfarrer brauche ich mir von der Gestapo nichts sagen zu lassen.« – »Und wenn wir, Ihre Amtsbrüder der Rheinischen Pfarrerbruderschaft, Sie nun bäten, nicht ins Rheinland zurückzukehren?« Paul dachte einen Moment nach. »Heute will ich die Frage noch nicht endgültig beantworten. Ich denke an unseren Freund Oskar Reif aus Veldenz. Er kam 1935 einfach in seine Gemeinde zurück, und nichts ist ihm passiert.« – »Ja«, meinte Pfarrer Schlingensiepen, »das war vor zwei Jahren. Aber jetzt, 1937, ist die Politik des Staates gegenüber der Bekennenden Kirche viel rigoroser, und die Vorwürfe gegen Sie wiegen schwerer. Hitler ärgert sich inzwischen über die Deutsche Evangelische Kirche. Er hatte sich die Sache einfacher vorgestellt: Statt als geeinte Reichskirche sich mit dem Staat zu versöhnen, hat sich die Kirche gespalten, und das irritiert ihn. Das zeigte sich ja jüngst, als auf Hitlers Weisung weder die Vertreter der Reichssynode noch die Vertreter der Synode der Bekennenden Kirche die Erlaubnis bekamen, im Juli die Weltkirchenkonferenz in Oxford zu besuchen, während die unabhängigen deutschen Methodisten hin durften; aber deren Bischof Melle ist ja auch so weit gegangen, dass er in einem Zeitungsinterview davon sprach, er betrachte die nationale Erhebung des deutschen Volkes als eine Tat göttlicher Vorsehung. Und er dankte Gott, dass er in Adolf Hitler einen Mann gesandt habe, der die Gefahr des Bolschewismus gebannt und das deutsche Volk vom Abgrund der Verzweiflung zurückgeholt und ihnen einen neuen Glauben an die Zukunft gegeben habe. ›Ich wünschte zu Gott, die Kirchen hätten nicht versagt!‹ – dieser Satz des Bischofs hat sich mir eingeprägt!«

Dann kam Pfarrer Schlingensiepen noch einmal auf den Anfang ihres Gesprächs zurück: »Wie steht Ihre Frau zu Ihrer Entscheidung? Teilt sie Ihre Meinung?« Paul schaute Gretel an, damit sie selbst die Antwort gäbe. »Ja«, sagte sie schlicht. »Haben Sie an alle Konsequenzen gedacht, die eine solche Missachtung der Gestapoanordnung für Ihren Mann, für Sie selbst und für Ihre Familie haben könnte?«, drang Pfarrer Schlingensiepen in sie. Gretel erwiderte: »Ich kann meinen Mann nicht daran hindern, dem Ruf Gottes zu folgen. Schwierigkeiten drohen ihm überall. Was immer auf uns zukommt, wir wollen ihm gemeinsam ins Auge sehen.« Pfarrer Schlingensiepen sah die Gefahr einer Inhaftierung in einem KZ und fuhr deshalb fort: »Mir wäre lieber, Pfarrer Schneider, Sie würden mit Ihrer Entscheidung über Ihre Rückkehr ins Rheinland warten, bis die Synode der Bekennenden Kirche alle Pfarrer, die aus ihren jeweiligen Gemeinden ausgewiesen sind, zusammenrufen und mit ihnen eine gemeinsame Strategie formulieren kann. Wenn wir gemeinsam handeln, lässt sich eher eine Rücknahme der Ausweisungsbefehle erreichen oder wenigstens ein formelles Verfahren, das eine Entscheidung vor Gericht herbeiführt. Ich glaube, die Gestapo möchte ein solches Gerichtsverfahren vermeiden. Deshalb sind auch niemandem von den Ausgewiesenen Straftatbestände nachgewiesen worden. Ich kann Sie natürlich nicht in Ihrer Gewissensentscheidung beeinflussen, ich kann Sie aber auch nicht im Namen der Bekennenden Kirche des Rheinlandes zur Rückkehr auf den Hunsrück ermutigen, denn es gibt im Moment noch keine offizielle Stellungnahme der Bekennenden Kirche für den Fall der Ausweisung. Diese wichtige Frage muss in absehbarer Zukunft geklärt werden. Warten Sie so lange. Treffen Sie keine einsame Entscheidung für sich alleine.« Paul und Gretel hatten aufmerksam zugehört. Sie konnten sich den Argumenten von Pfarrer Schlingensiepen nicht verschließen. »Ich werde die Entscheidung der Synode abwarten«, sagte Paul, »aber sie darf nicht zu lange hinausgeschoben werden.« Zum Schluss vereinten sich alle Freunde mit Pfarrer Schlingensiepen, Paul und Gretel in gemeinsamem Gebet, bevor Paul seinen Besucher zum Bahnhof begleitete.

Am Ende von Pauls vierwöchigem Urlaub in Baden-Baden hatte die Synode der Bekennenden Kirche immer noch keinen Beschluss gefasst oder sich mit der Frage der ausgewiesenen Pfarrer beschäftigt. Gretel wollte auf keinen Fall, dass Paul ohne solche Rückendeckung durch die Synode nach Dickenschied zurückkehrte. Sie war deshalb ganz erleichtert, als Pauls Freund Emil Weber ihn um eine Ferienvertretung im Hessischen in Eschbach bei Frankfurt bat, während er selbst mit seiner Familie auf Urlaubsreise war.

So verließ Paul am 28. August Baden-Baden und feierte am Tag darauf mit Gretel und den Webers seinen 40. Geburtstag – den letzten im Kreise seiner Familie; der 41. war, als er sich schon im KZ Buchenwald befand. Während man fröhlich beim Nachmittagskaffee im Garten saß, kam der Polizist des Ortes vorbei und forderte Paul auf, seine Personalien in das Formular zu schreiben, mit dem er binnen 48 Stunden seinen Aufenthalt in Eschbach kundzutun hatte. Die harmlose Verkündigung von der Kanzel, dass Pfarrer Weber während seiner Abwesenheit von Pfarrer Paul Schneider vertreten würde, hatte den Polizisten auf den Plan gerufen. Die Anonymität von Baden-Baden war also zu Ende.

Nach der Abreise der Webers fuhr auch Gretel heim. Am 2. September kam sie wieder in Dickenschied bei den Kindern an, und nun reiste Sophie nach Eschbach, um Paul dort zu versorgen. Sophie wandte sich an Paul: »Du weißt, ich finde genau wie Frau Dieterich und Tante Lina, dass du auf keinen Fall die Ausweisung der Gestapo missachten darfst. Wegen deiner Familie darfst du keine Einlieferung in ein Konzentrationslager riskieren. Gut, deine Gemeinden standen hinter dir, als du im Gefängnis warst, aber ob sie noch mehr für dich wagen würden?« Paul liebte und achtete Sophie, war sie doch wie eine Mutter für ihn gewesen und war es jetzt für seine Kinder. So hörte er ihr geduldig zu, aber auf ihr vermeintlich unwiderlegbares Argument umarmte er sie zwar, aber er sagte: »Satan, lass ab von mir!«

Bald rief Gretel an und seufzte am Telefon: »O Paul, es ist doch nicht gut, wenn eine Mutter so lange von ihren Kindern fern ist. Und die Gemeinden? Wie soll ich es ausdrücken: Einige fangen an zu klagen, dass der Hirte seiner Herde fehlt und dass das Gemeindeleben nicht mehr so recht funktioniert.« – »Hast du ihnen gesagt, dass wir auf die Entscheidung der Synode der Bekennenden Kirche warten?«, fragte Paul. »Natürlich. Trotzdem werden sie langsam ungeduldig. Sie wissen, dass du in Eschbach predigst. Sie sagen es zwar nicht laut, aber man spürt, dass sie sich fragen: Warum predigt er nicht in seiner eigenen Gemeinde?« – »Richte ihnen aus, dass ich meine Entscheidung am Ende der Vertretungszeit hier fällen werde. Und grüße sie alle. Gute Nacht, mein Liebling.«

Schon am nächsten Tag schrieb Paul an Gretel:

»Eschbach, den 3. September 1937

Liebste Gretel!
Aus dem gestrigen Telephongespräch entnahm ich, daß Du nicht so ganz froh seiest und Dir Sorgen machst! Offenbar steht es auch in der Gemeinde nicht so ganz gut. …
… Webers möchten wissen, ob sie am Dienstag Dich mit Kindern von Dickenschied holen sollen. … Wenn Du kommst bringe bitte Photoapparat und Flöte mit, auch die eingegangenen Kirchlichen

Nachrichten. Wenn Du aber nötiger zu Hause und in der Gemeinde bist, bleibe unbesorgt. ...
Ich hoffe, daß doch das Gemeindeleben in beiden Orten auch notfalls ohne mein Dasein durchgehalten werden kann. Will sich denn in Dickenschied niemand (Otto Klos) bereit finden zum Lesen? Die Bekennende Gemeinde darf sich das Zusammenkommen nicht verbieten lassen, auch nicht das ihrer Kinder.
Wenn sich für Dickenschied keine Vertretung fände, wäre es übrigens kein Schade, sondern vielleicht eine heilsame Zucht für die Gemeinde. Laß Du sie ruhig mal zappeln. Vielleicht schämt sich das Presbyterium dann vor den Womrathern.
... Dem treuen Gott befohlen!

In herzlicher Liebe
Dein Paul.« –

Vom 6. bis zum 13. September fand in Nürnberg der 5. Reichsparteitag seit der Machtübernahme statt. Er lief unter der Bezeichnung »Parteitag der Arbeit«, denn nach der Befreiung Deutschlands in den letzten vier Jahren habe das Volk jetzt das Recht, sich seiner Arbeit zu erfreuen. Bei der Lektüre der Zeitungsberichte stieß sich Paul wieder an den Anlehnungen an die Bibel. Die Rede des Führers vom 10. September wurde von der Presse besonders groß herausgebracht:

»Daß ihr mich einst gefunden habt, und daß ihr an mich glaubt, hat eurem Leben einen neuen Sinn, eine neue Aufgabe gestellt! Daß ich euch gefunden habe, hat mein Leben und meinen Kampf erst ermöglicht! ...
Und mit diesem Wissen verbindet sich unser Glaube. Es ist nicht der Sinn des Handelns einer Vorsehung gewesen, die unseren wundersamen Weg begleitet und gesegnet hat, daß nun vielleicht im letzten Akt das Ergebnis dieses Ringens wieder vergehen soll. Der Allmächtige hat uns diesen wunderbaren Weg gehen lassen und wird uns weiter segnen. Denn wir kämpfen hier für ein höheres Recht, für eine höhere Wahrheit und für einen höheren menschlichen Anstand. Ich kann heute so ruhig in die Zukunft sehen, denn wir haben unser Haus nun wohl bestellt. ...«[202]

Am 11. September sprach Hitler in strömendem Regen vor Tausenden von Hitlerjungen:

»Meine Jugend!
Heute morgen erfuhr ich von unseren Wetterpropheten, daß wir zur Zeit die Wetterlage V b besitzen. Das sei eine Mischung von ganz schlecht und schlecht. Nun, meine Jungen und Mädchen: Diese Wetterlage hat Deutschland 15 Jahre lang gehabt! Und auch die Partei hatte diese Wetterlage! Über ein Jahrzehnt hat über dieser Bewegung die Sonne nicht geschienen. Es war ein Kampf, bei dem nur die Hoffnung siegreich sein konnte, daß am Ende eben doch die Sonne über Deutschland aufgehen wird. Und sie ist aufgegangen! Wenn ihr heute hier steht, dann ist es einmal gut, daß diese Sonne euch nicht anlacht. Denn wir wollen hier ein Geschlecht erziehen nicht nur für die Sonnen-, sondern für die Sturmtage!
... An Stelle einer Jugend, die früher zum Genuß erzogen wurde, wächst heute eine Jugend heran, die erzogen wird zu Entbehrungen, zu Opfern, vor allem aber zur Zucht eines gesunden, widerstandsfähigen Körpers. ...
Daher war für uns Nationalsozialisten die Zeit des Kampfes damals, trotzdem uns die Sonne nicht schien, auch schön, ja, vielleicht erinnert man sich überhaupt im menschlichen Leben an Kampf- und Sturmtage länger als der Tage des Sonnenscheins. ...
So wie ihr heute vor mir steht, so wird einmal in Jahrhunderten Jahr für Jahr die junge Generation vor den dann kommenden Führern stehen. Und wird immer wieder das Bekenntnis ablegen zu dem Deutschland, das wir heute erstritten haben.
Deutschland Sieg Heil!«[203]

Es stimmte Paul ganz traurig, dass unter den jungen Leuten, die da im strömenden Regen standen und dem Vertreter des Bösen ein gedankenloses »Heil Hitler!« zubrüllten, auch solche waren, die er getauft und konfirmiert hatte und die so eifrig ihre Bibelstellen zitiert hatten!

Am 15. September wandte sich Paul in einem Brief an Emil Weber. Er berichtete über seinen Aufenthalt in Eschbach und fuhr dann fort:

»Meine Sache ist insofern einen Schritt weiter gediehen, als das Dickenschieder Presbyterium ... mich in einem Schreiben bat, baldigst zurückzukehren und meinen Dienst wieder aufzunehmen, da der größere Teil der Gemeinde es wünsche. ... Als Termin meiner Rückkehr habe ich vorläufig den 3. Oktober (Erntedankfest) benannt. Dieser Aufschub ist nur wünschenswert, da ich noch an staatliche Stellen meine Rückkehr (nicht den Termin) vorher ankündigen und ihnen auf eine eventuelle einsichtige Stellungnahme Zeit lassen möchte.
... Ich hoffe, daß meine Frau noch einmal für den letzten Sonntag und die letzte Woche mit den zwei Kleineren (Adolf und Gerhard) zu mir kommt, da man ja nicht weiß, wie lange die Herrlichkeit in Dickenschied dauern wird. ...«

Und dann bekam Paul Post von Frau Adam, einem Mitglied seiner Gemeinde in Womrath:

»Womrath, den 17. September 37

Lieber Herr Pfarrer!
Dieser Brief als ein Zeichen treuen Gedenkens! Ists doch so, wie der Dichter sagt: ›Das Band, das uns verbindet, löst weder Zeit noch Ort, was in dem Herrn sich findet, das währet immerfort.‹ Und sicher sind's doch seine Wege, die Er uns führt, auch wenn wir es nicht immer verstehen können. Er möge uns nur immer den rechten Glaubensgehorsam dazu schenken. ... Unser Wunsch wäre wohl gewesen, Sie hätten mit zurückkehren dürfen zu den Ihren und in unsre Gemeinde. ... Im Grunde ist die Gemeinde doch recht verwaist, trotzdem wir jeden Sonntag von treuen Brüdern Gottes Wort gepredigt bekommen. ... Es ist wohl ganz still im Dorf. Man kennt sich aber aus. Mit den Radikalen wird nicht darüber geredet, mit der Mitte mit Vorsicht, um nichts zu verderben, und die übrigen wissen voneinander, daß man bis aufs Letzte dafür einsteht, daß Sie der Gemeinde erhalten bleiben. Als das erste Gesuch

gemacht wurde, hatten hier ja 126 unterschrieben und waren noch welche da, die es gern getan hätten. Ich glaube, jetzt hat das Presbyterium etwas eingeschickt. Na, das alles nebenbei ...
Ja, Herr Pfarrer, jetzt ists schon ein ganz langer Brief geworden und wenn Sie mal hier, so Gott will, neben mir sitzen, dann wirds eine noch längere Sitzung werden ...
Wünsche Ihnen nun alles Gute und daß Sie bald zu uns zurückkehren können.
Mit vielen herzlichen Grüßen von uns allen

in steter Verbundenheit

Auf frohes Wiedersehen — Ihre dankbare Frau Adam.«[204]

[Frau Adam war Nachbarin von Ernst Scherer, dessen Klage zu Pauls Verhaftung und zu seiner Ausweisung aus dem Rheinland geführt hatte.] –
An demselben 17. September schrieb auch Präses Humburg an Paul und bat ihn um Geduld bezüglich der Entscheidung der Synode der Bekennenden Kirche. Noch sei es nicht zu einer Übereinkunft der betroffenen Pfarrer gekommen, aber er habe Pauls Fall nicht vergessen und hoffe auf einen baldigen Fortschritt in dieser Angelegenheit.

Andererseits aber war inzwischen ein dringender Appell seiner Gemeinde in Dickenschied bei Paul eingetroffen, unterschrieben von den Presbytern Klos, Diener und Müller, und auch die Womrather Gemeinde bat ihren Pfarrer:

»Womrath, den 19. September 1937

Lieber Herr Pfarrer Schneider!
... Da Sie nun längere Zeit aus der Verhaftung entlassen und Ihre Ausweisung noch nicht zurückgezogen ist, können wir als Presbyter der hiesigen Gemeinde den jetzigen Zustand nicht länger über uns ergehen lassen. Weil die Konfirmanden keinen Religionsunterricht seit Ihrer Abwesenheit erhielten. Die Christenlehre für die angehende Jugend wurde unterlassen. Es fehlt die Seelsorge an den Kranken in beiden Gemeinden. Die heilige Abendmahlsfeier ist bereits zweimal übergangen worden. – Alle rechtstehenden

Gemeindeglieder wünschen dringend Ihre baldige Rückkehr, damit Sie wieder in Gottes Namen Ihres Amtes walten können. Das Presbyterium verlangt daher Ihre baldige Rückkehr und bittet Sie höflichst die dringende Bitte, wenn irgend möglich, an eine höhere Staatsgewalt (Obrigkeit) weiterzugehen; denn wir können die Verantwortung in der Gemeinde durch Ihre Abwesenheit nicht mehr länger übernehmen.

Das Presbyterium der Gemeinde Womrath

Fuchs, Scherer, Auler«[205]

Gretel war für ein paar Tage nach Eschbach gekommen, und Paul fragte sie nach der Lektüre dieses Briefes: »Was meinst du, Gretel?« – »Ich war kürzlich in Womrath, aber niemand hat mit mir über einen solchen Brief gesprochen.« – »In beiden Gemeinden ist man wohl der Meinung, da man mir ja nichts Illegales vorwerfen könne und nur Ernst Scherers Beschwerde über meinen ›Aufruf zum Boykott‹ gegen ihn das Ganze ausgelöst habe, würden sich die staatlichen Stellen, wenn beide Gemeinden meine Rückkehr forderten, beruhigen und das Ganze im Sande verlaufen lassen, so wie es ja auch bei Oskar Reif der Fall war.« Gretel war nicht so optimistisch. »Ob sich die Gestapo bieten lassen wird, dass jemand ihre Anordnungen ignoriert?«, fragte sie.

Und so las es sich auch in dem Schreiben, das endlich am 24. September von der Gestapo in Koblenz an das Konsistorium in Düsseldorf ging, als Antwort auf die Anfrage vom 2. Juni:

»Pfarrer Schneider ist ein fanatischer Anhänger der Bekenntniskirche, der jede Gelegenheit benutzt hat, um gegen den nationalsozialistischen Staat zu hetzen. Gegen ihn schweben deshalb bei dem Sondergericht in Köln mehrere Strafverfahren wegen Vergehens gegen das Heimtückegesetz und Vergehens nach § 30a StGB. Seine Inschutzhaftnahme war s. Zt. erforderlich, weil er von der Kanzel aus die ›christliche Bußzucht‹ gegen zwei Volksgenossen bekanntgegeben hatte. Einer der in Bußzucht Genommenen war Anhänger der Deutschen Christen. Wegen dieses an mittelalterliche Zustände erinnernden Vorgehens sowie wegen der Verun-

glimpfung eines Volksgenossen von der Kanzel aus wurde Pfarrer Schneider am 31.5.1937 in Schutzhaft genommen und am 24.7.1937 aus der Schutzhaft entlassen.
Es wurde aufgrund der Verordnung des Reichspräsidenten vom 28.2.1933 gegen ihn ein Aufenthaltsverbot für die Rheinprovinz verhängt, weil sein Verhalten die öffentliche Sicherheit und Ordnung gefährdete und den Interessen des nationalsozialistischen Staates zuwiderlief. Auch diese letzte staatspolitische Anordnung hat er umgangen, indem er trotz Verbotes am 25.7.1937 in der Kirche zu Dickenschied gepredigt hat und dann mit unbestimmtem Ziel abgereist ist. ...« [206]

Dann bekam Paul einen Brief, der ihn erkennen ließ, dass er ganz allein die Entscheidung fällen musste, ob er zurückkehrte oder nicht:

»Evangelische Bekenntnissynode im Rheinland
Düsseldorf, den 28. September 1937
Copernicusstr. 9

Lieber Bruder Schneider!
Da Bruder Humburg zur Zeit abwesend ist, hat mich der Rat beauftragt, Ihren ... Brief zu beantworten, und zwar unter Berufung auf den Beschluß der Augsburger Bekenntnissynode. Wir möchten Ihnen dieses Wort ausdrücklich für Ihren Weg bezeugt haben.
Im Ringen der Bekennenden Kirche um die Freiheit der Verkündigung des Evangeliums häufen sich die Fälle, in denen den Predigern die öffentliche Ausübung ihres Amtes auf mancherlei Weise verwehrt wird. Das bedeutet für sie und für ihre Gemeinde eine Anfechtung, in der sie nach einem wegweisenden Wort der Kirche fragen, weil sie mit uns allen unter dem Befehl des Herrn der Kirche stehen, der uns gebietet, seine Botschaft bis zur letzten Möglichkeit auszurichten. Obwohl die Entscheidungen, die hier gefällt werden müssen, zunächst an die einzelnen herangetragen sind, wird es immer deutlicher, daß in diesen Vorgängen die gesamte Kirche zur Verantwortung gerufen ist. Die Synode bekennt sich ausdrücklich zu dieser Verantwortung als ihrer eigenen.

Es ist ihr zur Zeit nicht gegeben, den betroffenen Predigern und Gemeinden eine allgemein gültige bindende Weisung für ihr Verhalten zu geben, weil trotz der großen Zahl gleich und ähnlich gelagerter Vorgänge nicht allgemein gesagt werden kann, wo im einzelnen der Punkt erreicht ist, an dem das Wort in Kraft tritt: ›Man muß Gott mehr gehorchen als den Menschen.‹ Diese Entscheidung zu vollziehen, vermögen wir dem einzelnen Gewissen nicht abzunehmen.

In der gemeinsamen Verantwortung wissen wir uns aber mit den betroffenen Brüdern und Gemeinden unter die gleiche Leitung des Wortes und Geistes Gottes gestellt. Darum geben wir Ihnen zu bedenken, daß nicht unsere eigenen menschlichen Befürchtungen oder Hoffnungen, auch nicht irgendwelche Drohungen oder Lockungen für Ihre Entscheidung bestimmend sein dürfen, und bitten Sie, sich in allen solchen Versuchungen Gott und dem Wort seiner Gnade anzubefehlen. ...

Lieber Bruder Schneider! Es scheint uns nicht so, als ob in absehbarer Zeit eine Zusammenkunft der Ausgewiesenen zustande kommen könnte. Wir sind deswegen auch nicht in der Lage, Sie um eine Verschiebung Ihres Vorhabens zu bitten unter Berufung auf diese in Aussicht genommene Konferenz. Was Sie Ihrerseits tun können, ›um alle Gerechtigkeit zu erfüllen‹, erscheint uns auch gut und recht.

Es ist uns klar, daß wir zu Ihrer Entscheidung nicht nein sagen können. Ebenso klar ist uns aber auch, daß es sich bei dem Ja Ihrer Entscheidung nicht um das Befolgen einer kirchenregimentlichen Anweisung handeln kann, sondern nur um die Gewißheit des Gehorsams gegenüber dem Befehl des Herrn selbst. Darum kann hier weder etwas befohlen noch etwas verboten werden. ...

Mit herzlichen brüderlichen Grüßen
im Namen und Auftrag des Rates
Ihr
gez. Beckmann«[207]

»Es ist wirklich bedauerlich«, sagte Paul zu Gretel, »dass sich unsere Bekennende Kirche nicht dazu durchringen kann, klipp und klar festzustellen, dass sie sich gegen das unrechte Vorgehen des Staates wehrt. Wir müssen um des Evangeliums willen dem Staat den Gehorsam verweigern, und wir müssen bereit sein, das geheiligte Ideal der einheitlichen Kirche zu opfern für das Prinzip von Recht und Gerechtigkeit.« –

Paul beschäftigte sich mit der Abfassung eines Briefes, den er – mit Abschrift an das Reichsinnenministerium und an den Regierungspräsidenten in Koblenz – an die Reichskanzlei, das Büro von Adolf Hitler, adressieren wollte. »Hoffentlich nimmt der Kanzler sich Zeit, sich mit der Bitte eines kleinen Dorfpfarrers zu beschäftigen, wo es zur Zeit so raumumspannende Ereignisse gibt«, sagte Paul zu Gretel, indem er auf einen Zeitungsartikel wies, der sich unter großer Überschrift dem Besuch Mussolinis in Deutschland (25.–29. September 1937) widmete. »Die beiden scheinen ihre eigene Propaganda zu glauben«, meinte er, als er las:

»Weder in Deutschland noch in Italien besteht eine Diktatur, sondern es bestehen Kräfte und Organisationen, die dem Volke dienen. Keine Regierung, in keinem Teile der Welt, hat die Zustimmung des Volkes in solchem Maße wie die Regierungen Deutschlands und Italiens. ... Woanders wird unter dem Deckmantel der ›unveräußerlichen Menschenrechte‹ die Politik beherrscht von Mächten des Geldes, ... und von miteinander im Kampf liegenden politischen Gruppen. ...
Diese Gemeinschaft der Gedanken in Deutschland und Italien hat ihren Ausdruck gefunden im Kampf gegen den Bolschewismus, die moderne Form finsterster byzantinischer Gewaltherrschaft, jene unerhörte Ausbeutung der Leichtgläubigkeit der niederen Massen, jene Hunger-, Blut- und Sklavenregierung. Diese Form menschlicher Entartung ... hat der Faschismus ... mit äußerster Energie bekämpft: bekämpft mit dem Wort und mit der Waffe. Denn wenn das Wort nicht ausreicht, ... muß man zur Waffe greifen.
So haben wir es in Spanien gemacht, wo Tausende von ... Freiwilligen gefallen sind für die Rettung der europäischen Kultur, der Kultur, die noch eine Wiedergeburt erleben kann, wenn sie sich von den falschen, lügnerischen Göttern von Genf und Moskau abkehrt

und sich den leuchtenden Wahrheiten unserer Revolution zuwendet.«[208]

Paul konzentrierte sich nun auf seinen Brief und begann zu tippen. »Denk an den Rat von Onkel Karl in Baden-Baden«, sagte Gretel, »erwähne deine mehrfache Bindung an den Hunsrück. Es ist die Gegend, aus der du stammst. Onkel Karl meinte ja, die Nazis liebten die Sprache, die ›Blut und Boden‹ betont.« Paul nickte und schrieb:

»Pfarrer Schneider
Dickenschied (Hunsrück)

Eschbach, den 30. September 1937

An die
Hohe Reichskanzlei des Deutschen Reiches
in Berlin, Wilhelmstraße
Zugleich in Abschrift an das Reichsinnenministerium und an den Regierungspräsidenten in Koblenz

In aller Ehrerbietung beehre ich mich, den hohen staatlichen Stellen folgendes anzuzeigen: …«

Es folgte ein detaillierter Bericht über »den Fall Schneider«, ähnlich wie ihn Paul schon Pfarrer Humburg und dem Rheinischen Bruderrat als Information hatte zukommen lassen.

»… Ich darf auf einige Punkte hinweisen, die zwar meine getroffene Entscheidung nicht maßgeblich begründen, die aber schon vom äußeren Interesse der Kirche und aus Gesichtspunkten staatspolitischer Klugheit beachtenswert erscheinen. Meine Gemeinden sind bereits seit 20. März, also ein halbes Jahr, ohne geregelte Seelsorge, die christliche Unterweisung der Jugend liegt vollkommen brach. Es besteht ferner die Gefahr, daß bei einer etwaigen Befolgung der Ausweisung meine Pfarrgemeinde als öffentlich-rechtliche Pfarrstelle überhaupt nicht mehr ordnungsgemäß besetzt werde, nachdem schon viele kleine Pfarrstellen eingespart sind.

Meine sechs Kinder sehen in Dickenschied ihre Heimat, wie ich selber auch, der ich auch geborener Hunsrücker bin. …

Durch die lange Schutzhaft im Gefängnis unter Gefängnisordnung mit verschärften Bedingungen ist meine Ehre als deutscher Staatsbürger, als Mensch, als Christ, als evangelischer Pfarrer, als früherer Offizier und Kriegsteilnehmer, der 3 ½ Jahre an der Front war, genügend geschändet. Eine weitere Verfolgung meiner Person und weitere Bedrängnis der Gemeinden, die an ihrem rechtmäßigen Pfarrer festzuhalten gewillt sind, würde von allen gut und recht gesinnten Leuten der Gemeinde, würde vor allem von allen ernsthaften Christen der Gemeinde nicht verstanden werden und zu großer Vertrauenseinbuße in die Gerechtigkeit der derzeitigen Staatsführung Ursache geben. …

Endlich will ich auch noch auf ein Letztes hinweisen, indem ich hoffe, daß die Stimme der christlichen Gemeinde noch das Ohr der Obrigkeit findet. Meine beiden Gemeinden haben mich durch ihre ordentlich bestellten Presbyterien ausdrücklich schriftlich aufgefordert, zurückzukehren und mein Amt wieder zu versehen. Damit lehne ich die Ausweisung nicht mehr nur aus meinem eigenen in Gott gebundenen Gewissen heraus ab, sondern meine Presbyterien und Gemeinden nehmen die schwere Last und Verantwortung des Ungehorsams gegen ein obrigkeitliches Gebot aus Gehorsam gegen den Herrn der Kirche, der doch zugleich auch der Herr der Obrigkeit ist, auch auf sich.

Ich befehle hiermit meine Sache dem Gerichte Gottes. … Bis Gottes Reich in ewiger und vollkommener Gerechtigkeit kommt …, halten wir es damit:

›Gebet dem Kaiser, was des Kaisers, und Gott, was Gottes ist.‹

Schneider,
Pfarrer«[209]

[»Wenn wir das Original des Schreibens, das im Bundesarchiv in Koblenz verwahrt wird, auch nur oberflächlich ansehen, müssen wir erkennen, dass es in der Reichskanzlei kaum Beachtung gefunden hat. Wir finden auf ihm nur den Eingangsvermerk, aber keinen Hinweis auf eine Bearbeitung, lediglich eine kurze Mitteilung an Paul Schneider, danach ›zu den Akten‹«, bemerkt R. Wentorf in ›Der Fall des Pfarrers Paul Schneider‹ zu diesem Brief.]

Nachdem Paul diesen langen Brief geschrieben hatte, schwieg er eine ganze Weile. Später sagte Emil Weber, der inzwischen nach Hause zurückgekehrt war und dem Paul den Brief an den Reichskanzler zu lesen gab: »Paul, du hast ja Recht, aber ich könnte nie so etwas Kühnes unternehmen.« Paul erinnerte sich an die vielen theologischen Debatten, die er und Emil auf ihrer täglichen Fahrt zwischen Gießen und Großen Linden mit Vehemenz geführt hatten. Jetzt, 1937, waren sie sich zwar einig darüber, was gegen einen totalitären Staat unternommen werden sollte, aber Emil, der Ängstlichkeit eingedenk, die die meisten evangelischen Pfarrer ergriffen hatte, jammerte nur: »Paul, ich kann es nicht!« Paul verübelte dem Freund diesen Mangel an Courage nicht, aber ihm selbst war sein Weg klar. Gott selbst hatte ihm in der letzten Nacht im Gefängnis in Koblenz den Weg gewiesen, und er hatte sein Schicksal, die Konfrontation mit dem Staat, angenommen. »Der Himmel möge deinen Mut belohnen«, sagte Emil ergriffen. –
Am 1. Oktober richtete Paul einen Brief an seinen Freund Fritz Langensiepen, um auch ihn wissen zu lassen, dass »die Würfel gefallen« seien.

An diesem 1. Oktober, einem Freitag, reisten Paul und Gretel von Eschbach ab. Bis Frankfurt fuhren sie gemeinsam; dann trennten sie sich, wie verabredet. Gretel fuhr direkt nach Dickenschied weiter; Paul wollte seine Spur verwischen und kam gegen Abend in Kirn an. Im Schutze der Dunkelheit ging er zum Haus eines Freundes, zu dem Direktor der Kirner Stadtmission, Hermann Mettel. Am Samstagmorgen um halb 2 Uhr kam er dort an. Hermann Mettel war noch nicht zu Bett; er eilte an die Haustür und riss sie auf. Paul streckte ihm die Hand entgegen: »Onkel Mettel, kann ich ein paar Stunden bei dir schlafen?« – »Ja natürlich! Komm herein! Was ist denn los? Warum reist du zu so nachtschlafender Zeit in der Gegend herum?« Hermann Mettel war ganz aufgeregt vor Neugierde. Dabei gingen die zwei in die Küche. Onkel Mettel kochte Kaffee, und dann ließ er sich erzählen. »Ich habe mich entschlossen, den Ausweisungsbefehl der Gestapo Ausweisungsbefehl sein zu lassen«, erklärte Paul. »Morgen will ich in Dickenschied und Womrath predigen.« – »Muss das sein?«, fragte sein Gegenüber. Gerade in diesen Tagen war ihm ein Exemplar des *Neuen Vorwärts* der Sozialdemokraten zugespielt worden, in dem etwas von Hitlers Anweisung an Wehrmachtsoffiziere stand. Das war so dramatisch, dass Hermann Mettel jetzt Paul eine wichtige Stelle über die Konzentrationslager vorlas:

»Die Lager sind umzäunt mit Stacheldraht, mit elektrischem Draht. Es ist selbstverständlich: wenn einer eine verbotene Zone oder einen verbotenen Weg betritt, wird geschossen. Wenn einer auf dem Arbeitsplatz, sagen wir im Moor oder beim Straßenbau oder sonst auch nur den Ansatz macht zu fliehen, wird geschossen. Wenn einer frech und widersetzlich ist, und das kommt hier und da vor, wird wenigstens versucht, kommt er entweder in Einzelhaft, in Dunkelarrest bei Wasser und Brot, oder – ich bitte, hier nicht zu erschrecken, ich habe die alte Zuchthausordnung Preußens vom Jahre 1914 bis 1918 genommen – er kann in schlimmen Fällen 25 Hiebe bekommen. …
Wir haben in jedem Lager zwei oder drei Türme, die Tag und Nacht mit scharfgeladenen Maschinengewehren besetzt sind, damit jeder größere Aufstandsversuch – damit muß man bei den Leuten immer einmal rechnen – sofort unterdrückt werden kann. Das ganze Lager kann von oben her von jeweils drei Türmen bestrichen werden …«[210]

Dann sagte Hermann Mettel, ernst und besorgt zugleich: »Das ist Tatsache, Paul. So was riskierst du, wenn du zurückgehst. Muss es denn wirklich sein?« Paul beantwortete diese Frage nicht direkt, sondern schlug die Bibel auf und las so ergreifend, was bei Johannes 10, 12-14 stand, dass seinem Gastgeber die hellen Tränen über die Backen liefen:

»Ich bin der gute Hirte. Der gute Hirte läßt sein Leben für die Schafe. Der Mietling aber, der nicht Hirte ist, des die Schafe nicht eigen sind, sieht den Wolf kommen und verläßt die Schafe und flieht; und der Wolf erhascht und zerstreut die Schafe. Der Mietling aber flieht; denn er ist Mietling und achtet der Schafe nicht. Ich bin der gute Hirte …«

Dabei zeigte Paul mit dem Finger nach oben.

Es herrschte lange Schweigen zwischen den beiden Männern. Endlich sagte Hermann Mettel: »Dann geh, Paul, im Namen deines Hirten.« Die zwei beteten miteinander und legten sich schlafen.

Am Samstagabend wurde Paul von einem Mitarbeiter aus der Kirner Stadtmission weggebracht und erreichte unerkannt das Dickenschieder Pfarrhaus. Im Vorgefühl einer bevorstehenden schweren Prüfung fielen sich Paul und Gretel in die Arme, und die Kinder waren froh, ihren geliebten Vater wieder bei sich zu haben. Sie waren am Sonntagmorgen nicht zu bremsen, sie mussten zum Vater ins Bett und mit ihm herumtoben. Decken und Kissen wirbelten durch die Luft, alles krabbelte und stolperte durcheinander – Vater allen voran. Jedem Einzelnen galt heute seine besondere Liebe und Zuwendung. Endlich nahmen die Kissenschlachten und das großartige Versteckspiel ein Ende, und Gretel und Sophie konnten im Schlafzimmer die gewohnte Ordnung wieder herstellen.

Dann folgte ein feierliches gemeinsames Frühstück mit dem Vater – wie schön es doch war, dass er wieder dabeisaß! Anschließend zog Paul sich zurück – er saß wieder in seinem Arbeitszimmer, betete und meditierte noch einmal über seiner Predigt, deren Gedanken und Worte ihn schon so lange beschäftigten. Heute konnte er den Text wirklich selbst seiner Gemeinde vortragen. Er las alles noch einmal durch, vor allem Psalm 145, 15–21.

Paul dachte an seine Zeit in Essen: Wie war er 1925 manches Mal verzweifelt gewesen, wie oft hatte er gemeint, sein Amt aufgeben zu müssen. Damals hatte ihn der Gedanke an die Kanzel mit Furcht und Schrecken erfüllt, und jetzt, 12 Jahre später, predigte er so voller Freude und Eifer, dass er sich gar nicht vorstellen konnte, irgendeinen anderen Beruf zu haben. So freute er sich auch von Herzen auf den heutigen Gottesdienst.

Und doch war da auch eine tiefe Trauer in ihm – stand ihm wirklich der Verlust all dessen bevor, was ihm lieb und teuer war? Waren ihm Frau und Kinder, Gemeinde und Beruf verloren? Würde er zum letzten Mal auf der Kanzel stehen, um die Botschaft des Guten Hirten zu verkünden?

KAPITEL 9

3. Oktober 1937 bis 21. Juli 1939

*»So sollst du mein Mund sein.
Und sollst mein Prediger bleiben.«
(Jeremia 15, 19)*

So stand Paul nun auf seiner Dickenschieder Kanzel. Sämtliche Bänke waren voll, denn die Nachricht, der Pfarrer sei wieder da, hatte sich wie ein Lauffeuer im ganzen Dorf verbreitet. Alle Glocken hatten geläutet, lauter und heller und fröhlicher heute, wie es schien, an diesem 3. Oktober 1937, dem Erntedankfest.

Und so sprach Paul zu seiner Gemeinde:

»Aller Augen warten auf dich, und du gibst ihnen ihre Speise zu seiner Zeit. Du tust deine Hand auf und erfüllest alles, was lebt, mit Wohlgefallen. Der Herr ist gerecht in allen seinen Wegen und heilig in allen seinen Werken. Der Herr ist nahe allen, die ihn anrufen, allen, die ihn mit Ernst anrufen. Er tut, was die Gottesfürchtigen begehren, und hört ihr Schreien und hilft ihnen. Der Herr behütet alle, die ihn lieben, und wird vertilgen alle Gottlosen. Mein Mund soll des Herrn Lob sagen, und alles Fleisch lobe seinen heiligen Namen immer und ewiglich! Psalm 145, 15–21

Liebe Gemeinde! Erntedankfest auch in diesem Jahr der Kirchennot! Es war uns in der Kirche im Dorf und auch in der Stadt immer ein besonders freudiges Fest, über den Früchten des Feldes als dem äußerlich sichtbaren Segen, den Gott auf unsere Arbeit gelegt, ... Gott zu danken.

... Da sehen wir hinter der Kraft unserer Arme bei der Arbeit, hinter der Trieb- und Keimkraft der Erde, hinter allem geheimnisvollen

Sprießen und Wachsen zwar unsichtbar, aber doch lebendig und wirklich das persönliche, väterliche Du ... des Vaters im Himmel....
Laßt uns doch nicht Gott die Ehre rauben und nicht hinter Naturgesetze und Naturkräfte, hinter die Gesetze und Kräfte von Blut und Boden uns flüchten und verstecken, um diesem großen persönlichen Du des lebendigen Gottes zu entgehen, das in seinen Gaben so väterlich, so warm, so vertraut heute am Erntedankfest auf uns zukommt! ...
Nun ermessen wir den Reichtum der Güte Gottes in den Gaben zu unserer leiblichen Notdurft, daß er uns dadurch erhalte, damit uns das Heil und die Erlösung in Jesu Christo gepredigt werde und noch viele selig werden. Nun werden wir bewahrt vor dem Mißbrauch der Gaben Gottes in sorgendem Geiz oder hochmütiger Verschwendung, daß unser Herz darüber hart und stolz und sicher wird. ...
Wehe denen, die über Gottes Gaben weltselig und gottvergessen werden! Um seiner Gerechtigkeit und Heiligkeit willen hat Gott auch Mißwachs und teure Zeit, Dürre und unfruchtbare Jahre, Armut und Krankheit eingebettet in seine gnädigen Erhaltungsordnungen. Diese Nöte sind sein aufgehobener heiliger Finger für den einzelnen und für ganze Völker, daß man Gott nicht vergesse ....
Heilig und gerecht sind Gottes Wege auch mit der Gabe seines Wortes. Laßt uns das bei diesem Erntedankfest nicht vergessen und wohl bedenken! Schlimmer als Teurung des Brotes ist für ein Volk die Teurung des Wortes Gottes. Daß wir solche Zeit der Teurung des Wortes Gottes im deutschen Volk befürchten müssen, da schon viele evangelische Pfarrer, die lauter und rein und ohne Scheu vor dem Mißfallen der öffentlichen Gewalten Gottes Wort und Willen verkündigen, Gefangenschaft und Verfolgung erleiden, das will uns die Freude und den Dank dieses Erntedankfestes dämpfen. Es gab auch in Israel Zeiten, von denen es heißt, daß Gottes Wort teuer war im Lande. ...
Auch wir haben diese Zeit der Kirchennot in Deutschland wohl verdient mit unserer Gleichgültigkeit und Verachtung des göttlichen Wortes. Aber wehe uns, wenn wir nicht mehr die Säe- und Ernte-

arbeit treiben dürfen am göttlichen Wort mit Alten und Jungen in unseren Dörfern und Gemeinden! Was hülfe es dem Menschen, wenn er die ganze Welt gewönne, und nähme doch Schaden an seiner Seele! Darum, o Land, Land, Land, höre des Herrn Wort!
... Der Herr ist nahe allen, die ihn anrufen.... Das soll gelten für die Not ums Brot und für die Not ums Wort Gottes .... Wir sind gefragt, ob wir uns von der Kirchen- Gemeinde- und Schulnot denn haben ernsthaft ins Beten hineintreiben lassen. Waren wir ebenso besorgt um die christliche Unterweisung unserer Kinder, wie wir froh waren, daß wir sie wegen des ausfallenden Schul- und kirchlichen Unterrichts frei hatten zur Arbeit? Ach, um die Gemeinde und Kirche und ihre christlichen Anliegen wird nicht genug und nicht ernstlich genug gebetet! Woran liegt es? Viele sind, die sich erst gar nicht in die Not von Gott wollen hineinführen lassen, nicht in die Not ums Brot und die Existenz, nicht in die Not um die Kirche und das Wort Gottes. Viele sind, die vorher ausbiegen auf die Wege der Welt, auf ihre krummen Wege der Heuchelei, der Unaufrichtigkeit, der Lüge, des Kompromissemachens mit dem Geist dieser Welt und des Ungehorsams. ...
Wohl dem, der dieser Not nicht ausweicht! Er darf es dann auch erfahren, daß Gott ein Nothelfer ist und sich als solcher finden läßt. Er darf es erfahren, was Gott den Gottesfürchtigen verheißt: Noch ehe sie rufen, will ich sie hören; noch ehe sie schreien, will ich ihnen antworten. ...
Es fehlte aber etwas an der Heiligkeit und Gerechtigkeit des Waltens Gottes, wenn seine Wege nicht auch Gerichtswege wären für alle Gottlosen. ...
Wehe den Verführern, welche die Leute, ein Volk, seine Jugend verführen, abzufallen von dem lebendigen Gott und seinem Wort, das allein die Seele satt macht zum ewigen Leben! Wehe auch denen, die sich verführen lassen, Eltern und Kinder, weil ihnen das irdische Brot wichtiger ist als das ewige, göttliche Himmelsbrot! ... Über [ihnen] steht nur noch die Gerichtsmacht Gottes in seinem letzten, ewigen Gericht. Wer Ohren hat zu hören, der höre! Du gleichgültiger und sicherer und selbstgerechter Sünder, mache dich auf und suche deinen Heiland!

> Erntedankfest! Wir rühmen den Reichtum der Güte Gottes in seinen Gaben. ... ›Alles Fleisch lobe seinen heiligen Namen immer und ewiglich!‹ Das bedeutet, daß Gottes Lob und Ehre nicht im Winkel bleiben darf. ... [Es] soll eine Ehre sein und eine Ermunterung, fortzufahren auf dem Wege der ihren Herrn laut bekennenden Kirche. Das sei unser Erntedank! Kommt, schließt die Reihen! ... Amen!«[211]

Während der Chorgesang den Gottesdienst beendete, nahm Gretel wahr, dass Paul, der noch auf der Kanzel stand, einen kummervollen Gesichtsausdruck hatte, als wisse er, dass er soeben zum letzten Mal in seinem Leben seiner geliebten Gemeinde gepredigt hatte. Nachdem er den Segen gesprochen hatte, zögerte er, seinen Prophetenstuhl zu verlassen, von dem ihn die Kräfte eines satanischen Staates nun zu drängen suchten. –
Adolf Hitler wandte sich indessen anlässlich des Erntedankfestes an ein westfälisches Publikum in Bückeburg:

> »Wenn wir diesen Weg weitergehen, anständig, fleißig und redlich, wenn wir so brav und treu unsere Pflicht erfüllen, dann wird, das ist meine Überzeugung, auch in der Zukunft der Herrgott uns immer wieder helfen. Er läßt anständige Menschen auf die Dauer nicht im Stich! Er kann sie vielleicht manchmal erproben, ihnen Prüfungen schicken, aber auf die Dauer läßt er doch immer wieder seine Sonne über sie strahlen und gibt ihnen am Ende seinen Segen.«[212] –

Nach dem Gottesdienst dieses 3. Oktober 1937 trafen alle Presbyter, auch die von Womrath, im Pfarrhaus zusammen, um mit den Schneiders und ein paar Vertretern der Rheinischen Pfarrerbruderschaft Kaffee zu trinken. Letztere hatten von Pauls Rückkehr erfahren und hatten im Gottesdienst in Dickenschied einige Worte zu seiner Begrüßung gesprochen. Man genoss die Stunden des Beisammenseins, bevor Paul und Gretel und die Womrather Presbyter nach Womrath aufbrechen mussten, wo um 8 Uhr der Abendgottesdienst stattfinden sollte.

»Jetzt werden wir noch unser Abendgebet sprechen«, sagte Paul, als er ins Kinderzimmer kam. Die Kinder falteten alle ihre Hände und beteten gemeinsam mit dem Vater, während Gretel den Jüngsten in ihren Armen wiegte. Paul küsste alle Kinder, eines nach dem anderen. »Und nun ab ins Bett!«, sagte er. »Gott beschütze euch alle!« Nur Evmarie und Dieter würden den Vater noch einmal wiedersehen, für die anderen war es ein Abschied für immer.

Dann wurden Paul und Gretel die 5 Kilometer nach Womrath gefahren. Als das Auto von der Straße nach Kirchberg abbog und einen Waldweg entlangfuhr, sah Gretel vorne blinkende Lichter und eine Straßensperre. »Das ist bestimmt die Gestapo, Paul«, stieß sie hervor. »Eine erneute Verhaftung. Hier, nimm schnell deine Bibel an dich und dein Gesangbuch!« Und schon näherten sich zwei Polizisten. »Pfarrer Paul Schneider?«, fragte einer von ihnen. »Ja.« – »Sie müssen mit uns nach Kirchberg. Wir haben den Auftrag, Sie in Schutzhaft zu nehmen.« Presbyter Auler wandte ein: »Die ganze Gemeinde von Womrath erwartet Pfarrer Schneider. Wir haben unsern Pfarrer seit dem 25. Juli nicht gesehen. Sie können doch wohl warten bis nach dem Gottesdienst.« Der Polizeibeamte sagte nur eindringlich: »Bedaure, mein Auftrag lautet, Pfarrer Schneider sofort nach Kirchberg zu bringen. Ich muss Sie also ersuchen, gleich in unseren Wagen zu steigen.« Paul sah ein, dass die Beamten keinem Argument zugänglich waren. So schüttelte er den Womrather Presbytern die Hand und sagte zu Gretel, als er sie umarmte: »Komm morgen nach Kirchberg.«

Gretel kehrte nach Dickenschied zurück. »Gleich nachdem ihr abgefahren wart, erschien die Polizei am Pfarrhaus«, rief Sophie Gretel entgegen, und als diese ihr alles erzählte, jammerte Sophie: »Ich hab's ja gewusst. Seine Feinde haben ihn bei der Polizei verpetzt, kaum dass er hier aufgetaucht war. Die Nazis geben keine Ruhe, bis sie ihn im Konzentrationslager haben.« –
Gretel bedankte sich herzlich bei Herrn Link, als sie ihm die Tasche mit Schlafanzug und Kulturbeutel übergab. »Ist doch selbstverständlich«, erwiderte der, »Kirchberg ist ja nur ein paar Minuten entfernt, ich bin in null Komma nichts da. Außerdem kenne ich den Aufseher Weber und seine Familie, er wird schon dafür sorgen, dass Pfarrer

Schneider die Sachen noch heute Abend bekommt.« Da Paul nicht sicher war, ob Gretel zu ihm vorgelassen würde, gab er Herrn Link ein paar Zeilen an seine Frau mit:

> »Kirchberg, 3. Oktober 1937
>
> ... Hoffentlich haben sich die Womrather gestern selber noch einen Gottesdienst gehalten. Das wird, scheint es, heut von Gott von ihnen erwartet, daß sie das können. Es ist mir ja sehr leid, daß wir nicht hinkamen. ... Gott hätte ja eine Viertelstunde Verspätung der Polizei schenken ... können. So wollen wir es im Glauben von Gott als gut nehmen, wie es kam. ... Ich bin aber auch sehr froh, daß ich in Dickenschied war, da war der Dienst noch nötiger. Das nächstemal ist dann Womrath dran. Hoffentlich bald! ... Nun wollen wir recht Glauben halten und auf Gottes Wundermacht vertrauen. Auch die Gemeinden sollen sich nicht erschrecken und einschüchtern lassen. ... Wir wollen noch treuer beten. ...«

Gretel fuhr auch tatsächlich am 4. Oktober nach Kirchberg, aber sie durfte Paul nicht sehen. »Es tut mir wirklich Leid, Frau Schneider«, sagte Philipp Weber, der den Schneiders durchaus gewogen war, »ich würde Sie gern zu Ihrem Mann lassen, aber ich habe strikte Anweisung, dass er keinen Besuch haben darf.« Paul aber hörte Gretels Stimme. Er stand in seiner Zelle oben und pfiff, so laut er konnte, die Melodie von »Ein feste Burg ist unser Gott«. Philipp Weber gab Gretel ein Zeichen. »Sehen soll er niemanden, aber es hat keiner angeordnet, dass er auch mit niemandem sprechen soll.« Und er winkte Gretel ins Treppenhaus. Als sie sich verabschiedete, sagte Paul mit fester Stimme: »Richte den Gemeinden aus: Ich bin und bleibe ihr Pfarrer.« Gretel bedankte sich bei den Webers; dann drehte sie sich im Weggehen noch einmal um – und siehe da, Paul winkte ihr aus dem kleinen Fenster des Toilettenraums zu.

Am selben Tag machten sich vier Frauen aus Womrath auf den Weg nach Kirchberg. Herrn Weber war gar nicht wohl bei so vielen Besuchern, aber seine Frau führte die Frauen zu einem Schuppen, von dort konnten sie das Fenster des Toilettenraumes sehen, wo Paul stand. Einander zuwinkend und Zeichen gebend, konnten sie sich verständigen. Paul schrieb schnell ein paar Worte auf, und Philipp Weber schickte seinen Sohn herauf, der den Zettel abholte. Frau Fuchs, die Frau des Womrather Presbyters, las vor, was Paul geschrieben hatte:

»Vielen, vielen Dank, ihr lieben Frauen und Mädchen,
Nun sind wir uns doch schon ein wenig näher, Gott wird es vollends versehen.
Ich bin und bleibe euer Pfarrer!
Betet, daß Gott alles zum Guten und Segen kehre für die ganze Gemeinde.
Euer Besuch war mir eine große Freude und Stärkung.
Freuet euch in dem Herrn alle Wege! ...
Gott wird uns noch ein frohes Wiedersehen schenken, ich hoffe es fest,

Euer treuer
Pfarrer Schneider«

Als die Frauen weg waren, schrieb Paul an seine Kinder:

»Kirchberg, den 1. Oktober 1937
2 Uhr nachm.

Liebe Kinder!
Jetzt war es doch schön, daß der Vater am Sonntag einmal in Haus und Gemeinde hereinsehen konnte. Ich freue mich, wenn Ihr lieb beieinander seid und nicht zankt. Ohne das könnte Gott Euch auch gar nicht erhören, wenn Ihr für den Vater betet.... Betet nur schön weiter, daß Gott in seiner Macht und Gnade den lieben Vater wieder nach Dickenschied zurückbringe und daß wir alle in Dickenschied bleiben können. ...
Einstweilen bin ich noch gar nicht weit weg von Euch hier in Kirchberg. Vielleicht gibt es Gott den Männern im Staat noch ins Herz, daß sie den Vater wieder bald frei lassen. Wenn nicht, so müßt Ihr denken, daß es auch so gut und nötig ist, damit die Menschen wieder mehr auf Gottes Wort hören und an seinen lieben Sohn, der unser lieber Heiland ist, glauben lernen.

Ich freue mich, daß Ihr mit der lieben Mutter noch sicher und schön beieinander wohnt. Seid auch der lieben Mutter zuliebe recht brav! Lernt jeden Tag etwas weiter im Schreiben und Lesen und Rechnen und auch Verslein und Sprüchlein.

Es hat Euch lieb
Euer Vater.

Gerade hat es Herr Weber gemütlich warm gemacht in meiner Stube.«

Bald danach wurde Paul nach Koblenz gebracht. Aber er blieb nur kurz im Gestapogefängnis, bis man ihn ein paar Straßen weiter ins Koblenzer Polizeipräsidium verlegte. Die Haftbedingungen waren hier nicht so strikt wie im Gestapogefängnis, obwohl er auch hier Gestapohäftling war.

Am 4. Oktober benachrichtigte Gretel Emil Weber und seine Frau in Eschbach. Und dann musste sie noch einen Brief schreiben – eine Aufgabe, die sie gar nicht gern erledigte:

»Liebe Mutter!
Wir erlebten einen schönen Sonntag mit unserem lieben Vater, bis er abends, als wir mit dem Auto nach Womrath zum Gottesdienst wollten, von den Gendarmen verhaftet wurde und nach Kirchberg abgeführt. Gestern morgen konnte ich ihn noch von weitem sehen und ihm noch mancherlei nötige Sachen bringen. Nun sei er von Koblenzer Gestapo abgeholt worden – wohin, das weiß man nicht. Hoffentlich bekomme ich in absehbarer Zeit doch Nachricht. Ich bin nun sehr froh, daß ich mit den beiden Buben doch noch in Eschbach war. ... – Nun ist einem das Herz natürlich wieder schwer und bange. Aber ›Er legt eine Last auf, aber Er hilft uns auch.‹ ... Nun regt euch nur nicht zu sehr auf, es war dies ja vorauszusehen. Hoffentlich wird nun alles endgültig entschieden. Paul war sehr froh, daß er wieder daheim war und war auch gestern noch gefaßt und guten Mutes. ...
Herzlich grüßt Dich und Amei

Deine
dankbare Gretel.« –

»Mutter«, sagte Dieter, »mein Lehrer in Kirchberg hat erfahren, dass Vater wieder mal im Gefängnis ist. Er hat mich wieder bekniet, ich soll beim Jungvolk eintreten. Er sagt, nur so kann im nationalsozialistischen Staat was Rechtes aus mir werden. Vaters viele Verhaftungen würden es mir schwer genug machen in der neuen Gesellschaft, und wenn ich mich weigerte, zum Jungvolk zu gehen, hätte ich überhaupt keine Chance. Er hat uns was aus Adolf Hitlers Rede über das Winterhilfswerk diktiert. Das bisschen, was die Kirchen für die Armen und Obdachlosen täten, sei regelrecht lächerlich. Wir sollten dem Beispiel der Berliner Jugend folgen, der Führer habe ihren freiwilligen Einsatz beim Sammeln sehr gelobt.« Gretel las, was Hitler gesagt hatte und was nun in Dieters Heft stand. Es war eine Lobeshymne auf die eifrigen Mädchen, die, selber frierend an kalten Wintertagen, um Geld für andere Frierende baten. Hier könne man eher von Aposteln des Christentums sprechen als bei denen, die sich selber so nennten. Dieses Christentum werde nicht nur durch das Wort bewiesen, sondern durch die Tat. Dann sagte Gretel zu ihrem Sohn: »Dieter, du weißt, was Vater und ich von der staatlichen Jugendorganisation halten. Es ist schwer für dich, den Druck deiner Lehrer und Klassenkameraden auszuhalten, aber auf keinen Fall lassen wir zu, dass du in so einer Gruppe Mitglied wirst. Auch für die Winterhilfe zu sammeln, würde dein Vater nicht erlauben. Für Christen gibt es in der Kirche genug Möglichkeiten, sich zu engagieren. Der Staat, dem du bei seinen sozialen Aufgaben helfen sollst, ist ja derselbe, der deinen Vater ohne rechte Ursache eingesperrt hat.« – »Das verstehe ich«, erwiderte Dieter, »Vater hat es mir ja auch erklärt, warum ihr nicht wollt, dass ich zur Hitlerjugend gehe. Ich will ja auch selber nicht da hin. Und ich weiß auch, dass Vater glaubt, das Winterhilfswerk ist nur ein Trick der Partei, um sich bei allen beliebt zu machen.«

Pauls Post lief über das Büro der Gestapo, aber er und Gretel bekamen bald heraus, dass die Kontrolle der Wäschesendungen hier laxer gehandhabt wurde, so dass sie miteinander korrespondieren konnten, indem sie Briefe zwischen die Pappdeckellagen der Wäschepakete steckten. Um keinen Verdacht zu erregen, schickten sie zusätzlich Briefe auf dem Umweg über die Gestapozensur, aber die meisten Briefe wurden inoffiziell ausgetauscht. Es erfolgte ein lebhafter Briefverkehr, in dem Paul Gretel über seine Lebensumstände informierte und sie, so gut es ging, zu beruhigen versuchte; Gretel ihrerseits sprach ihrem Mann immer wieder Mut zu.

[In einem Brief von Pfarrer Rolffs an Pfarrer Wentorf, dessen Paul-Schneider-Forschung neben den von Frau Margarete Schneider beigesteuerten Mitteilungen und Materialien die Hauptinformationsquelle für den Autor dieses Buches war, heißt es:

»... Aber in seinem Lebensbild darf auf keinen Fall seine Lebensgefährtin fehlen. Denn ihr Anteil an seinem Martyrium besteht darin, daß sie unter Schmerzen ihren Mann freigab, auf ihr Frauen- und Mutterrecht verzichtete und sich jeder Einflußnahme auf die Gewissensentscheidung ihres Mannes enthielt. Das wiegt um so schwerer, als diese beiden Menschen sehr vitale, eigenständige Charaktere sind. Welche inneren Kämpfe beide zu bestehen hatten, das weiß Gott allein. ...«] [213] –

Am 5. Oktober schrieb Gretel an Paul:

»Mein lieber Paul!
Daß nun unsere Gedanken sehr oft in Vogelsang sind, weißt Du. Es kam doch eine große Traurigkeit zuerst über mich, als ich hörte, daß Du nun so weit weg wärest. Aber ich hab ja damals gesagt, daß ich ob Deiner Sache ›getrost‹ wäre, und das will ich nun auch sein in Gehorsam und Glauben. – ... Ich wünsche es Dir so sehr, daß Du neben dem Alltagsbrot auch ganz habhaft das andere Brot hast, das uns Christen stärkt und froh macht und hilft in aller Anfechtung. ... Nun, Du wirst Dir schon zu helfen wissen, so daß es doch eine Segenszeit wird. All das Schöne, das wir diesen Sommer genießen durften in der Natur draußen und in der Familie und zu Zweien, wird Dir nun noch mal lebendig werden. Ist Dir's nicht wie ein Traum, daß wir letzte Woche mit Deinen lieben Buben friedlich und fröhlich Pilze suchen waren? ... Es tut mir so leid, daß Du das Losungsbüchlein nicht hast! Drum schreibe ich mal für die nächsten 14 Tage die Stellen ...«

Gretels Brief an Paul sollte ihn persönlich ermutigen; der Brief des Superintendenten Gillmann vom selben Tag diente der offiziellen Information der kirchlichen Stellen über Pauls Schicksal:

»Dem Evangelischen Konsistorium
der Rheinprovinz
in Düsseldorf/Rh.
mache ich hiermit pflichtgemäß die dienstliche Mitteilung, daß der Pfarrer Paul Schneider aus Dickenschied am Sonntag erneut verhaftet und in das Amtsgerichtsgefängnis in Kirchberg eingeliefert und am folgenden Tag ... nach Koblenz (?) abtransportiert worden ist. Die näheren Umstände weiß ich nicht. ...
Es tut mir leid, daß Schneider nunmehr wieder in Haft ist, vor allem wegen seiner Frau und den sechs Kindern. Tun kann man nicht viel, wenigstens im Augenblick, die Erregung ist groß.
Meine ganz persönliche Ansicht ist die: Schneider hätte klüger getan, noch etwas Wasser den Rhein hinunterfließen zu lassen, ehe er den zweiten Schritt der Rückkehr tat. Aber er ist mit niemandem von uns zu Rate gegangen, so daß er uns der Pflicht überhoben hat, ihm abzuraten, was auch wahrscheinlich nichts genutzt hätte; denn er handelt aus einer nur ehrlichen Überzeugung heraus. ›Er steht oder fällt seinem Herrn‹ (Röm. 14, 4).
E. Gillmann«[214] –

Vor genau vier Jahren, am 7. Oktober 1933, war Paul Schneiders Vorgehen gegen SA-Chef Röhm von der Gestapo in Koblenz dem Justizminister in Köln gemeldet worden. Am 4. Oktober 1937 erstattete das Polizeibüro in Kirchberg dorthin Bericht über Pauls Verhaftung. Am 6. Dezember 1937 ging endlich folgende Mitteilung aus dem Ministerium in Köln an die Koblenzer Gestapo: »Weil die vorliegenden Beschwerden nichts Neues enthalten, habe ich entschieden, keinen Haftbefehl zu erstellen.« Zu diesem Zeitpunkt, am 6. Dezember 1937, hatte Paul Schneider schon acht Wochen in Koblenz eingesessen und war sogar schon eine Woche lang in Buchenwald! Obwohl das Justizministerium keinen Haftbefehl erstellt hatte und nie ein

Prozess durchgeführt wurde, blieb Paul Schneider Gefangener, Gefangener der Gestapo!

Am Sonntag, dem 10. Oktober, schrieb Paul an Gretel und verbarg den Brief im Wäschepaket nach Dickenschied. Im Familienarchiv sind solche Briefe mit dem Stichwort »inoffizieller Brief« registriert.

[inoffizieller Brief]

»Koblenz, den 10. Okt. 1937

Liebe Gretel.
... Jetzt ist es Sonntagnachmittag, eine schöne Stunde zum Denken nach Hause.
Es ist mir diese vergangene Woche ganz gut gegangen. ...
Montag ... wurde ich verhört ... vor dem Kommissar, der mir ein sachliches Protokoll über meine Personalien, Kriegsteilnahme u.s.w. und meine zweimalige Predigt in Dickenschied, Womrath, bezw. meine Verhaftung vor Womrath und meinen Urlaubsaufenthalt abnahm, das ich unterschrieb. ... Am Donnerstag sollte ich einen Schutzhaftbefehl gegen Quittung bekommen, der die übliche Anschuldigung wegen Störung der öffentlichen Sicherheit und Ordnung enthielt. Ich verweigerte die Annahme und jede diesbezügliche Unterschrift. Darauf bekam ich Gelegenheit zu ausführlicher schriftlicher Begründung meines Verhaltens, die ich dann auch nicht schuldig blieb, mich dabei auch noch einmal auf meine Einschreiben an die hohen staatlichen Stellen berufend und am Schluß um Freilassung zu ungehindertem Dienst an meinen Gemeinden oder um ein ordentliches Gerichtsverfahren zur Aufdeckung der mir zur Last gelegten Unruhestiftung bittend.
Darauf erfolgte nichts als meine Übersiedlung am Freitag nachmittag in das Polizeipräsidium. ... Hier wurde ich recht unfreundlich in Empfang genommen und bekam eine lange schmale ziemlich hohe Zelle zugewiesen mit Holzpritsche an der Erde, etwa 1 m breit, 6 m lang, 3 m hoch, kleines hohes Fenster auf den Hof mit Schall- und Sichtschutzblech, eine Art Scheuklappe. Ich sehe aber doch auf einen Kastanienbaum und daneben auf einen anderen

Baum noch …, d. h. ich sehe in die Krone dieser Bäume, hin und wieder tummeln sich Spatzen in denselben und dieses Stück lebendiger Natur ist doch recht tröstlich. Die Zelle ist geheizt und die trockene warme gesunde Luft empfindet man sehr als Wohltat nach der muffig-kalten Vogelsang-Atmosphäre. Auch der Umgang mit ordentlichen Gefängnisbeamten, die übrigens doch recht freundlich wurden, ist recht wohltuend. … Am Freitag abend bekam ich gleich noch eine ziemlich dicke Matratze, Bettwäsche, … wodurch ein viel besseres Lager als im Vogelsang gestattet ist; … An Essen gab es abends Reis und Hafergries, mittags Sauerkraut und Bohnensuppe, … und ich höre, daß man sich zukaufen kann. Geld habe ich ja. Mit meinen Mitgefangenen habe ich schon ein wenig Bekanntschaft machen können, mein nächster Nachbar ist ein Jude aus Berlin. … Dann kommt ein junger aus dem Elternhaus durchgebrannter Sachse, der zur Fremdenlegion wollte, 17 Jahre etwa, dann eine ernste Bibelforscherin, die etwas ganz Feines an sich hat, ihr Mann ist schon lange in einem Gefangenenlager. Außer ihr ist noch ein Bibelforscher hier. Diese Leute, mit ihrem übertriebenen Hinstarren auf die Endzeit, die sie voll und ganz angebrochen glauben, machen an ihrem Teil etwas gut, was die Kirche zu sehr unterlassen, eben den Blick auf das Ende. … [Sie] treten als ›Freunde Jehovas‹ treu für ihre Sache ein. Und es ist wohl nicht geraten, diese religiöse Überzeugung, die aus der Bibel lebt, als Sekte unter Verfolgung zu stellen. Dann sind hier noch Ausländer, zwei Polen, ein Tscheche, ein Italiener, ein ganz junger Mensch, die wegen Paßvergehen festgenommen sind und wohl auf Schub über die Grenze gesetzt werden. – Was mit mir wird, weiß ich ja nicht. Es ist leicht möglich, daß es Concentr.Lager gibt. Es wird sich ja in absehbarer Zeit entscheiden. Dann wollen wir uns beide auch getrost darein fügen. Jedenfalls bin ich noch nicht irre daran geworden, daß mein Entscheiden und Handeln recht gewesen ist. Vielleicht hast auch Du, Liebe, im Herzen die Getrostheit über das Recht unseres Weges gewonnen. Vielleicht wird es Dir auch schon durch Geschehnisse in der Kirche und den Widerhall bei den Brüdern bestätigt, daß es recht war, hier dem Gebot der Obrigkeit nicht zu weichen. …

Grüße die Freunde, grüße die Brüder, die es von Herzen meinen, grüße Sophie und Luise. Küsse die lieben Kinder.

In tr. Liebe

Dein Paul.« –

Etwa um dieselbe Zeit kam eine Antwort auf Pauls Eingabe vom 30. September aus der Reichskanzlei in Dickenschied an mit der kurzen Mitteilung, dass für die Belange des Pfarrers Paul Schneider das Innenministerium zuständig sei und dass man in der Reichskanzlei vorschlage, sich brieflich noch einmal an den Innenminister zu wenden.

Also schrieben am 13. Oktober 1937 die Presbyterien der Gemeinden Dickenschied und Womrath direkt an Innenminister Wilhelm Frick:

»Dickenschied, den 13. Okt. 37

Die Presbyterien der Kirchengemeinden
Dickenschied-Womrath
(über Kirchberg/Hunsrück)

An den Herrn
Reichs- und Preußischen Minister des Innern
Berlin

Unser Pfarrer Schneider hat vor seiner Rückkehr, die auf unsere ausdrückliche Bitte erfolgte, eine Eingabe an die Reichskanzlei gerichtet – Datum vom 30. September. Diese Eingabe ist in Abschrift auch dem Herrn Reichsminister und Preußischen Minister des Innern zugegangen.

Herr Pfarrer Schneider ist am Sonntage seiner Rückkehr, den 3. Oktober, abends nach 8 Uhr auf dem Wege in seine Filialgemeinde erneut in Schutzhaft genommen worden. Er wurde zuerst in Polizeigewahrsam nach Kirchberg verbracht. Am Montage wurde er in das Staatspolizeigefängnis in Koblenz, Vogelsang 1, überführt. Weitere Nachrichten fehlen bisher. ...

Wir machen uns die Eingabe unseres Pfarrers vom 30. September vollinhaltlich zu eigen. Wir weisen besonders darauf hin, daß unsere Gemeinden seit März dieses Jahres ohne Pfarrer sind, sich in ihren Gottesdiensten mit Vertretungen der umwohnenden Pfarrer behelfen müssen, die Kranken nicht regelmäßig besucht werden können, die Konfirmanden keinen geregelten Unterricht erhalten usw.
Wir bitten den Herrn Reichs- und Preußischen Minister des Innern, uns unseren Pfarrer bald zurückgeben zu wollen.

Peter Klos	Jak. Scherer
Heinrich Diener	Peter Auler
Adolf Müller	Jakob Fuchs«[215]

»Wir schicken diesen Brief«, sagten die Presbyter zu Gretel, »obwohl wir wenig Hoffnung haben, dass Frick darauf eingeht. Soviel man weiß, kümmert sich der Innenminister nie um das, was die Gestapo treibt.«

Am 17. Oktober schrieb Paul »offiziell« an Gretel, und sein Brief passierte die Zensur der Gestapo:

»Liebe Gretel!
Dein lieber Brief vom Samstag voriger Woche kam gestern am Samstag in meinen Besitz, gerade recht, um mir den Sonntag feiern zu helfen. Wie freut man sich jetzt an einem Lebenszeichen voneinander! Besonders der Schluß Deines Briefes war mir eine große Beruhigung und auch Stärkung für mich selber. ...
Ich will Dir nun von meinem Ergehen berichten. Du weißt offenbar schon, daß ich am 4. Oktober abends zum wohlbekannten Vogelsang abgeholt wurde. ... Wie es Dir ergangen, so überkam auch mich eine große Traurigkeit über die neue Trennung von Euch Lieben und den Gemeinden. ... – Am Freitag, den 8. Oktober nachm. wurde ich an meinen jetzigen Aufenthalt überführt ... .«
Paul beschrieb nun »offiziell« die Beschaffenheit seiner Zelle und die Mahlzeiten.

»Mit meinen 7-10 Mitgefangenen darf ich leider keinen geselligen Umgang pflegen, was ja sonst sehr zur Belebung des einförmigen Daseins beitragen würde. Ich habe nur feststellen können, daß es auch hier eine ziemlich bunte Gesellschaft ist. Einige Male ... durfte ich auch für ½ Stunde an die frische Luft, das ist dann eine große Wohltat, die ich durch stramme Bewegung auch ausnütze. So, nun bist Du orientiert über mein äußeres Dasein. Ich habe dir so ausführlich geschrieben, daß Du Dich gut hineindenken kannst. So brauchst Du Dir jedenfalls so lange ich hier bin, keine Gedanken zu machen über zu große Härten meiner Haft. Wenn Dir ein Besuch bei mir nicht gestattet wird, so gräme Dich nicht zu sehr darum. Wir wollen in der uns verbleibenden Verbindung umso treuer sein. Bibel und Gesangbuch habe ich diesmal schon bald im Vogelsang bekommen. Ich habe sie natürlich auch benutzt. ... –

Oft, liebes Weib, komme ich mir wie ein rechter Rabenvater vor und denke, warum gerade ich das Alles über Euch bringen muß und ob ich ein Recht dazu habe, warum gerade ich mit unseren Gemeinden so exponiert sein muß. Dann sitze ich in rechter Bußstimmung in meiner Zelle. ... Aber wir können ja doch auch nicht anders als den Weg gehen, den Gott uns führt und bei allem Nachsinnen ist es mir noch nicht gekommen, daß und wie wir es anders hätten machen können. So müssen wir unsere Sache getrost Gott anheimstellen und es ihm überlassen, daß er uns rechtfertigt, rechtfertigt im Glauben an unserem Geiste und Gewissen in aller unserer Sünde und rechtfertigt auch vor der Welt, wenn es Zeit ist. –

Ja, Liebste, ich bin dir so dankbar für die Wochen des Zusammmenseins mit Dir und den Kindern, die uns Gott so freundlich geschenkt hat. Und nun wollen wir trauen der Verheißung des Herrn, daß, wer all das Seine und all die Seinen verläßt um Jesu willen, es hundertfach wieder bekommen soll in dieser Welt und in jener das ewige Leben. Der Kastanienbaum wird mir dann zu Gottes schöner weiter Welt und die Welt zu Gottes Ewigkeit ... .

Luise soll nur im Frieden und mit unserem Dank und Segen an Weihnachten heimgehen. Sie soll sich keine Unruhe und Gedanken machen. Gott wird uns schon eine neue Hilfe zur rechten Zeit zeigen. Grüße die Brüder wieder, die mich grüßen ließen, und alle guten und treuen Freunde. ... Gruß und Kuß den Kindern. Die liebe Sophie soll sich diese Geschichten nicht so zu Herzen nehmen. ...

In herzlicher Liebe
Dein ganz getreuer Paul.«

Am nächsten Tag folgte ein »inoffizielles« Schreiben an Gretel:

»Koblenz, den 18. Oktober 1937

Mein lieber Schatz!
Nachdem ich gestern den offiziellen Brief als Sonntagsvergnügen dir geschrieben, schreibe ich heute an dem inoffiziellen weiter. ... Ich sitze auf meinem luftigen Sitz am Fensterbrett, genieße den Blick in die Kastanienbaumkrone, die nun in wenigen Tagen gelb geworden ist, die Blätter im Wintersterben mit letzter Kraft noch festhaltend. Immerhin sieht man schon das feingegliederte Geäst der Krone, die nun bald nackt und kahl dastehen wird. So kommt der Herbst- und Wintersturm auch über die Kirche und Christenheit und es wird sich zeigen, was nur Blätter gewesen sind und was kernig und holzig ein Stück des Baumes selber geworden ist. ... Möchten wir uns dann nicht ärgern an dem traurigen und störrischen Geäst, das doch für den Sehenden und Freund auch seine Schönheit hat.
Vorher sind wir gerade wieder ½ Stunde spazieren gewesen in der frischen kalten Luft. Das war sehr wohltuend, da ich mich warm gelaufen hatte. ...
Die letzte Woche verging noch recht gedrückt und unter quälender Erinnerung an vieles in unserem Leben, was nicht sein brauchte. Du weißt, liebes Herz, welche Gedanken bis zur Fahnenflucht mir dann kommen. Aber Gottes Wort bietet auch dann Heilung und Stärkung. Mit Deinem Brief wurde dann auch die volle Freude wieder ausgelöst, die nur gedämpft war von dem Gedanken, daß Du nun noch nichts von mir in Händen hast. Ich bete zu Gott, daß er es Dir auch so sagt, daß es mir gutgeht und

Dich getrost macht. Daß Du mir so getrost schreiben konntest, hat mich ja so froh gemacht und ich glaube feste, daß Du nicht nur Sorge und Last, sondern auch Segen und Freude und Frieden, der höher ist als alle Vernunft, durch unseren ›Leidensweg‹, den ich Dir aufbürde und den Du doch so gefaßt und tapfer trägst, hast. Ich danke Dir sehr, du Liebste! So hilfst du vielleicht noch mehr als ich mit, daß auch andere sich der uns befohlenen und angebotenen Leiden um des Glaubens willen nicht verweigern, sondern mit Freudigkeit – nicht Lust – dazu gewinnen. Und ganz gewiß will Gott auch unsere Kinder mit einbeziehen unter den Segen unseres Weges. …
Und nun kam heute Dein Wäschepaket mit Heidelb. Kat., Brief, Butter und Schokolade alles in meinen Besitz. Wieder hat mich Dein Brief so gefreut. … Ich hatte gestern einen so schönen Sonntag, so still und friedlich in meiner Klause, mit allen Evangelien und Episteln zum ›Gottesdienst‹. An Stelle des fehlenden Sonntagsblattes las ich im ›katholischen Hausbuch‹, das sich hier neben anderem Lesestoff herumtreibt. … Nach dem Diner, das gestern besonders reichlich ausfiel … las ich sogar einen schönen Roman. … Er spielt zwischen Grafenschloß und Pfarrhaus, behandelt den Widerstreit zwischen Liebe und Pflicht in ganz feiner Weise. …
Aber was mich am meisten aus Deinem … Brief freute, ist doch der Vikar. Nun bekommen Gemeinden und Kinder wieder ihre Versorgung. Nun müssen uns nicht mehr länger allerlei Brüder durchschleppen und setzt Gillmann Euch nicht mehr in die Zeitung. Weise dem lieben jungen Bruder nur gleich die Spur zu den richtigen Freunden. Ich hoffe bestimmt, daß es auch im Hause harmonisch sein wird. Vielleicht ist es denn auch ein lieber und beruhigender Gedanke für Dich, daß ein Mann im Haus ist als das Vicehaupt, wenn auch nur als ›Prinzgemahl‹. …
Gott segne Euch den Eingang des Vikars in Haus und Gemeinde! Er segne den lieben jungen Bruder! Die Gemeinde möge ihn mit Dank und Liebe aufnehmen. Gib ihm von dem Unsrigen, was ihm not ist, ohne zu kargen. …

Dein Dich herzlich liebender Paul«

Und auch das Schreiben vom 24.10. nahm den Weg nach Dickenschied im Wäschepaket:

»Mein liebes Weib!
Deine drei Briefe haben mir nun schon so viel Freude in meine Zelle gebracht! Ich danke Dir so sehr, daß Deine treue Liebe mich begleitet sichtbar und unsichtbar, wo Du doch so sehr viel neue Unruhe und allerlei Sorgen und Gedanken hast. …
Am Dienstag wurde ich heruntergeholt zu einer Vernehmung vor einem Amtsgerichtsrat zu den Aussagen von Ernst Scherer und Frau Jäckel über meine seelsorgerlichen Besuche im Herbst vorigen Jahres. Da bin ich zum ersten Mal in den Zusammenhang der von beiden gemachten Aussagen eingeführt worden und bin erschrocken darüber, wie die eigentlich von uns allen geforderte Seelsorge und Aufklärung heute zum Gegenstand politischer Denunziation gemacht werden kann. Nun, ich habe mich verantwortet und werde mich mit Gottes Hilfe auch weiter zu verantworten wissen, wenn die Sache vor das Sondergericht kommt. Ob mein Fall dazu reif sei, das zu entscheiden, (dazu) sollte offenbar diese nochmalige Voruntersuchung dienen. Fast möchte ich es wünschen, daß ich mich vor Gericht verantworten darf, ob ich nun recht bekomme oder nicht. Die Feinde des Evangeliums werden schon noch in ihren eigenen Strick fallen. …
Mit Ausnahme von einem sind wir alle Tage der Woche im Hof spazieren gewesen. Zuerst lief die übrige Gesellschaft immer sehr ungeordnet. Ich ging meinen guten Schritt durch. So langsam schloß sich dann zuerst der Tscheche und nun auch die zwei andern jungen Kerl's an, während die beiden Älteren, der Bibelforscher und ein Pole, ihren langsamen Kurs für sich steuern. Am Schluß der Stunde gestern marschierte ich aber doch wieder allein, weil die andern Kerlchen schlapp machten. Mir hat es fast nichts ausgemacht und ich freute mich der Anstrengung. Du siehst daraus, daß ich noch gut bei Kräften bin und mein Bein wieder felddienstfähig ist. …
Wie froh bin ich nun, daß meine vielen Kinder wieder gut und regelmäßig und treu versorgt sind, … daß die Kinder wieder unter-

richtet werden und Kindergottesdienst (Sonntagsschule) bekommen! Gott segne den lieben Bruder dafür, daß er mit Mut und Eifer die Sache anpackt. Ich bin gewiß, daß ihm auch die Haltung der Gemeinden den Eingang nicht schwer macht. Mich wollte es bedrücken, daß ich, da Ordnung leider noch nicht die stärkste Seite meiner Amtsführung war, ihm keinerlei Unterrichts- und Arbeitspläne zurückgelassen habe, kaum ein praktisches Gemeindeverzeichnis. Aber auch da tröstet mich's, daß Du da bist und mit Rat und Tat zur Seite stehen kannst. Vielleicht ist es auch gut, daß ich seinem Arbeitseifer und seinen Plänen keine Fesseln angelegt habe. Seit ich weiß, daß der Vikar da ist, kann ich noch in viel größerer Gemütsruhe mich hier des Lebens freuen. ...«

Dann berichtete Paul ausführlich über das Essen und seine tägliche Beschäftigung mit Lesen, Schreiben und Gebet. Gretel sollte das unbedingte Gefühl haben, dass es ihm gut gehe und dass sie sich keine Sorgen zu machen brauchte.

In einem weiteren »inoffiziellen« Brief folgte am 25.10. der dringende Rat:

»... Vergiß auch nicht, nach Erhalt der schmutzigen Wäsche die Schachteln gründlich innen und außen zu reinigen! Wir wollen uns im geistlichen, in allen uns aufregenden Nöten und Fragen und Sorgen wie auch im vorliegenden Falle treulich an das Sprichwort halten: Celui qui cherche, aussi trouvera.« [Wer sucht, der wird finden. – Diese Bemerkung sollte andeuten, daß in dem Pappkarton ein Brief versteckt war.]

Ein »offizieller« Brief ging am 26. Oktober nach Dickenschied:

»Liebe Gretel.

... Seit Sonntag vor acht Tagen ... hat sich in meinem einförmigen äußeren Lebensstand wenig ereignet. Einmal wurde ich zu einer Vernehmung über meine Akten heruntergeholt, es war aber nicht aufregend; fast täglich gingen wir spazieren, das bedeutet für mein Bein eine heilsame Kräftigung und hält auch den übrigen leiblichen Organismus gesund. …

Meinen Gottesdienst des Sonntags muß ich mir freilich selber halten und Du kannst Dir denken, wie ich mich sehne nach dem Gottesdienst unserer Gemeinden oder auch nach dem Zuspruch des Wortes Gottes durch einen anderen Bruder! … Aber Gottes Wort und Geist und Segen sind ja nicht gebunden und kommen auch in der Stille und Einsamkeit meiner Zelle auf eine sonderliche Weise zu mir. … Drum dürfen wir Pfarrer in den Gefängnissen auch für uns persönlich die Haftzeit als freundliche Führung Gottes ansehen. … –

Nun ist es Abend, 8 Uhr, da gehen wir nach der Hausordnung bald schlafen, ich schlafe auch bald immer ein, liege dann gegen Morgen öfter einige Stunden wach, letzte Nacht schlief ich von neun bis sechs, neun Stunden, das ist doch auch eine Leistung. Schläfst Du auch gut? Nun mach Dir auch weiter keine Sorgen: Gott weiß allein die rechte Zeit.

Behüt Euch Gott und herzliche Grüße Euch allen,

Dein Paul, der Dich herzlich liebt.«

Am 29. Oktober durfte Gretel endlich Paul besuchen. Ein Pfarrerkollege und langjähriger Freund, Jacob Petry, fuhr Gretel die ungefähr 70 Kilometer lange Strecke von Dickenschied nach Koblenz.

Paul wurde ins Besuchszimmer hineingelassen, er und Gretel hielten sich lange umfangen. Dann saßen sie an einem Tisch einander gegenüber und hielten sich an den Händen. Pfarrer Petry nahm ebenfalls an dem Tisch Platz. Gretel hatte Kopf und Herz voll von Neuigkeiten über die Kinder und die Gemeinden – das alles musste sie nun so schnell wie möglich loswerden. Paul hörte aufmerksam zu und stellte ab und zu eine Frage. Was ihn vor allem interessierte, war: »Hat es inzwischen eine Erklärung der Bekenntnissynode bezüglich der ausgewiesenen und inhaftierten Pfarrer gegeben?« Weder Gretel noch Pfarrer Petry konnten das bejahen. »Warum braucht man in der Bekennenden Kirche so lange für eine so wesentliche Sache?«, fragte Paul gequält. »Ja«, entgegnete Pfarrer Petry, »es gibt eben immer noch so viele führende Mitglieder in der Bekennenden Kirche, die sich noch nicht lösen können von der Bindung an den Staat, wie Kapitel 13 des Apostels Paulus an die Römer vorschreibt. Trotz Pfarrer Niemöllers Predigt in Juni und seiner daraufhin erfolgten Verhaftung hoffen sie immer noch, es könne irgendeinen modus vivendi zwischen Staat und Kirche geben. Gegen die Deutschen Christen wendet man sich mit Vehemenz, aber doch nicht gegen den Staat! Ich glaube einfach nicht, dass die Bekennende Kirche schon an dem Punkt angelangt ist, an dem sie sich völlig aus der staatlichen Struktur herauszulösen vermag. Kirchliche Unabhängigkeit würde zudem das Ende jeglicher Unterstützung seitens des Staates mit sich bringen.« – »Und genau das brauchten wir!«, kommentierte Paul leidenschaftlich. »Wenn es die christliche Bevölkerung in Deutschland nicht fertigbringt, christliches Zeugnis abzulegen ohne Unterstützung seitens einer heidnischen politischen Macht – Unterstützung, wie der Staat sie benützt, um die Kirche zu bestechen und in sklavische Abhängigkeit zu bringen –, dann muss eben die Kirche zu einer Gruppe von sagen wir 7000 schrumpfen, die ihre Knie nicht vor Baal beugen. Ich bin bitter enttäuscht, dass sich die Bekennende Kirche einfach nicht zu einer Stellungnahme in dieser so wichtigen Angelegenheit durchringen kann – und die Frage der Freiheit für die, die das Evangelium verkünden sollen, ist von eminenter Wichtigkeit.«

Dann wandte sich Paul an seine Frau. Er hielt seinen Blick auf Gretel gerichtet und fragte: »Liebling, bist du immer noch willens, meine Entscheidung von Baden-Baden mitzutragen?« Gretel musste gewaltig gegen die Tränen ankämpfen, aber sie erwiderte seinen Blick fest und sagte ernst: »Ja, Lieber, ich werde mit dir gehen auf dem Weg, den Gott uns gewiesen hat. Ich weiß, es gibt kein Zurück, und ich weiß mich eins mit dir in allem.«

Der Wärter kündete das Ende der Sprechzeit an, und Paul konnte nur noch sagen: »Sag den Kindern, dass ihr Vater sie liebt; grüße Sophie und Luise und alle Mitglieder der Gemeinden.« Er bedankte sich bei Pfarrer Petry, dass er Gretel gebracht hatte, und schüttelte ihm brüderlich die Hand. Nach einer innigen Umarmung und einem letzten Kuss musste Gretel mit ihrem Begleiter gehen; Paul stand eine kurze Weile allein im Raum, bevor er wieder in seine Zelle

gebracht wurde. In tiefer Melancholie betrachtete er die goldenen Blätter der Kastanie vor seinem Zellenfenster. –
Am 31. Oktober richtete Paul wieder einen »inoffiziellen« Brief an Gretel:

»Mein lieber Schatz!
Wieder ist es Sonntag nachmittag, nun schon der dritte in meiner Haft, der die vierte Woche voll macht. Gott macht auch hier im Gefängnis seine Verheißung wahr, die er auf den Sabbathtag gelegt hat und kommt mit reicherem Segen aus seinem Wort und mit feiertäglichem Frieden in Zelle und Herz, und ich glaube auch zu den Kameraden. – … Sonntagsbrief und Wochenspruch, auch von den Blättern, die Du mitgebracht, haben sie hoffentlich zu rechtem Sonntagssegen auf ihrer Stube. Der junge Italiener hat wenigstens darin gelesen, wie ich festgestellt, der ernste Bibelforscher sprach sich sehr erfreut über die Geyser-Predigt aus, der alte nachdenkliche ältere Pole, der ein liebes bescheidenes Wesen hat, wird wohl auch etwas davon haben und der Tscheche wird, wenn er seinen stolzen Trutz überwunden hat, wohl auch nicht so ungläubig bleiben, wie er jetzt getan hatte. … Das sind also nun drei Wochen lang schon meine Kameraden, und Du siehst, ich habe auch hier so etwas wie eine kleine Gemeinde und einen seelsorgerlichen Auftrag. Unsere gute Kochfrau, die im Hause wohnt, ist im Flur gefallen und hat am Unterarm beide Knochen gebrochen. Ich konnte ihr heute morgen einen Krankengruß schicken und auch von Deinen Blättern zulegen. Du siehst auch, einen wie schönen Dienst Du mit den Blättchen getan hast. …
Dein Besuch am Freitag hat mir doch eine lichte Freude gebracht und zurückgelassen. … Durch das, was Du mir in der kurzen Zeit alles erzählt hast, bin ich doch mehr im Bilde und kann mir manches überlegen. Auch Bruder Petry bin ich sehr dankbar, daß er Dich gebracht und für das, was er sonst getan hat. …
Wir sind ja nun beide Gott dankbar, daß er, vor allem durch die Hilfe von Bruder Kemper alles so schön geordnet hat in den Gemeinden und im Haus. Auch dafür, daß ich die Zeit hier ein solch friedliches Asyl mit allem darin geschenkten Gottessegen hatte.

Das darf uns aber darüber nicht täuschen, damit wir nachher nicht enttäuscht sind, daß meine Lage nach wie vor sehr ernst ist. Das brachte mir nach Deinem ein Besuch von Herrn Oßwald, der Dich ja auch vernommen hat, am Freitag abend zum Bewußtsein. Er forderte mich noch einmal auf, zu unterschreiben, daß ich meine Ausweisung annehme und nicht mehr ins Rheinland zurückkehren wolle. Ich weigerte mich natürlich mit Berufung auf die Bindung des Hirten an seine Gemeinde. Darauf sagte er: ›Sie ziehen also Konzentrationslager vor‹. Ich sagte: Ich ziehe das nicht vor, aber wenn ich es erdulden soll, muß ich auch das erdulden können. Offenbar ist also meine Sache auch nach erneuter Nachprüfung in der vorletzten Woche nicht reif für das Sondergericht, und wenn die Drohung von Herrn Oßwald kein Einschüchterungsversuch war, ist das die Antwort auf mein Schreiben an die staatlichen Stellen. Herr Oßwald sagte dann noch: Ich könne mich bereithalten, daß ich in den nächsten Tagen weiterkomme. Wenn das wahr wird, werden wir ja doppelt froh daran sein, daß wir uns am Freitag noch mal so schön sehen und sprechen durften. Ich habe mich nun schon nach dem ersten Schreck damit abgefunden für den Fall, daß es wahrgemacht werden sollte und bin darüber still geworden. …
Eine Lagerzeit kann ja lange dauern. Das Lager in verschiedenen Formen ist offenbar schon eine Weile die Methode für die Ernsten Bibelforscher. Ich glaube, daß wir Pfarrer auch noch allgemeiner dafür reif werden. Die Frauen der ernsten Bibelforscher sind vielfach mit in Haft. Da wollen wir dankbar sein, wenn Ihr, schon um der kleinen Kinderlein willen wenigstens zu Hause bleiben dürft. Für uns Männer macht das nicht so viel aus. …
Hoffentlich sieht die Kirchenleitung, die bisher in meiner Sache nicht reden wollte, die Wichtigkeit der Sache ein und findet noch die Sprache dazu. Oder sollte ich als kleines Pastörlein auf dem Hunsrück allein dem Staate bezeugen müssen, was recht ist? …
Warum hat man nun schon ¼ Jahr lang seit meiner zurückgewiesenen Ausweisung von der Leitung dazu geschwiegen? Ich hatte es Humburg ja deutlich geschrieben, daß ich es für recht hielte, wenn die Leitung meine von mir für mich entschiedene Rückkehr zu ihrer

Sache mache. Mir scheint es so, daß nicht bei der ›Kirche‹ und ihrer Leitung, sondern bei den einzelnen Gemeinden die Entscheidung für die kommende Kirche in Deutschland fällt. ...
Zum Gehalt von Bruder Kemper meine ich noch, daß, solange die Pfarrstelle ... ihr geordnetes Gehalt für mich bekommt, müßte dieses Bruder Kemper mittragen, sodaß unsere Gemeindebeiträge für andere Aufgaben helfen können. Ich meine, daß er 50 RM in bar und volle Verpflegung von unserem Geld haben sollte. Doch stelle ich es auch in Deine Entscheidung. ... – Könntest Du auch Adolf einmal schreiben, und Lenchen, die uns schon lange einmal geschrieben? ... Hoffentlich erzähl ich Dir nicht zu viel.

Dein Paul«

In einem inoffiziellen Schreiben gab Gretel ihrer Freude Ausdruck, dass sie ihn hatte sehen dürfen, und versicherte ihn erneut ihrer Liebe und ihres Willens, ihm auf seinem Weg zu folgen. Paul schickte Schokolade an die Kinder und bat Gretel, jedem den für ihn bestimmten Riegel zu geben, denn er hatte in das Einwickelpapier persönliche Worte an jedes der Kinder gesteckt und ihnen kleine Skizzen von seiner Zelle aufgezeichnet.
Am 4. November schickte Gretel einen Brief an Paul:

»Mein lieber Paul!
Heute kam Dein Wäschepaket. ... Du Liebster, wie nett war der Gedanke mit der Schokolade – wir werden uns noch lange daran stärken! Du bist mir mit dieser Gabe so nahe gerückt, es tut weh und wohl zugleich, wie auch der Besuch seine zwei Seiten hatte! Aber ich bin Dir ganz herzlich dankbar für Alles. Wir können nun als die Traurigen und doch schon Getrösteten einen Tag um den anderen weiter wandern. ... Bete Du auch zu Gott, daß Gott in dieser Zeit mein oft hartes und selbstsicheres Herz ganz zu sich hinziehe und erfülle mit seinem Geiste! Ich singe mit Dir von Herzen: ›Wir glauben deinem Worte, wir bau'n auf deine Treu.‹ Was können uns Menschen tun, wenn Er unsere Zuversicht und Stärke ist?! Und sei getrost, so wehe es mir natürlich tut, wenn Du lieber Mann noch länger fortsein mußt, weil Du doch mein Liebster bist; ich

Der Himmel ist grau und der Baum nicht mehr grün,
o Stapo, o Lass in die Heimat mich ziehn!
Vater auf seinem Verandasitz – 3. Nov. 1937 – seinem lb. Hermann
Zelle im Koblenzer Gefängnis, Skizze von Paul Schneider für seine Kinder

kann es tragen und will es auch, weil ich immer mehr auf Deiner Seite stehe. –
Es grüßen Dich viele Leute vom Dorf, auch Womrather! In aller Eile grüßt Dich in herzlicher Liebe und treuer Fürbitte

Deine Gretel«

Und dann fanden auch Hermann und Gerhard, was der Vater ihnen in das Schokoladenpapier gesteckt hatte:

»Mein lieber Hermann und Gerhard!
Ihr zwei bekommt auch eine Schokoladetafel miteinander, so bekommt ihr auch einen Brief. Dir Hermann danke ich für Deinen eigenhändigen Gruß unter einem von Mutter's Briefen. Das ist doch fein, daß Du nun Deinen Namen schreiben kannst. Das haben wir in Eschbach gelernt, gelt? Du hast es doch auch nicht schon wieder vergessen? Der liebe Gott woll' dir helfen, daß Du recht bald gut lesen und schreiben und rechnen kannst. Hoffentlich höre ich bald Gutes darüber.- Aber lieber tust Du ja spielen und springen und im neuen Garten auf die Bäume klettern.
[Sei] besonders auch brav, mein lieber Gak. Denk immer daran, daß der liebe Gott alles sieht und hört, was Du tust und was Du sagst. Bring nie mehr so schlechte Worte mit nach Hause, weswegen Du einmal vom Vater so arge Schläge bekommen hast. Spiele auch manchmal schön mit dem kleinen Adolf. Betest Du auch schön immer für Deinen Vater? [Die Kleinen dachten, der Vater sei noch beim Doktor, die Großen wußten, daß er im Gefängnis war.] Wenn ich dann wieder heimkomme und höre, daß mein lieber Gerhard auch brav gewesen ist, dann wird es wieder so schön und noch schöner wie in Eschbach, und dann können wir uns recht lieb haben.«

Der 7. November war wieder ein Sonntag, Paul schrieb einen langen inoffiziellen Brief an Gretel:

»Liebste Gretel!
Hoffentlich hast Du gestern meine Karte vom Freitag erhalten. ...
Ich verlebe hier wieder einen schönen friedlichen Sonntag. ... Ich

glaube, daß sie wegen uns evangelischen Pfarrern in großer Verlegenheit sind. Man scheut sich, uns ärger zu strafen, da offensichtlich nichts vorliegt, was der Strafe wert ist und wir keine ›Märtyrer‹ werden sollen für die Sache unserer Kirche, die wir wieder zu offensichtlich vertreten. Läßt man uns aber laufen, so ist das auch ein Triumph des Glaubens und außerdem bleibt das ›Ärgernis‹ bestehen, um deswillen man uns eingesetzt. Gebe Gott, daß dennoch die Einsicht, schon die kluge politische Einsicht die Oberhand behalte und unser Volk vor den schlimmsten Auswirkungen der fanatischen Verfechtung Rosenberg'scher Weltanschauung und ›Kirchenreformpläne‹ verschont bleibe. Aber wie Gott will; wenn es denn doch durchgefochten sein muß, dann in Gottes Namen! Dann gilt es wohl, je bälder, desto besser. ...
In dieser Woche habe ich Schnupfen und Husten, leichte Halsentzündung und kleinen Hexenschuß in der rechten Schulter- und Nackengegend glücklich überwunden und sitze eben beim Schreiben in früher Nachmittagsstunde wieder mit Genuß auf der Veranda. Ich habe mich ferner mit Katechismus, Jesaja und Römerbrief weiter beschäftigt, wenn ich dazu auch nicht so frisch war durch die Erkältung. Du fragtest ja bei Deinem Besuch, was ich den ganzen Tag machte. In der Hauptsache bin ich Schüler am göttlichen Wort und wills auch bleiben. Ich kann bei dieser Gelegenheit einiges von dem in der Studienzeit versäumten nachholen. So will ich morgends also hauptsächlich die Bibel treiben und nachmittags in den Bekenntnisschriften arbeiten, lesen, schreiben und Erholungsbeschäftigung treiben, von der für diesmal die zwei für die Kinder beigelegten Blätter sprechen. So eingeteilt ist mir auch hier der Tag und die Woche nicht zu lang, sondern eher das Gegenteil.
Es kam dann Dein liebes Paket am Freitag Morgen. Ich wurde gerade zum Baden in den Keller geführt, da zeigte es mir der Kerkermeister schon auf seinem Büro. Das Baden in gut warmem Wasser in der Zinkbadewanne tat wohl, brachte aber auch den kleinen Hexenschuß zur Ausbildung, der mir drum bis zum andern Tag etwas zu schaffen machte. Drum habe ich ihn mit Fensterputzen morgends und nachmittags je etwa eine Stunde wieder ausge-

trieben. Dieser Arbeitsdienst ist ja für mich freiwillig und ich war froh, daß ich ein wenig mittun konnte, nachdem ich dem Wachtmeister einige Mal gesagt, daß ich das ganz gerne möchte. Diese Bewegung ist einem gut und nötig. Die andern auf der Gemeinschaftszelle hatten denn auch vom Freitag auf den Samstag Entlausung. Die ganze Zelle wurde dick unter Schwefel gesetzt, die Kameraden aus- und die Läuse in Matratzen, Decken und Kleidern eingeräuchert. Die Leute bekamen frische Wäsche. ... Nach 24 Stunden wurde die Bude wieder entlüftet, – die Leute schliefen zwei Nächte in anderen Zellen – die Kleider herausgehängt, tote Läuse festgestellt und heute Mittag durfte die Belegschaft wieder einziehen. So hat mich meine Einzelhaft vor dieser Plage einstweilen bewahrt und ich bin dankbar, daß ich nicht dort in der Gemeinschaftszelle sein muß, wo offenbar zweie auch des Nachts das Rauchen nicht lassen können. ... Wieder predigt mir der Kastanienbaum und steckt mir nun von seinen kahlen schwarzen Zweigen so verheißungsvoll die braunen kleinen seidigen Knospen für nächstes Frühjahr entgegen. Man sieht sie nahe vor dem Fenster und sieht sie auch in den oberen Zweigen. Sie waren schon da, als das gelbe fallende Laub sie noch verhüllte. Sollten wir in Undank und Kleinglauben unter den fallenden, welkenden Blättern der Kirche die auch hier vorhandenen fest an Stamm und Zweigen gewachsenen Knospen übersehen wollen? Liebes Weib, ich meine, wir wüßten davon aus eigenem Herzenserleben zu sagen, zu sagen und zu glauben auch für unsere Kinder, zu sagen und zu glauben auch für unsere Gemeinden. Und ich glaube, auch unser lieber Bruder Kemper mit seinem lauteren Eifer, neben so manchem anderen jungen Bruder, wird auch Deinen und der Gemeinde Hoffnungsblick neu beleben. Die Bekennende Kirche, die es wahrhaft ist, ist der Baum mit den Knospen; die heimlichen Gemeinden in den Gemeinden sind die Knospen der Kirche. ... Die Welt freilich und der ungeistliche Kirchenmann sehen den kahlen Baum, seiner Kulturbedeutung, seiner Öffentlichkeitsbedeutung beraubt und urteilen, daß es bald aus mit ihm sei und er nur noch zu Brennholz tauge, wenn ihm die Anerkennung der Welt und des Staates versagt bleibt. ... Wir aber bleiben sitzen in den Zweigen der armen,

kahlen, verachteten, geschändeten Kirche, die uns so verheißend ihre Knospen entgegenstreckt und wissen es, sie und sie allein trägt die Verheißung, daß die Pforten der Hölle sie nicht überwältigen werden. ...
Und nun leb wohl, lieber, lieber Schatz mit Deinem ganzen großen Hause. Gott schenke Dir Kraft, allem wohl vorzustehen!

In dankbarer Liebe
Dein Paul.«

Diesem Brief folgte ein offizieller am 8. November 1937:

»Meine liebe Gretel!
Dein Besuch hier am Freitag der vorletzten Woche war eine willkommene Abwechslung in unserem Briefschreiben. ...
Man lebt hier in der Zelle ein ganz eigentümliches Leben. Die Außenwelt ist einem fast versunken. Ob Winter oder Sommer ist, berührt einen kaum. Auch die Ereignisse im Volks- und Weltgeschehen, von denen man gelegentlich durch ein Zeitungsblatt erfährt, sind einem ferner gerückt, wenigstens schaut man sie von einer anderen, darf ich sagen höheren Warte durch das innerliche Leben, das man zu führen genötigt ist und das einen in seine eigene Seele, in Gott und die Ewigkeit hinein schauen läßt. Das ist nun unser evangelisches, nicht wie bei den Katholiken selbstgewähltes, sondern von Gott uns verordnetes Klosterleben auf Zeit, das uns als solches gut und heilsam sein muß.
Und nun nimm vorlieb für diesmal. Unsere Briefe können ja auch nichts anderes als kurze Besuche mit Anstandspersonen sein, die wir uns machen, wie das für Brautleute üblich war. Auch dieser wie jeder Brautstand geht vorüber und führt uns zu neuer Freude. Am Ende allen Vermissens und Wiederfindens aber steht für uns Christen die ewige Hochzeitsfreude, da auch unsere Ehe und Liebe neue selige Erfüllung finden wird in der Gemeinschaft Gottes und unseres Heilandes.

... Mit treuer Liebe
Dein Paul.« –

In diesen Tagen wurde in der Presse von einer besonderen Ausstellung berichtet, die am 8. November in der Bibliothek des Deutschen Museums in München eröffnet worden war: »Der ewige Jude«. Das Porträt des Mannes auf dem Plakat wies die typischen Züge auf, die die Nazis den Juden nachsagten, und den üblichen schwarzen Bart, den schwarzen Mantel, den schwarzen Hut. In der Rechten hielt der Jude Goldmünzen, in der Linken eine Peitsche, und unter den linken Arm hatte er eine große Landkarte geklemmt, versehen mit Hammer und Sichel. Dabei stand ein Spruch von Julius Streicher: »Wenn das Tausendjährige Reich kein Traum bleiben soll, dann ist es unsere heilige Mission, den Juden erbarmungslos als den größten Feind der Welt bloßzustellen.«

Am 10. November schrieb Gretel über die Zensurstelle:

»Mein lieber Paul!
Ehe ich Dir morgen oder übermorgen wieder frische Wäsche schicke, will ich Dir diesen Gruß schicken, der Dir sagen soll, daß Deine Familie noch gesund und munter ist, abgesehen von Dieters üblichem langwierigen Schnupfen. Der Weg nach Kirchberg ist für ihn doch eine Strapaze, morgens ist es meistens sehr neblig und kalt. Er muß um ½ 8 Uhr fahren. Nachmittags kommt er um ½ 2 Uhr heim. Das ist ja gut, daß er nachmittags keine Schule hat. Da hat er aber auch viel daheim zu arbeiten, und wenn er dann noch ein wenig Klavier spielt, dann ist der Tag herum. Die beiden anderen Schulkinder haben nun auch mehr zu lernen, so ist man nachmittags voll beschäftigt. Eben ist die ganze Gesellschaft im Zimmer, da weißt Du, daß es nicht gerade still ist! Gerhard ist ein arger Unmuß, da muß ich manchmal Zucht üben! Die Straße ist so bodenlos schmutzig, es ist grausig! Da sollte man sonst nichts zu tun haben als den ganzen Tag sich mit den Kindern beschäftigen. Auch in dieser Beziehung ist es Zeit, wenn der Winter herum ist. Ernstchen möchte auch manchmal gerne gehalten sein, er ist ein herziges Kerlchen. Er bekommt nun ganz festes Fleisch und wiegt 14 Pfund. … Du lieber armer Vater hast ja Dein Jüngstes so wenig genossen. Hast am Ende schon ganz vergessen?? –

Und nun ist unser lieber Hausgenosse so schnell von uns fortgekommen, er liegt im gleichen Zimmer wie Du im S. Krankenhaus am Blinddarm operiert. Ich mußte natürlich seinen Eltern schreiben, doch, Gott sei Dank, war die Sache ja nicht so schlimm wie sie aussah. Am Sonntag predigte dann Rolffs und Becker, die ich in der Not anrief, da sie ja nur einen Gottesdienst hatten. Wir hoffen ja, daß die Sache schnell behoben ist. ... Gelt, Du Lieber, mach Dir keine Sorgen um uns alle, wir hoffen doch, daß er in 14 Tagen wieder da ist. ...
Sei Gott befohlen, Du Lieber.
In herzlicher Liebe Deine Gretel mit allen Kindern«

Und inoffiziell formulierte sie am 11. November:

»Mein lieber Paul!
Was einem sonst wenig Freude macht – schmutzige Wäsche, das ist jetzt ein freudiges Ereignis, hören wir dabei doch, daß Du noch wohl bist und in der Klause die bösen Geister der Verzagtheit nicht aufkommen läßt. ... Drum wollen wir immer weiter auf [Gott] trauen, wenn wir auch Heimweh nach einander haben und manchmal müde werden wollen, nur den Glauben nicht verlieren, daß Gottes Wege heilsam für uns sind. Du hast's ja auch wieder schön in Deinem Frieden, wo Du Dich so recht in Gottes Wort vertiefen kannst! Das fehlt mir, es ist immer eine Unruhe um mich herum, und wenn man morgens im Bett mal was liest, hab ich auch ein schlechtes Gewissen; die Kinder wachen alle schon um 7 Uhr. Da kommen dann Gerhard und Adolf zu mir ins Bett und wollen Geschichten erzählt haben, und ich erzähle biblische u. andere, auch Märchen. Ehe Dieter fortfährt, kommt er immer herauf und wir lesen die Losung und beten. Heute war der erste Schnee auf den Dächern, da tut einem der arme Kerl leid morgens! ...« –

In einem Brief vom 11. November 1937 versicherte Fritz Langensiepen als Mitglied der Rheinischen Bekenntnissynode Paul, sie alle wüssten, dass er für eine gerechte Sache leide und dass bis jetzt noch keine Anklage gegen ihn erhoben worden sei, die eine Haft rechtfertige. Er sei im Gefängnis, weil er treu, mutig und kompromisslos das ihm anvertraute Evangelium gepredigt habe. Die Kirche Christi leide ja mit ihm an derselben Ungerechtigkeit. Sie betrachte seine Verweigerung der Ausweisung als richtig und in Übereinstimmung mit seinem Gewissen. Paul habe sie um Rat gefragt, ob er nach Dikkenschied zurückkehren solle. Nach eingehender Prüfung billigten sie seine Entscheidung im Bewusstsein der Tatsache, dass auch sie vor Gott verantwortlich seien für Pauls Familie und seine Gemeinde, die mit ihm litten.

Paul dachte über die moralische Unterstützung nach, die ihm durch diesen Brief Langensiepens persönlich zuteil wurde. Wann würde denn die Rheinische Bekenntnissynode einmal offiziell zugunsten ihrer ausgewiesenen Pfarrer Stellung beziehen? Dem Konsistorium entfremdet, von einer Bekennenden Kirche, die ängstlich eine Herausforderung der staatlichen Politik vermied, mit bloßen Lippenbekenntnissen abgespeist – so lebte Paul Schneider im Gefühl äußerster Isoliertheit und größter Verletzbarkeit. Er war ein religiöser Außenseiter, seine Haltung war eher lästig, als dass sie Nachahmer oder Verfechter fand. Nach dem Krieg hat Fritz Langensiepen sich einmal über diesen Aspekt geäußert: Dadurch dass sich die Bekennende Kirche nicht habe durchringen können, offiziell Verantwortung für Paul Schneiders Widerstand zu übernehmen und seine Sache zu der ihren zu machen, habe sie es mit ihrer Entschlusslosigkeit wohl der Gestapo leicht gemacht, sich für den Mord an Paul Schneider zu entscheiden. Paul Schneider habe nur als religiöser Fanatiker ohne offizielle Anerkennung seitens der Kirche gegolten.

Am 14. November hatte Paul wieder Zeit für einen inoffiziellen Brief an Gretel:

»Mein liebes Herz!
Hab herzlichen Dank für Dein inhaltsreiches Wäschepaket. Gelt, Ihr zieht Euch doch meinethalben nichts ab. Soviel brauche ich ja nicht und Honig habe ich nun auch für ein paar Wochen genug. Mit der frischen Milch, Brot, Butter, Honig und einem Apfel hatte ich in dieser Woche immer ein feines gesundes Frühstück, was mir

auch gut geschmeckt hat. Das übrige Essen ist auch recht gut, es gab diese Woche einmal Fischkotelett mit Kartoffelsalat, Linsensuppe oder einmal auch Würstchen, heute Bohnensuppe und Speckstreifchen, abends Suppe mit einer Pellkartoffel mit Rollmops, Reisbrei, Hafersuppe, Kaffee mit Wurstbrot. Der Magen bekommt also sein Teil. …

Nun ist heute wieder Sonntag, den Spaziergang haben wir gemacht und es ist schon dunkel. Heute mittag kam Herr O. und wollte wissen, wo meine Predigtkonzepte wären, da Unterlagen für den Staatsanwalt gebraucht würden. Ich lehnte es ab, ihm das zu sagen, wenn ich auch schon verraten hatte, daß ich überhaupt Konzepte hätte. ›Sie sind also wieder dickköpfig‹. Er stellte in Aussicht, daß sie das ganze Haus dann durchsuchen würden! Nun weiß ich ja nicht, wie es geht, es wäre mir sehr leid für Dich wegen der Aufregung. Aber mein Standpunkt ist der, daß ich für die Art meiner Vorbereitung auf meine Predigten niemandem Rechenschaft schulde und dies meine persönlichste, privateste Angelegenheit ist. Meine Predigten halte ich frei ohne Konzept, wenigstens zu allermeist und binde mich nie wörtlich an das Konzept, weiche oft auch erheblich inhaltlich davon ab, manchmal gerade Schärfen weglassend oder mildernd. Die Predigten sind frei öffentlich und jedermann hat Zutritt. Wenn man nun noch nach Gründen für Schutzhaft und Ausweisung oder für ein Gerichtsverfahren sucht, so kann etwaiger Kanzelmißbrauch nur aus dem Zeugnis der Predigthörer, also im wesentlichen der christlichen Gemeinde festgestellt werden, nicht aus den Predigtkonzepten. Grundsätzlich sollten wir unsere Konzepte nicht für Nachspürungen eines auf anderer weltanschaulicher Basis fundierten Staates herausgeben. Wir sind ja für unsere Predigten nicht dem Staate Rechenschaft schuldig, sondern dem Herrn und seiner Kirche, in der wir dienen. Sollten nun trotz meiner Ablehnung die Konzepte gesucht, gefunden und beschlagnahmt werden, … dann soll es auch so recht sein, dann will ich mich auch über das eben gesagte hinaus noch zur Sache verantworten. Ich und wir alle haben ja in unseren Predigten nie zuviel, sondern immer zu wenig gesagt. Ich glaube nicht, daß ich darüber ein schlechtes Gewissen zu haben brauche.

Offenbar können wir nun aber damit rechnen, daß meine Sache so schnell nicht zur Entscheidung kommt. –

... Die Karte vom Singkreis habe ich bekommen, ich danke herzlich, sie war mir eine große Freude mit allen den lieben Namen und ich grüße jedes Einzelne wieder. ... Sei selber Gott und seiner Gnade befohlen, mein liebes Weib,

Dein Paul.« –

Am 16. November verfasste Paul einen weiteren inoffiziellen Brief:

»Liebe Gretel!

Noch einen kleinen Nachtrag zum letzten Brief. Der Stapo habe ich meine Stellungnahme zur Predigtkonzeptsache nun schriftlich mitgeteilt und auch meine Aussage Dich betreffend dahin berichtigt, daß ich nicht wisse, ob Du über den Verbleib etwa vorhandener Konzepte unterrichtet seist.

Mir tun die Konfirmanden, die zu unseren Abenden letzten Winter kamen, leid, daß sie jetzt gar nichts haben. Du könntest ihnen wenigstens Lesestoff geben, den jungen Tag, Jungenwacht und vielleicht auch den Ruf, wenn er noch kommt. Willi Mohr und Otto Jung werden sicher dankbar dafür sein, vielleicht auch die anderen.

Es kommt darauf an, was es für Gebete sind, die der Lehrer [Öhm, der Nachfolger von Lehrer Kunz,] mit den Kindern betet. Soviel wirst Du ja von lichen [Evmarie] erfahren können. Was wäre es für ein Glück, wenn er auch nur ein klein wenig christlich gesinnt wäre. Wir wollen fleißig für Schule und Lehrer beten!

Für solche Notfälle wie Sonntag vor acht Tagen wäre doch Lesegottesdienst das Richtige und in Womrath hätte man es ja auch gut machen können, so dankenswert es von Rolffs war, daß er den weiten Weg herüberkam. Für Dickenschied müßte noch die kleine Lesegottesdienstagende aus dem Verlag Vandenhoek und Ruprecht, Göttingen, angeschafft werden. Sie ist ganz billig, aber sehr gut und praktisch, es sei denn, daß Bruder Kemper einen besseren Vorschlag hat. ... –

Herzlich grüßt Euch alle
Dein Paul

Es fällt mir noch ein: Vergiß nicht, Müllers für den Honig zu danken und die Butter, ich entnehme so ein wenig daraus, daß Müller auch als Presbyter wacker seinen Weg gehen will. Darf ich auch Glasmanns Honig als Bezeugung der Treue nehmen, daß sie zur Bekennenden Kirche und ihrem Weg stehen wollen, weswegen ich ja gefangen bin? Dank auch ihnen herzlich!«

Am 19. November schrieb Gretel an Paul:

»Mein lieber Paul!
Hoffentlich hast Du letzte Woche das Paket ... bekommen? Ich habe noch keine Nachricht und mache mir darum Sorgen, ob Du noch dort bist. Du Lieber, geht es Dir vielleicht nicht gut? Deinen Brief über Vogelsang erhielt ich am Samstag, vielen Dank dafür! ... Am Montag hatte ich von Koblenz Besuch, den Du am Sonntag schon gehabt hattest. Es war der reinste Hausputz dabei. Leider sind Deine Predigten vom letzten halben Jahr, die ich mir so schön aufgehoben hatte und die K. auch z.Z. lesen wollte, nun fortgewandert. Aber Du stehst ja dafür ein, was Du geschrieben hast. ... Das was der Besuch wollte, hat er nicht. Ich war sehr niedergeschlagen, daß die Sache nun doch vors Gericht soll, weil es sich nun sicher noch etwas hinauszieht, wer weiß, wie lange! Doch vielleicht ists auch gut, daß es einmal dann gerichtlich entschieden wird. Im ganzen war der Besuch nicht lästig und ich darf mich nicht beklagen. Nun wollen wir darum ringen, daß wir getrosten Herzens beten können: dein Wille geschehe, dann steht der Herr uns auch bei und trägt uns mitsamt unserer Last. Gott helfe Dir, daß Du, wenn es sein soll, auch vor Gericht seinen Namen bekennst in aller Freudigkeit. Er rüste Dich aus mit Weisheit. ... –
Die Kinder sind gesund, nur oft allzu lebhaft! ... Ernstchen wird auch ein herziges Kerlchen. ... Das ist mir auch eine herzliche Freude. Die Kinder denken nun schon ernstlich und hoffnungsfroh an Weihnachten. Advent steht ja auch schon vor der Tür! Vielleicht dürfen wir uns bis dahin noch mal sehen! Das wäre schön. Antrag dafür ist gestellt. In Eile! ...« –

Am 20. November wurde Paul noch einmal verhört, diesmal war Herr Oswald von der Gestapo begleitet von einem Beamten aus dem Justizministerium Köln.

»Pfarrer Schneider«, begann Herr Oswald, »gestern haben wir noch einmal den ehemaligen Dickenschieder Lehrer Friedrich Kunz vernommen. Er hat eine ganze Litanei von Anschuldigungen gegen Sie vorgebracht. Danach haben Sie sich Folgendes zuschulden kommen lassen:

1. Sie werfen dem Führer falsche Aussagen in ›Mein Kampf‹ vor.
2. Sie haben Eltern und Lehrer gegen ihn, Kunz, aufgehetzt.
3. Sie haben sich über die politische Führung lustig gemacht.
4. Sie haben gegen die Gemeinschaftsschule agitiert.
5. Sie haben bei Wahlen und Volksabstimmungen Ihre Pflicht als Staatsbürger versäumt.«

»Das alles hat Kunz doch schon im Sommer und Herbst 1936 gegen mich vorgebracht«, bemerkte Paul, »das sind lauter alte Beschuldigungen und haben mit kriminellen Handlungen nichts zu tun.« Oswald fuhr fort: »Am 18. Februar dieses Jahres hat Friedrich Weirich Klage gegen Sie erhoben. Demnach haben Sie in Ihrer Predigt gesagt, in Deutschland werde nicht mehr der Glaube an Gott gelehrt, sondern der Glaube an Deutschland, an eine zum Idol erhobene Person und an Blut und Boden.« Und dann las Oswald wörtlich vor: »Pfarrer Schneider greift in jeder Predigt führende Staatsmänner an und hetzt die Gemeinde gegen führende Persönlichkeiten und gegen den Staat auf.« Da musste Paul lachen: »Es ist doch erstaunlich, wie jemand, der kaum je im Gottesdienst ist, sich so genau in meinen Predigten auskennt.« Oswald überhörte diese Bemerkung und fuhr fort: »Und die Befragung von Ernst Scherer aus Womrath ergab, dass Sie Hitlers Trauerrede für Reichspräsident Hindenburg kritisiert und dass Sie die SA-Abordnung am Grabe Karl Moogs in Gemünden im Juni 1934 als ›braune Bande‹ bezeichnet hätten.«

Der Mann aus Köln konnte seine Langeweile angesichts der nicht enden wollenden Aufzählung kaum verbergen. Paul aber setzte sich zur Wehr. »Ja, ich habe die Feststellung des Kanzlers über den Einzug des toten Reichspräsidenten nach Walhalla kritisiert. Hindenburg war Christ und wollte, dass seine Beisetzung eine christliche Feier sein sollte. Für einen Christen gibt es kein Walhalla nach dem Tode, er glaubt an ein ewiges Leben bei seinem Erlöser Jesus Christus. Ich wüsste nicht, dass ich die SA auf dem Gemündener Friedhof ›braune Bande‹ genannt hätte.« – »Aber Sie haben Auguste Scherer im März 1936 öffentlich zurechtgewiesen, weil sie nicht zu einem Treffen der christlichen Frauengruppe gekommen war?« – »Das habe ich«, antwortete Paul, »ihre Anwesenheit bei der Frauengruppe war unerlässlich, aber sie zog eine Anwesenheit bei der Sitzung der NS-Frauenschaft vor. Ich sagte ihr lediglich, dass sie in Erwägung ziehen sollte, ihr Amt bei den evangelischen Frauen aufzugeben, wenn sie der Meinung sei, die NS-Frauenschaft habe den höheren Anspruch an sie zu stellen.«

Herr Oswald war immer noch nicht fertig: »Und dann ist da noch die Klage des Womrathers Jakob Dörn, Sie hätten ihm mit Boykott gedroht, weil er höchstpersönlich seinen Sohn aus der Sonntagsschule geholt habe.« – »Nicht die Tatsache war ausschlaggebend«, bemerkte Paul, »die die Gemeinde dazu bewog, Kirchenzuchtmaßnahmen gegen Dörn zu erwägen – übrigens hat unser Begriff ›Kirchenzucht‹ eine andere Bedeutung als das von Ihnen gebrauchte Wort ›Boykott‹ –, es war die Art und Weise, wie er vorging. Er kam in den Raum gestürmt, beleidigte die junge Lehrerin Rosa Auler, die Tochter eines unserer Presbyter, packte seinen Sohn beim Kragen und zerrte ihn zum Entsetzen der übrigen Kinder aus dem Zimmer. Dadurch hat er das Versprechen gebrochen, das er bei der Taufe des Jungen gegeben hatte; durch sein aufsässiges Verhalten aber hat er den Frieden der Pfarrgemeinde gestört. Letzteres hat die Verhängung der Kirchenzucht ausgelöst. Das ist etwas ganz anderes als ›Boykott‹ – es ist eine Maßnahme, die denjenigen, der den Gemeinschaftsfrieden stört, zurück in die Gemeinschaft rufen und ihn nicht endgültig ausstoßen soll.« Von solchen Einzelheiten hatte Oswald offensichtlich keine Ahnung, aber es ärgerte ihn, dass sich Dörns Klage nicht auf seine Weise gegen Paul verwenden ließ; so unterbrach er sein Gegenüber: »Aber Karl Sturm haben Sie mit Boykott gedroht wegen seines Versuchs, eine germanische Weihnachtsfeier einzuführen anstelle einer jüdischen Phantasiegeschichte, die Ihr verweichlichtes Christentum der westlichen Zivilisation aufs Auge drücken wollte. Und Sie haben Sturm öffentlich beschuldigt, im Religionsunterricht Irrlehren zu verbreiten. Wegen all dieser Dinge will die Gestapo Sie nicht mehr im Rheinland wirken lassen. Deshalb bleibt Ihnen, Pfarrer Schneider, nur die Annahme der Ausweisung.«

Paul belehrte Herrn Oswald: »Verstehen Sie denn nicht, dass zwischen dem Pfarrer in ländlichen Gegenden und seiner Gemeinde eine besondere Beziehung herrscht? Eine Beziehung, die auf engem Kontakt und auf gegenseitiger Zuneigung besteht? Pfarrer und Gemeindemitglieder arbeiten gemeinsam auf den Feldern, sie begegnen sich tagtäglich, sie nehmen Anteil an ihren jeweiligen Sorgen und Freuden. Sie leben zusammen in ihren Dörfern wie eine Großfamilie. Gemeinde ist hier wirklich Gemeinschaft, Miteinander.« – »In unserem neuen Deutschland«, entgegnete Herr Oswald pathetisch, »gibt es ein größeres und tieferes Zusammengehörigkeitsgefühl – die Liebe zu Führer und Vaterland; daneben muss jedes andere Gefühl der Zusammengehörigkeit zurückstehen.« Und dann fuhr Oswald fort: »Ich verstehe Sie und Ihre Bekennende Kirche einfach nicht. Die ganze Welt weiß, dass der Bolschewismus der große atheistische Feind des Christentums ist und dass Stalin in der Sowjetunion das Christentum systematisch ausgerottet hat. Unser Kanzler aber bekennt sich zu Gott, erfleht in jeder seiner Reden den Segen Gottes für die Nation und zahlt regelmäßig seine Kirchensteuern. Unsere früheren Feinde wissen besser, wo die Gefahr liegt, die dem christlichen Europa droht. Warum, glauben Sie, ist der englische Diplomat Lord Halifax bei seinem Treffen mit dem Führer am 19. November Adolf Hitler so großzügig entgegengekommen, indem er von möglichen geografischen Veränderungen in Europa sprach und dabei Danzig, Österreich und die Tschechoslowakei erwähnte; Englands einzige Bedingung sei ein friedlicher Ablauf einer solchen Veränderung. Warum also, Pfarrer Schneider«, war Oswalds Schlussfolgerung, »sind denn Deutschlands Feinde zu solchen Zugeständnissen an Deutschand bereit, wenn nicht, weil Deutschland ein Bollwerk gegen den die europäische christliche Kultur bedrohenden Bolschewismus ist?« – »Herr Oswald«, antwortete Paul, »die Bekennende Kirche in Deutschland muss den Kampf ausfechten, mit dem sie konfrontiert wird. Ihr Kampf richtet sich auf ihre Unabhängigkeit gegenüber einem Staat, der sie seinen politischen Zwecken unterwerfen will. Natürlich sind wir gegen den bolschewistischen Atheismus, aber es macht wenig Sinn, wenn sich die Bekennende Kirche im Kampf gegen den internationalen Bolschewismus mit dem Nationalsozialismus verbündet, wenn sie selbst in ihrem eigenen Land von eben diesem Nationalsozialismus vernichtet werden soll.«

Herr Oswald gab nicht nach: »Sie weigern sich eben einfach, Ihrer Verpflichtung gegen Staat und Führer nachzukommen. Die Pfarrer der Bekennenden Kirche belieben die Worte des Apostels Paulus von der Unterordnung unter die weltliche Autorität zu ignorieren.« Darauf konnte Paul nur antworten: »Herr Oswald, auf der einen Seite predigt die nationalsozialistische Propaganda, wie geschickt der Jude Paulus das Christentum benutzt, um die römisch-germanische Welt zum Judentum zu verführen, so dass die einzige Rettung der arischen Zivilisation darin besteht, das paulinische Christentum zu bekämpfen; und andererseits zitiert die nationalsozialistische Propaganda den Römerbrief eben dieses Apostels Paulus, um die Bekennende Kirche an ihre Pflicht der Unterwerfung unter den Staat zu erinnern.« Herr Oswald war am Ende seiner Weisheit. »Sie sind aber auch gar so dickköpfig, Pfarrer Schneider. Es ist sinnlos, mit Ihnen zu argumentieren.«

Beim nächsten Gespräch erklärte Herr Oswald: »Die Gestapo ist bereit, Sie zu entlassen, Pfarrer Schneider. Allerdings bleiben wir bei unserer Auffassung, dass Sie eine Bedrohung der öffentlichen Sicherheit und Ordnung in der Rheinprovinz darstellen. Nehmen Sie die Ausweisung aus dem Rheinland an, und Sie sind ein freier Mann.« – »Sie wissen, ich kann die Ausweisung nicht annehmen, ich habe Ihnen wiederholt die Gründe genannt, warum ich mich weigern muss.« – »Also gut«, meinte Herr Oswald zum Abschied lakonisch. Nun würde es nicht mehr lange dauern, bis Minister Fricks »Anweisungen« vom April 1934 auf Paul Schneider angewendet würden und er in ein Konzentrationslager überstellt werden würde.

In der Zwischenzeit, am 23. November 1937, schrieb Paul noch einmal einen inoffiziellen Brief an Gretel:

»Liebe Gr.! In einer Zeitung entdeckte ich heute Morgen, daß die Einführung der Gem. Schule nur für den Stadtbezirk Koblenz gilt.

Ihr habt also wohl noch ein wenig Galgenfrist. Rüstet Euch nur mit den Gemeinden, den evang. Eltern umso mehr auf den sicher eintretenden Zeitpunkt. Man ist wieder klüger geworden und macht die Sache nun ganz allmählich, Stückchen für Stückchen. Laßt, wenn die Sache an uns kommt, den Zunder aufbrennen. Gott mache unsere evangelischen Eltern wacker und unerschrocken – dies noch zu dem Brief an Bruder Kemper. – Ich würde raten, daß man das Pult und alle persönlichen Akten und Papiere, auch Vermögensakten, Sparkassenbücher in Sicherheit bringe. Schaffe an Sachwerten an, was nötig ist. ... Vielleicht das Pult-Oberteil mit Bek. Kirchl. und Gemeindeakten ... zu Göhl's, die gewiß Platz dafür haben. Als bäurisches Möbel fällt es dort nicht auf. – Geldstrafen, die ich verschuldet haben soll, auf keinen Fall bezahlen, auch sonst rate ich, Geldstrafen, die uns wegen Bekenntnishaltung auferlegt werden, nur auspfänden zu lassen. Herr O. meinte zynisch, es wäre ja noch Geldstrafe für mich fällig, und wollte es nicht gelten lassen, daß ich die ja längst abgesessen hätte, da meine Haft ›Schutzhaft‹ sei. Er meinte, das zög vielleicht, wenn Ihr zu Hause Not leiden müßtet. Ich sagte, sie sollten machen, was sie wollten; sie wüßten ja, daß ich alles einschließlich meiner Haft für Unrecht halte. – Er wollte auch noch Auskunft über die Konzepte von 1935. Andere, die er mir triumphierend zeigte, hätten sie ja doch schon. Ich legte noch einmal Verwahrung gegen die Beschlagnahme ein, die ja keineswegs auf gerichtliche Anordnung, oder auf eine ergangene Anklage erfolgt ist, sondern nur darum, daß eine Anklage fabriziert werden kann – und verweigerte jede Aussage über Konzepte. Gewiß stehe ich zu dem, was ich geschrieben habe, aber Du weißt auch, wie leicht man heute aus unsrer gerechten und gebotenen Verkündigung eine Anklage und einen Grund findet. – Deshalb habe ich mit gutem Gewissen schon vorbeugend die Konzepte als unmaßgeblich für das tatsächlich Gesagte erklärt. Ich mache Dir nicht den geringsten Vorwurf und Gott wird schon auch diesen ›Raub‹ zum Guten wenden, zur Förderung seiner Sache. Aber wir wollen doch nichts mehr ohne Not ausliefern und in ihre Hände fallen lassen, da das notorisch die Hände der Feinde des Evangeliums sind. Auch Luther sagt, daß wir ihnen keinen Buch-

staben sollen ausliefern. Auch Bruder Kemper soll sich mit allen B. K. kirchlichen Akten ich würde sagen mit allen Akten der Sicherung gegen einen plötzlichen Zugriff versehen. Ein Aufhebung der Pfarrstelle liegt in der Luft. Aber seid getrost! …«
Zusatz: »Nun sind, Liebste, wie es scheint, die Würfel gefallen. ›Lager‹ ob es nun Konzentrations- oder Schutzhaftlager heißt, ist wohl einerlei. Wir sollen menschliche Behandlung und Verbindung mit den Angehörigen behalten. Überlegt, ob es zweckmäßig ist, auch wegen des Geldes, das Telephon noch zu behalten. Überhaupt auch, ob man Zeitung und Radio jetzt nicht abbestellt. Macht die Gemeinden möglichst selbständig. Ein Grund für die plötzliche Wendung ins Lager ist mir nicht bekannt. Ich vermute, daß Entscheidungen allgemeiner Art höheren Orts hier mitsprechen.«

Vom selben Tag ist eine offizielle Postkarte datiert:

»Koblenz, den 23. 11. 37

Meine liebe Gretel!
Es wäre schön, wenn wir uns vor meinem Wegtransport von hier am Donnerstag Mittag noch einmal sehen könnten. Herr O. hatte mir ja auch Deinen Besuch schon in Aussicht gestellt. Wie wir es bisher getan haben, so wollen wir weiter Gott allein vertrauen, in Demut und Geduld von ihm allein alles Gute erwarten und ihn von ganzem Herzen lieben, fürchten und ehren. So wird Gott mit uns sein und wir werden nicht zu Schanden werden in unserer Hoffnung. Seid getrost und treu und fürchtet Euch nicht. Ich behalt Euch fest in meinem Herzen. In Gott sind wir ungeschieden.
Hab auch noch innig Dank für alle Liebe nach hier. Es war für uns beide eine schöne Vorbereitungszeit für härtere Proben, für die wir Gott dankbar sein wollen. Neue Leiden sollen uns neue Erfahrungen unseres Gottes und neue Herrlichkeiten bringen.
Christus spricht: ›Ich bin bei euch alle Tage …‹. Außer etwas Lebensmittel (und Geld vielleicht) kann man nichts mitnehmen. …

Herzliche Grüße Allen.
In Liebe Dein Paul.« –

An eben diesem 23. November 1937 hielt Hitler in Sonthofen eine Rede vor lokalen Parteiführern. Sie zeugte von dem strikten Kurs, den Hitler gegenüber religiösen Abweichlern zu verfolgen sich entschlossen hatte:

»... Es ist ... entscheidend, daß das ›Germanische Reich Deutscher Nation‹ diesen tragfähigsten Gedanken der Zukunft nun verwirklicht, unbarmherzig gegen alle Widersacher, gegen alle religiöse Zersplitterung, gegen alle parteimäßige Zersplitterung. ...
Wir geben euch unbedingte Freiheit in eurer Lehre und in eurer Auffassung der Gottesvorstellung. Denn wir wissen ganz genau: wir wissen darüber auch nichts.
Eines aber sei ganz klar entschieden: Über den deutschen Menschen im Jenseits mögen die Kirchen verfügen, über den deutschen Menschen im Diesseits verfügt die deutsche Nation durch ihre Führer. Nur bei einer so klaren und sauberen Trennung ist ein erträgliches Leben in einer Zeit des Umbruchs möglich.
Wir Nationalsozialisten sind in unserem tiefsten Herzen gottesgläubig. Eine einheitliche Gottesvorstellung hat es im Laufe vieler Jahrtausende nicht gegeben. Aber es ist die allergenialste und erhabenste Ahnung des Menschen, die ihn am meisten über das Tier heraushebt, nicht nur die Erscheinung außen zu sehen, sondern immer die Frage des Weshalb, des Warum, des Wodurch aufzustellen. Diese ganze Welt, die uns so klar ist in der äußeren Erscheinung, ist uns ebenso unklar in ihrer Bestimmung. Und hier hat sich die Menschheit demütig gebeugt vor der Überzeugung, einem ungeheuren Gewaltigen, einer Allmacht gegenüberzustehen, die so unerhört und tief ist, daß wir Menschen sie nicht zu fassen vermögen. Das ist gut! Denn es kann dem Menschen Trost geben in schlechten Zeiten, vermeidet jene Oberflächlichkeit und jenen Eigendünkel, der den Menschen zu der Annahme verleitet, er – eine kleine Bazille auf dieser Erde, in diesem Universum – würde die Welt beherrschen und er bestimme die Naturgesetze, die er höchstens studieren kann. Daher möchten wir, daß unser Volk demütig bleibt und wirklich an einen Gott glaubt. Also ein unermeßlich weites Feld für die Kirchen, sie sollen daher auch untereinander tolerant sein!

Unser Volk ist nicht von Gott geschaffen, um von Priestern zerrissen zu werden. Daher ist es notwendig, seine Einheit durch ein System der Führung sicherzustellen. Das ist die Aufgabe der NSDAP.«[216]

Und noch ein Weiteres ist für diesen 23. November zu vermerken: Hanns Kerrl, der Minister für kirchliche Angelegenheiten, sprach in Fulda. Er ging ein auf den Vorwurf gegenüber dem Dritten Reich, die christliche Kirche würde verfolgt. Unter anderem argumentierte Kerrl damit, dass die staatlichen Zahlungen an die Kirchen seit Januar 1933 1 Milliarde Mark überschritten. Seine Schlussfolgerung lautete: »Man zahlt doch niemandem etwas, den man vernichten will.«

Am 24. November schrieb Paul noch einmal einen inoffiziellen Brief von Koblenz aus an Gretel:

»Mein lieber Schatz!
Was soll ich Dir nun noch raten? Das ist von außen her so leicht und billig. Ich sehe voraus, daß die Nötigung zum ›offenen Geständnis und freien Bekenntnis‹ nun an jeden aufrichtigen Christen kommt. Du wirst schon wegen unserer Kinder auch bald dran kommen. Dann bedenk's: Lieber alle Kreaturen preisgeben, denn im geringsten wider Gottes Willen tun, und trauen der Verheißung zugleich: ›Wer Gott fürchtet, der hat eine sichere Zuflucht, und seine Kinder werden auch beschirmt‹. Laß uns das Trauerspiel so vieler christlicher Eltern nicht mitmachen. Halte der Gemeinde die Treue, bis sie Dich mit Polizei ausführen. In Womrath werden sich Türen finden, wenn sich das Pfarrhaus verschließt. Vertraut Euch Gillmann nicht an. Er ist dem Konsistorium hörig und wird tun, was der Staat befiehlt. Ich befürchte es wenigstens. Er wird Dickenschied und Womrath für seine geordnete Synode behalten wollen. Die Scheidung unter den Brüdern wird jetzt doch nötig werden.
Gott wird Dir Kraft geben, Du Liebe, Deinen Weg zu gehen. Frage immer zuerst in allen Dingen Gott um Rat, ehe Du die Menschen fragst. Auch die besten Freunde werden uns oft nicht das Richtige

raten. – Auch die Gemeinden werden in Thüringen (Buchenwalde) meinem Herzen so nahe bleiben, wie sie es in Koblenz waren. …
Laß uns bedenken, Liebste, unsre Trübsal ist zeitlich und leicht und wirkt eine ewige und über alle Maßen wichtige Herrlichkeit. Unsere Kinder gehören Gott durch unsern Glauben und die Taufe auf Christus. Der treue Herr wird sie behüten an Leib und Seele. …«
[Paul gab diesen Brief Gretel persönlich bei seiner Verabschiedung.]

Paul hatte diesen Brief gerade beendet, als Gretel, zusammen mit Dieter (10 Jahre) und Evmarie (8 Jahre) bei ihm eintraf. Sie hatte seine offizielle Karte erhalten, ebenso einen Telefonanruf von der Gestapo Koblenz, dass sie Paul vor seinem Abtransport ins Konzentrationslager noch einmal besuchen dürfe. Fritz Langensiepen brachte die drei im Auto zum Gefängnis.

Paul hielt Dieter und Evmarie lange in seinen Armen, er wusste ja nicht, wann er sie wiedersehen würde. Evmarie drückte sich fest an des Vaters Brust in dem Gefühl, dass die bevorstehende Trennung vielleicht noch länger dauern würde als die Zeiten im Gefängnis, die der Familie schon zu schaffen gemacht hatten. Paul herzte und küsste seine Kinder und Gretel und drückte dem Freund fest die Hand, bevor er in seine Zelle zurückgebracht wurde.

»Sie können morgen früh noch mal kommen«, sagte der Polizeibeamte zu Gretel, »der Transport geht nicht vor 2 Uhr nachmittags.« So fuhr Fritz Langensiepen die Kinder nach Hause zurück, und Gretel blieb über Nacht bei der Witwe eines Koblenzer Pfarrers. Am nächsten Morgen war sie wieder im Gefängnis. Der erste Advent stand bevor, und sie hatte einen kleinen Adventskranz dabei. Paul rührte es zu Tränen, seine Frau mit Kranz und Kerze im Sprechzimmer vorzufinden. Da er ja auf den Transport nichts mitnehmen durfte, übergab er Gretel seine Bibel und die Briefe, die man ihm am Abend zuvor ausgehändigt und die er in der Nacht noch einmal gelesen hatte. Gretel tröstete sich mit dem Vers »Wen Gott liebhat, den züchtigt er, und er stäupt einen jeglichen Sohn, den er annimmt« (Hebr. 12, 6).

Paul lehnte seinen Kopf an Gretels Schulter. Sanft streichelte sie ihn und sagte leise: »Wie hab ich dich so lieb!« Sie spürte, wie er durch tiefes Weinen erschüttert war, Schmerz überkam ihn bei dem Gedanken, dass er vielleicht für immer von ihr und von den Kindern getrennt sein würde. Lange hielten sie einander wortlos umfangen. Gretel fing sich zuerst, schlug das Büchlein mit den Losungen des Tages auf und las laut: »Es hat überwunden der Löwe aus Juda.« Stammelnd beteten sie miteinander das Vaterunser.

Paul wusste, dass er auch jetzt noch auf der Stelle als freier Mann das Polizeirevier verlassen konnte, wenn er nur einwilligen und dem Staat das Recht zuerkennen würde, ihn aus dem Hunsrück und aus seiner Gemeinde zu vertreiben. Trotzdem konnte er sich auch jetzt noch nicht dazu bereit finden. Diese Einwilligung würde dem Staat die Befugnis einräumen zu entscheiden, wann und ob das Evangelium verbreitet werden durfte.

»Die Zeit ist um«, hörten die beiden den Aufsichtsbeamten sagen. In inniger Umarmung hielten sie einander noch einmal umfangen. Von Schmerz durchwühlt, kehrte Paul in seine Zelle zurück.

»Kann ich ihn nicht heute Nachmittag noch einmal sehen?«, bettelte Gretel. Der Beamte nickte. »Kommen Sie um ein Uhr, eine Stunde vor dem Abtransport. Ich gehe dann heim, meine Ablösung braucht nicht zu wissen, dass Sie heute morgen schon einmal hier waren.«

Gretel kam. »Wir dürfen nicht mehr weich werden«, sagte Paul. Seit dem Morgen hatte er Adventslieder gelesen, der tröstliche Gedanke an die Ankunft des Sohnes Gottes ließ ihn ruhiger werden. Mit im Raum saß auch ein Ehepaar, Ernste Bibelforscher, die ebenfalls auf ihren Abtransport warteten. Die Frau ging auf Gretel zu, schüttelte ihr die Hand und sagte: »Mein Mann und ich werden heute auch getrennt; er kommt in ein anderes Lager als ich. Abschiednehmen ist schwer. Ich danke Ihrem Mann für so viel Trost und Zuspruch in der Haftzeit hier. Gott segne Sie!«

Der Wachtmeister meldete sich; Gretel, Paul und das Ehepaar gingen nach draußen zu dem wartenden Polizeiauto, das sie zum Transport in einem Sonderzug wegbringen sollte. Noch einmal – zum letzten Mal in ihrem Leben – umarmten sich Paul und Gretel.

Gretel stand winkend da, während sie dem abfahrenden Wagen nachschaute; Paul sah noch einmal aus dem Rückfenster des Autos, winkte zu ihr herüber – und lächelte. Dieses Bild würde ihr bleiben, würde immer und immer wieder die vielen Jahre ihrer Witwenschaft hindurch vor ihrem geistigen Auge erscheinen.

Gretel machte sich auf die Heimreise nach Dickenschied. Unter all den Leuten, die in lebhafte Gespräche vertieft waren, saß sie still, wie ein Fremdling, geduckt unter der Last der Traurigkeit in ihrem Tal der Tränen. Während der ganzen Zugfahrt bis nach Kirchberg schaute sie stumm aus dem Fenster, hinein in die herbstliche Landschaft am Ende des verdämmernden Tages. Sie grübelte vor sich hin, fragte sich ängstlich immer aufs Neue, ob sie wohl Paul je noch einmal wiedersehen würde. Ein Lied, das Paul so gerne gesungen hatte, kam ihr in den Sinn. Und während der Abstand zwischen ihnen immer größer wurde, weil ja eins nach Osten und eins nach Westen fuhr, ging ihr der Text dieses alten Volksliedes durch den Kopf:

»Anke von Tharau ist's, die mir gefällt,
sie ist mein Leben, mein Gut und mein Geld.
Anke von Tharau, mein Reichtum, mein Gut!
Du, meine Seele, mein Fleisch und mein Blut!

Käm' alles Wetter gleich auf uns zu schlahn,
wir sind gesinnt, beieinander zu stahn.
Krankheit, Verfolgung, Betrübnis und Pein
Soll unserer Liebe Verknotigung sein.
Anke von Tharau, mein' Sonne, mein Schein,
mein Leben schließ ich in deines hinein!

Würdest du gleich einmal von mir getrennt,
lebtest da, wo man die Sonne kaum kennt:
ich will dir folgen durch Wälder und Meer,
Eisen und Kerker und feindliches Heer.
Anke von Tharau, mein' Sonne, mein Schein,
mein Leben schließ ich in deines hinein!«

Von Kirchberg aus wurde Gretel von Freunden nach Dickenschied gefahren.

Die Stimmen der SS-Wachen am Weimarer Bahnhof waren schon heiser, ihre Befehle trieben Paul und seine Mithäftlinge aus den Güterwaggons auf die bereitstehenden Lastwagen, die sie die fünf Kilometer lange Strecke durch den Wald von Weimar nach Buchenwald hochschafften. Wachsodaten begleiteten sie, die Gewehre im Anschlag. Eine unheimliche Stille herrschte zu beiden Seiten während der Fahrt hinauf zum Ettersberg. Oben hielten die Wagen. »Raus!«, wurde gebrüllt, und die eilig Herunterspringenden sahen vor sich das Lagertor und die Baracken, die sich noch im Aufbau befanden. Die Neuankömmlinge hatten sich auf dem Appellplatz aufzustellen. Vor ihnen reihten sich einfache Holzkisten, die wie Särge aussahen und die in der Tat Leichen enthielten. Sie waren hierher gestellt worden, um die Ankommenden in Furcht und Schrecken zu versetzen: Das würde auch ihr Schicksal sein, wenn sie die Lagerordnung nicht strikt befolgten. Paul würde viele solcher menschlicher Kadaver sehen, die vor ihrer letzten kurzen Fahrt zum Krematorium von Weimar oder Erfurt in solche Kisten geworfen wurden. [Später gab es in Buchenwald selbst ein Krematorium zum Verbrennen der zahlreich anfallenden Leichen.] Lagerleiter Karl Koch wandte sich in kurzen Worten an die Häftlinge. Die wichtigste Information hieß: »Wer sich der Lagerordnung nicht fügt, wird erschossen und liegt in einer solchen Kiste – wie diese Schweine hier.«

Unübersehbar auf dem Appellplatz stand der Bock, der bei der Prügelstrafe eine entscheidende Rolle spielte. Gewisse Verstöße gegen die Lagerordnung hatten für den Häftling 25 Stockschläge auf das nackte Gesäß zur Folge.

Nach Pauls Ankunft in Buchenwald musste er zusammen mit weiteren 2500 Häftlingen das Lager errichten, in dem ursprünglich 6–8 000 Gefangene untergebracht werden sollten. In Schichten von 16 und mehr Stunden, von Peitschen schwingenden Kapos überwacht, trieben Arbeitskommandos den Bau der Baracken, die Grabung und Verlegung von Wasserleitungen und die Knochenarbeit in den Steinbrüchen voran. Am Ende eines solchen Arbeitstages kämpften sich die erschöpften und halb verhungerten Gefangenen zu ihrem Lager zurück.

Es kam Paul wie Ironie vor, dass er wieder eine Uniform tragen musste. Zur Zeit gab es nur das zusammengewürfelte Sortiment von Röcken und Hosen und Mänteln aus Armee- und Polizeibeständen, später würde man die Männer in die berüchtigte blau-grau gestreifte Häftlingskleidung stecken, die eher an Schlafanzüge als an Anzüge erinnerte. Das rechteckige grüne Emblem mit dem schwarzen S darauf, das an Pauls rechtem Hosenbein und auf dem Rücken seiner Jacke aufgenäht war, wies ihn für SS-Wachen und Kapos als »Sicherheitsverwahrten« aus. Die meisten Häftlinge trugen ein rotes Kennzeichen – sie waren »politische Gefangene«. Die Bibelforscher, die mit ihm von Koblenz gekommen waren, waren durch ein violettes Emblem gekennzeichnet. [Ab Ostern 1939 wurden die viereckigen durch dreieckige Zeichen ersetzt.]

An Pauls zweitem Aufenthaltstag in Buchenwald predigte Leo Kemper über Psalm 130: »Aus der Tiefe rufe ich, Herr, zu dir«. Im ersten Winter kamen jeden Abend Gemeindemitglieder im Pfarrhaus zu gemeinsamem Gebet zusammen. Der Sommer hob diese Gewohnheit auf, die Arbeit auf den Feldern hielt die Bauern bis zum Dunkelwerden draußen, und es verstärkte sich wohl auch der politische Druck. Aber Pauls Name blieb auf den Fürbittlisten der Bekennenden Kirche, und es blieben auch die Bittgottesdienste in den Gemeinden Dickenschied und Womrath.

Gretel vertiefte sich indes in die Randbemerkungen, die Paul in der Haft in Koblenz in seine Bibel notiert hatte. Von der Genesis bis zur Offenbarung – Paul hatte über alle Kapitel meditiert und überall seine Anmerkungen gemacht, Kommentare, die die biblischen Texte in Bezug zum Kirchenkampf brachten. So sollte Gott (nach Psalm 31, 4) nicht einfach nur aus dem Netz befreien, das für den Beter ausgelegt worden war, – es war mit Hilfe von »Aktenbergen der Gestapo« ausgelegt worden. Psalm 73, 9–10: »Was sie reden, das muß vom Himmel herab geredet sein; was sie sagen, das muß gelten auf Erden. Darum fällt ihnen ihr Pöbel zu und laufen ihnen zu mit

Konzentrationslager Buchenwald: Lagertor (1998)

Der Prügelbock in Buchenwald

Haufen wie Wasser« war versehen mit dem Kommentar: »wenn sie paradieren und präsentieren und brüllen: heil, heil!« Neben Jesaja 6, 13: »Und ob noch der zehnte Teil darin bleibt, so wird es abermals verheert werden, doch wie eine Eiche und Linde, von welchen beim Fällen noch ein Stamm bleibt« stand »auch von der Evangelischen Kirche Deutschlands ein solcher Rest!« und an den Rand neben Jesaja 26, 13: »Herr, unser Gott, es herrschen wohl andere Herren über uns denn du; aber wir gedenken doch allein dein und deines Namens« hatte Paul geschrieben »an der Treue gegen Gott ist die Tyrannenmacht ohnmächtig«. Neben Matthäus 7, 22: »Es werden viele zu mir sagen an jenem Tage: Herr, Herr! Haben wir nicht in deinem Namen geweissagt, haben wir nicht in deinem Namen Teufel ausgetrieben?« las Gretel »... in deinem Namen Kirchenkampf geführt?«, und neben Matthäus 10, 14: »Und wo euch jemand nicht annehmen wird noch eure Rede hören, so geht heraus von demselben Hause oder der Stadt und schüttelt den Staub von euren Füßen« war zu lesen: »Das Gericht wird sich auch in Deutschland an mancher Stadt und manchem Dorf erfüllen.« Matthäus 23, 8: »Aber ihr sollt euch nicht Rabbi nennen lassen; denn einer ist euer Meister, Christus; ihr aber seid alle Brüder« war kurz und treffend ergänzt durch »Mein Führer!« Und am Rand von Johannes 4, 1: »Da nun der Herr inneward, daß vor die Pharisäer gekommen war, wie Jesus mehr Jünger machte und taufte denn Johannes ...« war vermerkt »große Schuld der evangelischen Kirche: ›positives Christentum‹ war näher zu prüfen!«

Für Gretel gewannen auch die Worte der bekannten Kirchenlieder eine neue, besondere Bedeutung. Sie konnte nun nicht mehr mitsingen, wenn es in der letzten Strophe von Luthers »Ein' feste Burg ist unser Gott« hieß:

»Das Wort sie sollen lassen stahn
und kein'n Dank dazu haben;
Er ist bei uns wohl auf dem Plan
Mit seinem Geist und Gaben.
Nehmen sie den Leib,
Gut, Ehr, Kind und Weib,
laß fahren dahin,

Sie haben's kein'n Gewinn;
Das Reich muß uns doch bleiben.«

Sie musste dann immer mit den Tränen kämpfen, wenn sie versuchte, Gottes Willen aus ihrer gegenwärtigen Lage herauszulesen.

Nach seiner Ankunft in Buchenwald wurde Paul ein Exemplar der Lagerordnung ausgehändigt, das er seinem ersten Brief nach Hause beilegen sollte. Was Paul zwar nicht in dem schriftlichen Text fand, was ihm aber Kameraden beibrachten, war, dass die Formulierung im Brief, man sei »gesund und munter«, der Beförderung der Post dienlich sei.

So hieß es denn in dem ersten Brief Pauls nach Dickenschied

»Konzentrationslager Buchenwald
Post Weimar/ Thür.

Buchenwald, d. 29.11.37

Auszug aus der Lagerordnung:
Jeder Häftling darf im Monat 2 Briefe oder 2 Postkarten empfangen und auch absenden. Die Briefzeilen müssen übersichtlich und gut lesbar sein. Postsendungen, die diesen Anforderungen nicht entsprechen, werden nicht zugestellt, bezw. befördert. Pakete jeglichen Inhalts dürfen nicht empfangen werden. Geldsendungen sind zulässig; es kann im Lager alles gekauft werden. Nationalsozialistische Zeitungen sind zugelassen, wenn dieselben unter Streifband direkt vom Verlag geschickt werden.
Der Lagerkommandant

Damit bei einer evtl. Entlassung aus der Schutzhaft keine Verzögerung eintritt, ist es angebracht, wenn schon jetzt das Fahrgeld für die Rückreise eingezahlt wird. Der Tag der Entlassung kann jetzt noch nicht angegeben werden. Anfragen sind zwecklos.

Meine genaue Anschrift:
Schutzhäftling
Paul Schneider
Nr. 2491
Block 22
Konz.L. Buchenwald
Post Weimar/Thür.

Meine lb. Gretel!
Du wirst schon begierig auf Nachricht warten. Am Samstag Morgen kamen wir schon hier an. Nun ist der erste Einstand getan, der wie aller Anfang schwer ist.
Die Einsamkeit der Zelle ist jetzt gründlich zu Ende und bin ich jetzt noch mehr dankbar für diesen Übergang in Koblenz. Mit Gottes Hilfe wollen wir beiderseitig, auch Ihr zu Hause, fröhlich und getrost bleiben, zumal in dieser Vorweihnachtszeit. ...
Wir sollen auch zu Hause mitteilen, daß alle Anfragen der Familienangehörigen oder anderer Personen unsere Sache betreffend zwecklos seien und uns zum Schaden wären. Ich bitte Euch also auch meinerseits, sich danach zu richten. Wir wissen ja sowieso unser Geschick in Gottes Hand. Beachtet auch den Kopf des Briefes. Mir geht es also gut. Es ist jetzt eine Hauptsache, daß man gesund bleibt und bin ich dankbar für die mir mitgegebene gute Gesundheit.
Wie schön war es, daß Du mir in Koblenz noch den Abschiedsbesuch machen konntest, Liebste. Wenn es auch ein Schmerz war, so ist es doch auch für jetzt und die Zukunft mir eine große Stärkung, daß ich ein so liebes treues Weib habe. Hab noch mal herzlichen Dank für die auch Dir nicht leichten Wege.
In treuer Liebe und Fürbitte
für Euch alle 10 Dein Paul.« –

Am 1. Dezember hatte sich Gretel so weit gefasst, dass sie einen Brief an ihre Mutter schreiben konnte:

»Dickenschied, den 1. Dezember 1937

Liebe Mutter!
Es fällt mir schwer, Dir einen Brief zu schreiben, da ich darunter leide, Dir noch mehr Sorgen zu machen, als Du vorher schon hast. Aber verschweigen kann ich es auch nicht. Du bist auch Paul so ver-

bunden, daß Du wissen mußt, in welcher Lage er jetzt ist. Heute vor 8 Tagen ... erfuhr ich ... durchs Bürgermeisteramt, daß ich Besuchserlaubnis hätte, da mein Mann am Donnerstag in ein Lager abtransportiert würde. Der liebe Freund Rolfs und Langensiepen kamen gleich mit dem Auto und fuhren mich mit den Kindern (Dieter und Evmarie) nach Koblenz. Wir konnten gleich mit Paul zusammensein, der sich arg nach uns gesehnt hatte und froh war, daß ich auch die Kinder mitbrachte. ... Wir wußten beide, was das für Paul heißt, ins Lager zu gehen und drum wollte mir fast das Herz brechen. Und wenn ich auch heute äußerlich ruhig geworden bin, das Herz zittert einem vor Sorge und Mitleid. Ich bin auf alles gefaßt, aber es ist sehr schwer, sich in ein ›dein Wille geschehe‹ zu fügen. ... Die letzte Stunde war ich noch bei Paul, da waren wir beide ganz gefaßt. Die ganze Zeit sieht er sehr ernst an und sagte, es kann noch jeder ernste Christ dran an die Verantwortung. Wenn Gott nicht eingreift, dann wird für unsere Kirche die Lage noch ernst. Paul ist nur ein Pionier, einer der sein Leben dran gibt für seine Überzeugung, einer der nichts sein will als dem Wort gehorsam. Drum kann ich ihm auch nicht vorwerfen, ›er hätte seine Familie unglücklich gemacht‹, ich weiß, daß er uns sehr lieb hat, aber doch nicht anders konnte. Drum schimpft Ihr bitte auch nicht auf ihn, gelt! Sondern achtet seine Entschlüsse und seid mit mir getrost, daß dieser Zeit Leiden nicht wert sind der Herrlichkeit, die an uns soll geoffenbart werden. Um unser äußeres Fortkommen brauchst Du Dir keine Gedanken zu machen. Bis jetzt bekommen wir noch unser Gehalt. ... Auch gute Freunde fragten schon, ob ich Not hätte. Das kann ja auch noch mal kommen, aber ich hab keine Angst davor. ... – Uns war diesmal nicht um äußerliches Adventsfeiern. Ich hab diesmal zum erstenmal auch keinen Kranz. Doch nächsten Sonntag muß ich doch den Kindern die Freude machen. Man führt ein doppeltes Leben, die Gedanken sind viel im unbekannten Land des Lagers und doch muß hier auch das nötigste getan werden und die Kinder doch auch zu ihrem Recht kommen. Das kostet Kraft! – Gut, daß Kemper sich so schön eingelebt hat und es ihm nun auch wieder gut geht. ...

Nun behüt Dich Gott! ...

Deine dankbare Gretel«

Am Sonntag, dem 5. Dezember 1937, durfte Paul wieder aus Buchenwald nach Hause schreiben:

»Liebste Gretel!
Nun komme ich doch wenigstens in meinem Sonntagsbrief an Dich nicht aus der Übung. ...
Gottlob habe ich nun die erste Woche hinter mir und kann Dir vermelden, daß ich noch gesund und munter bin. ... Du kannst Dir denken, daß ich mich bei aller großen Kameradschaft hier doch oft recht einsam fühle. Aber der treue Gott ist ja auch hier bei mir und kann mir auch diese ›Ferne‹ zur ›Heimat‹ machen und mir auch in dieser ›Welt‹ adventlich begegnen. Ich bin gewiß, daß Ihr auch in diesem Sinne für mich betet. Wie werden sich jetzt die Kinderlein mehr und mehr auf Weihnachten freuen. ...
Wenn auch dunkle Wolken der Trübsal uns dies vor uns liegende liebe Fest verdüstern, das ewige Licht, das ins Kripplein zu Bethlehem einging, wird umso reiner und sieghafter sich den Weg in unsere Herzen bahnen, daß wir, wenn auch getrennt, doch getröstet und gläubig feiern und uns der Liebe Gottes freuen können. An kleinen Freundlichkeiten und Hilfen fehlt es mir auch hier nicht, die mir das Leben erleichtern.

In Liebe und Fürbitte grüßt Euch alle
Dein Paul.« –

Gretels Herz klopfte vor Erregung. »Stimmt das tatsächlich?«, fragte sie, als Leo Kemper mit der Neuigkeit nach Hause kam, dass laut Information aus Kreisen der Berliner Bekennenden Kirche 40 inhaftierte Bekenntnispfarrer ein paar Tage Weihnachtsurlaub bekommen würden. »Vielleicht darf auch Paul Weihnachten zu Hause verbringen«, sagte sie. »Ich raube dir nicht gerne jede Hoffnung«, sagte Hermann Lutze, »aber Paul ist nicht in einem Gefängnis, sondern im Konzentrationslager. Wenn man bedenkt, wie man sich bemüht, möglichst geheim zu halten, was sich in solchen Lagern abspielt, halte ich es für unwahrscheinlich, dass man Paul über Weihnachten da rauslässt.« – »Aber es gibt doch auch Insassen, die entlassen werden«, wandte Gretel ein. »Ja, das schon«, erwiderte Hermann, »aber du weißt, sie müssen sich eidlich verpflichten, nichts von dem herauszulassen, was sie gehört und gesehen haben. Und ich bin sicher, selbst die SS weiß schon, dass Paul einen solchen Eid niemals leisten wird.«

So verbrachte Paul das Weihnachtsfest im Lager. Er trug seinen Mitgefangenen die Weihnachtsgeschichte vor, er sang und betete mit ihnen. Lagerkommandant Koch warnte ihn: »Schneider, dies ist ein Lager, keine Kirche. Ihr ständiges Predigen ist eine Verletzung der Bestimmungen. Sie erwirken nicht nur ein Hinausschieben Ihrer Entlassung, sondern provozieren geradezu eine Bestrafung. Seien Sie nicht so dickköpfig. Unterschreiben Sie lieber den Ausweisungsbefehl, dann können Sie gehen. Und denken Sie daran, wie Ihre Familie wegen Ihrer Halsstarrigkeit leidet.« – »Das geht mir tagtäglich durch den Kopf«, erwiderte Paul, »ich leide selber sehr unter der Trennung von Familie und Gemeinde. Aber ich habe mir dieses Schicksal ja nicht ausgesucht; dass ich hier bin, haben andere zu verantworten, dies Schicksal ist mir auferlegt worden. Der Ausweisungsbefehl gegen mich ist ungültig – er beruht auf dem unrechtmäßigen Versuch des Staates, in das Recht einer Kirchengemeinde zur Verhängung von Kirchenzuchtmaßnahmen einzugreifen, indem einfach Kirchenzucht mit Boykott verwechselt wird.« – »In Ihrem Sündenregister geht es ja nicht nur um diese Boykott-Geschichte«, wandte Karl Koch ein. »Ihre Akte wimmelt ja von Verstößen gegen den nationalsozialistischen Staat. Ich kenne die Zeugenaussagen zu Ihren kritischen Bemerkungen über Minister Goebbels und Alfred Rosenberg. Es steht genug auf ihrer Liste, um Sie hier festzuhalten«, höhnte Karl Koch. »Wie gesagt, Häftling Schneider, Sie können von heute auf morgen Ihre Häftlingskleidung gegen den Talar eintauschen und die Häftlingsnummer 2491 gegen die Bibel, sobald Sie Ihre Ausweisung akzeptieren. Die Wände Ihres Gefängnisses sind aus Papier. Unterzeichnen Sie, und Sie können gehen.« Bei aller Liebe zu seiner Familie und bei aller Sehnsucht nach einer Wiedervereinigung mit ihr, Paul konnte dem Ansinnen Kochs nicht entsprechen. So endete diese Unterredung ohne Ergebnis.

Paul und einige der Bibelforscher waren die einzigen in Buchenwald, die selbst den Schlüssel zur Öffnung des Gefängnistors bei sich trugen. Herr Müller, der Bibelforscher, der mit Paul von Koblenz gekommen war, hatte ihm das Formular gezeigt, das alle Zeugen Jehovas bekamen. Er sollte darüber nachdenken und dann unterschreiben, wenn er frei sein wollte. Er musste anerkennen, dass die internationale Gemeinde der Zeugen Jehovas Irrlehren verbreite und dass die Gemeinschaft unter dem Deckmantel religiöser Betätigung Ziele verfolge, die denen des Staates zuwiderliefen. Er musste sich verpflichten, mit dieser Organisation zu brechen und sich von ihrer Doktrin zu lösen. Er musste mit seiner Unterschrift bestätigen, er wisse, dass er im Falle des Verstoßes gegen die so eingegangenen Verpflichtungen mit sofortiger Inhaftierung zu rechnen habe.

»Sehen Sie, Pfarrer Schneider«, hatte Heinz Müller gesagt, »so etwas kann ich ebensowenig unterschreiben, wie Sie Ihre Ausweisung akzeptieren können, denn das würde, wie bei Ihnen ja auch, gegen meine innerste Überzeugung gehen. Deshalb werden wir hier bleiben, bis der Staat seine Politik ändert oder bis wir vor lauter Schufterei und vor lauter Sehnsucht nach unserer Familie schließlich klein beigeben oder aber sterben.«

Am 8. Januar 1938 feierte Gretel ihren 34. Geburtstag. Sie verbrachte den Großteil dieses Tages mit dem Verfassen von Briefen, die sie an verschiedene staatliche Stellen in Berlin schickte:

»Margarete Schneider

Dickenschied, am 8. Januar 1938

Ehefrau des z.Zt. im
Konzentrationslager Buchenwald
bei Weimar befindlichen Pfarrers
Paul Schneider

Als Mutter von sechs unmündigen Kindern (½ bis 10 Jahre alt) richte ich folgende Bitte an Sie:
Mein Mann befindet sich seit dem 28. November 1937 im Konzentrationslager Buchenwald bei Weimar, da er als evangelischer Pfarrer und verordneter Diener am göttlichen Wort die gegen ihn

ausgesprochene Ausweisung aus dem ganzen Rheinland im Gehorsam gegen die Heilige Schrift und das Bekenntnis unserer Väter nicht annehmen konnte. Er hat dies selbst in einem ausführlichen Schreiben an die höchsten Stellen (Reichskanzlei, Reichsinnenministerium) eingehend begründet, ehe er am 3. Oktober in seine Gemeinde zurückgekehrt ist. Am selben Abend wurde er ... verhaftet und nach Koblenz gebracht. Mein Mann ist Pfarrer von zwei kleinen Hunsrückgemeinden ... und dazu berufen, diesen Gemeinden das Evangelium von Jesus Christus zu verkündigen. ... Das hat er bis zu seiner ersten Inhaftierung im Mai 1937 getan, und um dessen willen wurde er von wenigen Leuten in seiner Gemeinde angefochten und schließlich zur Anzeige gebracht, da man kein Verständnis für die Botschaft vom Reiche Gottes hatte. Der Hauptgrund des Anstoßes war die kompromißlose Durchführung der christlichen Bußzucht aufgrund unseres Bekenntnisbuches, Heidelberger Katechismus. ...

Die Presbyterien seiner beiden kleinen Gemeinden stehen geschlossen hinter ihm und haben bereits unter dem 8. Juni 1937 in einem Schreiben an das Reichsinnenministerium erklärt, daß sie mit der Amtsführung meines Mannes sehr zufrieden wären und ihn als Seelsorger zurückwünschten; auch steht der weitaus größte Teil der Gemeindeglieder in beiden Gemeinden hinter meinem Mann und hat dies unterschriftlich bekundet (die Unterschriftslisten sind zum Teil von der Staatspolizei beschlagnahmt worden). Die Gemeinde kann bezeugen, daß ihr Pfarrer in wahrer und echter Volksgemeinschaft in Freud und Leid mit seinen armen Bauern gelebt hat und ihnen in allen Dingen helfend zur Seite stand. ...

Da mein Mann als Seelsorger dieser zwei kleinen Hunsrückgemeinden niemals daran denkt, die Ruhe und Ordnung des Rheinlandes zu stören und es von jeher grundsätzlich abgelehnt hat, politisch tätig zu sein (er ist als Kriegsfreiwilliger ins Feld gegangen, 3 ½ Jahre an der Front gewesen, früherer Offizier, verwundet worden und Ritter des Eisernen Kreuzes; seine nationale Gesinnung ist dadurch wohl genügend unter Beweis gestellt), da er nur Gottes Wort zum Wohl und Heil unseres Vaterlandes auftragsgemäß verkündigen mußte, richte ich die herzliche Bitte an Sie, die gegen meinen Mann erlassene Ausweisung zurückzunehmen bzw. die Zurücknahme zu veranlassen und ihn für seine Gemeinde und Familie freizugeben.

Margarete Schneider«[217]

Am Sonntag, dem 9. Januar 1938, schrieb Paul aus Buchenwald:

»Liebe Gretel.
Es ist mir sehr leid, daß Du umständehalber meinen Weihnachtsbrief nicht bekommen hast und auch zu Deinem Geburtstag ohne besonderen Brief von mir geblieben bist. Nun will ich Dir nur kurz von meinem Ergehen mitteilen, daß ich noch gesund und munter bin. Nachgerade habe ich mich gut eingelebt. – Deine drei Briefe habe ich erhalten, den 1. am Schluß der 2. Woche hier, den Weihnachtsbrief zum heiligen Abend, den Deine liebe Hand mir schrieb und der mir dies Mal alle anderen Geschenke oder Grüße, die mir zugedacht waren, reich ersetzte. ... Den dritten Brief bekam ich zum 7. Januar. Wie freue ich mich, daß Ihr doch getröstet, fröhlich und gesegnet das liebe Fest feiern konntet. ... Hermännles Geburtstag hatte ich nicht vergessen, Deiner ist nun auch schon gewesen. Wir waren doch in herzlichen Gedanken verbunden; zu Vaters Todestag, zu Adölfchens und Sophies Geburtstag begegnen sich unsere Gedanken wieder, so wie ich mich auch dauernd von Deiner und der Freunde Liebe getragen weiß. Dir und allen Hausgenossen und Freunden viele herzliche Grüße,

Dein Paul.« –

Im Winter 1938 reiste Gretel nach Berlin; sie musste mehrmals im SS-Hauptamt in der Prinz-Albrecht-Straße 6 vorsprechen. »Ich bin nun schon zum sechsten Male hier«, sagte sie, »und bin immer noch ohne eine Antwort auf mein Anliegen. Ich habe sechs Kinder zu Hause in Dickenschied und kann beim besten Willen nicht endlos in Berlin bleiben.« – »Tut mir Leid«, bekam sie von dem Sachbearbeiter für Kirchenfragen zur Antwort, »ich habe Ihnen ja bereits gesagt, die Unterlagen zum Fall Ihres Mannes liegen beim Chef, und der ist momentan nicht in Berlin. Ohne Unterlagen und ohne seine Zustimmung können wir keinerlei Aussagen machen. Wir werden den Chef informieren, wenn er zurück ist. In der Zwischenzeit können Sie ja für sich und Ihren Mann eine schriftliche Loyalitätserklärung für den Staat einreichen, das wird bei der Behandlung Ihres Anliegens nützlich sein.«

Wie bekennt man sich zu einem Staat, den man so sehr verachtet? Aber Gretel musste versuchen, die Mächtigen zu überzeugen, dass Paul keine Bedrohung der öffentlichen Ordnung darstellte und dass er im wahrsten Sinne des Wortes ein guter Deutscher war. So formulierte sie also folgende Erklärung:

> »Mein Mann und ich sind uns darin einig, daß wir das Wort auch für uns gelten lassen: ›Jedermann sei untertan der Obrigkeit, die Gewalt über ihn hat.‹ Wir sind keine Staatsfeinde. Wir können auch dafür unsere Beweise bringen. Wir können aber auch die Ausweisung nicht als rechtmäßig anerkennen, weil sie auf einer böswilligen Verleumdung beruht, und wir bitten, sie zurückzunehmen. ... Wir glauben, kein Recht zu haben, unserer Gemeinde die Treue zu brechen. Bei der feierlichen Einführung versprach mein Mann, der Gemeinde ein treuer Hirte zu sein, und fühlt sich durch dieses Versprechen im Gewissen gebunden. Um dieser Treue willen hat er den Vorwurf des Ungehorsams ertragen und die Strafe willig und ohne Bitterkeit auf sich genommen.
> Wir sind bereit, unter Beweis zu stellen, daß wir die Staatsgesetze achten und ihnen gehorsam sind. Ich weiß, daß mein Mann nichts anderes will als in treuer Pflichterfüllung seinen Gemeinden das Evangelium [zu] verkünden.
>
> Margarete Schneider«[218]

Der Präses der Bekenntnissynode von Berlin-Brandenburg, Kurt Scharf, bot ihr an, diese Erklärung abzuliefern. Gretel besuchte dann noch in Dahlem Frau Niemöller, deren Mann seit dem 1. Juli 1937 in Haft war. Frau Niemöller erzählte ihr, dass sie ihren Mann einmal im Monat besuchen dürfe. »Ich durfte Paul noch nie in Buchenwald besuchen«, sagte Gretel traurig, »alle Gesuche um Besuchserlaubnis wurden abgelehnt.« Frau Niemöller riet ihr, immer wieder entsprechende Bittschriften einzureichen. Jeden Tag war in der Dahlemer Kirche eine – von Berlinern aus allen Stadtteilen gut besuchte – Abendandacht, wo für alle inhaftierten Mitglieder der Bekennenden Kirche gebetet wurde. Nach der Andacht, der Gretel mit Frau Niemöller und dem Ehepaar Albertz beiwohnte, berichtete Kurt Scharf, wie wütend der Gestapomann bei der Lektüre von Gretels Erklärung gewesen sei. »Nach dieser Reaktion habe ich wenig Hoffnung auf ein positives Ergebnis unseres Vorstoßes«, meinte er. So reiste Gretel heim und ging nicht mehr nach Berlin. »Es bringt nichts«, informierte sie ihre Freunde. »Man bekommt nur vage Auskünfte und die billigsten Entschuldigungen, warum man nichts Genaueres aussagen könne. Die Taktik ist wohl, den Bittsteller durch Hinhalten zu zermürben.«

Sonntags durfte Paul nach Hause schreiben, und so ging am 23. Januar folgender Brief nach Dickenschied:

»Liebe Gretel!
Am Freitag erhielt ich Deinen lieben Brief vom 18. Januar. Wie gut ist es, daß wir, auch wenn die schriftliche Verbindung einmal unterbrochen wird, doch in Glauben und Gottvertrauen miteinander verbunden sein ... dürfen! Ich freue mich sehr über die Reise, die Du gemacht, das schöne Erleben und die Verbindung mit so viel feinen, lieben Menschen, die Dir dabei geschenkt wurde. ... Besonders freue ich mich, daß Du schreiben kannst, daß unsere lieben Kinder wohlgeraten, gehorsam, fleißig und fromm sind. Ich habe sie auch aus der Ferne sehr lieb und bin des Abends an ihren Bettlein. ... – Von meinem Ergehen kann ich Dir wiederum nur kurz mitteilen, aber auch durchaus nur erfreulich, daß ich gesund und munter bin und mich hier schon recht zu Hause fühle. Auch hier darf man ja Arbeit und Speise gesegnet aus Gottes Hand nehmen. ... Im übrigen wollen wir uns fest auf Gottes Zusage verlassen, daß ER die Gefangenen ausführt zur rechten Zeit, und unsere Seelen in Geduld fassen. ...«

Henri Pieck, Singende Pferde (geb. 1895, gest. 1972) – KZ Buchenwald (Dokumentationszentrum)

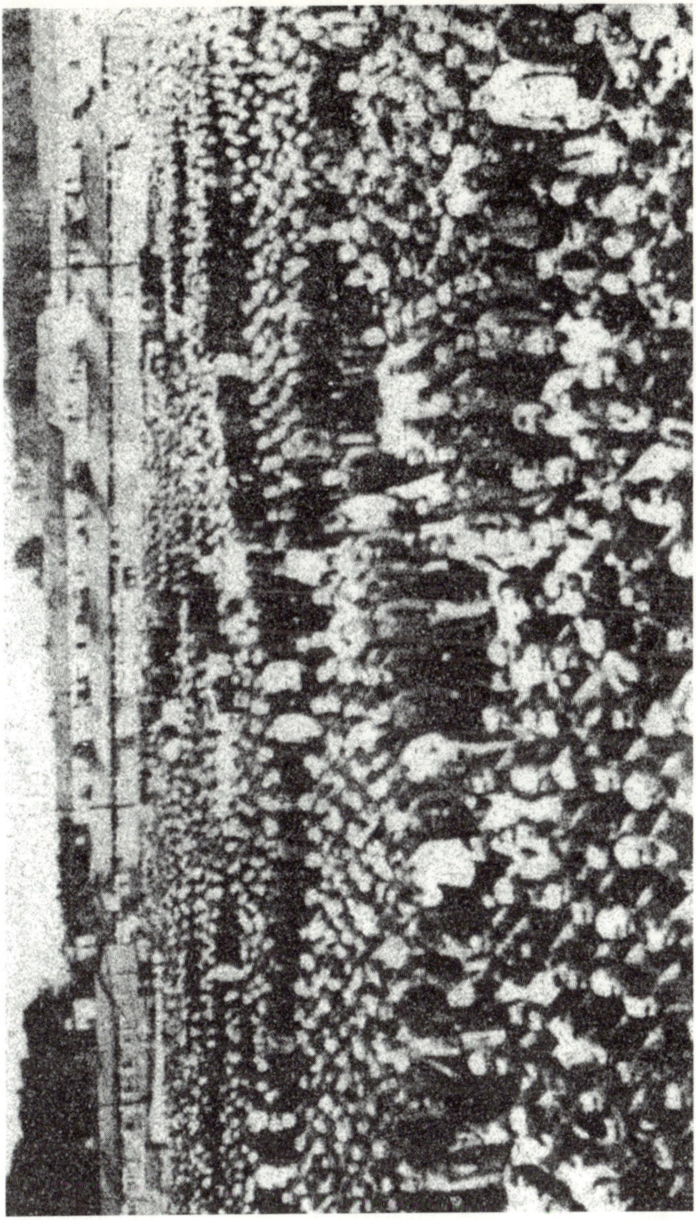

KZ Buchenwald: Zählappell (von einem SS-Mann trotz Verbotes heimlich aufgenommen)

der Stelle rührte, einen Schuss in den Rücken bekommen würde; der aber, der ihn tötete, würde wegen »Fluchtverhinderung« mit drei Tagen Urlaub belohnt werden. So riss Arthur sein Hemd auseinander, hielt dem Bewacher die Brust entgegen und sagte: »Wenn ihr mich töten wollt, dann schießt, aber gleich, und nicht von hinten.« Die andern Häftlinge standen stumm vor Entsetzen, der Posten hob sein Gewehr und zielte auf Arthurs Brust. Ein anderer Posten, der die Sache mitbekommen hatte, lachte seinen Kameraden aus und sagte: »Lass sein! Der kennt den Trick mit dem Urlaub.« So wurde das Gewehr wieder geschultert, und Arthur entkam.

Am Abend in der Baracke dankte er Paul, dass er ihm das Leben gerettet habe. »Ich wäre glatt hinter der Mütze hergelaufen.« – »Wenn du erst länger hier bist, dann durchschaust du, was in den Aufsehern vor sich geht«, beruhigte ihn Paul. –
Gelegentlich arbeitete Paul auch mit anderen Häftlingen zusammen, z. B. mit Heinz Mißlitz, einem der Neuankömmlinge. »Paul, ich kann nicht mehr, ich höre auf«, stöhnte Heinz. »Tu so, als zögest du, ich ziehe für uns beide«, antwortete Paul. »Paul, ich kann nicht, lass mich hier, überlass mich meinem Schicksal!« – »Nein!« Paul duldete keinen Widerspruch. »Tu, was ich dir gesagt habe!« Heinz fügte sich, und mit Pauls Hilfe gewöhnte er sich allmählich an die schwere Arbeit und konnte schließlich Buchenwald überleben.

Ein anderes Mal war Paul bei einem Kommando tätig, wo es Gräben für eine Wasserleitung auszuheben galt. Manfred Zahnwetzer aus Kassel arbeitete neben ihm. Nach Stunden anstrengendster Schufterei in dem felsigen Grund war Manfred dem Zusammenbruch nahe. Jeder Häftling bekam eine bestimmte Strecke des Grabens zugeteilt, und wehe, jemand bewältigte seinen Teil nicht auf die Minute! Prügel oder Essensentzug oder gar beides waren die dafür vorgesehene Strafe. Paul sah, dass Manfred es nicht schaffen würde. Er selbst beeilte sich mit seinem Pensum und sagte dann, ungesehen von dem Posten, zu Manfred Zahnwetzer: »Schnell, tauschen wir unsere Plätze!« Manfred huschte in Pauls Graben, und Paul ergriff Manfreds Schaufel und beendete dessen Arbeit. Beim abendlichen Gespräch bedankte sich Manfred und äußerte sich bewundernd über Pauls Kondition. »Ich bin solche Arbeit nicht gewöhnt. Du aber erscheinst unermüdlich.« Paul lachte: »Da zeigt sich eben, dass ein gelernter Landarbeiter hier besser dran ist als ein Schreibtischmensch!« – Man erfuhr, dass am 12. März 1938 die Deutsche Wehrmacht in Österreich einmarschiert war. Nach diesem politischen Coup Hitlers gebärdete sich die SS noch arroganter und strotzte vor Unbezwingbarkeit. Die Ereignisse schienen Hitler Recht zu geben, als er sich in seiner Rede vom Balkon des Linzer Rathauses damit brüstete, die Vorsehung habe ihn einst aus dieser Stadt ausgesandt, um ihn zum Führer des Deutschen Reiches zu machen, die Vorsehung habe ihm aber auch den Auftrag zugedacht, sein geliebtes Vaterland mit dem Deutschen Reich zu vereinen. An diese Mission habe er immer geglaubt, für diese Sendung habe er gelebt und gekämpft, nun sei sie erfüllt, und sie alle seien seine Zeugen.

In Deutschland feierte man in einem Rausch nationaler Begeisterung die Schaffung des Großdeutschen Reiches. Politische Nachrichten durften den Häftlingen in Buchenwald zwar nicht brieflich mitgeteilt werden, sie fielen sonst der Schere der Zensoren zum Opfer, aber vereinzelt kamen Zeitungen ins Lager, und denen war zu entnehmen, dass es am 10. April eine Volksabstimmung geben sollte, bei der Deutsche und Österreicher gleich auf zwei Fragen mit einem schlichten »Ja« antworten sollten: waren sie einverstanden mit der Vereinigung von Deutschland und Österreich, waren sie einverstanden mit der vom Führer vorgeschlagenen Liste der Reichstagsabgeordneten? Paul glaubte sicher zu wissen, wie Gretel sich am 10. April verhalten würde.

Ein paar Tage vor dem Plebiszit tauchte Pfarrer Castor im Pfarrhaus auf – nach der Inhaftierung seines guten Freundes war ihm der Nationalsozialismus noch mehr ein Dorn im Auge. »Ich werde einen ungültigen Stimmzettel abgeben«, sagte er zu Gretel. Dann zeigte er ihr im *Völkischen Beobachter* die Erklärung der Katholischen Kirche Österreichs vom 18. März:

»Aus innerster Überzeugung und mit freiem Willen erklären wir unterzeichneten Bischöfe der österreichischen Kirchenprovinz anläßlich der großen geschichtlichen Geschehnisse in Deutschösterreich:

Wir erkennen freudig an, daß die nationalsozialistische Bewegung auf dem Gebiet des völkischen und wirtschaftlichen Aufbaues sowie der Sozial-Politik für das Deutsche Reich und Volk namentlich für die ärmsten Schichten des Volkes Hervorragendes geleistet hat und leistet. Wir sind auch der Überzeugung, daß durch das Wirken der nationalsozialistischen Bewegung die Gefahr des alles zerstörenden gottlosen Bolschewismus abgewehrt wurde.
Die Bischöfe begleiten dieses Wirken für die Zukunft mit ihren besten Segenswünschen und werden auch die Gläubigen in diesem Sinne ermahnen.
Am Tage der Volksabstimmung ist es für uns Bischöfe selbstverständliche nationale Pflicht, uns als Deutsche zum Deutschen Reich zu bekennen, und wir erwarten auch von allen gläubigen Christen, daß sie wissen, was sie ihrem Volk schuldig sind.

† Adam Hefter, Fb.
† Ferd. Pawlikowski, Fb.
† Michael Memelauer
† Th. Kard. Innitzer, Fb.
S. Waitz, F. Eb.
Johannes Maria Gföllner«[219]

Pfarrer Castor konnte nur den Kopf schütteln: »Haben denn diese wichtigsten Kirchenmänner in Österreich nie von der Enzyklika Pius' XI. ›Mit brennender Sorge‹ gehört?«

»Was uns anbetrifft, wir werden alle mit ›Nein‹ stimmen«, versicherte Gretel.

Nach den Gottesdiensten zum Palmsonntag betrat Leo Kemper das Wahllokal in Dickenschied und sah sich nach der Wahlkabine um. »So etwas brauchen wir nicht«, wurde ihm bedeutet, »gute Deutsche entscheiden nicht heimlich über Hitlers Politik.« So nahm Kemper seinen Wahlzettel und machte ein dickes Kreuz in den Kreis mit dem ›Nein‹; Gretel und viele andere im Raum taten es ihm nach. »In Womrath haben mir etliche gesagt, sie wollen einen ungültigen Zettel abgeben«, berichtete Kemper.

Obwohl viele in Dickenschied und Womrath mit »Nein« gestimmt oder einen ungültigen Zettel abgegeben hatten – so ja auch Pfarrer Castor –, hieß es in der Presse, Womrath habe einstimmig die Politik des Führers bestätigt, und in Dickenschied wusste man von gerade zwei Stimmen gegen das Programm der Regierung.

Das Endergebnis der Abstimmung nahm sich in der deutschen Presse folgendermaßen aus:

Österreich:	Wahlberechtigte: 4 474 138
Ja-Stimmen:	4 460 778 = 99,7 Prozent
Deutschland:	Wahlberechtigte: 45 073 303
Ja-Stimmen:	44 872 704 = 99,55 Prozent

Am 23. März schrieb Paul an Gretel:

»Buchenwald, d. 23. 3. 38

Meine liebe Gretel!
Durch Deinen Brief vom 16. d. M. habe ich am Sonntag wieder ein Lebenszeichen von Dir bekommen. Hab herzlichen Dank für den Brief. Ich bin noch gesund und munter. Wir freuten uns der trockenen und warmen Märztage, die mir sehr wohl getan haben. Ihr werdet mit Fleiß schon die Gärten bestellt haben, und ich stellte mir vor, wie die lieben Kinder ihrem Mütterlein dabei halfen. Mein Nachtlager habe ich jetzt am offenen Fenster, wo Mond und Sterne freundlich zu mir hereinscheinen. …
Seid Ihr alle meine Lieben im Hause samt Rosa und alle lieben Freunde herzlich gegrüßt. Besonders am frühen Morgen gehen meine wachen Gedanken oft zu Euch, Eurem mir jetzt äußerlich ungewissen Ergehen, Eurer Sorge und Arbeit; aber ich weiß auch, daß von treuer Hand für Euch gesorgt ist und Euch nichts mangeln wird. Küsse unsere lieben 6 von ihrem Vater.

In inniger Liebe bin ich
Dein treuer Paul.«

Am 4. April lautete Pauls Brief:

»Meine liebe Gretel!
Sicherlich bekomme ich noch in den nächsten Tagen einen Brief von Dir. Wie freue ich mich immer, Dir melden zu können, daß es

mir gut geht und daß ich mich an Leib und Seele wohl befinde!... Den Winter haben wir überwunden, der Sommer steht vor der Tür. – Im Fest des auferstandenen Herrn feiern wir den Sieg des Lebens über den Tod, und unser Glaube ist der Sieg, der die Welt überwunden hat. –
Wenn ich mich oft in alle Eure Sorge und Arbeit hineindenke, so bleibt mir nur die einfältige Bitte, daß Euch immer neu Kraft und Glaubensmut geschenkt werden möge.... Möge Dir nur die Freude an unsern Kindern ferner eine Quelle der Kraft und des Trostes sein dürfen! – Wie schön wird es sein, wenn wir uns einmal – wer weiß wie bald – wiedersehen und aneinander freuen dürfen!... Grüße die Freunde. Besonders herzlich seid alle im Hause gegrüßt. Es darf eine besondere ›Ostersendung‹ mit dieser Bezeichnung bis zu 10 RM gesandt werden. Gesegnete Ostern! Dieter schon herzliche Segenswünsche zum Geburtstag! Innigst Dein Paul.« –

Mittwoch, der 20. April, Adolf Hitlers 49. Geburtstag. Diesmal wurde der Festtag des Führers in ganz Deutschland mit besonderer Dankbarkeit begangen; groß war der Jubel über das Großdeutsche Reich als Ergebnis der Vereinigung mit Österreich – nicht einmal Bismarck war dies Werk gelungen – und über die beharrliche Politik der schrittweisen Aufhebung der Bestimmungen des Versailler Vertrages durch Adolf Hitler. Endlich war dem Vaterland der Führer gegeben worden, der kühn genug war, die Fesseln von Versailles zu zerreißen.

In Pauls Brief zu Ostern 1938 war zum letzten Mal »gesund und munter« unterstrichen, kurz nach Ostern änderte sich seine Situation in Buchenwald grundsätzlich. Am 20. April, am Geburtstag des Führers, ereignete sich, was Paul für den Rest seines Lebens die Strafe in der Einzelhaftzelle im sogenannten »Bunker« von Buchenwald einbringen sollte. [Wir wissen über die Vorgänge auf dem Appellplatz aus Berichten von Überlebenden; Arthur Dietzsch und Alfred Leikam haben auch schriftlich dazu Stellung genommen.]

Jeden Morgen zogen die Häftlinge, wenn sie zum Steinbruch oder zu anderen Arbeitsplätzen marschierten, durch das Haupteingangstor des Lagers. Im oberen Teil befand sich, in schmiedeeisernen

Buchstaben, das alte Motto preußischer Disziplin und Zuverlässigkeit »Jedem das Seine«. Neben dem Lagertor von Buchenwald war die Fahnenstange, an der jeden Morgen die Hakenkreuzfahne emporgezogen wurde. Die Häftlinge mussten beim Passieren des Tores zum Zeichen ihrer Verehrung ihr Haupt entblößen. Paul hatte das nie fertig gebracht. Nur war es den SS-Wachen nie aufgefallen, wenn Hunderte von Häftlingen sich auf dem Weg zur Arbeit durch das Tor drängten. An diesem 20. April, als alle Häftlinge auf den Appellplatz beordert und beim Hissen der Fahne mit dem Ruf »Mützen ab!« zur Reverenz gegenüber dem Führer an seinem Geburtstag aufgefordert wurden, wurden zwar blitzschnell Tausende von Mützen abgenommen, aber ein Häftling weigerte sich, der Aufforderung nachzukommen.

Arthur und Paul standen nebeneinander. »Paul, mach keine Dummheiten! Nimm die Mütze ab, denk an deine Frau und an deine Kinder!« Paul aber antwortete: »Ich kann dieses Verbrechersymbol nicht grüßen.« So hatte Karl Barth sich geweigert, den Hitlergruß zu entbieten. So hatte einst im Lande, aus dem Karl Barth kam, Wilhelm Tell die Reverenz für den Hut auf der Stange verweigert. Friedrich Schiller hatte dem Landvogt Geßler die deutlichen Worte in den Mund gelegt:

> »Ich hab' den Hut nicht aufgesteckt zu Altdorf
> Des Scherzes wegen, oder um die Herzen
> Des Volks zu prüfen; diese kenn' ich längst.
> Ich hab' ihn aufgesteckt, daß sie den Nacken
> Mir lernen beugen, den sie auftrecht tragen.«

Die Mütze zu ziehen vor der Hakenkreuzfahne, dem derzeitigen Zeichen der Unterdrückung und der Verehrung für einen Götzen, schien Paul wie eine Verleugnung des christlichen Glaubens. »Paul«, fuhr Arthur fort, diesen aus seinen Gedanken reißend, »die meisten von uns sind schwach – wir fürchten uns vor der Auspeitschung.« – »Ich verurteile euch deshalb nicht«, antwortete Paul, »aber ich weiß, was ich für mich tun muss.« – »Dein Leben gehört nicht nur dir. Du hast eine Frau und sechs Kinder. Denk an sie. Um ihretwillen musst du hier durchkommen. Du musst dich an die Regeln hier halten.« – »Ich muss abwägen, Arthur, ich muss auch an meine Verantwortung als Christ denken, und die verlangt von mir Zeugnis gegen die brutalen Akte gegen hilflose Wesen hier.« Gretel würde Verständnis für sein Handeln haben, sie würde wünschen, dass er seinem Gewissen folgte. Er hatte vielen hier helfen können mit Liedern, Gebeten und Bibelversen. Er wusste, warum er in Buchenwald war.

Nun tönte aus dem Lautsprecher der Befehl: »Derjenige Häftling, der beim Appell die Mütze nicht abgenommen hat, sofort ans Tor! Wenn der Häftling sich nicht sofort meldet, wird das ganze Lager bestraft!« Paul wusste, dass man allen Häftlingen das Essen entziehen würde. Er ging nach vorn. Am Tor, im Angesicht aller Insassen des Lagers, wurde ihm die Hose heruntergerissen, er musste sich über den Prügelbock legen, und einem besonders brutalen Kapo bereitete es die größte Befriedigung, mit 25 Stockhieben sein nacktes Gesäß zu bearbeiten. [Einer der ehemaligen Häftlinge sagte später aus, dass sich diese Szene vor den vollzählig versammelten Gefangenen abgespielt habe, während Arthur Dietzsch berichtete, die Männer seien zuvor in ihre Baracken entlassen worden.] Arthur Dietzsch blieb in Pauls Nähe. Ihm kamen die Tränen, als er die Schläge auf den Körper seines Kameraden prasseln hörte. »Oh Paul«, stöhnte er, »warum? Wir können dem Bösen hier nicht widerstehen. Entweder wir passen uns an oder wir sterben.«

Nach dem Krieg äußerte sich auch Leonhard Steinwender zu dem, was er erlebt hatte:

> »Paul Schneider konnte es mit seinem Gewissen nicht vereinen, ein Symbol zu grüßen, das im innersten Wesen und nach der letzten Ausstrahlung unchristlich war. So stand er allein in strammer Haltung mit bedecktem Haupte vor der gehißten Flagge. Man mag über seine Haltung denken, wie man will. Kein Häftling hatte schließlich einen freien Willen, keiner beugte sich mit innerer Zustimmung vor dem Geßlerhute. Für Pfarrer Schneider aber war diese Grußverweigerung bewußter Ausdruck seines Bekennermutes.«[220]

Auf seine Mitgefangenen wirkte die Bestrafung Pauls wie ein Schock. Diejenigen, die in derselben Baracke hausten, schätzten ihn. Er hatte immer wieder die Gelegenheit genutzt, ihnen gegenüber für Christus und sein Evangelium Zeugnis abzulegen. Trotz der schmalen Rationen im Lager hatte er am Freitag gefastet und seine Portion einem besonders Bedürftigen unter den Häftlingen gegeben. Selbst die Kommunisten im Lager hatten großen Repekt vor ihm, weil sie wussten, er hätte gegen eine einfache Unterschrift frei sein können. Abends nach der Arbeit hatte Paul in der Baracke, bevor alles erschöpft auf die Strohmatratze sank, denen, die nach geistiger Nahrung dürsteten, aus der Bibel zitiert und mit ihnen gebetet. Natürlich hatte er keine Bibel zur Hand, aber nicht umsonst hatte er sich durch häufige Bibellektüre so viele Stellen eingeprägt, dass er sie nun seinen Mithäftlingen auswendig vortragen konnte. Die meisten verstanden nicht, warum er sich dem Willen der Gestapo widersetzte und die Unterschrift unter die Ausweisung verweigerte, aber sie liebten und ehrten ihn und waren froh über seine geistlichen Dienste. Ihnen allen war es nun äußerst schmerzlich, dass er so sinnlos misshandelt wurde.

Paul war nach den 25 Schlägen noch bei Bewusstsein. Die Haut an seinem Gesäß war aufgeschlagen, und er konnte sich kaum aufrecht halten. Auf Befehl der SS wurde er von zwei Kapos in eine Einzelhaftzelle geworfen in dem »Bunker«, der direkt am Ende des Appellplatzes stand. Dort würde er nun 15 Monate eingesperrt sein, den Quälereien und Brutalitäten des SS-Aufsehers Martin Sommer und seiner Schergen ausgeliefert.

Im Lagerbuch wurde diese entscheidende Veränderung in Pauls Dasein mit den simplen Worten vermerkt: Häftlingsname: Schneider, Paul; Häftlingsnummer: 2491; Datum der Einweisung: 20. April 1938. –

Am 1. Mai verkündete Kommandant Koch eine neue Strafe für die Häftlinge von Buchenwald. Paul konnte den Appellplatz von seiner Zelle aus überblicken, wenn er sich an den Gitterstäben am Fenster hochzog. An diesem Sonntag wurde den auf dem Platz Angetretenen über Lautsprecher vorgelesen: »In letzter Zeit sind aus dem Garten Radieschen und Lauchstangen gestohlen worden. Zur Strafe ordne ich an, dass es für das gesamte Lager am heutigen 1. Mai kein Mittagessen gibt.« Unter den Augen der Wachen wagte keiner eine Andeutung von Missfallen oder Ablehnung. Obwohl die Insassen des Bunkers ja beim besten Willen nicht zu den Dieben gehören konnten, wurde auch ihnen das Essen vorenthalten. Ihre normale Tagesration setzte sich folgendermaßen zusammen: Zum Frühstück gab es 150 Gramm Brot und ½ Liter Kaffee oder Suppe, als Mittagessen ½ Liter Suppe oder Ähnliches, das Abendessen bestand aus ½ Liter Kaffee oder Suppe. Das Brot musste für den ganzen Tag ausreichen. Weil Paul manchmal, entgegen den Bestimmungen der Lagerordnung, vom Fenster aus Gefangene grüßte und ihnen Mut zusprach, wurde sein Tagesquantum auf die Hälfte reduziert, mitunter bekam er tagelang gar nichts.

Eines Tages konnte Paul sich kurz mit einem Mann, der den Bunker putzte, austauschen, zufällig war für kurze Zeit kein Aufseher in Sicht. Dieser Mann teilte ihm mit, dass am 6. Mai der Dichter Ernst Wiechert eingeliefert worden sei. »Er ist in meiner Baracke«, sagte Hans Grobe, »ein zerbrechlicher kleiner Mann. Ich fürchte, der tut's nicht lange bei der schweren Arbeit im Steinbruch.« – »Was kann sich denn so ein Mensch haben zuschulden kommen lassen?«, überlegte Paul. »Er hat einen Protestbrief geschrieben, weil Martin Niemöller trotz der Entscheidung des Gerichtshofs, seine Haftzeit sei abgelaufen, erneut verhaftet und ins Konzentrationslager Sachsenhausen gesteckt worden war«, bekam er zur Antwort. »Wiechert hat uns erzählt, er habe nach Niemöllers Verhaftung einen Traum gehabt: Er sah vor sich einen leidenden Menschen. Nicht dass er sich zugetraut hätte, diesen Menschen zu retten, aber beim Anblick dieses Leidenden habe er sich stark gefühlt, gegen Ungerechtigkeit zu protestieren und nicht länger zu schweigen. Durch diese Entscheidung, seinen Protest herauszuschreien, habe er sich von einer inneren Angst befreit gefühlt, und trotz seiner Machtlosigkeit spüre er sein Gewissen entlastet.« Noch ließ sich in dem einzigen zentralen Gang des Bunkers kein Aufseher blicken, Hans, der auf seinen Besen gelehnt stand, hätte ihn sonst sehen müssen. Vorläufig konnten sie noch weiter reden. Paul staunte: »Das muss Wiechert doch klar gewesen sein: Solch ein Protestbrief wurde doch als Heimtücke gegen den Staat interpretiert.« – »Natürlich«, erwiderte Hans, »das sah er durchaus so. Aber er habe sich danach einfach frei von Scham gefühlt; selbst vor den Bäumen vor seinem Arbeitszimmerfenster, ja, vor dem fragenden Blick seines Hundes habe er sich nun nicht länger zu schämen brauchen. Und dann seien eines Morgens drei Gestapobeamte aus einem Auto gestiegen. Es begann eine siebenstündige Hausdurchsuchung, vor allem das Arbeitszimmer wurde um und um gekehrt. Man suchte nach einer möglichen Korrespondenz mit Niemöller oder anderen führenden Mitgliedern der Bekennenden Kirche, aber es fand sich nichts. Nur sein Tagebuch wurde beschlagnahmt, und darin stand genug, um ihn in den Augen der Gestapo zum Staatsfeind zu stempeln. Am Ende dieser Durchsuchung teilte man ihm mit, er habe mitzukommen zum Verhör. Seine Frau packte ihm schnell ein paar Sachen ein, dazu seine Bibel, die man ihm auch ließ.« Am Ende des Ganges schlug eine Eisentür. Hans fuhr vor der offenen Tür zu Pauls Zelle eifrig mit dem Besen hin und her, dann horchte er – aber der SS-Mann musste durch den hinteren Ausgang hinausgegangen sein. So konnte Hans fortfahren: »Wiechert erzählte, er habe als letztes das angstvolle, tränenüberströmte Gesicht seiner Frau gesehen und dann dahinter, wie aus weiter Ferne, das andere Gesicht des Leidenden, das ihn selbst schweigend hinein in die Gemeinschaft der Leidenden zu winken schien. Für ihn selbst sei der Abtransport leichter gewesen als für seine Frau. Für die, die in Ungewissheit zurückblieben, sei es wohl immer schwieriger.« Paul nickte in tiefem Einverständnis. Hans hatte noch mehr zu berichten: »Wiechert sagte, man habe ihn zuerst in ein Gefängnis gegenüber einem Kloster untergebracht. Im Klosterhof stand ein herrlicher Kastanienbaum. Manchmal habe er die Nonnen beobachtet, wie sie im Garten spazieren gingen und in ihren Gebetbüchern lasen. Bis man ihn hierher brachte, habe er ja auch seine Bibel gehabt. Hier nun sei er zutiefst deprimiert – wenn er auch viel aus den Psalmen zitiert, plagt ihn in diesem Lager der Zweifel, ob Gott noch lebt.[221] Hartmann, der Aufseher in unserer Baracke, der brutalste von allen, die wir erleben, ist ausgerechnet ein Pfarrerssohn. Wie kann man nur, wenn man in einem Pfarrhaus groß geworden ist, so unmenschlich werden?«

Hans erzählte weiter: »Wiechert hält sich sonntags gern bei der Goetheeiche auf, von dort geht der Blick weit hinein ins Land.« – »Ja«, sagte Paul, »da habe ich vor dem 20. April auch öfter gestanden, wenn wir am Sonntag eine Verschnaufpause hatten. So eine Ironie: Die Nazis, die sich mit Vorliebe als Hüter der deutschen Kultur aufspielen, errichten ein solches Lager ausgerechnet um die Eiche herum, unter der Goethe seine berühmten Zeilen schrieb:

›Edel sei der Mensch,
Hilfreich und gut!
Denn das allein
Unterscheidet ihn
Von allen Wesen,
Die wir kennen.‹«

Nun hörte man wieder das Schlagen einer Tür. Hans verabschiedete sich vorsichtshalber und sagte nur noch kurz, schon eifrig seinen Besen schwingend: »Hoffentlich machen die SS-Leute wieder Kaffeepause, wenn ich hier zu tun habe.«

So gab es, obwohl Kommunikation der Häftlinge untereinander strikt untersagt war, doch immer wieder Gelegenheit zum Gedanken- und Informationsaustausch. Gesten, Blicke, geflüsterte Worte – Häftlinge sind allezeit erfinderisch, wie man sich selbst unter den Augen seiner Bewacher verständigen kann.

Erst am Sonntag, dem 15. Mai, schrieb Paul seinen nächsten Brief:

»Liebste Gretel!
... Hab Dank für alle die guten Nachrichten von unseren Kindern. ... – Die vorübergehende Störung der Wetterlage Ende April – Anfang Mai hat sich wohl auch bei Euch betrüblich bemerkbar gemacht. Zuletzt schriebst Du noch so fröhlich von dem Keimen und Sprießen in unserm Gärtlein; die Kälte brachte sicher Stillstand und Rückschlag. ... Jetzt scheint die Maiensonne umso wärmer und hat in 3 Tagen den Buchenwald um uns herum gar herrlich eingekleidet, wie Ihr und unsre Bauern, so darf auch ich mich ihrer freuen. ...

Allen lieben Freunden herzliche Grüße.
In inniger Liebe Dein Paul.«

Paul war in seiner Einzelzelle ziemlich abgeschnitten vom Informationsfluss, der sich hin und wieder doch seinen Weg bis ins Lager bahnte. Eine Quelle waren die Radios von Leuten, die auf ihren Bauernhöfen und in den nahen Dörfern Häftlinge aus Buchenwald beschäftigten. Solcherlei Nachrichten aus der Welt draußen wanderten dann von Mund zu Mund, von Baracke zu Baracke, allerdings kaum bis in den Bunker. Immerhin erfuhr man in Buchenwald vom Tod des Schriftstellers, Pazifisten und Nobelpreisträgers Carl von Ossietzky. Der ehemalige Herausgeber des linksliberalen Blattes »Weltbühne« war seit Februar 1934 im Lager Papenburg-Esterwegen gewesen. Natürlich hatte man sich bei den Nazis mächtig aufgeregt, dass ein erklärter Kritiker ihrer Bewegung 1936 für den Friedensnobelpreis ausgewählt worden war, und natürlich hatte es für ihn als Insassen eines Konzentrationslagers keine Möglichkeit zur Entgegennahme des Preises gegeben. Ein Häftling in Buchenwald hatte vorher eine Zeit im Lager Papenburg verbracht. Er erzählte seinen Kameraden, wie brutal man dort mit Ossietzky umgegangen sei. »Uns allen war bewusst, dass er, der von den Nazis als Jude Abgestempelte, der Regimekritiker und der Verursacher von internationalen Verwicklungen keine Überlebenschancen hatte. Als ich ihn das letzte Mal sah, war er ein gebrochener Mann. Dabei war er erst 48 Jahre alt, als er am 4. Mai starb. Aber die SS ließ ihn wenigstens in einem Berliner Krankenhaus sterben«, seufzte der Häftling.

Solcherlei Informationen bekam Paul höchstens von jemandem, der im Bunker Wachdienst hatte, oder von Gefangenen, die von der Baracke in den Bunker verlegt wurden. Einiges von dem, was draußen geschah, konnte Paul auch Gretels Briefen entnehmen. Am 16. Juni 1938 hatte Gretel wieder einen Brief geschrieben, der die Zensur passierte. [Entgegen allem Brauch bekam Gretel nach Pauls Tod alle ihre Briefe zurück – samt Stempel und Unterschrift von der Zensurstelle.]

»Mein lieber Paul!
Seit ich Dir vor Pfingsten das letztemal schrieb, haben wir allerhand erlebt. Nur leider ist meine Sehnsucht nach einem Brief von Dir nicht erfüllt worden. Ich werde wieder in die Zeit vom letzten

Jahr versetzt. Aber wenn Du mir und den Kindern nur gesund erhalten bleibst und wir noch einmal als eine richtige Familie zusammensein dürfen! Wie wollen wir dann Gott loben und preisen! Wir daheim haben aber nichts zu klagen: die Kinder sind gesund, gehen wieder gern zur Schule, und die Kleinen vergnügen sich sonst.

Gerhard ist gerne für sich und nicht so leicht zu ergründen, wie Adolf, der liebe, gute kleine Schlingel! Der Onkel [Leo Kemper] sorgt als mal für den nötigen Ausgleich mit einer Tracht Prügel, die Adolf dann in gutmütigster Weise annimmt! Die abendlichen Küsse werden immer sehr genau gezählt, Du siehst, daß die Kinderlein an Dich denken. Ernst ist, wie Du hoffentlich auf dem beigelegten Bildchen siehst, ein ›Bub‹ geworden, die Beinchen sind noch dünn, der Wille zu laufen ist da. Den Wochenspruch vergessen die Kinder auch nicht, sogar Gerhard lernt ihn: ›sehet, solch eine Liebe hat uns der Vater erzeiget, daß wir Gottes Kinder sollen heißen.‹ – Am Pfingstsamstag Abend kam … Tutti an. …

Am Donnerstag war dann der große Tag, da Onkel und Tante sich ›gefunden‹, der Gang nach Womrath war schuld daran! Ich freute mich mit und freue mich nun auch an dem regen Briefwechsel mit. … Aber diese Verbindung hat die Liebe und Freundschaft und Vertrauen zwischen uns darum nicht zerstört, das ist das Große dabei. Eben schreibt der Leo seiner Tutti an Deinem Schreibtisch und ich sitze am runden Tisch! …

Viel treues Gedenken von vielen Bekannten und Unbekannten ist um Dich, liebster Schatz. Gott erhalte Dich uns und stärke Dich, wir flehen darum.

In innigster Liebe bin ich Deine Gretel«

Am 19. Juni durfte auch Paul wieder einen Brief an Gretel schreiben, nachdem er eine Zeit lang wegen Verstoßes gegen die Lagerordnung Schreibverbot gehabt hatte. Aber er musste statt mit dem Füller diesmal mit Bleistift schreiben; die Empfehlung, Geld für eine eventuelle Heimreise zu schicken, fehlte auf dem Briefkopf. Hier im Bunker unterstand Paul nicht mehr der allgemeinen Lagerverwaltung, sondern der direkten Kontrolle von Martin Sommer. Der Brief vom

19. Juni informierte Gretel darüber, dass sie ihm kein Geld mehr schicken möge. –

Die Stimmung der SS-Männer am 23. Juni war fürchterlich. Sie ließen ihre Wut mit noch schlimmeren Grausamkeiten an den Häftlingen aus; diese kannten zwar die Ursache der miserablen Stimmung, aber sie hüteten sich, ihre Kenntnis zu verraten oder gar eine geheime Schadenfreude durchblicken zu lassen. Was war geschehen? In den frühen Morgenstunden des 23. Juni brachte der Kurzwellensender aus New York die Übertragung vom entscheidenden Boxkampf im Schwergewicht zwischen Max Schmeling und dem »braunen Bomber« Joe Louis – die Stimme des Ansagers schallte aus den Führerhäusern bis hinüber zum Lagerbereich. Natürlich erwarteten die SS-Leute, dass Schmeling Louis wieder schlagen würde, wie damals 1936. Aber es kam anders: Häftlinge, die sich in Reichweite der Radioübertragung befanden, nahmen amüsiert wahr, wie sich die Mienen ihrer Peiniger verfinsterten. Ein »Untermensch« hatte einen deutschen Arier besiegt! Jesse Owens' Erfolge 1936 auf der Olympiade in Berlin waren schon schlimm genug gewesen, aber das war nichts gegen die Niederlage des Symbols deutschen Ariertums gegen einen Schwarzen. Irgendjemand schaltete einfach das Radio aus, aber die böse Nachricht war schon dabei, sich zu verbreiten: Schmeling am Boden – eins, zwei, drei, vier, fünf, sechs, sieben, acht, neun, zehn – der Kampf ist zu Ende –, der braune Bomber hat Max Schmeling in der ersten Runde k.o. geschlagen!

Es war nicht anzunehmen, dass diese Hiobsbotschaft bis in Pauls Zelle drang, er konnte nicht ahnen, warum am 23. Juni die Stimmung seiner Bewacher so besonders gereizt war. Ebenso wenig konnte er ahnen, welche Botschaften bezüglich seiner Person zwischen seinen Hunsrücker Gegnern und dem Konsistorium in Düsseldorf ausgetauscht wurden. Er war außer Reichweite, die Schlacht fand ohne das eigentliche Opfer statt. So ging ohne sein Wissen am 27. Juni 1938 folgender Brief vom Konsistorium an Superintendent Gillmann:

»Anliegend übersenden wir ihnen, Herr Superintendent, u. R. eine Eingabe von Jakob Stumm [Richtig: Karl Werner Sturm] und Ernst

Scherer aus Womrath zur Kenntnisnahme. Es liegt uns daran, die Frage der Anwendung der Bußzucht näher zu prüfen. Wir ersuchen Sie daher, uns nach Anhörung des Presbyteriums und seines stellvtr. Vorsitzenden bis zum 10. 7. d. J. ausführlich zur Sache zu berichten. Auf welcher Ordnung beruht die Anwendung der Kirchenzucht ... ? Auf welchem Tatbestand beruhte die Anwendung der Kirchenzucht in beiden genannten Fällen? Haben die in Zucht Genommenen ... Schritte gegen die über sie verhängte Maßnahme unternommen? Hat das Presbyterium etwa nach dem Ausscheiden des Pfarrers Schneider die verhängten Maßnahmen aufgehoben oder gemildert? Wir benutzen die Gelegenheit, Ihnen mitzuteilen, daß unsere Finanzabteilung in Aussicht genommen hat, in nächster Zeit eine Revision der kirchlichen Kassen und der Buchführung in den Kirchengemeinden Dickenschied und Womrath vornehmen zu lassen.

Dr. Koch«[222]

Auch Gretel wusste wohl nichts von diesem Brief, als sie am 7. Juli an Paul schrieb. Aber Mitteilungen ihrerseits aus dem Kirchenkampf hätten Paul ohnehin nicht erreicht. So wenig wie irgendwelche Andeutungen über Pauls Zustand den Weg nach Dickenschied hätten nehmen können. Aber der Brief verrät doch, dass Gretel durchaus spürte, wie nötig ermutigende Worte für Paul waren:

»Mein lieber Paul!
Letzte Woche erhielt ich Deinen Brief vom 19. Juni. Ich war sehr dankbar, daß nun doch endlich wieder Nachricht kam, wie gerne würde meine Liebe Dir wohltun und mit linder Hand all das vergangene und gegenwärtige Leid vergessen machen. Du weißt, ich trage mit Dir, soweit das ein Mensch kann, und lege Dich dem ans Herz, der einen trösten kann, wie einen seine Mutter tröstet. Das ist ein Schmerz: ich, Dein Weib und nach Gottes Willen Deine Gehilfin, kann Dir nun schon so lange in leiblicher und geistlicher Weise so wenig helfen! ... Wir beten, daß Du Deinen Weg recht gehst. ... Du weißt ja, ich bin und bleibe Dein treues Weib, mögen wir so oder so geführt werden!

Von uns kann ich Dir nur Gutes berichten, wir sind alle gesund und auch fröhlich. Im letzten Brief schrieb ich Dir ja von dem Ereignis in unserem Hause, das natürlich die Gemüter sehr bewegte! Seit 10 Tagen ist nun Tutti wieder da ›zum Kennenlernen‹. ... Ich spiele nun so etwas die Rolle einer Schwiegermutter, doch keiner bösen, da darfst Du keine Angst haben! Die Hauptsache: die beiden haben sich lieb und ich habe die beiden lieb und sie mich, ist geklärt und somit kann unser Verhältnis zueinander nicht mehr allzu getrübt werden. ...
So wollen wir weiter sein: Fröhlich in Hoffnung, geduldig in Trübsal, anhalten am Gebet. Das ganze Haus grüßt, besonders Deine Dich liebende Gretel.«

Mit der Zeit lernte man, zwischen den Zeilen zu lesen. Warum war Pauls Brief vom 12. Juli an einem Wochentag geschrieben? So war er nicht mehr in einem Arbeitskommando tätig!?

»Meine liebe Gretel!
Meinen noch immer unveränderten Umständen entsprechend beantworte ich Dir heute gleich wieder 2 Briefe, nachdem ich den vom 7. d. M. heute erhielt. Hab herzlich Dank für alle Freude und Stärkung, die Du mir damit gibst. Du mußt nicht denken, daß es mir schlecht gehe; über mein Aussehen wärst Du gewiß zufrieden, und daß der Mut immer wieder getrost und fröhlich wird, dafür sorgt durch die Hilfe auch Eurer Fürbitte ja ein Anderer. Mit Recht erinnerst Du Dich der Zeit vor 1 Jahr, wie ich auch besonders gern zurückdenke an alles Schöne, was Gott uns da gab, von der glücklichen Geburt unseres 6ten an bis zu den schönen gemeinsamen Urlaubstagen in B. B. und E. mit den Kindern. Das wollen wir jetzt nicht vergessen u. uns noch ferner ausrüsten lassen mit Geduld, die ja ›köstlich Ding‹ genannt wird. Drum wird die Zeit der Trennung, die leicht noch lange dauern kann, uns beiden und uns Allen zum Besten sein, wie wir das zum Teil schon spürbar erfahren haben. ... –
Es grüßt und küßt die lieben Kinder, es grüßt Dich in inniger Liebe Dein Paul.« –

Draußen gingen die Beschneidungen der bürgerlichen Rechte weiter, oft von der Öffentlichkeit gar nicht wahrgenommen. So bekam kaum jemand mit, dass nach den Nürnberger Gesetzen von 1935 ein erneuter Schritt gegen die Juden unternommen wurde: Eine Regierungserklärung vom 22. Juli 1938 zwang sie, den sie als Juden kennzeichnenden Pass jederzeit bei sich zu führen. Hin und wieder ging es Gretel durch den Kopf, wie es wohl ihren jüdischen Bekannten in Hochelheim ginge, Simon dem »Ehrbaren« und seiner Familie.

Manche Bekanntschaften konnten nicht gepflegt werden, während Paul inhaftiert war; aber auf Grund seines Schicksals ergaben sich auch neue Beziehungen. Gretel hatte nun eine Reihe von Freunden in Dahlem, seit sie anlässlich ihres vergeblichen Vorsprechens im SS-Hauptquartier in Berlin Pfarrer Albertz und seine Frau besucht hatte. Im Zusammenhang damit bekam sie eines Tages folgenden Brief der Bekennenden Kirche von Brandenburg:

»Der Rat der Bekennenden Kirche
in der Mark Brandenburg

Berlin SW 42, d. 26. VII. 1938
Alexandrinenstr. 101
Fernruf: 173172

Sehr verehrte, liebe Frau Pfarrer!

... Sie haben wohl inzwischen gehört, daß der Antrag des Rheinischen Rates auf Sprecherlaubnis einstweilen abschlägig beschieden und Bruder Schlingensiepen aufgefordert ist, was er mit Ihrem Gatten besprechen möchte, über den betreffenden Dezernenten des Geheimen Staatspolizeiamtes schriftlich an Ihren Gatten gelangen zu lassen. Ich will bei diesem, möglichst noch heute oder morgen, persönlich darzulegen versuchen, daß dies kaum möglich ist. Seelsorgerlich einwirken auf einen anderen kann man ja nun wirklich nur, wenn man ihn und seinen Zustand sieht und ihn selbst hört. Daß Sie selbst, liebe Frau Pfarrer, nun auch für sich, unabhängig von dem Versuch des Rheinischen Rates, einen Antrag auf Sprecherlaubnis stellen, halte ich für gut und richtig. Sie können sich dabei getrost auf Frau Pfarrer Niemöller und die dort geübte Praxis berufen. Das wird Bruder Niemöller keineswegs

schaden. Sie wissen wohl, daß Frau Pfarrer Niemöller jetzt generell die Erlaubnis bekommen hat, alle vier Wochen ihren Mann auf dem Polizeipräsidium am Alexanderplatz zu sehen und abwechselnd eins der Kinder mitzunehmen. Das darf bekannt werden. Es ist dies verschiedenen Gemeindeabordnungen ganz offiziell von staatlichen Stellen als ein Beweis für die freundliche Art der Behandlung gesagt worden. Deshalb schadet es auch nichts, wenn Sie darauf Bezug nehmen.
In herzlicher Verbundenheit grüße ich Sie
als Ihr getreuer
[Scharf]«[223]

Als Fritz Langensiepen im Juli 1938 an einem Kirchentreffen der Bekennenden Kirche in Berlin teilnahm, benutzte er die Gelegenheit, sich an einen Bekannten zu wenden, an Legationsrat Walther Hewel, der als Ministerialdirigent Beauftragter des Reichsaußenministers bei Hitler war. Langensiepen berichtete ausführlich über das Schicksal seines Freundes Paul und schloss mit den Worten: »Ich wäre Ihnen sehr dankbar, wenn Sie sich für die Freigabe des Pfarrers Schneider einsetzen könnten.« Er bekam auf diesen Brief keine Antwort.

Gretel schrieb am 9. August wieder an Paul:

»Mein lieber Paul!
Daß ich erst heute schreibe, kommt von meinen Urlaubsplänen, die letzte Woche noch nicht klar waren und Du sollst doch im Geiste die Wege Deines Weibes und Deiner Kinder mitmachen können. Nun wollen wir uns am 12. August (Freitag) auf den Weg machen. Ich fahre mit den beiden Kleinen zu Mutter, Dieter und Evmarie nach Edelfingen [zu Onkel Karl]. … Du, mein lieber Schatz, wirst mit Gebeten und Gedenken um mich sein. Daneben freue ich mich, so recht meinen beiden kleinen Büblein leben zu können, von Ernstchen werden wohl alle Tanten – auch Tante Mariele ist gerade in Tübingen – ›entzückt‹ sein und das tut ja dem Mutterherzen auch einmal wohl. …

An unserem Hochzeitstag treffen sich unsere Gedanken in besonders herzlicher Liebe und Treue. Gott behüte Dich und erhalte Dich uns gesund und stark im Glauben.

Innigst Deine Gretel«

Am 12. August ging ein Brief von Buchenwald nach Dickenschied:

»Mein liebes teures Weib!
Zu unserem 12jährigen Hochzeitsjubiläum sind wir zwar äußerlich hart getrennt und in Trübsal, aber im Geist und Glauben doch fester und näher verbunden als je, darum dürfen wir diesen Tag doch begehen mit Dank und Freude in Gott. Während ich schreibe, bist Du mit den Kindern und Leo auf der Reise. Von Herzen freue ich mich Eurer Pläne, daß Du von der Dickenschieder Athmosphäre aufatmen und ganz Deinen Kleinsten leben kannst, die die Mutter am nötigsten brauchen; laß Dir darum auch andere Aufgaben nicht zu schwer werden. Gott geleite Euch heute, gebe Euch fröhliche Ankunft und schöne und gesegnete Ferientage! Mutter und den lieben Geschwistern bin ich herzlich dankbar, daß sie Euch den Urlaub bereiten. Dieter und Evmarie wird es sicherlich bei Onkel Karl und Tante Luise gut gefallen. ... – Nun ist mir's auch recht, daß ich mit meinem Schreiben Deinen 2. Brief abgewartet habe und Dir danken kann für den vom 21. 7. und den vom 9. 8. Hoffentlich trägt es zum Genuß des Urlaubs bei, zu wissen, daß es mir unverändert – ich darf wohl sagen – gut geht. Ich ... bin noch gesund und munter.... Der lieben guten Mutter, Konrad und allen Tanten herzliche Grüße

Dein treuer Paul.« –

Es gab nichts zu tun für einen Gefangenen in der Einzelzelle. Der Raum war nur etwa 3 Meter lang und 1,25 Meter breit und unmöbliert bis auf die Pritsche, die jeden Morgen hochgeklappt wurde – was nicht einmal nötig war, wenn der Häftling zur Strafe nicht schlafen durfte. Dann musste er mitten in der Zelle stehen innerhalb eines von Sommer persönlich mit Kreide auf den Boden gezogenen Kreises. Bei jeder Bewegung des Häftlings verwischte sich die Kreide, das wurde bei den gelegentlichen Inspektionsgängen des Aufsehers entdeckt und hatte Prügel zur Folge. Paul Schneider war vom 20. April 1938 bis zum 18. Juli 1939 in Einzelhaft, und oft wurde ihm verboten zu schlafen, oft wurde ihm die Essensration gekürzt oder Nahrung ganz verweigert, oft wurde er mit den Handgelenken an den Gitterstäben des Zellenfensters aufgehängt und häufig geprügelt – fünf Vierteljahre lang.

Er saß Tag um Tag auf dem Boden seiner Zelle, und es ging ihm vielerlei durch den Kopf. Seine Erinnerung führte ihn zurück in seine Kindheit. Hier, wo er selbst in der Enge seiner Zelle litt, war ihm seine Mutter nahe mit ihren Schmerzen und ihrer tapferen, frohen Art, sie zu ertragen. Oft sah er sie am Fenster des Pfarrhauses vor sich und hörte immer wieder ihre Gesänge der Freude und der Hoffnung. An ihr Grab musste er denken und an den Spruch auf dem Stein: »Seid fröhlich in Hoffnung, geduldig in Trübsal, haltet an am Gebet.« In seiner Erinnerung tauchte der Krieg auf, seine Liesel, wie er mit ihr durch das zerstörte feindliche Land ritt und wie er Abschied nehmen musste von ihr. Er erlebte noch einmal den Schmerz um die gefallenen Kameraden in den Schützengräben, das Trauma der Niederlage und die Zeit des Umbruchs nach dem 11. November 1918. Damals war er zu dem Entschluss gekommen, Pfarrer zu werden. Aber auch Erfreuliches ging ihm durch den Kopf: die Freundschaft mit der Familie Kapp, seine Spaziergänge am Rhein entlang mit Lenchen, seine Heimkehr nach Hochelheim – aber er kam in ein düsteres Pfarrhaus, zu einem liebevollen, aber verschlossenen Vater. Die Universitätszeit zog vor seinem geistigen Auge vorüber, alle seine Mitstudenten und Professoren. Dann die harte Zeit am Schmelzofen in Hörde und die Kameradschaft mit den Arbeitskollegen. Er erinnerte sich an seinen Dienst in der Stadtmission in Berlin und die neue Dimension, die sein Glaube unter den schlichten Menschen erfahren hatte, einfachen Christen, die mit den Problemen der Stadt zu kämpfen hatten, in der Verbrechen, Alkoholismus, Drogen und Arbeitslosigkeit an der Tagesordnung waren. Dann kamen freudige Erinnerungen: Pfarrer Dieterich und seine Frau; Gretel, seine Gretel, wie er sie kennen und lieben gelernt hatte; seine Hochzeit mit der Reise an den Bodensee und nach Oberstdorf. Er rief sich die Zeit als Pfarrer

Gang und Zelle mit
hochgeschlossener Pritsche
im »Bunker«

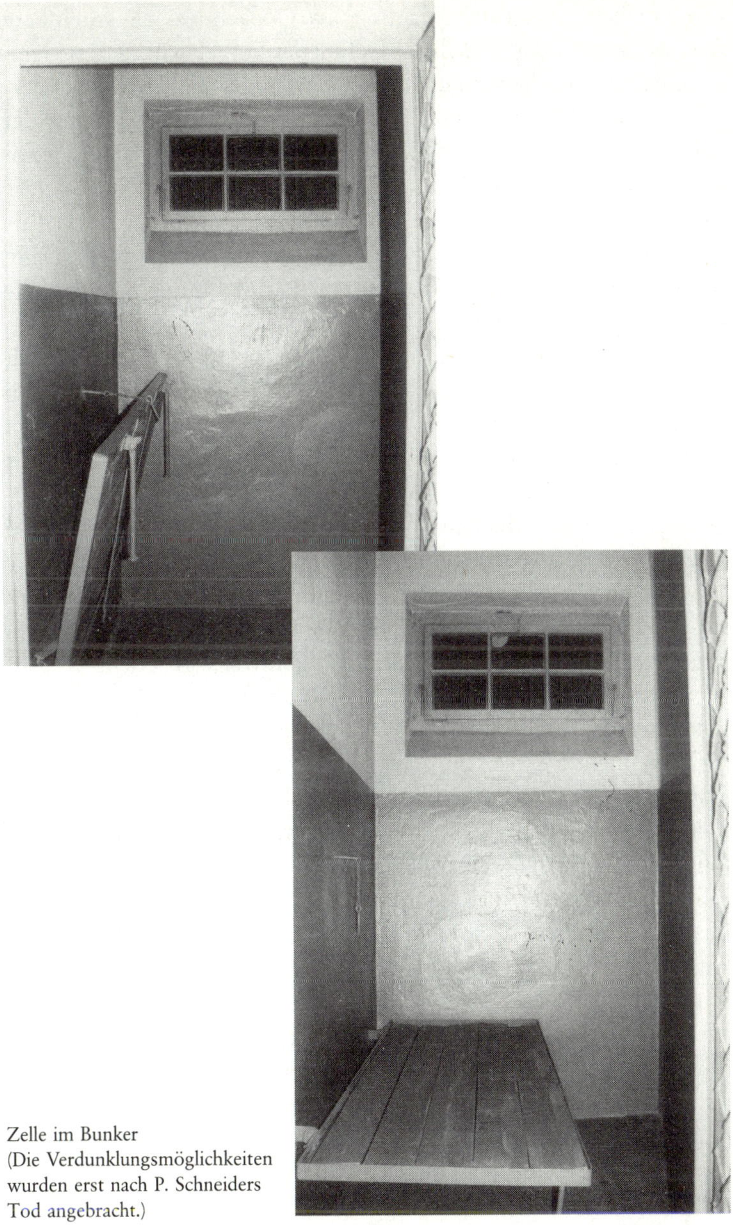

Zelle im Bunker
(Die Verdunklungsmöglichkeiten wurden erst nach P. Schneiders Tod angebracht.)

von Hochelheim/Dornholzhausen ins Gedächtnis, die fruchtbare Zeit im Amt dort, aber auch das Gefühl der Vergeblichkeit, das Herzweh, das er noch heute empfand im Gedanken an die Auseinandersetzung mit den Presbytern und an die ablehnende Haltung der Jugend gegenüber seinen Vorschlägen zum Empfang des Abendmahls. Der Schock und die Enttäuschung anlässlich der Röhm-Affäre kamen ihm in den Sinn, die Erfahrung, dass sein eigener Bischof als Vertreter der SA seinen Chef gegen seine Pfarrer verteidigte. Dann war seine Versetzung nach Dickenschied erfolgt und nur zu bald die Auseinandersetzung mit dem Kreisleiter am Grabe Karl Moogs in Gemünden. Paul war immer noch überzeugt, dass er recht gehandelt hatte, als er Nadig zurechtwies. Wie sehr war er erleichtert in dem Bewusstsein, die Lügen der Propaganda so bald durchschaut zu haben, gottlob hatte er die wahren Ziele des Nationalsozialismus schnell erkannt. Seine jüngsten Erinnerungen galten seiner Amtstätigkeit in Dickenschied und Womrath. Er freute sich über die vielen treuen Freunde aus den Gemeinden, die loyal hinter ihm und Gretel standen. Im Geiste war er mitten unter ihnen, wie sie alle gemeinsam auf den Höhen des Hunsrück pflügten, säten und ernteten. Nur so jammerschade, dass es ihm nicht gelungen war, Ernst Scherer, Karl Werner Sturm, Jakob Dörn, Friedrich Kunz und die anderen, die der Bekennenden Kirche feindlich gesinnt waren, für seine Ideen und für die Bekennende Kirche zu gewinnen. Er dachte an die Monate im Koblenzer Gefängnis und besonders an die Nacht, als die Entscheidung fiel beim Lesen der Worte Gottes im Buch der Richter: »Sebulons Volk aber wagte seine Seele in den Tod, Naphthali auch auf der Höhe des Gefilds.« Auch Gretels Klage fiel ihm ein: »Paul, liebst du uns denn nicht?«, und wie er ihr erzählt hatte, warum er sich gegen sie entschieden hatte, entscheiden musste, obwohl er sie und die Kinder so sehr liebte. Damals ahnten sie beide, welchen Preis sie würden zahlen müssen. O, wie er Gretel liebte, wie er sie vermisste – groß war sein Verlangen nach ihr und seinen Kindern! Er glaubte ihre Gesichter an der gegenüberliegenden Zellenwand zu sehen. Und er glaubte Sommers zynische Bemerkung zu hören: »Schneider, unterschreiben Sie und fahren Sie heim zu Ihrer Frau und zu Ihren Kindern!« Besonders sehnte er sich nach Gretels sanft streichelnden Händen, wenn er wieder einmal nach einer seiner Kurzpredigten aus dem Zellenfenster an die auf dem Appellplatz versammelten Häftlinge die unvermeidlichen Prügel bezogen hatte. Dann musste er alle seine inneren Kräfte zusammennehmen, um der Stimme Sommers zu widerstehen, die von einem Chor der Versuchung aus der Hölle untermalt schien: »Unterschreiben Sie, Schneider, unterschreiben Sie!«

Paul fühlte sich von Gott berufen, auch hier in der Hölle des Konzentrationslagers Sein Wort zu verkünden, Zeugnis abzulegen von der göttlichen Wahrheit, auch wenn er jeden Moment des Bezeugens, des Tröstens, des Ermutigens seiner Leidensgenossen unter Schlägen büßen musste. Hatte doch auch Paulus um des Evangeliums willen leiden müssen:

»Wir haben allenthalben Trübsal, aber wir ängsten uns nicht; uns ist bange, aber wir verzagen nicht; wir leiden Verfolgung, aber wir werden nicht verlassen; wir werden unterdrückt, aber wir kommen nicht um; und tragen allezeit das Sterben des Herrn Jesu an unserm Leibe, auf daß auch das Leben des Herrn Jesu an unserm Leibe offenbar werde.« (2. Korinther 4, 8–10).

Er musste einfach seinen Kameraden predigen, ohne die Folgen zu bedenken, solange Gott ihm dazu Stärke verlieh. Er musste mit letzter Kraft die frohe Botschaft des Evangeliums verkünden in einer Umgebung, wo nackte Brutalität jeden Insassen seiner Identität zu berauben suchte und ihm jeden Hoffnungsschimmer zu nehmen drohte. Wieder half ihm ein Wort des Apostels Paulus, selbst Apostel zu sein:

»So sind wir nun Botschafter an Christi Statt, denn Gott vermahnt durch uns; so bitten wir nun an Christi Statt: Lasset euch versöhnen mit Gott!«

Also zog Paul sich wieder an den Gitterstäben seines Zellenfensters hoch, so hoch, dass er den Appellplatz überblicken konnte. Überlebende des 28. August 1938, des Vortages zu seinem 41. Geburtstag, berichten, wie Paul beim Morgenappell seine Botschaft verkündete, so weit seine Stimme reichen konnte:

»Brüder, unser Herr Jesus Christus ist in die Welt gekommen, um uns von unsern Sünden freizumachen. Wer an ihn glaubt, ist vor Gott gerechtfertigt. Wir brauchen keine Angst zu haben vor dem, was Menschen uns antun können, denn durch Christus gehören wir zum Reich Gottes. Gott ist unser Vater, Christus ist unser Bruder. Unser Herr, der für uns gestorben ist, hat uns versprochen, daß wir mit ihm auferstehen, wenn wir nur an ihn glauben. Er hat von sich gesagt: ›Ich bin die Auferstehung und das Leben.‹ Wer das glaubt, wird nie sterben. Brüder, glaubt. Glaubt an Jesus, unseren Retter, und Gott wird euch als seine Kinder aufnehmen. ...«

Hier unterbrach ihn die raue Stimme eines SS-Wachmannes, man hörte draußen, wie er schrie: »Häftling Schneider, hören Sie auf mit Ihrem Gefasel und gehen Sie sofort vom Fenster weg!« Und als Paul dem Befehl nicht nachkam, brüllte der Wachmann die Kapos im Bunker an: »Reißt ihn weg vom Fenster!« Draußen herrschte betretenes Schweigen. Die Stimme aus dem Bunker wirkte wie die Stimme eines Propheten. Nicht nur die Botschaft, die nicht sein durfte, sondern auch die Tatsache, dass dieser Prediger sich einfach über die Befehle der SS hinwegsetzte, wirkte befreiend auf die Reihen der Häftlinge. Diejenigen, die sich tagtäglich duckten unter dem Gebrüll und den Peitschen ihrer Aufpasser, atmeten angesichts des Widerstandes dieses Verrückten wie erlöst auf. Ja, verrückt musste er sein, verrückt geworden, dieser Paul Schneider. Aber nein, ein Verrückter konnte nicht so umwerfend klar über die Liebe Gottes in Jesus Christus sprechen. Die Häftlinge, sonst gewöhnt an Obszönitäten und Beschimpfungen gegen sie, lauschten nun, wie Paul die Liebe Gottes schilderte, seine Vergebung und die Hoffnung auf Auferstehung. Noch bevor die Kapos in seine Zelle stürmten, konnte er seinen Mithäftlingen zurufen:

»Brüder, vergeßt nicht, Gott liebt euch. Er wird euch aufnehmen in Seinem Sohn Jesus Christus. Hoffet, denn Gott läßt die Seinen nie. Fürchtet euch nicht vor den Untaten eurer Peiniger. Fürchtet Gott, ehret Ihn, und Er wird euch helfen durchzuhalten und euch zur rechten Zeit heimholen.«

Dann stießen zwei muskulöse Kapos die Zellentür auf, stürzten sich auf Paul und rissen ihn zu Boden. Und schon näherte sich der SS-Posten, dessen Befehl Paul igoriert hatte. Mit Ochsenziemern schlugen er und Martin Sommer auf den am Boden Liegenden ein und riefen dann den Kapos zu: »Auf den Prügelbock!« – »Das soll er mir büßen!«, zischte Sommer. Sein Stolz war zutiefst verletzt: Ein Insasse hatte es gewagt, sich im Angesicht des ganzen Lagers dem Befehl eines SS-Mannes zu widersetzen; diese Demütigung verlangte Rache. Sommer ahnte, dass die, die er tagtäglich einzuschüchtern versuchte, eine heimliche Freude über diesen unerschrockenen Prediger empfanden. Mit aller Kraft, die seine Frustration und sein Rachedurst ihm verliehen, prügelte der 27 Jahre alte Sommer auf Paul Schneider ein. Am Ende war der SS-Mann selbst erschöpft, er atmete schwer, seine Uniform war schweißnass, und er befahl den Kapos, den leblosen Körper in den Bunker zurückzuschleppen. Dort lag Paul nun auf dem Boden, blutüberströmt. Auf der Stelle wurde folgendes Protokoll über diesen unerhörten Vorgang der Gehorsamsverweigerung angefertigt:

»Meldung
Betreff.: Schutzhäftling Paul Schneider
Bezug: ohne
Anlagen: keine
An die
Kommandantur des K. L.
Buchenwald
Der Schutzhäftling Paul Schneider, geb. 29. 8. 97 zu Pferdsfeld, z. Zt. im Arrest, legte am 28. 8. 38 ein unglaubliches Verhalten an den Tag. Morgens gegen 6.30 Uhr, bei der morgentlichen Meldung der Stärke des Schutzhaftlagers an mich, öffnete Sch. plötzlich sein Zellenfenster, kletterte in seiner Zelle hoch, bis er Blickfeld zu den angetretenen Häftlingen bekam. Mit lauter Stimme predigte Sch. etwa 2 Minuten zu den angetretenen Häftlingen. Meinen Befehl, sofort seine Predigt abzubrechen und sich vom Fenster zu entfernen, beachtete er in keiner Weise. Darauf gab ich dem

Arrestverwalter den Befehl, Sch. mit Gewalt vom Fenster wegzubringen.
Diesen Vorfall meldete ich sofort dem Lagerkommandanten.

Der 2. Schutzhaftlagerführer
gez. [Unterschrift]
SS-Oberscharführer«[224]

Hans Grobe hatte wieder einmal im Bunker zu schaffen und wagte beim Fegen vorsichtig eine Unterhaltung mit Paul. »O Paul, sei doch etwas zurückhaltender, provoziere die SS nicht noch mehr. Sie werden dich noch totschlagen, wenn du so weiter predigst.« – »Deshalb bin ich hier«, antwortete Paul schlicht. »In dieser Hölle muss jemand von Gott sprechen. Sonst gibt es doch keine Hoffnung. Ich muss diesen armen geplagten Wesen sagen, dass Gott sie liebt und sie durch seinen Sohn erlösen will. Ich muss das Böse, dessen Zeuge ich bin, beim Namen nennen und der SS klar machen, dass sie Gottes Gericht nicht entgeht. Ich bin Gottes Botschafter hier im Lager. Wenn ich nicht protestiere, mache ich mich mitschuldig an den Verbrechen. Deshalb bin ich hier, Hans.« Hans war ganz bestürzt. »Aber, Paul, der Preis ist zu hoch«, seufzte er. Dann konnte er noch eine Neuigkeit berichten: »Ernst Wiechert ist entlassen worden. Er wurde zunehmend schwächer, und der SS hätte es nicht gepasst, wenn ein international bekannter Schriftsteller im Konzentrationslager umgekommen wäre. Natürlich musste er sich verpflichten, sein Verhalten zu ändern und gegen jedermann zu schweigen über das, was er hier erlebt hatte. Als ich ihn das letzte Mal sah, war er stark ausgemergelt.«

Kurze Zeit später erschien in einer in der Schweiz herausgegebenen Zeitung der Kommunistischen Internationale ein Artikel von Peter Tönning: »Massenmörder rasen in Buchenwald«, der bei dem Augusttreffen der Hunsrückbruderschaft unter Pauls Amtsbrüdern Aufsehen erregte. Hermann Lutze hatte den Vorsitz und berichtete über den Artikel, der ihm auf Umwegen zugespielt worden war. »Wenn das, was da drin steht, wahr ist, dann lebt unser Bruder Paul Schneider momentan unter äußerst unmenschlichen Bedingungen«, sagte Hermann Lutze sorgenvoll und las den Brüdern aus dem Artikel vor:

»... In den letzten Tagen liefen besonders grauenerregende Berichte aus dem Konzentrationslager Buchenwald ein, wo sich die Nazis wieder als wahre Massenmörder betätigen.
Das Lager befindet sich etwa 12 Kilometer von Weimar. ... Am 14. Juli 1937 in Betrieb genommen, ist es eine der zuletzt eingerichteten braunen ›Erziehungsstätten‹. Doch ist es, was die Grausamkeit der Gefangenenbehandlung und die Zahl der Mordfälle anbetrifft, neben der berüchtigten Hölle Dachau, bereits zur traurigsten Berühmtheit gelangt. ...
Von den Lagerinsassen, insgesamt etwa 3500, sind rund 2500 politische Gefangene, darunter Sozialisten, Kommunisten, Bibelforscher, Juden und eine Anzahl politisch unzuverlässiger SA- und SS-Männer. ... Die Gefangenen ... sind in Holzbaracken zu je 146 Mann untergebracht. ...
Die Bewachung besteht aus etwa 1800 bis 2000 SS-Männern, ausgesuchten Rohlingen und Schlägern, die dazu erzogen sind, in den ihnen anvertrauten Unglücklichen nur ›Untermenschen‹ zu sehen, die man quälen und töten darf, ohne daß ein Hahn danach kräht.
Es herrscht allgemeine Arbeitspflicht ohne zeitliche Begrenzung, vorwiegend werden Straßenbauten und Steinbrucharbeiten ausgeführt. ...
Die Arbeit ist schwer und wird von dauernden Mißhandlungen begleitet. ... Wird ein Gefangener bei der Arbeit ohnmächtig, so gießt man ihm einen Eimer Wasser über den Kopf: ist er dann noch nicht bei Bewußtsein, so bleibt er bis zur nächsten Arbeitspause liegen, dann müssen ihn die Kameraden in die Baracke schleppen.
Angebliche Verletzungen der Disziplin werden mit Prügel bestraft, gewöhnlich mit 20 bis 30 Schlägen mit dem Ochsenziemer. ... Oft genug passiert es, daß ein Gefangener während der Exekution stirbt oder etwas später an den Folgen zugrunde geht. ...«[225]

Lange herrschte betretenes Schweigen. Dann sagte Fritz Langensiepen: »Von dem Artikel sollte Gretel Schneider auf keinen Fall etwas wissen. Sie hat genug Sorgen. Dies würde ihr Bangen um ihren Mann nur verstärken. Was meinst du, Leo?« – »Ich bin ganz deiner Meinung«, antwortete Leo Kemper. »Der Inhalt nützt Gretel Schneider nichts. Sie weiß ohnehin, dass Häftlinge in Lagern nicht mit Samthandschuhen angefasst werden. Aber solche Details sollte sie nicht erfahren.« –

Die Maschinerie der Kirchenverwaltung in der Deutschen Evangelischen Kirche – bereit zur Zusammenarbeit mit der Gestapo, wenn es darum ging, widerspenstige Pfarrer zu disziplinieren oder auf andere Pfarrstellen oder in den Ruhestand zu versetzen – wurde erneut betätigt. Davon gibt der folgende Brief Zeugnis:

»Evangelisches Konsistorium 7. September 1938
4480 II
An
den Evangelischen Oberkirchenrat
Berlin-Charlottenburg
Betrifft: Pfarrer Schneider in Dickenschied
ohne Erlaß
Berichterstatter:
Konsistorial-Assessor Kolrep
Oberkonsistorialrat D. Euler

In Anknüpfung an unseren unter dem 11. 6. 1938 – 4480 – erstatteten Bericht können wir diesen aufgrund der jetzt an uns ergangenen Mitteilung der Geheimen Staatspolizei in Koblenz wesentlich ergänzen. Danach befindet sich Pfarrer Schneider seit dem 25. 11. 1937 im Konzentrationslager Buchenwald bei Weimar und weigert sich auch heute noch – trotz wiederholter Befragung –, den staatlichen Anordnungen Folge zu leisten. Ferner ist über Pfarrer Schneider ein dauerndes Einreiseverbot in die Rheinprovinz verhängt worden. An seiner Stelle amtiert zur Zeit der Bekenntnisvikar Kemper in Dickenschied.

Sowohl die Geheime Staatspolizei wie auch die Gauleitung Koblenz-Trier sind an uns wegen einer baldigen Versetzung Pfarrer Schneiders herangetreten. Wir haben daraufhin zunächst um Übersendung der Strafakten von Pfarrer Schneider ersucht, um ein

Disziplinarverfahren gegen ihn einleiten zu können. Wir haben aber die genannten Stellen auch darüber nicht im Zweifel gelassen, daß wir eine Versetzung des Pfarrers unbedingt für geboten erachten, da anders die kirchenpolitischen Schwierigkeiten in Dickenschied nicht zu beseitigen sind. Unser gegenwärtiges Bestreben ist jedoch in der Hauptsache darauf gerichtet, durch entsprechende Verhandlungen eine freiwillige Versetzung Schneiders zu erreichen. ...
In diesem Zusammenhang erlauben wir uns schließlich noch den Hinweis, daß dieser Fall Schneider ebenso wie die aus dem Verhalten des Pfarrers Boysen in Köln-Lindenthal entstandenen Schwierigkeiten mit besonderer Deutlichkeit die Notwendigkeit vor Augen führen, daß durch die recht baldige Schaffung einer Regelung über die Versetzung von Pfarrern in den Wartestand eine erleichternde Möglichkeit zur Erledigung aller solcher Fälle, die anders nicht befriedigend geregelt werden können, geboten wird. Damit würde in derartigen Versetzungsfällen die Hauptschwierigkeit, eine andere geeignete Pfarrstelle für die von der Versetzung betroffenen Pfarrer ausfindig zu machen, fortfallen.

Sinnig 24.9. Euler 23.9. Kolrep 27.9.«[226]

Inzwischen hatte Evmarie ihren 9. Geburtstag gefeiert. Ein Woche später, am 8. September, schrieb ihre Mutter nach Buchenwald:

»Mein lieber Paul!
Nun kann ich Dir zuerst die freudige Nachricht schreiben, daß Dein jüngster Sohn allein gehen kann, endlich hat er seine Angst abgelegt. ... Mutter und besonders auch Amei hatten die Kinder sehr lieb und sie waren für beide Teile eine gute Ablenkung und Erquickung. Es war im Ganzen doch schön in der Heimat, wenn auch oft das schmerzvolle Alleinsein recht deutlich wurde. Sie meinen es, ›menschlich gesehen‹, alle so gut mit uns. ...
Sophie hat gerade eine schlimme Hand, es wird trotz Umschlägen nicht besser, sie hat viel Schmerzen und ist überhaupt etwas müde

und alt. Über unser Heimkommen freuten sich alle, besonders die beiden Buben strahlten. Die Schule hat begonnen.
Alle Kinder, Sophie, Rosa und Leo grüßen herzlich. Besonders lieb hat Dich Deine Gretel.
Behüt Dich Gott. Er möge Dir Kraft geben.« –

Am 15. September 1938 gab die Bekenntnissynode des Rheinlandes in Wuppertal-Barmen folgende Gebets- und Fürbittliste heraus:

»Evangelische Bekenntnissynode
W.-Barmen, den 15. September 1938 im Rheinland
Fürbittenliste
(Stand am 15. Sept. 1938)
I. Im Konzentrationslager befinden sich:
1. Pfarrer Schneider – Dickenschied/Rhld.
2. Pfarrer Martin Niemöller – Berlin-Dahlem
3. Notariatspraktikant Leikam – Korb/Wttg.
4. Kaufmann Thiessies – Altroggenrahmede/Westf.
II. In Schutzhaft befinden sich:
5. Pfarrer Lücking – Dortmund
6. Dipl.-Kaufmann Suppert – Dortmund
7. Herr Lohmeyer – Dortmund
8. Dr.jur. Schmidt – Dortmund
9. Pastor Krause – Kriescht/Neumark
III. 93 Behinderungen, 2 Relegationen, 11 Ausreiseverbote, 39 Aufenthaltsverbote, 37 Redeverbote, 48 Ausweisungen.
Herr Jesu Christe, Du hast Deiner Kirche gesagt, daß Deine Jünger um Deines Namens willen viel leiden müssen; denn der Jünger ist nicht über seinen Herrn. Gib Deiner Gemeinde einen freudigen Glauben, damit sie Dir für alles Leiden, das Du über sie kommen läßt, von Herzen danke und Dich anbete. Allen Verfolgten aber gib, daß sie ihr Leiden als Deinen göttlichen Willen aufnehmen und erkennen, Kraft an Leib und Seele behalten, Dich nicht verleugnen, sondern vielmehr in allem preisen mögen. Hilf, daß ihr Leiden bald ein Ende nehme und daß ihnen Gerechtigkeit widerfahre. Denn Du lenkst ja doch die Herzen der Menschen wie Wasserbäche und

kannst wohl den Gewaltigen eingeben, daß sie Deine Kinder in Frieden lassen.
Wir preisen Dich um aller Gnade und Treue willen, mit der Du Deine Gemeinde trägst und erhältst. Dein Name sei gelobt in alle Ewigkeit. Amen.«[227] –

Am 21. September schrieb Paul an seine Frau:

»Mein liebes Herz!
Mit großer Freude habe ich Deinen lb.Brief vom 8.9. am 14.9. erhalten … . Ich weiß aber auch, daß Du an und zu meinem Geburtstag meiner gedacht hast und danke Dir herzlich für alle Liebe.- Nun wird unser Büblein unter Gottes Schutz und Bewahrung auch in's Leben hinaus laufen lernen, nachdem Du liebe Kindermutter es unter solchen Umständen hast auf die Beine stellen helfen. – Mein Ev-Mariechen ist schon 9 Jahre alt geworden. Ich habe seiner zum 1. September herzlich gedacht. … –
Über die lange Schreibpause sorge Dich nicht. Du weißt mich ja in guter Hand, ich bin noch gesund und munter. In herzlicher Liebe grüßt und küßt Dich und die Kinder, grüßt die Lieben im Hause und die Freunde

Dein Paul.« –

Ende September 1938 war bei der SS in Buchenwald Hochstimmung. Chamberlain, Daladier, Mussolini und Hitler hatten das »Münchner Abkommen« unterzeichnet: Das Sudetenland kehrte »heim ins Reich«. Und Hitler ließ sich als »den größten Führer aller Zeiten« feiern – die SS feierte mit ihm.

Am 8. Oktober ging Gretels Brief von Dickenschied nach Buchenwald:

»Liebster Paul!
Vom Bad am Samstag Abend unserer Sechse werde ich heute entbunden, da Luise und Elisabeth Weller da sind, denen dies ein Vergnügen ist. So soll diese erste Woche im zweiten Jahre, die mir

manchmal recht schwer deuchte, nicht geschlossen werden ohne schriftliche Einkehr bei Dir. Ich war in den stürmischen Nächten bangend um Dich. Will denn die Nacht nicht weichen? Es zeigen sich noch keine ersten Morgenstrahlen. Wie gut wäre es für uns, wenn der Tag anbräche. ... –
Meinem Brief vom 24. September hast Du ja von Leo's Feier und unserem Brombeersammeln entnommen. Wir haben, besonders mit Hilfe der eifrigen Kinder, 53 Pfund gesammelt. Auch auf dem Kartoffelacker haben wir schon manches Säcklein voll gemacht, Dieter wetteifert mit den Großen und Hermann ist auch ein guter Haudegen! ...
Nun befehle ich Dich dem, der nicht schläft noch schlummert und unsern Fuß nicht gleiten läßt, und bin in treuer Liebe Deine Gretel mit den Kindern und dem ganzen Haus.«

Vom 18. Oktober stammt folgender Brief von Paul an Gretel:

»Meine liebste Gretel!
Hab herzlichen Dank für Deinen lb.Brief, den ich vorgestern als eine rechte Sonntagsfreude erhielt. Wie froh bin ich, daß es Euch noch allen gut geht und daß so mancherlei erfreuliche Abwechslung in's Haus kommt, durch die sich auch das Schwere wieder leichter trägt. Daß ich so liebe fleißige Kinder habe, ist mir auch hier ein rechter Trost. Wie lebhaft kann ich mir den Kartoffelacker vorstellen mit all dem kleinen Kinder- und Weibsvolk. ... Sicher schmecken die Pellkartoffeln nachher doppelt! ... Ich merke, Liebste, daß Dir das Warten oft recht schmerzlich ist. Hoffentlich hat Dir inzwischen schon ein Brief von mir ein wenig Trost bringen dürfen. Wir wollen doch froh und dankbar sein, daß ich Dir nach einem langen Jahr noch gesund und munter und soweit auch immer wieder fröhlich und getrost meine Grüße schicken darf. Es darf ja nicht schwerer kommen, als wir tragen können, diese Zusage haben wir. Für alles, auch für unser eigenes Reifen und Wachsen, weiß Gott allein die rechte Zeit. Das gilt auch für die Heirat der beiden Freunde, von der ich nicht wünsche und für nötig halte, daß man sie von meiner so ganz unbestimmten Rückkehr

abhängig macht. Für Emils, Mutter, Karl und Luise und Erich und Martha bat ich schon um Grüße. Grüße Regine und Vater Brandt. Es denkt Dein und der Kinder und des ganzen Hauses treulich

Dein Paul.«

Am 9. November 1938 wurde Europa durch die Nachrichten über die Terrorakte der sogenannten Reichskristallnacht aufgeschreckt. Im gesamten Deutschen Reich gingen Synagogen in Flammen auf, wurden jüdische Geschäfte und Wohnungen demoliert. Niemals hatte die Welt innerhalb einer so kurzen Zeitspanne einen solchen Ausbruch von unkontrolliertem Antisemitismus erlebt. – Gretel hatte ihre Ältesten um sich versammelt. »Wenn euer Vater nicht schon im Konzentrationslager wäre, dann würde er sicher heute eingeliefert, denn zu solchem Unrecht hätte er nicht schweigen können«, erklärte sie ihnen. –
Im Dezember 1938 beschloss die SS, dass auch Buchenwald, wie alle anderen Lager, ein Lied haben müsse. Die Häftlinge wurden eingeladen, Vorschläge zu machen, es wurde sogar ein Preis von 10 Mark ausgesetzt. »Sieger« wurde ein Lied, dessen Melodie von dem österreichischen Häftling Dr. Fritz Löhner-Beda stammte, den Text hatte Hermann Leopoldi verfasst. Die Gefangenen mussten Text und Melodie auswendig lernen.

An einem kalten Dezemberabend befahl der betrunkene Lagerführer Arthur Rödl beim Zählappell, dass die einzelnen Blöcke von Häftlingen am Haupttor vorbeimarschieren und dabei das Lied singen müssten. Es stellte sich heraus, dass einige das Lied nicht ordentlich gelernt hatten, andere waren zu kraftlos zum Singen nach den Strapazen des Tages. Rödl schäumte vor Wut über den kümmerlichen Gesang und brüllte, sämtliche Häftlinge hätten so lange auf dem Platz zu bleiben, bis sie es zu seiner Zufriedenheit vortragen könnten. Jeder Block wurde einzeln aufgerufen, so laut wie möglich zu singen. Dieser Vorgang wiederholte sich mehrfach – immer wieder wurde eine Gruppe zum »Üben« zurückgeschickt. Inzwischen hatte ein heftiges Schneetreiben eingesetzt. »Macht weiter«, verkündete Rödl über den Lautsprecher, »ich geh jetzt erst mal was essen; wenn ich zurückkomme, seid ihr wohl so weit.« Er kam nach zwei

Stunden. Der Appellplatz lag tief verschneit, die weißen Gestalten sangen, so laut sie konnten, im Schein der Flutlichtanlage und stapften durch den dreckigen Matsch, vorbei an dem Lagerführer, der sie von hoher Warte aus begutachtete. Jetzt, als man meinte, nun habe das Schikanieren seinen Höhepunkt erreicht, kam Rödl auf eine neue Idee, wie er seine Opfer nach seiner Pfeife tanzen lassen könnte. »Hinlegen!«, dröhnte es aus dem Lautsprecher. »Vielleicht singt sich's im Liegen besser.« So waren die Häftlinge gezwungen, sich in den tiefen Schnee zu legen und mit größtmöglicher Lautstärke zu singen. Da lagen sie, die von Müdigkeit und Qual gezeichneten Körper, in Reihen wie auf einem Friedhof, weiß wie Leichen im gleißenden Licht der Scheinwerfer – ein gespenstischer Anblick! »Lauter!«, ertönte Rödls Befehl. Das Buchenwaldlied hallte durch die schneidend kalte Dezemberluft, und Paul vernahm es wieder und wieder von seiner Zelle aus:

»Wenn der Tag erwacht, eh' die Sonne lacht,
die Kolonnen ziehn zu des Tages Mühn
hinein in den grauenden Morgen.
Und der Wald ist schwarz und der Himmel rot,
und wir tragen im Brotsack ein Stückchen Brot
und im Herzen, im Herzen die Sorgen.
O Buchenwald, ich kann dich nicht vergessen,
weil du mein Schicksal bist.
Wer dich verließ, der kann es erst ermessen,
wie wundervoll die Freiheit ist!
O Buchenwald, wir jammern nicht und klagen,
und was auch unser Schicksal sei,
wir wollen trotzdem ja zum Leben sagen,
denn einmal kommt der Tag, dann sind wir frei!
Wir wollen ja zum Leben sagen,
denn einmal kommt der Tag: dann sind wir frei!

Und das Blut ist heiß und das Mädel fern,
und der Wind singt leis, und ich hab' sie so gern,
wenn treu sie, ja, treu sie nur bliebe!

Und die Steine sind hart, aber fest unser Tritt,
und wir tragen die Picken und Spaten mit,
und im Herzen, im Herzen die Liebe
O Buchenwald, ich kann usw.

Und die Nacht ist kurz und der Tag so lang,
doch ein Lied erklingt, das die Heimat sang:
wir lassen den Mut uns nicht rauben!
Halte Schritt, Kamerad, und verlier nicht den Mut,
denn wir tragen den Willen zum Leben im Blut
und im Herzen, im Herzen den Glauben.
O Buchenwald, ich kann usw.«[228]

Endlich war Rödl zufrieden, und irgendwann zwischen 10 und 11 Uhr abends durften sich die Häftlinge aus ihren Schneelagern erheben. – Anfang Januar 1939 flohen zwei von den Gefangenen. Während nach ihnen gefahndet wurde, hatten alle anderen Häftlinge auf dem Appellplatz strammzustehen. Niemand durfte weg, nicht mal zur Latrine. Die aber, die sich erleichtern mussten, wurden erbarmungslos geschlagen. Kurz vor Mittag wurden die zwei gefasst, durchs Haupttor hereingejagt und auf der Stelle vor aller Augen aufgehängt. Der Galgen stand Pauls Zellenfenster direkt gegenüber. Paul zog sich an den Gitterstäben seines Fensters empor und rief mit durchdringender Stimme:

»Im Namen Jesu Christi bezeuge ich den Mord an den Häftlingen. Ihre Mörder werden eines Tages vor dem Richterstuhl Gottes stehen!«

Schon wurde die Zellentür aufgerissen, und Sommer und zwei Kapos schleppten Paul den Gang entlang auf den Platz bis in die Nähe des Galgens, an dem die zwei Flüchtlinge baumelten. Er bekam seine 25 Peitschenhiebe, wurde mit blutigem Rücken und Gesäß in seine Zelle zurückgeschleift und tagelang ohne Nahrung gelassen.

Später tauchte Scharführer Sommer bei ihm auf. »Na, Schneider, wenn ich Sie jetzt freiließe, wohin würden Sie gehen?« Paul hatte noch immer die zwei Gehängten vor Augen und antwortete: »Ich würde nach Weimar gehen. Der erste Bordstein dort würde meine Kanzel sein, von der aus ich die unsagbaren Verbrechen, die hier begangen werden, der ganzen Welt verkünden würde.« Sommer schlug sogleich mit dem Ochsenziemer zu und befahl den zwei Kapos, die ihn begleiteten: »Hängt ihn an den Handgelenken am Fenster auf, bis der Unverschämte zum Schweigen gebracht ist.« So hing Paul, mit dem Rücken zur Wand, ein Stück über dem Zellenboden in der Luft. Das Gewicht des ganzen Körpers wurde von Brust und Schultern aufgefangen – oft genug wurden bei Häftlingen, wenn sie stunden- oder tagelang so hingen, die Schultergelenke ausgerenkt.

Die grauenvollen Dinge, die sich in Buchenwald abspielten, standen in krassem Gegensatz zu den Versicherungen und Voraussagen voller Optimismus und Zuversicht, die Dr. Goebbels zu verbreiten verstand, u. a. in seiner Neujahrsbotschaft im Radio am 31. Dezember 1938:

> »Es kann keinem Zweifel unterliegen, daß das Jahr 1938 unvergänglich in die deutsche Geschichte eingehen wird. …
> [Es lohnt sich], die Frage aufzuwerfen, warum denn gerade das nationalsozialistische Regime so mit Wundern gesegnet wird und warum seine Vorgänger solche Wunder in keiner Weise zu verzeichnen hatten. In den Regierungen, die dem Regime des Nationalsozialismus vorangingen, saß doch meistens eine Partei, die nicht müde wurde, zu behaupten, daß sie besonders enge Beziehungen zu Gott besitze [das katholische Zentrum]. Aber trotzdem blieb auch ihnen das Wunder versagt. Sie warteten zwar auf ein Wunder, aber es ereignete sich nicht. Das ist nämlich das eigentlich Wunderbare am Wunder, daß es immer dann kommt, wenn man nicht nur darauf wartet, sondern wenn man dafür auch arbeitet und kämpft. …
> Der Führer hat im Jahr 1938, an dessen glücklichem Ende wir jetzt stehen, nicht auf das geschichtliche Wunder gewartet. Er hat die Kraft der Nation gesammelt, organisiert und sie bei den großen

historischen Entscheidungen dieses Jahres mutig eingesetzt. … Hier bewahrheitet sich wieder einmal die Richtigkeit des Sprichwortes, daß dem Mutigen die Welt gehört. … Leider ist diese Glaubensfähigkeit in gewissen Kreisen manchmal etwas abgestumpft, vor allem bei jenen Menschen ›von Besitz und Bildung‹, die sich mehr den Kräften des reinen und kalten Verstands als den Kräften eines glühenden, idealistischen Herzens anvertrauen. … Unsere sogenannten Intellektuellen … bringen [nicht] die Kraft auf, an die Größe unserer nationalen deutschen Zukunft zu glauben. … Mit solchen wankelmütigen Elementen kann man keine Geschichte machen. Sie sind nur Spreu vor dem Atem Gottes. Glücklicherweise stellen sie … im deutschen Volk nur eine hauchdünne … Oberschicht dar. … Sie sind Oberschicht nur in dem Sinne, als sie nach einem Naturgesetz gleich wie die Fettbläschen an der Oberfläche der Dinge schwimmen. … Aber man braucht das nicht allzu ernst zu nehmen … . Es sind die Ewiggestrigen … .

Das Volk will von diesen intellektuellen Nörglern nichts wissen. Es hat das eben ablaufende Jahr 1938 zwar in einer großen und manchmal auch fast entnervenden Spannung durchlebt. Aber es freut sich jetzt am Ende dieses Jahres auch der überragenden geschichtlichen Erfolge, die der Führer in ihm erreicht hat.

Dieses Volk ist seines Lebens wieder froh geworden. Noch niemals hat es ein so glückliches Weihnachten verlebt wie vor einer Woche, und noch niemals hat es einem anbrechenden Jahr so mutig und so vertrauensvoll entgegengeschaut wie dem Jahre 1939. …

So möchte ich denn in dieser letzten Stunde des ablaufenden Jahre noch einmal alle Deutschen in Stadt und Land grüßen. … Und im Namen all der ungezählten Millionen Deutschen richte ich unseren gemeinsamen Gruß an den Führer.

Niemals waren unsere Wünsche für ihn herzlicher und inniger als in dieser Stunde. …

Möge Gott auch in Zukunft seine segnende Hand über Deutschland halten!«[229] –

In Buchenwald machte sich Manfred Zahnwetzer einen Weg über den Appellplatz bis hinüber zum Bunker. Angeblich hatte er dort den

Boden zu harken, dabei schaute er sich vorsichtig um, und als kein Kapo in der Nähe war, sprach er leise zu Pauls Zellenfenster hinauf: »Paul, bete nicht so laut in deiner Zelle. Wenn Sommer dich hört, wirst du wieder misshandelt. Bitte, lass das laute Beten und Singen!« – »Ich muss es tun. Die armen Kerle hier im Bunker werden täglich gefoltert und gequält und dann auf dem kalten Zementboden liegen gelassen. Sie müssen erfahren, dass es jemanden gibt, der ihnen nahe ist, der im Himmel für sie einsteht. Sie müssen sicher sein, dass Gott sie eines Tages erlösen wird.«

Um diese Zeit erschien einmal Lagerführer Schober an der Zellentür und teilte Paul mit: »Ihre Frau ist mit Ihrem jüngsten Kind tödlich verunglückt. Geht Ihnen das nicht zu Herzen?« Lange schauten die Männer einander an. Schließlich sagte Paul: »Weit mehr bedrückt mich die furchtbare Behandlung der Häftlinge durch Sie.« Schober war sich nicht sicher, ob Paul seiner Botschaft Glauben schenkte – hatte sie ihn etwa nicht ins Mark getroffen? »Du Lump!«, brüllte er mit Zornesröte im Gesicht, »das sollst du mir büßen!«

Hitler hielt, um des 6. Jahrestages seiner Machtergreifung zu gedenken, am 30. Januar 1939 eine lange Rede vor dem Reichstag. Seine politischen Errungenschaften machten ihm Mut, und mit jedem diplomatischen Erfolg verschlechterten sich die Lebensbedingungen für die, die für ihr Nein zu Hitler büßen mussten.

»Der nationalsozialistische Staat hat weder eine Kirche geschlossen, noch einen Gottesdienst verhindert, noch je einen Einfluß auf die Gestalt eines Gottesdienstes genommen. Er hat weder auf die Lehre noch auf das Bekenntnis irgendeiner Konfession eingewirkt. Im nationalsozialistischen Staat kann jeder nach seiner Fasson selig werden.
Allerdings: der nationalsozialistische Staat wird aber Priestern, die, statt Diener Gottes zu sein, ihre Mission in der Beschimpfung unseres heutigen Reiches, seiner Einrichtungen oder seiner führenden Köpfe sehen wollen, unnachsichtig zum Bewußtsein bringen, daß eine Zerstörung dieses Staates von niemandem geduldet wird, und daß Priester, sobald sie sich außerhalb des Gesetzes

stellen, vom Gesetz genauso zur Rechenschaft gezogen werden wie jeder andere deutsche Staatsbürger auch.
Es muß aber hier festgestellt werden, daß es zehntausende und zehntausende Priester aller christlichen Konfessionen gibt, die ihren kirchlichen Pflichten genau so oder wahrscheinlich besser genügen als die politischen Hetzer, ohne daß sie jemals mit den staatlichen Gesetzen in einen Konflikt geraten sind. Diese zu schützen, sieht der Staat als seine Aufgabe an. Die Staatsfeinde zu vernichten ist seine Pflicht. ...
Wenn nun das Ausland und in Sonderheit gewisse demokratische Staatsmänner so sehr für einzelne deutsche Priester eintreten, dann kann dies nur einen politischen Grund besitzen. Denn dieselben Staatsmänner schwiegen still, als in Rußland Hunderttausende an Priestern niedergemetzelt oder verbrannt worden waren, als in Spanien Zehntausende von Priestern und Nonnen in viehischster Weise abgeschlachtet wurden. ...
Die Sympathie oder das Mitleid für verfolgte Gottesdiener kann es also nicht sein, was das Interesse der demokratischen Staatsbürger an einzelne in Deutschland mit dem Gesetz in Konflikt geratene Priester mobilisiert, sondern es ist das Interesse am deutschen Staatsfeind. Hier aber mag man eines zur Kenntnis nehmen: Den deutschen Priester als Diener Gottes werden wir beschützen, den Priester als politischen Feind des deutschen Reiches werden wir vernichten. ...
In der Unterstützung gewisser gegen den Staat gerichteter Unternehmen durch das Ausland ersehen wir die letzte Bestätigung ihres hochverräterischen Charakters!«[230] –

Die »Reichskristallnacht« hatte das Ausland hellhörig gemacht – Goebbels wurde beauftragt, die Wogen zu glätten, die Kritik vor allem in der amerikanischen Presse zu zerstreuen und Vorgänge in den USA selbst aufs Korn zu nehmen. Das tat er in einer Rede vom 21. Januar unter dem Motto: »Was will eigentlich Amerika?«

»... Seit dem 30. Januar 1933 ist das Dritte Reich Gegenstand des Spottes, des Hasses, der Lüge und der Verleumdung fast in der

gesamten amerikanischen Presse, vor allem in ihrem jüdisch bestimmten Teil. ...
Wir kennen sehr wohl die Inspiratoren und Nutznießer, die hinter dieser Hetze stehen. Es sind meistens Juden oder Menschen, die bis über beide Ohren hinaus im Dienste und in der Abhängigkeit der Juden stehen. ...
Wenn beispielsweise der amerikanische Innenminister Ickes am 19. Dezember 1938 öffentlich erklärte, daß ein Amerikaner eine Auszeichnung aus der Hand eines brutalen Diktators nicht annehmen könne, der mit derselben Hand Tausende von Menschen beraube und quäle, da der Verleiher den Tag als verloren ansehe, an dem er kein neues Verbrechen gegen die Menschheit begehen könne, so ist das eine Redeweise, die gelinde gesagt bisher im Verkehr unter Staaten, die normale Verhältnisse untereinander aufrechterhalten, gänzlich ungewohnt sind.
Wenn der stellvertretende amerikanische Außenminister Welles auf den daraufhin seitens Deutschlands erhobenen Protest zur Antwort gibt, daß die Äußerungen von Ickes die übereinstimmende Ansicht des überwiegenden Teils des amerikanischen Volkes darstellen, so versagt einem dieser Tatsache gegenüber die Sprache. Was soll das heißen! Wo ist jemals der amerikanische Präsident in der deutschen Presse persönlich angegriffen worden, wo jemals gegen die führenden Männer Amerikas ein beleidigendes Wort gefallen? ...
Das heißt nun, die Dinge geradezu auf den Kopf stellen. Die sieben Millionen Menschen, die in Deutschland durch den Nationalsozialismus wieder zu Arbeit und Brot gekommen sind, fragen nicht viel nach den Methoden, mit denen man ihnen Arbeit und Brot verschafft hat. ... [Man] hätte besser getan, den elf bis zwölf Millionen amerikanischen Arbeitslosen ein Mittel an Hand zu geben, wie sie zu Arbeit und Brot kommen könnten. ...
Das Judentum klatscht natürlich immer Applaus, wenn es gegen Deutschland geht. Das Judentum haßt den Nationalsozialismus aus Gründen, die ... überhaupt nicht erörtert zu werden brauchen. Das Judentum ist unser Feind, es soll unser Feind sein, und es muß unser Feind sein. Es erhebt sich hier nur die Frage, ob das amerikanische

> Volk sich dem Judentum zuliebe in eine unfruchtbare Feindschaft zum Deutschen Reich und vor allem zum deutschen Volk hineinhetzen lassen soll und darf. Und dagegen protestieren wir. …
> Wir betonen nochmals in aller Eindringlichkeit die Kurzsichtigkeit und Unzweckmäßigkeit eines solchen Verfahrens und werfen vor der ganzen Welt mit allem Ernst die Frage auf: ›Was will denn eigentlich Amerika?‹«[231] –

Am 10. Februar 1939 starb Pius XI., der seit 1922 Papst gewesen war. Als er 1937 im Alter von 79 Jahren die Enzyklika »Mit brennender Sorge« veröffentlichte, hatte er, so wie die meisten führenden Köpfe in Europa, gemerkt, dass man Adolf Hitler und den Nationalsozialismus wohl falsch eingeschätzt hatte. Hitler dachte nicht im Traum daran, sich an die Bedingungen des Konkordats zu halten, er nutzte nur die Chancen, die es ihm bot, um seine Position in Deutschland und in Europa auszubauen. Trotz der gespannten Beziehungen mit Rom sandte Hitler natürlich ein Kondolenztelegramm an den Vatikan und ordnete Trauerbeflaggung für die Reichskanzlei und die Reichsministerien an. Irgendwie gelangte die Nachricht vom Tod des Papstes auch nach Buchenwald und selbst in den Bunker, und Paul wurde an den freundschaftlichen Verkehr erinnert, den er mit Pfarrer Castor, dessen Mutter und dessen Haushälterin gehabt hatte, und an die vielen Gespräche mit dem katholischen Pfarrer von Dickenschied.

Vielleicht spielte die Erfahrung von Nuntius Eugenio Pacelli als dem päpstlichen Vertreter in Deutschland eine Rolle – jedenfalls wurde er am 2. März 1939 zum Nachfolger des verstorbenen Pius XI. gewählt. Der neue Papst nahm den Namen Pius XII. an; sein Pontifikat dauerte bis 1958. Man hoffte allgemein, dass Pius XII. der Verletzung des Konkordats von Seiten des Nationalsozialismus wirksam entgegentreten werde.

Besonders stärkte Paul die Verbindung mit Zuhause! Am 17. Februar schrieb Gretel:

»Mein lieber Paul!
Du sollst einmal wieder von mir hören, daß wir, Große und Kleine, noch gesund sind und mit Gottes Hilfe jeden Tag getrost anfangen und beschließen in der Gewißheit, daß die auf den Herrn harren neue Kraft bekommen! ... So kann ich Dir mit Freuden von unseren Kindern berichten, die ja rechte Kinder im Guten und Bösen sind, und ich weiß, daß Du mit Deiner Fürbitte mir diese Aufgabe an ihnen tragen hilfst. Manchmal bin ich traurig darüber, ob ich's auch an nichts fehlen lasse, daß der innere Mensch recht wachsen kann. Und da habe ich mich an Weihnachten so sehr an Form und Inhalt einiger Gedichte von Dieter erfreut; da wußte ich, da wächst eine Segensfrucht.
... Gerhard interessiert sich nun für vieles, um den habe ich wegen der Schule keine Sorgen. Er sieht Dir so ähnlich, daß man sich hüten muß, ihn deshalb extra liebzuhaben!! Hermann ist ein großer Bub geworden, der am liebsten immer draußen herum stromern würde, er muß aber auch mal bei Onkel oder mir das Einmaleins trainieren, was nicht leicht ist! Evmarie ist auch gesund, lieb und verständig, sie hat besondere Freude am Handarbeiten. Hanna Lutze schreibt, daß sie Dieter nicht mehr in ihrem Haus missen wollten, [Dieter ging in Wuppertal aufs Gymnasium und wohnte bei Hermann und Hanna Lutze] er kommt sehr gut mit, Herr Holthofer ist sehr zufrieden. Latein hat er schon nachgeholt. Jede Woche schreibt er einen fröhlichen Brief.
Wir Großen sind auch gesund, alle vier, unsere Arbeit kannst Du Dir recht gut vorstellen nach den vergangenen Jahren. Gestern waren wir wieder, wie alle acht Tage, in Womrath zu Rad. Alles ist im alten Geleise. Alle grüßen, die Du kennst und die Dich lieben! Deine treue Gretel«

Am 16. März schickte Gretel einen Brief nach Buchenwald:

»Mein lieber Paul!
Das ständige Gedenken an Dich soll nun heute einmal wieder aufs Papier gebracht werden. Du wirst es aber auch so fühlen, wie sehr ich und wir alle mit Dir verbunden sind. Nun aber bleibet Glaube,

Hoffnung, Liebe, aber die Liebe ist die Größte unter ihnen. Möge es uns noch einmal in Gnaden geschenkt werden, daß wir in rechter Liebe und Einigkeit miteinander leben dürfen und unser sechsfaches Liebesband miteinander aufziehen dürfen! Denn mit dem Größerwachsen wachsen ja auch die Aufgaben an ihnen! ... –
Alle aus der Verwandtschaft denken an Dich und tun anhaltend das, was zu tun ist. Manch liebes Brieflein erhalte ich und hilft mir still zu sein im Leid. ... Und zum Fröhlichsein helfen ja auch noch unsere lieben Kinder! ... Unser Ernstchen ist naturgemäß des Hauses Freude. ...
Alle Vorfrühlingsfreuden sind im Gang, Stelzen laufen usw., nur bisweilen vom Schneetreiben unterbrochen. Eben lese ich den Kindern Robinson vor, der besonders Gerhard interessiert, Adolf wartet nur immer auf die Menschenfresser! Aber auch die Wochensprüche usw. werden gelernt. Dieter kommt bald in Ferien, er schreibt von Barmen fröhliche Briefe. ...
Deine Kinderlein beten immerzu für Dich wie wir alle. Deine Gretel« –

In diesen Tagen erklärte Hitler von Prag aus, dass der tschechische Staatspräsident Hacha, der schon der auf der Münchner Konferenz vom September 1938 von Frankreich und England gebilligten »Heimkehr« des Sudentenlandes ins Deutsche Reich zugestimmt hatte, Deutschland »gebeten« habe, den tschechischen Teil des Landes als »Protektorat Böhmen und Mähren« unter deutschen »Schutz« zu nehmen. Damals hatte Hitler vollmundig verkündet, dass Deutschland nun keine territorialen Forderungen in Europa mehr habe, und er hatte wörtlich erklärt: »Wir wollen gar keine Tschechen!« England und Frankreich waren entsetzt über den Bruch dieses Hitlerschen Versprechens nach nur sechs Monaten, aber sie beruhigten – um der Erhaltung des Friedens in Europa willen – ihr Gewissen, indem sie Protestnoten an die deutsche Regierung schickten. –

Innerhalb der Bekennenden Kirche bemühte man sich weiter zugunsten der inhaftierten Pfarrer. So richteten z. B. die Presbyter der Gemeinden Dickenschied und Womrath am 10. März 1939 ein Schreiben an die Geheime Staatspolizei in Berlin mit der Bitte um

Zurücknahme der Ausweisung und um Freilassung des Schutzhäftlings Paul Schneider. Der Brief blieb ohne Antwort, und so kam es zu einer Eingabe direkt an die Reichskanzlei. Die Presbyter wandten sich an Adolf Hitler persönlich:

»An den Führer und Reichskanzler
des Deutschen Reiches
Berlin
Betr.: Freilassung unseres Pfarrers
In aller Ehrerbietung beehren wir uns, dem Führer und Kanzler des Deutschen Reiches folgendes anzuzeigen.«

Nach einem kurzen Bericht über Schutzhaft und Überweisung nach Buchenwald hieß es:

»Vor allen Dingen aber diente unser Pfarrer als treuer Seelsorger und predigte uns nach seinem ihm gegebenen Auftrag das Wort Gottes. Er hat seinen Dienst gewissenhaft ausgeübt und uns und seine Gemeinde nie gegen die Obrigkeit aufgewiegelt. Auf seinen Gemeinden lastet seit seiner Inhaftierung der Schmerz um das Schicksal ihres Pfarrers. ... Wir bitten Sie, unsern Führer und Reichskanzler des Deutschen Reiches, in aller Ehrerbietung doch zu bedenken, daß dieser Mann als Pfarrer in seinem Gewissen an Gottes Wort und an diese unsere Gemeinde gebunden ist und deshalb aus Treue zu seinen Gemeinden diese lange Haft und Trennung von seiner Familie willig auf sich nahm. Deshalb bitten wir als Kirchenvorstand, unsern Pfarrer für unsere Gemeinden freizugeben, da selbst der hiesige Gemeinderat [Vertretung der bürgerlichen Gemeinde] bezeugen kann, daß in unseren Gemeinden Ruhe und Ordnung herrscht und einer Rückkehr unseres Pfarrers nichts im Wege steht.
Der Kirchenvorstand der evangelischen Kirchengemeinden Dickenschied-Womrath.

[Unterschriften]«[232]

Am 20. März durfte Paul endlich wieder nach Hause schreiben. Der letzte Brief nach Dickenschied war vom 18. Oktober 1938 datiert. Fünf Monate – wie kam es zu dieser langen Unterbrechung? Paul hatte wieder einmal »Strafe verdient«, diesmal in Form von Postsperre. Am 9. November 1938 hatten, als Rache für den Tod des deutschen Gesandten in Paris, Ernst von Rath, der von einem jungen Juden, Herschel Grünspan, erschossen worden war, jüdische Synagogen gebrannt, waren jüdische Geschäfte von SA-Horden und von Sicherheitspolizei geplündert und demoliert worden, waren Tausende von jüdischen Männern verhaftet und in Konzentrationslager eingeliefert worden. Tausende wurden damals in Buchenwald untergebracht. Von seinem Zellenfenster aus konnte Paul beobachten, wie die blutigen und zerschlagenen Gestalten durch das enge Eingangstor gejagt wurden – das spielte sich ja in seiner unmittelbaren Nähe ab. In aller Eile waren Behelfsbaracken aufgestellt worden. Paul konnte die Brutalität nicht länger ertragen, die SS-Wachen tobten sich aus, indem sie die Wehr- und Hilflosen, die ihnen in die Hände gefallen waren, schlugen und ausplünderten. Er schrie mit lauter Stimme seinen Protest heraus, bis seine Zellentür aufgerissen wurde. Zwei Kapos brachten einen Juden herein, und Sommer stieß wütend hervor: »Sie mögen ja Juden so sehr, hier haben Sie einen.« Als Paul sich tröstend über den Mann beugte, spürte er den Schlag auf seinem Rücken. Es war sein Glück, dass die Bewacher keine Zeit für ihn hatten, sie hatten mehr als genug zu tun, um die Masse der Neuen unterzubringen. Paul konnte seinem neuen Genossen nicht helfen, der Schmerz bei den brutalen Misshandlungen hatte ihn wahnsinnig gemacht. Sein Randalieren ging selbst der SS auf die Nerven; er bekam eine Spritze verpasst, die ihn tötete, und man zog ihn aus Pauls Zelle heraus. Pauls Häftlingskleidung war blutverschmiert, Tränen des Mitleids und der Wut liefen ihm über die Backen, als er sich an seinem Fenster hochzog. Mitten hinein in den Tumult der rennenden Häftlinge und der Peitschen schwingenden SS schrie er, so laut er konnte:

»MÖRDER, MÖRDER, MÖRDER!«

Das war zu viel. Sommer ließ ihn zum Prügelbock schleppen und ihn wieder einmal vor versammelter Mannschaft auspeitschen.

Am nächsten Tag konnte Paul nur mühsam einen Blick aus dem

Fenster werfen. Da standen sie alle, die Juden, jeder bekam einen einzigen Schluck Kaffee aus dem Becher, den der Blockälteste ihm hinhielt. Der, den Paul sehen und hören konnte, schien ein bisschen menschenfreundlicher zu sein, er entschuldigte sich sogar, dass es nicht mehr gebe. Man sei auf so starken Neuzugang nicht eingerichtet. Der Körper seines toten Zellengenossen lag inmitten vieler anderer Leichen neben dem Eingang, und Sommer bemerkte sadistisch zu der Masse der Hungernden und Durstigen: »Bevor es Suppe gibt, müssen erst diese da auf den Wagen geladen werden.« Paul wusste ja, wie es mit »diesen da« weiterging. Leichen wurden im Krematorium in Weimar verbrannt. Die Verwandten wurden über den Tod informiert und erhielten die Adresse des Krematoriums; auf Kosten der Familie konnte die Urne zugesandt werden. Auch die Todesursache wurde angegeben: Herzstillstand, Blinddarmdurchbruch, Schlaganfall. Den Hinterbliebenen blieb nicht einmal die Gewissheit, dass die Urne wirklich die Asche ihres geliebten Verstorbenen enthielt.

Von den jüdischen Gefangenen starben 216, bevor der Rest entlassen wurde. Wegen Platzmangels mussten Unzählige auf dem Appellplatz stehen oder sitzen. Wollte jemand zur Latrine, empfing er Schläge, schrie er dann auf, wurde er an zusammengebundenen Handgelenken außen an die Gitterstäbe der Bunkerfenster gehängt. Viele kamen anschließend in den Bunker, und mancher verließ die Zelle nicht mehr lebend.

Immer wieder protestierte Paul, und immer wieder wurde er gezüchtigt. Ein Vorgang im Zusamenhang mit Pauls »Ungehorsam« lässt sich einem Aktenvermerk des Obersturmbannführers zum 24. November 1938 entnehmen, in dem Dokument heißt es:

»Weimar-Buchenwald, den 24. Nov. 1938.

A k t e n n o t i z .

Der Schutzhäftling Paul S c h n e i d e r« geb. 29.8.97 zu Pferdsfeld, z. Zt. im Arrest, erklärte auf die Frage:

›Sie als gottesfürchtiger Pfarrer schlagen ja auch Häftlinge, die mit Ihnen zusammen im Arrest sind.‹:

›Ja, dem dummen Karl mußte ich auf sein Ohr schlagen, dass der Eiter spritzte. Dadurch hatte er eine Erleichterung und lachte.‹

Weiter erklärte Sch.:
›Ich habe die 25 Stockhiebe erhalten, weil ich Sie, Herr Obersturmbannführer, angelogen habe und mein Wort gebrochen habe. Ich habe sie verdient.
Dass ich Juden, die ja z. Zt. meine Nächsten sind, in Schutz nehme, ist meine Pflicht. Ich bitte Sie, Herr Obersturmbannführer, entlassen Sie alle Juden und ich bin wieder beruhigt.‹

Der 1. Schutzhaftlagerführer:
[Unterschrift]
SS-Obersturmbannführer.«[233] –

Am Ende des Flurs befand sich direkt gegenüber Martin Sommers Zimmer der Waschraum mit der Toilette und ein paar Waschbecken. Jeden Morgen mussten die Häftlinge ihre Nachttöpfe in einen der dort aufgestellten Behälter entleeren. Es gab keinerlei Privatsphäre, und für alle Verrichtungen blieben jedem Gefangenen überdies nur wenige Minuten Zeit. Trotzdem nutzte man den kurzen Aufenthalt im Waschraum gern zu einem Gedankenaustausch. So fragte einmal Willi Mohr: »Warum hast du denn zugelassen, Paul, dass man den Juden zu dir in deine Zelle gesperrt hat? Erst sollte er zu mir, aber ich hab gesagt, da ist nicht genug Platz für zwei. Stimmt doch auch, bei den Ausmaßen. Dann haben sie ihn zu dir gebracht. Du hast doch auch nicht mehr Platz – warum hast du nicht protestiert?« – »Wie konnte ich denn – der arme Teufel! Und heißt nicht das Gebot, dass wir unsern Nächsten lieben sollen wie uns selbst?« Willi konnte nur den Kopf schütteln: »Als ob hier eine Station der Inneren Mission wäre«, meinte er.

Es fiel auf, dass jeden Tag ein paar hundert Juden entlassen wurden. Als erstes ließ man die Kranken laufen und die, die über 60 waren. Dann kamen die dran, die ein Ausreisevisum besaßen oder eins beantragt hatten. Sogar die, die nachweisen konnten, im Krieg gedient zu haben, wurden heimgeschickt. Es sprach sich herum, dass die Entlassenen am Bahnhof in Weimar von Familienangehörigen abgeholt wurden, Frauen, Müttern und Schwestern, die sie mit Nahrungsmittelpaketen und warmer Kleidung begrüßten.

Fünf lange Monate nach der Verhängung der Postsperre wegen seiner Proteste gegen die Behandlung der jüdischen Gefangenen durfte Paul endlich wieder nach Hause schreiben, in seinem Brief vom 20. März 1939 durfte natürlich nicht stehen, warum ihm das Schreibverbot erteilt worden war.

»Wie bin ich froh, daß ich Dir wieder schreiben und ein Lebenszeichen von mir geben darf. Gott sei Lob und Dank! Noch bin ich gesund und munter, was ja auch bei Euch allen der Fall ist, wie ich einem Brief von Dir vom 17. Februar entnehmen darf; auch dafür will ich von Herzen Gott dankbar sein, weiß ich doch, wieviel mehr ich Euch durch die lange Nachrichtenpause habe zu tragen und zu sorgen gegeben, als mir selbst. ... – Ihr meine Lieben! Wir wollen uns die Zeit nicht *zu* lang werden lassen. Ihr kennt eine alte Geschichte, wo einer um seine Liebste diente sieben und noch einmal sieben Jahre, und die Jahre deuchten ihn wie Wochen, so lieb hatte er sie; so darf auch uns die Liebe zueinander, und die größte Liebe, von der wir wissen, die Trübsal kürzen. Einmal kommt der Tag, wo wir befreit [werden] ...«

Gretel hatte sich in ihrer Verzweiflung darüber, dass sie so lange keine Post bekommen hatte, an einen Düsseldorfer Rechtsanwalt gewandt; dieser hatte ein Gesuch an die Gestapo formuliert:

»Dr. Schulze zur Wiesche Düsseldorf, den 24. 3. 1939
In der Sache
gegen den Pfarrer Paul Schneider aus Dickenschied (Hunsrück) wegen Ausweisung hat mich Frau Pfarrer Schneider beauftagt, die Interessen ihres Mannes wahrzunehmen. Herr Pfarrer Schneider befindet sich schon länger als 1 Jahr im Konzentrationslager in Buchenwald. Es ist notwendig, daß er einmal mit seinem Rechtsberater darüber spricht, wie er sich gegenüber dem Ausweisungsbefehl in Zukunft verhalten soll. Aus diesem Grunde bitte ich, mir die Erlaubnis zu erteilen, mit Herrn Pfarrer Schneider zu sprechen.
gez. Dr. Schulze zur Wiesche
Rechtsanwalt«[234]

Am 4. April 1939 nahm die Berliner Gestapo Kontakt mit den Kollegen in Düsseldorf auf mit der Frage, ob Rechtsanwalt Dr. Schulze zur Wiesche bereits in Schutzhaftangelegenheiten dort vorgesprochen habe und was über ihn bekannt sei. –
Am 5. April ging ein Schreiben des Rheinischen Konsistoriums der Reichskirche an die Gestapo in Koblenz, in dem zum Ausdruck kam, wie sehr recht es dem Konsistorium war, dass man einen Weg gefunden hatte, Reichskirche und Staat von widerspenstigen Pfarrern zu befreien, von unbequemen Propheten, die nicht davon abließen, die Reichskirche herauszufordern. Wahrhaftig eine unheilige Allianz!

»Betr.: Durchführung der Verordnung über die Versetzung von Geistlichen aus dienstlichen Gründen vom 18. März 1939
Wie bei den verschiedenen persönlichen Besprechungen immer zum Ausdruck gebracht worden war, mußte erst das Inkrafttreten der oben genannten Versetzungsverordnung abgewartet werden, um derartige Maßnahmen gegen die in Frage kommenden Pfarrer treffen zu können. Nunmehr ist uns durch diese Verordnung endlich die im allgemeinen Interesse längst gewünschte rechtliche Handhabe zu einem Einschreiten gegen untragbare Geistliche verschafft worden.
Bei der im gegenseitigen Einvernehmen stattgefundenen Überprüfung, auf welche Pfarrer Ihres Amtsbereiches die Versetzungsverordnung voraussichtlich Anwendung finden dürfte, waren in erster Linie die Namen der Pfarrer Schneider, Dickenschied und Langensiepen, Gödenroth genannt worden. Wir sind nach wie vor der Überzeugung, daß das unverzügliche Vorgehen gerade gegen diese Herren aufgrund der jetzt vorhandenen Rechtsbasis unbedingt notwendig ist. ...
In Anlage fügen wir ein Exemplar unseres Kirchlichen Amtsblattes, das den Wortlaut der Versetzungsverordnung enthält, zur gefl. Kenntnisnahme bei. ...«[235]

Das erwähnte Amtsblatt der Rheinprovinz wurde in Düsseldorf veröffentlicht. In der Ausgabe vom 31. März 1939 stand die Verordnung, die die Kirchenadministration am 18. März verfügt hatte. Der zweite Abschnitt des Paragraphen 1 traf unmittelbar auf Paul Schneider zu: Wenn die Versetzung eines Pfarrers in eine andere Gemeinde nicht möglich sei oder keine »ersprießliche Wirksamkeit« durch eine Versetzung zu erwarten sei, dann könne der betreffende Pfarrer in den Wartestand versetzt werden.

Weil Paul sich im Konzentrationslager befand, konnte er momentan nicht versetzt werden, de facto befand er sich schon im Wartestand. Die nun geltende Regelung nahm also die Tatsache hin, dass unbotmäßige Pfarrer in Lagern saßen. Das Zögern der Bekennenden Kirche, einen formellen Protest zugunsten der inhaftierten ausgewiesenen Pfarrer auszusprechen, brachte Paul zusätzlich in eine sehr prekäre Situation. –

Zu Ostern 1939, am 9. April, zog sich Paul erneut an den Gitterstäben seines Zellenfensters hoch, um mit lauter Stimme zu rufen:

»So spricht der Herr: ›Ich bin die Auferstehung und das Leben.‹«

Die Häftlinge nahmen das Wort Gottes in sich auf, wie ein trockener Schwamm das Wasser aufnimmt. Was für Worte aus dem Munde eines Propheten, von dem man wusste, wie fürchterlich der Preis war, den er wieder für diese kurze Predigt zahlen musste! Mochte die SS ihn bestrafen, sie konnte die Worte aus seinem Munde nicht zurückrufen, ihre tröstende Wirkung auf die Häftlinge nicht verhindern. Ein Häftling, der überlebte, hat bezeugt, wie die Worte Paul Schneiders sein Leben veränderten: Er war entschlossen gewesen, in den elektrischen Draht zu laufen, um im Feuer seiner Bewacher zu sterben. »Ich konnte nicht mehr«, sagte er später, »Selbstmord erschien mir als die einzige Lösung. Als ich am Bunker vorbeilief auf den Zaun zu, hörte ich Pfarrer Schneiders Stimme: ›Brüder, seid stark, Christus ist auferstanden.‹ Er konnte ja nicht wissen, was ich vorhatte, aber sein Wort ließ mich stehen bleiben. Und ich ging zurück in meine Baracke, entschlossen, mit Gottes Hilfe durchzuhalten.«

Am 20. April 1939 feierte Hitler seinen 50. Geburtstag. Der nationale Feiertag wurde bei strahlendem Sonnenschein, wahrhaftem »Führerwetter«, begangen. Ein Meer von Fahnen überall! Glockengeläut deutschlandweit! In Berlin paradierten endlose Reihen von SA, SS und Wehrmacht salutierend an Adolf Hitler vorbei und ehrten damit ihren Führer. Ihm war es gelungen, das Reich zu einen, die Nation wieder aufzubauen, die Fesseln von Versailles zu zerreißen, in Mitteleuropa ein Bollwerk gegen den Bolschewismus zu errichten, das Deutsche Reich durch die Angliederung des Saarlandes, Österreichs, des Sudentenlandes und von Böhmen und Mähren zum größten Reich seit dem Mittelalter zu machen.

Am Vorabend dieses großen Tages wandte sich Goebbels an die Nation:

»... In einer bewegten und unruhigen Welt begeht Deutschland am morgigen Tage ein Fest in des Wortes wahrster Bedeutung. ... Und diesen Tag mit allen Freuden zu begrüßen ist dem deutschen Volke in seiner Gesamtheit nur eine Sache des Herzens und nicht des Verstandes. ...
Nun ist das Großdeutsche Reich im weiten Sinne des Wortes verwirklicht worden. Mehr noch, der Führer hat Mitteleuropa seinen Frieden zurückgegeben.
Es ist klar, daß das den Neidern des nationalsozialistischen Reiches in den demokratischen Weststaaten nicht ins Konzept paßt. Sie hatten ja durch den Versailler Vertrag rings um Deutschland Brandherde angelegt, die sie je nach Bedarf anfachen wollten, um das Reich ständig in Schwierigkeiten zu halten.
Nun kommt ganz wider Abrede und Programm ein Mann, der aus den breiten Massen des deutschen Volkes emporgestiegen ist, und tritt mit harten Schritten diese Brandherde aus. Die Demokratie sieht ihre Felle wegschwimmen. Daher ihre Wut und ihre moralische Entrüstung. Aber ihre heuchlerischen Gebete kommen zu spät. Die Feinde des Reiches sind am Ende ihres Lateins. ...
So richten wir denn in dieser festlichen Stunde, da wir damit beginnen, den 50. Geburtstag des Führers als große nationale Gemeinschaft zu feiern, unsere heiße Bitte an den allmächtigen Gott, ihn auch für die Zukunft in seinem Leben und in seinem Wirken in seinen gnädigen Schutz nehmen zu wollen. Er erfülle dem deutschen Volk seine innigste Bitte und erhalte ihm den Füh-

rer in Kraft und Gesundheit noch auf viele Jahre und Jahrzehnte. Dann braucht uns um die Zukunft unseres Reiches nicht bange zu sein. Dann liegt das Schicksal der deutschen Nation wohlbehütet in fester und sicherer Hand.
Wir aber, die wir des Führers älteste Gefolgsleute und Mitkämpfer sind, schließen uns in dieser festlichen Stunde zusammen in dem herzlichen Wunsch, mit dem wir seit jeher die Geburtstage dieses Mannes begingen.
Möge er uns bleiben, was er uns ist und was er uns immer war: Unser Hitler!« –

Am 25. April schrieb Gretel an Paul:

»Liebster Paul!
Am Osterfest hatten wir die große Freude, Deine Karte zu bekommen! Das war uns allen doch die liebste Post. Wie freut es mich, daß Du meinen Brief erhieltest, und nun hast Du sicher auch den Osterbrief. ... Unsere Kinder haben wieder eine reiche und bunte Ernte gehalten, auch als sie mir ihren Tribut abgegeben hatten, war noch reichlich da für ihre Eßlust! ...
Und dann sind wir bei herrlichstem Wetter ins Scheidbachtal gezogen zum Eierwerfen. Es war für Groß und Klein ein Vergnügen, vom Ernstchen bis zum Onkel warfen sie. Als alles kaputt und aufgezehrt war, gings vollends hinunter ins Tal, was lieblich und still ist, da wurde von den Kindern das Bächlein gestaut, es war lustig und naß. Wir Großen saßen dann in der Sonne.
[Seite II des Briefes fehlt]
Und nun muß ich Dir noch von meinem Ausflug nach Koblenz erzählen. Da habe ich zuerst einen Eilmarsch nach Kirchberg gemacht in aller Frühe und Du weißt ja, daß das Frühaufstehen nicht meine Stärke ist!! Der Rhein war umgrenzt von Blütenbäumen, ich traute meinen Augen nicht, hier ist's noch weit zurück, wenn wir auch alles schon gesät haben. Um 11 Uhr traf ich mit den Freunden Albertz zusammen und ich durfte dann diesen Tag ihr ›Kind‹ sein und alle Probleme vor ihnen auspacken. Dabei waren wir recht froh und das Jammern blieb mir im Hals stecken. ...

Daheim traf ich einen Brief von Dieter an, wo er vergnügt vom Schulanfang schreibt. Und dann vom Geburtstag! Er hat's ja so gut und war begeistert. Von Tante Hanna und Onkel Hermann einen Photoapparat! Onkel Ernst den Film dazu. Und Tante Tutti schickte ihm den ›sehnlichen‹ Flieger [Flugmodell]. – Gerhard ist mit Eifer abc–Schütze. ... Das ganze Haus und alle Freunde gedenken Deiner. In inniger Liebe küßt Dich Dein Weib und Deine Kinder.«

Am 2. Mai stellte das Evangelische Konsistorium in Düsseldorf folgendes Papier zusammen:

»Evangelisches Konsistorium
Düsseldorf, den 2. Mai 1939 Vertraulicher Vorgang, nur für den persönlichen Dienstgebrauch!
... Einen großen Raum nahm die Behandlung des Falles Schneider, Dickenschied ein, dessen Versetzung in den Wartestand unverzüglich betrieben werden soll. Diese Maßnahme würde sich sowohl darauf gründen, daß er zu einer gedeihlichen Führung seines Pfarramtes infolge seines längeren Aufenthaltes in einem Konzentrationslager, der für absehbare Zeit nicht beendigt werden dürfte, nicht imstande ist, als auch durch den Umstand geboten sein, daß die Wahrung der Ordnung in der Gemeinde Dickenschied zwecks klarer Verhältnisse die endliche Durchführung des Versetzungsverfahrens verlangt. ...
Bei der Besprechung der Folgen unserer Versetzungsanordnung in der Kirchengemeinde – beispielsweise Räumung des Pfarrhauses und weiterer Aufenthalt des betroffenen Pfarrers in der Gemeinde, sei es in einem Nachbarhaus – kam man zu dem Ergebnis, daß in diesen besonders schwierigen Fällen – namentlich im Falle Schneider, Dickenschied – die Gestapo uns mit geeigneten Maßnahmen, wie etwa Verhängung eines Aufenthalts- oder Redeverbots, zu Hilfe kommen würde. ...
Unter Hinweis auf unseren kürzlichen Besuch bei der Regierung in Koblenz, wo die Frage der Sperrung von Staatszuschüssen bei einer Reihe von uns hierfür genannten Pfarrern verhandelt worden war, wurde auch in dieser Besprechung festgestellt, daß ein

möglichst einheitliches Vorgehen zwischen der Regierung, der Gestapo und uns stattfinden müsse. Die Zusammenarbeit würde sich in der Weise vollziehen, daß unsere Versetzungsmaßnahmen im zeitlichen Zusammenhang mit den staatlichen Zuschußsperrungen durchgeführt würden. ...
Rö[ssler] Kolrep«[236] –

Pauls Brief vom 8. Juni an Gretel lautete:

»Mein liebes treues Weib!
Dein Pfingstbrief war wieder ein rechter Kinderbrief; herzlich Dank! Auch über die eigenhändigen Grüße der Kinder freute ich mich sehr, sehe ich doch daraus, wie sie lernen und wachsen, wenn mir die Zeit oft stille zu stehen scheint. Wenn ich wiederkomme, will ich ihnen auch ›einen schönen Jahrmarkt‹ mitbringen. ... Ja, Liebste, Deine Kinderbriefe sind mir lieb und wert, weil Deine wache Liebe und Sorge unsere Sechse frisch und gesund in die Zukunft marschieren und als frohe Tröster zu mir reden läßt. Dazu sind sie uns ja die Unterpfänder unserer in Gottes Treue gegründeten Ehe und Liebe. ... – Auf meine Weise hatte ich auch fröhliche und gesegnete Pfingsten; der Geist Gottes weht, wo er will. Ich bin gesund und munter. ... Behalt lieb deinen großen ungebärdigen Bub, der Dich mit den Kindern herzlich küßt und mit Freunden und Verwandten treulich grüßt.«

Noch einmal soll hier über Pauls Leben in Buchenwald geschrieben werden. Werner Burgdorff berichtete dem Autor am 5. Oktober 1994 in einem Interview in seiner Wohnung in Leipzig über seine Erlebnisse im KZ Buchenwald. Er war als Mitglied der Kommunistischen Partei bald nach Hitlers Machtergreifung verhaftet worden. Nach Absitzen einer längeren Gefängnisstrafe war er der Gestapo überstellt worden und war von Juli 1938 bis Dezember 1940 als Häftling 5747 im KZ Buchenwald. Zusammen mit einem anderen war Burgdorff im Waffenarsenal der SS außerhalb des Haupttors zum Lager dafür zuständig, dass die Waffen der SS-Leute stets sauber und schießbereit waren.

Auf seinem Weg zum Waffenarsenal stieß er eines Tages auf Martin Sommer. Dieser rief ihn zu sich. Burgdorff schilderte nun seine panische Angst und Sommers hämische Freude über eben diese Angst, die sich noch steigerte, als Sommer nun seine Pistole zog. Während das Herz des Häftlings heftig schlug, sagte Sommer, nachdem er sich an dem Entsetzen, das Burgdorff deutlich ins Gesicht geschrieben stand, sichtbar geweidet hatte: »Mach mir die Pistole sauber!« Ein Auftrag in dieser Form war ungewöhnlich; Sommer hatte ihn wohl nur erteilt, weil er Macht hatte, Menschen in Furcht und Schrecken zu versetzen. Seine sadistische Neigung trieb ihn direkt zu einem solchen Vorgehen: welch ein Genuss, Häftlinge zu terrorisieren! – Und dieser Mensch war der Aufseher Paul Schneiders!

Nicht lange nachdem Werner Burgdorff in Buchenwald eingeliefert worden war – Paul war damals schon eine Weile im Bunker, und die Mithäftlinge konnten allerlei über ihn erzählen –, erlebte er, Burgdorff, an einem Sonntagmorgen Folgendes: Von dem Zellenfenster im Bunker schallte Pfarrer Schneiders Stimme über den Appellplatz zu den dort zum Zählappell Versammelten herüber. Er rief Bibelverse und ermahnte die Brüder, standhaft zu bleiben, Gott zu vertrauen und nie die Hoffnung aufzugeben. Er forderte die Menge auf, dem Bösen zu widerstehen und einem Regime, das auf dem besten Weg dazu war, einen neuen Weltkrieg zu beginnen. Weiter kam Paul Schneider nicht mit seiner Predigt – er wurde gewaltsam vom Fenster entfernt und verprügelt. Vom Appellplatz hörte man das rhythmische Klatschen der Schläge. Burgdorff beschrieb die unheimliche Szene als ein Phänomen, an das er sein Leben lang denken musste: Obwohl Tausende dichtgedrängt auf dem Platz standen, konnte man nicht einen einzigen Laut hören. Es war, als lauschten sie allesamt wie erstarrt auf das Geräusch jedes einzelnen Schlages, als wollten sie mit diesem Schweigen ausdrücken, dass sie mit dem Geschlagenen litten, denn sie wussten, er litt ja stellvertretend für sie alle.

Ein anderes Mal sah Burgdorff auf dem Weg zu seiner Arbeit, wie zwei Häftlinge auf einer Bahre einen blutüberströmten Körper aus dem Bunker schafften. Im Vorbeigehen sagte der eine Häftling, indem er auf den auf der Bahre Liegenden deutete, mit einer Stimme voller Ehrfurcht und Hochachtung: »Paul Schneider.«

Bei einer Begegnung zwischen Burgdorff und Paul Schneider schauten die beiden einander fest in die Augen, beiderseits ganz bewusst, nur für einen kurzen Augenblick. Sie sprachen beide nichts, aber der Blick voller Optimismus und Hoffnung aus den Augen dieses außergewöhnlichen Mannes sagte das Gleiche, was er in seiner Predigt in Worte gekleidet hatte: »Junger Mann, bleib standhaft. Lass dich von all dem Üblen hier nicht unterkriegen!« Den Blick dieser machtvollen Augen konnte Burgdorff nicht vergessen, und er fragte 50 Jahre später bei einem Gedenken an Paul Schneiders Tod Frau Schneider, ob ihr Mann blaue Augen gehabt habe. Gretel Schneider bestätigte ihm dies.

Eine weitere Erinnerung an Paul Schneider stammt von Ernst Cramer aus der Zeit nach dem Krieg. Cramer konnte vom Appellplatz aus Pauls Gesicht am Fenster von Zelle 23 sehen und seine Stimme hören. »Selig sind, die Verfolgung leiden um der Gerechtigkeit willen, denn ihrer ist das Himmelreich.« Während Paul wieder seine 25 Stockschläge erhielt, hörte Cramer, wie der Häftling, der neben ihm stand, die Worte, die er soeben aus Paul Schneiders Mund gehört hatte, fast unhörbar vor sich hin sang und so fast einen Protest auszudrücken wagte.

Am 15. Juni wurde etwas gegen Paul in Gang gesetzt, was Gretels Leben bald beeinträchtigen sollte:

»Der Reichsminister für die
kirchlichen Angelegenheiten — Leipziger Straße 3
I 13 102/39 — Berlin W 8, den 15. Juni 1939
An
den Herrn Regierungspräsidenten
in Koblenz
Betrifft. Sperre des Staatsgehaltes von jährlich 400.– RM des evangelischen Pfarrers Paul Robert Schneider in Dickenschied, z. Zt. Konzentrationslager Buchenwald

Bericht vom 16. Mai 1939 – IIa Nr. 144 – Ich ersuche, die Sperre des Staatsgehaltes aufgrund des Runderlasses vom 24. September 1938 – I 1415/38 II,III – zu veranlassen und mir von dem Veranlaßten Mitteilung zu machen.

Im Auftrage
Dr. Richter«[237]

So wurde der staatliche Anteil von Pauls Gehalt gesperrt. An demselben 15. Juni 1939 unternahm das Konsistorium in Düsseldorf den ersten und einzigen Versuch, mit Paul Schneider in Buchenwald in Verbindung zu treten:

»Evangelisches Konsistorium der Rheinprovinz
Inselstraße 10
Nr. 6568 II

Düsseldorf, den 15. Juni 1939

Betrifft: Durchführung Ihrer Versetzung in den Wartestand
An Herrn Pfarrer Schneider, z.Zt. in Buchenwald, Konzentrationslager

Seit längerer Zeit schon sind wir von seiten der Partei und der Staatspolizei wiederholt und nachdrücklichst auf Ihr staatsfeindliches Verhalten hingewiesen worden. Das im einzelnen gegen Sie in dieser Hinsicht vorliegende schwerwiegende Material ist Ihnen längst zur Kenntnis gebracht worden, so daß sich eine besondere Aufzählung dieser Beschwerdefälle an dieser Stelle erübrigt. Eine solche zutreffende Beurteilung Ihrer ablehnenden Stellung zum Dritten Reich findet durch die Tatsache Ihres seit November 1937 ununterbrochen andauernden Aufenthalts im Konzentrationslager eine weitere Bestätigung. Wenn in dieser Zeit keine Änderung Ihrer Gesinnung hinsichtlich einer positiven und vorbehaltlosen Bejahung des heutigen Staates eingetreten ist, sondern nach Ihrer bisherigen Haltung auch nicht einmal die Aussicht besteht, daß Sie in absehbarer Zeit aus dem Konzentrationslager entlassen werden können, so sehen wir uns damit vor die unabweisbare Notwendigkeit gestellt, aufgrund der Verordnung über die Versetzung

von Geistlichen aus dienstlichen Gründen vom 18. März 1939 (GBl. der DEK Nr. 4 für 1939) gegen Sie zwecks Versetzung in den Wartestand vorzugehen.
Diese Versetzungsmaßnahme gründet sich gemäß § 1 der Verordnung darauf, daß Ihnen durch selbstverschuldete lange Abwesenheit aus der Kirchengemeinde ohne Aussicht auf eine Besserung dieses Zustandes durch Ihre Einsicht eine gedeihliche Führung Ihres Pfarramtes nicht mehr möglich ist und außerdem die Wahrung der Ordnung in der Gemeinde Dickenschied zur Schaffung klarer Verhältnisse im dortigen kirchlichen Leben Ihre Abberufung verlangt.
Da Ihnen vor unserer endgültigen Entscheidung nach § 2 der genannten Verordnung Gelegenheit zur Gegenäußerung zu geben ist, diese Anhörung in Ihrem Falle aber eine besondere Erschwerung erfährt, bedienen wir uns zu diesem Zwecke der Vermittlung der Geheimen Staatspolizei, die uns alsdann Ihre Stellungnahme zuleiten wird.«[238]

Welche Ironie – die Gestapo sollte im Auftrag des Konsistoriums mit Paul Schneider sprechen!

Das »schwerwiegende Material« gegen Paul Schneider hätte sich ohne weiteres fortsetzen lassen durch das, was in Buchenwald geschah: Pauls Proteste gegen die brutale Behandlung von Häftlingen hätte sich als weiterer Beweis seiner Staatsfeindlichkeit interpretieren lassen. Jede »Predigt« aus dem Zellenfenster, jede Antwort gegenüber den SS-Schergen, gegen Sommer, Pleißner, Schober, Rödl und Koch zeugten ja von seiner Ablehnung des Nationalsozialismus. Sein Verhalten nach der Einlieferung der Juden im Gefolge der Reichskristallnacht und sein Protest gegen die Erhängung der beiden Häftlinge im Januar 1939 hätten das Sündenregister in den Augen der Gestapo ergänzt.

Es gibt keinerlei Hinweise darauf, dass die angesprochene Unterredung stattgefunden hat; es lässt sich auch nicht belegen, dass eine Einladung des Dickenschieder Presbyteriums zum Zwecke der Inkenntnissetzung über die geplanten Maßnahmen erfolgt ist. Aus welchen Gründen auch immer, die Anhörung von Paul und die

Besprechung mit den Presbytern unterblieben. Stattdessen kam es zu einer anderen »Lösung« des »Falles Paul Schneider«.

Zunächst einmal startete Gretel beim Staatspolizeiamt in Berlin noch einmal einen Versuch, Sprecherlaubnis zu erhalten:

»Als Mutter von sechs unmündigen Kindern wiederhole ich meine schon im August vorigen Jahres ausgesprochene Bitte, meinen Mann, der nun schon bald zwei Jahre im Konzentrationslager Buchenwald ist, wenigstens besuchen zu dürfen, da ich in Sachen meiner Kinder meinen Mann hören möchte. Wenn Besuche im Lager verboten sind, so bitte ich – wie es im Falle von Pfarrer Niemöller geschieht –, meinen Mann ins Gefängnis nach Weimar zu führen, damit ich ihn dort sprechen kann. Ich bitte darum nochmals freundlichst um Genehmigung und wäre für eine baldige Nachricht sehr dankbar.

Margarete Schneider«[239]

Sie bekam weder die Erlaubnis noch überhaupt eine Antwort auf ihr Schreiben. –

Am 28. Juni schrieb sie an ihren Mann von einer kurzen Erholungsreise zusammen mit Evmarie aus Oberstdorf – wo sie sich der glücklichen Stunden auf ihrer Hochzeitsreise vor 13 Jahren erinnerte:

»Liebster Paul!
Nun kann ich Dir wirklich für zwei Briefe danken, welche Freude! Nach dem vom 8. Juni kam nach acht Tagen der vom 18. Juni. Wie haben sie mir in ihrer Liebe und Frische wohlgetan, liebster Spatz! ... Nun haben mir Deine lieben beiden Briefe mit die Freudigkeit gegeben, einer Einladung nach hier zu folgen, und ich sitze in einem lieben stillen Heim und habe gerade die herrlichen Berge vor mir, einzig schön im Sonnenschein mit den verzuckerten Schneespitzen! Wer sollte da nicht an die Berge, von denen uns Hilfe kommt, denken! Und neben mir auf der Veranda sitzt unser Töchterlein, liest und strickt, bis die Mutter fertig mit Schreiben ist. Ich durfte sie mitnehmen, so bin ich auch nicht so allein und habe etwas zum liebhaben, und ihr tut die schöne Luft hier gut.

Erst haben wir noch tüchtig zu tun gehabt, bis alles klar zur Abfahrt war und ich hoffe, daß nun Mariele mit den 4 Büblein fertig wird, im Garten ist ja augenblicklich nicht viel zu machen.... – Auch Großmutter, bei der wir über Sonntag waren, muß sich nach einer neuen Wohnung umsehen bis zum Herbst. ... Sie ist noch recht rüstig und grüßt herzlich. ...
Gestern waren wir am Freibergsee, weißt Du noch, wie wir vor 13 Jahren dort Kahn fuhren? Evmarie hat größte Lust, die Berge zu erklimmen und wünscht sich oft den lieben Vater herbei – ob er's wohl noch könnte? Ich begnüge mich fürs erste mit dem Ansehen und den Talwanderungen, vielleicht wächst der Mut! Wie froh bin ich, daß Du auch schon hier warst! All die Schönheit macht mir heute einen tieferen Eindruck als vor 13 Jahren. Aber auch das Heimweh nach dem Liebsten ist stark und weh. Laß Dich herzlich liebhaben, mein Bub, und freu Dich mit mir, daß wir's hier so schön haben! Deine Gretel und Evmarie. Herzlichen Gruß Tante Mariele, Sophie, Hermann, Gerhard, Adolf, Ernst.«

Pauls letzter Brief an seine geliebte Frau ist vom Montag, dem 3. Juli 1939, datiert:

»Meine liebe Gretel!
Vorgestern schon erhielt ich Deinen lieben Brief aus O.... Es freut mich sehr für Dich, daß Du mit Evmarie als kleinen Ausgleich neben allem Schweren die schönen Ferientage genießen darfst dank der Güte der Freunde und auch des lieben Mariele, die Dich zu Hause vertritt. Wie freundlich ist Gottes Führung! Und das Töchterlein darf auch schon ›in die Berge‹. Wenn sich die liebe Mutter erholt und gestärkt hat, langt es vielleicht doch noch ›auf‹ einen kleinen Berg. Hoffentlich bleibt Euch das Wetter treu. Wie schön war es vor 13 Jahren, Du Liebe. Gott gebe, daß wir auch noch einmal miteinander nach Süden in Urlaub fahren dürfen! ... –
Mutter wird die Trennung von Konrad sicher noch schwer. Schade, daß sie nicht zu uns ziehen kann und unser eigenes Häuschen noch nicht so weit ist! Wie ist sie doch im Alter noch so umgetrieben! ›Meine Zeit in Unruhe ...‹ Wie fliegen auch für uns Jüngere über

der Trübsal die Wochen und Monde dahin! Möchten wir nur auch lernen und reifen an dem, was uns aufgegeben wird, und überwinden! –

Nun wünsche ich dem Brief so schnellen Lauf, wie der Deine nach hier hatte. Grüße Deine lieben Gastgeber herzlich und dankbar. Sei mit dem Töchterlein mit herzlichem Gottbefohlen für die Ferientage und eine glückliche Heimkehr in inniger Liebe gegrüßt!

Dein Paul« –

Während all dieser Zeit gab es immer mal wieder Pfarrer, die entlassen wurden, nachdem sie sich hatten zwingen lassen, eine Einwilligung zu unterschreiben, dass sie nicht über ihre Erlebnisse im Lager berichten würden und dass sie zu Dingen bereit wären, die sie vorher strikt abgelehnt hatten. Möglicherweise lenkte Berlin aufgrund von Berichten über inhaftierte Pfarrer in der ausländischen Presse ein. Aber gehörte Paul Schneider zu denen, die man freiließ? Er hatte seinen Ausweisungsbefehl missachtet. Er hatte gesagt, er würde, sobald er freikäme, vom ersten Bordstein Weimars aus die Grausamkeiten im Lager bekannt machen. Er würde all die schlimmen Dinge, die den Häftlingen, den Juden der Kristallnacht, ihm selbst von Seiten der SS-Peiniger angetan worden waren, der Öffentlichkeit zu Gehör bringen. Und wenn er nun gar nie aufhörte, immer wieder das Wort zu ergreifen, und trotz aller noch so brutalen Strafen seine Kurzpredigten fortsetzte – wie konnte man so jemanden entlassen? Der Prediger von Buchenwald war zu gefährlich.

Warum aber fiel es Kommandant Koch und seinen Handlangern Ende Juni / Anfang Juli ein, Paul zur regelmäßigen medizinischen Behandlung täglich in das Krankenrevier zu schicken? Er war doch durch die Leitung der Deutschen Evangelischen Kirche suspendiert, von der Bekennenden Kirche gab es auch keine erkennbare Hilfe; jede wirksame Unterstützung von außen entfiel – warum diese auffälligen Vorbereitungen für eine Entlassung? Welche Gründe auch vorlagen, Tatsache war, dass die Behandlung in Gang gesetzt wurde, und Sommer selbst begleitete Paul täglich auf dem langen Weg vom Bunker zur Krankenstation.

Dem Mithäftling Peter Probst gelang ein kurzes Gespräch mit Paul auf einem seiner Gänge zum Krankenrevier. Peter war schockiert über Pauls Aussehen, und er rief ihm zu: »Du hättest schon lange in Behandlung gehört!« Paul sah ihn traurig, aber voller Dankbarkeit an und erwiderte: »Meine Füße und Beine sind stark geschwollen; ich habe auch schon Herzwasser. An meinem Körper gibt es nicht eine Stelle, die nicht blau geschlagen ist. Jetzt bekomme ich Spritzen. Seit der zweiten Spritze ist mein Herz furchtbar unruhig. Ich werde wohl nicht mehr lange leben. Ich will dich zum Abschied segnen, Peter, und auch für dich beten, dass du auf den rechten Weg kommst.«

Über Pauls Wirken und die mysteriösen Umstände um seinen Tod erfahren wir aus späteren Berichten mehrerer Mithäftlinge. So berichtete der Kommunist Fritz Männchen später:

»... 27. Januar 1939: Ich befand mich gegen 10 Uhr vormittags im Häftlingsblock 37. Der Gestapo-Sekretär Leclair forderte mich auf, ihm zu folgen. Unser Weg führte nach dem Bunker. Im Bunker wurde ich von dem berüchtigten Kerkermeister Martin Sommer empfangen. Er schloß eine Zelle auf und stieß mich hinein. Hier gewahrte ich, an der Dampfheizung kniend, einen Häftling, der betete. Ich stieß den Kameraden leicht an der Schulter an. Da sah ich, daß es Pfarrer Schneider war. Er stand auf, und wir umarmten uns. Darauf sagte mir Pfarrer Schneider: ›Fritz, was willst du bei mir?‹ Ich gab darauf zur Antwort: ›Der liebe Gott hat mich zu dir geschickt, damit du nicht allein bist.‹ Ich bekam darauf zur Antwort: ›Glaubst du das, Fritz, daß dich mein Gott zu mir geschickt hat?‹ Ich antwortete ihm darauf: ›Ja, ich glaube es!‹ – Da es an einem Freitag war, war für Pfarrer Schneider ein Fasttag. Wir unterhielten uns, und er fragte mich: ›Was machen die Kameraden im Lager? Habt ihr einmal etwas von meiner Frau und den fünf [sechs] Kinderchen gehört?‹ Da ich ihm das Herz nicht schwerer machen wollte, als es ohnehin schon war, erzählte ich ihm, daß es seiner Frau und seinen fünf [sechs] Kindern gutgehe. Daraufhin kniete Schneider wieder hin und betete, daß Gott ihn stark machen möge, damit er zu seinen Lieben wieder zurückkehren könne und gesund bleiben möge. Pfarrer Schneider erzählte mir dann seine Leidenszeit, die er bis jetzt im Bunker verbracht hatte. Jeden Tag hat er immer und immer wieder mit der Ochsenpeitsche Schläge bekommen. Er zeigte seinen Körper, und ich war so erschüttert, daß ich keine Worte fand. An beiden Seiten des Hüftgelenks waren faustgroße Löcher durch das Liegen auf der Holzpritsche entstanden. Keine Decke, kein Strohsack und nichts war in der Zelle, in der sich Pfarrer Schneider von Juni [richtig: April] bis Januar befunden hatte. – Die in der Zelle herrschende Kälte – Dampfheizung war nicht angestellt – zwang uns zu Freiübungen, damit uns etwas wärmer wurde. Plötzlich wurde die Zellentür aufgeschlossen, und der Scharführer stürzte sich mit dem Ochsenziemer auf Pfarrer Schneider und schlug ihn mit den Worten: ›Du Schwein!‹ Darauf sagte Pfarrer Schneider in leisem Ton: ›Ich bin kein Schwein, Herr Scharführer!‹ Daraufhin wurde Pfarrer Schneider von dem Scharführer blutig zusammengeschlagen, so daß er in der Ecke der Zelle zusammenbrach. Ich bemühte mich um Pfarrer Schneider. Leider konnte ich ihn nicht auf die Holzpritsche legen, da dieselbe tagsüber angeschlossen war. Auf dem kalten Boden wischte ich das blutige Gesicht mit meinem Rock ab, riß das Futter heraus und verband Pfarrer Schneider notdürftig damit. – Acht Tage später wurde der Kalfaktor aus dem Bunker entlassen. Obersturmbannführer Rödel ließ mich eines Tages aus der Zelle holen und erklärte mir, daß ich vorübergehend den Kalfaktor machen sollte. Ich mußte Essen austragen und war für die Sauberkeit des Zellenbaues verantwortlich. Das Essen mußte ich den meisten Häftlingen selbst ausgeben, jedoch waren Kameraden in den Zellen, denen Kerkermeister Sommer selbst das Essen ausgab. Ich habe selbst beobachtet, wie Sommer vor der Essensausgabe eine Flüssigkeit in verschiedene Schüsseln schüttete, unter anderen auch in die Schüssel von Pfarrer Schneider. Die erste Zeit konnte ich nicht feststellen, was das für ein Mittel gewesen ist. Bei der Säuberung des Zimmers von Scharführer Sommer konnte ich jedoch feststellen, daß die Flüssigkeit, die sich im Schrank befand, ein Herzschwächungsmittel war.«

Alfred Leikam schrieb:

»Im Sommer 1939 schien es, als ob Schneider entlassen werden sollte. Der damalige Lagerarzt Dr. Ding hatte jede Woche nach Berlin die Haftfähigkeit von Schneider ärztlich zu bescheinigen. Das ärztliche Attest lautete regelmäßig auf geschwächte körperliche Verfassung, latente Herzschwäche, jedoch Lagerhaftfähigkeit. Die Krankenakten habe ich selbst eingesehen, sie wurden im Jahre 1943 von Dr. Ding beiseitegeschafft.
Im Juni/Juli 1939 wurde, wahrscheinlich als Folge zunehmender Herzschwäche, eine Traubenzuckerkur mit Strophantin eingeleitet. Die Einspritzungen wurden ... im Häftlingsrevier vorgenommen. Zu diesem Zweck wurde Schneider jeweils von einem SS-Mann vom Zellenbau zum Häftlingsrevier geführt. Häftling Gottschalk ... versicherte mir, daß er jeweils die Mischspritze selbst gefertigt habe und bei jeder Einspritzung zugegen gewesen sei. Bei einer dieser Einspritzungen ist nun Schneider zufolge eines Herzkollaps plötzlich tot zusammengebrochen.«[240]

Walter Poller war in Buchenwald im Krankenrevier als Arztschreiber tätig. Er beschrieb später die Behandlung von Paul Schneider so:

»Im Sommer 1939 bekam ich Paul Schneider zum ersten Male aus nächster Nähe zu Gesicht. Er wurde von Scharführer Sommer plötzlich in das Häftlingsrevier gebracht.
Welch ein Anblick! Niemals habe ich die tiefe Tragik des Pilatuswortes ›Ecce homo‹ [›Seht, welch ein Mensch!‹] erschütternder gefühlt. Das große, edle, fahlgelbe Gesicht mit den hellen, offenen Augen leidzerfurcht und doch voll jener Verklärung, die edelstes Menschentum und entschlossener Wille auf jede Kämpferstirn legt. Der Körper abgemagert zum Skelett, die Arme unförmig geschwollen, an den Handgelenken blaurote, grüne und blutige Einschnürungen. Und die Beine, es waren keine Menschenbeine mehr, es waren Elefantenbeine.
Wasser! Wir, die wir viele Häftlinge schon hatten an Kreislaufstörungen sterben sehen, standen vor einem Rätsel: Wie war es

möglich, daß dieser Mensch noch lebte? Daß er in diesem Zustande, zwar unbeholfen und wankend, aber doch aus eigener Kraft den langen Weg über den großen Appellplatz durch die endlos lange Barackenreihe und durch den Wald hinunter ins Häftlingsrevier zu gehen vermocht hatte?
SS-Scharführer Sommer, dessen schmutziges Gesicht mit den ebenso stupiden wie jaguarverschlagenen und brutalen Zügen dazu abgrundtief kontrastierte, wich keinen Augenblick von Schneiders Seite, und wir Häftlinge konnten kein Wort mit unserm Kameraden wechseln, um Näheres zu erfahren. Was sollte hier geschehen? Wieder ein Mord? ...
Unsere versteinerten Gesichtszüge verrieten dem SS-Scharführer Sommer nichts von dem, was in uns vorging. Nur die vertrautesten Häftlinge wechselten miteinander Blicke, die dem geschulten Eingeweihten sagten, was wir fühlten und wie bewegt wir innerlich waren. Nicht den Bruchteil einer Sekunde unterließen wir unsere zugewiesene Beschäftigung. ...
Dann kam der Lagerarzt Dr. Ding.
›Warum haben Sie sich nicht krankgemeldet, Schneider?‹ sprach ihn Ding mit ruhigem, sachlichem, vorbildlich ärztlichem Tonfall an.
Nun blickte Paul Schneider etwas hilflos zu Ding auf, offenbar überrascht von der Art, wie er angesprochen wurde. Aber deutlich sah ich in seinen Augen, daß er dem Ton nicht traute. Er machte mit der rechten Hand eine Gebärde, als wüßte er nicht recht, was er antworten solle. ›Kommen Sie mit‹, fuhr Ding dann fort, ›ich werde Sie untersuchen.‹ Paul Schneider erhob sich mühsam und wankte hinter Ding her in einen anderen Barackenraum, wo Ding Schneiders Körper abfühlte und mit einem Stethoskop abhorchte.
Wird ihm Ding jetzt eine Spritze geben?
Nein! Er tut es nicht!
Er ordnet an: ›Salbenverbände um die Handgelenke. Traubenzucker, Herzstärkungsmittel. Vorsichtige Massage. Rotlicht für die blutunterlaufenen Partien auf Rücken, Gesäß und Oberschenkel.‹ Und überläßt die Ausführungen den Häftlingspflegern.

Was geht hier vor? Will man Paul Schneider jetzt anders behandeln? Menschenwürdig? So, wie es das äußere und innere Gesetz gebietet?
Als Ding den Raum verläßt, ordnet er an: ›Die Behandlung wird morgen fortgesetzt. Sommer, Sie bringen Schneider morgen früh nach dem Appell wieder ins Revier.‹
Die Behandlung wurde etwa acht bis zehn Tage fortgesetzt. Schneider erholte sich überraschend schnell.
Einmal bin ich während dieser Zeit dabei, wie Ding zu ihm sagt: ›Ich werde mit dem Standartenführer sprechen, ob Sie aus dem Arrest entlassen werden können.‹ Schneider wußte sich nicht zu erklären, warum er jetzt plötzlich so anständig behandelt wurde. Ob er wohl entlassen werden sollte?
Als die Behandlung mit einem überraschend schnellen und guten Erfolg zu einem gewissen Abschluß gelangt ist, nimmt Ding wieder eine eingehende körperliche Untersuchung mit Auskultation des Herzens und der Lunge vor und sagt dann: ›Sehen Sie, Schneider, Sie haben sich prächtig erholt. Nur noch eine kleine Insuffienz. Na, ist ja erklärlich bei der ganzen Chose. Das kriegen wir aber auch noch hin. Wollen wir mal ein Herzstärkungsmittel injizieren.‹
Ding holt aus der Apotheke eine Ampulle, zieht die Spritze in Schneiders Gegenwart auf und injiziert.
Am nächsten Tag bin ich nicht dabei, als Schneider von Sommer ins Revier gebracht wird. Nach Berichten der Pfleger hat Ding Schneider gefragt, wie er sich nach der gestrigen Spritze gefühlt habe. Schneider habe geantwortet, er habe sich im ganzen gut gefühlt, nur sei ihm etwas schwindelig gewesen. ›Wir wollen es einmal mit einem anderen Mittel versuchen und sehen, wie Sie das vertragen.‹
Als ich in das Behandlungszimmer komme, kommt Ding zurück ins Zimmer. Er hat eine vollgesogene Spritze in der Hand. Er ist – überraschend lebhaft. Oh, ich kenne dieses Wesen an ihm! Ich kann nicht mit dabeisein, verlasse den Raum und begebe mich ins Arztzimmer.
Ich bin wie gerädert. Hatte ich nicht auch schon zu glauben angefangen, daß Paul Schneider Buchenwald überstehen könnte? Und

nun wieder diese plötzliche Wende! Mehr mechanisch und nur ungern, einem inneren Zwang folgend, gehe ich zum Papierkorb, in den Ding die leeren Ampullen zu werfen pflegt. Und dort liegen fünf leere Strophantinampullen. Zwei davon auf einmal injiziert sind schon tödlich. Kurze Zeit später kommt Ding in das Arztzimmer, setzt sich an den Schreibtisch, und ich reiche ihm die Unterschriftsmappe. Er unterschreibt, liest kein Schriftstück durch, ich sehe es deutlich, seine Gedanken sind ganz woanders. Peix, der Häftlingspfleger der inneren Station, tritt ins Zimmer. So, jetzt kommt es, Ding tut geschäftig. Ich blicke auf Peix. Die Sekunde wird zur Ewigkeit.

›Herr Doktor‹, sagt Peix, ›soll Schneider jetzt wieder in den Arrest zurück?‹ ›Wie?‹ fragt Ding ganz überrascht und starrt einen Augenblick ins Leere, wie es jemand zu tun pflegt, der in dem plötzlich aufschreckenden Bruchteil einer Sekunde tausend Gedanken durchdenkt. ›Wie? – So. – Nein.‹ Eine Atmosphäre grenzenloser Unbegreiflichkeit erfüllt den Raum, und immer noch starrt Ding ins Leere. Dann aber sagt er, als handele es sich um eine harmlose Therapie: ›Nein, leg ihn noch eine halbe Stunde unter den Lichtkasten.‹

Peix geht aus dem Zimmer. Ding unterschreibt weiter. Sollte ich mich getäuscht haben? Das ist doch gar nicht möglich, daß irgendein Menschenherz diese Giftdosis länger als wenige Minuten überdauert! Sehe ich schon Gespenster? Ding ist vollkommen ruhig, stellt Fragen an mich, bespricht dies und das. Ich muß mich getäuscht haben.

Da kommt Peix ins Zimmer gestürzt: ›Herr Sturmführer, bitte schnell.‹ Ding springt auf, fragt gar nicht erst, was geschehen sei, und läuft mit schnellen Schritten hinter Peix her. Ich muß mich einen Augenblick an der Tischkante festhalten. Dann gehe auch ich ins Bestrahlungszimmer. Dort, lang hingestreckt auf dem Boden, liegt Paul Schneider. Tot. Ding kniet neben der Leiche, öffnet die geschlossenen Augenlider, Peix steht wie eine Bildsäule daneben. Später erfahre ich dann, daß Paul Schneider unter dem Lichtkasten über plötzliches Schwindelgefühl geklagt habe. Der Pfleger habe darauf den Lichtkasten abgenommen, und als Paul Schneider

auf den Stuhl zugegangen sei, auf dem seine Kleider lagen, sei er umgefallen.
Im Arztzimmer diktiert mir Ding dann eine frei erfundene, völlig verlogene Krankengeschichte. Eine Fieberkurve wird gezeichnet, obwohl Schneider nie im Revier in stationärer Behandlung war. In dem Totenbericht heißt es, daß Schneider bereits aus der stationären Behandlung des Reviers entlassen worden sei und sich nur noch in ambulanter Behandlung befunden habe. Der Tod sei nach einer Behandlung überraschend in der Nähe der Revierbaracke eingetreten. Die Todesursache sei wahrscheinlich Herzschwäche.
Der Lagerkommandant wird sofort benachrichtigt. Das ist das erste Mal, daß so etwas geschieht. Berlin bekommt durch Fernschreiben Bescheid. Die gefälschten Krankenpapiere, in denen eine mehrfache Revierbehandlung zusammengelogen wird, werden sorgsam zusammengestellt, um sie auf Anforderung sofort nach Berlin schicken zu können, und sie werden natürlich auch prompt angefordert.
Und indes die Totenträger den Leichnam in die erbärmliche Totenbaracke außerhalb des Lagers transportieren, zermartere ich mir den Kopf: Warum dieser Aufwand? Sonst macht man doch kurzen Prozeß. Jetzt wird sogar die Sektion der Leiche angeordnet. Die Rätselfrage wird immer unentwirrbarer für mich. Am nächsten Tag kommt der Prosektor vom Pathologischen Institut der Universität Jena zur Obduktion der Leiche. Ich muß das Sektionsprotokoll schreiben. Noch einmal sehe ich Paul Schneider auf der Pritsche. Keine Spur irgendeiner Mißhandlung, keine Spur all des Leidens, das dieser Mensch durchstehen mußte. Nur dort in der Beuge des rechten Armes eine kleine, kaum sichtbare Stichverletzung, die Stelle, an der der Mörder das Gift in die Blutbahn spritzte, das Gift, das nicht wirken wollte, wer weiß, aus welchem Grunde nicht, und das dann unter dem herzschwächenden Lichtkasten endlich zur Wirkung kam.
Die Leiche wird geöffnet. Alle Organe sind in Ordnung. Nirgends die Spur irgendeiner Krankheit, die zum Tode hätte führen können. Das Herz wird geöffnet, dieses große, überstarke, gläubige Herz. Das Sektionsprotokoll schließt mit den Worten:
Todesursache Herzinsuffizienz.«[241]

Auf eine Anfrage von Pfarrer Wentorf [im Zusammenhang mit dessen Dokumentation über den Fall des Pfarrers Paul Schneider], wer denn Paul vom Bunker zur Krankenstation begleitete, antwortete Poller:

»Ich kann nur bestätigen, daß Sommer allein Paul Schneider aus dem Arrestgebäude in das Häftlingsrevier gebracht hat und daß Koch niemals zusammen mit Paul Schneider im Häftlingsrevier gewesen ist. Zwar sprechen alle Umstände dafür, daß Sommer dabei auf Befehl von Koch gehandelt hat. Auch das Verhalten von Lagerarzt Dr. Ding gegenüber Schneider und Schneiders Verhalten bei der ersten Untersuchung im Häftlingsrevier sprechen dafür, daß Lagerkommandant Koch die ärztliche Behandlung angeordnet hatte und daß die Anordnung Teil eines vorsätzlichen Mordplanes gewesen ist, der nach allen übrigen Erfahrungen, die ich gemacht habe, nur auf Befehl von Koch ausgelöst oder durchgeführt werden konnte. Ob Koch aus alleinigem Antrieb handelte oder dabei einem entsprechenden Wink von ›oben‹ folgte, kann heute wohl kaum noch geklärt werden.«[242]

Poller berichtete, dass Ding gewöhnlich die leeren Ampullen in den Abfalleimer in seinem Büro warf und dass er, Poller, genau hier die fünf leeren Ampullen gesehen habe, und zwar direkt nachdem Paul die letzte Injektion bekommen hatte. Paul Grünwald, der ebenfalls auf der Krankenstation arbeitete, bestätigte Pollers Bericht.

Am 14. Juli kam Gretel mit Evmarie aus Oberstdorf zurück nach Dickenschied. Am 18. Juli 1939 um 18.30 erreichte ein Telegramm mit folgender Botschaft Gretel Schneider:

»Paul, Schneider, geb. 29.8.97, heute verstorben. Falls Überführung auf eigene Kosten erwünscht, Antrag innerhalb 24 Stunden an das Bestattungsamt in Weimar, sonst Einäscherung. Lagerkommandant Buchenwald.«

Gretel versammelte ihre Kinder um sich und sagte ihnen, dass der Vater gestorben sei. Dieter war zu der Zeit in Barmen, Ernst-Wilhelm und Karl-Adolf waren zu klein, um zu verstehen, was das bedeutete. Der fünf Jahre alte Gerhard aber brach in Schluchzen aus und jammerte: »Nun haben wir so viel gebetet, dass Vater wiederkommen soll, aber der liebe Gott hat unser Gebet nicht erhört. Wir werden Vater nie wiedersehen. Warum betet man denn dann überhaupt?«

Zufällig war Pfarrer Gerhard Petry zu dem Zeitpunkt im Dickenschieder Pfarrhaus. Er bot Gretel sofort an, mit ihr nach Weimar zu fahren. Ernst Schmidt, ein Möbeltischler, der ein Auto mit Anhänger besaß, ließ sich von Superintendent Gillmann dazu bewegen, Gretel und Pfarrer Petry zu chauffieren und den Sarg mit dem toten Pfarrer abzuholen. Die drei fuhren die ganze Nacht durch nach Weimar; am 19. Juli kamen sie gegen 10 Uhr morgens dort an und begaben sich sofort zum Polizeirevier. Von dort aus verständigte man die Lagerleitung. Frau Schneider könne um 12 Uhr kommen, ließ man sie wissen. Gretel erwarb in Weimar sogleich einen Sarg, der auf den Anhänger geladen wurde, bevor sich die drei auf den Weg hinauf nach Buchenwald machten.

Inzwischen hatten Walter Poller und Walter Peix auf Geheiß der Lagerleitung den Leichnam zur Aufbahrung vorbereitet. Paul wurde in einen rohgezimmerten Sarg gelegt und in eine große Garage gebracht. Die Wachen im Eingangsbereich, die das Lager vor den Augen neugieriger Weimarer abzuschirmen pflegten, hatten Weisung, den Wagen mit den drei Hunsrückern durchzulassen. Am letzten Kontrollpunkt schwangen sich zwei SS-Leute auf die Trittbretter des Autos und dirigierten den Fahrer zu der Garage. Der Chauffeur blieb im Wagen zurück, und Gretel und Gerhard Petry gingen in das Gebäude hinein, um den Leichnam im Sarg zu sehen. Da stand nun die junge Witwe vor der sterblichen Hülle ihres geliebten Mannes. Sein Gesicht war leicht gepudert, um seinen Kopf lagen rote und weiße Blumen, die die Spuren der Obduktion verdeckten. Der Körper, auch die Hände, waren zugedeckt. Auf Pauls Gesicht lagen der Friede und die Hoheit des Erlösten. Gretel sagte später: »Ich durfte Paul in diesem kurzen Augenblick mit den Augen des Glaubens sehen: rein und frei und ganz vollkommen.« Pfarrer Petry sprach ein Lied von Nikolaus Hermann aus dem 16. Jahrhundert, das Paul aus dem Gesangbuch der Rheinischen Kirche gekannt und das er gern gesungen hatte:

»Weil du vom Tod erstanden bist,
werd' ich im Grab nicht bleiben;
mein höchster Trost dein Auffahrt ist,
Todsfurcht kann sie vertreiben.
Denn du bist mein und ich bin dein,
und wo du bist, da werd' ich sein,
drum fahr ich hin mit Freuden.«

Dann beteten die beiden das Vaterunser. Während dieser kurzen Zeit waren Dr. Ding und ein Stapoinspektor zugegen. Beide waren ausgesprochen höflich zu Gretel und gaben ihrer Betroffenheit über den Tod Paul Schneiders Ausdruck. Der Inspektor sagte: »Frau Schneider, Ihr Mann war einer meiner besten Häftlinge. Sein plötzlicher Tod war ein Schock für uns.« Und Dr. Ding behauptete: »Ich habe alles mir Mögliche getan, um Ihren Mann zu retten, aber es war ihm nicht zu helfen. Sie wussten ja, dass er herzkrank war.« – »Das ist mir neu«, erwiderte Gretel rasch. »Bis zu seiner Einlieferung hier war er es jedenfalls nicht.« – »Ich habe selbst die Obduktion der Leiche angeordnet«, berichtete Dr. Ding, »weil wir die Todesursache wissen wollten. Es war eindeutig ein Herzschlag. Sie sehen ja an seinem Gesicht, dass er einen ruhigen Tod gehabt hat.«

Während der Leichnam nun in den mitgebrachten Sarg gelegt und dieser mit sieben roten Siegeln verschlossen wurde, gingen Gretel und Gerhard Petry ins Geschäftszimmer des Inspektors, um die restlichen Formalitäten zu erledigen. »Haben Sie noch Fragen, Frau Schneider?« Der Inspektor erbot sich, sie zu beantworten. »Warum habe ich 5 ½ Monate nichts von meinem Mann gehört?«, erkundigte sich Gretel. »Er war so störrisch und wollte nicht schreiben«, bekam sie zur Antwort. Sie ließ nicht locker: »Warum schrieb er dann in seinem ersten Brief nach langer Pause: ›Wie froh bin ich, daß ich wieder schreiben darf.‹?« Sie wollte auch noch wissen, ob ihr Mann eine Bibel gehabt habe. Die Antwort lautete: »Natürlich. Wir haben in unserer Lagerbücherei 2000 Bücher.« Und der Inspektor fügte noch hinzu: »Wenn Ihr Mann nur die Ausweisung aus dem Rheinland unterschrieben hätte, er hätte sofort entlassen werden können.« Gretel gab es auf, weitere Fragen zu stellen, und auch Pfarrer Petry fühlte sich äußerst unwohl in dieser Atmosphäre. Zum Schluss ließ der Inspektor sie noch wissen, der Sarg sei mit Plomben verschlossen und dürfe nicht geöffnet werden. Er dürfe auch nicht im Haus aufgestellt werden, sondern bis zum Tag der Beerdigung nur in einer Kirche. »Dann können die Kinder ihren Vater ja gar nicht mehr sehen!«, protestierte Gretel. Der Inspektor bedauerte: »Das ist die Bedingung, unter der wir den Leichnam freigeben.«

Der lange Weg bis Dickenschied begann. Spät in der Nacht kamen die drei Reisenden in Simmern an und wurden dort von der Polizei des Ortes angehalten. Von Buchenwald aus hatte man Anweisung gegeben, dass der Sarg nicht in der Kirche von Dickenschied aufgebahrt werden sollte, sondern irgendwo anders, wo man ihn besser unter Kontrolle hatte. Es war sinnlos, dagegen zu protestieren, dass er in der Krankenhauskapelle von Simmern bleiben musste.

In Dickenschied hatte die Gemeinde die Kirche mit Blumen geschmückt und bis spät in die Nacht ausgeharrt, um den Sarg ihres geliebten Pfarrers in Empfang zu nehmen. Die Glocken sollten läuten, wenn er ankäme. In der Zwischenzeit verkürzten die Trostlieder Paul Gerhardts die Zeit, und man sang:

»Gib dich zufrieden und sei stille
in dem Gotte deines Lebens. ...
Er wird uns bringen zu den Scharen
Der Erwählten und Getreuen.«

Gretel musste ihnen allen mitteilen, dass der Sarg mit den sterblichen Überresten erst am Tag des Begräbnisses heimkehren würde. Tief betrübt gingen die Gemeindemitglieder nach Hause.

Gretel bat um ein Grab in der Nähe eines hundertjährigen Holzkreuzes in der Mitte des älteren Teils des Friedhofs. Das Gelände dort war überwuchert mit Gebüsch und Unkraut. Am 20. Juli versammelten sich viele Gemeindemitglieder, um zu jäten und die Zweige der Hecken zu verbrennen. Die Frauen der Gemeinde folgten ganz selbstverständlich einer jahrhundertealten Tradition und backten eine Unmenge Leichengebäck. Man rechnete mit vielen Trauergästen, die zum Friedhof von Dickenschied pilgern würden.

Hermann und Hanna Lutze brachten den 12 Jahre alten Dieter mit. »Er hat die ganze Nacht geweint«, sagte Hanna, »er ließ sich kaum von mir trösten.«

In Womrath wurde am Abend des 20. Juli, am Vorabend der Beerdigung, ein Gedenkgottesdienst gehalten. Hermann Lutze las Römer 11, 33–36 vor und sprach dann zu den Versammelten, die durch ihr Gebet die ganze Zeit so treu mit ihrem Pfarrer verbunden gewesen waren. Pfarrer Lutze sagte:

»... Wie oft habt Ihr es Euch ausgemalt, wie es wäre, wenn er wiederkäme! Nun ist er wiedergekommen. Als ein Toter ist er wiedergekommen. ... Da sind uns die Worte des Apostels aus dem Herzen geschrieben: ›Wie unbegreiflich sind deine Gerichte und wie unerforschlich deine Wege!‹
Wir wissen nicht, warum es geschah. Wir können es nicht begreifen. Mit all unseren Gedanken können wir das Dunkel nicht durchdringen. Es steht vor uns wie eine unübersteigbare Wand, über die wir mit unseren Meinungen, Hoffnungen, Wünschen, Träumen nicht hinüber können. *Gottes Wille kennt kein Warum.* Das ist hart für uns Menschen. ...
Aber zugleich wollen wir uns auch das andere sagen lassen: Gott *macht keinen Fehler.* ... Unser Apostel spricht von ›der Tiefe des Reichtumes der Weisheit und Erkenntnis Gottes‹. ... Es ist mit dem Menschenleben wie mit einem Teppich: Wenn wir ihn von unten sehen, laufen die Fäden kreuz und quer durcheinander, aber von oben her schauen wir ein schönes Gebilde. So dürfen wir gewiß sein: Gott hat in Seiner Weisheit auch das Leben unseres Bruders Paul Schneider gewebt, und wie Er es gewebt hat, ist es recht.
Aber mehr noch – Gottes Ratschluß ist ein barmherziger Ratschluß. Sein Strafen ist nicht nur Weisheit, sondern Liebe. ... Vielleicht hat Er sogar Euern Pfarrer ganz besonders liebgehabt, weil Er ihn auf dem Weg der Kreuzesnachfolge soviel hat leiden lassen. ...

Von Ihm, dem Vater, war … dies gesegnete Leben. Es war gesegnet für Euch, seine Gemeinde. Es war – das ist mir gewiß – gesegnet auch für manchen im Gefängnis und im Lager. … Wodurch wurde dies Leben ein so gesegnetes Leben? Durch *Jesus Christus*. … Zinzendorf hat einmal gesagt: ›Ich habe nur eine Passion: das ist Er, nur Er!‹ So war auch Paul Schneiders Passion Er, nur Er. Daß Sein Name verherrlicht werde, daß Sein Reich komme, daß Sein Wille geschehe, das war sein entscheidendes Anliegen. Darum konnte er, der ein so zarter Mensch war, so unbeugsam sein. … Weil er ein treuer Knecht war, darum mußte er Verfolgung erleiden. Wer wundert sich? ›Alle, die gottselig leben wollen, müssen Verfolgung erleiden!‹ … Zu Ihm, dem *heiligen Geist*! Unser Bruder Schneider war ein Mensch mit Schwächen, Fehlern und Sünden. Aber eine Kraft war in ihm lebendig, die nicht von dieser Welt war: der Geist Gottes. Daß er so unerschütterlich festbleiben konnte zwei Jahre hindurch, das vermochte er nicht aus sich. Der Geist Gottes erfüllte das Gefäß seines Lebens. … Gott hat ihn ausgelöscht. Er war wie eine Kerze, die sich selbst verbrennt. Ihre Stunde war gekommen. ›Er ist am Ziel‹, sagte mir Paul Humburg. Ach, wären wir alle am Ziel! …«[243]

Am Freitag, dem 21. Juli, wurde der Sarg unter dem Geläute der Kirchenglocken von Simmern und dem Gesang der Schwestern im Simmerner Krankenhaus: »Herr, habe Dank, ich bin am Ziel …« aus der Kapelle hinausgetragen zu seiner letzten kurzen Reise nach Dickenschied.

Gestapoleute waren der Anordnung gefolgt, die Beerdigung in Dickenschied zu beobachten. Sie ließen sich an der Hauptstraße nieder, im Gasthaus »Zur Post«, das zwischen der evangelischen Kirche und dem Friedhof lag. Von ihrem Tisch aus konnten sie durch das große Fenster die ganze Straße überblicken und feststellen, wer sich, von Kirchberg kommend, in Richtung Kirche und Pfarrhaus bewegte. Nachdem die Herrschaften einige Gläser Bier getrunken hatten, wollten sie zu Mittag speisen. Aber Frau Piroth informierte sie, dass sie und ihre Familie jetzt zur Beerdigung müssten und das Gasthaus geschlossen würde. Der Führer der Gruppe deutete auf ein

Marienbild und sagte: »Aber Sie sind doch Katholiken.« – »Alle Katholiken von Dickenschied nehmen an der Beisetzung teil«, erwiderte Frau Piroth. Die Gestapoleute schüttelten verwundert den Kopf ob des religiösen Durcheinanders, aber es blieb ihnen nichts anderes übrig, als das Lokal zu verlassen. Besucher von auswärts berichteten ihrerseits über Gestapoposten an allen Ausfallstraßen des Dorfes.

Die Kirchenglocken begleiteten den Einzug des Sarges in die Kirche. Nun lag Paul in seiner Kirche, neben der Kanzel, von der aus er gegen den Missbrauch politischer Macht gepredigt hatte und von der er sich vom Staat nicht hatte fortweisen lassen.

Gretel und die Kinder standen eine Weile allein bei dem Sarg; dann öffnete sich die Kirchentür, und die Menge der Trauernden strömte herein. Drinnen war nicht für alle Platz, die meisten standen draußen. Pfarrer Fritz Langensiepen aus Gödenroth hielt eine Andacht über Paul Schneiders Konfirmationsdenkspruch:

»Ich bin dazu geboren und in die Welt gekommen, daß ich für die Wahrheit zeugen soll. Wer aus der Wahrheit ist, der höret meine Stimme« (Joh. 18, 37).

Pfarrer Langensiepen sagte, der Herr habe sein Wort vor Pilatus, vor den Hohenpriestern, vor den Pharisäern und Zöllnern bezeugt. Auch bei seinen Dienern sei die Wahrheit zuerst oft bitter, aber es gehe auch bei der Wahrheit, die uns bitter dünkt, um das süße Wort, dass Gott uns seine Gnade schenkt. Die Gemeinde habe einen Prediger des wahren Wortes in ihrer Mitte gehabt, der auch über den Tod hinaus zu ihr reden werde.

Leo Kemper las Daniel 12, 13:

»Du aber, gehe hin, bis das Ende komme; und ruhe, daß du auferstehest zu deinem Erbteil am Ende der Tage!«

Die Gemeinde sang:

»Warum sollt ich mich denn grämen?

Hab ich doch Christum noch; wer will mir den nehmen?
Wer will mir den Himmel rauben,
den mir schon Gottes Sohn beigelegt im Glauben?«

Pfarrer Müsse dirigierte den von Paul gegründeten Singkreis bei seinem Lied: »Es ist vollbracht, mein Heiland nimmt mich auf.«

Danach setzte sich der Trauerzug in Bewegung. Der Sarg wurde von den Presbytern getragen. Pfarrer Held aus Essen führte den Zug an, ihm folgten etwa 200 Pfarrer, die meisten im Talar, die aus allen Teilen Deutschlands gekommen waren. Gretel und die Kinder gingen direkt hinter dem Sarg. Daran schlossen sich Gemeindemitglieder aus Dickenschied und Womrath, aber auch aus Hochelheim und Dornholzhausen an, ebenso Pfarrer Castor und seine katholische Gemeinde sowie Menschen aus verschiedenen Hunsrückgemeinden, Trauernde von nah und fern. Ein junger Theologiestudent, Rudolf Henning, trat an einen der Presbyter heran und bat ihn, an seiner Stelle den Sarg Paul Schneiders tragen zu dürfen. »Ich bin den weiten Weg von der Brüdergemeine in Herrnhut östlich von Dresden gekommen. Wir haben viel für Pfarrer Schneider gebetet, sein Zeugnis ist uns Beispiel geworden. Ich möchte meinen Kurskameraden und den Professoren in Herrnhut sagen können, dass ich als ihr Stellvertreter geholfen habe, Pfarrer Schneider zur letzten Ruhe zu tragen.« Presbyter Klos verstand ihn gut und überließ ihm seinen Platz.

Auf dem Weg zum Friedhof wurde gesungen: »Was Gott tut, das ist wohlgetan …« und »Wie Gott mich führt, so will ich gehen …« Am Grab hielt in Vertretung des erkrankten Präses der Bekennenden Kirche im Rheinland Pfarrer Schlingensiepen die Predigt:

»›Leben wir, so leben wir dem Herrn, sterben wir, so sterben wir dem Herrn. Darum, wir leben oder sterben, so sind wir des Herrn. Denn dazu ist Christus auch gestorben und auferstanden und wieder lebendig geworden, daß er über Tote und Lebendige Herr sei.‹
(Röm. 14, 8 u. 9)

Beerdigung in Dickenschied (1939)
Die drei Pfarrer von li.:
Fritz Langensiepen,
J. Schlingensiepen,
Hermann Lutze

Beerdigung. Die Presbyter Diener, Fuchs, Müller, Ander und Scherer tragen den Sarg. (1939)

Liebe Gemeinde Dickenschied!
Liebe Gemeinde Womrath!
Nun haben wir den Leib Eures treuen Hirten und Seelsorgers ins Grab gesenkt. Mit Euch, der lieben Frau und den Kindern des Entschlafenen und mit seinen Verwandten und Freunden trauert unsere ganze Kirche um den Verlust, den sie mit dem Heimgang unseres Bruders Paul Schneider erlitten hat. Nicht nur wir, die wir zu Euch gekommen sind, ... sondern wir sind gewiß, daß heute Tausende und Abertausende ihre Hände zu Gott emporheben. Sie treten mit uns vor Gottes Thron, wie sie es all die Monate hindurch getan haben, als wir in beständiger Fürbitte Eures Predigers gedachten und Gott darum baten, daß – wenn es sein Wille wäre – Euer Pfarrer noch einmal zu Euch zurückkehren dürfe ...
Unser aller Herzen sind erschüttert. ...
Aber in dieser Stunde, in der wir mit unseren Gedanken nicht fertig werden – und erst recht für die noch schwereren Stunden, Tage und Monate und Jahre, die nun folgen werden –, wird uns der Weg gewiesen durch das Wort Jesu, das Du, liebe Schwester, uns in der Nachricht vom Heimgang Deines lieben Mannes weitergabst: ›Habe ich dir nicht gesagt, so du glauben würdest, du solltest die Herrlichkeit Gottes sehen?‹ (Joh. 11, 40). ...
Jesus hat Euren Pfarrer durch sein Wort gerufen und ihn ›durch den Heiligen Geist des ewigen Lebens versichert‹ (Frage 1 des Heidelberger Katechismus). Von der Treue Jesu überwunden, der ›mit seinem teuren Blut für alle seine Sünden vollkömmlich bezahlt hat‹, wurde er ›dem Herrn forthin zu leben willig und bereitgemacht‹ (Frage 1 des Heidelberger Katechismus). ...
Es war das inbrünstige Gebet Eures Predigers, sowie er es Gott gelobt hatte, ›ohne Menschen gefällig zu sein und ohne Menschenfurcht‹ Euch das Wort zu verkündigen zur Zeit und zur Unzeit und in heiligem Eifer über Euch, die ihm anvertraute Herde, zu wachen. Es war das heiße Gebet Eures Seelsorgers, seinem Gelübde gemäß ›keine Seele verloren zu geben‹. Deshalb hat er auch mit dem Presbyterium die der Leitung der Gemeinde vom Herrn befohlene Bußzucht ausgeübt an denen, die – wie das Bekenntnis sagt – ›unter dem christlichen Namen unchristliche

Lehre und Wandel führen‹ (Frage 85 des Heidelberger Katechismus), damit auch sie möchten gerettet werden.
Euch allen steht der Tag vor Augen, an dem er um dieses Dienstes willen von Euch getrennt wurde und wie er dann in langen Wochen der Stille im Hören auf Gottes Wort Antwort erwartete auf die Frage, ob der Herr es ihm erlaube, in die Trennung von Euch einzuwilligen. Mit anhaltendem Gebet hat er darum gerungen, daß auch in dieser schwersten Entscheidung seines Lebens sein Auge allein auf den Herrn gerichtet sein möchte. Als ich in jenen Wochen im Auftrag der Leitung der Bekennenden Kirche mit ihm und Dir, liebe Schwester, noch einmal alles durchsprach und wir immer wieder die Frage aufwarfen, ob es nicht doch einen Ausweg geben könnte, da wurde ihm vor Gottes Angesicht klar, daß es keinen anderen Weg gab, den er mit unverletztem Gewissen hätte gehen können. …
So legte er denn Leben und Freiheit in seine Hand. Uns aber wurde es zur Gewißheit, daß sich nun das Wort des Apostels an ihm erfüllen sollte. ›Euch ist gegeben, um Christi willen zu tun, daß ihr nicht allein an ihn glaubt, sondern auch um seinetwillen leidet‹ (Phil. 1, 29). – …
Es geschah das Wunder, das immer geschieht, wo ein Mensch die Herrschaft über Leben und Tod dem Herrn überläßt: Jesus half unserem Bruder die ihm auferlegte Last tragen, daß sie ihm nicht zu schwer wurde, und machte an ihm seine Verheißung wahr: ›Mein Joch ist sanft, und meine Last ist leicht‹ (Matth. 11, 30). …
Liebe Brüder und Schwestern! Gott gebe, daß das Zeugnis Eures Hirten, unseres Bruders, Euch erhalten bleibe und fortwirke durch Generationen hindurch und daß es darüber hinaus lebendig bleibe und Frucht bringe in der ganzen Kirche. Wir wollen uns durch sein Zeugnis rufen lassen zu dem ›einigen Trost im Leben und im Sterben‹, damit auch wir im Glauben bekennen können:
›Ich bin gewiß, daß weder Tod noch Leben … mag uns scheiden von der Liebe Gottes, die in Christo Jesu ist, unserm Herrn‹ (Röm. 8, 38). Amen.«

Mitglieder der Bekennenden Kirche aus ganz Deutschland standen am Grabe Paul Schneiders auf dem Friedhof des kleinen Hunsrückdorfes Dickenschied. Superintendent Gillmann, der seinerzeit Paul Schneider in sein Amt eingeführt hatte, las die Bibelstelle, die er damals ausgewählt hatte: »Wo du dich zu mir hältst, so will ich mich zu dir halten, und sollst mein Prediger bleiben« (Jer. 15, 19). Er fügte hinzu, Paul Schneider sei diesen Worten treu geblieben und auch in Buchenwald der Prediger des Herrn gewesen.

Nach ihm sprach Pfarrer Bernhard H. Forck aus Hamburg für die Vorläufige Leitung der D.E.K., zugleich für Hamburg und Schleswig-Holstein:

> *»›Wir müssen durch viele Trübsale in das Reich Gottes gehen.‹ (Apostelgeschichte 14, 22)*
> *›Jesus spricht: Wer mir dienen will, der folge mir nach; und wo ich bin, da soll mein Diener auch sein; und wer mir dienen wird, den wird mein Vater ehren.‹ (Joh. 12, 26)«*

Es sprachen weiter Pfarrer Kloppenburg aus Oldenburg für die Konferenz der Landesbruderräte, zugleich für die Bek. Kirche Oldenburgs; Präses Scharf aus Sachsenhausen für die Evangel. Kirche der altpreußischen Union und für die Bek. Kirche Brandenburgs; Pfarrer Rumpf aus Wiesbaden für die Bek. Kirche Nassau-Hessen; Pfarrer Putz aus Fürth im Auftrage von Bischof D. Meiser für die Evangelisch-Lutherische Kirche Bayerns und ihre Pfarrerschaft. Pfarrer Rinneberg aus H. bei Bielefeld sprach für die Bekennende Kirche Westfalens:

> »Im Namen des westfälischen Bruderrats und der westfälischen Pfarrerbruderschaft grüße ich die schwergeprüfte Familie und die leidtragende Gemeinde Dickenschied. Wir haben seit Jahr und Tag in unseren Kirchen und Gemeinden Fürbitte getan für unseren lieben Bruder Schneider. Es ist nicht vergessen, was gelitten wurde. Und wir werden dafür Sorge tragen, daß in unseren westfälischen Gemeinden auch über dieses Grab hinaus das Andenken von Paul Schneider als einem treuen Zeugen seines Herrn und Meisters

nicht vergessen wird. Wir rufen Euch den Trost von Jak. 1, 12 zu und wissen, daß auch wir darin unseren Trost wissen müssen: ›Selig ist der Mann, der die Anfechtung erduldet, denn nachdem er bewährt ist, wird er die Krone des Lebens empfangen, welche Gott verheißen hat denen, die ihn liebhaben.‹«

Dann sprachen Pfarrer Link aus Königsberg für die Bek. Kirche Ostpreußens und Pfarrer Klapproth aus Berlin für die Bek. Kirche Berlins, zugleich für die Bruderschaft der Hilfsprediger und Vikare.

Pfarrer D. Hesse aus Elberfeld für den Reformierten Bund in Deutschland brachte als Grußwort die Frage 85 des Heidelberger Katechismus, um derentwillen der Verstorbene gelitten hatte und verfolgt worden war, und schloss mit den Worten:

»›Gott hat uns nicht gegeben den Geist der Furcht, sondern der Kraft und der Liebe und der Zucht.‹ (2. Tim. 1, 7) Möchte aus der Bekennenden Kirche im gesegneten Andenken an unseren Bruder Schneider werden eine Kirche der Zucht.«

Anschließend sprachen Pfarrer Müller aus Hilden für die Bruderschaft rheinischer Hilfsprediger und Vikare; Stud. theol. Henning für das theol. Seminar der Herrnhuter Brüdergemeine; Vikar Wilhelm Seidel aus Breslau für die Bekennende Kirche Schlesiens und die Bruderschaft schlesischer Vikare; Pfarrer Petry aus Wirschweiler für die Hunsrück-Pfarrerbruderschaft; Pfarrer Ippach für die Stadtmission Baden-Baden; Pfarrer Hötzel aus Meckenbach für die Nahebruderschaft; Pfarrer Essen aus Volpertshausen für die Synode Wetzlar; Pfarrer Heider aus Dorlar, Synodalältester der Kreissynode Wetzlar und Präses der Mädchenkreise der Synode Wetzlar; Pfarrer Hammdorf aus Bacharach für die Nachbarsynode Koblenz; Pastor Müsse für die Nachbargemeinde Hausen; Pfarrer Dieterich für die kirchl.-theol. Sozietät Württembergs; Stadtmissionar Hach aus Simmern für die landeskirchliche Gemeinschaft des Oberrheins.

Den Schluss bildeten die Worte einiger Gemeindemitglieder. So sprachen Fräulein Glassmann für die Frauenhilfe, Herr Schuster für die Landeskirchliche Gemeinschaft Hochelheim und Kirchmeister

Klos für die Kirchengemeinde Dickenschied. Kirchmeister Fuchs aus Womrath sprach für die Kirchengemeinde Womrath:

»Unser lieber, treuer Seelsorger ist uns nun vorausgeeilt. Er hat den Glauben, den er von seinen Eltern ererbt, durch seine Lehre und Predigt bezeugt, im Leben durch Freuden und Leiden gehalten und mit seinem Tode besiegelt. Er war treu bis zum Tode und hat als Hirte sein Leben für seine Schafe gelassen. Er wünschte allen Volksgenossen das Heil seiner Seele, den wahren Frieden des Herzens mit Gott. Er darf nun seinen Heiland und Erlöser schauen und mit allen Auserwählten ewiglich Gott loben und preisen. Möchten doch alle Menschen diese kostbare Perle finden und nach dem Wunsche unseres lieben Bruders in Christo in Christi Blut das hochzeitlich Kleid erlangen. Was würde das für Freude im Himmel sein! Wir wollen nicht klagen und jammern wie die Menschen, die keine Hoffnung haben, sondern wie uns die alten Lehrer und Eltern gelehrt, unsere Herzen erheben zum Lobe Gottes.

›Laßt Jehova uns erheben,
er allein ist unser Leben,
unser Heil und unser Hort.
Ihm erschallen Jubellieder,
und die Himmel tönen wider
durch Äonen fort und fort.‹«

Die Grabstätte war mit Kränzen und Blumengebinden bedeckt, und auch am Fuß des großen Holzkreuzes in unmittelbarer Nähe von Paul Schneiders Grab standen ungezählte Blumensträuße.

Die vielen hundert Gäste, die aus allen Teilen Deutschlands gekommen waren, wurden in den Familien von Dickenschied und Womrath untergebracht und verköstigt. Bis spät in die Nacht sprachen Gäste der Witwe und ihren Kindern im Pfarrhaus ihr Beileid aus.

Am Ende dieses Tages kamen Gretel und die Kinder noch einmal im Kinderzimmer zusammen. Die Kleineren schliefen schon fest, und so las Gretel Dieter, Evmarie und Paul-Hermann aus der Bibel ihres

Grab Paul Schneiders in Dickenschied (1994)

Vaters vor. Sie las den Konfirmationsspruch, den der Großvater seinem jungen Sohn am Palmsonntag des Jahres 1912 mit auf den Weg gegeben hatte; sie wies auf die vom Vater unterstrichene Stelle in der Bibel hin:

»Ich bin dazu geboren und in die Welt gekommen, daß ich für die Wahrheit zeugen soll« (Joh. 18, 37).

Sie brachte jedes ihrer Kinder ins Bett, küsste sie alle und ging dann in ihr eigenes Zimmer.

Alles war nun still im Pfarrhaus in dieser Nacht vom 21. Juli 1939. Gretel lag schlaflos, lauschte in die Stille hinaus und überließ sich ganz ihren Erinnerungen. Als sie dem 22-jährigen Theologiestudenten Paul Schneider das erste Mal in ihrem Elternhaus begegnete, war er ein zurückhaltender, etwas scheuer junger Mann gewesen. Ihre Mutter hatte wirklich das einfache Zimmer nicht mehr vermieten wollen, aber Paul hatte gesagt: »Das ist vollkommen in Ordnung, mehr brauche ich nicht.« So bescheiden, wie er gewesen war, hatte er allmählich die Herzen der ganzen Familie für sich gewonnen. Besonders mit Konrad hatte Paul sich gut verstanden; sein warmes Eingehen auf ihn und seine Besorgtheit im Umgang mit dem Epileptiker hatten Gretel und ihren Angehörigen bald Sympathie abgenötigt. Und während sie und Paul immer öfter gemeinsame Wege nach Tübingen und in die Umgebung von Weilheim zurücklegten, war allmählich eine gegenseitige Zuneigung entstanden und ein Wunsch zusammen zu sein. Gretel erlebte in Gedanken noch einmal die Ausflüge auf dem Neckar, wie Paul den Kahn durch das Wasser lenkte und sie so stimmungsvolle Sommertage verbrachten.

Sie rief sich ins Gedächtnis zurück, wie ihr Vater zu ihr von Pauls Wunsch nach einer gemeinsamen Zukunft gesprochen und wie sie so spontan »Ohne mich!« geantwortet hatte. Aber Pauls warmherzige und häufige Briefe an ihre Eltern hatten sie doch bewogen, an eine engere Verbindung zu denken, und als er nach zwei Jahren um ihre Hand anhielt, hatte sie nur allzu gern zugesagt. Sie musste selbst unter Tränen ein wenig lächeln bei dem Gedanken daran, wie sie, jeder aus einem Fenster des bevölkerten Wohnzimmers heraus, ihre Liebesschwüre ausgetauscht hatten.

Dann kam die Hochzeit mit ihres Vaters Mahnung: »Seid eins in der Liebe, eins im Glauben und eins in der Hoffnung!« Wie unvergleichlich schön waren die Tage ihrer Hochzeitsreise an den Bodensee und zu den Almen am Nebelhorn bei Oberstdorf gewesen! Die Erinnerungen an Pauls erste Pfarrstelle in Hochelheim/Dornholzhausen bargen segensreiche und dunkle Tage: die Geburt des Ältesten; die Sorgen und Freuden des Gemeindelebens; ihrer beider naiver Glaube, ein Einzelner könne sich gegen die Naziprominenz stemmen, wie Paul es im Oktober 1933 getan hatte; die Spannungen in der Gemeinde, weil Paul sich weigerte, die Tradition der weihnachtlichen Abendmahlsfeier fortzusetzen – politischer Widerstand und Widerstand in der eigenen Gemeinde, das war zu viel gewesen, »wir mussten unseren Dienst dort aufgeben«, dachte Gretel, immer noch voller Bitterkeit.

Und auch in Dickenschied hatte es keine Ruhe gegeben: Gleich zu Beginn war Paul bei der Beerdigung in Gemünden mit der politischen Obrigkeit zusammengestoßen. Aber auch der sportliche Mann im gelben Motorradanzug stand vor ihrem geistigen Auge, wie er sich auf sein Gefährt geschwungen und ihr zugewinkt hatte. Wie oft waren sie über die Felder und durch die Wälder gewandert, aber ihre Schritte hatten sich verlangsamen müssen, da nun kleinere Füße mitliefen, die sonst nicht mitkamen mit Mutter und Vater.

Tiefes Bedauern begleitete Gretels Erinnerung an ihr anfängliches Zögern und ihren Mangel an Verständnis für Pauls Entschluss, sich der Ausweisungsanordnung durch die Gestapo zu widersetzen. Nur langsam war ihr aufgegangen, dass es für Paul keinen anderen Weg gab. In Baden-Baden hatte sie gar gejammert: »Paul, hast du uns denn nicht lieb?« Und Paul, selbst in Tränen, hatte ihr versichert: »Nie habe ich euch mehr geliebt als in jener Nacht« – in der Nacht vor seiner Entlassung, als ihm seine Lage der von Sebulon und Naphthali gleich zu sein schien, so dass er sich dem göttlichen Auftrag nicht mehr widersetzen konnte. Und als sie an jenem Augusttag am Rhein bei Baden-Baden beobachtete, wie Paul gegen den Strom zu schwimmen versuchte, da war ihr klar geworden, wie sein Weg weitergehen würde – musste!

Wie gut, dass sie damals in Eschbach noch einmal zusammen waren! Sie hatte ihren Mann verstanden, wie er am 3. Oktober zurückgekommen war und seine Erntedankpredigt in Dickenschied gehalten hattte – und dann war er zu ihrem Kummer wieder verhaftet worden.

Ja, die Führer der Reichskirche hatten sie verraten. Darauf bedacht, sich nur ja nicht mit dem NS-Regime anzulegen, und verärgert darüber, dass die Pfarrer der Bekennenden Kirche die Reichskirchenleitung nicht anerkennen wollten, hatte die Reichskirche Paul Schneider im Stich gelassen und ihn der Gestapo überantwortet – man musste doch gewusst haben, was das bedeutete. Und auch die Bekennende Kiche hatte sich nicht dazu durchringen können, sich mit eindeutigen Worten auf die Seite der ausgewiesenen und inhaftierten Pfarrer zu stellen. Vielleicht, ging es Gretel durch den Sinn, wäre Paul noch am Leben, wenn die Leitung der Bekennenden Kirche mutiger gewesen wäre und sich von der traditionellen Vorstellung getrennt hätte, ein Christ müsse sich unter allen Umständen der staatlichen Autorität fügen.

Gretels Gedanken wanderten weiter zu dem Tag, als sie ihren geliebten Paul in Koblenz zuletzt gesehen hatte. Sie hatten einander kaum aus den Armen lassen können, ihre Tränen hatten dem Umstand gegolten, dass der Transport nach Buchenwald für sie eine lange Zeit der Trennung bedeutete. Hatten sie wohl beide gespürt, dass es eine Trennung für immer sein würde?

Gretel hatte sich, auch wenn sie lange Zeit ohne Nachricht blieb, immer wieder gezwungen, an ein Wiedersehen zu glauben. Tag für Tag hatte sie gegen ihre eigene Mutlosigkeit angekämpft. Und dann war das Telegramm gekommen – am 18. Juli gab es keine Hoffnung mehr. Aber sie hatte den toten Paul wiedersehen dürfen, und sie hatte ihn heimholen dürfen auf den Hunsrück; nun war er nahe bei ihnen, nahe seiner Kirche, nahe der Kanzel, von der aus er das Evangelium verkündet hatte.

Was aber würde aus ihr werden? Wie würde es der 35-jährigen Witwe und ihren sechs Kindern ergehen inmitten einer Welt voller staatlicher Tyrannei und Feindseligkeit?

Da lag sie nun in der dunklen Nacht; ab und zu drangen die leisen Geräusche der Sommernacht durchs offene Fenster zu ihr herein.

Klang da nicht ein Lied an ihr Ohr, Pauls Lieblingslied, das er so oft beim Wandern durch die Natur mit ihr gesungen hatte:

»Käm alles Wetter gleich an uns zu schlahn,
Wir sind gesinnt, beieinander zu stahn.
Krankheit, Verfolgung, Betrübnis und Pein
Soll unsrer Liebe Verknotigung sein.
Anke von Tharau, mein' Sonne, mein Schein,
mein Leben schließ ich in deines hinein!«?

EPILOG

ERINNERUNGEN

»Selig sind die Toten, die in dem Herrn sterben von nun an. Ja, der Geist spricht, daß sie ruhen von ihrer Arbeit; denn ihre Werke folgen ihnen nach.« (Offenbarung 14, 13)

In den Wochen nach dem 18. Juli 1939 wurden viele Briefe geschrieben, die sich mit Pfarrer Paul Schneider beschäftigten. Einige waren Kondolenzbriefe, andere stammten aus der Feder von kirchlichen und politischen Persönlichkeiten und hatten zum Ziel, das, was gegen Paul Schneider unternommen worden war, zu rechtfertigen bzw. die Erinnerung an ihn auszulöschen. So soll hier von Texten die Rede sein, die die ganze Bandbreite von Würdigung bis zum Bannfluch umfassen.

589 Kondolenzbriefe kamen in Gretel Schneiders Hände mit annähernd 1200 Unterschriften.

Präses Humburg schrieb noch in der Nacht des 18. Juli vom Düsseldorfer Hauptbahnhof, wo er wegen eines verpassten Zuges aufgehalten wurde und wo er bei einem Telefongespräch mit seiner Frau vom Tod Paul Schneiders erfuhr. Am 19. Juli schrieb Pfarrer Friedrich Müller aus Berlin-Lichterfelde im Namen des Bruderrats der Evangelischen Kirche der altpreußischen Union und am 20. Juli Pfarrer Martin Albertz für die Vorläufige Kirchenleitung der Deutschen Evangelischen Kirche. Pfarrer Albertz war von der Polizei untersagt worden, selbst am Begräbnis teilzunehmen. So konnte er nur schriftlich den Hinterbliebenen und den betroffenen Gemeinden seine Anteilnahme ausdrücken und Gott darum bitten, der Witwe beizustehen. Bischof Meiser von München kondolierte, Otto Dibelius von Brandenburg, und aus Königsberg schrieb Pfarrer Hildebrandt.

Selbst Bischof Bell von Chichester schickte ein Beileidsschreiben aus England. Am 27. Juli hatte Bischof Bell eine Verlautbarung zum Tode Paul Schneiders in der *Times* veranlasst, die er mit den Worten beschloss: »Paul Schneider starb als Pfarrer von Dickenschied, und ... obwohl er nicht mehr unter den Lebenden weilt, kann das Zeugnis seines Lebens nicht mit Gewalt zerstört, kann die Flamme, die sein Glaube entzündete, nicht ausgelöscht werden.« An Gretel Schneider schrieb er:

»Meine liebe Frau Schneider,
ich möchte Ihnen, gemeinsam mit allen Freunden, mit allen, die Sie und Ihren Mann achten und bewundern, als kirchlicher Würdenträger von England mein tiefes Mitgefühl ausdrücken. Worte vermögen in einem solchen Augenblick wenig zu sagen; nur Gebete und Fürbitten können es. Das Zeugnis, das Ihr Mann in und mit seinem Leben abgelegt hat, bleibt bestehen; er selbst lebt weiter in der anderen Welt. Möge Gott Sie und Ihre Kinder trösten. Möge er Sie stärken und unterstützen bei Ihrer großen Aufgabe als Mutter bei der Erziehung Ihrer Kinder im christlichen Glauben, daß sie ihres edlen und selbstlosen Vaters würdig werden.

In aufrichtigem Mitgefühl
George (Bell) Chichester«

Aus dem Konsistorium in Düsseldorf richtete Konsistorialpräsident Dr. Koch ein Schreiben an den Oberkirchenrat in Berlin und legte eine Abschrift für den Herrn Reichskirchenminister bei. Bezugnehmend auf die Überlegungen zur Suspendierung von Pfarrer Schneider, die den Bericht des Schreibers vom 15. Juli 1939 veranlasst hatten, meinte Dr. Koch am 26. Juli, dass zwar durch das Ableben von Pfarrer Schneider die kirchenpolitischen Komplikationen beseitigt seien, dass aber durch das, was man über die Beisetzung in Dickenschied erfahren habe, ein Ende der Affäre Schneider wohl noch nicht in Sicht sei. Es folgte eine detaillierte Beschreibung der Vorgänge auf dem Friedhof von Dickenschied. Anzahl und Herkunft der anwesenden Pfarrer waren von Bedeutung, die Predigt von Pfarrer Schlingensiepen wurde erwähnt, der Schreiber konnte aber auch nicht umhin, die Gefasstheit der Witwe als bewundernswert darzustellen. Überhaupt sei die ganze Zeremonie so diszipliniert verlaufen, dass es für die Polizei keinerlei Grund zum Eingreifen gegeben habe. Aber sei denn solch eine Kundgebung mit so vielen kirchlichen Würdenträgern (150 Pfarrer im Talar und an die 50 in gewöhnlicher Kleidung) im Grenzgebiet sinnvoll gewesen? Nun sei es erst einmal wieder vorbei mit dem Zur-Ruhe-Kommen in den Gemeinden des Hunsrück. Ganz abgesehen von der Gefahr, dass der Fall Schneider wohl von der ausländischen Propaganda ausgeschlachtet werden würde, zumal die Nachricht vom Tode Paul Schneiders bereits von ausländischen Sendern verbreitet worden sei, bevor auch nur die gesamte Familie oder gar das Konsistorium in Kenntnis gesetzt waren.[244]

Am selben Tag verfasste Dr. Venter, der zur Beobachtung nach Dickenschied entsandte Gestapovertreter, seinen Bericht über den Tag der Beerdigung. Der Bericht enthielt minutiöse Angaben über Uhrzeiten, über die Zusammensetzung des Leichenzuges und über die Beiträge der Pfarrer, die am Grabe gesprochen hatten. Am Schluss hieß es lakonisch: »Es gab keine Zwischenfälle.«[245]

Am 29. Juli 1939 wandte sich der Rat der altpreußischen Union an den Reichsminister und Chef der Reichskanzlei, Dr. Lammers, und an den Reichsführer SS, Heinrich Himmler, mit der Bitte, »dahin zu wirken, daß den sich ständig mehrenden Maßnahmen gegen evangelische Pfarrer und Gemeindemitglieder ein Ende gemacht wird.« Dieses Schreiben beantwortete Himmler am 27. September 1939. Hier wurde noch einmal unmissverständlich erklärt, dass die Bußzuchterklärung an Bürger von Dickenschied und Womrath Pfarrer Schneider zwar Schutzhaft eingebracht habe, dass aber die weitere Schutzhaft und die Einweisung ins Konzentrationslager eindeutig eine Folge seiner wiederholten mündlichen und schriftlichen Weigerung gewesen seien, eine Ausweisung aus seiner Gemeinde und aus der Rheinprovinz zu akzeptieren. Noch in Buchenwald habe man Pfarrer Schneider Gelegenheit gegeben, seine Missachtung der staatlichen Anweisung zu widerrufen, Pfarrer Schneider habe sich aber weiterhin geweigert und sei so selbst schuld an seiner Lagerhaft. Der

Brief endete mit den Worten: »... daß ich Maßnahmen gegen Pfarrer dann nicht zu ergreifen brauche, wenn diese sich im Rahmen der für alle geltenden Gesetze halten.«[246]

Es gingen weitere Kondolenzschreiben bei Gretel Schneider ein, von Pfarrer Obendieck aus Barmen, Pfarrer Johannes Immer aus Hannover, Bischof Zänker aus Breslau, Pfarrer Erich Klapproth aus Berlin und Pfarrer Hermann A. Hesse aus Elberfeld; von dem Hunsrücker Pfarrerkollegen Walter Disselnkötter und von der alten Freundin der Familie, Anna Groth.

Karl Barth wählte, da er nicht sicher war, ob seine Post aus der Schweiz kontrolliert würde, den Umweg über Frau Käthe Seifert, und in seinem Brief erwähnte er den Namen Paul Schneider nicht, sondern schrieb in verschlüsselter Form:

> »Der Todesfall von Onkel hat uns sehr bewegt. Es ist uns ein Anliegen, unsere herzlichen Grüße und unsere Teilnahme allen Verwandten auszudrücken. Er ist nun erlöst, er darf schauen, was er geglaubt; er ist daheim. Die Krone des Lebens krönt die Treue bis zum Tod. Onkel mußte vielen durch sein Zeugnis zeigen und sagen, um was es geht, und Gott hat ihn gewürdigt zu leiden. Das N.T. spricht von dieser Würde des Leidens, sie ist nicht umsonst. Sie ist ein Zeigefinger höher hinauf, dorthin, woher die Würde verliehen und wo die Krone des Lebens gegeben wird. Bitte, drücke besonders der trauernden Gattin und den Kinderlein unser herzliches Beileid aus. Sag Ihnen, daß wir an sie denken und sorgen werden, daß das Andenken an den Zeugen lebendig bleibt. Falls gedient wäre damit, würden wir gerne eine Anzahl Kinder an hiesige Freiplätze zu unseren verwandten Familien für längere Zeit übernehmen. Auch wenn Tante mit dem einen oder anderen der Kleinen zum Ausspannen kommen möchte, ist sie herzlich willkommen. Bitte sag ihr das. Es wird uns natürlich alles sehr interessieren über das letzte Leiden und Sterben von Onkel. An Tante mag ich jetzt nicht schreiben, es würde ihr sicher wehe tun. Wenn du uns gelegentlich den Dienst tun kannst, dann sind wir Dir dankbar dafür. Auch wenn wir etwas von der Beerdigung hören dürfen. Leider

erhielten wir die Nachricht zu spät und ist ja auch die Entfernung so groß, daß niemand von uns kommen konnte. Darum wird uns jedes Wort natürlich eine Hilfe sein, das wir erfahren werden. Bald kommt unser Familienrat wieder zusammen, dann werden wir ganz speziell auch noch Onkels ehrend gedenken. Falls Du uns etwas von den Personalien und von der Grabrede zusenden kannst, könnten wir ein Gedächtnisblatt zusammenstellen und es allen Verwandten zukommen lassen. Dann ist das Leiden und Sterben nicht umsonst gewesen. Es spricht dann weiter und zeugt weiter von dem, dem Onkel gehorsam war bis zum Tod.«[247]

Dietrich Bonhoeffer war im Juli 1939 aus den USA nach Europa zurückgekommen. Er hatte seine Reise in England unterbrochen, um seine mit ihrer Familie dort im Exil lebende Schwester zu besuchen. Sabine Bonhoeffer-Leibholz, die in ihrem Buch *vergangen, erlebt, überwunden* über die Schicksale der Familie Bonhoeffer berichtet, schildert, wie die Nachricht vom Tode Paul Schneiders auf ihren Bruder Dietrich wirkte:

»Als Dietrich gerade am Klavier saß und mit den Kindern sang, kam Pastor Rieger höchst bestürzt und brachte ihm die Schreckensnachricht vom Tod des Pastors Paul Schneider im Konzentrationslager Buchenwald. Dietrich war sehr blaß, als er uns davon erzählte. Ich entsinne mich, daß er schwer atmete, und auch daran, daß er sich später zu den Kindern wandte und sagte: ›Hört mal zu, Kinder! Den Namen dürft ihr nicht vergessen, Paul Schneider ist unser erster Märtyrer.‹ Und er erzählte ihnen von ihm.
Schon 1932 hatte Dietrich einmal darüber gepredigt, daß wieder Märtyrerblut gefordert werden würde. Aber dieses Blut, wenn wir dann wirklich noch den Mut und die Treue haben, es zu vergießen, wird nicht so unschuldig und leuchtend sein wie jenes der ersten Zeugen. Auf unserem Blute läge große eigene Schuld; die Schuld des unnützen Knechtes.«[248]

Auch nach dem Krieg war die Erinnerung an Paul Schneider lebendig, besonders bei seinen ehemaligen Mithäftlingen, sofern diese die Strapazen des Lagers überlebt hatten.

Die Bewunderung von Bruno Apitz, einem Kommunisten, dem Autor des Buches *Nackt unter Wölfen*, gilt der Tatsache, dass Paul Schneider, der mit einer einzigen Unterschrift sein Leben hätte retten können, den Tod einem Verrat an seinem Gewissen vorzog. Noch Jahre nach seinem Märtyrertod, schreibt Apitz, erstrahle die moralische Größe dieses Mannes, sein Glaube, seine Standhaftigkeit, sein Mut. Apitz nennt ihn einen von ihnen, der nicht nur den Christen gehöre, sondern ein Bruder und Kamerad aller sei, die Frieden auf Erden suchten.

Alfred Leikam schrieb an Pfarrer Rudolf Wentorf und berichtete später ausführlich in einem Gespräch mit dem Autor dieses Buches:

»Kein ehemaliger KZ-Häftling sollte sich wie ein Held vorkommen. Seit meinem ersten Tag in Buchenwald plagte mich der Gedanke, daß um mich herum meine Mithäftlinge gequält und getötet wurden, – und ich tat nichts, konnte nichts tun, um es zu verhindern. Tagtäglich mußten wir unsere Mithäftlinge verleugnen. Bis zum heutigen Tag kann ich nicht vergessen, wie wir angesichts der Brutalität der SS Gleichgültigkeit vortäuschen mußten gegenüber denen, die der Qual ausgesetzt waren, denen gegenüber, die als Opfer der SS starben. Nur wenn die SS irgendwelche Dienste an den Opfern zuließ oder wenn für uns selbst keine Gefahr bestand, nur dann halfen wir denen, konnten wir denen helfen, die unser bedurften. Um unserer eigenen Sicherheit willen schwiegen wir im Angesicht der ungeheuerlichen Greueltaten. Soviel ich weiß, gab es in allen Konzentrationslagern der Nazis nur einen einzigen, der nicht schwieg, und das war Paul Schneider aus Dickenschied, der in Wort und Tat dem Unheil um ihn herum widerstand und der dafür am 18. Juli 1939 in Buchenwald den Märtyrertod erlitt.
Das Andenken von Paul Schneider war bei allen Häftlingen ehrerbietig und des Lobes voll. Für ihn galt das Wort, daß ›seine Bande in Christo im ganzen offenbar geworden sind‹. Er ist m.E. in Deutschland der einzige, der so bewußt in Überwindung der menschlichen Furcht das Kreuz Christi bis zum Tode auf sich genommen hat und unter dem Wort des Glaubens stand: ›Unser Glaube ist der Sieg, der die Welt überwunden hat.‹ Wenn einer das ›Ehrenkleid Christi‹

trägt und ›seines Leidens gewürdigt wurde‹, so Pfarrer Schneider. Ich konnte und kann seiner nur in Ehre gedenken. Wer von uns möchte sich diesem Geheimnis Christi gegenüber rühmen!«

Noch heute werden wir an den Orten seines Wirkens an Paul Schneider erinnert: In den Kirchen von Dickenschied und Womrath steht unweit der Kanzeln geschrieben:

»Mein Kind, vergiß meines Gesetzes nicht, und dein Herz behalte meine Gebote.
Denn sie werden dir langes Leben und gute Jahre und Frieden bringen;
Gnade und Treue werden dich nicht lassen. Hänge sie an deinen Hals und schreibe sie auf die Tafel deines Herzens,
So wirst du Gunst und Klugheit finden, die Gott und Menschen gefällt.
Verlaß dich auf den Herrn von ganzem Herzen, und verlaß dich nicht auf deinen Verstand;
Sondern gedenke an ihn in allen deinen Wegen, so wird er dich recht führen« (Sprüche Salomos 3, 1–6).

In seiner Zelle im Bunker in der Gedenkstätte Buchenwald erinnert eine Tafel an Paul Schneider. Als seine Witwe zur DDR-Zeit die Zelle zum ersten Mal sah, vermisste sie den religiösen Bezug des Todes dieses »antifaschistischen Widerstandskämpfers«, man war aber sofort bereit, ergänzend einen Bibeltext anzubringen. Frau Schneider entschied sich ebenso spontan für die Stelle aus 2. Korinther 5, 20:

»So sind wir nun Botschafter an Christi Statt, denn Gott vermahnt durch uns; so bitten wir nun an Christi Statt: Lasset euch versöhnen mit Gott!«

LEBENSLAUF

1897	29. August – Geburt Paul Schneiders in Pferdsfeld auf dem Hunsrück
1910	Umzug der Familie nach Hochelheim in Hessen
1914	August – Beginn des 1. Weltkriegs Tod der Mutter
1915	freiwillige Meldung zum Militär
1918	November – Waffenstillstand Entlassung aus der Armee
1919 ff.	Studium der Theologie in Gießen, Marburg, Tübingen, Marburg
1920	Begegnung mit Margarete (Gretel) Dieterich in Weilheim bei Tübingen
1922	1. Staatsexamen Arbeit in der Eisenhütte Hörde im Ruhrgebiet Verlobung mit Margarete Dieterich in Weilheim Studium am Predigerseminar in Soest in Westfalen
1923	2. Staatsexamen Tätigkeit in der Stadtmission in Berlin

1925	Ordination in Hochelheim Hilfspfarrer in Essen
1926	Tod des Vaters Hochzeit Pfarrer von Hochelheim/Dornholzhausen
1933	30. Januar – Ernennung Adolf Hitlers zum Reichskanzler
1934	Versetzung nach Dickenschied/Womrath auf dem Hunsrück durch das Konsistorium auf Betreiben der NSDAP Erste Schutzhaft in Simmern
1935	Zweite Schutzhaft in Kirchberg
1937	Dritte Schutzhaft in Koblenz Ablehnung der von politischer Seite verfügten Ausweisung aus dem Rheinland 3. Oktober – Vierte Schutzhaft in Koblenz nach der Rückkehr nach Dickenschied Einlieferung in das KZ Buchenwald
1939	18. Juli – Ermordung in Buchenwald 21. Juli – Beerdigung in Dickenschied
1997	Gründung der »Pfarrer-Paul-Schneider-Gesellschaft« in Weimar (Näheres siehe folgende Seite)

Was nun?

Über 60 Jahre sind vergangen, seitdem Paul Schneider im KZ Buchenwald zum Schweigen gebracht worden ist. Ein neues Jahrtausend hat begonnen. Wir stehen in der Gefahr, zur Tagesordnung überzugehen und dieses dunkle Kapitel der deutschen Geschichte endgültig der Vergangenheit zu überlassen.

Zwar gibt es Gemeindezentren, Häuser, Schulen und Straßen in Deutschland, die nach Paul Schneider benannt sind, aber die wenigsten wissen mit diesem Namen noch etwas anzufangen. Die Kenntnis von Menschen, die sich in der Nazizeit mutig gegen den Nationalsozialismus geäußert, engagiert und gar ihr Leben riskiert und gelassen haben, schrumpft auf wenige Personen zusammen.

So liegt es auch nahe, dass der Weg und das Glaubenszeugnis Paul Schneiders in Vergessenheit geraten. Um dem entgegenzuwirken, haben sich im Jahr des 100. Geburtstages des »Predigers von Buchenwald« Menschen zusammengefunden, die das Wissen um Paul Schneider erhalten und an die kommenden Generationen weitervermitteln wollen.

Am 11. Mai 1997 hat sich im Evang. Gemeindezentrum »Paul Schneider« in Weimar im Beisein von Margarete Schneider die »Pfarrer-Paul-Schneider-Gesellschaft e.V.« konstituiert.

Der 2. § der Satzung der Gesellschaft lautet:
»Sinn und Ziel der ›Pfarrer-Paul-Schneider-Gesellschaft‹ ist es, das Vermächtnis und Glaubenszeugnis Pfarrer Paul Schneiders, des ›Predigers von Buchenwald‹, wach zu halten, zu pflegen, die Auseinandersetzung mit seiner geistigen und geistlichen Lebens- und Glaubenshaltung zu fördern und sein konsequentes Christuszeugnis an Gemeinde, Kirche und Gesellschaft heute so zu vermitteln,

daß es Menschen in ihrem täglichen Denken und Handeln ermutigt und zugleich hinterfragt.

Die ›Pfarrer-Paul-Schneider-Gesellschaft‹ baut ein Material- und Informations-Zentrum auf und führt es ständig fort.

Die Gesellschaft fördert und unterstützt die Durchführung von Studien und Projekten über Paul Schneider selbst, sein Umfeld und seine Wirkung sowie die Kommunikation aller seinem Anliegen verbundenen Menschen, Gemeinden, Schulen und Institutionen.«

Mit diesen Sätzen ist das Wesentlichste umschrieben, was die Gesellschaft erreichen will. Zugleich wird mit dem bewussten Studium des Lebens von Paul Schneider und der Auseinandersetzung mit dem damaligen Umfeld zwangsläufig die gegenwärtige Fragestellung nach Zivilcourage, Glaubensmut und Christuszeugnis heute neu gestellt.

Erst die sich im Jahr 2000 häufenden rassistischen Übergriffe von Neonazis und Rechtsradikalen lassen viele Menschen aufhorchen und nachdenklich darüber werden, wie sehr das nationalsozialistische Gedankengut der Vergangenheit in die Gegenwart hinein wirkt und zu neuem Leben erweckt worden ist. Es kann nicht genug Aktivitäten gegen jeglichen Rassismus und jegliche Radikalität geben!

Wir möchten Sie, verehrte Leserin und Leser, einladen, sich über die Gesellschaft zu informieren und ihr möglichst auch beizutreten. Jeder, der der Gesellschaft angehört, hilft mit, diese Arbeit zu unterstützen, auch wenn er selbst nicht aktiv mitwirkt. Bitte erzählen Sie auch anderen Menschen vom Lebensweg von Paul Schneider und helfen Sie so mit, sein Vermächtnis zu erhalten, ihn bekannter zu machen und den Jüngeren nahe zu bringen.

Informationsmaterial über Paul Schneider und die Pfarrer-Paul-Schneider-Gesellschaft e.V. erhalten Sie unter folgender Adresse:

Pfarrer-Paul-Schneider-Gesellschaft e.V.
im Evang. Gemeindezentrum »Paul Schneider«
Moskauer Str. la
99427 Weimar
Tel./Fax: 0 36 43/40 32 36

Weimar, im Oktober 2000

Elsa-Ulrike Ross
Vorsitzende der Pfarrer-
Paul-Schneider-Gesellschaft

AUSWAHLBIBLIOGRAPHIE

Der Prediger von Buchenwald, hrsg. von Margarete Schneider, Neuhausen-Stuttgart: Hänssler, 5. Auflage 2000

Rudolf Wentorf, Der Fall des Pfarrers Paul Schneider, Neukirchen-Vluyn: Neukirchener Verlag 1989

... und sollst mein Prediger bleiben, Zeugnisse von Paul Schneider, hrsg. von R. Wentorf, Gießen und Basel: Brunnen Verlag 1966

Der Christuszeuge Paul Schneider – Gedenkschrift anlässlich des 50. Todestages, hrsg. von der Evangelischen Kirche im Rheinland, Düsseldorf 1989

Albrecht Aichelin, Paul Schneider. Ein radikales Glaubenszeugnis gegen die Gewaltherrschaft des Nationalsozialismus, Chr. Kaiser, Gütersloher Verlagshaus 1994

Archiv der Gedenkstätte Buchenwald bei Weimar

***

Die Bibel oder die ganze Heilige Schrift des Alten und Neuen Testaments nach der Übersetzung D. Martin Luthers, Privil. Württemberg. Bibelanstalt Stuttgart 1940

Institutio Calvins

Heidelberger Katechismus

***

M. Domarus, Hitler, Reden und Proklamationen 1932 – 45, 1962

Ein Volk, ein Reich, ein Führer. Eine historische Collage über den erregendsten Abschnitt deutscher Geschichte – in Wort, Bild und Ton, Herrsching (Ammersee): John Jahr Verlag 1975

Hitler, Reden, Schriften, Anordnungen (Febr. 25 – Jan. 33), hrsg. von B. Dusik und K. Lankleit, K.G. Saur, München, New Providence, London, Paris 1994

***

Karl Barth, Der Römerbrief, München: Kaiser, 2. Auflage 1923

E. Busch, Karl Barths Lebenslauf nach Briefen und autobiographischen Texten, Chr. Kaiser 1975

H. Prolingheuer, Der Fall Karl Barth, Chronographie einer Vertreibung 1934-35, Neukirchener Verlag 1984

D. Bonhoeffer, Gesammelte Schriften, hrsg. von E. Bethge, München: Kaiser 1959

Sabine Leibholz-Bonhoeffer, vergangen, erlebt, überwunden, Wuppertal-Barmen: Kiefel Verlag, 3. Auflage 1969

***

Evangelische Kirche zwischen Kreuz und Hakenkreuz, hrsg. von E. Röhm und J. Thierfelder, Stuttgart: Calwer Verlag, 2. Auflage 1982

E. Röhm und J. Thierfelder, Juden – Christen – Deutsche, Stuttgart: Calwer Verlag 1990

Wir verwerfen die falsche Lehre. Arbeits- und Lesebuch zur Barmer Theologischen Erklärung und zum Kirchenkampf, hrsg. von G. van Norden, P. G. Schoenborn, V. Wittmütz, Wuppertal-Barmen: Jugenddienst-Verlag 1984

K. Scholder, Die Kirche im Dritten Reich, Band I, Propyläen 1977
K. Scholder, Die Kirchen und das Dritte Reich, Band II: Das Jahr der Ernüchterung 1934, Barmen und Rom: Siedler Verlag

G. van Norden, Der deutsche Protestantismus

K. D. Schmidt, Die Bekenntnisse und grundsätzliche Äußerungen zur Kirchenfrage des Jahres 1933, Göttingen 1934

J. Beckmann, So schwach waren wir. Aufsätze und Vorträge von 1933-84, Presseverband der Evangelischen Kirche im Rheinland, Düsseldorf 1985

Kirchliches Jahrbuch 1933-34, Gütersloher Verlagshaus 1976

J. Beckmann, Rheinische Bekenntnissynode im Kirchenkampf, Dokumentation aus den Jahren 1933 – 45, Neukirchener Verlag 1975

Bekenntnissynode der DEK 1934, Verträge und Entschließungen, hrsg. von K. Immer, Kommissionsverlag E. Müller, Wuppertal-Barmen 1934

W. Niesel, Kirche unter dem Wort. Der Kampf der Bekennenden Kirche der altpreußischen Union 1933-45, Göttingen: Vandenhoeck + Rupprecht 1978

***

Zeitungen und Zeitschriften:

Völkischer Beobachter

Der Stürmer

Der Angriff

Simplicissimus

Rundschau über Politik, Wirtschaft und Arbeiterbewegung, Basel

Hunsrücker Nachrichten

Sonntagsblatt des arbeitenden Volkes

Evangelium im Dritten Reich

Karl Barth, Theologische Existenz heute

Junge Kirche – Mitteilungsblatt der Jungreformatorischen Bewegung, Göttingen

Württembergische Kirchenzeitung

Evangelisches Gemeindeblatt Nürnberg

The Christian Century

QUELLENVERZEICHNIS

Prolog

1 Ernst Wichert, Der Totenwald, Frankfurt/Main, Berlin: Ullstein 1996, S. 128

2 Walter Poller, Der Arztschreiber von Buchenwald, Offenbach 1960, zitiert aus: Rudolf Wentorf, Der Fall des Pfarrer Paul Schneider, Neukirchen-Vluyn: Neukirchener Verlag 1989, S. 223 ff. (Fall)

3 Hasso Grabner, Das war Buchenwald, zitiert aus: Der Prediger von Buchenwald, hrsg. von Margarete Schneider, Neuhausen-Stuttgart: Hänssler 2. Auflage 1985, S. 202 (Prediger)

4 Prediger, a. a. O., S. 198

5 Prediger, S. 201

Kapitel 1: 1897-1918

6 Familienarchiv, zitiert aus: Prediger, S. 13

7 Tagebuch, Familienarchiv, zitiert aus: Prediger, S. 25

8 Binder, Epoche der Entscheidungen, Stuttgart: Seewald-Verlag 1060, S. 67

9 Fritz Woike, Verlag Merseburger

Kapitel 2: 1918-1926

10 Tagebuch, Familienarchiv, zitiert aus: Prediger, S. 20

11 Familienarchiv, zitiert aus: Fall, S. 24

12 Familienarchiv, zitiert aus: Prediger, S. 20

13 Familienarchiv, zitiert aus: Fall, S. 25

14 Der Christuszeuge Paul Schneider – Gedenkschrift anläßlich des 50. Todestages, hrsg. von der Evangelischen Kirche im Rheinland, Düsseldorf 1989

15 Der Christuszeuge, a. a. O.

16 Familienarchiv

17 Familienarchiv

18 Fall, S. 16

19 Familienarchiv

20 V. Mauersberger, Hitler in Weimar, Berlin: Rowohlt 1999, S. 168

21 Fall, S. 33

22 dieser und alle folgenden privaten Briefe und Tagebuchauszüge aus dem Familienarchiv

23 Christuszeuge, a. a. O.

24 Fall, S. 37

25 Der Nationalsozialismus 1919-1933, Informationen zur politischen Bildung, Bundeszentrale für politische Bildung, Bonn, Berliner Freiheit 7, S. 9

26 Karl Barth, Der Römerbrief, München: Kaiser, 2. Auflage 1923, S. 12

Kapitel 3: 1926-1933

27 Dieses und alle anderen Bibelzitate aus: Die Bibel oder die ganze Heilige Schrift des Alten und Neuen Testaments nach der Übersetzung D. Martin Luthers, Privil. Württemberg, Bibelanstalt Stuttgart 1940

28 Familienarchiv

29 »Sonntagsblatt des arbeitenden Volkes« vom 30. Nov. 1930

30 Bert Brecht: Werke. Große Kommentierte Berliner und Frankfurter Ausgabe, Bd. 11, Gedicht 1, © Suhrkamp Verlag, Frankfurt am Main 1988

31 Familienarchiv

32 Binder, a. a. O., S. 276 f.

33 Evangelische Landeskirche in Baden: Juden, Christen, Deutsche

34 »Sonntagsblatt des arbeitenden Volkes« vom 26. Juni 1932

35 M. Domarus, Hitler, Reden und Proklamationen 1932-45, 1962

Kapitel 4: 1933

36 Schmid, Fragen an die Geschichte, Frankfurt: Hirschgraben 1983, Band 4, S. 42

37 »Kreuzzeitung« vom 1. Febr. 1933

38 und 39 »Evangelium im Dritten Reich« vom 5. Febr. 1933 zitiert aus: Evangelische Kirche zwischen Kreuz und Hakenkreuz, hrsg. von E. Röhm und J. Thiersfelder, Stuttgart: Calwer Verlag 2. Auflage 1982, S. 24

40 J. Hossenfelder, Unser Kampf, Schriftenreihe der Deutschen Christen Nr. 5, Berlin 1933, S. 20-24

41 Domarus, a. a. O.

42 Binder, a. a. O., S. 226

43 Binder, a. a. O., S. 230

44 Conze, Der Nationalsozialismus, Teil I, Klett 1974, S. 55

45 bis 47 Domarus, a. a. O.

48 R. Steiner, Paul Humburg und das nationale Bewußtsein, »Monatshefte für Evangelische Kirchengeschichte des Rheinlandes«, Jg. 24, 1975, S. 65

49 »Gemeinschaftsblatt des Gnadauer Verbandes« vom Mai 1933

50 E. Röhm und J. Thierfelder, Juden – Christen – Deutsche, Stuttgart: Calwer Verlag 1990, Band 1, S. 369 ff.

51 Dietrich Bonhoeffer, Die Kirche vor der Judenfrage, Vortrag 1933, zitiert aus: Gesammelte Schriften, hrsg. von E. Bethge, München: Kaiser 1959, Band 2, S. 44 ff.

52 E. Röhm und J. Thierfelder, a. a. O., S. 146

53 Heinrich Silbergleit, Die Bevölkerungs- und Berufsverhältnisse der Juden im Deutschen Reich, Berlin: Akad.-Verlag, 1925

54 amerikanische Zeitschrift »The Christian Century« vom 13. April 1933

55 E. Röhm und J. Thierfelder, a. a. O., s. 48

56 Luther, Dass Jesus Christus ein geborener Jude sei, 1523, aus: Weimarer Ausgabe 11.315 und 325

57 Zeiten und Menschen, Neue Ausgabe, Paderborn: Schoeningh/Schrödel 1984, Band 4, S. 85

58 Ernst Hug, Vier Schwarzwälder Frauengenerationen, Selbstverlag E. Hug, Wagensteigstr. 17, 79274 St. Märgen, Tel. 0 76 69 / 526, S. 261

59 »Evangelisches Gemeindeblatt Nürnberg«, Nr. 33/34/35 von August/September 1926, zitiert nach einer Abschrift des Evangelisch-Lutherischen Landeskirchenrats München vom 16. 1. 1937 (EZ 4: 1/C3/171, Blatt 165-171)

60 Wir verwerfen die falsche Lehre. Arbeits- und Lesebuch zur Barmer Theologischen Erklärung und zum Kirchenkampf, hrsg. von G. Norden, P. G. Schoenborn, V. Wittmütz, Wuppertal-Barmen: Judenddienst-Verlag 1984, S. 23

61 und 62 Wir verwerfen die falsche Lehre, a. a. O., S. 25 f.

63 Domarus, a. a. O.

64 Karl Barth, »Theologische Existenz heute«, Heft 1 1933, München: Kaiser, S. 23

65 Domarus, a. a. O.

66 Schmid, Bd. 4, a. a. O., S. 48

67 K. Scholder, Die Kirche im Dritten Reich, Band I, Propyläen 1977

68 »Junge Kirche – Mitteilungsblatt der Jungreformatiorischen Bewegung«, Nr. 14, Göttingen, 28. 9. 1933

69 G. van Norden, Der deutsche Protestantismus, S. 369

70 K. D. Schmidt, Die Bekenntnisse und grundsätzliche Äußerungen zur Kirchenfrage des Jahres 1933, Göttingen 1934

71 Fall, S. 55

72 zitiert nach der Aussage von Prälat Paul Dieterich

73 Fall, S. 59

74-78 Fall, S. 60 ff.

79-81 Fall, S. 65 ff.

82 Scholder, a. a. O., S. 638

83 Fall, S. 56

84-88 Fall, S. 67 ff.

89 J. Beckmann, So schwach waren wir, Aufsätze und Vorträge von 1933-84, Presseverband der Evangelischen Kirche im Rheinland, Düsseldorf 1985

90 Domarus, a. a. O.

91 »Junge Kirche« vom 1. 1933, Nr. 17, S. 269-71

92 Wir verwerfen die falsche Lehre, a. a. O., S. 28 ff.

93 Karl Barth in »Theologische Existenz heute«, zitiert aus: E. Busch, Karl Barths Lebenslauf nach Briefen und autobiographischen Texten, Chr. Kaiser 1975, S. 268 f.

94–99 Fall, S. 77 ff.

100 Fall, S. 92 f.

101 Fall, S. 89 f.

Kapitel 5: 1934

102-104 Fall, S. 94 ff.

105 Kirchliches Jahrbuch 1933-34, Gütersloher Verlagshaus 1976

106 + 108 Hitlerjugendlieder und Gebet, aus: Scholder, Die Kirchen und das Dritte Reich, Band II: Das Jahr der Ernüchterung, 1934, Barmen und Rom: Siedler Verlag, S. 139 und 143

107 Binder, a. a. O., S. 281

109 Fall, S. 99

110 – 112 Scholder, a. a. O., S. 80 ff.

113 – 115 Beckmann, Rheinische Bekenntnissynode im Kirchenkampf, Dokumentation aus den Jahren 1933-45, Neukirchener Verlag 1975

114 Kosthorst, Materialheft: Das nationalsozialistische Regime, Schoeningh 1980, S. 41

116 Fall, S. 100 f.

117 Scholder, Band II, a.a.O., S. 109 f.

118 Familienarchiv

119 Fall, S. 103

120 Kirchl. Jahrbuch, a. a. O., S. 67 und Scholder, Bd. II, a. a. O., S. 172

121 Fall, S. 109 f.

122 Binder, a.a.O., S. 278 und Bekenntnissynode der DEK 1934, Verträge und Entschließungen, hrsg. von K. Immer, Kommissionsverlag E. Müller Wu-Barmen 1934, S. 11 f.

123 – 128 Fall, S. 104 ff.

129 Familienarchiv

130 Binder, a. a. O., S. 254

131 Domarus, a. a. O.

132 Binder, a. a. O., S. 256 f.

133 – 135 Domarus, a. a. O.

136 Fall, S. 110

137 Heine, Werke, Band 4: Schriften über Deutschland, Insel Verlag

138 – 140 H. Prolingheuer, Der Fall Karl Barth, Chronographie einer Vertreibung 1934-35, Neukirchener Verlag 1984

Kapitel 6: 1935

141-144 Domarus, a. a. O.

145 Fall, S. 112 f.

146 – 148 Domarus, a. a. O.

149 Diesterweg, Quellenband II, S. 241 f.

150 – 153 Fall, S. 114 ff.

154 W. Niesel, Kirche unter dem Wort. Der Kampf der Bekennenden Kirche der altpreußischen Union 1933-45, Göttingen: Vandenhoeck + Rupprecht 1978

Kapitel 7: 1936

155 »Völkischer Beobachter« vom 2. Januar 1936

156 – 159 Domarus, a. a. O.

160 Kirchberger Anzeiger, 28. 3. 1936 – Archiv Verbandsgemeinde Kirchberg/Hunsrück

161 Fall, S. 121 f.

162 Christuszeuge, a. a. O.

163 … und sollst mein Prediger bleiben, Zeugnisse von Paul Schneider, hrsg. von R. Wentorf, Gießen und Basel: Brunnen Verlag 1966

164 Brief K. Sturm, zitiert aus: A. Aichelin, Paul Schneider. Ein radikales Glaubensbekenntnis gegen die Gewaltherrschaft

des Nationalsozialismus, Chr. Kaiser, Gütersloher Verlaghaus 1994, S. 144

165 Fall, S. 125 ff.

166 … und sollst mein Prediger bleiben, a. a. O.

167–169 Domarus, a. a. O.

170+171 … und sollst mein Prediger bleiben, a. a. O.

172 »Völkischer Beobachter« vom 25./26./27. 12. 1936

Kapitel 8: Januar bis Oktober 1937

173+174 Fall, S. 130 f.

175–177 Institutio Calvins und Heidelberger Katechismus, zitiert aus: Fall, S. 131 ff.

178 D. Bonhoeffer zitiert aus: Fall, S. 133

179 Schrift Pfr. Hellbardt – vergl. Fall, Fußnote 119 auf S. 136

180 … und sollst mein Prediger bleiben, a. a. O.

181 Domarus, a. a. O.

182 … und sollst mein Prediger bleiben, a. a. O.

183 Fall, S. 138

184 Fall, S. 142 f.

185 Christuszeuge, a. a. O.

186 Fall, S. 149 f.

187 Aichelin, Paul Schneider …, a. a. O., S. 174

188 – 190 Ein Volk, ein Reich, ein Führer. Eine historische Collage über den erregendsten Abschnitt deutscher Geschichte – in Wort, Bild und Ton, Herrsching (Ammersee): John Jahr Verlag 1975, Band 2, S. 496-97

191 Domarus, a. a. O.

192 Fall, S. 154 f.

193 Domarus, a. a. O.

194 Fall, S. 157

195 + 196 Fall, S. 159

197 Domarus, a. a. O.

198 Fall, S. 168

199 Fall, S. 164 f.

200 Fall, S. 165 f.

201 Fall S. 169

202 + 203 Domarus, a. a. O.

204 Familienarchiv

205 Fall, S. 175

206 Fall, S. 171 f.

207 Fall, S. 175 f.

208 »Völkischer Beobachter« vom 30. 9. 1937

209 Fall, S. 179 ff.

210 Rede Himmlers vom Januar 1927, zitiert aus: E. Kosthorst, Das nationalsozialistische Regime, Materialheft, Schoeningh 1980, S. 44 f.

Kapitel 9

211 ... und sollst mein Prediger bleiben, a. a. O.

212 Domarus, a. a. O.

213 Fall, S. 187 f.

214 + 215 Fall, S. 188 f.

216 Domarus, a. a. O.

Berichte über das Leben im KZ und Paul Schneiders Wirken daselbst z. T. dem Autor von Augenzeugen gegeben, z. T. wiedergegeben in: Prediger, S. 182 ff. und 194 ff.

217 Fall, S. 192 f.

218 Fall, S. 193

219 Quellenband II, Diesterweg, a. a. O., S. 253

220 L. Steinwender, Christus im KZ, zitiert aus: Prediger, S. 199

221 nach: E. Wiechert, Der Totenwald, a. a. O.

222 Fall, S. 199

223 Fall, S. 197 f.

224 Fall, S. 201

225 »Rundschau über Politik, Wirtschaft und Arbeiterbewegung«, Jg. 7, Basel, 25. 8. 1938

226 Fall, S. 196 f.

227 Fall, S. 198 f.

228 Gedenkstätte Buchenwald, Archiv

229 »Völkischer Beobachter« vom 2. 1. 1939

230 Domarus, a. a. O.

231 »Völkischer Beobachter« vom 21. 1. 1939

232 Fall, S. 206

233 Gedenkstätte Buchenwald, Archiv

234 Fall, S. 205

235 Fall, S. 208

236 Fall, S. 209 f.

237 Fall, S. 212

238 Fall, S. 216

239 Fall, S. 213

240 Fall, S. 221

241 Fall, S. 223 ff.

242 Fall, S. 227

243 Beerdigung etc. sh. Prediger, Familienarchiv und Dokumentation Der Christuszeuge Paul Schneider, a. a. O.

Epilog

244 Fall, s. 228

245 Fall, S. 230 f.

246 Fall, S. 235 f.

247 Brief Karl Barth, zitiert aus: Der Christuszeuge Paul Schneider, a. a. O.

248 Bonhoeffer über P. Schneiders Tod, zitiert aus: Sabine Leibholz-Bonhoeffer, vergangen, erlebt, überwunden, Wuppertal-Barmen: Kiefel Verlag, 3. Auflage 1969, S. 144